KB220076

역사서
해석과
역사
이해

역사서 해석과 역사 이해

2012년 3월 2일 초판 1쇄 인쇄
2012년 3월 6일 초판 1쇄 발행

지은이 한동구
펴낸이 김영호 펴낸곳 도서출판 동연
등 록 제1-1383호(1992. 6. 12)
주 소 서울시 마포구 망원2동 472-11 2층
전 화 (02)335-2630
전 송 (02)335-2640
이메일 ymedia@paran.com
홈페이지 www.y-media.co.kr

ISBN 978-89-6447-177-7 93200

역사서
해석과
역사
이해

한동구 지음

동연

머 리 말

21세기, 빠른 변화의 시대에 한국 교회는 방향감각을 잃은 듯한 인상을 준다. 그 이유를 하나 들자면 한국 교회가 세울 선교적 목표가 어때야 하는 지 미래의 비전에 맞추어 분명히 알지 못하고 있기 때문이리라.

이 책에서는 그동안 필자가 이곳저곳에 써 왔던, 이스라엘 역사에 대한 논문들과 역사서에 관한 책들에 대한 논문들을 몇 편씩 간추려 실었다. 몇 년 동안 필자가 성서 본문의 정확한 의미를 위해서 본문의 배경이 되는 이스라엘의 역사를 심층 탐구했던 기록들이라 말해도 좋겠다. 이 탐사를 통해 구약성서 본문의 삶의 자리를 보다 정확히 고정했으며, 이를 근거로 본문의 의미를 집중적으로 연구했다.

역사서를 해석하여 역사를 들여다보는 근본적인 이유는 무엇일까? 자명한 말이겠지만, 모든 역사는 되풀이되며 시대와 공간이 다를 뿐 그 기저에 흐르는 흐름은 동일하기에, 우리 삶의 거울 우리가 살아가는 사회의 길잡이로 삶고자 함이리라.

이 책 본문에서 다루겠지만, 역사서의 일부인 신명기 역사서는 분명히 계약신학의 토대 위에 서 있다. 계약신학의 핵심 내용은 "야훼는 이스라엘의 하나님이며, 이스라엘은 야훼의 백성이다"라는 표현에서 잘 드러난다.

우리가 현재 잃어버린, 혹은 뒷전으로 밀어둔 물음이고 계속 반추해야 하는 물음, 우리는 누구이며 우리의 통치자는 누구인가에 대해 계약신학에서는 분명한 해답을 제시한다. 우리를 통치하는 것은 힘을 가진 통치자가 아니고 힘을 가진 국가도 아니라는 분명한 표현이다. 오직 야훼만이 우리의 참 통치자임을 천명하고 있는 것이다. 그리하여 우리는 결론에 먼저 도달할 수 있다. "하나님의 백성으로 성경적 가치를 이 땅 위에 구현해야 하는 것이 우리 삶의 목표이며, 한국 교회의 선교적 목표가 되어야 한다"는 것.

이 책에 담긴 대부분의 글들은 개별적으로 발표된 학술 논문이거나 학술 자료다. 이러한 이유에서 부분적으로는 불가피하게 중복되는 요소가 있다. 이를 제거하려 했으나, 그럴 경우 논문의 구조가 불완전한 형태로 남게 되어 그대로 두었다. 독자들의 양해를 구한다.

이 책이 출판될 수 있도록 도와주신 도서출판 동연의 김영호 사장님과 조용한 학문적 공간을 허락해 준 평택대학교, 늘 인내하면서 함께 토론했던 무수한 평택대 학우들, 교정에 도움을 준 우은희와 이상아 조교에게 고마움의 고개를 숙인다. 늘 기도와 유머와 웃음으로 격려해 주는 가족에게도 감사의 말을 전한다. 또한 평생을 하나님을 경외하며 목회 일정을 마무리하시는 수표교교회의 김고광 목사님께 하나님의 큰 위로와 축복이 있기를 기원한다. 평생을 자녀들을 위해 기도로 헌신하시고, 2011년 10월 6일에 하나님 나라로 가신 어머니께 이 책을 바친다.

2012년 2월 10일
한동구

차 례

제1장
신명기의 역사적 사유와 신학

I. 문제 제기

신명기[1])에는 다양한 형태의 역사적 서술과 함께 독특한 신학이 전개되고 있다. 이러한 역사 서술은 점진적으로 발전하여 궁극적으로 구약성서의 구경九經에 이르는 거대한 역사서를 형성하게 되었다.[2])

역사적 사유의 기원과 관련하여, 폰 라트는 "6경의 양식사적 문제"에서 6경을 이루고 있는 문장들은 신앙 고백적 문장들이며, 중심 내용이 '(소)역사 신조'(신 6:20-24; 26:5-9와 수 24:2b-13; Credo) 속에 압축되었

---

1) 참조 김지은, "구약성서에 나타난 기업(נחלה 나할라)으로서의 땅 개념 연구,"『구약논단』 제9집 (2000), 215-231; 이미숙, "신 10장 12절-11장 32절에 나타난 땅 표현양식과 땅 사상,"『구약논단』 제15권 4호(통권 34집, 2009. 12. 31), 51-68.
2) 구약성경은 역사적 서술로 시작한다. 노트(M. Noth)는 신명기 사가에 의해 신명기 역사서(신명기, 여호수아서, 사사기, 사무엘서 및 열왕기)가 편집되었다고 주장한다. 그리고 레빈(Ch. Levin)은 야뷔스트에 의해 오경(보다 정확히는 사경)이 형성되었다고 주장한다. 그럼에도 불구하고 이러한 역사적 서술들이 어떤 발전 과정에서 형성되었는가에 대해 구체적 진술은 없다.

다고 보았다. 소 역사 고백에서 6경으로 발전되는 형성사를 기술했다. 그는 최초의 6경의 기본 틀은 야뷔스트에 의해 이루어졌다고 여겼다. 야뷔스트는 전승을 수집했을 뿐 아니라, 시내(산) 전승을 삽입했고Einbau, 족장 전승을 확대했으며Aufbau, 태고사를 선행시켰다Vorbau는 것이다. 즉 야뷔스트는 일종의 신학자로서 솔로몬 시대의 자유로운 정신을 가지고 하나님의 인도하심과 섭리의 역사가 이스라엘의 전 역사에 나타났음을 보여준다고 생각했다.3) 폰 라트의 견해는 오경의 형성(혹은 편집)이 포로기로 낮추어지면서 거절되고 있다.4)

본 연구에서는 구약성서(주로 신명기)에 나타난 역사적 사유의 기원과 발전 과정을 살펴보고자 한다.

신명기에서는 대부분 계명의 단락들이 시작할 때, 독특한 서론으로 시작한다. 예를 들어, 신명기 17장 14-20절의 단락은 시제 부문장(신 17:14a)으로 시작한다: "너는 야훼, 너의 하나님께서 너에게 주시는 땅에 들어가, …때," 이 시제 부문장을 "역사적 계명 서론die historisierende Gebotseinleitung"5)이라 부른다. '역사적 계명 서론'이란 어떤 계명이나 주의를 내리기에 앞서, 그 계명을 실행하게 될 상황을 가정한다. 하나님께서 이스라엘 백성을 약속의 땅에서 인도한다면, 그 계명을 반드시 준수해야 함을 강조한다. 이제까지의 신명기 연구에서는 '역사적 계명 서론'이 구약성서의 역사적 서술의 초기 단계의 현상을 보여주고 있다는 점에 대해 주의를 기울이지 않았다.

신명기의 역사적 사유는 포로기라는 역사적 상황과 함께, 새로운 방향에서 더욱 발전했다. 신명기 사가는 호렙(산)을 역사의 기원점으로 이해하고 있다. 신명기에서는 시내(산)와 별도로 호렙(산)을 소개한다. 호렙(산)은

---

3) 참조 김정준 (편역), 『폰 라드 논문집』 제1부: "육경의 양식사 문제," 11-114.
4) 오히려 소 역사 신조에 담고 있는 역사적 요소들이 각기 먼저 형성되고, 후에 이들이 짤막한 역사 신조의 형식으로 요약되었다는 입장으로 전도(顚倒)되었다.
5) 용어에 대해 G. Seitz, *Redaktionsgeschichtliche Studien zum Deuteronomium* (BWANT 93) (Stuttgart: W. Kohlhammer, 1971), 95-101, 108-110.

지리적으로 고정할 수 있는 어떤 지명을 나타내는 것이 아니라, 이스라엘 역사의 정신적 출발점을 나타내는 상징적인 장소다.6)

II. 역사적 사유의 기원: 역사적 계명 서론

역사적 계명 서론은 신명기의 여러 곳에서 언급되고 있다: 신 4:1, (5); (4:21-22); 6:10; 7:1; 11:29; 12:1, (2); 12:9-10; 12:29; 17:14; 18:9; 19:1-2; 26:1-3; 27:2; 30:5; 30:16; 31:7.

이러한 '역사적 계명 서론'은 신명기를 넘어 구약성서의 여러 곳에서 소개된다. 특별히 신명기의 땅 사상과 결합되면서 빈번하게 소개된다. 오경과 신명기 역사서에서 드물지 않게 볼 수 있다.

1. 신학적 특징

1) 총체적 사유

신명기에서는 사물을 총체적으로 보고자 했다. "(약속의) 땅으로 들어갈 때"라는 표현 속에서 땅은 단지 농경의 대상으로서의 토지를 의미하는 것이 아니다. (약속의) 땅에서 전개되는 삶의 모든 것을 표현한다.

잠언에서 집단적 사유는 거의 볼 수 없다. 모두 개개인의 행동을 규정한다. 기원전 9세기의 예언적인 저항 집단들은 개별적인 탈선 사례들에 대해 개인 혹은 왕에게 재앙을 선언했다. 그러나 기원전 8세기의 예언자들은 사회와 국가 전체를 대상으로 예언의 메시지를 전하기 시작했다. 이스라엘

---

6) 호렙(산) 전승에 나타난 역사적 사유가 '거대한 구약 역사'의 최초 형태로 보인다. 여기에서 발전하여 '창조사 - 족장사 - 출애굽사 - 광야 - 약속의 땅'으로 이어지는 구속사로 발전되었다. 참조 한동구, "구약성경에서 호렙(산)의 이미지와 이스라엘 민족의 정신적 기원," 류형렬 교수의 은퇴기념논문집(2011)을 참조하시오.

백성 전체를 대상/청중으로 메시지를 선포한 것은 기원전 8세기의 예언자들에게서 연유된다.

예언자 이사야는 이스라엘(=유다)을 포도원에 비유하면서, 이스라엘의 무익성은 땅에서의 삶에서 연유했음을 암시한다(사 5:1-7).

특별히 예언자 호세아는 왕정 제도를 야훼 하나님의 주권과 무관한 범죄적 인간의 정치적 산물로 간주했다(호 8:1-4; 참조 호 13:4-9, 10-11). 이 점은 북왕국의 마지막 25년 동안에 여섯 명의 왕이 나라를 다스렸으며, 그중에 4명이 쿠데타로 집권한 상황과 관련이 있다. 이스라엘의 예언자 호세아는 이스라엘이 팔레스타인에 정착하면서부터 가나안의 종교와 관습에 혼합되어 야훼로부터 배교를 시작했다고 보았다. 이러한 점은 예레미야에게도 계승되었다. 그는 한 걸음 더 나아가 이러한 배교가 궁극에는 국가를 멸망(포로기)으로 이끌었다고 설파했다.

기원전 8세기 예언자들이 (약속의) 땅에서의 총체적 삶을 그들의 예언의 대상으로 삼았던 것과 같이, 신명기에서도 약속의 땅에서의 삶 전체를 사유와 반성의 대상으로 삼았다. 이와 같은 총체적 사유는 민족/백성의 개념에서도 볼 수 있다. 폰 라드G. von Rad는 신명기에 나타난 하나님의 백성이라는 논문[7])에서 신명기의 민족 개념을 이해하기 위해서는 신명기의 형식적 특징과 언어적 특징에서 출발할 것을 제안한다: "모세는 신명기의 선포자이며, 전체로서의 백성은 청취자이다." 신명기는 민족을 전체로 바라보고 있으며, 전체성의 깊은 반성을 드러내고 있다.

신명기에서는 상징적 정신하에서 민족을 바라본다. 무엇보다도 신명기에서는 야훼 하나님과의 관계 속에 있는 이스라엘에 대해 관심을 둔다. 신명기의 관심은 민족의 본질에 대한 깊숙한 신학적 반성에 기초한다.

이러한 관점은 민족 전체를 하나의 가족으로 바라보는 점에서도 나타난

---

7) G. von Rad, "Das Gottesvolk im Deuteronomium," ders, *Gesammelte Studien zum Alten Testament*, Bd. II (München: Chr. Kaiser Verlag, 1973), 9-108.

다. 신명기에서는 민족을 정치적 실체의 관점에서 보지 않는다. 오히려 가족으로서의 민족적 이상을 바라보고 있다. 그래서 민족을 모두 חא (아흐; 형제)라 부른다. 여기에는 어떤 차별도 경계도 있을 수 없다. 오직 하나됨이 있을 뿐이다. 신명기에 빈번히 나타나는 많은 휴머니즘은 가족으로서의 민족 개념에 뿌리를 두고 있다.8)

2) 근원적/기원적 사유

기원전 8세기 예언자들에서 역사적 사유는 본격적으로 나타나고 있지 않다. 호세아서에서는 이스라엘이 광야 시절에는 순결했으나, 땅에 들어오면서 부끄러운 우상, 즉 가증스러운 우상에 오염되었다고 주장한다(호 9:10; 참조 호 11:1-4).9)

이러한 역사적 사유는 신명기에서 본격적으로 나타난다. 신명기는 모든 문제를 출발점에서 바라본다. 신명기는 문제의 근원에서부터 다시 출발하기를 원한다. 모든 문제점의 원점인 '(약속의) 땅'에서의 삶을 반성의 대상으로 삼게 한다. 이스라엘로 하여금 다시금 땅으로 들어가는 상황을 재연하게 하여, 땅에서의 삶 일체를 다시 사유/반성하게 한다. 이 점에 있어서 문제의 출발점, 즉 기원에서 사유하는 역사적 관점은 신명기에서 비로소 출발되었다고 보아야 한다.

신명기는 특정 계층의 문제만을 바라보지 않고, 백성 전체의 문제를 바라보듯, 시간적 관점에서도 전 역사에서의 문제를 바라본다. 이러한 역사적 사유는 오경과 신명기 역사서를 태동하는 근원이 되고 있다.

---

8) L. Perlitt, "Ein einzig Volk von Brüdern," Zur deuteronomischen Herkunft der biblischen Bezeichnung "Bruder," D. Lührmann/G. Strecker(Hgs.), *Kirche*, FS für G. Bornkamm (Tübingen, 1980), 27-52.
9) 바알/우상 숭배에 대한 규탄은 포로기적 상황을 전제하고 있어 본래성이 의심된다.

3) 하나님의 의지에 예속함

역사적 계명 서론의 내용은 '땅의 선물과 인도'이다. 땅의 선물은 이스라엘 백성들에게 중요한 구속사의 내용이다. 야훼 하나님께서 이스라엘 백성에게 땅을 선물로 주셨다. 땅은 결코 이스라엘의 고유한 소유물이 아니다. 야훼께서 선물로 주신 것이다. 이러한 사상은 땅 선물 양식[10]으로 발전되어 표현되었다:

הָאָרֶץ אֲשֶׁר יהוה אֱלֹהֶיךָ נֹתֵן לָךְ
너의 하나님께서 너에게 주시는 땅

왕조 시대 말기, 즉 신명기 개혁운동 시절(기원전 714-609년)[11] 앗시리아의 침공으로 말미암아 이스라엘은 영토를 상실할 위기에 처하게 되자, 신명기 신학자들은 땅 선물의 신학을 정립했다.

땅 선물 양식은 땅의 주인을 하나님으로 고백하며, 그 땅에서 일어나는 모든 것을 하나님의 의지에 두려고 했다. 땅 선물의 신학을 통해 하나님의 다양한 형태의 요구를 법률의 형식으로 선포했으며, 이 법들을 준수함으로써 민족 전체의 공동체 정신과 연대 의식을 강화해 나가고자 했다. 더 나아가 이를 통해 땅을 보존하고자 했다. 이러한 땅 선물 양식은 이스라엘 백성의 결단 의지와 순종적 태도가 땅의 보존과 직결됨을 전제한다. 그리고 그 땅은 가나안 사람의 땅으로 전투를 통해 승리해야 하는 땅이다. 이스라엘 백성이 스스로 쟁취할 수 있는 처지가 아니다. 용사이신 야훼의 도움으로 얻게 되는 땅이다.

따라서 전적으로 야훼 하나님의 은혜로 얻게 되는 땅이다. 이러한 땅이

---

10) J. G. Plöger, *Literarkritische, Formgeschichtliche und stilkritische Untersuchungen zum Deuteronomium* (BBB 26) (Bonn: Bonner Biblischer Verlag, 1967), 60-129, 특히 65을 참조하라.
11) 한동구, 『신명기 개혁운동의 역사』(서울: 도서출판 B&A, 2007)을 참조하라.

주어질 때, 이스라엘 백성은 그의 요구를 전적으로 받아들여야 한다. 이스라엘 백성이 약속의 땅으로 들어갈 때, 그들은 야훼 하나님의 요구를 수용해야 한다.

2. 삶의 자리와 신학적 해석

신명기 17장 14a절의 역사적 계명 서론의 내용은 '땅의 선물과 땅으로의 인도', 그리고 '땅의 획득과 정착' 등을 포괄한다:

> כִּי־תָבֹא אֶל־הָאָרֶץ אֲשֶׁר יְהוָה אֱלֹהֶיךָ נֹתֵן לָךְ
>
> וִירִשְׁתָּהּ וְיָשַׁבְתָּה בָּהּ
>
> "너는 야훼, 너의 하나님께서 너에게 주시는 땅에 들어가
>
> 그 땅을 차지하여, 그 안에 살게 될 때…"

여기에는 기본적 표현인 땅 선물 공식에 두 개의 요소가 덧붙여져 있다:

1) "그 땅을 차지하게 될 것이다."(וִירִשְׁתָּהּ 비리쉬타흐)
2) "그 안에 살게 될 것이다."(וְיָשַׁבְתָּה בָּהּ 버야샤브타 바흐)

첫 번째 부가적 요소(וִירִשְׁתָּהּ 비리쉬타흐: 그 땅을 차지하게 될 것이다)는 땅의 획득을 하나님의 선물(주심)로 이해하기보다는 이스라엘 자신들에 의한 취득 행위, 아마도 정복이나 이방 민족들의 축출(추방[12]))에 근거한다는 것에 대해 말하고 있다. 이 표현은 땅의 소유가 하나님의 선물이라는 은총의 사실을 부인한다기보다는 독자들(혹은 청중들)에게 그들이 놓여 있는 현 상황을 상기시켜 주고 있다고 보아야 한다. 즉 현재의 이스라엘

---

12) 신 7:1ff.

사람들은 이방 권력과 날카로운 대립 상황에 놓여 있거나, 아니면 이미 이방에 예속적인 상태로 놓여 있기 때문에 강한 투쟁이 필요한 상태였다. 따라서 주문장에서의 요구들(명령들/계명들)은 국제 정치적으로 대립적 상황이나 예속적 상황에서 이해해야 한다. 주문장의 요구가 (여전히) 의미가 있다면, 즉 땅의 선물이 여전히 유효하다면, 이 부가적 표현은 땅(영토)의 보존과 관련된다. 즉 땅을 이미 상실한 포로기적 상황에서는 형성될 수 없다.

두 번째 부가적 요소(הָם בָּהּ וִישַׁבְתֶּם 버야샤브타 바흐/그 안에 살게 될 것이다)는 땅으로 들어간 이후의 시간과 관련된다. 즉 이스라엘 사람들이 땅에 들어가 어떻게 행동해야 하는가 하는 문제와 관련된다. 이 역사적 계명의 서론은 한편으로 이방 권력에 의한 위협으로부터의 해방과 또 다른 한편으로는 왕권의 개혁을 통해 국내 정치적 문제들의 극복을 목적으로 한다. 이 본문의 저자는 국내 정치적 문제들의 개혁을 통해, 즉 왕의 법이 규정하고 있는 것들을 극복하여, 외부로부터 밀려오는 적들의 위협을 극복하고자 했다.

이 서론의 문헌적 상황에서는 땅 상실 이후의 시간대에 대한 문제나 땅을 다시 얻기 위한 문제를 전혀 다루고 있지 않다. 또 국내 정치적 개혁의 노력을 여전히 의미 있고 가능한 것으로 본다면, 왕의 법의 저자는 포로기 이전 후기 왕조 시대에 있었던 신명기 개혁운동에 참여한 자이며, 왕의 법을 이들의 요구로 이해해야 한다.

3. 역사적 계명 서론의 다양한 변형들

역사적 계명 서론은 역사적 필요에 따라 다양하게 변형되어, 다양한 요소들이 덧붙여졌다. 첫째, 땅을 אֶרֶץ(에레츠) 외에도 אֲדָמָה(아다마)로 표현했다. 땅을 상속되는 소유, 즉 기업(נַחֲלָה 나할라)으로 표현했고, 땅의 소유가 군사적 정복을 통해 실현될 경우 필연적으로 이방 민족들(גּוֹיִם 고임)의 축출을 전제한다.

둘째, 여기에 사용된 동사는 두 종류로 나타난다. 주로 '목적지(땅)에 이르다'는 표현을 나타내는 동사는 בוא Qal과 Hif.를 사용하며, 신명기 사가의 본문에서는 주로 עבר(아바르: 건너가다) 동사가 사용되었으며, 이때는 요르단강(אֶת־הַיַּרְדֵּן 에트 하야르덴)이라는 장소 부가어가 동반된다.

셋째, 땅을 차지하라는 표현은 하나님께서 '주시다'는 표현으로 נתן 동사의 분사형이 땅 선물 양식의 확고한 구성 요소로 자리 잡고 있으나,13) 하나님의 약속/맹세의 사상과 결합되어 שבע(니쉬바) Ni.가 사용되며, 그 밖에도 ירש(아라쉬, 부정사형)와 ישׁב(야샤브)가 사용된다.

여기에서 제기되는 중요한 문제점은 다양하게 표현된 역사적 계명 서론들의 삶의 자리와 형성 연대를 결정하는 문제이다. 연대 측정을 위한 근거들 Kriterien을 마련해야 한다. 이를 위해 이제까지의 선행 연구를 검토하고, 이들 선행 연구의 미해결점을 넘어서 새로운 근거들을 찾고자 한다.

1) 다양한 역사적 계명 서론들의 연대 측정을 위한 방법론적 고찰

로핑크N. Lohfink는 선택 공식을 신명기적 표현(기원전 7세기의 표현)으로, 역사적 계명 서론을 신명기 사가의 표현(기원전 6세기의 표현)으로 간주했다.14) 그는 아마도 역사적 사유가 (비교적) 포함되지 않은 표현을 신명기적인 것으로, 역사적인 사유를 전제하는 표현을 신명기 사가의 것으로 구분했다. 이러한 근거는 단지 '목표지에 도달하기 위해 사용된 동사들', 즉 가다(בוא 보와)와 건너가다(עבר 아바르)에만 유용하게 적용될 수 있

---

13) 참조 F. G. Plöger, *Deuteronomium*, 61-63.
14) N. Lohfink, "Kerygmata des deuteronomistischen Geschichtswerks," J. Jeremias/ L. Perlitt(Hg.), *Die Botschaft und die Boten*, FS für H. W. Wolff, (Neukirchen-Vluyn: Neukirchener Verlag, 1981), 87-100; Ders, "Die Bedeutungen von hebr. jrs Qal und Hif.," *BZ* 27 (1983), 14-33.

다. 그가 사용한 구분들의 근거는 지나치게 도식적이며, 다른 요소들을 이해하기에는 필요 충분치 못하다.

다음으로 뤼터쉬베르덴U. Rüterswörden의 경우를 살펴보자. 그는 역사적 계명 서술이 사용된 문헌적 콘텍스트에 따라 연대를 구분했다.15) 역사적 계명 서론이 항상 문헌적 콘텍스트 속에 나온다는 점에서, 그의 방법은 시간을 위한 한 수단으로 볼 수 있다. 그러나 이 경우에도 여전히 문제는 남아 있다. 이 방법은 역사적 계명의 서론 자체를 분석하여 연대를 측정한 것이 아니기 때문이다.

따라서 필연적으로 새로운 연대 측정 근거를 마련해야 한다. 필자는 개별 표현 공식에 사용된 표현 요소를 하나하나 의미론적으로 그 의미를 분석하여, 이를 개연성 있는 삶의 자리와 연결시키고자 한다. 정확한 의미론적 의미와 개연성 있는 삶의 자리가 잘 연결될 때, 역사적인 연대도 결정될 수 있을 것이다.

4. 역사적 계명 서론의 계속적 발전

역사적 계명의 서론은 계속적으로 발전하여, 포로기적 상황이나 포로 후기의 상황에서 그 형태를 변형하여 시대적 문제에 대응했다.

1) 포로기적 상황에서 역사적 계명 서론의 변형

포로기적 상황에서는 평안의 문제가 중요한 주제로 떠오르면서, "너희에게 너희 주위의 모든 대적으로부터 평안하게 하여 너희가 안전하게 거주하게 될 때"(신 12:10b)라는 변형된 역사적 계명의 서론을 볼 수 있다. 여기에서는 땅 획득과 그 이후의 새로운 문제를 다루기 위해 역사적 계명 서론의

---

15) U. Rüterswörden, *Von der politischen Gemeinschaft zur Gemeinde. Studien zu Dtn 16, 18 - 18, 22* (BBB 65) (Bonn: Bonner Biblischer Verlag, 1987), 54ff.

전통적인 양식이 변형되었다: 평화와 안전한 삶. 여기에서는 더 이상 정착에 관한 문제를 다루고 있지 않다. 적으로부터의 평화와 정착 이후의 안전 문제를 다루고 있다.16)

"주위의 모든 대적으로부터 평안에게 하다"라는 표현 양식은 주로 신명기 사가에 의해 사용되었으며, 오직 야훼를 사랑하고, 그의 계명을 지키며, 나아가 예배의 중앙 통일화 규정, 나아가 성전 중심주의를 추구할 때 주어지는 야훼 하나님의 축복으로 간주되고 있다.17) 브라우릭G. Braulik은 '안식에 이르다'는 표현이 문맥으로부터 '예루살렘 성전에 이르다'는 점을 의미한다고 보았다.18)

예루살렘에는 주전 515년부터 다시금 성전이 생겼다. 성전이 다시 세워졌으나, 새로운 공동체는 오랫동안 확고하지 못했다. 유대 공동체는 외적인 불안을 극복하고, 동시에 안정을 이루어야 했다.

이 단락의 저자는 예배의 중앙 통일화를 통해 공동체성과 연대성을 추구했던 옛 전통을 다시 받아들여 새 시대의 새로운 과제, 즉 평화와 안전을 얻으려는 일에 적용했다. 이 단락에서 예배의 중앙 통일화는 정치적이며 종교적인 사항이다: 한편 기업으로 얻은 땅(נַחֲלָה 나할라, 신 12:9, 10a)을 소유하는 것이요, 다른 한편 평화와 안정(מְנוּחָה 머누하, 신 12:9, 10b; בֶּטַח 베데흐, 신 12:10)을 얻는 것이다.

---

16) G. Braulik, "Zur deuteronomistischen Konzeption von Freiheit und Frieden," *VTS* 36 (1983/85), 29-39.

17) 출 33:14; 신 3:20; 신 12:10; 신 25:(17-)19; 수 1:13, 15; 수 21:44; 수 22:4; 수 23:1; 삼하 7:1, 11; 왕상 5:4/히 18; 참조 대상 22:9, 18; 대상 23:25; 대하 14:6; 대하 15:15; 대하 20:30.

18) Braulik, *Frieden*, 30, 그는 신 12:9-10을 순서에 맞춘 계획된 순서로 보았다. "마지막 편집 관계에서는 호렙에서 출발해 시온에 있는 성전 건립에 이르기까지 נוח Hi.과 מְנוּחָה 를 체계적으로 언급함으로써 하나님께서 가져다준 해방과 하나님께서 부여한 평화의 역사로 특징 지워졌다"(38).

2) 포로기 전환기 혹은 포로 후기 상황에서 역사적 계명 서론의 변형

포로 후기의 이스라엘은 국가 체계를 안전하게 수립하는 과제를 안게 되었다. 예루살렘을 중심으로 한 성전 국가를 수립하고자 했다. 따라서 예배의 중앙 통일화 규정은 국가 존립과 관련된 매우 중요한 주제가 되었다. 이러한 상황에 맞추어 신명기 12장 2절에서는 전통적인 역사적 계명 서론이 거의 해체되고, 약간의 흔적만 담고 있다: "너희는 이방 민족들이 예배하는 높은 산들과 작은 산들과 푸른 나무 아래 등의 모든 장소들을 파괴해야 하며, 너희가 그들과 함께 그들의 신들도 몰아내야 한다."

여기에서는 이방 민족의 예배 처소들을 철저히 파괴할 것을 명한다. 이 예배 처소들과 관련하여 두 번째 관계대명사절(신 12:2aγ; 너희가 그들과 함께 그들의 신들도 몰아내야 한다)에서 역사적 계명 서론의 변형된 요소들이 표현되었다.

신명기 12장 1-7절의 저자는 이방 민족들의 제의물을 철저히 파괴할 것을 강력히 요구하고 있다. 12장 2b절에서는 이들의 예배 처소를 구체적으로 열거하고 있다: 높은 산들과 언덕들과 푸른 나무 아래. 그러나 이 예배 처소들은 원주민들의 예배 처소이며, 야훼 신앙을 갖고 있는 이스라엘 사람의 지방 성소이기도 하다. 여기에 열거된 성소 하나하나는 신명기 역사서와 예레미야서에 주로 나온다.[19] 포로기에 국가의 공식적인 성전이 파괴되고 없는 상황에서, 이스라엘 백성들이 종래의 지방 예배 처소로 돌아가는 것을 강력히 규탄했고, 그래서 종래의 지방 예배 처소들을 이방 민족들의 예배 처소로 규정하고, 여기를 찾는 자들을 우상 숭배자로 규정했다. 예루살렘의 유일한 성소 외에 다른 예배 처소는 어떤 것이든, 이것이 야훼 하나님을 위한 것이든, 다른 신들을 위한 것이든, 이방 민족에게서 유래된 것으로

---

19) 참조 H. D. Hoffmann, *Reform und Reformen. Untersuchungen zu einem Grundthema der deuteronomistischen Geschichtsschreibung* (ATANT 66) (Zürich: Theologischer Verlag, 1980), 325-366.

여겼으며, 이 점은 이 단락 저자의 의도 중 하나다.

이러한 규정들은 중앙 통일화의 요구에 충실하고 있다: 실제 예루살렘에 합법화된 중앙 성소 외에는 다른 신들을 위한 성소란 존재하지 않았다. 합법화된 중앙 성소 외에 다른 성소가 있다면, 그것은 야훼 숭배를 위한 다양한 성소일 것이다. 이러한 것을 모두 다른 신들을 위한 장소로 보았으며, 따라서 무조건적으로 파괴되어야 할 장소로 알았다. 이 단락의 저자는 예배의 단일화에 근거하여 예배의 정화를 이루고자 했다.

성소의 목록에 이어서, 신명기 12장 3절에서도 파괴해야 할 4개의 전형적인 제의물이 열거되었다: 제단, 석상, 아세라(목상)와 조각 신상. 처음 두 개는 야훼 숭배를 위한 제의물이다. 특히 북왕국 이스라엘에서 성행했던 것들이다.[20] 그러나 이것들이 신명기 역사서에서는 예루살렘에 있는 합법적인 성소와 결부되지 않는다는 점에서 이방 민족들의 제의물, 즉 바알이나 아세라의 숭배에서 사용된 제물로 여겨졌다.[21] 어쨌든 이것들은 제의 장소가 아니라, 제의 대상물들이다. 특히 마지막 세 개는 예루살렘에 있는 합법적인 성소에 연결되지 않는다는 점에서, 이것들은 다른 민족들의 예배 장소로 해석되었고, 그래서 이 문맥에 들어올 수 있었다.

신명기 12장 1-7절에는 일종의 정치적·종교적 관심사가 배후에 있다. 포로 후기 유다의 정치적·종교적 상황에서 그 의도가 분명해진다.[22]

---

20) 왕상 12:33; 16:32; 왕하 10:27; 11:18; 왕하 16:11; 18:22; 21:3, 4; 23:12-1을 참조하라, 계속하여 왕상 14:23; 왕하 3:2; 10:26f.; 17:10을 참조하라, 또 18:4; 23:14을 보라.
21) 왕상 14:23; 왕하 3:2; 10:26; 17:10···.
22) M. Noth, *Geschichte Israels* (Göttingen: Vandenhoeck & Ruprecht, 1966[6]); A. H. J. Gunneweg, *Geschichte Israels bis bar Kochbar* (ThW 2) (Stuttgart: W. Kohlhammer, 1984[5]); J. Bright, *A History of Israel* (Philadelphia, 1971[2]); H. Donner, *Geschichte des Volks Israel und seiner Nachbarn in Grundzügen* (ATDE 4/2) (Göttingen: Vandenhoeck & Ruprecht, 1985); 그 밖에 W. Schottroff, "Arbeit und sozialer Konflikt im nachexilischen Juda," ders(Hg.), *Mitarbeiter der Schöpfung. Bibel und Arbeitswelt* (München: Chr. Kaiser Verlag, 1983), 104-148.

역사적 계명 서론의 저자는 예루살렘 성전의 정화를 말하고자 했다. 이를 넘어서 비 야훼 예배 장소, 예배 대상물과 예배 행위에 속했던 자들이 정치적으로는 영향력을 미치지 못하게 하려 했다. 아마도 이웃 민족들, 특히 사마리아를 주목한 것 같다. 따라서 이들의 제의를 이방 민족들에게서 유래한 것으로, 야훼께서 미워하는 것으로 격하시켰다. 이러한 표현은 분명히 종교적 목적 이상의 정치적 목적과 관련된다.

III. 민족의 정신적 기원으로서의 호렙(산)

1. 민족의 기원으로서 호렙(산)

포로기에 접어들면서, 역사적 계명 서론으로부터 직접적으로 발전된 것은 아닐지라도, 역사적 사유는 더욱 발전했다. 신명기 사가는 국가적 위기의 상황에 직면하여 새로운 민족의 기원을 설정했다.

호렙(산)은 시내(산)와 동일한 산이며, 동시에 신명기에서 특별한 의미로 사용되었다는 점에서 시내(산)와 다른 산이다. 신명기에서는 민족의 기원, 즉 민족정신의 출발점으로서 호렙(산)을 설정했다.

신명기 1장 19a절에서는 야훼 하나님께서 이스라엘 백성에게 호렙(산)을 출발할 것을 명령한다. 또한 1장 2절과 6절에서도 호렙(산)이 이스라엘 백성의 이동 경로에서 첫 출발점으로 나타난다. 신명기에서 호렙(산)은 역사의 기원이며, 약속의 땅을 향한 이스라엘 백성의 행군에 있어서 출발점으로 나타난다.

신명기 1장 19a절에서 호렙(산)은 이스라엘 백성의 이동 경로 가운데 한 지점을 나타내 준다: "… 호렙(산) … 광야 … 아모리 산지 길로 가데스 바네아…." 여기에서 특이한 점은 호렙(산)이 이스라엘 백성의 이동 경로 가운데 첫 출발점으로 나타난다는 것이다. 애굽에서 나온 이후 중간 경유지로서의 첫 지점이 아니라, 약속의 땅으로 향하는 행로의 첫 지점이 '호렙(산)'이다. 신명기에서는 오경의 역사와는 달리, 즉 출애굽기의 시내(산)와는 달리, 이스라엘 역사의 출발점을 호렙(산)으로 설정했다. 신명기와 신명기 역사서에서 목표점이 약속의 땅이라면, 출발점은 호렙(산)이다.

신명기 1장 6절에서도 역사의 출발점을 호렙(산)으로 간주하고 있다. 야훼 하나님께서 이스라엘 백성에게 호렙(산)에서 약속의 땅으로 출발할 것을 명령하고 있다. 이스라엘의 출발은 호렙(산)에서 시작되며(신 1:6), 목표는 약속의 땅이다(신 1:7b-8).

이 짧은 단락에서 이스라엘의 기원으로서 호렙에서의 출발 명령과 이스라엘의 미래 목표로서 약속의 땅으로 향한 행군을 모두 포괄한다. 약속의 땅을 향한 행군은 단순히 땅 획득을 위한 군사적 정복을 목적으로 하지 않는다. 그곳은 하나님의 통치를 실현시켜야 하며, 이스라엘의 꿈을 실현시키는 곳이다.

호렙(산)은 이러한 꿈을 실현시키기 위해 필요한 준비를 한 곳이다. 구체적 내용에 대해 본문은 상세히 언급하고 있지 않다. 다만 여기에서 "이 산에 오랫동안 충분히 머물렀다"고만 언급한다. 호렙(산)은 이스라엘 백성이 오랜 기간 동안 하나님과 영적 교류를 한 곳이며, 또한 하나님으로부터 필요한 양육과 훈련을 받은 곳으로 여겨진다. 따라서 호렙(산)에서 출발한다는 것은 지리적 근거가 아니라, 신학적 이유에서이다. 이스라엘이 호렙(산)에서 출발해야만 약속의 땅에서 이룩할 새로운 삶을 완성할 수 있다. 신명기에서는 자연적인 구속사를 역사의 출발점으로 삼지 않고, 이념적 · 정신적 출발점을 설정하여, 이를 이스라엘 민족의 전기로 삼고 있다.

신명기 1장 1a절(이것은 모세가 요르단 강 저편에서 모든 이스라엘에게 이야기한 말씀들이다)은 신명기의 표제를 제시한다. 여기에 1장 2절(호렙에서 세일 산으로 향하는 길을 지나 가데스 바네아까지는 열하루 길이다)에

서 또 다른 표제가 덧붙여진다. 이는 1장 19절을 인용하고 있다. 여기에서
는 "광야" 대신에 "세일산"을 언급할 뿐 동일한 내용을 담고 있다.

> 신 1:19: "… 호렙(산)을 떠나 … 광야를 지나 아모리 족속의 산지 길로."
> 신 1:2: "… 호렙(산)에서 … 세일산을 지나 가데스 바네아까지…."

호렙(산)은 이스라엘 민족의 이념적·정신적 출발점으로, 여기에서는
신명기 1장 5절과 함께 그 이념적·정신적 내용을 밝히고자 했다. 5a절에서
는 1a절에서 나오는 모세의 말씀 선포 장소를 수용하여 구체화한다. 보다
정확히는 "요르단 강 저편 모압 땅"으로 수정하고 있다. 동시에 5b절에서
모세의 말씀 선포를 "토라의 해설"로 변경했다. 이는 호렙(산)에서의 말씀
선포와 교육을 전제한다. 모세는 약속의 땅에서의 이스라엘의 꿈을 실현시
키기에 앞서, 다시금 호렙(산)의 경험을 반복한다. '모압 땅'이라는 지명이
함의하는 내용과 함께,23) 토라의 해설과 말씀의 교육에서 이스라엘 민족의
기원을 삼으려는 정신을 찾을 수 있을 것이다.

이후 신명기 문헌의 성장과 더불어, 호렙(산)의 이미지도 다양하게 발전
되었다. 기원에 대한 새로운 설정은 다양한 이유가 추가된다. 호렙(산)은
무엇보다 먼저 말씀의 선포의 자리이며, 민족 교육의 근원적 자리이다. 신
명기는 요르단 강 저편에서 모세가 이스라엘 백성들에게 선포한 말씀으로
이해되었으나, 호렙(산)이 말씀 선포의 원초적 자리로 이해됨으로써, 요르
단 강 전편 혹은 모압 땅은 두 번째 말씀 선포의 자리가 되며, 동시에 계약의
자리가 되었다. 이로써 두 번째의 율법deutero-nomium이라는 신명기의 라틴
어 이름의 근원이 밝혀진다.

'진정 위대한 민족은 어떤 정체성을 지녀야 하는가?'에 대한 질문에서

---

23) 한동구, "모압 땅에서의 율법 해설과 모압 계약." 한동구, 『신명기 해석』(서울: 도서출판
B&A, 2004), 156-172.

호렙(산)에서의 경험과 같이, 기도할 때 하나님이 가까이 계시며, 진리인 하나님의 말씀을 지닌 민족일 것이다. 이는 호렙(산)을 영성과 지성의 통합의 자리로 이해했다.

2. 예배의 중앙 통일화를 계승하는 새로운 구심점으로서의 호렙(산)

1) 역사적 배경 - 예배의 중앙 통일화

기원전 8세기 아하스 왕 시대의 남왕국 유다는 앗시리아의 봉신국으로, 군사적 예속과 함께 종교적 예속도 함께 초래되었다. 유다는 총체적인 위기에 직면하게 되었다. 따라서 민족적 해방을 위해 신학과 예배의 개혁을 단행했다.

히스기야 왕은 앗시리아의 침공에 대비하여 전 국민을 동원한다. 이러한 노력의 일환으로 종교계에서는 예배 개혁을 통해 앗시리아에 대한 저항 정신을 고취시키며, 또 예배의 중앙 통일화를 통해 전체 국민을 하나로 묶는 국민 총화를 이룩하고자 했다: 예배의 중앙 통일화는 정치적으로 소속성과 동일성을 가져다주었다. 이스라엘은 민족 전체를 하나의 공동체로서 결합시키기 위해 예배 장소에 있어서 하나의 새로운 중심을 두어 이를 이룩하고자 했다.[24]

예배의 중앙 통일화 조치 이후, 이스라엘에서 예배에 참석하는 것은 종교적이며 동시에 정치적인 일이다. 예배의 참석과 함께 국민 주권을 행사하는 일이 되었다. 예배의 참석은 동시에 앗시리아에 예속되지 않았다는 점을 선언하는 애국 애족의 일이 되었다. 이러한 점에서 통일화된 예배의 참여를 통해 각 개인은 민족적 소속감을 얻게 되었다.

---

24) G. Braulik, "Die Freude des Festes. Das Kultverständnis des Deuteronomium - die älteste biblische Festtheorie," R. Schulte (Hg.), *Lieturgia, Koinonia Diakonia*, FS für Kardinal F. König (Wien, 1970), 127-179, 특히 132.

예배에 참석하는 일은 개인이나 가족의 일이며, 동시에 국가의 일이다. 신명기 개혁 운동에서 예배의 참석자는 전 국민으로 확대되었다. 종래에는 가족 중심의 예배였으므로, 국가적 연대를 상상하기 어려웠다. 그러나 이제는 민족 전체가 한 예배 처소에 모인다. 이들이 한 하나님을 모시고 예배함으로써 모두 하나로 뭉칠 수 있었다. 신명기 개혁운동에서의 예배는 민족적 연대감을 주는 것이었다.

예배의 단일화를 통해 새 국가를 세우고, 이를 통해 민족 공동체를 이루고자 했을 때, 지방 성소의 포기는 필연적이다. 이로써 전 민족이 국가 성소를 향해 순례의 길에 오르게 되면, 이것은 곧 국가적인 일에 직접 참여하게 되는 것이다.

2) 포로기의 새로운 상황

기원전 588년 1월 바벨론은 유다 땅에 도착하여 지방의 거점 도시들을 점령하고 예루살렘을 봉쇄했다(렘 34:6-7). 기원전 588년 여름에 애굽이 팔레스타인으로 진격해 온다는 소식으로 인해 일시적으로 예루살렘의 포위를 풀기도 했지만(렘 37:5), 587년 7월(왕하 25:2-3; 렘 52:5-6)에 비축한 식량이 떨어지고, 성벽을 뚫고 성내로 들어왔다. 한 달 후에 느부갓네살의 친위대장인 느부사라단이 예루살렘을 불사르고, 성벽을 허물어버렸다. 예루살렘은 점령군에 의해 약탈되고, 궁전 성도 모두 불타버렸고, 성전의 기물들도 모두 빼앗겼다. 국가의 중요 지도급 인사들이 처형되고, 일부는 바벨론으로 유배되었다. 기원전 587년에 이스라엘은 바벨론에 의해 영원히 멸망하게 된다.[25]

이스라엘 역사에서 예루살렘이 신의 성도聖都(거룩한 도시)가 되고, 신명기 개혁운동에 의하여 예배는 오직 예루살렘 한 곳에서만 드리는 '예배의

---

25) 역사적 재구성은 존 브라이트, 『이스라엘 역사』(경북: 분도출판사, 1978-1979). 원제는 J. Bright, *A History of Israel* (Philadelphia, 1971^2)에 따른다.

중앙 통일화' 조치가 취해진 이후에 이스라엘 민족의 합법적인 예배 처소는 예루살렘이 유일한 곳이 되었다.

한편 전통적으로 이스라엘 민족은 예배를 통해 하나님과 교통한다고 믿어 왔다. 그들은 1년에 최소한 세 번씩 하나님께 예배를 드리기 위해 성소로 올라가야 했다.26) 예배를 드리는 성소는 하나님께서 임재하거나, 하나님께서 그의 백성을 만나기 위해 내려오는 장소다. 예배의 중앙 통일화 조치와 함께 하나님께서 임재하는 장소는 자연스럽게 예루살렘 성전 한 곳으로 고정되게 되었다.

그런데 성전의 파괴와 함께 이스라엘 백성들에게 찾아온 종교적 위기도 이에 못지않게 심각했다. 이스라엘 민족은 합법적인 예배 처소를 잃어버리게 되었고, 나아가 하나님과 교통의 장을 상실하게 되었다.

3) 구심점으로서의 새로운 기원

신명기 사가는 야훼 하나님에 대한 유일한 예배와 예루살렘 성전에서의 유일하고 합법적인 예배만이 국가의 존속을 영속시킬 수 있을 뿐 아니라, 상실한 국가를 회복시킬 수 있다고 믿었다. 그런데 지금은 합법적인 제사가 불가능한 가운데, 예루살렘 중심주의를 유지시킬 수 있는 새로운 요소가 필요했다.

먼저 예루살렘의 파괴는 현존 질서에 대한 하나님의 거부로 이해되면서, 예루살렘 성전에 대한 새로운 이해와 함께, 예배의 중앙 통일화 규정을 유지하면서, 이전 성전과 같은 새로운 구심점이 필요했다. 신명기 사가는 성전을 하나님의 거처로 보지 않고, 성전을 하나님의 이름만 머무는 곳으로 수정했다. 그리고 새로운 구심점으로 호렙을 설정했다. 이 구심점을 이스라엘 민족의 근원적 출발점으로 삼았다.

---

26) 출 23:14ff.; 34:18-23; 신 16:1-16.

신명기 사가는 전통적으로 널리 알려진 시내(산) 대신에 호렙(산)을 새
로운 구심점으로 설정했다. 전통적으로 신명기 33장 2절에서는 하나님의
거처로 '시내(산)과 세일(산)'을, 사사기 5장 4-5절에서는 '세일, 에돔 들과
시내(산)'를, 그리고 시편 68편 7-8절에서는 '시내(산)'만을 언급했다. 이
들은 모두 합법적인 예루살렘 성전과 거리가 멀고, 더욱이 유일한 장소가
아닌 여러 장소들을 언급했다. 이들은 모두 예배의 중앙 통일화 규정에 배치
되는 지명들이다.[27]

따라서 예배의 중앙 통일화 규정과 마찰되지 않으면서, 하나님의 거처로
이스라엘의 근원적 출발점을 설정할 필요가 생겼다. 아마도 신명기 사가는
(아마도 초기 전승인) 열왕기상 19장 8절의 전승에 근거하여, 새로운 지명
인 호렙(산)을 이스라엘 민족의 근원적 출발점으로 설정했을 것이다. 호렙
은 지리적으로 어떤 특정 장소를 가리키는 곳이 아니라, 정신적이며 영적인
하나님의 거처다. 그럼에도 불구하고, 호렙은 하나님께서 이스라엘 백성과
교류하며, 그의 말씀을 선포하는 자리다.

IV. 결론

이상의 고찰에서 신명기는 구약성서 내에서 최초의 역사적 사유를 발전

---

27) 시내(산) 대신에 호렙(산)을 설정하게 된 부정적 배경에 대해 페어리트(L. Perlitt)는
먼저 기원전 7세기에는 앗시리아와 대립해 있는 상황에서 앗시리아의 달의 신인 Sin과
이름이 유사한 시내(산)를 피하고자 했다고 보았다. L. Perlitt, "Sinai und Horeb," H.
Donner/R. Hanhart/R. Smend(Hg.), *Beiträge zur Alttestamentlichen Theologie*,
FS für W. Zimmerli (Göttingen: Vandenhoeck & Ruprecht, 1977), 302-322, 특히
311. 그러나 새로운 구심점이 포로기적 상황에서 시작되었다는 점에서 이 추론은 타당성
이 없다. 나아가 페어리트는 기원전 6세기의 상황에서는 시내산이 네게브, 즉 이방인의
땅에 놓여 있으므로, 이를 피하고 새로운 기원인 호렙을 설정했다고 주장했다(312).
이 배경은 매우 타당성이 있어 보였다.

시켰음을 알 수 있다. 신명기는 민족 전체를 사유의 대상으로 삼는 기원전 8세기 예언자들의 사고 체계를 발전시켜 전 역사를 사유의 대상으로 삼고 있다. 이러한 점은 역사적 계명의 서론에서 잘 보여준다.

나아가 신명기, 좀 더 정확히 신명기 사가는 더욱 발전된 역사상을 보여준다. 포로기에 직면하여 이스라엘은 국가와 성전을 잃게 되면서, 민족의 구심점을 상실하게 되었다. 이러한 위기 상황에서 예배의 중앙 통일화의 전통을 계승하면서, 새로운 상황에 맞는 새로운 중심점을 추구했다. 이것이 역사적 계명 서론과 같은 신명기의 역사적 사유에서 직접적으로 발전된 것은 아닐지라도, 역사적 사유의 발전 단계 과정에서 볼 때, 다음 단계(혹은 2단계)로 볼 수 있다.

이로써 신명기의 역사적 사유는 더욱 확장되어 오경 역사상으로 이르게 된다. 이러한 점에서 신명기의 역사적 사유는 역사적 사유의 기원이 될 수 있으며, 오경의 완전한 역사상에 이르는 초기 단계의 역사상이라고 볼 수 있다.

제2장
여호수아 11-12장의 해설

I. 서론

여호수아서는 모세의 죽음(수 1:1)에서부터 여호수아의 죽음(수 24:29)까지의 이스라엘 역사를 기록하고 있다. 여호수아서는 내용상 세 부분으로 구분되는 분명한 구조를 이루고 있다.

> 서부 요르단 땅의 정복(수 1-12장)
> 정복된 땅의 분배(수 13-22장)
> 여호수아의 고별 연설과 세겜 회의(수 23-24장)

창세기에서 여호수아서에 이르는 육경의 중요한 신학적 주제는 '야훼께서 약속하고 그의 백성에게 땅을 하사'하는 문제이다. 족장들은 약속의 수용자들이다. 그들은 이미 약속의 땅에서 살았으나, 여전히 '나그네살이'하는 자들이었다. 모세의 시대는 이 거대한 목표에 대한 약속과 성취 사이의 중간 시대다. 또한 여호수아의 시대는 족장들에게 내린 약속이 성취되는 시대다. 이스라엘은 땅을 정복하고 그것을 각 지파에게 분배했다. 팔레스타인 땅은 가나안 사람들의 땅이었다. 그러나 하나님께서 그 땅을 이스라엘의 선조들에게 주기로 약속했다. 이제 그는 그 땅을 그의 백성들에게 넘겨주고 있다.

요르단 강과 지중해 사이의 땅, 즉 서부 요르단 땅의 정복 이야기(수 1-12장)는 세 부분으로 나눠져 기술된다. 베냐민 지파에 속한 여리고 성과 아이 성 정복 이야기를 통해 중부 팔레스타인 정복 역사를 나타내고(수 2-8장), 기브온의 이야기 속에서 이스라엘은 남부 지역에까지 정복했음을 나타내며(수 9-10장), 하솔과 그 연합국들의 정복을 통해 북부 팔레스타인을 정복했음을 보여준다(수 11:1-15).

II. 북부 지역의 정복

여호수아 11장 1-15절에서는 약속의 땅의 북부 지역에 대한 정복 역사를 보도하고 있다. 1-9절은 하솔 왕 야빈이 이끄는 연합군과의 야전 전투, 즉 메롬 물가에서의 전투를 서술하고 있으며, 10-15절에서는 연합국에 대한 정복과 파괴를 서술하고 있다.

여호수아 11장 1-9절의 서술은 구조와 언어에 있어서 남부지역의 정복의 역사를 서술하고 있는 10장 1-15절과 유사하다. 10장에서는 남부 지방의 정복이 끝났음을 보여주며, 11장에서는 북부 지방의 정복이 끝났음을 보여준다.

여호수아 11장 1-5절에서는 도시 국가 하솔이 맹주가 되어 다른 세 개의 도시 국가와 연합하여 이스라엘에 대항하기 위해 메롬 물가에 진을 쳤다고 보도한다.

하솔1)의 오늘날의 위치는 갈릴리 호수 북편 상부 요르단 계곡에 위치한

텔-엘-케다Tell-el-Qedaḥ이다. 여호수아 19장 36절에 따르면 하솔은 후에 이스라엘의 납달리 지파에 편입되었다.

연합한 다른 도시들은 마돈(메롬)과 시므론과 악삽이다. 세 도시 가운데 마돈의 현 위치는 고정할 수 없다. 시므론은 이즈르엘 평원의 북서 가장자리에 위치한 히르벳 세무니예야Hirbet Sēmūniyeh와 일치하며, 악삽은 악고 평원에 있는 텔 케산Tell Kesān과 일치한다. 이들 연합국들은 모두 평원에 위치한다. 따라서 경제적으로도 주변 다른 지역에 비해 부유한 도시 국가들이다. 뿐만 아니라 이들은 말과 전차로 무장했다. 전차는 기원전 2천년대에서부터 오리엔트 국가들(서부 아시아 지역 국가들)에 널리 알려져 있었으나, 이스라엘에서는 솔로몬 시대에 와서 근위병들이 시위용으로 사용했다(왕

부록: 하솔의 기원과 역사

이 도시의 정착 역사는 기원전 3000년대에까지 거슬러 올라간다. 기원전 1200년까지는 가나안의 도시였다. 가나안 시대에는 강력한 도시국가였으나, 바다의 민족들이 대량으로 유입되면서 이 도시는 파괴되어 폐허로 버려졌다. 철기 제1기(기원전 1250-1000년)에 와서 비로소 이스라엘의 거주지가 되었으나, 철기 제1기 동안에는 간간이 사람들이 정착했다. 솔로몬 시대에 와서 다시금 도시로 발전되었고 성곽도 세워졌다. 앗시리아의 왕 디글라트 빌레셀 III세가 이스라엘을 침공할 때, 하솔은 다시금 파괴되었다(왕하 15:29). 페르시아 시대에까지 하솔에는 총독의 거주지인 궁전이 세워져 있었다. 고고학적인 발굴의 결과 물질문명이 매우 번창한 거대한 가나안의 도시국가였으며, 왕조시대에도 거대한 이스라엘의 거주 도시였다.

---

1) 하솔 왕 '야빈'이라는 이름은 사사기 4장에서 시스라를 무찌른 바락의 승리에서 언급되었다 (삿 4:2, 7, 17, 23f.).

상 4:26/히 5:6; 10:26-29). 여호수아가 이끄는 군대는 보병들이다. 그러나 가나안 도시국가들이 이끄는 부대는 전차부대다. 이들이 평지에서 전투를 할 경우 전투력에 있어서 전차부대는 보병부대에 비해 압도적으로 우위를 차지한다. 하지만 이스라엘은 하나님의 지시와 인도를 받는다.

연합군은 이스라엘과의 전투를 위해 메롬 물가에 집결했다. 메롬 물가의 현 위치에 대해 많은 논란이 있으나, 전통적으로는 메롬에서 북쪽으로 4km 떨어진 비르켓 엘-기쉬Birket el-Gîš라는 작은 호수를 가리킨다.

여호수아 11장 6-9절에서는 이스라엘과 연합군과의 전투 과정을 묘사한다. 전투는 야훼의 위로("두려워하지 말라… 내가 그들을 이스라엘 앞에 넘겨주어 몰살시키리니…")와 모두를 진멸하라는 명령으로 시작하여 여호수아가 명령을 따라 이행함으로 전투가 끝난다. 이 전투는 야훼께서 친히 개입하신 '거룩한 전쟁'이다.

거룩한 전쟁에서 군대는 야훼의 백성이라 부르며, 적은 야훼의 적이라 부른다. 야훼께서 전투에 개입하신다는 것은 전투에 있어서 심리적 영향도 크지만 무엇보다도 이스라엘의 행동을 결정한다. "이스라엘은 두려워할 것"이 아니라 하나님의 역사적 행위를 신뢰해야 한다. 그가 요구하는 명령을 따르는 절대적인 순종이 중요하다. 이스라엘은 오랜 광야 유랑을 끝내고 이제 약속의 땅 앞에 서 있다. 이 약속의 땅을 차지할 것인가 하는 점은 이스라엘의 전투력에 달려 있는 것이 아니라, 그들의 믿음과 순종에 달려 있다. 여호수아서에서는 여호수아와 이스라엘 백성이 하나님의 명령에 따라 모든 것을 이행했음을 강조한다. 따라서 여호수아 13장에서부터 서술되는 땅의 분배에 참여하게 되는 것이다.

거룩한 전쟁에서 또 다른 중요한 신학적인 사상은 이스라엘이 이 전쟁에서 어떤 공적을 세운다는 사상을 극히 배격하고 있다.2) 하나님께서 약속의

---

2) 어떤 주석에서는 전투의 과정을 상세히 재구성하려고 시도하여, 이스라엘이 가나안의 연합군에 승리할 수 있는 전술적 이유를 찾고자 한다. 이러한 입장은 '거룩한 전쟁'에 대한

땅을 주기로 약속하셨기에 그는 전쟁에 개입하여 그의 약속을 이행하고 있다. 이스라엘이 취해야 할 태도는 하나님의 역사적 개입에 대한 신뢰와 그의 은혜에 대한 감사이다.

여호수아는 추격에서 돌아와, 가나안 연합국을 정복하고 파괴했다(수 11:10-15). 신명기 20장 10-18절의 계명에 따라, 도시를 정복하고 그 도시의 남자들은 칼로 죽여야 하고 전리품도 취할 수 있다. 여호수아는 하솔을 정복하고 왕과 주민을 하나도 남기지 않고 칼로 죽이고 하솔을 불태웠다. 이 점은 고고학적으로도 입증이 된다. 하솔은 기원전 1200년경에 불태워져 파괴되고 그 후 오랫동안 폐허로 남아 있었다. 연합국의 다른 도시들은 왕과 주민들만 칼로 죽이고 재물과 가축들은 전리품으로 취했다. 북부 지역의 정복에 관한 짧은 기술에서 야훼의 명령이나 모세의 명령에 따라 행했다는 표현은 모두 네 번이나 나온다. 여호수아는 철두철미 야훼의 지시를 따라 순종적으로 행했음을 강조한다.

III. 정복된 왕들의 목록

여호수아서 제I부의 마지막 단락(수 11:16-12:24)은 다음과 같이 세 부분으로 나뉘어져 있다.

1) 정복의 요약(수 11:16-23)
2) 동부 요르단의 정복된 왕들의 목록(수 12:1-6)
3) 서부 요르단의 정복된 왕들의 목록(수 12:7-24)

신학적 몰이해에서 온다. 설교자들도 이 점을 유의해야 한다.

1. 정복의 요약(수 11:16-23)

여호수아 11장 16-20절에서는 여호수아의 지도하에 전全 지파들이 참여하여 정복한 가나안 땅 전체를 다시 한번 요약하며, 21-23절에서는 기억할 만한 에필로그를 기술한다.

여기에서는 세 가지 점이 강조되고 있다: 첫째, 약속의 땅 전체가 정복되었다는 점. 둘째, 계명을 따라 그들을 모두 진멸했다는 점. 셋째, 전쟁이 오랫동안 지속되었다는 점 등이다.

여호수아가 점령한 땅 전체를 사방의 경계를 나타내는 지명으로 표시했다: "산지와 온 남방(네겝)과 평지(쉐필라)와 아라바…"(수 11:16). 전통적으로 이스라엘은 네 지역의 이름으로 이스라엘 영토의 경계를 나타냈다.3) 원래 네 지역은 남왕국의 경계를 나타냈다. 산지는 유다의 산지를 가리키고, 온 남방(=네겝)은 유다 산지 남쪽의 광야지역이며, 평지(=쉐필라)는 유다 산지 서쪽의 구릉지를 가리키고, 아라바는 유다 산지의 동쪽, 즉 사해 남쪽을 가리킨다.

여기에 열거된 지명들의 목록 속에는 전통적인 네 지명 외에 이해하기 어려운 지명들이 나온다. "고센 온 땅"은 애굽에 있는 이스라엘의 체류지가 아니라 아마도 유다 산지의 남쪽을 말하는 것 같다(참조 수 10:41; 15:51). "이스라엘의 산지와 그 평지"는 중부 지역, 즉 에브라임 지역의 산악 지역과 그 부속 평지를 의미하는 것으로 여겨진다.

따라서 여기에서는 "고센 온 땅"과 "이스라엘의 산지와 그 평지"와 함께 팔레스타인 땅 전체를 가리키는 것으로 발전되었다. 분명히 전체 이스라엘을 표현하는 이 종합적 표현은 다분히 유다적 관점에 서 있다.

여호수아 11장 17절에서는 다른 표현으로 다시 한번 이스라엘의 영토를

---

3) 확대된 형태가 수 12:8; 신 1:7에 나타나며, 유사한 형태가 수 9:1; 10:40에 나타난다.

남북의 경계선을 통해 표현한다: "세일로 올라가는 할락 산에서부터 헤르몬 산 아래 레바론 골짜기의 바알갓까지".4) "세일로 올라가는" 지역은 아라바 동쪽 에돔 사람들의 거주지를 말한다(참조 신 1:44; 2:4; 2:22). 따라서 할락 산은 네겝의 남서 가장자리에 있는 게벨 할락Gebel Halâq이다. "헤르몬 산 아래 레바론 골짜기의 바알갓"은 레바론 산맥과 안티 레바론 산맥 사이, 즉 시리아와 레바론 사이에 위치한 오늘날의 비카Biqa'의 남부지역으로 비옥한 평원 지역이다. 여기에는 수많은 도시 국가들이 있었다.

가나안의 정복이 신속하게 진행됐다는 인상을 피하고 장기간의 힘든 전투 끝에 비로소 정복이 완성되었음을 보여준다(수 11:18). 그것은 야훼가 출애굽에서 바로의 마음을 완악하게 한 것처럼(출 4:21; 9:12; 10:20; 10:27; 11:10; 14:4, 8, 17), 가나안 사람들의 마음을 완악하게 하셨기 때문이다(수 11:20). "마음의 완악함"이란 지혜의 부족으로, 하나님의 역사 계획과 섭리를 이해하지 못하는 어리석음을 말한다. 하나님에 의해 펼쳐질 미래의 상황에 대한 몰이해를 말한다. 지혜란 하나님을 경외(두려워)하는 자들에게 하나님의 영의 활동을 통해 주어지는 미래 통찰력을 말한다. 요셉은 하나님을 경외함으로 지혜를 얻게 되었고 그로 인해 하나님께서 섭리하실 미래의 사건을 예견하여 위기를 극복하는 지혜로운 자였다. 이스라엘의 적들은 완악함으로 하나님의 징계를 자초했으며, 아울러 그들의 완악함으로 하나님의 크신 능력과 영광을 드러내게 한다. 이것은 정복자에게 공적을 돌리지 않게 하려는 성서의 깊은 의도가 숨겨져 있다. 하나님께서 이스라엘의 적으로 하여금 완악하게 하심은 하나님은 인간의 의지를 지배하시는 주主이심을 말해 준다(출 9:12; 10:20, 27; 11:10; 14:4, 8, 17).

여호수아 11장 21-23절에서는 거인족인 아낙 사람들5)도 모두 멸절했

---

4) 왕조 시대의 영토는 "단에서 브엘세바"라는 표현을 주로 사용했다(삿 20:1; 삼상 3:20; 삼하 3:10; 17:10; 24:3, 15; 왕상 4:25/히 5:5).

5) "아낙 사람들(הָעֲנָקִים)"이란 원래 '목걸이를 한 사람들'을 의미한다. 신 1:28에서 아낙 자손들을 '거인'으로 이해했다. 유사한 표현으로 "아낙 자손들(בְּנֵי הָעֲנָקִים)"이라는 표현이

다는 에필로그를 담고 있다. 헤브론과 그 주변의 두 도시, 드빌과 아납에 아낙 사람들이 살았다. 드빌은 헤브론 북쪽에 위치한 히르벳 엘-라부드 Hirbet er-Rabūd이며 아납은 헤브론에서 남쪽으로 22km떨어진 히르벳 아납 Hirbet Anāb이다. 여호수아 15장 14절에 따르면 헤브론과 그 주변의 땅을 정복한 이는 갈렙이다. 그는 가데스 바르네아에서 약속의 땅을 정탐한 사람들 중의 한 사람이다. 갈렙은 여호수아와 함께 하나님의 약속을 신뢰하여 그 땅을 정복하여 차지할 수 있다는 긍정적 답변을 내린 미래 지향적인 인물이다(참조 민 13-14장; 신 1:19-46; 수 15:13-19). 그 결과 그는 헤브론과 그 주변의 땅을 얻게 되었다. 산악 지대에 살고 있는 거인족 아낙인들을 멸절시킴으로써 땅의 정복은 완성된다. 거인족들의 멸절 배후에는 갈렙과 같이 하나님의 약속과 은혜에 대한 철저한 신뢰와 이를 바탕으로 한 미래 지향적인 신앙이 전제된다.

2. 동부 요르단의 정복된 왕들의 목록(수 12:1-6)

여호수아 12장 1-6절에서는 동부 요르단에서 이스라엘 백성들이 정복한 왕들의 목록을 제시한다. 1절에서는 그 땅의 규모를 나타낸다. 그 땅의 남쪽 경계는 아르논, 강이며 북쪽 경계는 헤르몬 산이 있는 고원 지대이다. 3절에서는 지역이 약간 확대되어 긴네렛 호수에서 사해까지, 즉 전체 동부 요르단으로 표현한다.

그 사이에는 헤스본의 왕 시혼과 바산 왕 옥의 땅이 있다.6) 시혼은 헤스본을 수도로 삼고, 다스리는 아모리인의 왕이다. 아모리인은 동부요르단에 거주하는 사람들의 총체적인 표현이나7) 이스라엘 이전 시대에 서부요르단

수 15:14; 민 13:33; 삿 1:20에 나오며, "아낙 소생들(יְלִידֵי הָעֲנָק)"은 수 15:14; 민 13:22, 28에 나온다.
6) 이 땅에 대한 정복은 민 21:21-35와 신 2:26-37; 3:1-7; 수 13:15-21에서도 보도한다.
7) 수 2:10; 9:10; 24:8; 민 21:13; 32:33-39; 신 3:8; 4:46; 31:4; 삿 10:8; 11:19-23.

에 살았던 사람에게도 적용되었다.8) 그가 다스리는 지역은 아르논에서 얍
복강까지다(참고 민 21:24).

바산의 왕 옥은 르바족의 왕이다. 이들의 수도는 아스다롯이며, 제2의
도시는 에드레이이다. 바산은 야르묵 강의 북쪽에 놓인 지역으로 비옥하며,
부분적으로는 산림 지역이다.9) 르바족은 바산의 주민으로 이스라엘 이전
시대에 동부요르단에 거주하는 자들이나10) 팔레스타인 전역에 사는 거인
족으로도 불렸다.11)

여호수아 12장 6절에서는 이 땅은 모세의 영도하에 정복한 땅이며, 르우
벤과 갓과 므낫세 반 지파에게 기업으로 주었음을 보도한다.

3. 서부 요르단의 정복된 왕들의 목록(수 12:7-24)

여호수아 12장 9-24절에서는 서부요르단의 정복된 왕들의 목록을 제시
하며, 12장 7-8절에서는 이 목록의 표제를 제시한다. 이 표제는 11장
16-17절과 10장 40절에 나오는 지명들을 종합한 것으로 보인다. 서부요르
단 지역의 경계를 바알갓에서부터 세일로 올라가는 곳 할락 산까지(참조
수 11:17)로 나타낸다. 이 지역을 12장 8절에서 다시금 "산지-평지-아라
바-……-네겝"(참조 수 11:16)으로 정의한다.

정복된 왕들의 목록 속에는 지역 이름으로 표현된 목록들이 포함되어
있다. 배열의 특별한 규칙을 보여주고 있지는 않다. 12장 9절부터 13절
상반절까지(여리고-아이-예루살렘-헤브론-야르뭇-라기쉬-에글론-
게셀-드빌)는 6-10장에서 언급된 순서를 따르며, 13b절의 게델은 출처가
분명치 않고, 14절에서는 네겝 지역의 두 도시(호르마, 아랏)를 보도하

---

8) 신 1:7, 19, 20, 27, 44; 삿 6:10; 삼상 7:14; 왕상 21:26; 왕하 21:11.
9) 신 32:14; 사 2:13; 렘 50:19; 겔 27:6; 39:18; 암 4:1; 미 7:14.
10) 수 13:12; 신 2:10, 20, 21; 3:11, 13.
11) 수 17:15; 창 15:20; 삼하 21:16-22.

고 있으며, 15-16a절에서는 유다 쉐필라 지역의 도시들(립나, 아둘람, 막게다)을 보도하고, 16b-18절에서는 사마리아 지역과 해안지역의 도시들(벧엘, 답부아, 헤벨, 아벡, 랏사론)을 보도하며, 19-23절에서는 이즈르엘 평원을 포함하여 갈릴리 지역의 도시들(마돈, 하솔, 시므론, 악삽, 다아낙, 므깃도, 게데스, 욕느암, 돌, 길갈)을 열거하고, 24절에서는 디르사에 대해 보도한다. 그러나 이 도시의 위치는 분명치는 않으나 사마리아 지역에 놓인 것으로 추정될 뿐이다. 대략 12장 24절만 제외하며, 13b절부터는 남쪽에서 북쪽으로 올라가며 도시들을 열거하고 있다. 이러한 장황한 열거의 중요한 관심사는 약속의 땅 전체에서 가나안의 도시로 간주되는 중요한 도시들을 모두 포함시켰다는 점이다.

　이로써 정복의 역사는 완성되었음을 보여준다. 12장의 목록을 포함하여 1-12장의 중요한 신학적 의도는 정복이 완성됨으로써 하나님의 약속이 실현되었음을 보여주는 데 있다. 이스라엘은 하나님의 이름으로 약속의 땅을 요구하며 차지할 수 있다는 점이다.

IV. 설교자를 위한 신학적 메시지 요약

1. 약속하시는 하나님

　이스라엘의 하나님은 족장들에게 약속하시는 하나님이시다. 하나님은 아브라함에게 큰 민족이 되고 큰 축복을 받을 것이며, 이름이 창대해질 것이고 축복의 근원이 될 것을 약속하신다(창 12:2-3). 이처럼 그의 백성의 증대를 약속할 뿐 아니라, 하나님은 그의 백성들에게 자손을 약속하시고, 땅을 약속하시며, 삶의 터전을 약속하시고, 함께해 주실 것을 약속하신다. 따라서 이스라엘의 생존과 희망은 이 약속에 달려 있다. 오경과 여호수아서를 포함한 육경의 역사는 단순한 역사가 아니라 하나님께서 친히 약속하시고 또 그 약속을 실현시켜 가는 역사를 보여준다. 육경의 역사는 "약속과 성취"의 역사이다. 여호수아 11-12장에서는 하나님께서 그의 백성들에게 주시기로 약속한 땅 정복의 마지막 완성 과정을 보여준다.

이스라엘의 하나님은 우리에게 약속하심으로 삶의 의미와 희망을 주시며, 그 약속을 성취하심으로 우리에게 영광과 찬양을 받으시는 분이시다. 오늘 우리 한국은 경제적 시련의 시기에 살아가고 있다. 이때 우리에게 진정 요구되는 것은 다가오는 약속의 성취에 대한 희망일 것이다. 이러한 희망이 없는 과거에 대한 참회만으로는 경제적 난국의 극복은 불가능할 것이다.

2. 하나님의 약속에 대한 신뢰와 요구의 복종

오늘 우리는 하나님의 약속과 성취의 과정 가운데 살아가고 있다. 도상에 살아가고 있는 우리에게 요구되는 것은 그의 약속에 대한 신뢰와 그의 요구에 대한 복종이다. 우리의 미래는 열려 있다. 우리가 신뢰와 복종적인 삶을 살아갈 때, 하나님께서 주시는 성취의 선물을 얻게 되며, 불신앙과 반역적 삶을 살아갈 때, 하나님의 은혜는 우리의 것이 되지 못한다. 여호수아와 그의 백성들은 야훼의 직접적인 명령과 모세를 통한 명령을 따라 행했다. 그들은 철두철미 하나님의 지시를 따라 순종적으로 행했다. 따라서 땅 분배의 역사에 참여하며, 그 몫을 차지할 수 있었다. 갈렙은 여호수아와 함께 하나님의 약속을 신뢰하여 미래를 긍정적으로 바라보는 진취적 삶의 자세를 가진 인물이었다. 그 결과 그들은 새 시대의 주역으로 살아갈 수 있었다. 이제 우리에게 요구되는 것은 여호수아와 갈렙과 같이 하나님의 약속과 은혜에 대한 철저한 신뢰와 이를 바탕으로 한 미래 지향적인 신앙이다.

3. 완악한 자와 경건한 자

마음의 완악함은 하나님의 약속을 바라보지 못하게 한다. 과거 출애굽에서 바로가 그의 마음을 완악하게 하여 하나님의 섭리를 바라보지 못했던 것처럼, 가나안 사람들도 그들의 마음을 완악하게 하여 하나님의 역사를 이해하지 못했다. 마음이 완악한 자는 하나님의 역사 계획과 섭리를 이해하지 못하는 어리석음이 가득한 자들이다. 이들은 하나님을 경외(두려워)하지 않으며, 그로 인해 하나님의 영의 활동을 통해 주어지는 미래 통찰력을 얻지 못한다. 오늘 우리의 전투는 자본이나 군사력으로 적을 무찌르는 싸움이 아니다. 우리 내부에 있는 완악함과의 싸움이다. 경건한 자만이 하나님의 영의 활동을 통해 하나님으로부터 오는 지혜를 얻어 미래를 열어 갈 수 있다. 여호수아와 그의 백성은 땅의 정복에서 신뢰와 순종을 통해 역사의 주이신 하나님의 개입을 통해 승리의 열매를 얻게 되었다.

제3장

사사기의 영성

Ⅰ. 머리말

한국 사회는 지난 20세기에 빠른 성장을 해왔고, 이로 인해 삶의 풍요와 교회의 성장을 가져다 준 것도 사실이지만, 부정적인 대가도 적지 않았다. 우리의 삶 속에 자본주의적 소비문화가 깊숙하게 침투해 들어와 극단적 물질만능주의, 이로 인한 의미의 상실이라는 심각한 위기를 맞이하게 된 것이다.

20세기의 문제가 채 극복되기도 전에, 우리는 21세기의 새로운 문제에 직면하게 된다. 오늘날 우리는 빠른 변화의 시대에 살아가고 있다. 우리 주위에는 빠른 기술의 변화와 함께 경제적·사회적 변화도 끊임없이 이루어지고 있다. 이와 같은 빠른 변화는 매우 어수선하고, 사람들을 불안하게 하며, 방향감각의 혼동을 일으킬 수 있다.

21세기에 접어들면서 한국 교회는 성장 정체의 위기에 직면했다. 그 원인은 이런 빠른 변화에 대한 부적응에서 오는 위기라 말할 수 있다. 이러한 엄청난 변화의 조류에도 불구하고 이를 대비하는 한국 교회의 지도자들은 많지 않은 실정이다.

한국 교회의 지도자들이 변화의 물결 속에서 효과적으로 대응전략을 제시하지 못한 탓에 (한국) 교회는 변화의 물결에 휩쓸려 표류했을 뿐 아니라, 효과적으로 성장할 수 있는 기회를 잃어버렸다.

이제 우리는 우리의 삶을 다시금 되돌아보고, 성경적 해답을 추구할 때이다. 따라서 구약성서에 나타난 종교적 경건성, 즉 영성을 살펴보고자 한다. 특별히 사사기는 모세에 의해 출애굽한 세대가 여호수아에 의해 땅 정복을 마친 시기였다. 그리고 아직 완성된 국가로 자리 잡기 이전의 과도기적 시기였다. 이 시기에는 그 땅에 정착하여 적응해야 하는 과제와 함께 나라 안팎으로부터 몰려오는 외적들과 싸워 그 땅을 지켜야 했다. 이런 과도기에 이스라엘 백성들과 지도자들이 경험했던 하나님 체험은 오늘날 격변기에 살아가는 우리에게 큰 의미를 던져 준다.

II. 영성의 정의

영성이라는 말의 의미는 매우 다양하게 사용되었다. 어떤 이들은 교회사의 흐름을 따라 각 시대의 영성을 연구했다.[1] 또 어떤 이들은 영성을 이원론적 경건주의 혹은 수도원적으로 세속을 등진 은둔적 신앙으로 이해하는 것을 거부하고 일상적 삶 속에서의 역동적 힘으로 이해했다. 이로써 종래의 참여의 신학을 주장하던 이들조차도 영성에 형용사적 이름을 사용하게 되었다.[2] 이로 인해 영성의 의미는 매우 모호해졌다. 그럼에도 대부분의 학자

---

1) 이후정 외, 『기독교 영성의 역사』(서울: 은성, 1997); 한정애, "교회사와 영성", 협성신학연구소(편), 『기독교 신학과 영성』(서울: 솔로몬, 1995), 13-36.
2) 여성해방의 영성(feminist spirituality), 해방의 영성(liberation sprituality), 생체영성(bio spirituality), 생태영성(ecological spirituality), 지구영성(earth spirituality),

들의 영성 정의에는 몇 가지 원칙들이 매우 유사하게 유지되고 있었다.

첫째, 영성의 근원은 하나님으로부터 오기에 하나님과 인간의 친밀한 교통의 관계를 중요시한다.

둘째, 영의 활동을 매우 다양하게 이해한다. 그 가운데 가장 중요한 활동은 생명을 주는 것으로 이해한다.

셋째, 각 시대의 요구에 따라 하나님과의 영적 교류와 생명력의 내용을 구체적으로 해석하고 있다.

영성의 정의는 자신의 신학적 입장이나 시대적 흐름을 이해하는 입장3)에 따라 다양하게 나타난다. 영성과 관련하여 '하나님과의 영적 친교' 측면을 강조하기도 하고,4) 영성의 결과로 나타나는 삶의 모습을 강조5)하기도 한다.

사사시대와 21세기 빠른 변화의 시대에 사사기의 카리스마적인 지도자들이 체험한 하나님 체험이 오늘 우리 시대에도 요청된다. 위기의 시대에 경험한 하나님 체험은 오늘 격변기의 시대에도 요구되는 것이다.

III. 사사기의 내용과 구조

사사기는 사사시대의 역사를 기술한 책으로, 이스라엘 역사에 있어서

마르크스주의 영성(marxist spirituality).

3) 이러한 견해를 잘 보여주는 글은 정현경, "변혁을 위한 영성," 서광선 외, 『신학하며 사랑하며』(서울: 문학과지성사, 1996)을 보라.

4) 특히 이후정, 윗글과 김경재 외, "심포지움: 그리스도교 영성과 영성 훈련," 『신학사상』(1997/가을), 5-36, 8-10을 참조하라.

5) 이러한 유형의 글은 최영실, "'그리스도의 영'을 받은 사람들," 『신학사상』(1997/겨울), 37-67.

사사시대는 구원사적 시기로 그 이전과 이후의 역사에 비해 뚜렷이 구별된다. 사사시대는 여호수아의 죽음(수 24:29-33; 삿 2:6 이하)에서 시작하여 사무엘의 고별사(삼상 12장)로 끝난다.

사사기의 내용은 크게 3부분으로 구분된다.

> **서론** 미정복 영토의 목록(삿 1:1-2:5)
> **본론** 사사들의 역사(삿 2:6-16:31)
> **부록** 단 성소 설립(삿 17-18장)과 베냐민 지파의 추행(삿 19-21장)

서론으로 사사기 1장 1절-2장 5절에는 서부요르단 지파들의 미정복 영토에 대한 보도를 담고 있다.

사사기 2장 6-9(10)절에서는 여호수아 24장 29-33절과 중복하여, 여호수아의 죽음을 보도하며, 2장 10절의 새 세대 출현 보도 이어진다. 이 보도에 이어 사사기 2장 11절-3장 6절에서는 사사시대를 역사 신학적으로 해석한다. 3장 7절-16장 31절에서는 대사사의 이야기(옷니엘, 에훗, 드보라/바락, 기드온[=여룹바알]과 그의 아들 아비멜렉, 입다와 삼손)가 이어진다. 그 사이 10장 1-5절과 12장 8-15절에는 소사사의 목록이 삽입되어 있다: 돌라(삿 10:1-2), 야일(삿 10:3-5), 입산(삿 12:8-10), 엘론(삿 12:11-12), 압돈(삿 12:13-15), (입다)[6]. 그리고 3장 31절에 삼갈에 대한 짧은 보도가 나온다. 삼갈도 소사사에 포함된다.

사사기의 끝부분에는 단의 성전이 세워지는 원인론적 이야기(삿 17-18장)와 베냐민 지파 사람들의 범죄 이야기(삿 19-21장)가 부록처럼 덧붙여져 왕권의 필연성을 강조하고 있다.

---

6) 입다는 대사사와 소사사가 모두 겸한다.

IV. 다양한 자료의 특성과 사사기의 중심 주제

사사기에는 다양한 자료들이 한데 묶여 사사시대의 역사를 묘사하고 있다. 이들 자료들은 사사시대의 옛 사건을 사실적으로 보도하는 데 목적이 있는 것이 아니라, 사사시대의 사건에서 신학적으로 의미를 찾으려는 의도가 전면에 서 있다.

따라서 폰 라트G. von Rad는 신명기 사가의 사사기 자료들의 성격을 "이중적"이라고 설명한다. "고대의 역사 이야기(=사화)들 중에는 '아직 정리되지 않는 이스라엘의 옛 시대가 반영된 것들'이 있다. 이것들은 우리를 문화사 및 정신사적으로 고대세계로 이끌어 들이고, 이것들 중에는 자연 그대로의 것, 생동성이 들어 있다. 여기에는 모든 것이 개별적이며, 특수하다. 모든 것이 일회적이며, 모든 것이 동일한 것이 아니다(통일성 있게 정리되어 반복적인 것이 아니다)."7)

이에 반하여 대부분의 자료들은 사사시대의 사건을 신학적 관점, 즉 하나님의 구원사의 사건으로 설명하고 있다. 심지어 고대적 사건으로 간주되었던 '거룩한 전쟁'קֹדֶשׁ(야훼의 전쟁)에 관한 보도들8)도 야훼 하나님의 구속사를 설명하는 후대의 신학적 서술이다.

또한 사사기는 신명기 역사서의 한 부분을 형성한 책으로 고대 영웅들의 이야기를 역사신학적으로 의미를 부여했다. 이러한 역사신학적 해석에 관여한 자를 학문적으로 '신명기 사가'라 부른다. 그는 여호수아의 죽음과 사울 왕의 등장 사이의 시간을 사사들의 시대로 해석했다.

사사기 2장 11-19절(참조 삼상 7:15-18)에서는 사사기 역사 서술 양식(아래 참조)을 담고 있으며, 이는 신명기 사가의 매우 특징적인 역사신학

---

7) 폰 라트, 『구약성서 신학 I』, 허혁 옮김 (경북 왜관: 분도출판사, 1979), 328.

8) 폰 라트, 『구약성서 신학 I』, 329와 폰 라트, "고대 이스라엘의 거룩한 전쟁," 폰 라트, 『폰 라트 논문집』, 김정준 옮김 (서울: 대한기독교출판사), 119-223.

적 해석을 제시한다. 이에 따르면, 이스라엘이 야훼 하나님을 배교하여 이방의 다른 신들을 섬기게 되자, 야훼께서는 그들을 이방민족의 지배하에 놓이게 했으며, 이에 이스라엘이 탄식하며 야훼 하나님께 구원을 호소하자 야훼께서는 사사를 세워 이스라엘을 해방시켜 위기에서 건져 주었다.

사사기의 역사신학에서는 이스라엘의 억압과 해방 사이의 전환을 항구적인 것으로 설명하고 했다. 사사기의 모든 자료와 해석을 하나로 묶을 수 있는 중심 주제는 '하나님의 통치'다. 사사기의 영성은 하나님의 통치와 지배에 대한 바른 이해에 기초한다.

사사기에는 다양한 형태의 하나님의 통치에 대한 신학을 전한다. 사사기에서 하나님의 통치는 세 가지 형태로 나타난다. 첫째는 이스라엘이 위기에 처했을 때 카리스마적인 지도자를 세워 해방시킨다. 위기의 시기에 하나님의 통치는 항구적 통치자인 왕이 아니라 구원자(카리스마적 지도자)를 세워 일시적으로 하나님의 통치를 대행하는 것이다. 둘째, 세속적 통치자를 거부하고 하나님께서 친히 왕으로 즉위하여 통치하는 형태다. 셋째, 하나님의 통치를 율법의 형태로 일상화시키는 단계다. 이 시기에 접어들면서 모든 세속적 지도자는 하나님의 법 아래에 놓이게 되며, 지도자 하나님의 법의 지도를 받는 한에서는 사사이든 왕이든 모두 가능한 형태다.

사사기의 영성은 위기의 시대에 나타난 하나님의 통치에 대한 이해에 근거한다. 하나님은 위기의 시대에 그의 백성의 호소를 물리치지 않고, 구원자를 파송하여 그의 백성을 위기에서 구원하신다. 이러한 경험들은 궁극적으로 하나님께서 세계를 주관하고 계심에 대한 이해로 확장된다. 나아가 역사에서의 구원 경험을 율법을 통해 일상화시켜 모든 역사에서 하나님의 통치를 경험하게 한다.

V. 카리스마적 지도자

하나님은 이스라엘 백성이 위기에 처할 때마다 구원자를 세워 구출해 주었다. 이러한 지도자를 막스 베버M. Weber는 카리스마적 지도자라 불렀다.

1. 카리스마적 지도자의 특성

막스 베버는 '지배'란 "일정한 명령에 대해 어느 특정 인간 집단이 복종할 수 있는 가망성"9)으로 정의하면서, 지배의 유형은 "합리적, 전통적 및 카리스마적" 지배가 있다고 했다.

카리스마적 지배란 "어느 개인의 신성함이나 영웅적인 힘 또는 모범성에 대한 일상 외적 헌신과 이러한 개인에 의해 계시되거나 창조된 질서에 근거한 지배"10)로 정의했다. 카리스마적 지도자는 일상 외적인 것으로 여겨지는 자질, 즉 다른 누구도 얻을 수 없는 역량이나 특성을 (타고 나거나) 신으로부터 부여받아 모범적인 것으로 여겨지기 때문에 지도자로 평가되는 자이다. 베버는 카리스마적 지배의 특성을 다음과 같이 열거했다.11)

첫째, 카리스마적 지배의 타당성은 어떤 카리스마적 지도자가 그의 능력을 입증하므로, 대중들이 이를 자발적으로 인증함으로써 성립된다.12)
둘째, 카리스마적 지도자가 그의 능력을 지속적으로 입증하지 않으면, 그의 카리스마적 권위는 사라져버릴 개연성이 있다.13)

---

9) 막스 베버, 『경제와 사회 I』, 박성환 옮김 (서울: 문학과지성사, 1997), 408.
10) 베버, 『경제와 사회 I』, 412-414.
11) 베버, 『경제와 사회 I』, 449-456.
12) 사사기에는 다양한 형태의 능력 입증이 나타난다. 때로는 카리스마적 지도자에 의해 야훼의 전쟁을 수행하거나 또는 영이 부여되어 초인적인 능력을 발휘하기도 한다.
13) 카리스마의 중단은 삼손에게서 잘 볼 수 있다. 또한 모든 카리스마적 지도자는 이러한 카리스마의 중단으로 인해 세습되지 않는다.

셋째, 카리스마적 지도자에 의해 구성되는 공동체의 조직은 행정적 관료층이 아니다. 따라서 직위도 위계도 존재하지 않는다. 더욱이 봉급이나 녹봉 같은 것도 존재하지 않는다. 고정적인 관청도 법규도 존재하지 않는다. 그때그때마다 새로운 규율을 창조한다.

넷째, 순수한 카리스마적 지도자는 경제에 생소하다. 천부적 재능을 소득의 원천으로 이용하는 것을 경멸한다.

다섯째, 카리스마는 내부로부터의 일종의 혁명적 변혁의 힘이다. 고난이나 열광으로부터 탄생하는 이러한 변혁은 모든 개별적 생활 형식과 세상에 대한 태도가 일반적으로 완전히 새롭게 지향되면서 중심적인 신념과 행실에서 방향이 변화함을 의미한다.

2. 사사시대의 역사와 사사기 역사 서술 양식

사사기의 첫 단락(삿 1:1-2:5)은 미정복 영토의 목록을 제시한다. 이어서 여호수아의 생존 기간 동안 이스라엘 백성은 야훼 하나님을 섬겼다는 보도와 함께, 세대의 전환을 보도한다: "그 세대의 사람도 다 그 조상들에게로 돌아갔고 그 후에 일어난 다른 세대는 야훼를 알지 못하며 야훼께서 이스라엘을 위해 행하신 일도 알지 못했다"(삿 2:10). 이 세대의 전환과 함께 사사시대의 역사가 시작된다.

먼저 사사기 2장 11-19절은 사사시대의 역사 서술을 위한 일종의 '역사 신학적 서론'으로 전체 사사시대 역사의 특성을 함축적으로 보여주고 있다. 사사기에는 독특한 역사 서술 양식을 사용하여 사사시대의 역사를 서술했다. 이 양식을 '사사기 역사 서술 양식das dtr Richterschema'이라 부른다: "이스라엘 자손이 야훼의 목전에 악을 행하고, 야훼를 버리고 다른 신들을 섬겨, 야훼께서 이스라엘에게 진노하여, 이스라엘을 적의 손에 팔아 넘겼다. 그래서 그들은 적을 X년 간 섬겨야 했고, 괴로움이 심하여 야훼께 부르짖으니,

구성요소	내용	성경
범죄	이스라엘 자손이 야훼의 목전에 악을 행하여 자기들의 하나님 야훼를 잊어버리고 바알들과 아세라들을 섬긴지라	3:7
야훼의 분노	야훼께서 이스라엘에게 진노하사	3:8
적에게 넘김	그들을 메소보다미아 왕 구산 리사다임의 손에 파셨으므로	3:8
지배 기간	이스라엘 자손이 구산 리사다임을 팔 년 동안 섬겼더니	3:8
억압/위기	그들이 어디로 가든지 야훼의 손이 그들에게 재앙을 내리시니 곧 야훼께서 말씀하신 것과 같고 야훼께서 그들에게 맹세하신 것과 같아서 그들의 괴로움이 심하였더라	2:15
호소	이스라엘 자손이 야훼께 부르짖으매	3:9
구원자 세움	야훼께서 이스라엘 자손을 위해 한 구원자를 세워 그들을 구원하게 하시니 그는 곧 갈렙의 아우 그나스의 아들 옷니엘이라	3:9
(영의 부음)	야훼의 영이 그에게 임하셨으므로	3:10
적의 굴복	(그가 나가서 싸울 때에 야훼께서 메소보다미아 왕 구산 리사다임을 그의 손에 넘겨 주시매) 옷니엘의 손이 구산 리사다임을 이기니라	(3:10b)
평안	그 땅이 평온한 지 사십 년에	3:11a
사사가 됨	그가 이스라엘의 사사가 되어	3:10
죽음	그나스의 아들 옷니엘이 죽었더라	3:11b

야훼께서 사사를 세워 적의 손에서 이스라엘을 구원하므로, 이스라엘은 X년 동안 평안하게 지냈다. 그러나 사사가 죽으므로 또 다시 악을 행했다."

이 양식의 전형적인 모습은 옷니엘의 역사 서술(삿 3:7-11)에서 잘 나타난다. 그 다음에 여러 사사들의 역사가 나오는데, 이들은 모두 '사사기 역사 서술 양식'에 따라 서술했다.[14]

---

14) 개별 본문들마다 사사기 역사 서술 도식의 구성요소가 일정하게 나타나는 것이 아니다. 길게는 11개(삿 3:7-11) 적게는 4개(삿 13:1; 15:20; 16:31)가 포함되어 있다. 그 가운데 편집자의 손길로 돌릴 수 있는 부분도 있다. 예를 들어 사사 오드니엘에서부터 기드온에까지 삿 3:11a, 3:30b, 5:31과 8:28에 나오는 평안 양식 "그 땅은 X년 동안 평온했다"이다. 참조 U. Becker, *Richterzeit und Königtum* (BZAW 192) (Berlin/New York:

3. 사사기 역사 서술 양식의 역사적 배경

신명기 사가15)는 '사사기 역사 서술 도식'을 사용하여 사사시대의 역사를 서술했다. 그는 복잡한 역사 과정을 통일적이며 간결하게 정리했다. 그는 '이스라엘의 범죄와 이방민족에 의한 고난 그리고 야훼 하나님의 구원자 파송과 이스라엘의 해방'의 도식을 사사시대의 전 역사에 대입시켰다. 이러한 역사 이해는 역사 기록에 대한 열정에 의해서가 아니라, 신학적으로 두 왕의 멸망을 설명할 필요성에서 자극받았기 때문이다.16)

사사시대에 관한 고대 자료들을 역사 신학적으로 해석한 현재의 사사기 본문은 분명 포로 상태에 있는 백성을 향했다. 이스라엘의 국가 멸망(=포로)은 자신들의 범죄에 대한 하나님의 심판으로 이해하게 했다. 심판과 징벌의 의미로 해석된 민족적 대재난에 대한 설명은 사사시대에까지 소급하여 적용했다. 이로써 포로기의 역사적 재난과 사사시대를 유비적으로 이해할 수 있게 했다.

4. 개별 카리스마적 지도자의 특성

사사기에 등장하는 이스라엘 군대 장관들과 구원자들을 שׁוֹפְטִים(쇼프팀: 사사들)이라 부르고 있다. 그들은 계속적인 직무 소유자로서 등장하지 않고, 결정적인 순간에 직무를 수행하는 카리스마적인 지도자로 등장한다.

Walter de Gruyter, 1990), 83. 사사기 도식의 구성요소를 분명히 볼 수 있는 구절들: 에훗(삿 3:12, 14, 15a, 30), 드보라-바락(삿 4:1a, 2a, 3a, 23-24; 5:31b), 기드온(삿 6:1, 6b; 8:28), 입다(삿 10:6-7, 10a; 11:33b), 삼손(삿 13:1; 15:20; 16:31b). 참조 원진희(편), 『전기 예언서 연구』(서울: 한우리출판사, 2007), 160.

15) 보다 정확하게는 역사적 신명기 사가(DtrH)이다.

16) L. Perlitt, *Bundestheologie im Alten Testament* (WMANT 36) (Neukirchen-Vlyun: Neukirchener Verlag, 1969), 7.

1) 에훗(삿 3:12-30)

에훗은 강력한 이웃나라, 즉 모압과의 갈등 상황에서 자신의 신체적 결함에도 불구하고 매우 민첩하고 모험적으로 행동하여 성공을 거두었다(삿 3:16-26). 이 고대 이야기에는 신학적 관심보다는 정치적 관심을 보여준다.

신명기 사가는 이 고대 이야기를 신학적 이야기로 전환했다. 먼저 이스라엘의 고난을 범죄에 대한 야훼의 처벌로 서술했다. 이스라엘 자손이 야훼의 목전에 악을 행했다. 그래서 야훼께서는 모압 왕 에글론을 강성하게 하여 이스라엘을 지배하게 했다. 그래서 이에 이스라엘 자손이 모압 왕 에글론을 18년 동안 섬겼다(삿 3:12-14).

또한 카리스마적 영웅 에훗은 이스라엘의 부르짖음에 대한 야훼의 구원자로 임명을 받는다: 이스라엘 자손이 고난 중에 야훼께 부르짖으므로, 야훼께서는 한 구원자를 세우셨다. 그는 왼손잡이 에훗이었다(삿 3:15).

그리고 에훗은 야훼의 전쟁을 수행한다. 그는 에브라임 산지에서 나팔을 불고 야훼의 전쟁을 선언한다: "나를 따르라! 야훼께서 너희의 원수들인 모압을 너희의 손에 넘겨 주셨다." 이스라엘 자손이 그를 따라 함께 야훼의 전쟁을 수행한다(삿 3:27-28).

거룩한 전쟁의 기본적인 성격, 즉 전쟁의 주체가 야훼 하나님이심을 말하고 있다. 야훼 하나님께서 함께하시며, 이스라엘을 위해 야훼 하나님께서 싸우시며 구원하시는 싸움이라는 것이다. 이는 여호수아와 사사기, 열왕기 및 예언서에서도 강조되는 일관된 이스라엘의 신학사상이다. 이 단락에서 강조하는 것은 거룩한 전쟁이므로, 즉 전쟁의 주체가 야훼 하나님이시므로, 승리는 이미 이루어 놓고 시작한다는 점이다.

이 야훼의 전투에서 큰 전공을 세웠다: 장사급 모압 병사 약 만 명을 죽였다. 그 전투 이후에 모압이 이스라엘 수하에 굴복했으므로, 그 땅이 18년 동안 평온했다(삿 3:29-30).

여기에서 에훗의 신체적 장애에도 불구하고 영웅적인 승리를 거두는 것은 야훼의 전쟁의 한 단편으로 이해되었다.

2) 드보라와 바락

여예언자 드보라는 랍비돗의 아내이며, 약 40년간 이스라엘의 사사로 이스라엘 자손의 재판을 담당했다(삿 4:4; 삿 4:5). 그녀는 바락을 세워 시스라를 패배시켰다(삿 4:6-7; 삿 4:14-16). 이때의 승리를 기념하여 '드보라의 노래'라는 유명한 승전가를 지었다(삿 5장).

에훗이 죽고 난 뒤에 이스라엘 자손은 또 악을 행했다. 그래서 야훼께서는 하솔에서 통치하는 가나안 왕 야빈의 손에 이스라엘을 넘겨, 20년 동안 심히 학대를 받게 했다. 이에 이스라엘 자손이 야훼께 부르짖자, 야훼께서 드보라를 세워 구원하게 했다(삿 4:1-4).

드보라는 부름을 받기 전에는 소사사의 직무를 수행한 듯하다. 또한 드보라는 엘리야와 엘리사 같이 정치적으로 군사적으로 중요한 임무를 수행할 자에게 하나님의 뜻을 전달하는 예언자의 직무를 수행하고 있다. 그녀는 바락 장군에게 이스라엘의 하나님 야훼의 명령을 전달했다.

드보라가 수행한 임무는 '전쟁을 수행할 지도자의 임명'과 '거룩한 전쟁을 위해 군대를 동원하는 일' 그리고 '승리를 보장하는 선포'를 하는 일이다 (삿 4:6-7): "너는 납달리 자손과 스불론 자손 만 명을 거느리고 다볼 산으로 가라! 내가 야빈의 군대 장관 시스라와 그의 병거들과 그의 무리를… 네 손에 넘겨주리라!"

이 전투는 야훼 하나님의 명령에 의해 수행되는 전투로 '거룩한 전쟁'의 성격을 띤다. 그럼에도 바락은 드보라의 동행을 요구한다(삿 4:8). 이는 드보라와 함께하시는 야훼 하나님의 동행을 요구한 것과 같다. 모세와 사울, 기드온과 예레미야의 소명과 유사하다. 이렇게 요구함으로 거룩한 전쟁으로서의 성격을 보다 확실히 하고 있다. 군사력에 의한 전투가 아니라, 하나님의 권능에 의지하여 펼치는 전투가 된다.

드보라는 바락과의 동행을 약속한다. 그러나 전투의 전말을 바락에게 알려준다. 바락이 이끄는 군대에 의하여 적장 시스라가 제거되는 것이 아니라, 야훼께서 시스라를 한 여인(겐 사람 헤벨의 아내 야엘, 삿 4:17 이하)의 손에 넘겨줌으로써 죽게 된다(삿 4:9).

전투 과정은 철저히 야훼의 전투로 진행된다. 이스라엘 군대는 다볼 산에 집결하고, 시스라의 군대는 기손 강에 집결했다. 그때 드보라는 바락에게 전투를 명령하면서 야훼께서 앞서 싸우실 것을 예언한다: "일어나라 야훼께서 시스라를 네 손에 넘겨주신 날이다. 야훼께서 너에 앞서 나가지 아니하시느냐?"(삿 4:14).

그러자 그 예언과 같이, 바락이 이스라엘의 군대를 이끌고 다볼 산에서 내려가기에 앞서, 야훼께서 시스라의 군대를 칼날로 혼란에 빠지게 하셨다. 그러자 시스라는 병거에서 내려 걸어서 도망친다(삿 4:15). 바락은 적장이 도망간 군대를 추격하여 한 사람도 남김없이 죽였다(삿 4:16).

전투는 약속과 성취의 구도에 따른 '거룩한 전쟁'의 노선을 따르고 있다. 본문은 전쟁의 기적적 성격을 강조한다. 이스라엘은 싸울 필요가 없었다. 왜냐하면 야훼께서 먼저 전투를 하여 이스라엘에게 패배를 안겨 주었기 때문이다. 승리의 결과는 놀랄 만한 것이었다. 가나안 사람은 더 이상 평야를 자신의 통제하에 둘 수 없었으며, 반대로 이스라엘은 북부와 중부 지역 사람들 사이의 소통을 더 강화할 수 있게 되었다.

이야기의 절정을 형성하는 시스라의 죽음이 말미에 보도된다(삿 4:17-22). 앞서 예언한 바와 같이, 그는 바락의 군대에 의해 죽은 것이 아니다. 시스라는 전투에서 패하여 목숨을 부지하기 위해 도망쳤다. 그가 도망친 곳은 이방 여인의 천막이었다. 야엘이 시스라를 영접하니, 그는 의심 없이 천막에 들어가 몸을 숨겼다. 도망치느라 피곤했던 시스라는 그곳에서 잠이 깊이 들었고, 야엘은 때를 놓치지 않고 말뚝을 시스라의 관자놀이에 박아 죽였다.

이 모든 것들이 야훼에 의해 진행되었음을 다시 한번 알리면서 이야기는 끝을 맺는다(삿 4:23). 이로써 한 여인의 배신으로 적장이 죽은 것이 아니라, 야훼께서 그의 백성에게 승리를 안겨 주는 구속사의 사건으로 이해하게 만들었다.

사사기 5장은 '드보라의 찬양'을 소개한다. 여기에서 소개된 전투는 사사기 4장의 전투와 동일하지는 않다. 그럼에도 야훼의 전투(삿 4장)에 이어 드보라의 찬양(삿 5장)이 연결됨으로써 거룩한 전쟁을 수행하신 야훼를 찬양하는 감사의 노래로 받아들이게 한다.

3) 입다(삿 10:6-12:7)

다시금 이스라엘 백성의 배교는 야훼를 분노케 했고, 그래서 야훼는 이스라엘 백성을 가나안과 암몬의 손에 넘겨 고난을 받게 했다(삿 10:6-9). 특별히 여기에서 이스라엘 백성의 긴 참회 과정을 소개했다(삿 10:10-16).

입다의 임명은 다른 본문과는 달리 소개된다. 대개 백성들의 호소에 응답하여 야훼께서 사사를 세워 구원한다(삿 3:9; 3:15; 4:5; 6:8, 11ff.). 그러나 입다는 한순간에 어떤 임명이나 하나님의 부르심을 받지 않았다. 그가 길르앗의 최고 사령관으로 부름 받은 것은 길르앗 원로들과의 힘든 협상을 하고 난 다음에야 이루어졌고(삿 11:5-10), 더욱이 입다는 자신의 임무가 협상을 통해 이루어졌다(삿 11:12). 또 다른 특이한 점은 입다가 주의 영을 받고 나중에 그토록 비극적인 결과를 초래하게 될 맹세를 선언했다는 것이다(삿 11:29-31; 삿 11:34-40).

입다는 아비멜렉과 비교가 되는 인물이다. 두 사람 모두 의심스럽거나 부적격자로 여겨지는 부모에게서 태어났으며, 정치적·군사적 경력을 가지고 있으나, 정치적 관점에서 높은 평판을 누리지 못했다. 아비멜렉은 권력의 지위를 넘보았고, 그 결과 잔인무도하고 야만적인 방법으로 권력을 행사했다. 그러나 입다는 합법적으로 자신에게 제의된 권력을 받아들여 현명한 방법으로 권력을 행사했다.

어쨌든 입다는 그가 전투에서 승리한다면 그것은 야훼의 허락으로 가능한 것임을 말한다(삿 11:9; 참조 삿 11:30). 또 그는 전투에 앞서 모든 말을 야훼께 아뢰었다(삿 11:11). 무엇보다 입다는 암몬과의 전투에 앞서 구속사(신 1-3장)에 근거하여 암몬의 침략 행위 주장이 부당함을 밝힌다. 그리고 긴 연설의 말미에 암몬의 잘못에 대해 "심판자 야훼께서 오늘 이스라엘과 암몬 사이를 판결하실 것이다"라고 말한다(삿 11:27). 암몬과의 전투에서 야훼께서는 암몬을 입다의 손에 넘겨주셨다. 그 결과 큰 승리를 거두었다. 이에 암몬 자손은 이스라엘 자손에게 항복했다(삿 1:32-33). 그러므로 사사기에서 입다는 이스라엘의 사사로 이해되었다(삿 12:7).

4) 삼손(삿 13:1-16:31)

삼손 이야기는 네 개의 일화로 구성되어 있다. 첫 일화는 삼손의 기적적 출생(삿 13장), 둘째 일화는 삼손의 첫 결혼(삿 14장), 셋째가 선동가 및 전사로서의 삼손(삿 15장), 넷째가 삼손의 사로잡힘과 죽음(삿 16장)이다.

삼손 이야기의 출발점은 다른 카리스마적 지도자의 출현에 비해 단축되었다. 적에 의한 억압의 이야기도 축약되었고, 백성들의 부르짖음이나 하나님께서 구원자를 파송하는 이야기는 아예 없다. 그리고 삼손의 기이한 출생 이야기로 대신한다.

그의 어머니는 아브라함의 아내 사라와 마찬가지로 '아기를 낳지 못하는 여인'(עֲקָרָה 아카라)이었다. 임신 불능의 주제는 구약과 신약에 빈번하게 등장한다. 인간의 한계는 신이 개입하는 계기가 된다. 야훼의 사자가 나타나 자녀의 출산을 예고한다(삿 13:3).

삼손은 출생할 때부터 하나님께 바쳐진 나실인으로 블레셋 사람의 손에서 이스라엘을 구원할 소명을 받는다(삿 13:5). 삼손은 나실인으로 포도주와 독주를 마시지 말아야 하며, 어떤 부정한 것도 (만지거나) 먹지 말아야 한다. 또한 머리카락을 자르지 말아야 한다.

그는 경건한 부모에게서 태어난다. 삼손의 아버지는 태어날 아이를 어떻게 양육해야 할지 가르쳐 줄 것을 하나님께 청원하기도 하며(삿 13:8, 12), 삼손의 출생 예고를 감사하여 하나님께 번제를 드리기도 했다(삿 13:15-20, 23). 이것은 삼손이 신실하고 원숙한 이상적 가정의 출신임을 말한다. 그리고 삼손이 태어나자 야훼의 영이 그를 움직이기 시작했다(삿 13:24-25). 그럼에도 삼손은 매우 호색적이어서 음행과 속임수와 죽음을 불러일으키는 이방 여인과 빈번한 접촉 속에서 불행한 말로를 맞는다.

둘째 일화는 결혼 이야기다. 삼손은 이방 여인과 결혼하려 한다. 그러나 그의 부모는 '이 일이 하나님으로부터 나왔다'[17)는 것을 알지 못한 채 할례 받지 않은 이방 민족 여인과의 결혼을 반대한다.[18)

삼손은 사자를 만났으나, 야훼의 영이 그에게 임하여 사자를 단숨에 찢어 죽인다. 이로써 그의 영웅적인 힘이 입증되었다. 얼마 후에 삼손은 죽은 사자의 몸에 벌떼와 꿀이 있는 것을 보고, 직접 그 꿀을 먹기도 하고 그의 부모에게도 드려서 먹게 했다. 이로써 삼손은 죽은 시체에서 나온 부정한 것을 먹어 나실인의 계율을 어겼다.

결혼 잔치에서 삼손은 사자에게서 꿀이 나온 것을 수수께끼로 내어 "베옷 삼십 벌과 겉옷 삼십 벌"을 내기로 걸었다. 혼인 잔치에서 삼손이 포도주를 직접 마셨다는 말은 없으나, 마셨을 개연성이 있다. 그렇다면 이것도 나실인의 계율을 어긴 것이 된다. 삼손이 수수께끼의 벌금으로 옷 서른 벌을 구해야 했을 때, 야훼의 영이 그에게 갑자기 임하여, 아스글론 사람 30명을 쳐 죽이고 노략하여 수수께끼를 푼 자들에게 옷을 주었다. 다시 한번 삼손의

---

17) 삼손의 결혼이 반민족적(적국의 여인) 혹은 비신앙적(할례 받지 못한 민족의 여인)이라는 오점을 희석시킨다.

18) 결혼 반대 이유 중 "할례 받지 않은 민족과의 혼인을 반대"하는 것은 이스라엘에서 포로기와 포로 후기의 경험을 반영하고 있다. 참조 소긴, 『판관기(국제성서주석 7)』(서울: 한국신학연구소, 1993), 338.

힘이 입증되었다. 삼손은 나실인으로서의 계율을 어겼음에도 야훼 하나님은 여전히 그와 함께하여 그로 하여금 괴력을 과시할 수 있게 했다.

셋째 일화는 방화사건과 이에 이어 나귀의 턱뼈(레히)로 적을 무찌른 사건이다(삿 15장). 사사기 14장에서 삼손이 화가 나 가버린 것을 그의 장인은 이혼한 것으로 오인하고, 삼손의 아내를 그의 결혼식 들러리에게 재혼시켜버렸다. 아내를 다시 맞을 수 없었던[19] 삼손은 곡식밭과 과수원에 불을 놓아 화풀이를 했다. 이로 인해 블레셋과 유다 사이에 전쟁이 생겨, 유다 사람들은 삼손에게 간청하여 그를 포로로 넘겨주었다. 삼손이 레히(턱뼈)에까지 잡혀왔을 때, 야훼의 영이 그를 사로잡아 묶은 줄을 풀고, 나귀의 턱뼈로 블레셋 병사 천 명을 쳐 죽였다. 그로 인해 삼손이 목이 말라 야훼께 부르짖으니, 야훼께서 응답하여 레히의 한 우묵한 곳을 터뜨리어 거기에서 물이 솟아나게 했다. 이러한 사건들 속에서도 야훼께서 삼손과 함께하심을 인지할 수 있다.

넷째 일화는 그의 비참한 말로를 그린다(삿 16장). 그가 아름다운 이방 여인에 꾀여, 머리카락을 잘라서는 안 된다는 나실인의 계율을 어긴다. 그 결과 삼손은 블레셋에 사로잡혀 눈이 뽑히고, 많은 사람들의 우스갯거리가 된다. 그러나 머리카락이 다시 자라나자, 다곤 축제에서 삼손은 야훼께 "주 야훼여! 나를 기억하소서, 나를 강하게 하사 나의 두 눈을 뺀 블레셋 사람에게 원수를 단번에 갚게 하옵소서"라고 간구한 후에 신전의 기둥을 밀어 신전을 무너뜨렸다. 이로 인해 그 안에 있는 모든 사람들이 삼손과 함께 죽었다. 이 장렬한 전사는 삼손의 기도에 대한 야훼의 응답으로 간주된다. 삼손은 20년 동안 하나님께서 함께한 이스라엘을 다스린 사사였다.

19) 신 24:1(참조 렘 3:1)에는 이혼한 아내가 재혼했을 경우 그녀를 다시 맞는 것을 엄격히 금지하고 있다.

VI. 인간 통치의 거부와 하나님 통치의 수용

사사기에서는 왕권에 대해 다양한 입장을 제시한다. 구약성서에서는 야훼 하나님을 이스라엘 민족의 인도자이며, 나아가 세계 역사를 주관하시는 분이며 유일한 통치자로 묘사한다. 이러한 과정에서 야훼 하나님을 왕으로 묘사하기도 한다. 이스라엘 백성은 왕이신 야훼의 통치를 거부하고 인간의 왕을 세우고자 한다(삿 8:22-23; 참조 삼상 8장; 삼상 12장). 그러나 기드온은 인간의 통치를 거부하고 하나님의 통치의 수용을 주장한다(삿 8:22-23).

1. 사사기 6-8장과 사사기 9장의 문학적 특징

사사기 6-8장은 기드온의 활동에 대해, 9장은 그의 아들 아비멜렉의 활동에 대해 보도한다. 이러한 구조에 대해 크뤼제만은 왕권 제도를 거절하고 하나님의 통치를 주장한 경건한 지도자 기드온과 왕권을 획득하고 그것을 붙잡기 위해서는 어떠한 대가라도 치르려고 한 사악한 협잡꾼 아비멜렉을 대비시키고 있다고 보았다.[20] 따라서 전자는 하나님의 통치와 관련된 내용들이 전면에 서 있는 반면, 후자는 인간의 통치가 가져온 패악이 강하게 부각되었다.

사사기 6-8장의 내용과 구조를 살펴보면 다음과 같다:

서론: 삿 6:1-10

기드온의 부름과 소명: 삿 6:11-40

---

20) F. Crüsemann, *Der Widerstand gegen das Königtum. Die antiköniglichen Texte des Alten Testaments und der Kampf um den frühen israelitischen Staat* (WMANT 49) (Neukirchen- Vlyun: Neukirchener Verlag, 1978), 42.

기드온의 전투: 삿 7:1-8:21

　　　요르단 서편 전투: 삿 7:1-8:3

　　　요르단 동편 전투: 삿 8:4-21

기드온의 신정정치 주장: 삿 8:22-23

결론: 삿 24-35

2. 기드온의 소명(삿 6:[1-10], 11-24)

1) 미디안의 억압(삿 6:1-10)

기드온의 부름과 소명의 보도에 앞서 미디안의 침략과 억압을 보도한다(삿 6:1-10). 미디안의 억압을 보도하는 단락(삿 6:1-10)은 기드온의 소명을 예비하는 단락이다. 미디안의 침략과 이로 인한 피해를 사사기 6장 2-5절에 상세히 보도한다. 미디안 침략의 원인을 이스라엘 자손이 악을 행했으므로, 야훼께서 그들을 미디안의 손에 넘겨주셨기 때문이라고 말한다(삿 6:1).[21] 불의한 이방의 침략과 함께 하나님께서 그의 백성의 불의를 심판하는 징계로 이해했다.

이로 인해 이스라엘은 미디안으로부터 심한 억압을 받았고, 그래서 이스라엘 자손은 야훼께 부르짖었다. 이스라엘 자손이 미디안으로 말미암아 야훼께 부르짖자, 야훼께서 이스라엘 자손에게 한 '예언자'(נָבִיא 나비)를 보내셨다.

2) 예언자 기드온

사사기의 다른 단락에서는 이방인의 억압으로부터 이스라엘 백성을 해방을 위해 야훼 하나님은 '구원자'(מוֹשִׁיעַ 모쉬아)를 보냈다(삿 3:9, 15;

---

21) 삿 6:1은 미디안의 침략(삿 6:2-5)에 대한 신명기 사가의 신학적 해설이다.

참조 삿 12:3). 그러나 사사기 6장 7절에서는 구원자 대신에 예언자를 파송한다. 이는 기드온을 예언자로 이해했으며, 그의 소명을 예언자의 소명으로 이해했기 때문이다. 실제 기드온의 소명은 예언자의 소명 양식[22]에 따라 보도되었다:

> 상황: 삿 6:11; 6:1-10
>> ① 위임과 파송: 삿 6:12-14
>> ② 파송거절: 삿 6:15
>> ③ 동행 약속: 삿 6:16
>> ④ 표징: 삿 6:17-24

3) 하나님의 동행의 회의와 약속

본문은 기드온이 카리스마적 지도자로 부르심을 받고 세워졌다는 것을 나타낸다. 그는 미디안이 억압하는 위기 상황에서 하나님의 부르심을 받았다. 이스라엘의 상황은 야훼 하나님의 동행에 회의를 할 만큼 위기적 상황이었다. 야훼의 사자가 그를 찾아와 "야훼께서 너와 함께 하신다!"라고 말씀하시자, 기드온은 당시의 억압 상황을 하나님의 부재에서 비롯된 것이라고 호소한다:

> "오 나의 주여 야훼께서 우리와 함께 계시면 어찌하여 이 모든 일이 우리에게 일어났습니까! 또 일찍이 우리 조상들이 '야훼께서 우리를 애굽에서 올라오게 하신 것이 아니냐!'라고 말하면서 우리에게 말한 그 모든 이적들이 어디 있나이까! 이제 야훼께서 우리를 버리시어 우리를 미디안의 손에 넘겨주셨습니다."(삿 6:13)

---

22) 참조 출 3:9-12; 삿 6:11-24; 삼상 9:1-10:16; 렘 1:4-10.

기드온의 탄식은 '하나님께서 과연 이스라엘과 동행하시는가?'에 대한 회의이며, 또한 '하나님은 세계의 열강들과 그들의 신들을 능가할 만큼 강하신 분인가?'에 대한 회의이다. 이러한 탄식은 포로기에 제기되었던 대표적인 신앙적 회의를 표현한 것이다.[23]

하나님은 위기의 상황에서 기드온을 사명자로 세우신다: "가라! 너는 이 힘으로 이스라엘을 미디안의 손에서 구원하라, 내가 너를 보낸 것이 아니냐!"

그러나 기드온은 자신의 가문이 므낫세 지파 중에서 가장 약하고, 또 자신이 자신의 집안의 가장 초라한 존재로 민족의 운명을 구원하는 일에 적합하지 않음을 호소한다. 어떤 사람이든 이스라엘의 하나님을 섬기도록 직접 부름을 받은 사람은 그 사람의 보잘것없는 특성으로 인해 부름을 받는다.

이 점은 사명자의 겸손을 넘어 특별한 의미를 지닌다. 즉, 하나님은 자신의 구원 사업에 필요한 자를 부르신다. 하나님은 그의 백성 중에 한 사람을 선택하여 그의 대리자로 활동하게 한다. 하나님의 선택은 어떤 공적이나 신분에 근거하지 않는다. 하나님의 구원 사업은 인간의 능력에 의존하지 않는다:

> "형제들아 너희를 부르심을 보라 육체를 따라 지혜로운 자가 많지 아니하며 능한 자가 많지 아니하며 문벌 좋은 자가 많지 아니하도다! 그러나 하나님께서 세상의 미련한 것들을 택하사 지혜 있는 자들을 부끄럽게 하려 하시고 세상의 약한 것들을 택하사 강한 것들을 부끄럽게 하려 하시며, 하나님께서 세상의 천한 것들과 멸시받는 것들과 없는 것들을 택하사 있는 것들을 폐하려 하시나니, 이는 아무 육체도 하나님 앞에서 자랑하지 못하게 하려 하심이라!"(고전 1:26-29)

---

23) 한동구, 『신명기 해석』(서울: 도서출판 B&A, 2004), 183.

4) 하나님의 약속과 표징

기드온은 카리스마적인 방법으로 그의 사명을 부여받는다. 그에게 특별한 은사가 부여되었다. 하나님은 동행을 약속하신다. 하나님의 동행은 앞으로 있게 될 기드온의 모든 전투에서 승리를 예감하게 만든다. 기드온은 "미디안 사람 치기를 한 사람을 치듯 할 것이다."

야훼 하나님의 위임을 받고 자신들보다 더 강한 적들과 전쟁을 하게 될 때, 두려움을 갖게 된다. 그러나 이러한 두려움은 하나님께서 함께하심으로 넘어설 수 있다. 기드온은 다른 어떤 신도 아닌, 야훼 하나님의 약속과 함께 담대히 사명을 수행할 수 있다. 이스라엘의 예언자들을 포함한 경건한 자들은 자신의 힘이나 능력으로 하나님의 권능으로 사명을 수행한다. 진정 영원한 것은 물리적 힘이 아니라, 야훼의 말씀이며, 야훼와 함께하는 자에게 주어지는 거룩성임을 알게 되었다(참조 사 40:6-8).

앞서 사사기 6장 13절에서의 회의와 마찬가지로, 기드온은 하나님의 동행에 대한 표증을 요구한다: "나와 말씀하시는 분이 당신이라는 표징을 내게 보여주십시오!" 기드온은 예물을 준비하여 상수리나무 아래에서 그분에게 드리자, 그분은 불로 그 예물을 살라버렸다. 아마도 이것은 하나님에 의한 번제를 연상시킨다(참조 왕상 18:38). 이를 통해 야훼(의 사자)는 자신을 증거했다. 이와 같이 야훼 하나님은 기적을 통해 기드온에게 한 약속을 보증했다.[24]

이러한 회의와 보증은 국가의 멸망과 같은 위기의 상황의 산물이다. 국가가 멸망한 이후, 즉 포로기적 상황에서 이스라엘은 스스로 무엇인가를 추구할 수 없는 상황에 놓이게 된다. 이러한 상황은 하나님의 약속 역시 쉽게 신뢰할 수 있는 상황이 아니다. 따라서 하나님께서 그의 백성을 위해 먼저

---

24) 표징에 대한 요구는 야훼께서 아브라함에게 땅을 약속하자, "그 땅을 소유할 것을 내가 무엇으로 알 수 있겠습니까?"라고 묻는 아브라함의 질문과 유사하다(참조 창 15:7). 이에 대해 야훼 하나님은 스스로 맹세의식을 행하여 약속이 반드시 실현됨을 증거했다.

행동하신다. 심지어 하나님은 스스로 의무까지 짊어지는 맹세를 하시기도
한다(창 15장).[25)]

    번제가 온전한 헌신을 의미한다면,[26)] 인간(=기드온)에 의한 번제가 아
니라, 하나님에 의한 번제인 것이다. 인간이 온전히 하나님께 헌신할 수
있는 상황이 되지 않자, 하나님께서 인간을 향해 온전히 동행할 것을 약속한
것이다. 하나님에 의한 맹세와 함께 하나님에 의한 번제인 것이다. 이는
인간을 향한 하나님의 일방적 사랑의 표현이다.

3. 백성들의 왕권 요구와 기드온의 거절(삿 8:22-23)

    이스라엘 사람들이 기드온에게 "당신과 당신의 아들과 당신의 손자가
우리를 다스리십시오! 왜냐하면 당신이 우리를 미디안의 손에서 구원했기
때문입니다"라고 청하자, 이에 대해 기드온은 그들에게 "내가 너희를 다스
리지 아니하겠고, 나의 아들도 너희를 다스리지 아니할 것이다. (오직) 야
훼께서 너희를 다스릴 것이다"라고 대답했다(삿 8:22-23).

1) '이스라엘 사람들'과 그들의 정치적 행위의 의미

    이 짧은 대화에서 '이스라엘 사람들'은 누구인지 불분명하다. 즉 그들의
정치적 실체와 그들의 행위가 갖는 정치적 의미가 분명치 않다. 그들이 기드
온에게 통치를 부탁한 것은 어떤 의미를 지니며 동시에 인간의 왕이 아닌
하나님의 통치를 선언한 것도 어떤 의미인지 명확하지 않다.

    여기에서 "이스라엘 사람들"(אִישׁ־יִשְׂרָאֵל 이쉬-이스라엘)이란 단순
히 민족의 소속을 나타내는 말이 아니라, 일종의 '의회' 개념, '군대에 참여할
수 있는 보통 남자들의 모임'(=총회)으로 사용되었다. 이들은 국가의 중대

---

25) 한동구, 『창세기 해석』(서울: 도서출판 B&A, 2003), 243.
26) 한동구, 『오경 이해』(서울: 프리칭아카데미, 2006), 203.

한 운명을 결정하는 정치 집단으로 표현된다.[27]

이와 유사한 표현은 사무엘하 2장 4절에 '유다의 남자들'(יְהוּדָה־אַנְשֵׁי 안세 여후다)은 다윗을 왕으로 기름 부었다. 5장 1절과 3절에서는 다소 다른 표현으로 정치적 집단이 표현된다. '온 이스라엘 지파'와 '이스라엘의 장로들'이 다윗을 찾아가 그를 이스라엘의 왕으로 기름을 부었다.

2) 인간의 지배의 거절과 하나님의 지배의 주장

백성들은 기드온에게 "다스리십시오/통치자가 되어 주십시오!"라고 청했다. '다스리다'(מָשַׁל 마샬)라는 말이 '왕이 되다'(מָלַךְ 말라크)라는 말과 일치하지는 않을지라도, 기드온은 이를 거절한다. 또한 기드온은 왕의 세습의 원리도 거절했다: "나의 아들도 너희를 다스리지 아니할 것이다." 그리고 그는 야훼의 통치를 주장한다: "야훼께서 너희를 다스릴 것이다."[28] 현재의 표현이 다소 모호할지라도, 기드온의 주장은 '야훼만이 유일한 왕(=통치자)이다'라는 점을 말한다.[29] 이러한 주장은 사무엘상 8장과 12장에서도 볼 수 있으며, 그 의미가 좀 더 분명해진다.

사무엘상 8장

백성들이 왕을 세워 줄 것을 요구한다. 백성들(혹은 백성들의 대표)이 왕을 세워 달라는 요구는 2가지(혹은 3가지)의 이유로 표현된다.[30]

---

27) 현재의 문맥은 백성들의 전체(대표들)에 의한 정치적 행동이 왕위 상승에 전제조건으로서의 백성의 동의(Volkes Akklamation)에 해당되는 것인지 아니면 단지 권력 강화를 목적하는 백성들의 정당화인지는 분명치 않다. 분명한 것은 인간의 지배에 반대하며 하나님의 지배를 주장한다.

28) 크뤼제만은 이 본문이 예루살렘, 특히 성전과 왕궁을 중심으로 한 왕조 이데올로기에 대한 특정 집단의 반대를 나타내고 있다고 보았다. F. Crüsemann, *Der Widerstand gegen das Königtum*, 42-54.

29) 소긴, 『관관기』, 231.

30) 그들의 지도자(사무엘 사사)가 이미 늙었다(삼상 8:1a,과 5aβ)는 자연법칙의 사실과 연약한 민족에게서 흔히 볼 수 있는 소망, 즉 주변의 다른 민족들과 같이 강한 민족이

이러한 요구에 대한 답변은 3가지 다른 형태를 제시되고 있다. 왕을 세워 달라는 백성들의 요구가 사무엘상 8장 6b-7a절에서는 하나님께서 동의하신 것으로 아주 긍정적으로 판단되었다. 그러나 사무엘상 8장 7b-8절에서는 이스라엘 민족이 왕을 세워 달라고 요구한 것은 하나님의 지배를 거절하고 다른 신들에게로 돌아가는 배교행위로 부정적으로 표현했다.31) 여기에서는 사사기의 본문에서보다 분명하게 왕권의 부정적 측면을 강하게 강조한다. 그밖에도 야훼께서 사무엘에게 왕의 법을 선포하라고 명령했다. 새로운 지도자는 법의 통제하에 놓여야 한다(삼상 8:9bββγ-10).

이러한 왕권에 대한 다양한 견해는 긴 역사적 과정 속에서 왕권에 대한 오랜 반성의 산물이다. 이스라엘 역사의 초기에 외부의 적으로 인해 상설적 전쟁기구가 필요할 때에는 왕권을 긍정적으로 지지했다. 그러나 왕권의 부작용을 경험하면서 왕권을 어떤 법의 제한 속에 두려 했으며, 마침내 왕권을 하나님의 지배의 거역으로 이해하게 되었다.32)

사무엘상 12장

백성들이 왕을 요구한 것은 하나님의 왕권(삼상 12:12b "야훼 너희의 하나님이 너희의 왕이다")을 반대하는 반역 행위로 묘사한다. 사무엘상 12장도 왕권 존재를 인정하는 문맥과 이에 반대하는 문맥이 함께 얽혀 있다.33) 후자는 전자의 내용을 수정하고 있다.

되고 싶다는 소망(삼상 8:5b과 20a)이 왕권 국가를 요구하는 이유가 되고 있다. 다른 한편 아이러니하게도 본문에서는 사회적·정치적 고발(삼상 8:3과 5aγ: 경우에 따라서는 삼상 8:11b-17)이 왕권 국가를 요구하는 또 다른 이유가 되었다.

31) 이러한 주장은 신명기 사가의 편집층에 속한다(삼상 8:7b-8, 9b*, 18). "하나님의 통치를 거역하고, 인간의 왕을 세워 낭패를 겪게 될 것이라는 경고"도 여기에 속한다.

32) 참조 스톨쯔, 『사무엘 상·하(국제성서주석 8)』, 박영옥 옮김 (서울: 한국신학연구소, 1991, 1994⁴), 58. 원제는 F. Stolz, *Das erste und zweite Buch Samuel* (ZBKAT 9) (Zürich: Theologischer Verlag, 1981).

33) 왕의 존재를 인정하는 문맥은 기본층이며, 이를 야훼의 통치의 반역으로 이해하는 문맥은 개정층으로 보아야 한다. 참조 스톨쯔, 『사무엘 상·하(국제성서주석 8)』, 129 이하.

여기에서는 이스라엘의 출애굽의 구원사를 먼저 서술한다(삼상 12:8-
12; 참조 삼상 12:6b). 야곱이 애굽에 들어간 후, 너희 선조들은 야훼께
부르짖었다. 그러자 야훼께서 모세와 아론을 보내어 그들이 너희 선조들을
애굽에서 이끌어 내어 이곳에 살게 했다(삼상 12:8).

그 후 그들은 그들의 하나님 야훼를 잊었다. 그래서 야훼 하나님께서는
그들을 하솔 군사령관 시스라의 손과 블레셋 사람들의 손과 모압 왕의 손에
넘기셨으므로, 그들이 이스라엘에 대적하여 전쟁을 일으켰다. 그러자 이스
라엘 백성들은 야훼께 부르짖어 "우리는 야훼를 버리고, 바알과 아스다롯을
섬기며 범죄했습니다"라고 죄를 고백한 후에 "이제 우리를 우리의 적들의
손에서 건져내소서 그리하면 우리가 당신을 섬기겠나이다"라고 소원을 간
청했다. 그러자 야훼께서는 여룹바알(=기드온)과 베단(=바락)과 입다와
사무엘을 보내어, 이스라엘 백성을 사방 적의 손에서 건져내어 안전하게
살게 했다(삼상 12:9-11).

그러나 이스라엘 백성이 암몬 사람들이 왕 나하스가 그들을 치러 오는
것을 보고, 야훼 하나님께서 그들의 왕이 되심에도 불구하고[34] 그들은 다
음과 같이 사무엘에게 말했다: "아닙니다. 우리를 다스릴 왕이 반드시 있어
야 합니다."[35]

이러한 구원사의 서술에 이어 인간의 왕의 요구는 하나님의 왕권을 부인
하는 중대한 범죄 행위임을 서술한다. 이스라엘은 목전에 놓인 적을 바라보

이와 반대의 견해 원진희, 『구약성서의 출애굽 전통』(서울: 한우리, 2005), 264 이하.
34) 사사시대의 구원사 도식이나, 오경에서는 "야훼 하나님의 구원의 역사를 쉽게 잊어버리
고"라는 표현공식이 등장한다.
35) 여기에서 신명기 사가가 사사시대를 묘사할 때 사용한 '사사시대의 구원사 도식'을 볼
수 있다. 삼상 12:8에서는 "'야훼께 부르짖다', '…를 보내다', '구원하다'"를 볼 수 있다.
다음으로 계속되는 부분에서도 보다 분명하게 사사시대의 구원사 도식을 볼 수 있다:
'잊어버리다', '누구의 손에 넘기다', '대적하여 전쟁하게 하다', '야훼께 부르짖다', '…를
보내다', '구원하다'. 또한 여기에서는 사사기 도식에서 볼 수 없는 새로운 요소도 포함되
어 있다: 죄의 고백과 탄원이다(삼상 12:10*).

고, 인간의 왕을 요구한다. 이것은 과거 이스라엘 역사에서 경험한 무수한 구원의 경험을 쉽게 잊어버린 행동이며, 동시에 야훼 하나님께서 그들의 목전에 놓인 적들을 물리칠 구원의 능력이 없다는 불신의 주장이다.

더 나아가 구세주나 통치자를 세우는 것은 전적으로 하나님의 주권에 속하는 사실로 전제한 것이다. 따라서 인간에 의한 왕권의 요구는 하나님의 왕 선택Gottes Designation의 주권을 부인하는 중대한 범죄다.

야훼만이 진정한 구원의 하나님으로, 통치권의 진정한 권한을 가진 분이시다. 하나님의 통치의 우월성은 지상의 어떠한 통치, 어떠한 왕권도 비교될 수 없는 유일한 것이다.

3) 예언서의 야훼-왕 사상

야훼-왕 사상은 신명기 역사서를 넘어 예언서, 시편 그리고 오경에도 나온다. 야훼-왕 사상의 의미를 보다 정확히 이해하기 위해서는 무엇보다 예언서에 나타난 야훼-왕 사상을 찾아보아야 한다. 이사야 44장 6-8절에서는 야훼를 '이스라엘의 왕'으로 '이스라엘의 구원자'로 칭호하고 있다. 나아가 야훼만이 유일한 하나님임을 선언한다: "나 외에 다른 신이 없다!", "나 외에 신이 있겠느냐 과연 반석은 없나니 다른 신이 있음을 내가 알지 못한다."

이사야서에서는 야훼의 유일성을 주장할 뿐 아니라, 야훼 하나님과 비교될 수 있는 것은 어떤 것도 없다는 것을 말씀한다. 그래서 '야훼 하나님 앞에는 모든 열방이 아무 것도 아닌 존재'로 마치 '없는 것이나 빈 것 같은 존재'로 간주된다(사 40:12-17). 이는 필연적으로 다른 신적 존재들이란 허무한 것들이며, 인간 장인들이 만든 장신구에 불과하다는 것을 밝혀 주고 있다 (사 40:18). 따라서 세상의 권세자들이나 신들이라는 것들은 하나님의 권능 앞에는 회오리바람에 나는 초개같은 것들이다(사 40:24): "귀인들을 폐하시며 세상의 사사들을 헛되게 하셨다." 또 야훼는 세계의 심판자로 모압을 심판하는 왕 하나님(렘 48:15), 바벨론을 심판하는 왕 하나님(렘 51:57)이시다.

4) 오경의 야훼-왕 사상

출애굽기 15장에서는 모세가 이스라엘 백성들과 함께 갈대 바다를 무사히 건너고 동시에 애굽의 병사를을 삼켜버렸던 출애굽 사건을 기념하며 불렀던 승리의 노래가 나온다. 이 승리의 노래에는 "야훼여 신 중에 당신과 같은 자가 어디에 있겠습니까?…"라고 노래하고 있다(출 15:11-13). 그리고 이 노래의 끝에 "야훼만이 영원히 다스릴 왕이시다(מלך 말라크)!"라고 찬양한다(출 15:18). 여기에서는 무엇보다도 역사의 주인으로서의 야훼-왕 사상을 보여주고 있다.36)

이러한 역사의 주인으로서의 야훼-왕 사상은 민수기 23장 21절에서도 볼 수 있다. 이방인 예언자 발람은 모압 평야에서 내키지는 않지만 이스라엘 백성을 축복하고 그들의 승리를 예언했다: "… 야훼 하나님을 왕으로 맞이하는 소리 우렁차군요. 그들을 애굽에서 인도하여 내신 하나님께서 들소 뿔처럼 그들을 지켜 주시는군요!"(민 23:21-22; 참조 민 24:8).

또한 신명기에서는 출애굽 사건에 관한 역사적 기억을 보다 세밀하게 진술하고 있다(신 8:14-16). 이와 함께 야훼께서 왕으로 등극하는 모습을 극적으로 묘사하고 있다: "야훼께서 시내 산에서 오시고 세일 산에서 일어나시고 바란 산에서 비추시고 일만 성도 가운데에 강림하셨고… 모든 성도가 그의 수중에 있으며 주의 발 아래에 앉아서 주의 말씀을 받는도다! … 그가 여수룬에서 왕으로 등극하시니…"(신 32:2-5). 야훼께서 왕으로 등극하는 모습은 이사야에서 야훼가 이스라엘의 왕으로 이스라엘을 다스리기 위해 다시 찾아오는 모습을 연상시킨다(사 40:10).

---

36) 슈나겐부르그, 『하느님의 다스림과 하느님의 나라』, 조규만/조규홍 옮김 (서울: 카톨릭출판사, 2002), 24.

오경에 나타난 야훼-왕 사상은 역사를 주관하시는 유일하신 통치자의 모습이다. 그 앞에 어떤 통치자도 비교가 되지 않는다. 유일하신 왕께서 자기의 백성을 인도하시는 모습이다.

5) 시편의 야훼-왕 사상

찬양시에는 원래 야훼 하나님의 창조적 권능과 구속사적 행위를 찬양하는 것이 주된 내용이나, 야훼 하나님을 왕으로 찬양하는 시들도 있다. '야훼-제왕 시편'들(시 47; 93; 96-99편)이다. 또 단순한 야훼 하나님께 왕의 칭호를 붙인 시들도 있다.[37]

이들 야훼-제왕 시편들의 중요한 특징은 야훼의 통치 영역의 확장에 있다. 첫째, 야훼 하나님의 통치가 이스라엘을 넘어 온 세계에 미치고 있음을 찬양한다. 하나님은 온 땅, 즉 세계의 모든 나라와 민족들을 다스리는 왕으로 찬양되고 있다(시 47:7, 8-9; 96:1, 96:3; 97:9; 98:3-4; 99:1). 역사의 주로서 야훼-왕의 모습은 오경에서 보여준 모습이다. 특이한 점은 뭇 민족의 지도자들(혹은 고관들)을 아브라함의 하나님의 백성으로 여기고 있다(시 47:9). 하나님의 통치하에서 세계가 하나됨을 나타낸 것이다. 창세기의 족장사(특히 제사장 문서)에서 흔히 볼 수 있는 사상이다(창 17:4-6).

둘째, 하나님은 인간 세계를 넘어 자연계도 통치 역영으로 삼고 계신다(시 93:3-4; 96:11-12; 97:1-4; 98:7-8; 99:7; 참조 시 29편). 시편에서는 야훼 하나님께서 그의 보좌를 예루살렘 성소뿐 아니라(사 6장), 천상에 두기도 한다(시 103:19; 참조 시 29:10: "야훼께서 바다 위에 좌정하신다").[38] 이와 같은 우주적 표현은 시편의 신화적 기원을 말하기보다는 야훼 하나님의 우주적 통치와 함께 유일신임을 찬양하는 표현이다.[39]

---

37) 시 10:16; 24:8, 10; 29:10; 47:2ff.; 84:3(참조 9절); 93:1; 95:3, 7; 96:10; 97:1; 98:6; 99:1; 102:12, 15; 103:19; 110:2f.; 146:10.
38) 참조 크라우스(H.-J. Kraus),『신편의 신학』, 신윤수 옮김 (서울: 비블리카 아카데미아, 2004), 54.

셋째, 야훼 하나님의 통치는 신들의 세계에까지 미친다. 야훼 하나님은 모든 신들보다 더 뛰어나다(시 96:4; 97:4; 참조 95:3). 나아가 이들은 우상으로 아무것도 할 수 없는 존재이나 야훼 하나님은 창조주로 천지를 창조하셨다(시 96:5). 이러한 점은 이미 이사야의 신관을 전제한다(사 44:6-8).

시편의 야훼-왕의 또 다른 중요한 특징은 야훼 하나님은 정의로 통치하시고 공평하게 심판하시며(시 97:3; 96:10; 97:10-12; 98:9; 99:4), 악을 멀리하고 정의를 펼치신다(시 10편). 야훼만이 이 땅의 약자를 돌보시는 진정한 왕이심을 나타낸다. 그래서 온 세계가 야훼 하나님의 통치 아래에서 안정됨을 찬양한다(시 93:1). 또한 그의 통치 아래 있는 것을 복되다고 노래한다(시 84편).

이러한 야훼의 통치에 합당한 태도를 취할 것도 권면한다. 시편 24편에서는 모든 성문들이 영광스러운 야훼의 통치를 노래해야 한다고 말하면서(시 24:7-10), 그 세계에 속할 수 있는 자들의 특성을 열거한다(시 24:3-6). 또한 시편 95편에서 이스라엘의 반역의 과거사를 반복하지 말 것을 경고한다(시 95:7-11).

4. 아비멜렉 통치의 무익성(삿 9장)

아비멜렉 이야기(삿 9장)는 그가 기드온/여룹바알의 아들이라는 것을 통해 바로 다음에 위치한다. 내용적으로 사사기 6-8장에서는 경건한 기드온의 역사를 보여준 반면, 이와 대조적으로 사사기 9장에서는 아비멜렉 통치의 부적격성과 무익성을 보여준다. 이러한 대립적 상의 결합을 통해 인간 통치의 부적절성을 부각하고 하나님의 통치를 주장하게 한다.

---

39) 포오러, 『구약성개론 하』, 방석종 옮김 (서울: 성광문화사, 1986), 86-77. 원제는 G. Fohrer, *Einleitung in das Alte Testament*.

1) 사사기 9장의 내용과 구조

고대 국가에서 왕은 법과 질서를 유지시켜 국가의 안녕을 도모해야 한다. 뿐만 아니라, 외부의 적으로부터 나라를 지켜야 한다. 무엇보다도 나라가 평안한 가운데 경제적 번영도 이루어야 하는 의무도 지고 있다.

사사기 9장은 영웅적 · 종교적 유형의 자료라기보다는 정치적 배경을 가진 단편적 이야기들의 편집물이다.40) 사사기의 다른 본문들에서 볼 수 있는 신명기 사가의 문학적 틀도 없다. 현재의 본문은 신학적 주제들, 특히 구속에 관한 기본적 주제들에 거의 관심이 없다. 그리고 하나님의 개입에 관한 문제들에도 특별한 관심이 없는 것 같다.

사사기 9장은 왕이 되기에 적절치 못한 아비멜렉이라는 자를 소개하면서 시작한다. 그는 가족과 세겜 사람들(유지들)에게 인척관계를 내세워 왕이 되게 해달라고 간청하고, 정적을 제거하기 위해 잔인한 살인을 시작한다. 그는 돈으로 폭력배 무리들을 규합하여 경쟁자 기드온의 아들이자 그의 형제들 칠십 명을 모두 살해했으나, 막내아들 요담만이 살아남아 도망했다. 그리고 아비멜렉은 세겜에서 왕이 되었다.

정통성이 결여된 권력은 내부의 또 다른 분열을 불러일으키고, 왕과 세겜 사람들(유지들) 사이에 갈등이 생겨 서로 간에 전쟁을 하여 모두 몰락해 가는 과정을 그려 주고 있다. 이러한 사건을 신명기 사가는 신학적 인과관계에 근거하여 역사적으로 서술했다.

① 아비멜렉이 왕이 되다: 삿 9:1-6
② 요담 이야기: 삿 9:7, 16-21
③ 요담 우화: 삿 9:8-15
④ 아비멜렉과 세겜의 전쟁: 삿 9:22-55

---

40) 소긴, 『판관기』, 236-279.

ⓐ 전쟁 이야기의 서론: 삿 9:22-25

ⓑ 가알의 모반: 삿 9:2-29

ⓒ 아비멜렉의 첫 번째 전투: 삿 9:30-41

ⓓ 아비멜렉의 두 번째 전투: 삿 9:42-45

ⓔ 세겜 망대의 파괴: 삿 9:46-49

ⓕ 아비멜렉의 죽음: 삿 9:50-55

⑤ 신학적 종결: 삿 9:56-57

2) 사사기 9장의 문학적 및 신학적 특징

아비멜렉의 살인 사건이 각 단락에서 모두 언급된다. 첫째 단락에서는 아비멜렉이 그의 형제 칠십 명을 죽이고(삿 9:5), 세겜에서 왕이 되었다고 보도한다.

이어지는 단락은 이 사건과 연결하여 전개된다. 둘째 단락(요담 이야기)에서는 홀로 살아남은 요담이 이 잔인한 살인 사건을 폭로한다(삿 9:18). 폭로 사건은 신학적 언어로 서술되지는 않았으나, 종교적 색채를 강하게 띠고 있다. 이 살인 사건을 지혜신학적으로 판단하고 있다: 이 살인 사건이 "진실하고 의로운 일이면 기쁨을 주나, 불의한 일은 멸망을 줄 것이다"(참조 잠 10:1; 15:20; 29:2). 지혜문학에서는 하나님의 역사 섭리나 심판을 직접적으로 언급하지 않고, 일종의 '보이지 않는 손'으로 작용할 뿐이다.

셋째 단락(요담 우화, 삿 9:8-15)에서는 아비멜렉의 살인 사건에 대해 언급하고 있지 않다. 요담의 우화에서는 왕권의 무익성의 고발이 전면에서 있다. 나무들(감람나무, 무화과나무, 포도나무)은 자신의 과일을 통해 하나님과 사람들을 기쁘게 할 수 있는데, "그 일을 버리고 왕이 되어 다른 나무들 위에 우쭐댈 수 있겠는가?"라는 설의적 의문으로 반문한다(삿 9:9b, 10b, 13b). 이러한 서술 속에 왕권의 무익성을 드러내고 있다. 그러나 15절의 경우 열매가 없는 가시나무의 무익성과 함께 최악의 부적절성을 함께 드러낸다. 이로써 요담 이야기와 연결된다.

전체적으로 요담 우화는 부적절자의 폭력성의 고발보다는 왕권 자체의 무익성에 대해 우화적으로 논하고 있다. 그래서 사사기 9장 15절과 16절은 두 이야기를 연결하기 위한 구절로 이해된다. 이러한 무익한 왕권이 해체됨을 보여주는 9장 55절도 두 이야기를 연결하기 위한 구절로 이해된다.[41]

넷째 단락(삿 9:22-55)에서는 아비멜렉의 살인 사건을 역사신학적으로 서술한다. 먼저 하나님께서 악령을 보내어 아비멜렉과 세겜 사람들(유지들) 사이를 분열시킨다(삿 9:23). 분열의 목적이 아비멜렉(과 잠재적으로 묵인한 세겜 유지들)의 폭력 사건을 되갚기 위함이어서(삿 9:24-25) 서로 전쟁을 하게 만들었다.[42] 아비멜렉과 세겜 사람들(유지들) 사이의 전쟁으로 인해 서로 죽이는 사건들을 보도한다(삿 9:26-55). 아비멜렉이 여자가 던진 맷돌에 의해 죽었다는 보도를 통해 그의 죽음을 매우 수치스럽고 조롱적으로 묘사했다. 어쨌든 아비멜렉의 죽음과 함께 각자 집으로 갔다고 보도한다. 이로써 무익한 왕권 제도는 실패로 끝났음을 독자들에게 알린다.

다섯째 단락(삿 9:56-57)에서 이 사건은 하나님께서 개입하여 발생한 사건으로, 종결 역시 하나님의 뜻대로 처결된 사건으로 마무리한다(삿 9:56-57). 하나님께서 아비멜렉의 악행과 세겜 사람들(=유지들)의 악행을 (모두 죽음으로) 되갚으셨다. 이로써 여룹바알의 아들 요담의 저주를 하나님의 심판으로 해석했다.

부적절한 자가 왕이 되어 저지른 악행과 왕권 제도 자체의 무익성과 함께 하나님의 통치의 대립적인 상으로 이해될 수 있다.

---

41) 소긴, 『판관기』, 247-258.
42) 전쟁의 보도는 여러 단편적인 고대 자료들로 구성되어 있다.

Ⅶ. 미정복 영토와 하나님 통치의 일상화

여호수아서와 사사기에는 두 종류의 땅 정복 사상을 전한다. 첫째 여호수아 21장 43-45절에 따르면,[43] 이스라엘은 여호수아 시절에 온 땅을 빠짐없이 정복했다. 그래서 사방으로부터 도전적인 적 없이 평화롭게 살았다. 하지만 그가 죽고 난 뒤에 이스라엘이 배교하므로 야훼께서 그들을 적의 손에 넘기셨다는 견해다.

이와는 달리, 여호수아 23장에 따르면, 야훼께서는 그 땅의 민족들(원주민)을 모두 몰아내지 않고 남겨놓았다. 따라서 그 땅을 완전히 정복하지 않았다는 견해다.[44] 이러한 미정복 영토의 목록(삿 1:1-2:5)이 사사기의 첫머리에도 나온다.[45]

1. 이방 민족과의 관계 단절

야훼 하나님께서 그 땅에 이방 민족들을 남겨 놓음으로써 새로운 문제가 제기된다. 새로운 문제에 대해 사사기 2장 1b-3절의 야훼의 사자의 메시지

---

43) "야훼께서 이스라엘의 조상들에게 주기로 맹세한 온 땅을 이스라엘에게 주셨으므로, 그들이 그것을 차지하여 거기에 거주했다. 야훼께서 그들의 주위에 안식을 주셨다. 이는 야훼께서 그들의 조상들에게 맹세하신 대로였다. 그들의 원수들, 즉 야훼께서 그들의 손에 넘겨준 원수들 중에는 누구도 그들과 맞선 자가 하나도 없었다. 야훼께서 이스라엘 가문에 하신 선한 말씀 가운데 하나도 빠짐없이 다 이루어졌다."

44) 이러한 견해는 스멘트에 의해 율법적 신명기 사가(DtrN)의 편집설을 주장하는 근거가 된다. 스멘트, "율법과 이방민족들 신명기 사가적 역사서의 편집사에 대한 기고," 원진희 (편), 『전기 예언서 연구』, 119-141; 스멘트, "미정복 땅," 소형근 옮김, 『구약논단』 제23 집(2007. 3), 166-180.

45) 여호수아가 소집한 세겜 회의(수 24:1)는 백성들을 각자의 집으로 돌려보냄(수 24:28)으로 끝난다. 여호수아의 죽음과 그와 함께 했던 장로들이 생존하는 동안 백성들은 야훼를 섬겼다(수 24:29-31). 그리고 삿 2:10에서 새로운 세대의 전환을 보도함으로써 사사기 역사 서술 양식의 시작을 준비한다. 사사시대는 새 세대의 악한 행위와 함께 시작된다. 그 사이에 미정복의 영토의 목록(삿 1:1-2:5)이 있다. 따라서 연결이 부자연스럽고 이를 극복하기 위해 삿 2:6-9의 재수용(Wiederaufnahme)을 통해 다시 연결한다.

에서 잘 전해 주고 있다:

"나는 너희를 애굽에서 올라오게 하여 내가 너희의 조상들에게 맹세한 땅으로 들어가게 하면서, 나는 너희와 맺은 나의 언약을 영원히 어기지 아니할 것이다. 그러므로 너희는 이 땅의 주민과 언약을 맺지 말며, 그들의 제단들을 헐라고 말했으나, 너희가 내 목소리를 듣지 아니했다. 너희는 어찌하여 그렇게 했느냐? 그러므로 나는 다시 말한다: 내가 그들을 너희 앞에서 쫓아내지 아니할 것이다. 그들이 너희 옆구리에 가시가 될 것이며 그들의 신들이 너희에게 올무가 될 것이다."

여기에서 구속사(출애굽과 약속의 땅으로의 인도)를 언급한다. 이는 새로운 요구를 위한 근거가 되고 있다. 야웨 하나님께서 이스라엘에게 그 땅의 백성과의 엄격한 단절을 요구하신다. 이방 민족과의 정치적 관계의 단절은 물론 종교적·문화적 접촉도 금지하고 있다. 이러한 금지의 동기를 사사기 2장 3절에서 잘 밝혀 주고 있다. 그것들이 이스라엘에게 올무(מוֹקֵשׁ 모케쉬)가 되기 때문이다(참조 신 7:16bβ).[46]

이처럼 종교 및 문화적인 접촉을 엄격히 금지하는 전제는 이스라엘이 이방 민족들에 비해 현재 약소국으로 살고 있다는 데 있다. 따라서 그들과의 접촉 과정에서 필연적으로 동화되거나 흡수되어 궁극에는 민족적 자율성을 상실할 수 있는 위험에 놓여 있기 때문이다.[47]

미정복 영토의 보도(삿 1장)는 대부분 고대의 전승자료일지라도, 이 연

---

46) 출 23:33; 34:12; 신 7:16; 수 23:13; 삿 2:3; 8:27; 시 106:36; 신 7:25(יָקַשׁ Ni. 노카쉬: 올무가 되다); 신 12:30(נָקַשׁ Ni. 나케쉬: 유혹되다). 모든 본문은 각기의 의도와 입장을 갖고 있다.

47) 참조 한동구, 『신명기 해석』, 186-187. 다른 한편으로 이러한 강한 분리의 주장은 세계의 다른 많은 민족들에 비하여 이스라엘이 강한 민족으로 성장하고 싶다는 열망도 들어 있다(참조 신 7:23-24).

설의 의미로 이해할 가능성을 배제할 수 없다. 부정적 소유(미정복 땅의 목록)을 보도한 사사기 1장 19절, 21절, 27-35절은 이스라엘이 불순종하여 야훼께서 정복을 허락하는 땅의 증거로 해석되었다.

2. '미정복 민족'의 과제와 율법 순종

사사기 2장 3절에서는 "이 땅에 거주하는 자들"을 야훼 하나님께서는 이스라엘 백성들에게서 쫓아내지 아니할 것이다"고 말씀하신다. 2장 21절에서도 "이방 민족들(גוים 고임)" 중 일부는 다시 쫓아내지 아니할 것이라고 말씀하신다. 여기에서 특이한 점은 이 이방 민족들은 "여호수아가 죽을 때에 남겨 둔" 것이라 말한다. 이로써 여호수아 23장 13절(참조 삿 1:19, 21, 27-35)과 연결된다. 그리고 2장 23절에서는 야훼께서 이스라엘을 위해 "그 이방 민족들을 머물게 하여 그들을 속히 쫓아내지 아니하셨다. 왜냐하면 야훼께서 그들을 여호수아의 손에 넘겨주지 아니하셨기 때문이다"라고 말한다.

여기에서 이방 민족이 완전히 축출되지 못한 이유가 다양하게 서술되었다. 사사기 2장 1-3절에서는 "내 목소리를 듣지 아니했기" 때문에 야훼 하나님의 심판으로 남겨진 것이라 말한다. 2장 17, 20-21절에서도 이스라엘의 불순종의 결과로 야훼께서 남겨 두신 것이라 말한다. 그러나 여기에서는 이미 여호수아의 정복이 미완성임을 말한다. 그리고 22-23절에서는 이스라엘 민족이 야훼의 길을 따르는지 따르지 않는지를 시험하기 위해 야훼께서 의도적으로 이방 민족들을 남겨 두셨다고 말한다. 여기에서 비로소 남겨진 이방 민족의 의도와 목적을 분명히 밝히셨다.

'이방 민족을 완전히 몰아내는 것'은 이제 이스라엘에게 과제로 주어진 것이다.[48] 위기의 산물이 아니라, 시험을 통한 교육을 위한 산물이다. 이 교육적 목적을 사사기에서는 암시적으로 언급하고 있으며,[49] 여호수아 23

장에서 명시적으로 밝히고 있다.

먼저 이미 정복한 민족들 외에 남아 있는 민족들도 이스라엘 백성의 기업으로 주셨다. 그러므로 그들을 정복하고 그들의 땅을 소유해야 할 과제가 부여되었다. 물론 이러한 과제는 군사적·정치적 과제가 아니라, 신앙의 과제인 것이다. 이스라엘 백성이 "모세의 율법 책에 기록된 것"을 지켜 행하는지에 따라 성공 여부가 달려 있다. 율법의 구체적 내용은 "이방 민족과의 종교적·문화적 단절"과 "야훼 하나님에 대한 온전한 사랑"이다.

이스라엘 민족이 율법에 순종함으로써 하나님의 뜻을 일상 속에서 구현할 수 있는 길을 연 것이다. 그 율법은 이미 문자로 기록된 것을 전제한다. 이제 이스라엘 백성은 하나님의 문자화된 말씀을 통해 하나님의 의지와 하나님의 통치를 일상화할 수 있게 된 것이다. 역사 속에 나타난 구원 역사를 일상 속에서도 반복할 수 있게 된다. 하나님 말씀에 대한 순종은 하나님 통치의 일상화인 것이다.

한편 모든 세상의 통치자들도 하나님의 말씀의 지도하에 놓인다면(신 17:18-19), 세상의 통치자들은 하나님의 통치를 대행하는 자가 된다.[50]

VIII. 결론

이스라엘의 사사시대는 약속의 땅에 정착해야 하는 과도기로서 무수한 위기를 경험한 시기였다. 이러한 위기의 원인을 신명기 사가는 외부로부터 온 군사적 위험이라기보다는 내부의 불신앙에서 찾고 있다. 이스라엘이 야훼 하나님을 외면하고, 유혹거리를 쫓아 사방에 있는 이방신들을 숭배함

---

48) 스멘트, "율법과 이방민족들," 140.
49) 삿 2:22에서 율법 대신에 "야훼의 도"(דֶּרֶךְ יהוה 데레크 야훼)라고 언급한다.
50) 아마 이런 관점하에서 삿 17-21장이 사사기의 부록으로 덧붙여질 수 있었을 것이다.

으로써 자초한 위기로 보았다.

그러나 이스라엘 민족은 돌이켜 야훼께 도움을 호소할 때, 야훼 하나님은 외면하지 않으셨다. 야훼 하나님은 그들의 고통을 보시고, 그들의 탄식을 들으시며, 필요한 구원자를 세워 위기를 극복할 수 있게 하신 것이다.

사사기의 영성의 처음은 죄를 범한 자일지라도 야훼 하나님께 돌아오는 자들을 긍휼히 여기시는 하나님을 바라보는 것이며, 우리에게 필요한 도움을 내려 주시는 하나님을 다시 찾는 것이다. 우리가 위기를 극복할 수 있는 길은 우리의 구원이 오직 하나님으로부터 오는 것임을 깨닫는 것이다. 이것이 영성의 길이다.

사사기의 지도자들은 그들이 하나님의 자리, 즉 하나님의 통치를 대신하려 하지 않았다. 뿐만 아니라, 그의 아들들에게도 하나님의 자리, 즉 하나님의 통치를 상속시키려 하지 않았다. 어느 누구도 하나님의 통치를 대신할 수 없기 때문이다.

오늘 한국 교회의 위기는 눈에 보이는 성장의 정체에만 있는 것이 아니다. 보다 근원적인 위기의 이유는 한국 교회가 하나님 통치의 대행자 역할을 포기하고, 각기 뜻대로 삶을 추구하면서 방향을 상실한 탓이다. 따라서 미래의 비전도 없이 하루하루 응급처치하는 실정이다.

오늘 한국 교회의 과제는 성서의 구속사의 경험들을 말씀의 탐구와 실천을 통해 다시금 재현하는 것이고, 하나님의 통치의 일상화를 이뤄야 하는 것이다. 이것이 사사기 영성의 두 번째이며, 이는 원칙과 규범을 준수한다는 점에서 영성의 길과는 다른 지성의 길에 가깝다.

이 두 기둥(성경적 영성과 성경적 지성)이 합류될 때, 우리는 분명한 비전을 갖게 될 것이다. 사실 비전-영성-지성은 분리될 수 있는 게 아니다. 이것들은 셋이며 동시에 하나인 것이다.

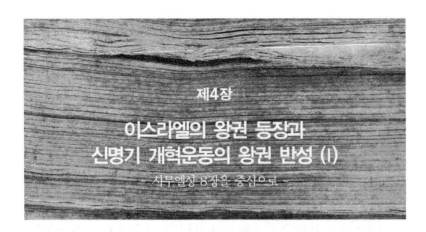

제4장

이스라엘의 왕권 등장과
신명기 개혁운동의 왕권 반성 (I)
- 사무엘상 8장을 중심으로 -

Ⅰ. 문제 제기

사무엘서는 이스라엘 사회의 왕권 제도의 등장을 4차례 중복 보도한다:
삼상 8장; 9:1-10, 16; 10:17-27; 11장. 각 전승들은 사울이 왕이 되었다
는 역사적 사실을 전제하고 왕권 제도에 대한 해석을 내린 것으로 보아야
한다. 물론 이제까지의 연구에서 사무엘상 11장을 역사적 보도로 혹은 역사
적 사실에 가까운 보도로 나머지 3전승을 왕권 제도에 대한 후대의 해석으
로 이해했다. 사무엘상 8장은 이스라엘의 왕권 제도를 어떻게 이해하고
있으며, 그것을 형성한 전승 집단은 누구이고 형성한 시기는 언제인가?

신명기의 왕의 법(신 17:14-20)이 왕의 권한과 권력을 법의 통제하에
두고자 했다는 점에서, 신명기의 왕의 법은 왕의 권력과 권한을 축소하는
데 그 의미가 있다고 볼 수 있다.

왕의 통치에서 자행될 수 있는 임의성(혹은 독재성)을 법의 통제하에
두기 위해 규정된 법(=헌법)은 고대 동양에서 알려져 있지 않다.[1] 이 점은

이스라엘의 전체 역사와 관련해서도 마찬가지이다. 그럼에도 왕의 권력과 권한을 축소하고자 하는 왕의 법이 예외적으로 신명기 17장 14-20절에 소개되고 있다. 사무엘상 8:9과 11장에서 왕의 법(מִשְׁפַּט הַמֶּלֶךְ 미쉬파트 하멜렉크)을 언급했고, 사무엘상 10:25에서는 왕국의 법(מִשְׁפַּט הַמְּלֻכָה 미쉬트 하멀루카)에 대해 언급했다. 그러나 그 법의 내용에 대해서는 전혀 언급이 없다.

이러한 맥락에서 '이스라엘은 국가의 초기에서부터 (헌-)법적 기초 위에 세워졌는가'라는 중요한 질문이 제기된다. 갈링은 이에 대한 증거로 왕의 선택과 계승에서 계약이라는 표현이 사용되었다는 점과 '왕의 법'이라는 용어가 있다는 점을 들고 있다.[2] 그러나 고전적 예언자들이 왕권에 의해 자행된 실정을 비판할 때, 어떤 구체적 법에 근거하여 고발하지 않았다는 점[3]과 왕의 법에 담겨진 구체적 내용이 기원전 7세기의 신명기에 이르기까지 실제 이스라엘 역사에서 나타나지 않았다는 점을 고려할 때, 위에서 제기한 질문의 답변은 분명하다: "아니다."

이 글에서는 왕의 법의 성격과 이러한 표현의 형성과 전승 집단Trägerkreis에 대한 질문을 사무엘상 8장의 문헌비평적 분석을 통해 해명하고자 한다.

II. 사무엘상 8장의 문헌비평적 분석

사무엘상 8장의 본문은 몇 군데에서 그 내용의 흐름이 자연스럽게 이어

---

1) K. Galling, *Die israelitische Staatsverfassung in ihrer vorderorientalischen Umwelt* (AO 28 3/4) (Leipzig 1929²), 53f.
2) K. Galling, *Staatsverfassung*, 53ff.
3) 참조 J. Wellhausen, *Israelitische und jüdische Geschichte* (1894) (Berlin: Walter de Gruyter, 1958⁹), 107. R. Smend, "Das Nein des Amos," ders, *Gesammelte Studien*, Bd. 1.: *Die Mitte des Alten Testaments* (BEvTh 99) (München: Chr. Kaiser Verlag, 1986), 85-103, 86-89.

지고 있지 못하다. 이것은 분명히 내용상의 긴장과 충돌적 요소를 담고 있기 때문이다.

먼저 내용의 흐름의 혼동은 왕을 세워 줄 것을 요구하는 백성의 요구에서 분명히 볼 수 있다. 백성들(혹은 백성들의 대표)은 여러 가지 이유를 들어 자신들에게 왕을 세워 줄 것을 요구했다. 그들의 지도자(사무엘-사사)가 이미 늙었다(삼상 8:1a, 5aβ)는 자연스러운 사실과 연약한 민족에게서 흔히 볼 수 있는 소망, 즉 주변의 다른 민족들과 같이 강한 민족이 되고 싶다는 소망(삼상 8:5b, 20a)이 왕권 국가를 요구하는 이유가 되고 있다. 다른 한편 역설적이게도 본문에서는 사회적·정치적 고발(삼상 8:3, 5aγ; 경우에 따라서는 삼상 8:11b-17)이 왕권 국가를 요구하는 또 다른 이유가 되었다.

왕을 세워 달라는 요구에는 2가지의 다른 이유를 제시했지만, 이러한 요구에 대한 답변은 3가지 다른 형태를 제시하고 있다. 왕을 세워 달라는 백성들의 요구가 사무엘상 8장 6b-7a절에서는 하나님께서 동의하신 것으로 아주 긍정적으로 판단되었다. 그러나 8장 7b-8절에서는 이스라엘 민족이 왕을 세워 달라고 요구한 것은 하나님의 지배를 거절하고 다른 신들에게로 돌아가는 배교 행위로 부정적으로 표현했다. 그 밖에도 본문에서는 왕을 세워 달라는 백성들의 요구에 대해 다른 답변(혹은 반응)을 제시하고 있다: 야훼께서 사무엘에게 왕의 법을 선포하라고 명령했다. 새로운 지도자에 대한 백성들의 요구가 지도자(본문에서는 사무엘의 아들들)의 부패에 대한 고발로 말미암아 제기되었다. 그러므로 새로운 지도자는 아마도 법의 통제하에 놓여야 한다(삼상 8:9bβγ-10).

이상의 간단한 고찰에서 볼 때, 본문은 비록 짧은 이야기지만 3가지 다른 색조(=경향성)의 흐름이 한데 묶여 있음을 알 수 있다. 이 중에서 하나는 신명기 사가의 편집층에 속하며,4) 다른 두 주제의 흐름은 신명기 사가 이전

---

4) 이러한 경향은 삼상 8:7b-8, (9a), 9bα, 18절에서 나타난다.

vorDtr5)의 층들6)에 속한다. 어쨌든 이 본문에서 보여준 내용의 흐름의 혼동
은 구약 전승의 긴 반성의 역사의 산물이며, 긴 해석·반해석의 역사의 산물
이다.7)

본문의 형성과 성격과 전승 집단을 정확히 파악하기 위해서는 무엇보다
도 위에서 언급한 개별층들을 자세히 살펴보아야 한다. 이를 위해 스톨쯔가
제한한 바와 같이, 본문에 담겨진 주제들의 경향성을 따라 하나하나 분리해
내야 한다.8)

1. 고대 전승(층) - 전(前) 단계9)

왕을 세워 달라는 백성들의 요구는 본문에서 여러 가지 이유를 들어 정당
화되었다. 먼저 이 요구는 야훼에 의해 허락되었다. 이러한 경향은 삼상
8장 (1a)10), 4, 5aαβb, 6b, 7a, 19a-22a, (22b)절에 나타난다.

---

5) F. Crüsemann, *Der Widerstand gegen das Königtum*, 60-73. 그는 삼상 8장의 신명기
사가 이전 전승에 대해 질문했다. 참조 스톨쯔, 『사무엘 상하(국제성서주석 8)』, 58ff.
그는 두 주제의 흐름에 대해서만 언급했다. 한 흐름은 신명기 사가의 개정층에 속하며,
다른 하나는 신명기 사가 이전의 전승으로 간주했다.

　반대 M. Noth, *Überlieferungsgeschichtliche Studien. Die sammelnden und be-
arbeitenden Geschichtswerke im Alten Testament* (Tübingen 1943, 1967³), 56f.;
H. J. Boecker, *Die Beurteilung der Anfänge des Königtums in den deuterono-
mischen Abschnitten des 1. Samuelbuches* (WMANT 31) (Neukirchen-Vluyn:
Neukirchener Verlag, 1969), 10ff; T. Veijola, *Das Königtum in der Beurteilung
der deuteronomistische Historiographie* (STAT 198) (Helsinki, 1978), 53ff. 뵈율
라는 삼상 8장의 혼란된 본문의 흐름을 신명기 사가의 편집층들에만 분류했다: DtrH와
DtrN. 뵈율라의 이해의 문제점은 신명기 사가 이전의 층들을 무시했다는 점이다. 그 밖에
도 그 연구의 문제점으로는 본문의 각 요소들의 사회적 역사적 배경에 대한 질문 없이
간단히 신명기 사가의 편집층에 귀속시켰다는 점이다.
6) 고대 전승층은 실제 하나의 편집층으로 보기에는 그 내용이 불완전하다. 따라서 역사적인
회상을 담은 자료층으로 보아야 한다.
7) 참조 F. Stolz, *Samuel*, 58.
8) F. Stolz, *Samuel*, 58-61.
9) 이와 비슷한 견해를 M. Buber, "Das Volksbegehren," *ders, Der Gesalbte*, in Werke
Bd. II. (München: Chr. Kaiser Verlag, 1964), 727-742도 피력했다.

사무엘상 8장 1-5절에서는 고대 전승층의 기본적인 색조(경향성)가 이후의 개정들로 인해 상당히 후퇴되었다.[11] 몇 구절에서는 문체와 함께 그 의미도 변화되었다: 사무엘상 8장 19bβ절에는 "왕이 우리에게(혹은 우리 위에) 있어야 한다"(מֶלֶךְ יִהְיֶה עָלֵינוּ 멜레크 이흐예 알레누)[12]라고 표현하였으나, 8장 5b절은 "우리에게 왕을 세우소서"(שִׂימָה־לָּנוּ מֶלֶךְ 쉼마 라누 멜렉크)라는 변형된 표현이 나온다. 여기에서는 언어적 표현이 상당히 변화되었음에도 불구하고 고대 전승의 흔적을 인식할 수 있다.

다른 예를 사무엘상 8장 5b절에서 볼 수 있다: 8장 20a절 "우리도 다른 모든 민족과 같이 되기 원한다"(וְהָיִינוּ גַם־אֲנַחְנוּ כְּכָל־הַגּוֹיִם 버하이누 감-아나흐누 커콜-하고임)라는 문장이 8장 5b절에서는 "다른 모든 민족들과 같이 우리를 다스리게 (혹은 재판) 하기 위하여"(לְשָׁפְטֵנוּ כְּכָל־הַגּוֹיִם 러쇼프테누 커콜-하고임)으로 변형 표현되었다.

8장 4절, 6절, 7a절도 필요한 구성 요소로 보인다. 주어는 이스라엘의 장로로 변화되었다. 한 구절(삼상 8:7a)에서는 문체와 의미가 8장 22aα절과 일치한다.

계속되는 개정으로 인해 이 고대 전승(층)은 하나의 전승층으로 보기에는 불완전해 보인다. 그럼에도 불구하고 고대 전승층(=기본층)으로 인식할 수 있게 한다. 여기에서는 새로운 제도(=왕권 제도)를 정당화하려는

---

10) 삼상 8:1a, 22b는 문헌의 틀 기능을 한다. 다른 한편 사무엘이 노령이 되었다는 사실은 아마도 백성들이 왕을 세워달라는 요구의 이유로 보여진다. 따라서 또 삼상 8:5aγ의 다른 이유는 중복적이다(וּבָנֶיךָ לֹא הָלְכוּ בִּדְרָכֶיךָ 우바네카 로 할러쿠 비드라케카). 삼상 8:5aγ은 주어가 도치되어 있는 동사문이다. 새로운 사건의 소개로 인해 삼상 8:5aβ과 5aγ 사이의 관계에 불연속이 성립된다. 도치된 동사문의 특성에 대해 E. Jenni, *Lehrbuch. Der Hebräischen Sprache des Alten Testaments* (Basel, 1981), 71을 참조하라.

11) H. J. Stoebe, *Das erste Buch Samuelis* (KAT 8/1) (Gütersloh: Gütersloher Verlagshaus Mohn, 1973), 189도 비슷한 견해를 피력했다. "… 왕에 대한 요구는 군사적 필요성을 들어 강력히 뒷받침되었다."

12) הָיָה(하야) 동사로 표현된 다른 예증 구절들은 왕하 2:15aα, bα; 11:37. 삼상 8:6은 נָתַן(나탄) 동사가 사용되었다. 참조 호 13:10.

정치·신학적 이데올로기를 다루고 있다. 필자는 이 고대 전승을 주제별로
계속 다루고자 한다.

1) "다른 민족들과 같이 되고자 한다"는 백성들의 소망(삼상 8:5b, 20a)

םיוג(민족들)이라는 표현은 이방 민족을 지칭하는 표현으로 여기에서
는 결코 부정적/조롱적pejorative의미를 지니고 있지 않다. 오히려 이방 민족
의 왕권을 이스라엘 민족들이 선망할 만한 대상으로 여기고 있다.[13] 이들
의 왕권 제도는 좋은 것으로 평가되었으며, 따라서 바랄 만한 것으로 간주
되었다.

이방 민족들(םיוג)에 대한 다른 입장이 신명기와 포로기-포로 후기의 문
헌에 많이 나온다. 신명기 7장 1-6에서는 이방 민족과의 절대적인 단절을
요구하고 있다. 여기에서는 하나님의 선물인 땅을 지키는 문제는 그 땅에
존재하는 이방 민족들의 축출과 동일시되고 있다. 역사의 위기 순간, 즉
이방 민족과 대치된 상황에서는 이방 민족들은 일반적으로 하나님의 백성
의 존재를 위협하는 위험한 존재들로 간주되었다. 신명기의 신학에서 이방
민족들은 위험스러운 존재로 격하되었다. 왜냐하면 신명기의 무리들은 이
방 민족들(역사적으로는 이방 민족 앗시리아)과 강한 대립 상태에 놓여
있었기 때문이다. 이러한 관점에서 이방 민족들의 종교적 관습을 부정적으
로 평가한 것도 쉽게 이해될 수 있다.[14] 이러한 관찰의 결과로 사무엘상
8장 5b절과 8장 20a절은 신명기나 혹은 그 이후의 저자에게서는 형성될
수 없다.

---

13) 이 점은 "다른 모든 민족들 같이"라는 표현의 문헌적 콘텍스트에서도 입증된다. "다른
모든 민족들 같이"라는 표현은 한 곳(삼상 8:5bβ)에서는 목적 부사절에 나온다. 이 문장
의 주문장에서는 왕권 제도에 대해 결코 부정적 입장을 취하고 있지 않다. 다른 곳(삼상
8:20a)에서는 주문장에 나온다. 이 문장의 부문장에서도 결코 왕권 제도에 대해 비판적
입장을 취하고 있지 않다.

14) 신 18:9.

기원전 2000년대 말기 팔레스타인은 블레셋 민족이 지배권을 행사하고 있었다는 점과 또 이들의 팽창 압력이 계속하여 증가되었다는 역사적 사실에서 출발할 때, 이스라엘 민족이 이웃 민족들의 예를 모방하려 했다는 것은 어렵지 않게 이해할 수 있다.15) 왕권 제도의 정당성을 변증하려는 왕조주의자들은 이러한 역사적 상황과 결부되어 있는 요구를 포착하여, 이를 자신들의 정치적 지배 이데올로기를 정당화하는 데에 활용했다.

2) 법과 질서의 보증자로서의 왕

"우리를 (혹은 우리 위에) 통치하시는 왕"이라는 표현이 강력한 왕, 경우에 따라서는 범죄자를 처벌할 수 있는 처벌 능력을 가진 왕을 세워 달라는 소망과 관련된다면, 먼저 우리는 "왕은 법과 질서를 보증한다"라는 사상을 연구해야 한다. 이스라엘의 고대 지혜의 말씀들(잠 10-29장, 특히 잠 14:34; 16:10, 12f.; 20:28; 29:14)과 왕의 노래(예, 시 72:1-4) 그리고 왕권 제도에 대해 친밀감을 가진 역사적 전승들(삿 17-21장)에서는 영토 내에 정의를 지키는 일을 왕의 중요한 과제로 여긴다.16) 이러한 성서 본문들에 따르면 왕의 권한은 영토 내에서 법의 안전을 수호하는 과제에 포함되어 있다. 그의 권한은 특별히 일체의 임의성, 예를 들면 잠언 14장 34절에서 언급한 범죄, 사사기 20장 6절에서 언급한 수치스러운 행위, 사사기 18장에서 언급한 (지파의) 우상, 창세기 19장 1-11절에서 묘사된 사람들의

---

15) 주변 국가들이 강하고 자신이 허약할 때, 이웃 민족들의 예들은 이스라엘에게 영향을 미쳤다. 동부 요르단의 암몬, 모압, 애돔은 이미 왕권 제도가 정치 형태로 발전되어 있었다. 서부 요르단에서는 블레셋의 도시국가들이 서로 연합을 이루고 있었으며, 이들도 왕권 제도를 정치 형태로 취하고 있었다. 아울러 페니키안의 도시 국가들도 왕들이 중앙 집권적 권력을 장악하고 있었다. 참조 M. Clauss, *Geschichte Israels. Vor der Frühzeit bis zur Zerstörung Jerusalems* (587 v. Chr.) (München: Chr. Kaiser Verlag, 1986), 69.

16) W. Schottroff, "Gerechtigkeit und Macht," ders, *Die Macht der Aufstehung* (KT 30) (München: Chr. Kaiser Verlag, 1988), 72-88, 72f.

범죄적 태도, 창세기 26장 1-11절에서 묘사된 족장의 아내가 처한 위험
등을 제거하는 일이다. 사사기의 부록장(삿 17-21장)의 저자는 이러한
임의적인 행동들의 발생을 왕권의 부재로 말미암았다고 보았다: "그 당시
에는 이스라엘에는 왕이 없었다. 그래서 각자는 자신의 판단에 따라 그가
하고 싶은 일을 했다"(삿 17:6; 18:1; 19:1; 21:25).[17]

이러한 표현의 정확한 이해를 위해 쇼트로프는 다음과 같은 점을 강조했
다. "사사기 17-21장은 전적으로 이스라엘의 국가 이데올로기를 나타낸
표현으로, 새로운 정치 제도인 왕권 제도를 정당화하고자 한다."[18]

이러한 이데올로기적 경향은 사무엘상 8장 5b절과 8장 20bα절에도 나
타난다.

3) 강력하고 상설적인 군지휘자에 대한 소망(삼상 8:20b)

왕을 세워 달라는 요구는 여러 가지의 외부로부터의 위협과 이로 인한
강력하고 상설적인 군지휘자에 대한 요구를 통해 합법화되고 있다. 당시
이스라엘은 외부의 적에게 특히 이스라엘의 적에게 시달리고 있었다.[19]

이웃 민족들과의 지속적인 전쟁적 대치 상황은 분명히 강력하고 상설적
인 군지휘자를 요구하는 동기가 되었다. 이러한 당시 상황과 결부된 백성들
의 요구는 다음과 같은 정치 이데올로기와 쉽게 결부될 수 있었다: "백성들
에게 군사적으로 성공을 가져다 준 자가 왕이 되어야 한다"(삼상 11:12-
15).

---

17) W. Schottroff, *Gerechtigkeit*, 74.
18) W. Schottroff, *Gerechtigkeit*, 74; L. & W. Schottroff, "Biblische Tradition von
Staatstheologie, Kirchentheologie und prophetischer Theologie nach dem
Kairos-Kokument," ders (Hg.), *Die Macht der Auferstehung* (KT30) (München:
Chr. Kaiser Verlag, 1988), 49-71, 65; 그 밖에도 다른 참고 문헌 M. Buber,
Königtum Gottes (Heidelberg, 1956³), 565f; F. Crüsemann, *Widerstand gegen
das Königtum*, 155-166.
19) W. Schottroff, *Gerechtigkeit*, 74 주 6.

이러한 맥락에서 사무엘서와 열왕기상에 군사적 성공에 대한 보도가 많이 나오는 이유를 잘 이해할 수 있으며, 그 이유는 이러한 군사적·정치적 이데올로기에 근거하고 있음도 알 수 있다: 삼상 14:47f.; 삼상 30장; 삼하 8장….

강력하며, 의심할 바 없이 중앙집권적인 기구(왕권 제도)에 대한 요구를 후에 왕조주의자들은 아주 강하게 서술했으며, 그들은 이전 시대에 있었던 백성들의 요구를 포착하여, 자신들의 시대의 지배 이데올로기를 정당화하는 일에 이용했다.

4) 하나님의 동의(삼상 8:7a, 22aα)

고대 전승에서는 하나님께서 동의[20]하시므로 형성되었다는 점을 보여주고 있다. 동일한 유의 경향은 여러 가지 형태로 표현되었으며, 다윗과 솔로몬의 역사에 드물지 않게 나타난다. 다윗은 하나님의 지시에 따라 블레셋을 공격했으며, 그일라를 해방시켰다(삼상 23:1-13). 사무엘하 2장 1-4a절의 보도에서는 다윗은 야훼의 명령에 따라 헤브론으로 이동했으며, 헤브론에서 유대 사람들(남자 장정들)에 의해 왕으로 받아들여졌다. 솔로몬이 왕으로 오르는 장면의 보도에서도 이러한 경향을 읽을 수 있다. 열왕기상 1장 48절에서는 다윗이 하나님을 찬양했다: 이스라엘의 하나님 야훼를 찬양하리로다. 야훼께서 오늘 내 아들 중에 하나를 나의 보좌에 앉게 하셨나이다. 시바의 여왕은 다음과 같은 말로 솔로몬을 칭송했다: "법과 정의를 실현하기 위해, 그(하나님)는 당신(솔로몬)을 왕으로 세우셨습니다"(왕상 10:9). 아도니야의 종말에 관한 이야기(왕상 2:13ff.)에서는 왕이 된다는 표현을 세 가지의 다른 말로 표현했다:

---

20) "하나님의 동의"라는 주제로 친왕권적인 전 단계(전승층)가 있었다는 주장의 중요한 증거가 되고 있다.

① 왕위는 내 것이었다(לִי הָיְתָה הַמְּלוּכָה 왕상 2:15aα, 15bα).

② 온 이스라엘은 다 얼굴을 내게로 향했다

    (וְעָלַי שָׂמוּ כָל־יִשְׂרָאֵל פְּנֵיהֶם לִמְלֹךְ 왕상 2:15aβ).

③ 왜냐하면 야훼로 말미암아 왕위가 그(=아우-)에게 주어졌습니다

    (מֵיְהֹוָה הָיְתָה לּוֹ 왕상 2:15bβ).

아마도 첫째 문장이 본래적인 것으로 보인다. 두 번째의 문장은 개인적인 대화의 내용으로는 적절치 못하다. 왜냐하면 주장의 논거는 세습권에 근거하고 있으며, 따라서 보다 타당성이 있는 것으로 여겨진다. 이러한 주장의 논거는 입증될 수 없기 때문이다. 세 번째 문장은 신학적 근거를 제시하고 있다. 본래적인 내용은 정치적인 것이지 신학적인 것이 아니다. 신학적 근거는 아도니야의 말로 돌릴 수 없다. 오히려 하나님의 동의로 왕위 계승을 정당화하려고 했던 솔로몬의 무리들의 주장이다. 셋째 문장은 궁중 무리들에 의해 형성된 것으로 보아야 한다. 고대 전승에서 나타나는바, 하나님의 동의의 주장 배후에는 궁중 무리들이 있었다는 점은 어렵지 않게 생각해 볼 수 있다.

이상의 논의들을 요약한다면, 고대 전승은 전 단계로서 여기에는 사무엘상 8장 1a, (4), 5aβb, 6b, 7a 19b-22절이 속한다. 고대 전승에는 이스라엘의 국가 이데올로기를 담고 있으며, 이로써 왕권 제도의 새로운 제도를 정당화시키고자 한다.

2. 제1편집층(신명기의 편집층[21])

사사들의 부패는 백성들로 하여금 새로운 지도자를 세워 주도록 요구케

---

21) 기원전 7세기에 활동한 신명기 저자(deuteronomische Verfasser)에 의한 편집층이다. 포로기 때 활동한 신명기 사가(deuteronomistische Verfasser)의 편집층이 아님.

한다. 백성들에 의해 요구된 새로운 지도자는 마땅히 법(혹은 백성들의 총회)의 통제하에 서야 한다.[22] 이에 상응하게 사무엘은 왕의 법을 선포했다. 이러한 경향들은 삼상 8장 1b-3, (4), 5aγ, (5b), 9bβγδ, 10절에 나타난다. 여기에서는 왕권의 등장으로 인해 이스라엘 사회에 끼친 부정적으로 발전된 정치적 사회적 현실에 대한 반성을 담고 있다.

1) 사사에 대한 이해(사사관)(삼상 8:1b-2)

사무엘은 고령으로 인해, 그의 두 아들을 사사로 앉혔다. 그들은 브엘세바에서 직무를 수행했다. 한편 사무엘상 8장 4절 이하에서는 사무엘은 그의 아들들과 함께 직무를 수행한 것으로 나온다. 즉 세 사람이 사사로 활동한 셈이다. 한 사람은 중부 팔레스타인에서, 다른 두 사람은 남부 지방에서 활동했다.

다른 한편 신명기 사가의 사사관에 따르면 사사들은 차례차례로 한 사람씩 활동했고, 그리고 전 이스라엘을 통치한 것으로 이해되었다. 이러한 관점에서 볼 때, 포로기는 제1편집층 형성의 하한선*terminus ad quem*이 된다.

의심할 바 없이 사무엘의 활동 영역은 중부 팔레스타인에 국한된다. 그 당시 직무 영역으로는 남부 팔레스타인(브엘세바)에까지 결코 미치지 못했다. 이러한 지리적 언급은 아마도 후기 시대, 정치적 활동 영역이 전 이스

---

22) A. Weiser, *Samuel, seine geschichtliche Aufgabe und religiöse Bedeutung* (FRLANT 81) (Göttingen: Vandenhoeck & Ruprecht, 1962), 30; J. A. Soggin, *Das Königtum in Israel, Ursprünge, Spannungen, Entwicklung* (BZAW 104) (Berlin/New York: Walter de Gruyter, 1967), 32; H. J. Stoebe, *Samuel*, 182. 이들은 삼상 8:3과 4f. 사이에 내용이 상충됨을 보았다. 사무엘의 아들들의 거절은 다만 새로운 사사에 대한 요구가 되어야지 새로운 왕에 대한 요구가 될 수 없다. 반대 T. Veijola, *Königtum*, 53 Anm. 3. 그는 사무엘의 아들들의 실정(삼상 8:1-5)과 하나님을 향한 백성들의 완고성(6ff.절)을 분리하고, 전자를 친왕권적으로 후자를 반왕권적으로 분류했다. 그의 분류는 부분적으로밖에 정당화될 수 없다. 사사들의 실정에 대한 고발 역시 반왕권적 태도에서 나왔다. 그의 작업 방식은 지나치게 도식적으로 친왕권적 혹은 반왕권적으로 본문을 양분화시켜 나갔다.

라엘을 포괄하던 시대, 남부 지파들이 이스라엘에 편입된 시대 이후의 역사
상으로 말미암았다고 보아야 한다.[23] 따라서 다윗과 솔로몬 시대는 제1
편집층 형성의 상한선terminus a quo으로 이해된다.

2) 사사들의 부패(삼상 8:3, 5aγ)

여기에서는 강력한 지도자를 바라는 백성들의 소망이 후퇴되었다. 그들
(사무엘의 두 아들)은 그들 자신의 부당한 이익을 추구했고, 뇌물을 받았으
며, 법을 왜곡했다. 이 편집층의 저자는 상설적이며 강력한 지도자를 통한
민족의 보존에는 더 이상 관심이 없다. 그의 중요한 관심사는 지도자들의
부패와 이에 상응하여 이들을 비판하는 민중들의 사회·정치적 고발에 있다.

여기에서 민중들의 사회·정치적 고발은 4문장으로 나온다. 첫째 문장
"그(사무엘)의 아들들은 그(사무엘)의 길을 따라 걷지 않았다(삼상 8:3aα)"
은 주로 신명기나 신명기 사가의 본문에 나온다.[24] 길(דֶּרֶךְ 데레크)이란
여기에서 전임자들의 삶의 양식과 통치 방식으로 이해된다.[25] 언어적 용례
에 따르면 이 첫째 문장은 신명기-신명기 사가의 언어군에 속한다.

이 첫 번째 문장은 부패한 지도자들에 대한 민중들의 고발의 총체적 표현
으로 여겨진다. 왜냐하면 이 첫 문장만이 삼상 8장 5aγ절에서 근거절로
다시 나오기 때문이다.

히브리어 "בֶּצַע 바차"(삼상 8:3aβ)는 문맥으로부터 "부당한 이익"[26]으
로 이해된다. 본문에서는 어떻게 부당한 이익을 추구했는지는 언급되어
있지 않다. 예언 문헌에서 몇 가지 방법들이 소개되었다: 폭력적으로(렘

---

23) F. Stolz, *Samuel*, 59.
24) 왕상 15:26, 34; 16:2, 26; 22:43, 53; 왕하 8:27; 16:3; 21:21; 22:2; 겔 16:47; 22:2.
25) 신 5:33; 6:7; 8:6; 10:12; 11:22; 19:9; 26:17; 28:9; 30:16; 수 22:5; 왕상 2:3; 3:14;
    11:33, 38; 21:22; 사 42:24; 욜 2:7; 시 84:4; 119:3; 128:1.
26) 이러한 의미는 W. Gesenius/F. Buhl, *Herbräisches und aramäisches Handwör-
    terbuch über das Alte Testament* (Berlin/Göttingen/Heidelberg: Spinger-
    Verlag, 1962), 110에 따른다.

22:17; 겔 22:13), 살인을 통해(겔 22:13), 억압을 통해(렘 22:17) 그리고
착취를 통해(사 33:15; 잠 28:16).

"뇌물을 받다(וַיִּקְחוּ־שֹׁחַד 봐이크후 쇼하드)"(삼상 8:3bα)라는 표현
은 주로 사법과 관련된 문맥에 나온다.[27] 사법 제도가 있는 곳에서는 뇌물
에 의한 부패를 생각해 볼 수 있다. 국가 형성 이전 사회의 사법 제도 성격(중
재와 강제적 처벌 기구의 부재)을 고려할 때, 뇌물에 의한 부패는 생각하기
어렵다. 오히려 국가 형성 이후의 사회에 더 적합하다.

"법을 왜곡하다(וַיַּטּוּ מִשְׁפָּט 봐야무 미쉬파트)"(삼상 8:3bβ)라는 표현
은 신명기 16장 19절에서도 나온다. 그 밖에도 수식어Genetivattribut가 결합
된 변형구들이 4번 나온다: 가난한 자의 법(출 23:6), 떠돌이와 고아의 법
(신 24:17), 떠돌이와 고아와 과부의 법(신 27:19), 사람의 법(애 3:35).
법(מִשְׁפָּט)이라는 말이 수식어 없이 사용될 때가 수식어를 동반할 때보다,
더 포괄적이며 보편적 의미로 사용된다. 신명기 16장 18에서는 이 말이
사법적 영역에 국한하여 사용된 반면에, 사무엘상 8장에서는 사법적 영역
과는 별도로 사용되었다.

이상에서 살펴본 바와 같이, 위에서 언급된 부패들은 왕권 국가하에서
자행될 수 있는 부패들의 예들로 이해된다. 언어적 경향에 근거해 볼 때,
사회·정치적 고발들이 신명기적 저자에 의해 함께 묶여졌다.

3) 백성들의 왕 선택권과 왕위 계승에 있어서 주도적 역할(삼상 8:5b)

부패한 지도자에 대한 고발과 함께 백성들은 자신들의 권리, 즉 왕 선택
권을 주장하게 되었으며, 왕위로 상승/계승할 때도 주도권을 주장하게 되
었다.

어떤 이가 왕위에 오를 때, 구약 성서에서는 여러 가지 표현과 동사[28]로

---

27) 출 23:8; 신 10:17; 16:19; 27:25; 왕상 15:19; 사 1:23; 5:23; 33:15; 겔 22:12; 미
3:11; 시 15:5; 26:10; 욥 15:34; 잠 6:35; 17:23; 대하 19:7.

묘사했다. 동사 שִׂים(쉼)의 의미는 "누구에게 어떤 자리에 임명하다/어떤 역할을 부여하다"를 의미한다. 이 동사는 두 사람 혹은 집단을 전제한다: 임명하는 자/고용하는 자와 임명된 자/고용된 자. 사무엘상 18장 13절에 따르면 사울은 다윗을 천명의 병사를 지휘하는 군사령관으로 임명했다. 임명에서는 항상 왕이 임명권과 임명의 주도권을 갖는다.29) 동사의 의미와 용례에 근거할 때, שִׂים(쉼) 동사는 왕위에 대해서는 사용될 수 없는 동사이다. 왜냐하면 왕을 아무도 임명/고용할 수 없기 때문이다. 그럼에도 불구하고 여기에서는 왕위와 관련하여 שִׂים(쉼) 동사가 사용되었다. 그 의미는 무엇인가?

열왕기상 10장 9절에 따르면 야훼께서 너(솔로몬)를 왕으로 임명하셨다. 여기에서는 야훼가 임명권자이다. 여기에서는 분명히 솔로몬의 왕위 계승을 정당화시키려는 정치적·신학적 이데올로기를 다루고 있다. 이 이데올로기가 궁중 무리들에 의해 나왔다는 것은 명백하다.

궁중 무리들에 의해 사용된 정치적·신학적 이데올로기를 예언자들의 집단에서 넘겨받아 계속 발전시켰다. 그러나 그 의미나 용례는 아주 다른 방향으로 전환시켜 놓았다. 하박국 1장 12절에서는 후기의 한 변형된 표현을 제시하고 있다: "야훼여, (어찌하여) 당신은 그(바벨론)를 재판관으로 세우셨나요!" 여기에서 우리는 신앙 고백적 신관을 읽을 수 있다: 야훼는 세계와 역사의 주인이시다. 여기에서는 결코 정치적·신학적 이데올로기를 다루는 것이 아니라 야훼의 역사 개입을 다루고 있으며, 따라서 세상의 통치자들을 지배하시는 그의 통치권을 다루고 있다. 이러한 고백적 사상은 계속되는 다른 예언 문헌(예, 호 2:2)은 물론, 신명기 사가의 문헌(예, 신 1:13)에서도 볼 수 있다. 이것은 이 신앙 고백적 사상이 포로기부터 일반화되었다

---

28) 예를 들어 שִׂים, נתן, משח, מלך, היה.

29) 군대 자리와 관련하여 출 18:21; 삼상 8:11, 12; 18:5; 22:7; 28:2; 삼하 17:25; 18:1; 23:23(=대상 11:25); 왕상 20:24; 그 밖의 다른 자리와 관련하여 창 47:6; 출 1:11; 2:14; 5:11.

는 점을 의미한다.

다른 한편 백성들(혹은 백성들의 대표자들)이 왕을 임명한다는 표현이 있다.[30] 사사기 11장 11절에 따르면, 백성들은 그(입다)를 자신들의 우두머리로 임명했다. 신명기 17장 14절 이하에서도 어떤 이가 왕이 되고자 할 때(혹은 왕위 계승에 있어서), 백성들의 왕 선택권을 주장함을 분명히 읽을 수 있다. 이러한 주장에 따르면, 왕위 상승/계승에 있어서 백성들은 왕 선택권과 주도권을 갖는다. 언어 용례에서 비추어 볼 때, 이러한 표현은 백성들의 이익을 대변해 주는 표현임을 분명히 알 수가 있다. 이 점이 신명기 개혁운동에서 보여준 점이다. 왕위 상승/계승과 관련하여 사용된 שׂים (쉼) 동사는 세습적 왕위 계승을 거부하는 표현으로 볼 수 있다.

사무엘상 8장 5b절이 주변 문맥(전 단계의 표현)으로 인해 모호한 점이 있음에도 불구하고, 즉 사무엘이 임명권자로 나옴에도 불구하고, 언어 용례로부터 백성들의 이익을 대변해 주고 있다는 점을 분명히 인식할 수 있다.

4) 왕 선택권과 왕의 법의 의미(삼상 8:9bβγδ, 10)

야훼의 동의가 앞서 한 번(삼상 8:7a)언급되었다. 사무엘상 8장 9a절에서 다시 한 번 반복된다. 8장 9a절은 아마도 8장 7b-8절의 삽입으로 인한 재수용 Wiederaufnahme 으로 이해된다. 8장 9bα절의 경고하다(עוד 오드)는 동사는 '하나님의 동의'와 '새로운 지도자의 요구'에 어울리지 않는 동사이다. 오히려 7b-8절의 신명기 사가의 이해에 더 적절하다.

이스라엘 사회에 왕권이 도입된 이후, 시간이 흐르면서 이스라엘 사람들은 왕권에 의해 자행되는 실정들을 경험했다. 사무엘상 8장 11b-17에서는 왕권이 이스라엘 사회에 도입되면서 이스라엘 사회는 사회적 · 정치적으로 대혼란에 빠졌다고 묘사한다. 이러한 맥락에서 볼 때, 고대 전승들[31]은

---

30) 신 17:14, 15; 삿 11:11; 삼상 8:5(=10:19).
31) 예를 들어 '법과 질서의 보증으로서의 왕', '야훼의 동의' 등.

수정되어야 했다는 점을 어렵지 않게 이해할 수 있다. 열왕기상 21장과 예언자들의 고발에 따르면, 범죄들을 자행한 자들은 왕과 그의 추종자들 (관리들)이다. 이제는 왕과 그의 추종자들은 결코 법과 정의의 보증자가 아니라, 부당한 이익을 추구하고, 뇌물을 받으며, 법을 왜곡하는 자들이다. 여기에서는 지도자들의 부패와 사회적·정치적 고발이 전면에 서며, 따라서 반왕권적 입장을 분명히 드러내고 있다.

따라서 이제까지 왕이 군사력과 제도에 근거하여 누려 왔던 권리와 권한은 법의 통제하에 놓여야 한다. 이와 함께 관리들의 부패도 배제되어야 하며, 백성들(혹은 민중들)의 권리와 정국 주도권이 지켜져야 한다.

한 걸음 더 나아간, 또 다른 발전을 신명기-신명기 사가의 본문에서 볼수 있다: 이스라엘의 존립은 특히 신명기 사가적 사상에 따르면, 야훼의 법을 준수하느냐에 달려 있다. 야훼의 법은 다양한 용어로 표현되어져 있다.32) 용어와 현상의 다양성은 이 점에 대한 강한 증거가 되고 있다.

동사 "נגד 나가드"는 "대인적 언어 전달"보다 일반적으로는 "소식을 전함", "전달하다"를 의미한다.33) 이 동사는 법의 선포의 맥락에서 아주 드물게 사용되었다. 여기에서 이 동사는 어떤 법률적인 것을 "선포하다"는 의미로 사용되었다.34) 이 동사가 선포하다는 의미로 사용되었다.35) 언어 용례에 비추어 볼 때, 이 동사와 여기에서 사용된 그 용례는 역시 신명기-신명기 사가의 언어권에 속한다.

이상의 문헌비평적 분석을 통해 살펴본바, 앞서 문제의 제기에서 제기한

---

32) תּוֹרָה, עֵדָה, מִשְׁפָּט, מִצְוָה, חֹק, דָּבָר, בְּרִרת.

33) C. Westermann, Art., Mitteilen, *THAT* I (München: Chr. Kaiser Verlag, 1984), 31-37을 참조하라.

34) 루터 번역 성경과 H. W. Hertzberg, *Die Samuelbücher* (ATD 10) (Göttingen: Vandenhoeck & Ruprecht 1986⁷), 54; F. Stolz, *Samuel*, 57에서는 "(널리)알리다" (kundtun)로 번역했다. T. Veijola, *Königtum*, 58 "선언하다"(proklamieren)으로 번역했다.

35) 신 4:13; 5:5; 17:9, 10, 11.

질문, "사무엘상 8장 9절과 11절의 왕의 법은 어떤 의미로 사용되었나?"의 해답은 분명하다. 왕의 권리와 권한은 법의 통제하에 놓여야 하며, 따라서 제한되어야 한다. 신명기 17장 14-20절에서는 명시적으로 왕의 법이라고 언급하지는 않았지만 정황으로 미루어 볼 때, 왕의 법의 구체적 내용을 기술한 것으로 이해할 수 있다.[36]

5) 중간 종합

이제까지 논의된 것을 종합하여 보면, 제1편집층은 신명기 운동에서 형성되었다. 지도자들의 부패와 이에 대한 사회 정치적 고발로 인해 - 이 점에 있어서 반왕권적 태도로 이해할 수 있다 - 신명기 민중 운동에서는 왕의 법을 요구했고, 이로써 왕의 권리와 권한을 통제하에 두고자 했다. 결과적으로는 왕의 권리와 권한이 축소될 것이다. 이로써 신명기 편집층의 저자는 백성들의 이익을 대변/주장했다.

문헌비평적 분석의 관점에서 본문의 형성사를 아래와 같이 제시할 수 있다.

고대 전승(층): 1a, (4), 5aαβ, (5b), 6, 7a, 19b-22

제1편집층: 1b-3, 5aγ, 9bβγδ, 10

소위 왕의 법: (11a), 11b-17, (19a)

신명기 사가의 개정층: 7b-8, (9a), 9bα, 18

* ( )는 개정으로 인해 문헌비평적 구분이 모호한 부분이다.

---

36) F. Stolz, *Samuel*, 60는 삼상 8:9, 11의 '왕의 법'의 성격을 정확히 이해했다. "확실히 이 왕의 법 속에는 이스라엘 사람들이 왕들로 인한 그들의 체험이 반영되어 있다." 반대 T. Veijola, *Königtum*, 60-66, 70-72. 그는 왕의 법을 왕이 누리게 될 권리와 주장으로 이해했다.

Ⅲ. 소위 역설적인 왕의 법(삼상 8:11-17)

사무엘상 8장 11b-17절에 담고 있는 소위 '역설적인 왕의 법'을 다루고
자 한다. 여기에서는 이 법의 형성과 성격과 전승 집단에 관한 질문을 밝히
고자 한다.

먼저 왕의 법과 그 주변의 문헌적 콘텍스트와의 관계를 살펴보고자 한다.
사무엘상 8장 10절에서는 사무엘이 (이미) 야훼의 모든 말을 백성들에게
했다. 8장 10절의 "야훼의 모든 말"이 8장 9절의 왕의 법의 내용을 의미한다
면, 이 단락은 8장 10절에서 종결되었다. 따라서 8장 11a절은 소위 '역설적
인 왕의 법'의 삽입으로 인한 8장 9절의 재수용으로 이해된다. 8장 18절과
19a절은 왕을 세워 달라는 백성들의 요구를 부정적으로 이해한 부분(삼상
8:7b-8)과 따라서 사무엘의 경고(삼상 8:6a, 9bα)를 전제한다. 또한 8장
18절에서는 인간적인 지배와 하나님의 지배 사이의 긴장을 인식할 수 있다.
야훼는 이스라엘 사람들에게 진정한 도움을 주시는 분이시며, 그분만이
이스라엘의 죄 된 삶의 양식을 벌할 수 있고, 용서할 수 있는 반면, 인간의
지배는 그들에게 더 이상 아무런 도움이 되지 않는다.

이제까지의 선행 연구에 따르면, 사무엘상 8장 11b-17절은 자체적으로
완결된 부분으로 주변 문맥으로부터 분리되어 있으며, 신명기 사가 이전의
전승으로 간주했다.[37] 이에 덧붙여 제기될 수 있는 질문은 "현재 형태의
본문이 왕권을 아주 긍정적으로 평가한, 친왕권적인 이전 전승층의 개정인
가?" 하는 질문이다. 이 왕의 법의 전후의 문맥으로부터 분리하여 생각한다
면, 즉 고대 전승층의 경향을 고려하지 않는다면, 현재 형태의 왕의 법은
결코 왕이나 왕권 제도에 대해 긍정적·친왕권적 입장을 취한 것으로 볼
수 없다.[38] 왕의 법은 분명하게 왕권을 부정적으로 서술하고 있다. 이야기

---

37) F. Crüsemann, *Widerstand gegen das Königtum*, 66ff.
38) 이와 다른 견해 : H. J. Stoebe, *Samuel*, 186f. 그는 이 부분의 핵은 본래적 의미의 왕의

의 흐름도 논쟁적이다. 특히 8장 17b절은 의심할 바 없이 논쟁적이다.[39] 다만 8장 12a절만 왕권 제도에 대해 부정적 태도를 취하고 있지 않다. 즉 천 명이나 오십 명을 지휘하는 군대 지휘관의 자리는 분명히 바랄 만한 자리로 볼 수 있기 때문이다. 그럼에도 다만 8장 12a절만으로 친왕권적 이전 전승층Vorlage을 이끌어내는 것은 완전히 불가능하다. 왜냐하면 친왕권적 성격을 띤 왕의 법은 구약성서 어디에서도 찾아볼 수 없기 때문이다. 현재의 본문이 긍정적 이전 전승층에서 부정적 전승층으로 변형되었다는 점은 결코 생각할 수 없다. 다만 처음부터 부정적인 작은 전승 수집록에서 시간이 흐르면서 보다 큰 전승층으로 점차 확대되었을 수 있다.

왕의 법은 논쟁적 성격의 글, 즉 정치적 투쟁 문헌으로, 왕이 관여한 소유 목록을 모두 열거했다. 이러한 구절들을 솔로몬 시대의 상황에서 이해해 보려는 시도들이 있다.[40] 그러나 본문에서 보여주는바, 본문의 내용 중 어떤 부분도 왕권의 행정 제도와 연결될 만한 연결점을 담고 있지 않다.[41]

왕의 법속에 언급된 개별 내용들은 모두 다윗과 솔로몬 시대의 상황과 연결지을 수 있다. 이러한 점에서 다윗과 솔로몬 시대를 왕의 법의 형성의 상한선techinicus a quo으로 볼 수 있다. 그러나 왕의 법의 형성 시기를 솔로몬 시대에 국한시킬 수는 없다. 왜냐하면 이스라엘의 계속되는 왕조 시대에도 유사한 경험들을 계속적으로 제공하기 때문이다(예, 왕상 21장).

사무엘상 8장 11b-12절에 담고 있는 특성은 어느 정도 개연성 있는 형성 연대를 암시한다. 8장 11b-12절은 외형적으로 다윗이나 솔로몬의 시대에 형성된 것으로 보인다. 하지만 그렇다고 이 이 시대에 형성된 것으로

　　권리가 서술되었으나, 후에 변화된 상황과 왕권에 의해 자행된 실정으로 인해 이야기의 관점이 변형되었다고 주장한다.

39) F. Crüsemann, *Widerstand gegen das Königtum*, 69.
40) M. Noth, *Geschichte Israels*, 198; J. A. Soggin, Königtum, 34; H. J. Stoebe, *Samuel*, 187; F. Crüsemann, *Widerstand gegen das Königtum*, 70ff.
41) F. Crüsemann, *Widerstand gegen das Königtum*, 70ff.

볼 수는 없다. 왜냐하면 군대의 고위직이 부여된다는 것이 부유한 이스라엘
의 농민들이 왕권 제도에 대해 제기한 불만스러운 탄원의 대상이 될 수 없기
때문이다. 실제 역사적인 상은 아주 반대의 모습이다. 다윗과 솔로몬 시대
에 있었던 몇몇 봉기에서는 군대 내의 지휘관의 지위 상실이 봉기의 주된
원인이었음을 보여준다. 군대 지휘관의 지위는 사람들이 선망하는 대상이
었다.42) 백성들 중의 일부가 관리로 임명되는 것이 왕을 반대하는 논쟁적
주장의 논거가 될 수 있는 상황은 어떤 상황일까? 여기에 담겨진 논거의
경향성은 다른 구절들(삼상 8:12b-17)의 경향성과 또 신명기 17장 16절
의 경향과 매우 유사하다. 이 논거가 지향하는 바는 엘리트 군대와 이 군대
가 갖는 정치적 의미에 대한 비판과 탄원으로 이해된다.

보다 분명한 형성 연대의 설정을 위해서는 또 다른 질문과 연계하여 답변
되어야 한다: 어떤 전승 집단에서 이와 같은 논쟁적 논리를 제공했나? 이
질문에 대해 크뤼제만의 연구는 좋은 시사점을 제공한다.43) 먼저 고려할
수 있는 집단은 왕이 그들로부터 빼앗을 수 있는 것을 소유한 집단이다:
들판, 포도원 올리브 나무(혹은 과수원) - 14절; 노예, 여종, 좋은 노동자
- 16절; 이들은 비교적 부유한 농민들이다. 다른 한편 소가축들만 소유했으
나, 십일조를 내야하는 집단들도 있다. 즉 하층민들.

왕의 법에 열거된 것은 그의 통치하에서 그가 개입할 수 있는 것 - 사람이
든 사물이든 - 모두를 열거했다. 이러한 열거에서 의도하는 바는 왕권이
이스라엘 사회에 도입된 이후 이스라엘 사회에 가져온 대혼동의 상황을 보여
주려는 데 있다. 왕의 법에서 제기한 논쟁은 확실히 왕권 제도 그 자체를 반대
하는 데 있다. 이러한 논쟁은 왕권의 전 역사에 걸쳐 왕권에 의해 자행된 실정
을 경험하고, 다른 한편 고전적 예언자들의 사회 비판과 신명기 민중운동의
영향을 받은 집단에서 형성되었다.44)

42) 삼상 22:7(참조 삼하 19:14).
43) 그러나 그의 분석의 결과를 모두 수용하는 것은 아니다.

왕의 법의 저자는 신명기 17장 14-20절에서 보여준 바와 같이 왕권 제
도를 판단하는 기준에 근거한다는 점에서, 신명기의 민중운동의 추종자에
속하며, 그럼에도 여기에서 보여준 현실 정치적 기준이 포로기의 신학자들,
특히 신명기 사가에게는 통용되지 않는다는 점에서, 왕의 법에서 제기한
논쟁의 형성은 요시야 왕의 죽음(기원전 609년) 이후, 포로기 이전에 형성
되었다고 보아야 한다.

IV. 부록: 한글 번역

1a사무엘이 늙었을 때, 1b그는 그의 아들들을 이스라엘의 사사들로 세웠다.
2a그의 아들, 장자의 이름은 요엘이며, 둘째의 이름은 아비야이다. 2b(그들
은) 브엘세바에서 다스렸다.

3aα그의 아들들은 그의 길을 따라 걷지 않았고, 3aβ그들은 부당한 이익을
추구했으며, 3bα뇌물을 받아쓰며, 3bβ법을 왜곡했다.

4a(그래서) 이스라엘의 온 장로들이 모여서, 4b그들은 사무엘을 찾아, 라마
로 갔다.

5aα그들은 그에게 (다음과 같이) 말했다: 5aβ"보소서, 당신은 늙었고, 5aγ당
신의 아들들은 당신의 길을 따라 걷지 않습니다. 5b이제 다른 모든 이방
민족들과 같이 우리에게 왕을 세워 우리를 다스리게 하소서."

6aαβγ그들이 "우리에게 왕을 세워 우리를 다스리게 하소서"라고 말했을 때,
6aα그 일이 사무엘이 보기에 악했다. 6b(그래서) 사무엘은 야훼께 기도드
렸다.

---

44) 이와 유사한 주장을 M. Buber, *Der Gesalbte*, 738에 의해 주장되었다: "신명기의 왕의
법(신 17:14-20)의 핵심은 여기에 (솔로몬 시대에서부터 등장하기 시작한 팸플릿 중의
하나) 속한다."

7aα야훼는 사무엘에게 말했다: 7aαβγ"백성들의 말, 그들이 너에게 말한 모든 것을 들어주어라. 7bα왜냐하면 그들은 너를 버린 것이 아니라, 7bβ나를 버려, 그들의 왕이 되지 못하게 함이라."

8aβ그들을 애굽에서 올라오게 한 날부터, 이 날까지, 8aα그들이 행한 모든 행실과 같이, 8aγ그들은 나를 저버렸고, 8aδ다른 신들을 섬겼다. 8b그들은 또한 너에게도 그렇게 행했다. 9a그러므로 이제 그들의 소리를 들어주어라. 9bα다만 9bβγδ너는 그들을 경고하여, 너는 그들에게 그들을 다스릴 왕의 법을 선포하라.

10a그래서 사무엘은 모든 야훼의 말씀을 10b그에게 왕을 구하는 백성들에게 말했다.

11aα그는 말했다: 11aβγ"이것이 너희를 다스릴 왕의 법이다. 11bα그는 너희의 아들들을 취하여 11bβ그를 위해 그의 병거대와 그의 기마대에 임명하기도 하고, 11bγ그들이 그의 병거대 앞에서 달리기도 한다. 12a그리고 그를 위해 천부장이나 오십부장에 임명하기도 하며, (12bα)그의 밭을 갈기도 하고, 그의 추수를 하기도하며, 12bβ그의 병기들과 그의 마차의 기구를 만들기 위함이다.

13a그리고 그는 너희의 딸들을 취하여, 13b향료를 만드는 자들과 요리사들과 떡굽는 자들을 되게 할 것이다.

14a또 너희들의 밭과 너희의 포도원과 너희의 좋은 올리브 과원을 그는 취하여, 14b그의 신하들에게 줄 것이다.

15a또 너희의 밭과 너희의 포도원에 그는 십일조를 부과하여, 15b그의 관리들과 그의 신하들에게 줄 것이다.

16a또 너희들의 노비들과 너희의 하녀들과 너희의 근사한 소년들과 너희들의 나귀들을 그는 취하여, 16b그의 일을 시킬 것이다.

17a너희의 (작은) 가축들에게 그는 십일조를 부가할 것이며 17b또 너희는 그의 종이 될 것이다.

[18a]그러면 너희는 그 날에 너희들이 선택한 너희의 왕 앞에서 울부짖을 것이나 [18b]그 날에 야훼께서는 너희에게 응답하지 않을 것이다."

[19a]그럼에도 백성들은 사무엘의 말을 듣기를 거절하여 [19b]그들은 (다음과 같이) 말했다: "아닙니다. 왕이 우리 위에 있어야 합니다.

[20a]우리도 또한 이방 민족과 같이 되고자 합니다. [20b]우리의 왕이 우리를 다스릴 것이며, 우리들 앞에 출정하여, 우리의 전쟁에서 싸울 것입니다."

[21a]사무엘은 백성의 말을 모두 듣고 [21b]그것을 야훼께 아뢰었다.

[22a]야훼께서 사무엘에게 말했다: "그들의 말을 들어주어라, 너는 그들에게 왕을 세우게 하라." [22b]사무엘은 이스라엘의 남자들에게 말했다: "각자는 자신의 성읍으로 돌아가라."

제5장

이스라엘의 왕권 등장과 신명기 개혁운동의 왕권 반성 (II)
- 사무엘상 10장 17-26절을 중심으로 -

I. 문제 제기

신명기의 왕의 법(신 17:14-20)이 왕의 권한과 권력을 법의 통제하에 두고자 했다는 점에서, 신명기의 왕의 법은 왕의 권력과 권한을 축소하는 데 그 의미가 있다고 볼 수 있다.

왕의 통치에서 자행될 수 있는 임의성(혹은 독재성)을 법의 통제하에 두기 위해 규정된 법(헌법)은 고대 동양에서 알려져 있지 않다.1) 이 점은 이스라엘의 전체 역사와 관련해서도 마찬가지이다. 그럼에도 왕의 권력과 권한을 축소하고자 하는 왕의 법이 예외적으로 신명기 17장 14-20절에 소개되고 있다. 사무엘상 8:9과 11절에서 왕의 법(מִשְׁפַּט הַמֶּלֶךְ 미쉬파트 하멜레크)을 언급했고, 삼상 10장 25절에서는 왕국의 법(מִשְׁפַּט הַמְּלֻכָה 미쉬파트 하멜루카)에 대해 언급했다. 그러나 그 법의 내용에 대해서는 전

---

1) K. Galling, *Staatsverfassung*, 53f.

혀 언급이 없다.

이러한 맥락에서 "이스라엘은 국가의 초기에서부터 (헌-)법적 기초 위에 세워졌는가?"라는 중요한 질문이 제기된다. 갈링는 이에 대한 증거로 왕의 선택과 계승에서 계약이라는 표현이 사용되었다는 점과 '왕의 법'이라는 용어가 있다는 점을 들고 있다.[2] 그러나 고전적 예언자들이 왕권에 의해 자행된 실정을 비판할 때, 어떤 구체적 법에 근거하여 구별하지 않았다는 점[3]과 왕의 법에 담겨진 구체적 내용이 기원전 7세기의 신명기에 이르기까지 실제 이스라엘 역사에서 나타나지 않았다는 점을 고려할 때, 위에서 제기한 질문의 답변은 분명하다: "아니다."

이 글에서는 왕의 법의 성격과 이러한 표현의 형성과 전승 집단Trägerkeis에 대한 질문을 사무엘상 10장 17-26절의 문헌비평적 분석을 통해 해명하고자 한다.

통치자가 법의 통제하에 놓여야 한다는 사상은 사무엘상 8장 9절과 11절에 나타난 '왕의 법'(הַמֶּלֶךְ מִשְׁפַּט 미쉬파트 하멜레크) 외에도 10장 25절에 나타난 '왕국의 법'(הַמְּלֻכָה מִשְׁפַּט 미쉬파트 하멀루카)에서도 볼 수 있다. 10장 25절에 따르면 사무엘은 왕국의 법을 선포한다. 그러나 그 법의 내용에 대해서는 일체 언급이 없다.

대체 왕국의 법은 무엇을 의미하는가? 대체로 사람들은 사무엘상 5장 3절에 나타난 왕과 백성과 맺은 계약을 염두에 둔다.[4] 이러한 이해는 필자

2) K. Galling, *Staatsverfassung*, 53ff.

3) 참조 J. Wellhausen, Israelitische und jüdische Geschichte, 107; R. Smend, "Das Nein des Amos," ders, *Gesammelte Studien*, Bd. 1,: *Die Mitte des Alten Testaments* (BEvTh 99) (München: Chr. Kaiser Verlag, 1986), 85-103, 86-89.

4) A. Alt, "Die Staatenbildung der Israeliten in Palästina"(1930), ders, *KS* II, (München: Chr. Kaiser Verlag, 1964³), 1-65, 23; H. Wildberger, "Samuel und die Entstehung des israelitischen Königtums," *ThZ* 13 (1957), 442-469, 435; G. Fohrer, "Der Vertrag zwischen König und Volk in Israel," *ZAW* 71 (1959), 1-22, 3; H. J. Stoebe, *Samuel*, 216; F. Stolz, *Samuel*, 72f; W. Dietrich, *David, Saul und die Propheten. Das Verhältnis von Religion und Politik nach den prophetischen*

의 견해로는 본문 자체의 분석으로부터 나온 것이 아니라 이스라엘의 왕조 시대의 초기의 역사적 상황에 대한 나름대로의 이해에서 나온 추측에 불과 하다. 더욱이 대부분의 주석자들은 이러한 이해의 타당성이나 5장 3절의 역사성에 대해 전혀 검토하지 않았다.5) 단락의 말미에 서 있는 왕국의 법은 선택 행위와 관련 되어 있으며, 추첨에 의한 왕의 선택이 역사적인 옷을 입은 후대의 정치적 사상eine historische Fiktion이라는 점6)을 이해할 때, 왕국 의 법에 대한 이러한 이해 방식은 방법론상 잘못된 길임을 이해할 수 있다. 왕국의 법의 의미를 정확히 이해하기 위해서는 문맥으로부터 이해되어져 야 하며, 따라서 단락에 대한 문헌비평적 분석을 통해 해야 한다.

II. 사무엘상 10장 17-27절의 문헌비평적 분석

문장 가운데에는 내용상 상호 일치되지 못하거나 상충되는 내용을 담고 있다. 사무엘은 백성들에게 왕을 세우기 위해 백성들을 불렀다. 이 구절들 은 왕의 선택을 아주 긍정적으로 서술하고 있다(삼상 10:24, 유사한 경향을 띠는 구절들 삼상 10:20-21bα). 이와는 달리, 다른 부분들에서는 이와는 정 반대의 견해를 전하고 있다: 왕 선택은 이스라엘이 야훼를 버리는 것과 다를 바 없다고 보고 있다(삼상 10:18aβ-19a).7) 형성 단계상 마지막 단계

Überlieferungen vom frühesten Königtum in Israel (BWANT 22) (Stuttgart: W. Kohlhammer, 1987), 140ff. & 주 370.

5) 삼하 5:3의 왕과 백성이 맺은 계약에 대한 분석은 Han, Dong-gu, *Das Deuteronomium und seine soziale Konstellation* (Diss. Frankfurt Uni. 1993), 70-80; 왕의 계약에 대해, 동 저서 95-161을 참조하라.

6) 이와 비슷한 견해를 A. Weiser, *Samuel*, 65와 H. J. Stoebe, *Samuel*, 216에 의해 피력되 었다. "'사울의 선택이 추첨과 같은 방식으로 수행되었다'는 것은 결코 있을 법하지 않 다"(Weiser). "사무엘이 제의적 지파 동맹체적인 전통에 있는 대변인이라는 점을 고려할 때, 이 보도의 역사적 개연성의 입증은 매우 어렵게 된다"(Stoebe).

7) W. Dietrich, *David, Saul und die Propheten*, 137 주 361; T. Veijola, *Königtum,*

에 속하는 층은 신명기 사가의 저자에 속한다.[8] 이 점은 사무엘상 8장 7b-8 절의 저자와 동일하다.[9] 사무엘상 10장 17-27절에서는 또 다른 구절(삼상 10:25aγδ)이 신명기 사가의 구절에 속한다(참조 왕하 22:8ff.).[10]

신명기 사가의 삽입부를 제외하고도 내용상 상충되는 부분이 있다. 사무엘상 10장 22절에서는 왕의 선택이 신탁Gottesbefragung을 통해 이루어졌다면, 10장 21bβ-23aα절에서는 추첨을 통해 이루어졌다.[11] 아마도 이 점은 사울이 신탁에 의해 이루어졌다는 고대 전승이 추첨이라는 좀 더 민주적이라 여겨지는 후기의 개정층으로 인해 대체된 것으로 추측된다.[12]

분명한 것은 10장 21bβ-27에 담겨져 있는 한 이야기의 단편, 특히 22a (עוד 오드 제외), 22b(הוא 후까지), 23-24, 26b-27절은 아이스펠트O. Eißfeldt가 주장한 바와 같이, 현 본문에 대해 문헌적으로 전 단계를 형성하고 있다.[13] 이 전 단계에서는 야훼께서 사울을 왕으로 선택하시고, 또한 사울

41-43. M. Noth, *ÜGS*, 57f; H. J. Boecker, *Beurteilung*, 35-44; J. Kegler, *Politisches Geschehen und theologische Verstehen. Zum Geschichtsverständnis in der frühen israelitischen Königszeit* (CThMA 8) (Stuttgart: Calwer Verlag, 1977), 77-82; A. Weiser, *Samuel*, 62f.

8) H. J. Boecker, *Beurteilung*, 38. 그러나 전 단락을 신명기 사가의 저자의 몫으로 돌려야 한다는 그의 견해는 설득력이 없다.

9) H. J. Stoebe, *Samuel*, 214.

10) A. Weiser, *Samuel*, 63; H. J. Boecker, *Beurteilung*, 53-58.

11) P. Mommer, *Samuel. Geschichte und Überlieferung* (WMANT 65) (Neukirchen-Vluyn: Neukirchener Verlag, 1991), 72ff.

12) O. Eißfeldt, *Die Koposition der Samuelisbücher* (Leipzig, 1931). 그는 본문의 비통일성에 대한 증거로 왕국(혹은 왕권 제도)에 대한 서로 상이한 입장들을 들고 있다. 24-27절에는 전후 문맥과는 달리 왕권에 대해 매우 우호적으로 판단했다. 따라서 다른 자료층에 속한 것으로 보았다. H. J. Boecker, *Beurteilung*, 44ff. "본문에는 다양한 전통 내지는 사상이 한데 묶인 것으로 생각된다. 따라서 본문을 통일적인 것으로 읽을 수 없다"(44). "아마도 두 번째 보도는 신학적으로 깊이 반성되지 않은 이야기 방식을 보여주고 있다. 따라서 더 오래된 이야기로 추정할 수 있다"(47). G. Fohrer, *Vertrag*, 3. "삼상 10. 21bβ-27a에는 더 오래된 이야기의 단편이 담겨져 있으며, 여기에 따르며, 사울은 다른 백성들보다 신체적으로 더 출중하기 때문에 신탁에 의해 왕이 되었다고 이야기한다." M. Noth, *ÜGS*, 58.

13) 이미 J. Wellhausen, *Die Composition des Hexateuchs und der historischen*

은 이에 상응하는 외모를 갖추고 있다고 보도한다. 이 전 단계의 전승이
독립된 이야기로 있었을 가능성은 16장 1-13절을 미루어 알 수 있다.14)
10장 17-27절은 16장 1-13절과의 관련성 속에서 다루고 있다. 두 본문은
모두 왕의 선택을 다루고 있으며, 모두 사울과 다윗 전승에 함축되어 있는
정치적 경향을 담고 있다. 즉, 사울이 왕이 된 것을 묘사할 때, 다윗 상승
사화에 의도적으로 의존하여 서술했다.

이 전前 단계의 전승이 현 본문에서 불완전한 이야기로 보존되어 있을지
라도, 그 안에서 분명한 정치적 의도를 읽을 수 있다. 즉, 새롭게 등장하는
왕권 제도를 정당화하고자 한다. 이러한 점에서 하나님의 선택은 인간적인
관여나 외모에 결코 배치되는 것이 아님을 알 수 있다.15)

사무엘상 16장 7절은 후대의 정치 신학적인 수정으로 새롭게 등장한
왕권 제도와 사울 대신 등장하게 된 다윗을 정당화하고자 한다. 10장
17-26절의 전 단계는 추첨에 의한 왕 선택이라는 다른 문맥 속에 서 있다.
다윗 이야기에서는 인간적인 것, 예를 들어 다윗의 인간적인 외모가 하나님
의 절대적인 주도권에 의해 후퇴되었다. 확실히 10장 13절에서는 하나님의
영과 결부되며 따라서 예언적 운동과 결부되어 있다. 다른 한편 전통의 전全
역사, 사울 이야기에서는 추첨에 의한 하나님의 선택으로 해석되었다. 이
점은 신명기 운동에서 유래되었다.

전 단계의 전승은 민주적으로 소개된 전후 문맥에 맞도록 통합되었다.16)

Bücher des Alten Testaments (1885) (Berlin: Walter de Gruyter, 1963⁴), 9; M.
Noth, ÜGS, 58.

14) J. Kegler, Politisches, 1977, 80, "이 전승은 민간에 유포되어 있는 구두 전승으로,
그 내용은 왕으로 옹립할 만큼 외모가 출중한 자를 왕으로 옹립했다는 이야기다."
15) A. Weiser, Samuel, 66, "민간에 유포된 전승에 따르며, 사울이 다른 사람에 비해 유난히
뛰어난 외모를 가졌다는 점은 하나님의 선택이 올바른 사람에게 내려졌다는 점을 입증한
것이다"(삼상 9:2).
16) 조화를 이루려는 노력에 대해 M. Löhr/O. Thenius, Die Bücher Samuelis (KEH 4),
1898³, 49; A. Weiser, Samuel, 66; T. N. D. Mettinger, King and Messiah. The
civil and sacral Legitimation of the israelitie Kings (CBOT 8) (Lund:

두 번째의 신탁(삼상 10:21bβ-22a, 야훼께서 다시 한번 물었다)과 겸양 모티브(삼상 10:22b, 행구 사이에 숨어 있는 사울)[17]는 추첨 모티브에 상응하여 변형된 것으로 생각된다.

사무엘상 9장 1절-10장 16절에서 선택과 기름부음이 있은 후에 10장 17절 이하에서 다시 한번 추첨에 의한 왕 선택 이야기가 불필요한 것으로 여겨진다. 추첨에 의한 선택 이야기는 10장 17절 이하의 전 단계와 9장 1절-10장 16절의 기본층과 11장 1-15절의 기본층[18]에 대한 반성적 수정으로 추측된다. 이 단락은 소위 반왕권적인 이야기들에 속한다. 10장 17 이하에서는 신명기 사가의 삽입 부분을 제외한다면, 왕권 제도 자체를 거부하는 것은 아니다. 확실한 것은 추첨에 의한 왕 선택 이야기는 가장 오래된 사건에 가까이 서 있는 전승층에 속한 것은 아니다.[19]

이상의 사무엘상 10장 17-27절의 분석에서 다음과 같이 본문의 형성사를 나타낼 수 있다. 본래의 이야기는 17장 18aα, 19b, 20-21bα, 25aαβ, 25b-26a절로 이루어져 있으며, 그 밖에도 문헌적 전 단계로서 고대 전승을 담고 있다: 삼상 10:22a(עוֹד 오드 제외), 22b(הֵנָּה 후까지), 23-24, 26b-27절. 이 전 단계가 추첨에 의한 왕 선택 이야기에 포함되면서 변형된 부분도 고려해야 한다: 삼상 10:21bβ-22a, 22b. 그 밖에도 신명기 사가의 삽입이 있다.

LiberLaromedel/Gleerup, 1976), 181; 최근 P. Mommer, *Samuel*, 75와 주 122.

17) 참조 W. Dirtrich, *David, Saul*, 143, "찾는 이를 전투 부대, 혹은 사람들이 군지휘자나 왕을 찾는 곳에서가 아니라, 행구에서 찾았다는 것은…."

18) 반대 A. Weiser, *Samuel*, 62. 참조 H. J. Stoebe, *Samuel*, 214.

19) M. Buber, *Der Gesalbte*, 776. 반대 H. J. Stoebe, *Samuel*, 217: "그러나 추첨에 의한 결정이 이미 다른 영역(수 7; 삿 20:9 ff.; 삼상 14:38ff.)에서는 인간에 대한 하나님의 찬성이나 반대를 나타내기 때문에, 여기에서의 적절치 못한 사용은 전승의 고대성을 설명해 주지 결코 그 반대를 말하지는 않는다."

III. 왕국의 법의 의미

제 왕국의 법의 의미와 형성에 대해 연구하고자 한다. 여기에 대해 본문에서는 분명한 암시를 담고 있지 않다. 따라서 그 의미를 주변 문맥에서 찾아야 한다.

사무엘은 왕을 뽑기 위해 백성을 미스바로 불러 모았다. 여기에서 특이한 점은 왕을 전체에서 한 사람을 뽑는다는 점이다. 동시에 추첨에 의한 왕 선택 이야기는 자신의 운명을 스스로 결정하고자 하는 백성에 대해 보도한다. 이 이야기의 저자는 어떤 역사적인 사실을 보도하기보다는 "이스라엘에서 새로운 제도인 왕권 제도가 어떻게 형성되었나?" 하는 질문에 대해 "민주적인 방식으로"라는 답을 추구하면서 왕이 되는 이상적 방법과 이에 상응하는 이상적인 사회를 보여주고자 한다. 이 이야기에서는 모든 이가 균일한 기회를 갖고, 모든 이가 동등한 권한을 갖는, 즉 지배와 계급이 존재하지 않는 이상적 사회를 건설하고자 했다.

이 이야기에 따르면 왕 선택은 추첨에 의해 수행되어야 한다. 유감스럽게도 추첨이 이루어지는 방식의 기술적 측면에 대해 전혀 알지 못한다. 통상적으로 신의 뜻을 묻는 방식으로 '예'와 '아니오'를 선택하는 단순한 방법은 아닐 것이다.[20] 오히려 사사기 20장 10절에서 보여주는 방식이 아닌가 생각된다: 추첨은 전체에서 작은 부분으로 선발되고, 이와 같은 방식을 반복하여 마침내 의도하는 자가 뽑히게 된다.[21] 여기에서 추첨에 의한 결정은 제사장들의 에봇과는 결코 관계가 없으며 따라서 여기에서 묘사된 사무엘상은 결코 제사장적인 특징과 연결될 수 없다.[22]

---

20) 참조 M. Buber, *Der Gesalbte*, 776: "어떤 점에서도 신탁에 의한 사건은 아닌 것으로 생각된다." 반대 F. Stolz, *Samuel*, 72.

21) 참조 W. Dietrich, *David, Saul und die Propheten*, 138f. 추첨에 의한 선택과 관련하여 수 7:14-18에서 동일한 방식을 보여준다.

22) H. J. Stoebe, *Samuel*, 217. 반대 W. Diertich, *David, Saul*, 141. 그는 사무엘의 직능에

추첨에 의한 왕 선택은 지파 사회에서 전쟁이 발발했을 시, 추첨에 의해 의무를 분배하는 방식을 상기시켜주며(참조 삿 20:9f.) 동시에 백성들의 자기 결정권에 대한 한 예를 보여준다. 추첨 이야기는 추첨에 의해 왕이 된 자는 지배적 직무를 갖는 것이 아니라, 섬기는 자의 직무를 가짐을 보여준다. 왜냐하면 추첨에 의해 선택된 자는 자신의 사회에 대해 의무를 수행해야 하기 때문이다.23)

추첨 이야기에 따르며, 지배권의 위임은 강자, 즉 전쟁에서 승리한 군대 지휘자에게 주어지는 것이 아니라(삼상 11:14; 참조 삼상 9:1f.; 10:1, 23f.; 16:12), 특별히 규정되어 있지 않은 어떤 이에게 주어진다.24) 여기에서 의미하는 바는 엄청난 권력에 의거하여 다스리는 통치는 필요치 않음을 의미한다. 지배자는 세상을 섬기는 작은 자여야 한다.

왕권이 이스라엘 사회에 출현한 이후에 시간이 지남에 따라 사람들은 많은 실정을 겪게 되고 이러한 경험은 사무엘상 10장 17절 이하의 전 단계의 전승에서 볼 수 있는 "왕은 하나님께서 선택한 자다"라는 고대 전승층에 대한 반성을 하게 한다. 추첨 이야기의 저자는 이 고대 전승을 민주적인 방향으로 해석했다. 즉, 그는 왕 선택에서 나타나는 하나님의 의지를 추첨 모티브를 통해 새로운 방식으로 구체화 시켰다. 이 이야기에서 의도하는 것은 하나님의 뜻이 백성들의 총회에 나타나며 필연적으로 여기에서만이 나타난다: VOX DEI VOX POPULI(민중의 음성은 신의 음성이다). 추첨

대해 "사무엘은 예언자적이라기보다는 제사장적 직무를 수행했다"는 개연성 없는 주장했다.
23) 이와 비슷한 주장을 편 이는 W. Caspari, *Die Samuelbücher* (KAT VII) (Leipzig, 1926), 115f.
24) 이 추첨 이야기에서 의도하고자 한 것은 바울이 말하고자 한 역설을 앞서 말한 것이다. "형제들아 너희를 부르심을 보라 육체를 따라 지혜 있는 자가 많지 아니하며 능한 자가 많지 아니하며 문벌 좋은 자가 많지 아니하도다. 그러나 하나님께서 세상의 미련한 것들을 택하사 지혜 있는 자들을 부끄럽게 하려 하시고 세상의 약한 것을 택하사 강한 것들을 부끄럽게 하려 하시며 하나님께서 세상의 천한 것들과 멸시받는 것들과 없는 것들을 택하사 있는 것들을 폐하려 하시나니"(고전 1:26ff.).

에 의한 왕 선택 모티브에서는 왕이나 왕권을 정당화하려는 것이 아니라, 오히려 정반대로 왕과 왕권의 이데올로기적인 정당화를 제거하려 한다.

본문에서 왕의 통치 권력의 크기, 많은 군사 무기, 많은 부인, 많은 돈이 왕권의 상징이라는 견해와 싸우고 있다. 이 이야기에서는 추첨 모티브와 이와 함께 겸손 모티브를 통해 이 본문의 저자가 신명기의 왕의 법에서 보여 준 바와 같이(신 17:14-20), 왕의 통치 권력을 축소하려 했다는 것을 알 수 있다.

왕이 백성들의 총회에 의해 선택되는 한에 있어서 그는 자신의 권력을 백성들을 섬기는 일에 써야 한다. 이러한 문헌비평적 분석을 통해 "왕국의 법"의 성격과 의미를 분명히 알 수 있다: 추첨에 의한 왕 선택 이야기와 왕국의 법에서는 첫째 백성들의 왕 선택권을 다루며, 둘째 왕의 통치 권력의 제한을 다루고 있다. 왕은 그를 왕으로 위임한 백성들의 총회의 뜻에 예속되어야 한다.25)

계속하여 이 추첨 이야기의 형성에 대해 질문해야 한다. 추첨에 의한 왕 선택 이야기가 다윗과 솔로몬 시대에 형성된 사무엘상 16장 1-13절의 기본층과 병행되며, 또 내용적으로 왕권을 정당화하고 있는 전 단계에 대한 해석인 점에 있어서는26) 이보다 이전의 것으로 연대를 정할 수 없다. 그러나 이 이야기의 어떤 부분도 신명기 사가의 사고 체계에 속하지 않는다.27) 왜냐하면 이미 선행 본문에서 최초의 왕에 대한 하나님의 선택이 내려진

---

25) 반대 A. Weiser, *Samuel*, 68: "추첨에 의한 왕 선택 모티브는 사울 왕권을 정당화하며 모든 인간적인 비난과 영향력을 제거하는 경향을 띤다."; 반대 H. J. Stoebe, *Samuel*, 218f.: "이와 함께 왕에게 주어졌던 이전의 권한이 제한된 것이 아니라, 그에게 허용되었다."; W. Dietrich, *David, Saul und die Propheten*, 141: "이 이야기의 경향은 분명하다: 사울을 하나님께서 왕으로 선택하신 이로 보이게 하려는 데 있다."; 참조 M. Noth, *ÜGS*, 58: "그밖에도 삼상 10:25a에 나타난 왕국의 법의 이야기는 삼상 8:9-11ff.의 왕의 법과 분리될 수 없다."

26) J. Wellhausen, *Composition*, 243; M. Noth, *ÜGS*, 58; H. J. Boecker, *Beurteilung*, 48; F. Crüsemann, *Widerstand gegen das Königtum*, 55.

27) M. Noth, *ÜGS*, 58.

후에 추첨에 의한 또 다른 왕의 선택 이야기가 불필요하기 때문이다. 이
이야기에는 신명기 사가의 한 특징인 왕들을 판단하는 종교적 기준이 전혀
들어 있지 않다. 오히려 이 이야기의 어조는 전적으로 세속적이다. 따라서
추첨에 의한 왕 선택 이야기는 신명기 사가의 저자에게 돌릴 수 없다.[28]
시간상으로 볼 때, 이 이야기는 국가의 형성과 신명기 사가의 최초의 편집
사이에 형성되었다. 이 추첨에 의한 왕 선택 이야기가 후기 사람들의 기호에
맞는 거룩한 역사를 서술했다는 점에서[29] 또 신명기 17장 14-20절의 왕의
법과 매우 유사하다는 점에서[30] 이 이야기는 신명기 개혁 운동에서 형성되
었다는 추측이 개연성이 있다. 실제 추첨에 의한 왕의 선택 이야기는 왕보다
는 전체 백성의 이익을 대변하며, 또 필자의 견해로는 17장 15aβ절에서
말한 하나님의 선택은 내용적으로 추첨이라는 기술적 방식을 전제한다.

끝으로 이 왕국의 법은 사무엘상 8장 9, 11절의 왕의 법과 어떤 관계가
있는가를 질문해야 한다. 몇몇 주석자들은 두 실체는 모두 동일한 것이라고
주장한다.[31] 또 다른 해석자들은 정반대의 의견을 피력한다.[32] 우리는
왕의 법과 왕국의 법에서 모두 신명기의 민중 운동을 볼 수 있다는 점을

---

28) 이와는 달리 M. Noth, *ÜGS*, 58에서는 사울의 왕 추첨을 수 7장 장면의 모방으로 잘못
   보고 있다. 이러한 견해에 많은 학자들이 맹종했다. H. J. Boecker, *Beurteilung*, 48:
   T. Veijola, *Königtum*, 51; Ch. Levin, *Der Stutz der Königin Atalja. Ein Kapitel
   zur Geschichte Judas im 9. Jh. v.Chr.* (SBS 105) (Stuttgart: Verlag Katholisches
   Bibelwerk, 1982), 92 주 2. 이와는 달리 W. Dietrich, *David, Saul und die
   Propheten*, 39, 그는 언어적인 논거에 근거하여 달리 보고 있다. "그것의 모방이라기보
   다는 그 것의 선례로". 그럼에도 불구하고 그는 삼상 10:17-27을 신명기 사가의 편집자
   에게 돌렸다. "신명기 사가의 편집자는 긴 신학적 반성의 역사의 산물을 자유롭게 편집시
   켰다."
29) J. Wellhausen, *Composition*, 243: "따라서 삼상 10:25의 왕국의 법이 신명기의 왕의
   법을 의미한다는 추측이 개연성이 없는 것이 아니다."
30) F. Crüsemann, *Widerstand gegen das Königtum*, 55.
31) K. Budde, *Die Bücher Samuel* (KHC VIII), 1902, 72; M. Noth, *ÜGS*, 58. H. J.
   Boecker, *Beurteilung*, 51ff.
32) C. Steuernagel, *Lehrbuch der Einleitung in das Alte Testament* (Tübingen
   1912), 315.

고려해야 한다. 이러한 점에서 동일한 의미를 지닐 수 있다.

　다른 한편 사무엘상 8장과 10장에서 다른 표현을 사용한다는 점은 동일한 저자의 작품이 아님을 말한다고 주장한다. 그러나 표현은 문맥에 따라 달리 표현될 수 있다: 8장에서는 왕과 지도층 인사들의 부패를 공격한다는 점에서 왕의 법을 말하고 있으며, 10장 17-26절에서는 새로운 제도의 설치를 말하고 있으며, 따라서 왕국의 법을 다루고 있다. 어쨌든 우리는 두 법 모두 신명기 민중 운동의 산물이며, 백성들의 이익을 대변하고 있다는 점을 유의해야 한다.

제6장

카리스마적 지도자, 영의 민주화 및 생명운동

― 루아흐(rûaḥ)를 중심으로 한 구약성서의 성령론 ―

I. 문제 제기 및 히브리어 루아흐(rûaḥ)의 개념의 역사

1. 구약성서에서 성령론을 어떻게 연구하나?

구약성서에서는 조직신학에서 말하는 성령론을 위해 전문 술어나 성령론을 집중적으로 다룬 본문은 존재하지 않는다. 그럼에도 불구하고 성령론과 접목될 수 있는 유사한 현상을 성서에서 볼 수 있으며, 이를 구약성서의 성령론으로 다루고자 한다.

구약의 성령론에 관하여 논의할 때 특별히 히브리어 루아흐(rûaḥ)와 관련하여 다루어 왔다.[1] 히브리어 루아흐는 (성)영으로 번역될 수 있으나, 시대의 변천에 따라 다양하게 이해되었다. 히브리어 루아흐가 자연현상을 나타낼 때, 바람이나 방위 등을 의미하고, 사람과 관련하여 숨, 마음, 영(육

---

1) רוּחַ(루아흐)에 대한 연구의 다양한 참고 문헌은 차준희, "예언과 영,"『한국기독교신학논 총』제15집 (1998), 52-83을 참조하라.

체와 대조되는 정신현상) 등을 나타내며, 하나님과 관련하여 영, 거룩한
영, 하나님의 마음, 등을 의미한다.[2]

2. 하나님의 영의 초기 개념

이스라엘 왕정 초기의 역사에 있어서, (황홀경) 예언이 '하나님의 영'에
의해 일어난 것으로 이해되었다. 사무엘상 10장 5-6절에서는 사무엘이
사울에게 앞으로 일어날 것들에게 대해 일러주었다. 사울은 하나님의 산에
이르게 될 때, 선지자의 무리가 산당으로부터 비파와 소고와 저(=대금)와
수금을 앞세우고 예언을 하면서 내려오는 것을 만날 것이다. 이때 사울에게
는 야훼의 영rûaḥ YHWH이 임하여 그들과 함께 예언을 하고 변하여 다른 사람
이 될 것이라고 했다(삼상 10:5-6). 사무엘의 말씀과 같이 하나님의 영rûaḥ
Elohim이 사울에게 임했으며, 사울은 그들 가운데에서 예언했다(삼상
10:10).

고대 이스라엘 사람들은 예언자들이 무리를 이루어 살다가 춤과 노래와
주술적 행동을 통해 황홀경 현상에 빠지면 예언을 하곤 했다고 이해했다.
사울이 예언했다는 역사적 현실은 두 방향에서 해석되었다. 첫째, 사울을
비하하고 반대했던 집단은 사울의 예언을 비정상적인 사이비 무리들의 비
이성적 활동과 같은 유의 것으로 해석했다.[3] 다른 한편, 신명기 사가는
이러한 원시적 이해와 정치적 이해를 모두 지양하고, 예언은 하나님의 뜻의
계시로서 오직 하나님께서 그의 종(예언자)에게 전하게 함으로써 일어나
거나 혹은 하나님의 영에 의해서만이 일어날 수 있다는 점을 밝혀준다. 사무
엘상 10장 1-10절의 본문은 신명기 사가의 예언(혹은 하나님의 계시) 이

---

2) 사전적 개념 정의에 대해 W. Gesenius, *Handwörterbuch*, 748-750; R. Albertz/ C.
　　Westermann, "רוח Geist," E. Jenni/C. Westermann(Hg.), *THAT* II (1984), 726-
　　753; S. Tengström/H.-J., "רוח," *ThWAT* VII (1993), 385-425.
3) 참조 삼상 19:20; 19:23.

해가 담겨져 있다.4)

3. 악령의 이해

영에 대한 또 다른 고대적 이해는 하나님의 영과 악한 영을 대비시키는 본문에서 볼 수 있다. 사무엘서와 열왕기에서는 하나님과 관련하여 하나님의 영으로 이해돼 왔고, 악한 세력을 실체적 존재로 보아 악령으로 이해했다.5) 사무엘상 16장 14-23절에서는 하나님의 영이 사울을 떠나므로 사울은 악한 영에 사로잡혀 번뇌하게 되었다고 보도한다. 여기에서는 악의 세력을 어떤 영적 실체로 이해하고 있다. 악한 영은 하나님께서 부리는 영적 존재들이며(삼상 16:15, 23), 이 악령들은 인간의 음악을 통해 잠잠하게 할 수 있다(삼상 16:16-23)고 보았다. 이 본문에서는 왕정 초기의 정치적 이해가 내재되어 있다. 사울은 항상 정신적으로 번잡하며, 반대로 "다윗은 정신적으로 건강하며, 음악적으로 재능이 뛰어나 사울의 번뇌를 치유할 수 있는 자"라는 점을 말한다.6)

열왕기상 22장 13-28절에서 내심으로는 전쟁을 하기로 결심하고 하나님의 뜻을 따를 결심도 없이 하나님께 그의 뜻을 묻는 무리들에게 하나님께서는 거짓말하게 하는 영을 보내어 이들을 미혹시킨다. 이러한 사실을 참예언자 미가를 통해 전달하게 한다. 이로 말미암아 미가는 정치적으로 궁지에 몰리며, 마침내 옥고를 치러야 했다(참조 왕상 22:27; 렘 20:2).

---

4) 이 점에 대해 아래의 §1-4)을 참조하라. 본문이 해석되었다는 측면에 대해 스톨쯔는 암시하고 있다. 스톨쯔, 『사무엘 상·하 (국제성서주석 9)』, 박영옥 역 (천안: 한국신학연구소 1991), 113.
5) 삿 9:23; 삼상 16:14, 15, 16, 23 (+1); 18:10; 19:9; 왕상 22:22, 23; 왕하 19:7(=사 37:7). 삿 9:23은 악한 영을 정치적으로 내적 분열을 도모하는 이간 세력으로 이해했다. 이와 유사한 이해를 왕하 19:7(=사 37:7)에서 볼 수 있다.
6) 악기 연주를 통해 사울에게 내린 악한 영을 달래 사울을 치유하는 또 다른 구절이 있다. 삼상 18:10; 19:9.

분명 이스라엘의 왕조시대, 즉 신명기 개혁 이전에는 다른 신들이나 영적 존재를 전제하는 모습을 볼 수 있다. 신명기의 종교개혁을 통해 한 분 하나님에 대한 사상이 정립되면서 다른 신들이나 영적 존재는 공적 표현들 속에서는 사라지게 되었다. 물론 신명기의 개혁이 민간에게까지 완전히 파급되어 다른 신들이나 영적 존재를 부인했다고는 말할 수 없다.

4. 기원전 8-7세기 예언자들의 하나님의 영의 침묵

기원전 8-7세기 예언자들의 경우 하나님의 영에 대해 대체로 침묵하고 있다. 예언자들에게서 사용된 빈도수를 도표화하면 다음과 같다.[7] 그럼에도 불구하고 중요한 새로운 현상이 나타난다. 예언자들이 하나님의 영을 받아 예언(하나님의 뜻의 전달)을 하게 됨을 알 수 있다.

시기	본문	빈도수	하나님의 영
기원전 8세기	아모스	1	0
	호세아	7	1
	이사야 (1-40장)	27	12
	미가	3	2
기원전 7세기	나훔	0	0
	하박국	2	0
	스바냐	0	0
	예레미야	18	0

호세아 9장 7절에서는 형벌의 날이 임했으나, 예언자는 그의 직무를 다하지 못하고, 이스라엘은 죄가 많음으로 형벌을 면할 길이 없다고 말한다.

---

7) 기타 연대를 고정하기 어려운 본문에서 민 24:2.

여기에서 예언자nābî'를 영의 사람'iš hārûaḥ이라 부르고 있어, 하나님의 영에
의하여 예언을 한 것으로 이해된다. 그럼에도 하나님의 영을 통해 예언자들
이 하나님의 뜻을 전하게 되었음을 말한다.

미가 3장 8절에서도 헛된 평화를 외치는 거짓 예언자와는 달리 자신은
"야훼의 영으로 인해 권능과 공의와 재능으로 충만해 있다"고 고백한다.
미가는 하나님의 영을 그의 영감의 원천으로 보고 있다. 미가 역시 하나님의
영으로 말미암아 그가 예언했다고는 말하지 않았으나, 그는 하나님의 영을
통해 예언하게 되었음을 암시한다.

이사야(1-39장)의 경우 비교적 빈번하게 총 27회가 사용되었다. 그 가
운데 하나님의 영의 개념으로 12회가 사용되었다. 그러나 기원전 8세기
이사야 예언자에게 돌릴 수 있는 구절은 이사야 30장 1절 한 구절뿐이다.
30장 1절에서는 다음과 같이 기록하고 있다: "… 너희가 계획'ēṣâ을 베푸나
나로 말미암아minni 하지 아니하며, 맹약을 맺으나 나의 영rûḥi으로 말미암아
하지 아니했음이로다… 나의 입pî에 묻지 아니했으니" 여기에서 "영"은 하
나님의 뜻, 의지, 생각으로 번역될 수 있다. 이스라엘이 정치적 결단을 함에
있어서 야훼의 의향을 묻지 않고, 그의 뜻을 따르지 않았음을 비판한다.
여기에서 직접적으로 하나님의 영에 의한 예언을 직접적으로 표현하지는
않았으나, 암시하고는 있다. 하나님은 역사의 주로서 그로 말미암지 않고서
는 어떤 것도 이룩될 수 없다는 점을 나타낸다.

이사야의 영향을 입어 하나님의 영이 정치적 영역으로 확장되어, 왕권을
제한하고 하나님의 주도권을 강조하기 위해 사용하는 경우들도 있다(삼상
11:6aα). 이러한 영의 작용의 확장은 카리스마적인 지도자들을 세우는 본
문에 하나님의 영이 빈번하게 나타난다.[8] 하나님의 영이 새로운 지도자들
에게 임하여 그들을 지도자로 소명할 뿐만 아니라, 이들에게 큰 권능을 부여

---

8) 삿 3:10; 6:34; 11:29; 13:25; 14:6; 14:19; 15:14; 삼상 11:6.

하기도 한다.

5. 하나님의 영에 의해 카리스마적 지도자를 세움

포로기에 접어들면서 하나님의 영을 받아야 하나님의 뜻을 전할 수 있으며, 또한 (카리스마적인) 지도자로서 직무를 수행할 수 있다는 신학적 현상은 포로기에 접어들어 광범위하게 확산[9]되어 나타난다. 모세와 같은 민족적 지도자에게 하나님의 영이 내림은 물론이고(민 11:17, 25; 27:18) 에스겔 예언자의 경우 철저히 하나님의 영에 사로잡혀 활동을 하게 되며,[10] 또 모든 백성들에게 하나님의 영이 내려 그들이 모두 환상과 비전을 볼 수 있게 되었다(요엘 2:28-29/히 3:1-2; 민 11:26, 29; 사 42:1).

그리고 새로운 현상으로 하나님의 영의 작용으로 생명을 불러일으킨다는 신학 사상이 매우 광범위하게 확산되었다. 예를 들어 에스겔서에서는 포로기에 비참하게 살아가는 인생들을 마른 뼈에 비유했고, 이 마른 뼈에 하나님의 영이 부여됨으로 이들이 새로운 생명을 얻게 되었다(겔 37:1-14).[11]

카리스마적인 지도자들에게 하나님의 영이 부여되는 일과 죽음의 세계에 하나님의 영이 부여되어 생명을 얻게 되는 일 사이에는 외견상으로 직접적인 연관성은 없는 것으로 보이나, 분명한 발전 과정을 볼 수는 있다. 하나님의 영은 예언자에게 주어져 하나님의 뜻을 전하기도 하며, 때로는 왕권을 제한하기도 한다. 나아가 하나님께서는 그가 원하시는 정치 지도자를 세워 그의 뜻을 역사적인 현실 위에 직접 실현하기도 하신다. 포로기에 접어들어 국가의 공식적인 기구Institution가 소멸되면서 카리스마적인 지도자를 더욱

---

9) 이러한 확산 현상을 "영적 민주화"라 부를 수 있다.
10) 겔 2:2; 3:12, 14, 24; 8:3; 11:1, 5, 24; 37:1; 43:5.
11) 참조 창 (2:7); 6:3; 사 32:15; 40:7; 42:5; 44:3; 59:19; 겔 10:17; 11:19; 18:31; 36:26; 36:27; 37:5, 6, 8, 9, 10, 14; 39:29.

필요로 하는 현실로 발전되었고 마침내 영의 민주화 현상을 실현하게 되었다. 다른 한편으로는 하나님께서 하나님의 영을 통해 직접 그의 백성들과 접촉하게 되었다. 죽음에 이른 그의 백성들에게 생명을 부여하게 되었다. 분명한 역사적인 발전 과정을 볼 수 있다.

하나님은 종래의 정치적 제도Institution가 아니라, 카리스마적인 지도자 Charisma를 세워 그의 백성들을 구원하기도 했으며, 한편으로 목자 없는 하나님의 백성들에게 하나님의 영을 부음으로 새로운 생명을 얻게 해주셨다. 양자는 모두 국가라는 제도가 없는 상황에서 활발하게 일어나게 되었다. 하나님의 영은 한편으로 (카리스마적인) 지도자를 향하며, 다른 한편으로 백성들에게 직접 향했다.

6. 성령론에서 영성론으로

포로 후기에 접어들면서 정치적 제도는 어쨌든 안정으로 흘러갔다. 포로기 때 활발했던 카리스마적인 지도자 사상은 극히 자제되었고 다만 종말론적인 메시아 사상에서 제한적으로 볼 수 있다. 히브리어 루아흐의 개념도 이제는 영을 의미하기보다는 마음으로 이해되었다. 따라서 이러한 현상을 신학적으로 해석한다면 포로기에는 하나님의 영을 성령론의 관점에서 해석할 수 있다면, 포로 후기에는 하나님의 영(마음)을 영성 신학의 관점에서 해석할 수 있을 것이다.

7. 중간 종합과 문제의 제기

하나님의 영과 관련하여 구약성서에서 성령론으로 해석될 수 있는 신학 현상은 대략 세 가지로 묘사될 수 있다. 첫째, 하나님의 영을 부여하여 카리스마적인 지도자를 세워 왕권의 임의성을 제한하고자 했다. 여기에서부터 정치적 기구Institution의 약화를 볼 수 있다(참조 §2). 둘째, 포로기에 접어들면서 국가의 멸망과 함께 이스라엘 민족에게는 정치적 기구도 함께 사라지게 되었다. 이로 인해 하나님의 영의 부여는 민주적인 현상을 나타냈다(참조 §3). 셋째, 포로기의 인생을 무덤에 갇힌 죽은 자에 비유했으며, 포로기의 극복을 이들에게 하나님의 영을 부여하여 생명을 얻는 것에 비유했다. 따라서 하나님의 영은 생명의 영이다(참조 §4). 이러한 신학 현상을 아래의 세 장에서 좀 더 상세히 살펴보고자 한다.

II. 카리스마적인 지도자와 하나님의 영

카리스마적인 지도자에게 하나님의 영이 임하여 왕권을 제한하고 하나님의 주권을 나타내는 모습을 가장 잘 나타낸 본문은 사무엘상 11장에서 볼 수 있다. 11장에서는 사화의 특징을 보여주는 부분이 있는가 하면, 정치적 관점에서 진행된 이야기와 신학적으로 해석된 이야기가 함께 섞여져 있다. 11장의 형성사를 간략히 살펴보면 아래와 같다.

1. 고대 사화

먼저 사무엘상 11장에 담긴 고대 사화[12]는 이스라엘의 한 지역에 적이 침입하여 엄청난 위협에 처하게 되었다는 보도에서 시작되었다. 이 사화에 속하는 중요한 요소로 도움을 청하기 위해 사자를 보내는 이야기(삼상 11:3-4), 사울과의 만남(삼상 11:5) 및 답변과 전할 새 소식(삼상 11:9-10) 등이 포함된다. 위험은 11장 11절에서 해소되면서 이 사화는 끝이 난

---

12) 고대 사화는 구두전승 자료로서 기본층에 전달되었을 것이다.

다.13) 전쟁 영웅 사울에 대한 고대 사화는 11장 1, 2a, 3aαβγb, 4aα, 5aγb, 9-11절로 구성되어 있다. 이 고대 사화의 형성 연대는 사건과 가까운 시간 대에 형성되었으므로 사건의 실제적인 과정을 보도할 수 있다. 이 고대 사화 는 이 사건을 개인적으로 체험한 사람들에 의해 구두 전승으로 퍼져나갔을 수 있다.

2. 기본층

고대 사화는 왕권에 대해 우호적인 입장을 가진 자들의 편에 - 아마도 다윗-솔로몬의 궁중에서 - 전승되어 계속하여 확대되어 (문헌적인) 기본 층을 형성했다. 이 확대된 기본층은 사울이 암몬과의 전쟁에서 승리한 후에 길갈 성전에서 왕이 되는 것을 이야기하고 있다. 여기에서는 의심할 바 없이 정치적 의도를 보여주고 있다. 이 기본층에는 삼상 11장 2b, 3aδ, 4aβb, 5aδ, 6b, 7abβ-*, 8a, 12-*, 13, 15절을 포함된다. 이 이야기는 지리적 관점에서 전체 이스라엘로 확대되었다(삼상 11:2b, 3aδ).14) 이 이야기 속에는 왕과 백성들 사이에 대조적인 모습으로 나타난다. 한편으로 용기를 잃은 백성이 있으며(삼상 11:4aβ-5), 다른 한편 백성들에게 승리를 가져 다 준 영웅이 있다(삼상 11:11, 12f.).15) 이 이야기는 전체 이스라엘을

---

13) A. Weiser, *Samuel, Seine geschichtliche Aufgabe und religiöse Bedeutung* (FRLANT 81) (Göttingen: Vandenhoeck & Ruprecht, 1962), 71; H. J. Stoebe, *Das erste Buch Samuelis* (KAT 8, 1) (Gütersloh: Gütersloher Verlagshaus Mohn, 1973), 224f.; F. Stolz, *Samuel*, 74. 다른 학자들은 삼상 11:15에서 이야기가 끝난다고 보았다. 예를 들어 F. Mildenberger, *Die vordeuteronomische Saul- und Davidüerlieferung* (Diss. Tübingen 1962), 35. 이와는 달리 케글러는 15절의 형성 연대를 정하는 단서를 제고하고 있다: 이야기 된 요소는 다윗, 압살롬 및 솔로몬의 왕 즉위의 맥락에서 등장하는 요소다. J. Kegler, *Politisches Geschehen und theologische Verstehen, Zum Geschichtsverständnis in der frühen israelitischen Königszeit* (CThM A, 8) (Stuttgart: Calwer Verlag, 1977), 62.
14) 이것은 고대사화의 본래의 목적을 넘어 다른 목적으로 넘어갔음을 말한다: 이스라엘 전체를 지배하는 왕으로 즉위하는 것을 목표한다.

다스릴 새로운 왕 – 아마도 역사적으로는 다윗과 같은 왕 – 을 사울과
같은 원형을 통해 정당화하려는 정치적인 서술로 보아야 한다.

3. 신학적 개정

   이러한 정치적 관점에서 해석된 기본층은 신학적인 관점에서 또 다시
개정되었다. 이 개정층에는 사무엘상 11장 5aαβ,[16) 6a, 7bα+*[17]), 12+*,
14절이 속한다. 왕권이 형성된 이후에 이스라엘 사회는 왕과 엘리트 부대가
이끄는 군대에 의해 부정적인 방향으로 흘러갔다. 정치적으로 왕권을 정당
화하려는 방향에서 형성된 기본층이 이제 새로운 상황을 맞이하여 개정되
어야 한다는 것은 불가피한 것이다. 정치적 이야기가 카리스마적인 지도
이념을 새로운 요소로 받아들여, 모든 인간의 성공은 하나님의 소명과 신이
부여한 권능 때문이라는 사상 아래 놓여야 했다. 이제 이 개정층에서는 신학
적인 국가 이념을 담게 되었다.

   이 개정층의 저자는 왕에 의해 수행되는 제도상의 임의성을 반대하고자
했으며, 그 자리에 새로운 지도 이념, 즉 하나님의 주도권Gottes Initiative을
대신하고자 했다. 여기에는 왕권을 하나님의 절대적인 주도권 아래 두어
왕의 통치권을 카리스마적인 이념에서 이끌어내고자 했던 예언자적인 신

---

15) 참조 J. Kegler, *Politisches*, 82f.은 삼상 11:13에 나타난 왕의 모습에 담긴 의도를 다윗
   의 경우와 비교하여 정확히 연구했다: 정치권력의 목적으로 기술되었다.
16) 사울이 밭에서 소를 몰고 오는 광경(삼상 11:5aαβ)은 그는 군사적인 측면에서는 어떤
   도움도 줄 수 없으며, 전쟁을 수행할 준비도 되어 있지 못함을 암시한다. 밭에서 소를
   몰고 오고 있는 모습은 예언자들의 소명 양식에서 흔히 볼 수 있는 모습이다(참조 왕상
   19:19ff.). 예언자적 특징이 두드러진 삼상 9-10장에서도 비슷한 모습을 보여준다. 즉,
   사울이 잃어버린 당나귀를 찾아 나선다. 참조 H. Schult, "Amos 7, 15a und die
   Legitimation des Außenseiters," H. W. Wolff(Hg.), *Probleme biblischer Theologie*,
   FS für G. von Rad (München: Chr. Kaiser, 1971), 462-478에서 더 많은 성서 구절을
   소개한다.
17) 반대 J. Kegler, *Politisches*, 83.

학 사상이 담겨 있다.[18]

하나님의 영이 사울에게 임하여(삼상 11:6aα), 사울이 군사적 행동을 할 수 있게 되었다. 사사들이 등장하는 모습과 매우 유사하다(삿 3:10; 6:34; 11:29; 14:6, 19; 15:14). 하나님의 영에 사로잡혔다는 것은 카리스마적인 지도자들의 소명을 나타낸 것이라는 점에서 이견의 여지가 없다. 영웅의 활동이 엄청난 군사적 위력을 발휘하게 된 것은 자신의 용기에서 나온 것이 아니라, 오직 하나님의 영의 작용으로 가능하게 된 것이다.[19]

사건은 다시금 신학적으로 해석되었다. 야훼의 두려움이 이스라엘에게 주어졌다(삼상 11, 7bα). 하나님의 영과 야훼의 두려움이 언급되므로 군사적인 성공이 하나님의 주도하에 놓이게 되었다.

이 개정층은 예언자 운동의 산물로 여겨진다. 아마도 고전적인 예언자(호세아, 아모스, 이사야 및 미가)들의 저항 정신과 특별히 이사야 예언자의 역사신학[20]의 영향을 입은 익명의 예언자 집단에서 형성시킨 것으로 추측된다.[21] 이 개정층 속에는 예언자적 인물 사무엘이 권력의 중심에 놓였다.

이 개정층은 고전적인 예언자들의 저항운동을 전제하므로 기원전 8세기가 상한선이 되며, 그리고 국가가 멸망된 이후에는 왕권의 제한이 의미가 없으므로 국가멸망이 하한선이 된다.

18) 참조 사 30:1; 미 3:8; 호 8:4aα; 9:7.
19) F. Stolz, *Samuel*, 76.
20) 이사야 예언자는 그의 생애의 흐름에 따라 전개되는 역사적 사건에 대해 이스라엘과 세계의 흐름을 하나님의 주권 아래 두었으며, 모든 것이 하나님의 주도 아래에서 전개된다는 신학 사상 아래에서 예언했다. 그래서 필자는 이를 이사야의 역사신학이라 명명했다.
21) 참조 F. Stolz, *Jahwes und Israels Kriege. Kriegstheorien und Kriegserfahrungen im Glauben des alten Israel* (AThANT 60) (Zürich: Theologischer Verlag, 1972), 132. ders, *Samuel*, 76.

4. 카리스마적 지도자에게 임한 하나님의 영

카라스마적인 지도자에게 하나님의 영이 임하여 왕권을 제한하는 전통은 포로기에 접어들면서 사라지고 다른 모습이 강조되었다. 카리스마적인 지도자들은 하나님의 영을 받아 기적과 같은 큰 힘을 발휘하기도 한다. 야훼의 영이 기드온에게 임하니 많은 이들이 그를 좇는 자가 되었다. 그는 하나님의 영으로 인해 큰 능력을 발휘하는 군대의 지휘자가 되었다. 삼손의 경우 하나님의 영이 임하여 직접적으로 큰 힘이 생겨 많은 적을 무찌르게 되었다.[22] 카리스마적인 지도자 옷니엘(삿 3:10), 입다(삿 11:29) 및 삼손(삿 13:25)에게도 하나님의 영이 임했다. 그러나 그 의미가 무엇인지 분명치 않다. 아마도 사사로서의 권한이 부여되는 징표이거나 큰 능력이 부여되는 증거일 것이다. 카리스마적인 지도자들에게 하나님의 영이 임하여 기적 같은 능력을 발휘했다는 것은 포로기의 정신적인 상황에 대한 답변으로 여겨진다.

이스라엘 민족이 (갑작스럽게) 바벨론에 의해 정복당함으로써, 무수한 문제들에 직면하게 되었다. 이스라엘 사람들 중의 일부는 신앙상의 회의를 불러 일으켰다. 예를 들어 사사기 6장 13절에서 "나의 주여 야훼께서 우리와 함께 계시면 어찌하여 이 모든 일이 우리에게 미쳤나이까, … 야훼께서 우리를 애굽에서 나오게 하신 것이 아니냐 한 그 모든 이적이 어디 있나이까…"라고 기록하고 있다. 또한 고대의 전쟁은 거룩한 전쟁der heilige Krieg[23]

---

22) 어린 사자가 삼손을 향하여 달려들었을 때, 야훼의 신이 그에게 임하여 삼손은 맨손으로 사자를 염소 새끼 찢듯이 찢었다. 야훼의 영은 삼손에게 기적 같은 큰 힘을 준 것이다(삿 14:6). 삼손과 잔치 하객으로 온 블레셋 사람들과의 수수께끼 놀이에서 블레셋 사람들의 부당한 압박으로 인해 삼손이 수수께끼 놀이에서 패하게 될 때, 야훼의 영이 삼손에게 임하여 그는 큰 힘의 장사가 되었다. 그래서 단 블레셋의 도시 아스글론을 공략하여 벌금으로 내어 줄 옷 삼십 벌을 취했다(삿 14:19). 또한 삼손에게 야훼의 영이 임함으로 그를 결박했던 줄은 불탄 삼과 같이 떨어져 나가고 나귀의 새 턱뼈를 취하여 블레셋 사람 삼천 명을 죽였다(삿 15:14).

혹은 신들의 전쟁이다. 다시 말해 전쟁에서 승리할 경우, 그들의 신이 승리를 가져다주었다고 신을 찬양했다. 이스라엘의 경우 이와 반대가 되는 경우를 직면하게 되었다. 따라서 "이스라엘의 하나님은 그의 백성을 구원할 권능이 없으신가?" 하는 의문의 야기된다. 그래서 포로기에 형성된 많은 본문들은 기적 사건을 묘사하고 있다. 사사들에게 부여된 하나님의 영도 이 점과 관련하여 해석되었다.[24]

Ⅲ. 하나님의 영의 민주화

1. 예언서에 나타난 민주화 현상

포로기에 나타난 또 하나의 중요한 신학적 현상은 민주화 현상이다. 이스라엘의 왕조시대에 예언자들은 이스라엘의 지도자들을 향하여 규탄하는 예언을 했다. 그러나 포로기에 접어들면서 예언자들의 메시지 대상은 이스라엘 민족 전체로 향하고 있다. 이는 이스라엘 국가가 처해 있는 위급한 역사적 상황 때문이기도 하지만, 국가를 대표하는 정치적 기구의 부재에도 큰 원인이 있었다. 이제 이스라엘 국가와 그 안에 속해 있는 하나님의 백성을 살리는 길은 정치적 기구Institution가 아니라, 하나님의 권능Charisma으로만이 가능할 뿐이다.

포로기에 접어들면서 비로소 계약 개념의 완전한 표현을 볼 수 있다:

---

23) 여기에서 말하는 "성전"은 고대의 전쟁은 종교적 신념을 함께 동반하여 수행하는 경우가 많다. 한편 고대 이스라엘의 성전은 이스라엘이 수세에 놓였을 때, 종교적 신앙을 빌려 적극적인 항쟁을 유발시키기 위해 형성되었다. 이 점이 현대의 성전 논리와 크게 차이난다.

24) 또 다른 한편으로는 신학적 성찰과 반성의 작업이 일어났다. 참조 한동구, "음식 규정에 나타나 있는 평화 사상(창 1장 29-30절)", 한동구, 『창세기의 신앙과 신학』(서울: 프리칭 아카데미, 2010), 45-73.

야훼는 이스라엘의 하나님이요, 이스라엘은 그의 백성이다. 여기에서는 분명히 민족 전체를 계약의 파트너로 삼고 있다. 이제 화제의 대상은 이스라엘 민족 가운데 불의한 일부가 아니라, 민족 전체이다. 이사야 40-55장에서도 이러한 확대된 화제 대상, 즉 "이스라엘"을 볼 수 있다.

> ¹야곱아 너를 창조하신 야훼께서 이제 말씀하시느니라 이스라엘아 너를 조성하신 자가 이제 말씀하시느니라 너는 두려워 말라 내가 너를 구속했고 내가 너를 지명하여 불렀나니 너는 내 것이라 ²네가 물 가운데로 지날 때에 내가 함께 할 것이라 강을 건널 때에 물이 너를 침몰치 못할 것이며 네가 불 가운데로 행할 때에 타지도 아니할 것이요 불꽃이 너를 사르지도 못하리니 ³대저 나는 야훼 네 하나님이요 이스라엘의 거룩한 자요 네 구원자임이라 내가 애굽을 너의 속량물로, 구스와 스바를 너의 대신으로 주었노라 ⁴내가 너를 보배롭고 존귀하게 여기고 너를 사랑했은즉 내가 사람들을 주어 너를 바꾸며 백성들로 네 생명을 대신하리니 ⁵두려워 말라 내가 너와 함께 하여 네 자손을 동방에서부터 오게 하며 서방에서부터 너를 모을 것이며 ⁶내가 북방에게 이르기를 놓으라 남방에게 이르기를 구류하지 말라 내 아들들을 원방에서 이끌며 내 딸들을 땅 끝에서 오게 하라 ⁷무릇 내 이름으로 일컫는 자 곧 내가 내 영광을 위해 창조한 자를 오게 하라 그들을 내가 지었고 만들었느니라(사 43:1-7).

여기에서 "너"는 문법적으로는 단수이지만, 야곱과 이스라엘을 가리키고 있다. 그리고 야곱과 이스라엘은 역시 단수를 가리키는 것이 아니라, 이스라엘 민족 전체를 가리키고 있다. 이사야 43장 3절에서도 계약신학의 일부를 읽을 수 있다.

그런데 예언자 한 사람을 부르듯이, 이스라엘을 부르는 곳도 있다. 이사야 42장 5-9절에서는 이스라엘 민족의 세계사적인 사명을 언급하면서 마치 예언자 한 사람의 사명을 언급하듯이 말하고 있다.

> ⁶나 야훼가 의로 너를 불렀은즉 내가 네 손을 잡아 너를 보호하며 너를
> 세워 백성의 언약과 이방의 빛이 되게 하리니 ⁷네가 소경의 눈을 밝히며
> 갇힌 자를 옥에서 이끌어 내며 흑암에 처한 자를 간에서 나오게 하리라(사
> 42:6-7).

2. 하나님의 형상과 민주화 현상

보다 본질적으로 사상적인 측면에서 민주화된 사상을 볼 수 있는 곳도
있다. 창세기 1장에서 인간은 하나님의 형상Imago Dei을 닮아 창조되었다고
말한다. 여기에서 말하는 하나님의 형상이란 고대 사회에서는 왕이나 황제
와 같은 존귀한 자들에게 사용된 표현이다. 신의 전권대사라는 표현이다.
그런데 창세기에서는 모든 인류가 신의 전권대사가 됨을 천명한다. 우리
인간은 하나님의 형상을 따라 하나님께서 이룩하고자 하신 구속 사업을
수행하기 위해 창조되었다. 우리 인간은 신의 뜻에 합당한 삶을 추구해야
하며, 다른 한편으로 하나님이 이룩하고자 하신 구속 사업을 대신 수행하는
동안 창조적인 능력을 부여받았다.

하나님께서는 자기의 형상을 따라 인간을 창조하셨다(창 1:26, 27; 창
5:1, 3; 9:6). 인간이 하나님의 형상을 닮았다는 것은 무엇을 의미하는가?
해석사에서 여러 가지 견해가 있지만, 성경적 의미를 살펴보고자 한다. 고
대 동양, 예를 들어 애굽에서는 바로를 땅 위에 살아 있는 신의 대리자로
이해했다. 왕뿐만 아니라, 왕의 아들이나 귀족들도 지상에 있는 신의 대리
자로 이해했다. 이러한 관점에서 성경에서는 모든 인간이 신의 목적을 실현
하기 위해 지상으로 보내심을 받은 신의 대리자이며 전권자다.[25]

3. 하나님의 영의 민주화

하나님의 영과 관련하여서도 포로기(혹은 포로 후기)의 중요한 신학 현상으로 민주화 현상을 보여준다. 민수기에서는 하나님께서 카리스마적인 지도자들에게 그의 영을 부어 지도자로 세우실 때에, 그들과 함께 진중에 우연히 있던 자들에게도 하나님의 영이 강림하여 예언을 하게 되었다(민 11:26). 요엘서에서는 이스라엘의 심판 이후의 회복과 관련하여 예언하면서, 하나님께서 이스라엘을 회복시키실 때에 일어나는 현상을 예언하여 말했다. 그때 하나님은 그의 영을 만민에게 부어 주어, 이스라엘의 모든 이들이 장래 일을 예언하게 될 것이다. 노인들은 꿈을 꾸며, 젊은이는 이상을 보게 될 것이다. 더욱이 하나님은 그의 영을 남종과 여종에게도 부어 줄 것이다(요엘 2:28-29[=3:1-2]).[26] 모세는 모든 백성들에게 하나님의 영이 내려 그들이 꿈과 이상을 보며 예언을 할 수 있게 되기를 바란다고 했다(민 11:29). 이사야 42장 1절에서는 모든 이스라엘 사람들에게 하나님의 영을 내려 야훼의 종으로 삼고 그들의 이스라엘과 세계를 향한 사명을 밝혀 주었다.[27]

하나님의 영을 받는 것이 왕이나 예언자와 같이 특별히 카리스마를 지닌 사람들의 특권이 아니라, 모든 사람들에게 주어지는 은사다. 온 백성이 직접 하나님과 관계를 맺고 다른 삶의 매개나 해석 없이도 하나님의 계시가 백성들 모두에게 전달되었다. 여기에서는 계시의 매개와 해석을 위한 기구

---

25) W. H. Schmidt, *Die Schöpfungsgeschichte der Priesterschrift* (WMANT 17) (Neukirchen- Vluyn: Neukirchener Verlag 1973), 132-144: O. H. Steck, *Der Schöpfungsbericht der Priesterschrift* (FRANT 115) (Göttingen: Vandenhoeck & Ruprecht, 1975), 150ff.

26) 바이저&엘리거, 『호세아/요엘/아모스/즈가리야 (국제성서주석 24/25)』, 박영옥 옮김 (서울: 한국신학연구소, 1993²), 194-196.

27) 보다 상세한 주석은 한동구, "첫 번째 야훼의 종의 노래(사 42:1-4)," 『복음과 신학』 제7집(2004. 11. 30), 7-25을 참조하라.

Institution를 볼 수 없다. 어떤 의미에서는 하나님께서 친히 인간의 마음을 변화시켜 새로운 공동체를 형성시키는 데 목적이 있다.

IV. 새로운 생명운동

1. 에스겔 37장의 분석

에스겔 37장은 포로기와 포로 후기의 중요한 신학 현상인 생명운동, 즉 "죽음에서의 생명으로 나아가는 과정"을 묘사하고 있다. 예언자는 하나님의 손에 사로잡혀(참조 겔 1:1-3:15; 8:1-11:25, 40ff.) 마른 뼈들이 널려 있는 들판으로 인도되었다. 하나님의 질문에 따라 예언자는 답변을 한다. 대화는 "인자야 이 뼈들이 다시 살겠는가?"라는 첫 번째 질문으로 시작한다(겔 37:3). 하나님은 인자에게 이 뼈들에게 그의 뜻을 대언하라고 명령하고(겔 37:4-6), 그 명령을 따라 인자는 이 뼈들과 생기에게 대언했다(겔 37:7-10). 그리고 이 뼈를 이스라엘로 해석하여(겔 37:11), 인자는 이스라엘에게 대언했다(겔 37:12-14).

마른 뼈의 비유를 포러G. Fohrer는 포로기의 상황과 연결시켜 해석한다.28) 짐멀리도 "기원전 587년 이후 엄청난 위기에 빠져 탄식하는 공동체"로 규정하고 있다. 이들 공동체는 자신들의 모든 희망이 끝이 났음을 알고 있다. "우리의 뼈들이 말랐으며, 우리의 소망이 없어졌으니, 우리는 다 멸절되었다"(겔 37:11)고 말한 것은 실제 그들의 상황이다.

마른 뼈에 대한 형상은 포로로 끌려간 자들의 탄식에서 나왔다. 이들은

---

28) G. Fohrer, *Die Propheten des Alten Testaments*, Bd. 3 (Gütersloh: Gütersloher Verlagshaus, 1975), 177-180; W. Zimmerli, *Ezechiel* (BK XII/2) (Neukirchen-Vluyn: Neukirchener Verlag, 1979), 901.

좌절된 희망을 탄식하면서 자신들은 메말라 죽게 되었다고 말한다. 포로기에 살아가는 사람들은 사실 생명으로부터 잘려나가 메말라 죽은 뼈와 같았다.

야훼의 예언자는 이제 생명을 불러일으킬 새로운 사명을 갖고 이 백성에게로 보내졌다. "인자야 이 뼈들이 다시 살겠는가?"라는 질문에 대해 "당신이 아시나이다"라고 답한다(겔 37:3). 이는 거부할 수 없는 죽음의 승리 앞에 인간이 아무것도 할 수 없다는 무능의 고백이며, 이러한 생명으로의 가능성은 인간을 통해서는 불가능하다는 고백이다.[29]

예언자는 모든 육체에 생명을 주시는 하나님의 명령에 따라 예언자는 대언했다: "내가 영을 주리니 너희가 살리라"(겔 37:5). 예언자는 해부학적 지식을 동원하여 생명을 얻어 가는 과정을 묘사한다. "너희 위에 힘줄을 두고, 살을 입히고, 가죽으로 덮고, (마침내) 너희 속에 영을 두게 되면 너희가 살게 된다"(겔 37:6). 예언을 하는 동안 이미 뼈들은 움직여 결합되기 시작했으며, 뼈에는 힘줄이 생기고 살이 오르고 그 위에 가죽이 덮였다. 그러나 아직 그 안에 영(=생기)이 없었다(겔 37:7-8). 마침내 예언자는 영(=생기)이 그들에게 들어가게 하므로 그들은 생명을 얻었고 더욱이 큰 부대를 이루었다(겔 37:9-10).

이러한 인간 이해는 창세기의 인간 창조(창 2:7)에서 볼 수 있으며, 전도서에서도 볼 수 있다(전 3:20f.; 12:7). 이것은 피조된 육체와 불멸의 영혼으로 대별되는 이원론으로 이해할 수 없다. 오히려 눈으로 볼 수 있고, 손으로 만질 수 있는 육체와 역동적으로 움직이나, 손으로 붙잡을 수 없으며, 작용하고 있으나 호흡으로만 느낄 수 있는 생명력을 구분하고 있다. 그래서 인간 안에 있는 신비하고 손으로 붙잡을 수 없는 힘의 기원을 신비한 영역에 두어 강조하고 있다.[30]

---

29) W. Zimmerli, *Ezechiel*, 893.
30) W. Zimmerli, *Ezechiel*, 895.

에스겔 37장 1-10절의 상징적 표현은 11-14절에서 이스라엘에 적용하여 해석하고 있다. 이러한 해석은 이스라엘 밖으로부터 온 것이 아니다. 그들이 내뱉은 탄식에서 알 수 있는바, 그들은 자신을 마른 뼈에 비유하고 있다.[31] 그리고 하나님께서는 예언자로 하여금 그의 약속을 전하게 했다. 먼저 이스라엘로 하여금 무덤을 열고 나와 이스라엘의 고향 땅으로 가게 하며, 그리고 하나님의 영을 그들에게 두어 살게 하실 것이다. 여기에서 이 예언의 역사적 상황을 암시해 준다: 포로기 전환기.

2. 하나님의 영의 생명운동

포로기에서 포로기 전환기에 나타난 중요한 신학 현상으로 하나님의 영을 통해 새로운 생명을 얻듯이, 하나님께서 이스라엘 백성들에게 새로운 마음을 주심으로 새로운 시작을 가능하게 했다.

이사야에서는 하나님 편에서 가져다주는 새로움을 말하고 있다. 이사야 42장 5-9절에서는 하나님은 자신을 창조주 하나님으로 땅 위에 있는 모든 백성들에게 혼과 영을 주시는 분으로 소개하면서, 하나님은 그의 백성 이스라엘을 위해 "새 일"을 시작하신다고 말씀하신다(사 42:9). 새 일의 구체적인 내용은 본문에서 명시적으로 말하고 있지 않다. 이사야 48장 6절에서는 이 '새 일'은 이스라엘이 알지 못하던 일이며, 이제 하나님께서 새로이 펼치실 은비한 일이라 했다. 이사야 43장 14-21절에서 하나님은 자신을 그의 백성 이스라엘의 구속주로 소개하면서 바다 가운데 길을 내고, 큰 물 가운데 지름길을 내어 그의 백성을 해방시킬 것이라 약속한다. 그리고 광야에 산업을 육성시킬 도로를 내며, 사막에도 강을 내어 광야를 푸른 들로 변화시킬 것이라 예언한다. 바벨론에서의 이스라엘의 해방과 해방 이후의 산업의

---

31) 탄식은 잠언이나 시편에서 볼 수 있는 언어이다: 시 31:11; 35:10; 잠 17:22. 계속되는 성경구절은 W. Zimmerli, *Ezechiel*, 897을 참조하라.

비약적 발전을 여기에서는 하나님께서 그의 백성을 위해 펼칠 "새 일"이라 말씀하신다(사 43:19). 이제 이스라엘이 해야 할 일은 하나님의 놀라운 일을 찬양하는 일이며, 이제는 새 노래만을 불러야 한다(사 42:10).[32]

한편 예언서에서는 하나님께서 주신 새 계약이나 새 영을 통해, 이스라엘 편에서의 변화를 가져올 때 나타나는 새로움을 말한다.

예레미야에서는 "새 언약"에 대해 언급한다(렘 31:31-33). 새 언약은 "나(=야훼)는 그들(=이스라엘)의 하나님이 되고 그들(=이스라엘)은 내(=야훼의) 백성이 될 것이라"라고 했다. 새 언약은 하나님의 법을 두 돌판에 새긴 출애굽 때의 옛 언약과는 달리 마음에 기록하게 된다. 참 생명은 이스라엘의 내적 변화에서 올 수 있음을 지적한다. 이러한 입장은 신명기에서도 볼 수 있다. 네 하나님 야훼께서 네게 요구하시는 것 중에 하나로 신명기 10장 16-18절에서는 "목이 곧은 백성"(참조 신 9:6, 13)과는 대조적으로 "마음의 할례"를 훈계한다. 진정한 변화와 참회의 길은 이스라엘의 내적 변화에 있으며, 이 길만이 유일하게 생명을 얻을 수 있는 길이다.

에스겔에서는 "새 마음과 새 영"을 통한 변화를 말하고 있다. 에스겔 11장 14-21절에서는 이스라엘의 회복을 예언하면서 진정한 변화의 가능성은 "마음속에 새 영"을 담을 때, 진정으로 하나님의 율례와 규례를 지켜 행하게 되어, 계약을 완성하게 되며(겔 11:19f.), 나아가 하나님께서 이스라엘의 선조들에게 주신 땅에서 거주하면서 이스라엘이 하나님의 백성이 되고, 하나님은 이스라엘의 하나님이 될 수 있다고 했다(겔 36:26f.). 이스라엘이 생명을 얻는 길은 죄악을 버리는 길이며, "마음과 영"을 새롭게 하는 길이다(겔 18:31).

---

32) 시편에서는 여러 곳에서 새 노래를 부를 것을 명한다: 시 33:3; 40:3; 96:1; 98:1; 144:9; 149:1.

V. 종합과 구약성서 성령론의 역사적 배경

이상의 논의들을 종합해 보면, 하나님의 구원의 형태와 양식은 시대적 상황에 따라 달리 나타난다. 그리고 하나님의 영에 의한 성령론의 형식도 다양하게 나타난다. 하나님의 영에 대한 특별한 신학적 이해는 왕권에 대한 비판적 시각에서 출발한다. 이스라엘 사회에 왕권이라는 제도가 도입된 이래로 왕권에 의해 자행되는 많은 부정적인 현실을 경험하게 되었다. 사무엘상 8장 11-17절에 소개되는 소위 '왕의 법'에서 백성들이 경험하게 되는 부정적 현실을 총체적으로 소개하고 있다.

11aα그는 말했다: 11aβγ"이것이 너희를 다스릴 왕의 법이다. 11bα그는 너희의 아들들을 취하여 11bβ그를 위해 그의 병거대와 그의 기마대에 임명하기도 하고, 11bγ그들이 그의 병거대 앞에서 달리기도 한다. 12a그리고 그를 위해 천부장이나 오십부장에 임명하기도 하며, (12bα)그의 밭을 갈기도 하고, 그의 추수를 하기도 하며, 12bβ그의 병기들과 그의 마차의 기구를 만들기 위함이다. 13a그리고 그는 너희의 딸들을 취하여, 13b향료를 만드는 자들과 요리사들과 떡굽는 자들을 되게 할 것이다. 14a또 너희들의 밭과 너희의 포도원과 너희의 좋은 올리브 과원을 그는 취하여, 14b그의 신하들에게 줄 것이다. 15a또 너희의 밭과 너희의 포도원에 그는 십일조를 부과하여, 15b그의 관리들과 그의 신하들에게 줄 것이다. 16a또 너희들의 노비들과 너희의 하녀들과 너희의 근사한 소년들과 너희들의 나귀들을 그는 취하여, 16b그의 일을 시킬 것이다. 17a너희의 (작은) 가축들에게 그는 십일조를 부과할 것이며 17b또 너희는 그의 종이 될 것이다(삼상 8:11b-17).[33]

---

33) 상세한 분석은 Han, Dong-Gu, *Das Deuteronomium und seine soziale Konstellation* (Diss. Frankfurt Uni., 1993), 48-50을 참조하라.

이러한 왕권에 대한 부정적인 경험은 기원전 8세기에 예언자들에게 왕권의 임의성을 비판하게 했으며, 또 신명기 개혁운동가들에게는 왕권을 어떤 법의 한계 안에 두어 임의성을 막아 보고자 했다. 이러한 비판적 움직임들은 익명의 예언자들에게 왕권의 임의성을 제한하기 위해 하나님의 영을 통한 하나님의 주도권을 주장하게 했다(참조 §2-3). 국가의 공식적인 기구Institution에 대한 신뢰의 부족은 카리스마Charisma에 대한 필요성을 야기시켰다.

포로기에 접어들면서 국가의 공식적인 기구가 완전히 사라지게 되면서 지역의 대표인 장로들이나 특별한 인준을 요구하지 않는 예언자들이 이스라엘 사회의 대표자로 활동하게 된다. 이러한 역사적 현실 속에서 하나님의 영에 의한 권위의 부여는 광범위한 영역에서 일어날 수 있다. 결과적으로는 영의 민주화 현상이 일어난다. 영의 민주화를 통해 만민들이 꿈과 이상을 갖게 되며, 새 역사 창조를 위한 희망을 갖게 된다.

포로기에서 포로 후기로 넘어가는 전환기에는 국가적인 재건 사업이 전개된다. 이러한 재건 사업도 국가의 공식 기구에 의한 것이 아니라, 하나님의 주도에 의해 일어난다. 이것이 하나님의 영의 작용에 의한 생명운동이다. 포로기라는 죽음의 현상을 넘어설 수 있는 유일한 힘의 원동력은 이스라엘 내부에 있는 것이 아니라, 하나님으로부터 주어지는 성령의 역사다.

제7장

다윗과 사울의 갈등

- 사무엘상 18:1-16 -

I. 주석 단위와 내용 구분

사무엘상 18장 1-16절은 다윗이 정치적으로 성공하고 상승하여 마침내 이스라엘의 왕이 되는 과정을 그리는 다윗 상승 사화(史話 = 역사 이야기)의 한 부분이다. 다윗 상승 사화는 사무엘상 16장에서부터 사무엘하 5장까지 이어지는 역사다.

1. 단락의 시작점

사무엘상 17장은 다윗이 골리앗을 물리친 사건을 보도하고 있으며, 18장 1-5절은 한두 구절(삼상 18:1aα[1])과 삼상 18:2)로 인해 그 이후에 이어지는 사건처럼 보인다.[2] 그러나 요나단이 그의 아버지 사울보다 다윗을

---

1) 삼상 18:1aα의 내용: 그(다윗)가 사울에게 말하는 것을 마쳤을 때….
2) 그래서 삼상 17장과 삼상 18:1-5을 한 단위로 보는 주석자도 있다. 참조 H. W. Hertzberg,

더 사랑했다는 내용은 다윗이 골리앗을 물리친 사건의 후속편이라기보다
는 사울과 다윗의 갈등의 주제에 더 부합된다. 따라서 사무엘상 18장 1-5절
은 사울과 다윗의 갈등을 다룬 이야기의 첫 부분으로 보는 것이 타당하다.

2. 단락의 종결점

한편 사무엘상 18장 17-30절은 다윗이 사울의 부마가 되는 일화를 다룬
다. 물론 여기에서도 사울과 다윗의 갈등 내용을 담고 있으나, 새로운 일화
로 보는 것이 타당하다. 따라서 18장 1-16절은 사울과 다윗의 갈등을 다루
는 독립된 단락으로 보는 것이 가능하다.

3. 내용 구분

사무엘상 18장 1-16절은 하나의 일화만을 다룬 것이 아니다. 어쩌면
세 개의 일화 혹은 이야기를 다룬다고 보아야 한다. 이렇게 볼 때 내용 구분
은 자연스럽게 이루어진다. 본문 내용의 구분은 다음과 같다.

절 구분	내용
1-4절	요나단과 다윗의 우정
5-9절	다윗의 성공에 대한 사울의 질투
10-16절	사울의 광기적 행동으로 다윗을 죽이려 했던 일화

Samuelbücher, 113-124.

II. 사무엘상 18장 1-16절의 번역

^{1}그(다윗)가 사울에게 말하는 것을 마쳤을 때, 요나단의 마음이 다윗의 마음과 하나가 되어 요나단이 그를 자기 생명 같이 사랑했다. ^{2}그 날 사울은 그(=다윗)를 붙들어 그의 집으로 다시 돌아가지 못하게 했다. ^{3}요나단은 다윗을 자기 생명 같이 사랑했기 때문에, 요나단과 다윗은 언약3)을 맺었다. ^{4}요나단은 자기가 입었던 갑옷을 벗어 다윗에게 주고, 그의 군복도 칼과 활과 띠까지도 주었다.4)

^{5}다윗은 사울이 그를 보내는 곳마다 출정하여 성공을 거두었기에5) 사울은 그를 군대의 장으로 세웠으며, 온 백성과 사울의 신하의 눈에 이것이 합당하게 보였다.6) ^{6}무리가 돌아올 때, 즉 다윗이 블레셋 사람들을 치고 돌아올 때에 여인들이 이스라엘 각 도시에서 나와서 노래하며 춤추며, 또 왕 사울을 환영했다. 그들은 소고(=템블린)와 환희7)와 하프8)를 가지고 환영했다.9) ^{7}춤추는 여인들10)이 (선창으로) 노래하며11) 말했다:12) "사울이 죽인 자는

---

3) 공동번역은 언약대신에 의형제로 번역했다.
4) 한글번역의 겉옷은 갑옷으로 이해하는 것이 타당하며, 새번역과 공동번역은 군복을 생략했다.
5) 한글 번역에 약간의 문제점이 있다. 히브리어 שׂכל(히필형: 히쉬킬)은 "지혜롭게 행하다/통찰력을 갖다/현명하게 행하다" 혹은 "성공을 거두다"를 의미한다. 여기에서는 전쟁에 나가다를 표현할 때 자주 사용되는 동사 יצא(야차 나아가다/출정하다)와 연결되어 있으므로 "지혜롭게 행동하다"로 번역하기보다는 전쟁에서 승리하다를 나타내는 "성공하다"로 번역하는 것이 타당하다. 참조 공동번역 "… 출정할 때마다 승전하고…."
6) 개역과 개역개정은 "성공을 거두다"대신에 "지혜롭게 행하다"로, 새번역은 "주어진 임무"에 대해 "잘해냈다"로, 공동번역만이 전투에서 "승리하다"로 번역했다.
7) 환희(בְּשִׂמְחָה 버씸하)는 어떤 악기를 나타내는 것이 아니나, 환영에 동반된 악기와 함께 종종 언급되었다. 창 31:27; 왕상 1:40.
8) 삼각형 모양의 작은 하프.
9) "소고(=템블린), 환희, 하프"를 공동번역은 "소구, 환성, 꽹과리"로, 개역개정은 "소고, 경쇠"로, 새번역은 "소구, 꽹과리"로 번역했다.
10) הַנָּשִׁים הַמְשַׂחֲקוֹת (하나심 하머샤하코트)는 한정적으로 번역하여 "춤추는 여인들"로 번역하는 것이 타당하다. 그러나 모든 한글 번역은 서술적으로 번역하여 "여인들이 춤을 추며"로 번역했다. 참조 스톨쯔, 『사무엘(국제성서주석 8)』, 202.

천천이요 다윗은 만만이로다!" 8사울은 그 말에 불쾌하여 심히 노하여 말하기를 "그들이 다윗에게는 만만을 돌리고 내게는 천천을 돌리니 그에게 더 줄 수 있는 것은 다만 왕권뿐이구나. 9그 날 이후로부터 사울이 다윗을 주목했다. 10다음날부터 하나님의 악령이 사울에게 내리니, 사울은 그가 집 안에서 정신없이 떠들어대므로 다윗이 평일과 같이 직접 수금을 연주하는데 그때에 사울의 손에는 창이 있었다.13)

11사울은 창을 던지면서 말하기를 "내가 다윗을 벽에 박으리라"고 했으나, 다윗은 그 앞에서 두 번이나 피했다. 12사울은 다윗을 두려워했다. 왜냐하면 야훼께서 그와 함께하시나 사울에게는 떠났기 때문이다. 13사울은 그를 자기 곁에서 떠나보내기 위해 그를 천부장으로 삼으므로. 그는 백성 앞에서 출장했다. 14다윗이 그의 모든 일에 있어서 성공했다. 왜냐하면 야훼께서 그와 함께 하셨기 때문이다. 15사울은 다윗이 크게 성공하는 것을 보고, 그를 두려워했다.14) 16온 이스라엘과 유다는 다윗을 사랑했다. 왜냐하면 그가 출정하여 자기들을 이끌었기 때문이다.

III. 서론

사무엘상 18장 1-16절은 사울과 다윗의 갈등을 이야기하고 있다. 다윗은 베들레헴 출신의 유다 사람으로, 현재 성서 본문에 따르면, 다윗은 여러 가지 경로를 통해 사울의 궁중에 들어갔다.15) 아마도 다윗은 직업 군인으

---

11) 누군가 선창으로 노래하면, 합창대나 무리들이 화답으로 노래할 때, ענה IV (아나)는 선창으로 노래하는 것을 의미한다. 참조 출 15:20-21.
12) "(선창으로) 노래하며"를 공동번역은 "주고받았다"로 번역했다. 공동번역을 제외한 나머지 한글 번역은 모두 그 의미를 살리지 못했다.
13) 공동번역은 사울의 태도를 정신병의 발작증세로 이해했다.
14) "성공하다"를 개역개정은 "지혜롭게 하다"로, 새번역과 공동번역은 "승리하다"로 번역했다.

로 사울의 궁정에 들어온 것으로 보인다.

사무엘상 16장에서부터 사무엘하 5장까지는 다윗 상승 사화를 그리고 사무엘하 9장에서 열왕기상 2장까지는 다윗의 후계자 솔로몬이 왕위에 오르는 과정을 그리는 역사, 다윗 왕위 계승 사화를 기술하고 있다. 전자는 사울 시대의 다윗을 보도하고 있는데 사울의 패망과 다윗의 성공이 극명하게 대조를 이루는 역사 기술이며, 후자는 유다의 왕이 된 이후의 통치에 대한 기록으로 왕국의 성장과 발전, 그리고 솔로몬에 이르는 왕위 계승의 역사적 주제들을 생생하게 그려 주고 있다.

다윗 상승 사화는 사울의 자손들 중에서 왕이 되는 것보다 다윗이 왕이 되는 게 더 정당하다는 점을 보여주는 것이 가장 으뜸이 되는 목적이다. 이를 위해 이 역사는 1) 하나님이 다윗을 선택했다는 것을 보여주며Gottes Designation, 2) 백성들이 다윗을 더 좋아했을 뿐 아니라, 다윗이 왕이 되는 것을 동의했으며Volkes Akklamation, 3) 다윗은 사울의 딸과 결혼하여 합법적인 왕위 계승자가 되었을 뿐 아니라, 4) 다윗은 사울과 비교하여 전투적 능력, 인격적 신의 및 모든 측면에서 더 훌륭하다는 점을 보여준다. 사무엘상 18장에서도 이러한 신학적 경향의 일부를 읽을 수 있다.

---

15) 다윗이 사울의 궁중에 들어오게 된 여러 가지 경로에 대해 밀러/헤이스, 『이스라엘 역사』, 187f.를 참조하라. 삼상 17장은 다윗이 블레셋 장수 골리앗을 물리치고, 그 결과 사울의 궁중에 머물며 군대의 장관으로 활동하게 된 것으로 이야기한다(참조 18:2, 5).

IV. 본문 해설

1. 요나단과 다윗의 우정(삼상 18:1-4)

1) 형제애로서의 우정

주인공인 다윗과 대조적인 인물인 사울과 이제까지 조연자였던 요나단이 등장한다. 요나단은 사울과는 부자 관계이며, 다윗과는 형제의 의를 나눈 사이다. 그래서 사건은 더 복잡하게 연루되어 간다.

다윗은 주변 사람들에게 호감을 샀다. 사울의 아들 요나단도 그에게 매혹되었다. 요나단의 마음이 다윗의 마음과 하나가 되어 다윗을 자기 생명 같이 사랑했다. 그리하여 요나단과 다윗은 언약을 맺었다. 그들이, 가족들이 다른 가족에 대해 의무를 갖듯이, 형제의 의무를 지게 되었다. 그 의무의 내용에 대해 성서 본문은 아무런 언급이 없지만 계속되는 사건들 속에서 "쌍방간에 생명을 지켜주는 것"임을 알 수 있다. 요나단은 다윗보다 높은 지위에 있었으므로, 그 의무를 충실히 이행하겠다는 결의의 의미로 자신의 갑옷, 군복, 칼, 활과 띠를 다윗에게 주었다. 다윗과 요나단은 참으로 진실한 우정을 나누었다. 사울이 다윗을 죽이려고 할 때마다 요나단은 다윗을 도와 위기를 면하게 했다(삼상 19장, 20장 및 23장).

다른 한편 사울과 요나단이 블레셋과의 전투에서 전사했을 때, 다윗은 물론 온 백성들이 그들의 죽음을 슬퍼하며 금식했다. 뿐만 아니라 다윗은 슬픈 노래를 지어 사울과 그의 아들 요나단을 조상했다. 이 노래에서 다윗과 요나단의 우정이 얼마나 돈독했는가를 엿볼 수 있다: "내 형 요나단이여 내가 그대를 애통함은 그대는 내게 심히 아름다움이라 그대가 나를 사랑함이 기이하여 여인의 사랑보다 더했도다"(삼하 1:26).

뿐만 아니라 다윗은 요나단의 아들 므비보셋에게 요나단과의 우정을 생각하여 많은 은혜를 베풀어 주었다: "네 아버지 요나단으로 말미암아 네게 은총을 베풀리라 내가 네 할아버지 사울의 모든 밭을 다 네게 도로 주겠고 또 너는 항상 내 상에서 떡을 먹을 것이다"(삼하 9:7; 참조 삼하 21장).

2) 참된 우정이란

지혜로운 사람들에게 있어서는 가족 외에 이웃이나 친구가 중요한 영향력을 미친다. "우정"이라는 주제는 인류사의 거의 모든 시대에 관심을 기울인 주제로서 특정한 시대에 국한될 수 없다. 그럼에도 인재론을 많이 강조했던 다윗-솔로몬 시대의 문헌인 (초기) 잠언에서 "우정"이라는 주제에 대해 많이 다루고 있다. 구약성서뿐만 아니라, 애굽의 지혜문헌에서도 자주 언급하고 있다.

잠언에서는 부한 자나 영향력 있는 자의 주변에는 친구나 이웃들이 많이 모여든다고 말한다. 잠언 14장 20절에서는 "가난한 자는 이웃에게도 미움을 받게 되나 부요한 자는 친구가 많다"라고 했다(참조 잠 19:7). 19장 4절에서도 "재물은 많은 친구를 더하게 하나 가난한즉 친구가 끊어진다"라고 기록했다. 이는 사람들이 살아가는 이 세계에 엄연히 존재하는 '냉엄하고 비열한 현실'을 말해 준다. 이러한 태도는 잠언에서는 죄를 범하는 자라고 말한다: "이웃을 업신여기는 자는 죄를 범하는 자요…"(잠 14:21).

가난은 함께 속해 있는 사람들 사이와 친구들 사이를 갈라놓는다(참조 잠 10:15). 이와는 달리 많은 부는 친구를 끌어들인다. 잠언 19장 6절에서는 이웃에게 선물이나 물질을 베풀면 쉽게 친구가 될 수 있다는 점을 말하기도 한다. 부에 근거하여 형성된 우정은 진실할 수 없으며, 따라서 부가 사라지면 우정 역시 식게 되어 있음을 지적한다. 이렇게 사귄 많은 친구들은 때로는 해가 되기도 한다(참조 잠 18:24).

이와는 달리 잠언에서는 진정한 우정에 대해서도 교훈을 주고 있다. 잠언 17장 9절은 "허물을 덮어 주는 자는 사랑을 구하는 자이나, 그것을 거듭 말하는 자는 친한 벗을 이간하는 자다"라고 교훈한다. 여기에서 "사랑을 구하다"는 말은 "사랑의 길을 선택하다"로 이해된다. "허물을 덮어 준다"는 말은 친구의 비리를 눈감아 준다는 것이 아니라, 그가 문제를 해결하기까지 인내를 가지고 기다리는 것을 의미한다. 진정한 우정의 길은 이웃이나 친구의 허물을 곧장 들추어내어 그에게 수치감을 주기보다는 그를 사랑으로 감싸는 길임을 잠언에서는 가르쳐 주고 있다. 사랑만이 허물을 치유할 수 있으며, 새로운 가능성의 길을 열어 준다. 우정=사랑의 길은 허물을 과장하지 않고 용서하며 덮어 주는 것을 말하며(벧전 4:8; 약 5:20), 이로 인해 허물이 있는 자는 일을 다시 바로 잡을 수 있게 된다(참조 잠 28:13). 우정과 사랑의 길을 택하지 않는 자는 친구를 잃게 된다.

참된 우정은 위기 상황에서 잘 판단될 수 있다.16) 잠언 17장 17절에서는 "친구는 사랑이 끊어지지 않고 형제는 위급한 때를 위해 났느니라." 친구가 위기에 처했을 때 그에게 우정과 사랑을 베풀 것을 권면한다. 가까이에서 위기 시에 도움을 줄 수 있는 친구와 이웃은 위기 시에도 실제적인 도움을 줄 수 없는 멀리 떨어진 형제자매보다 나을 수 있다(잠 27:10; 참조 잠 18:24). 그래서 종종 친구를 명예로운 이름으로 형제라 부른다. 솔로몬은 히람을 '내 형제'라 불렀다(왕상 9:13). 그리고 예수님도 "하늘에 계신 내 아버지의 뜻대로 하는 자"를 어머니요 형제라 불렀다(마 12:48; 병행자료).

다른 한편 친구란 허물을 무조건 감싸는 것만은 아니다. 적절한 충고와 충성된 권고도 할 수 있어야 한다. 잠언 27장 5-6절에서는 진정한 사랑은 공개적인 충고와 비판 가운데 있음을 잘 보여주고 있으며, 훈육은 사랑에 기초하기에 위선적인 우정보다 더 낫다:

"면책은 숨은 사랑보다 나으며, 친구의 아픈 책망은 충직으로 말미암는 것이나 원수의 잦은 입맞춤은 거짓에서 난 것이다." 잘못된 자식을 매로써

---

16) 현자 프타호텝은 이와는 다른 관점에서 참된 우정을 판별하는 법을 강론했다. 참조 자크 크리스티앙, 『현자 프타호텝의 교훈』(서울: 문학동네, 1999), 92-93.

가르치는 것이 아버지의 사랑이듯이(잠 13:24), 사랑에 근거하여 징계를
내리는 것은 하나님의 본성이다: "내 아들아 야훼의 징계를 경히 여기지 말
라 그 꾸지람을 싫어하지 말라. 대저 야훼께서 그 사랑하시는 자를 징계하시
기를 마치 아비가 그 기뻐하는 아들을 징계함 같이 하시느니라(잠 3:11-12).

이와 같이 고통스러운 교육적 수단을 사용하는 것은 마치 날카로운 칼을
만들기 위해 쇠로서 칼을 갈 듯이, 더 좋은 우정을 이루기 위해서는 충고와
비판을 아끼지 말아야 한다(잠 27:17; 참조 마 18:15ff.). 인간은 다른 사람
과의 교제를 통해 바르게 처신하는 법을 배우고, 특히 지혜로운 자는 충고와
징계를 통해 더욱 성장한다(참조 잠 17:10).

예수 그리스도는 우정의 진수를 보여준다. 예수는 그 당시 사회적으로
천대를 받는 세리들과 죄인들과 함께 지냈다. 그러자 당시 예수를 미워했던
사람들은 예수는 세리와 죄인들의 친구였다고 비아냥거렸다(마 11:19; 병
행자료). 그러나 예수의 태도로부터 우리는 진정한 친구의 자세를 배운다.
이보다 한 걸음 더 나아가 예수는 무엇이 진정한 우정이며 사랑인가를 말해
주었다: "사람이 친구를 위해 자기 목숨을 버리면 이보다 더 큰 사랑이 없나
니"(요 15:13). 우리가 이러한 큰 사랑 안에 거할 때만이 구원과 영생이
있음을 말하고 있다.

3) 잠언의 우정론

잠언이 추구하는 새로운 인재론에서 볼 때, 다윗과 요나단은 참다운 우정
을 나눈 사이였으며, 다윗은 그들 사이에 맺은 언약을 충실하게 이행했다.
요나단이 살아 있는 동안에는 물론이며, 그가 죽은 후 그의 아들에까지도
우정의 신의를 충실하게 지켰다.

다윗 상승 사화에서 다윗은 요나단과의 우의를 충실하게 지켰다는 점을
잘 보여주고 있다. 이러한 역사 기술은 다윗이 왕이 되고 나아가 거대한

제국의 주인이 될 만한 인품을 갖추었음을 나타낸다.

2. 다윗의 성공에 대한 사울의 질투(삼상 18:5-9)

1) 사울의 질투 원인

다윗이 사울의 궁중에서 활동했다는 것은 의문의 여지가 없다. 다윗은 전투 출정 명령을 받고 그 일을 잘 수행했을 뿐 아니라, 출정할 때마다 큰 성공을 거두었다. 따라서 사울은 그에게 군대를 지휘할 수 있는 임무를 부여했다. 다윗이 사람들 사이에서 인정을 받고 호감을 사게 된 것은 그가 전투에서 승리했기 때문이다. 그는 이스라엘 군대(백성 중에서 차출된 자들)에게 뿐만 아니라 "사울 신하들", 즉 사울 왕의 측근인 직업 군인들과 용병들에게조차 이와 같은 호감을 샀다.

그리고 일반 백성들 사이에는 이미 다윗의 성공을 더 크게 노래했다:

"사울이 죽인 자는 천천이요 다윗은 만만이로다."

이 노래는 이스라엘의 승리를 축하하는 것이라기보다는 다윗이 사울보다 더 낫다는 것을 나타내는 속담이다. 물론 이 속담은 이미 다윗의 왕국을 전제하고 있다. 이 노래는 사울의 업적도 인정하지만, 오히려 다윗이 더 큰 승리를 얻었다는 점을 강조한다.[17]

이러한 기울어짐은 사울로 하여금 불쾌하게 만들 뿐 아니라, 다윗을 왕권을 넘보는 자로 불안하게 여겼다. 그 후부터 사울은 다윗을 주목했다. 젊은 영웅에 대한 사울의 태도 변화 이유는 백성이 다윗에게 더 많은 갈채를 보낸다는 데 있었다.

---

17) 스톨쯔, 『사무엘 상·하』, 205.

여기에서는 다윗 상승 사화의 중요한 주제 중 하나인 백성들의 동의가 나타난다. 다윗과 사울과의 관계로 말미암아 다윗과 백성들과의 관계는 주변적인 자리로 물러나 있었다. 그러나 다윗과 백성들과의 관계는 백성들이 다윗을 사랑한다는 것을 표현한 단편적인 구절들(삼상 18:5-8, 16, 28, 30), 다윗이 유대 사람들에게 호의적으로 행동했다는 보도들(삼상 23:1ff.; 27:8ff.; 30:26ff.) 등에 나타난다. 이러한 백성들의 호의의 배후에는 다윗의 지혜로운 행동이 있었다. 다윗은 지혜로운 자로서(아래 참조) 모든 일에 성공을 거두었다. 이러한 성공의 결과 백성들로부터 존경과 지지를 받게된 것이다.

2) 어리석은 자 '나발' 이야기(삼상 25장)

이와는 달리 지혜롭지 못한 어리석은 자가 큰 화를 입은 예도 있다. 사무엘상 25장 2절부터 왕권에 대해 비판적인 나발에 관한 이야기가 소개된다. 나발은 헤브론에서 남으로 13km 떨어진 마온에 거주했다. 그는 마온에서 가까운 갈멜에서 양과 염소를 치고 있었다. 나발은 많은 가축을 소유한 매우 부유한 자였다.

다윗은 나발이 광야에서 양털을 깎는다는 소식을 들었다. 다윗은 그의 신하 열 명을 나발에게로 보내어, 그의 신하들이 먹을 떡과 술을 좀 줄 것을 청했다. 청하는 표현은 매우 겸손했지만, 본뜻은 가축 사육에서 얻은 소득의 일부를 달라는 것이었다. 이에 대한 이유도 함께 덧붙여 놓았다: "네 목자들이 우리와 함께 있었으나 우리가 그들을 해하지 아니했고, 그들이 갈멜에 있는 동안에 그들의 것을 하나도 잃지 아니했습니다"(삼상 25:7). 이러한 요구는 다윗이 유다 지역을 지켜주었으므로, 그 대가를 지불해 달라는 것이다.

이에 대해 나발은 다윗의 신하들에게 모욕적으로 답했다: "다윗은 누구이며 이새의 아들은 누구냐, 요즈음 각기 주인에게서 억지로 떠나는 종이

많도다"(삼상 25:10). 나발은 다윗을 "도망나온 노예"라고 모욕했다. 아마
도 사울과의 관계에 빗대어 모욕적으로 비하했을 것이다. 다윗의 신하들도
실제 사회적으로 하층민 출신들이다(참조 삼상 22:1-2). 이들은 안정된
상류층 가문의 출신이 아니었다. 나발은 이것을 모욕한 것이다. 그 결과
다윗과 그의 신하들이 나발의 재산을 몰수하는 결과를 불러왔다. 그리고
나발의 아내 아비가일도 다윗의 아내가 되었다.

이 고대 이야기는 어떻게 다윗이 부유한 가축업자 나발의 아내 아비가일
을 아내로 맞이했는가 하는 점을 보여준다. 다윗과 아비가일의 결혼에는
명백한 정치적·경제적 관심이 반영되어 있었다. 확실히 다윗은 나발로부터
부인을 취했을 뿐 아니라, 확고한 지위도 넘겨받게 되었다. 본문은 부와
권력을 얻어 가는 한 과정을 보여줄 뿐 아니라, 이 권력 확장의 길은 지혜로
운 자가 당연히 누릴 수 있는 것임을 보여준다.[18]

나발은 그의 이름이기도 하지만 "어리석은 자, 혹은 바보"를 의미하기도
한다. 본문은 그의 성품을 완고하고 행실이 악하다고 보도한다. 어리석은
자는 이스라엘의 지혜문학에서 중요한 역할을 한다. 그는 성질이 급하며,
사물의 배후를 보지 못한다. 그는 침묵해야 할 때에 수다를 늘어놓으며,
삶의 질서를 무너뜨리며, 현실을 뒤집어 놓는다. 나발은 이러한 지혜문학의
경고에 상응하는 인물이다. 이 고대 이야기는 이스라엘 지혜의 교훈을 통해
다윗의 권력 획득 과정을 정당화시켜 주고 있다.

3. 성공과 실패의 지혜신학적 이해(삼상 18:5, 14, 15)

이스라엘의 전통적인 신앙은 하나님은 인간과 함께하시며, 이스라엘의
선조들과 함께하시며, 그들의 삶에 항상 동행하며, 나그네의 고통과 위기에

---

18) F. Stolz, *Samuel*, 158-159.

함께했다. 창세기 13장 1-2절은 "아브람이 애굽에서 나와 … 네게브로 올라갈 때, 그에게는 가축과 은과 금이 풍부했다"라고 기록한다. 그의 성공과 물질적 풍요의 원인은 무엇보다 하나님의 동행의 결과이며, 동시에 하나님의 약속이 성취된 결과이다. 이처럼 고대 이스라엘의 역사 서술에서 보여주는 성공은 전적으로 하나님의 은혜의 결과로만 이해했다.

　사사시대에도 하나님은 이스라엘의 일상적인 삶에서 함께하셨다. 땅에 정착한 후에 그들은 외부에서 몰려오는 적으로부터 자신들을 지켜야 했다. 이때 하나님은 이스라엘의 지파와 함께하셨다. 그래서 이스라엘 지파의 용사들을 야훼의 백성이라 불렀다. 그리고 이제 야훼 하나님은 자연의 주로서 필요에 따라 비를 내려 줄 뿐 아니라, 토지의 산물을 풍요롭게 하여 일용한 양식을 보장해 주었다. 전통적인 신앙에 따르면 야훼 하나님은 그의 백성의 역사를 직접 주관하신다.

　이스라엘에서 왕권이라는 새로운 제도와 함께 국가가 형성되면서 거대한 국가 경영을 위한 새로운 사유 체계가 형성되었다. 왕에게 적의 침입을 막아 국가를 방어해야 할 책임이 주어졌으며, 뿐만 아니라 법과 정의를 국가에 통용시켜 평화와 안녕을 추구해야 할 의무가 있었다. 이를 위해 인재를 육성하고, 이들을 관리로 등용해야 했다. 하나님은 인간을 축복하여 인간은 자신의 의지대로 행동할 수 있고, 자신의 일에 책임을 지게 되었다. 그러므로 성공과 실패는 오직 하나님의 축복에 대한 인간의 책임 있는 순종에 달려 있다.

　"성공하다"(삼상 18:5; 참조 삼상 18:14, 15)는 히브리어 שכל(히필형: 히쉬킬)로 표현되었다. 사무엘상 18장 5절은 "다윗은 사울이 그를 보내는 곳마다 출정하여 성공을 거두었음"을 말하고 있으며, 14절은 "야훼께서 다윗과 함께 하셨으므로, 그는 모든 일에 있어서 성공했다"고 했다. 그리고 15절은 "다윗이 크게 성공하는 것을 사울이 보고, 그를 두려워했다"고 했다.

　히쉬킬은 여러 가지 의미를 지녔다. 가장 일차적으로 또 일반적으로는

"이해하다/통찰력을 갖다"를 의미한다. 히쉬킬은 현명한 행동이나 그로 인한 결과와 관계된다. 따라서 "성공하다/형통하다"를 뜻하기도 한다.

지혜문학에서는 슬기롭게 행동하는 자는 그에 상응하는 보상을 받으나, 슬기롭지 못한 자는 반대의 결과를 당한다: "슬기롭게 행하는 신하는 왕에게 은총을 입고 욕을 끼치는 신하는 그의 진노를 당한다"(잠 14:35). 지혜로운 자는 그의 말을 성공적으로 할 수 있으며(잠 16:23), 죽음을 피하고 생명을 보존할 수 있게 한다.

다윗의 성공은 그의 지혜로운 활동의 결과로 이해된다. 달란트 비유에서도 볼 수 있는 것처럼, 착하고 충성된 종은 하나님께서 내려 준 축복과 직무를 충실하게 이행함으로 하나님의 칭찬을 들을 뿐 아니라, 더 많은 보상을 받는다. 그러나 자신의 직무를 다하지 못한 종은 하나님의 질타를 받을 뿐 아니라, 그에게 내려주었던 축복과 직무마저 회수당하는 것을 볼 수 있다.

4. 사울의 광기로 다윗을 죽이려 했던 일화(삼상 18:10-16절)

1) 사울의 광기

다윗의 상승 사화는 다윗 지배의 정당성을 확보하고자 했다. 이를 위해 사울의 과오와 다윗의 무죄함, 사울의 실패와 다윗의 성공을 보여주고자 했다. 일련의 사건 배후에 놓여 있는 야훼의 주권은 사울 자신도 인정한 바가 있듯이, 명백하게 이스라엘에서 참된 왕이 누구인가를 보여준다.

백성들이 "사울이 죽인 자는 천천이요 다윗은 만만이로다"라고 사울과 다윗을 환호한 이후부터 하나님의 악령이 사울에게 내렸고, 사울은 정신없이 떠들어댔다. 그는 마치 광인과 같은, 예언자들이 흔히 보여주는 행동했다. 그래서 다윗은 직접 수금을 연주하여 사울의 광기를 달랬다. 어느 날 다윗이 수금을 타면서 사울의 광기를 달래고 있는 동안, 사울은 그의 손에 창을 들고 있었다. 사울은 그의 광기를 억제하지 못하고 갑자기 창을 다윗에게 던져 그를 벽에 박고자 했다. 그러나 다윗은 두 번이나 피하여, 위기를 모면했다.

사울은 다윗을 두려워했으므로, 그를 야전 사령관으로 임명하여 전장으로 내보냈다. 그리고 사울은 자신의 눈앞에서 다윗을 보지 않게 되어 좋다고 생각했으며, 또 경우에 따라서는 전투에서 다윗이 전사하면 더욱 좋은 일이라 생각했다. 그러나 야훼 하나님께서 다윗과 함께하시므로 다윗은 모든 일에 성공했다. 다윗의 성공을 보고 사울은 더욱 그를 두려워했다. 반대로 백성들은 다윗을 더 사랑했다. 왜냐하면 다윗이 항상 자기들을 위해 전투에서 앞장섰기 때문이다.

2) 악령에 대한 고대적 이해

영에 대한 고대적 이해는 하나님의 영과 악한 영을 대비시키는 본문에서 볼 수 있다. 사무엘서와 열왕기는 악한 세력을 실체적 존재로 보아 악령으로 이해했다.[19] 사무엘상 16장 14-23절에서는 하나님의 영이 사울을 떠나므로 사울은 악한 영에 사로잡혀 번뇌하게 되었다고 보도한다. 여기에서는 악의 세력을 어떤 영적 실체로 이해하고 있다.[20] 악한 영은 하나님께서 부리는 영적 존재들이며(삼상 16:15, 23), 이 악령들은 인간의 음악을 통해 잠잠하게 할 수 있다(삼상 16:16-23)고 보았다. 이 본문에서는 왕정 초기의 정치적 이해가 내재되어 있다. 사울은 항상 정신적으로 번잡하며, 반대

---

19) 삿 9:23; 삼상 16:14, 15, 16, 23 (+1); 18:10; 19:9; 왕상 22:22, 23; 왕하 19:7(=사 37:7). 삿 9:23은 악한 영을 정치적으로 내적 분열을 도모하는 이간 세력으로 이해했다. 이와 유사한 이해를 왕하 19:7(=사 37:7)에서 볼 수 있다.

20) 왕상 22:13-28에서는 내심으로는 전쟁을 하기로 결심하고 하나님의 뜻을 따를 결심도 없이 하나님께 그의 뜻을 묻는 무리들에게 하나님께서는 거짓말 하는 영을 보내어 이들을 미혹시킨다. 이러한 사실을 참 예언자 미가를 통해 전달한다. 이로 말미암아 미가는 정치적으로 궁지에 몰리며, 마침내 옥고를 치러야 했다(참조 왕상 22:27; 렘 20:2). 분명 이스라엘의 왕조시대, 즉 신명기 개혁 이전에는 다른 신들이나 영적 존재를 전제하는 모습을 볼 수 있다. 신명기의 종교개혁을 통해 한 분 하나님에 대한 사상이 정립되면서 다른 신들이나 영적 존재는 공적 표현들 속에서는 사라지게 되었다.

로 다윗은 정신적으로 건강하며, 음악적으로 재능이 뛰어나 사울의 번뇌를 치유할 수 있는 자라는 점을 말한다.[21]

사울의 종교적 태도를 보여주는 또 다른 일화는 사무엘상 28장에 나타나 있다. 사울은 블레셋과의 전투에 앞서 야훼께 여쭈어 보았으나, 야훼께서 대답을 하시지 않자 자신이 친히 금지시킨 사교적 관습, 즉 죽은 자의 혼을 불러 점을 치는 무당을 불러오도록 했다.

이와는 달리 다윗은 종교적으로도 매우 신실했다. 다윗은 정치적으로 중요한 결정을 내릴 때마다 먼저 야훼 하나님께 묻고 그의 지시에 따라 행동했다. 사무엘하 2장 1-4a절은 짧은 시간의 보도(삼하 2:1 "그 후에")로 시작하여, 다윗이 야훼께 드리는 두 개의 질문과 답변으로 이어진다: 다윗이 "제가 유다의 도시들 중의 한 도시로 올라가도 되겠습니까?"라고 물었을 때, 하나님께서 "올라가라"라고 간단히 답하셨다. 다윗은 또 "제가 어디로 올라가야 합니까?"라고 묻자, 하나님께서는 "헤브론으로"라고 답하셨다. 다윗은 그가 중요한 결정을 해야 하는 순간에 하나님께 의견을 묻는 경건한 인물로 묘사된다. 이러한 종교적 요소들은 다윗 상승 사화와 왕위 계승 사화에 비교적 빈번하게 나타난다.[22] 그것은 다윗이 야훼에 의해 인도될 뿐 아니라, 그의 의지에 복종하는 경건한 인물이라는 인상을 강하게 풍겨 준다.[23]

3) 지혜자다운 다윗의 행동

사울은 끊임없이 다윗을 죽이려 했으나, 주인에 대한 다윗의 충성심은

---

21) 악기 연주를 통해 사울에게 내린 악한 영을 달래 사울을 치유하는 또 다른 구절이 있다. 삼상 18:10; 19:9.

22) 삼상 23:2, 4, 9ff.; 삼하 2:1; 5:19, 23.

23) 다윗 상승 사화에 나타난 또 다른 정당화의 경향은 "야훼가 다윗과 함께 한다"라는 짧은 표현(삼상 18:12, 14, 28; 20:13; 삼하 5:10) 속에 가장 잘 나타난다. 이러한 정치-신학적 주장을 통해 다윗 상승 사화와 왕위 계승 사화의 저자는 야훼께서 다윗을 도와 그가 정치적으로 성공했으며, 적으로부터 해방을 쟁취할 수 있었다는 점을 보여주고자 했다.

변함이 없었다. 다윗이 사울 궁중에 있는 동안에도 사울은 다윗을 죽이려고 계획했으나, 요나단의 도움으로 위기를 모면했다(삼상 19:1-7). 그 후 사울은 악령에 사로잡혀 다윗을 죽이려 했다(삼상 19:9-10). 사울이 다윗을 체포하라고 명령을 내렸을 때, 사울의 딸 미갈의 도움으로 도피했다(삼상 19:11-17). 그 후 다윗은 망명자 신세가 되었다. 처음에는 사무엘에게(삼상 19:18ff.), 다음은 요나단에게(삼상 20장), 그리고 놉에 있는 제사장 아히멜렉에게(삼상 21:2-10) 도망했다.

계속하여 다윗은 이스라엘의 남부 지방을 떠돌아 다녔다. 사울은 다윗이 있는 곳에 대한 정보를 들을 때마다 그를 추격했다. 지브 사막(삼상 23:15-29/히 14-28)에서도, 엔게디(삼상 23:29-24:22/히 24:1-23)에서도, 그리고 마지막으로 기브아 하길라(삼상 26:1-25)에서도 만났다. 마침내 다윗은 갓의 아기스에게로 망명했다(삼상 21:10-15/히 11-16; 27:1-28:2).

이러한 추격 과정에서 사울의 분노에 찬 모습은 마치 어리석은 자의 표상처럼 보이며, 다윗이 주인에 대한 충성심과 복수심을 피하는 관용적 모습은 지혜로운 자의 표상으로 나타난다.

제8장

사무엘서에 나타난 다윗과 사울의 갈등

I. 서론

사울과 다윗의 갈등은 주로 사무엘서에서 전하고 있다. 역대기에서는 사무엘서의 전승을 간략히 신학적으로 전하는 것[1] 외에 새로운 보도는 없다. 사울과 다윗의 갈등은 하나님께서 사울을 버리고, 다윗을 선택하는 사건에서부터 시작하여, 사울의 죽음과 그의 장례에까지 지속된다.

사무엘상 13장은 야훼께서 사울을 버리는 사건을 보도한다.[2] 블레셋과의 전투에 앞서 사무엘이 늦게 오자, 사울은 직접 제사를 드렸다. 이 일로 인해 사울은 버림을 받는다: "지금은 왕의 나라가 길지 못할 것이다. 야훼께서 왕에게 명령하신 바를 왕이 지키지 아니했으므로 야훼께서 그의 마음에 맞는 사람을 구하여 야훼께서 그를 그의 백성의 지도자로 삼으셨습니다"

---

1) 예를 들어 대상 10:13-14에서 사울의 죽음을 그의 범죄에 대한 야훼의 처벌로 이해하며, 그가 죽은 후 야훼께서 그 나라를 다윗에게 주었다고 보도한다.
2) 야훼께서 사울을 버리는 사건은 세 차례 보도한다: 삼상 13장과 삼상 15장 그리고 삼상 28장.

(삼상 13:14).

갈보아산 전투에서 사울은 블레셋에게 쫓기는 처지에서 스스로 자결한다. 일종의 전사와 같았다(삼상 31:1-4). 다윗은 사울이 죽었다는 소식을 듣고, 매우 슬퍼하며, 그의 죽음을 애도하며 금식했다(삼하 1:11-12). 이는 사울이 생애 내내 다윗을 추격하여 죽이려 했던 모습과는 대조적인 모습이다.

II. 다윗과 사울의 갈등을 다룬 이야기의 문학적 특징

사울과 다윗과의 갈등은 주로 다윗 등극/상승 역사에서 다룬다. 다윗 등극/상승 역사에 따르면 다윗도 사울 전승처럼 왕이 되어 감을 이야기하고 있다. 이 역사의 시작은 다양하게 주장된다. 대개 다윗이 사무엘에게 기름 부음을 받았다는 이야기(삼상 16:1-13)에서 시작한다고 하나, 기름부음의 이야기는 사울의 기름부음 이야기의 변형체로서, 다윗 등극 역사에 속하지 않는다. 오히려 이 역사는 야훼의 영이 사울에게서 떠났다(삼상 16:14)는 문장으로부터 시작된다.[3] 그리고 이 역사는 다윗이 유다와 예루살렘에서 왕이 되어 예루살렘을 수도로 정했다는 보도에서 끝난다. 다윗이 점점 더 강해지고 만군의 야훼가 그와 함께 계셨다는 문장이 이 역사의 결론적 문장이다(삼하 5:10). 초기에 사울은 다윗을 적대시했으며, 점차 사울은 다윗을 죽이려 했다. 그러나 다윗은 모든 장벽을 넘어서서 최고점에 도달한다는 점을 보여준다.

사무엘상 16장에서부터 사무엘하 5장까지는 다윗 등극/상승 역사를 이야기하며, 사무엘하 9장에서 열왕기상 2장까지는 다윗의 후계자 솔로몬이

---

3) 스멘트, "전기예언서들의 형성사," 원진희(편), 『전기예언서 연구』, 188-189.

왕위에 오르는 과정을 그리는 역사, 즉 다윗 왕위 계승 역사를 기술하고
있다. 전자는 사울 시대의 다윗을 보도하고 있는데 사울의 패망과 다윗의
성공이 극명하게 대조를 이루는 역사 기술이며, 후자는 다윗이 이스라엘의
왕이 된 이후의 통치에 대한 기록으로 왕국의 성장과 발전, 그리고 솔로몬에
이르는 왕위 계승의 역사적 주제들을 생생하게 그려 주고 있다.

다윗 등극/상승 사화는 사울의 자손들 중에서 왕이 되는 것보다 다윗이
왕이 되는 게 더 정당하다는 점을 보여주는 것이 가장 으뜸이 되는 목적이
다. 이 역사는 첫째, 하나님이 다윗을 선택했다는 것을 보여주며Gottes
Designation, 둘째, 백성들이 다윗을 더 좋아했을 뿐 아니라, 다윗이 왕이 되는
것을 동의했으며Volkes Akklamation, 셋째, 다윗은 사울의 딸과 결혼하여 합법
적인 왕위 계승자가 되었을 뿐 아니라, 넷째, 다윗은 사울과 비교하여 전투
적 능력, 인격적 신의도 및 모든 측면에서 더 훌륭하다는 점을 보여준다.

이 역사는 후에 예언자 집단에 의해 다른 성격(보다 정확히 왕권에 비판
적인 혹은 왕권을 반대하는 성격)의 본문으로 바뀌었으며,[4] 현재의 본문은
신명기 사가에 의해 편집된 형태다.[5]

다윗과 사울의 갈등은 다윗이 사울의 궁중에 들어가면서부터 출발했다.
다윗이 사울에 비하여 더 많은 군사적인 성공을 거두면서 점차 갈등이 생겨
났을 것이다. 그러나 사무엘서의 현 본문에는 사울과 다윗의 갈등적 구조가
태생적인 것으로 묘사된다. 사울이 하나님의 명령을 어기자, 하나님은 그를
버리고 어린 다윗에게 기름을 부어 왕으로 선택했다고 묘사한다. 뿐만 아니
라 사울이 하나님의 명을 어기고 혼백을 불러 점을 치므로, 야훼 하나님은
그를 버리게 되었다. 이러한 정치적 공백에 다윗은 유다에서 그리고 예루살
렘에서 왕이 되었다.[6]

---

4) 스멘트, "전기예언서들의 형성사," 189-190; 조승현, "사회 정황에서 본 밧세바 이야기의
   예언자적 특성(삼하 11-12장)," 평택대학교 신학전문대학원, 2008 박사학위논문.
5) 마틴 노트,『전승사적 연구들』, 원진희 옮김 (서울: 한우리, 2004). 원제는 M. Noth, *ÜGS*.
6) 이러한 상은 정치적 · 신학적 상으로 후기의 해석된 모습이다.

III. 다윗과 사울의 갈등 내용

다윗과 사울의 갈등은 야훼께서 사울을 버리고, 다윗을 선택하는 신학적 내용에서 출발한다. 사울은 다양한 형태의 실패의 길을 걷는 데 반하여, 다윗은 항상 성공의 길을 걷는 대비적 모습을 보였다. 사울의 가족들은 다윗을 좋아하나, 이와는 달리 사울은 다윗을 미워하여 죽이려 한다. 그 후 사울의 박해를 피해 다윗은 망명생활을 시작한다. 이러한 망명은 다윗에게 새로운 권력을 형성하는 기회를 제공하기도 했다. 마침내 사울의 죽음과 함께 갈등은 종결된다. 사울의 죽음에 대해서도 다윗은 충성스러운 모습을 보여주고 있다.

1. 태생적 갈등

야훼 하나님께서 사울을 버렸다는 기사가 사무엘상 13장과 15장7)에서 언급되며, 여기에 이어 16장 1-13절에서는 사무엘은 야훼의 명령에 따라 다윗에게 기름을 부어 왕으로 선택한다.8)

이런 이야기들은 사무엘상 9장 1절-10장 16절과 13장을 연결하는 편집적 본문으로 이 단락의 의미가 15장에서 비로소 분명해진다. 전체적으로 볼 때, 9장 1절-10장 16절에서 왕의 선택을 보도하며, 뒤이어 그의 전승기를 보도한다. 그러나 그는 야훼의 지시를 따르지 아니하여 첫 번째 버림을 받고, 그 결과 사양길에 접어든다(삼상 13-14장). 그리고 다시금 사울은 야훼의 말씀을 거역하여, 야훼의 두 번째 버림을 받는다. 그래서 이제 몰락의 길을 걷는다.

---

7) 이런 이야기들은 삼상 9:1-10:16과 13장을 연결하는 편집적 본문으로 이 단락의 의미가 15장에서 비로소 분명해진다.
8) 그리고 삼상 28장에서 사울은 세 번째 버림받는다.

야훼께서 사울을 세 번째로 버린 사건은 사무엘상 28장에 보도한다. 이 보도에 이어 사울은 궁극적으로 멸망하고, 다윗이 즉위하는 과정을 그리고 있다. 먼저 다윗이 아말렉과의 전투에서 승리하는 모습을 그리고, 반대로 사울은 블레셋과의 전투에서 전사하는 모습을 그린다(삼상 30-31장). 그리고 다윗은 사울의 죽음을 진정으로 애통해 하며 장례를 치른 뒤에 왕이 된다. 이로써 '사울을 버리고 다윗을 선택했다'는 야훼 하나님의 말씀이 이루어졌다.

1) 야훼께서 사울을 버림 I(삼상 13장)

사무엘상 13장에서는 사울이 이끄는 이스라엘과 블레셋과의 전투가 벌어졌다. 블레셋 군대는 전차부대와 기마병과 무수한 보병으로 이루어졌다(삼상 13:5). 블레셋 군대의 전투력은 다소 과장된 측면이 있으나, 막강한 힘을 가졌다는 점을 설명해 준다.[9] 그러므로 이스라엘 사람들이 보인 반응은 이해할 만하다. 그들은 은신처로 도망하거나 위험이 미치지 않은 지역으로 퇴각하거나 하여, 사울에게서 흩어지기 시작했다(삼상 13:6-8).

이스라엘 사람들은 군대의 소집에 응했으나, 지금 막강한 적 앞에 두려워 떨고 있다. 사실 사울은 신속하게 대처하지 않으면 안 된다. 그럼에도 사울은 사무엘의 지시에 따라(삼상 10:8) 정한 기한(7일간)을 기다렸다. 이로써 상황은 극도로 긴장 상태에 놓인다. 그러나 사무엘이 길갈로 오지 아니하므로, 사울은 자기 힘으로 출정에 필요한 준비를 갖추는 일에 착수했다. 사울은 거룩한 전쟁을 위해 직접 번제를 드린다. 사울이 번제를 드리자마자 사무엘이 왔다(삼상 13:9-10).

사무엘은 사울 왕의 행동을 질책하니, 사울은 자신이 드린 제사가 불법적이라는 것을 느끼고, 사무엘에게 변명한다(삼상 13:11-12). 여기에서 문

---

9) "블레셋 사람들이 … 병거가 삼만이요 마병이 육천 명이요 백성은 해변의 모래 같이 많았다." 참조 스톨쯔, 『사무엘 상·하(국제성서주석 8)』, 140.

제가 되는 점은 '예언자(하나님의 대언자)의 지시를 받지 않은 것'이 문제인 지 혹은, '제사장이 아니면서 제사를 드린 것'이 문제인지 분명치 않다.

사울은 야훼의 질서 수립 이후에 그에게 금지된 영역을 침범했다. 그리고 무엇보다도 그는 사무엘의 지시, 즉 하나님의 명령을 기다리라는 지시를 위반했다. 이 본문은 예언이 왕권보다 우위에 있다는 것을 상정한다. 예언 자는 야훼의 뜻과 계명을 전달하고 왕은 순종할 의무가 있다.10) 또한 제사 장 이외에는 제사를 드릴 수 없다는 규정은 아마도 포로기 에스겔에 의해 확립된 것 같다.11)

사울이 야훼의 명령을 지키지 아니했기 때문에 사무엘은 사울의 왕국은 길지 못할 것이라 생각했다. 그래서 야훼께서 그의 마음에 맞는 사람을 다시 구하여 그를 그의 백성의 지도자로 삼겠다고 결심하셨다(삼상 13:13-14).

2) 야훼께서 사울을 버림 II(삼상 15장)

이 장에서는 앞서 사울이 야훼께 버림받는 사건(삼상 13:7b-15a)을 상기시키면서, 왕이 취해서는 안 될 행동이 어떤 것인지를 예증적으로 보여 준다. 이 장은 특별히 예언자들이 전한 야훼의 뜻을 따르지 않는 왕의 모습 을 잘 보여주고 있다.12)

---

10) 이런 사상은 기원전 8세기의 위대한 예언자들의 문하생들 사이에서 형성되었다. 스톨쯔, 『사무엘 상·하(국제성서주석 8)』, 142; 조승현, "밧세바 이야기의 예언자적 특성," 68-75: "밧세바 이야기(예언자 층)는 기원전 8세기 예언자들(이사야, 호세아)과 기원전 8세기 말에서 7세기 말까지 활동한 신명기 개혁가들 사이에 놓이게 된다. 고로, 이 본문은 예언자 정신을 계승하고는 있으나, 신명기 정신은 나타내고 있지 않다는 점에서 그 중간 시기의 사회적 정황을 반영하고 있으며, 여러 증거들로부터 예언자 집단에서 나왔다고 보아야 한다."
11) 신명기 법에 따르면, 제사는 반드시 제사장들에 의해 드려져야 한다고 명시적으로 규정하고 있지는 않으나, 제사장들은 야훼 하나님께서 선택한 자들로서, 그들과 그들의 자손들이 제사의 직무에 영원히 임할 것임을 규정한다(신 18:5). 그리고 에스겔에 따르면 제사는 제사장들에 의해서만 드려져야 한다. 아마도 신명기 사가의 후기 개정층(DtrN)의 단계에서는 이 점도 고려되었을 것이다.
12) 이 장은 아각이 지휘하는 아말렉과의 전쟁을 보도하는 민담을 예언 집단이 개정한 본문이

사무엘은 사울에게 아말렉과의 전투를 명한다. 이는 아말렉과의 전투를 야훼께서 주도하고 있음을 말해 준다.[13] 야훼 하나님은 아말렉의 모든 것들을 진멸할 것을 명했다(삼상 15:1-3). 그래서 사울은 야훼 하나님의 명령에 따라 아말렉 사람들을 모두 진멸했으나,[14] 동물들 중에는 하찮은 것들만 진멸하고, 값진 것들은 진멸하고자 하지 아니하여 남겨 놓았다(삼상 15:9). 사울은 두 번씩이나 야훼의 명령을 위반했다.

이에 야훼께서는 사울을 왕으로 세운 것을 후회한다고 말씀하셨다. 왜냐하면 사울이 야훼 하나님을 따르지 아니하며, 또 그의 명령을 행하지 아니했기 때문이라고 했다(삼상 15:11; 참조 15:9). 야훼 하나님은 왕을 세우신다. 신이 왕을 세운다는 사상은 고대 동양에서 흔히 볼 수 있는 사상이다. 이는 왕권을 강화시키는 중요한 주장이다. 그러나 여기에서는 정반대로 왕권이 하나님의 주권에 속해 있음을 나타낸다.[15]

하나님께 불순종하는 것은 우상을 숭배하는 일과 버금가는 죄다(삼상 15:23). 이러한 교훈이 "순종이 제사보다 낫다"(삼상 15:22)라는 잠언으로 발전되었다. 이러한 죄 때문에 하나님도 사울을 버려 왕이 되지 못하게 할 것이라는 징계가 선포된다(삼상 15:23; 참조 삼상 15:26, 28, 35).

3) 다윗에게 기름부음(삼상 16:1-13)

야훼께서 사울을 버리고, 다윗을 선택한다. 이로써 사무엘서의 세 번째 주인공이 등장한다. 야훼께서 사무엘에게 베들레헴 사람 이새의 한 아들을 왕으로 기름을 부으라고 명한다. 기름 붓는 일을 은폐하기 위해 베들레헴에서의 제사 축제로 그를 초대한다.

다. 이 단락은 DtrP에 속한다고 볼 수 있다.

13) 예언자를 통해 하나님의 말씀이 전달되는 양식은 예언문학에서 자주 나온다. 참조 스톨쯔, 『사무엘 상·하(국제성서주석 8)』, 164.

14) 이 보도는 적장 아각을 살려두었다(삼상 15:14-20)는 사실을 염두에 두지 않은 것 같다.

15) 이러한 전위된 주장은 기원전 8세기 예언운동의 산물이다.

예언자는 이새의 아들 중 누가 왕재인지 알지 못한다. 때가 되면 야훼께서 그에게 알려주신다. 예언자는 도구일 뿐이며, 사무엘은 명령받은 대로 행동한다. 사무엘이 베들레헴에 온 것을 그 도시의 장로들이 보고 두려워했다. 장로들의 두려움은 새로운 정치적 변화를 예고하는 사건[16]이나, 하나님의 심판을 알리는 사건[17]에 근거한 것 같다. 사무엘은 그들을 안심시키고, 제사 축제를 알린다. 그리고 이새의 아들들을 초청한다.

이새의 아들들이 차례차례로 사무엘 앞을 지나갔다. 야훼께서는 사람의 외모를 보시지 않고, 그의 중심을 보고 판단하신다. 사울이 왕의 직무를 수행하기에 적합한 인물이 아니듯이, 다윗의 형들도 마찬가지였다. 사람들은 세상을 관찰하고, 어떤 것이 모범적인 삶인지 묻고, 사물을 배열하고 그렇게 파악된 세계 질서 속에 인간을 위치시키는 특정한 방법을 가리켜 '지혜'라고 부른다. 이 모든 것은 질서 잡힌 세계의 배후에는 결국 하나님이 계시다는 사실을 전제하고 있다. 우리는 인간의 마음속을 완전히 꿰뚫어볼 수 없으며, 그렇기 때문에 인간의 깨달음도 어느 한편에 치우칠 수밖에 없다는 경험도 물론 고려해야 한다.

마침내 사무엘에게 다윗을 데려왔다. 그는 막내아들이며, 그의 외모는 아직 미성년자이며, 그래서 가족을 대신하여 양을 지키고 있어 여기 제사 축제에 참여할 수가 없었다. 야훼께서 다윗에게 기름을 부으라고 명했다. 가장 비천하고 가장 약한 사람이 하나님의 도구가 된다는 말이다(고전 1:27). 사무엘이 다윗에게 기름을 부으니, 이날부터 야훼의 영이 그와 함께 했다. 이제부터 다윗은 야훼의 임재와 야훼의 도움 아래에서 살아간다.

사울은 야훼 하나님의 버림을 받았으나, 다윗은 야훼 하나님의 선택을 받았다. 여기에서 분명하게 하나님의 지명된 자가 누구인지를 보여준다.

---

16) 예를 들어 예후에게 기름을 부었던 사건.
17) 기원전 8세기 대예언자의 행동 양식.

2. 애정의 길과 증오의 길

야훼께서 사울을 버리고, 다윗을 선택하는 신학적 진술 이후에 사울의 실패의 길(삼상 16:14-23)과 다윗의 성공의 길(삼상 17:1-58)을 묘사한다. 사무엘상 16장 14-23절에 따르면, 사울은 악령에 시달렸고, 이를 치유하기 위해 수금을 잘 타는 자를 찾던 중, 다윗이 천거되어 사울의 궁중에 들어가게 되었다. 그리고 17장에서 사울은 블레셋과의 전투에서 전전긍긍하고 있으며, 특별히 블레셋의 장수 골리앗으로 인해 큰 어려움을 겪게 되었으나, 다윗은 돌팔매로 블레셋 장수 골리앗을 죽인 전쟁 영웅이 되어 이스라엘의 시름을 덜어 주었다.

이러한 대조적인 양상은 사울의 가족 안에서도 나타난다. 사울의 가족들은 다윗을 좋아하나, 사울은 다윗을 증오하여 죽이려고 한다.

1) 요나단은 다윗을 좋아하나, 사울은 다윗을 죽이려 함(삼상 18장)

다윗은 주변 사람들로부터 호감을 샀다. 사울의 아들 요나단도 그에게 매혹되었다. 요나단의 마음이 다윗의 마음과 하나가 되어 다윗을 자기 생명같이 사랑했다. 그리하여 요나단과 다윗은 언약을 맺고, 형제의 의무를 지게 되었다. 요나단은 다윗에게 자신의 갑옷, 군복, 칼, 활과 띠를 주었다. 또 사울이 다윗을 죽이려고 할 때마다 요나단은 다윗을 도와 위기를 면하게 했다(삼상 19장, 20장 및 23장).

다른 한편 사울과 요나단이 블레셋과의 전투에서 전사했을 때, 다윗은 물론 온 백성들이 그들의 죽음을 슬퍼하며 금식했다. 뿐만 아니라 다윗은 슬픈 노래를 지어 사울과 그의 아들 요나단을 추모했다:

"내 형 요나단이여 내가 그대를 애통함은 그대는 내게 심히 아름다움이라
그대가 나를 사랑함이 기이하여 여인의 사랑보다 더했도다."(삼하 1:26)

그러나 사울은 다윗의 성공을 질투했다(삼상 18:5-9). 다윗은 전투에 출정하여 큰 성공을 거두었다. 따라서 사람들은 다윗을 인정했을 뿐 아니라, 호감을 가졌다. 뿐만 아니라 사울 신하들도 그에게 호감을 가졌다. 그리고 일반 백성들 사이에는 이미 다윗의 성공을 더 크게 노래했다:

"사울이 죽인 자는 천천이요 다윗은 만만이로다."

하나님은 인간을 축복하여 인간은 자신의 의지대로 행동할 수 있고, 자신의 일에 책임을 지게 되었다. 그러므로 성공과 실패는 오직 하나님의 축복에 대한 인간의 책임 있는 순종에 달려 있다. 야훼께서 함께하셨으므로, 그는 모든 일에 있어서 성공했다(삼상 18:14).

이러한 기울어짐은 사울을 불쾌하게 만들 뿐 아니라, 다윗이 크게 성공하는 것을 보고, 다윗을 왕권을 넘보는 자로 불안하게 여겨 그를 주목했고, 그를 두려워하기까지 했다(삼상 18:15).

마침내 하나님의 악령이 사울에게 내려 마치 광인과 같이 정신없이 떠들어댔다. 한번은 사울이 광기를 억제하지 못하자, 갑자기 창을 다윗에게 던져 벽에 박고자 했다. 그러나 다윗은 두 번이나 피하여, 위기를 모면했다(삼상 18:10-16).

사울은 끊임없이 다윗을 죽이려 했으나, 주인에 대한 다윗의 충성심은 변함이 없었다. 일련의 사건 배후에 놓여 있는 야훼의 주권은 사울 자신도 인정한 바가 있듯이, 이스라엘에서 참된 왕이 누구인가를 명백하게 보여준다.

2) 미갈의 다윗 사랑과 사울의 다윗 살해 기도(삼상 19:11-17)

다윗이 사울 궁중에 있는 동안에도 사울은 다윗을 죽이려고 계획했으나, 요나단의 도움으로 위기를 모면했다(삼상 19:1-7). 이미 도망친 다윗이 요나단의 중재로 다시 사울에게로 돌아갈 수 있었다. 그러나 그 후 사울은 악령에 사로잡혀 다윗을 죽이려 했다(삼상 19:9-10). 그래서 다윗은 그 밤에 도피했다. 다윗과 사울은 최종적으로 결별하게 된다.

사울은 이제 다윗을 추격하는 자가 되었고, 다윗은 도망하는 자가 되었다. 그 첫 번째 사건은 사울이 그의 전령을 밤중에 다윗의 가택으로 보내어 아침에 집을 나설 때 살해하라는 명을 내린 것이다. 이 사실을 안 사울의 딸이며 다윗의 아내인 미갈은 밤에 다윗이 도망갈 수 있도록 도와주었다. 다윗은 창문으로 도망갔다. 창문을 통해 도망가는 것을 도운 사례는 여호수아 2장 15절에서도 볼 수 있다(참조 행 9:23).

미갈은 다윗이 도주한 사실을 가능한 한 오랫동안 비밀에 붙이게 하기 위해 다윗이 여전히 침상에 누워 있는 것처럼 꾸몄다. 그의 침상에 우상을 누이고 염소 털로 엮은 것을 그 머리에 씌우고 의복으로 그것을 덮었다.

사울의 전령들이 와서 다윗을 찾자 미갈은 다윗이 병들어 나갈 수 없다고 거짓을 말한다. 그래서 그들의 목적을 이루지 못하고 돌아간다. 사울은 다윗이 앓고 있더라도 처형할 터이니 데려오라고 명령한다. 이 명령이 떨어진 후에야 진상이 밝혀진다. 사울은 그의 딸까지 그의 원수의 편을 든 것을 보고 몹시 화가 나 미갈을 야단친다:

"너는 어찌하여 이처럼 나를 속여 내 대적을 놓아 피하게 했느냐?"

그러자 미갈은 다윗이 자신을 죽이려고 해 어쩔 수 없었다고 핑계를 댄다. 사울 왕은 아무도 믿을 수 없다는 사실에 몹시 괴로웠다. 그는 완전히 혼자다.

다윗은 목전에 닥친 위험에서 벗어났다. 이제 사울이 가는 길과 다윗이 가는 길이 완전히 달라졌다. 사울은 몰락의 길로 다윗은 상승의 길로 갔다.

3. 망명의 길

다윗은 망명자 신세가 되었다. 처음에는 사무엘에게(삼상 19:18-24),
다음은 요나단에게(삼상 20:1-42), 그리고 놉에 있는 제사장 아히멜렉에
게(삼상 21:1-9/히 2-10) 도망했다.

이러한 추격 과정에서 분노에 찬 사울의 모습은 어리석은 자의 표상처럼
보이며, 다윗은 주인에게 끝까지 충성심을 보이며, 또한 복수심을 피하는
관용적 모습은 지혜로운 자의 표상으로 나타난다.

1) 사무엘에게로 간 다윗과 사울(삼상 19:18-24)

다윗은 사무엘을 찾아 라마 나욧으로 갔다. 이곳은 예언자들이 함께 모여
있는 곳으로 초능력적인 영의 체험을 할 수 있는 곳이다. 영의 능력은 왕의
권위를 넘어서 있다.

사울은 다윗이 라마 나욧에 도망하여 살고 있다는 소식을 전해 듣는다.
그래서 사울은 다윗을 잡으러 전령들을 보낸다. 하나님이 보낸 영의 위력은
예언자들에게만 나타나는 것이 아니라, 사울이 다윗을 잡아 오라고 보낸
전령들에게도 나타났다. 전령들은 사무엘이 예언자 무리의 수령으로 있으
며, 그들이 다 함께 예언하는 것을 보자, 하나님의 영이 사울의 전령들에게
임하여 그들도 예언하게 되었다. 그래서 사울의 전령들은 그들의 임무를
수행하지 못했다. 한 마디로 하나님의 영에 의해 무장이 해제된 것이다.

사울이 계속하여 전령들을 보낸다. 하지만 두 번째 전령들과 세 번째
전령들도 모두 소용이 없었다. 왕이 예언자들의 위력과 맞서 싸우려고 세
번씩이나 시도했으나 모두 실패했다. 이는 엘리야를 체포하기 위해 세 번
군사를 보낸 것과 유사하다(참조 왕하 1:9-18).

마침내 사울 자신이 직접 찾아 나섰다. 갈등이 최고조에 달했다. 사울이
라마 나욧으로 가는 도중, 즉 그가 황홀경에 빠진 예언자들을 보기도 전에

하나님의 영이 그를 엄습하여 그가 라마 나욧에 이르기까지 걸어오면서 예언했다. 사울이 그곳에 도착했을 때, 그의 광기는 극에 달했다. 그는 도착하자마자 옷을 벗어 던지고, 땅에 드러누워 황홀경에 빠져 있었다. 심지어 사무엘 앞에서도 예언했다. 그래서 "사울도 예언자 중에 있었느냐" 하는 속담이 생겨나게 되었다.

사울은 완전히 예언자 집단과 하나가 되었다. 다윗을 잡아 살해하려는 목적은 완전히 잊어버렸다. 왕은 하나님의 권능에 완전히 굴복했다.

사울의 아들 요나단과 사울의 딸 미갈의 도움으로 다윗은 목숨을 구할 수 있었다. 그럼에도 궁극적으로 다윗의 목숨을 구한 분은 야훼 하나님임을 보여준다. 이 사건을 통해 다윗은 하나님께서 보호하고 있으므로 결코 사울이 그의 생명을 해할 수 없음을 독자들에게 알린다.

2) 다윗이 놉 제사장 아히멜렉에게로 도망감(삼상 21:1-9/히 2-10)

다윗은 본격적으로 망명길에 오른다. 다윗은 사울을 피해 도망을 하고, 사울은 다윗을 쫓아 추격한다. 다윗은 라마에 있는 예언자 부락에서 나와 요나단에게로 갔다. 그리고 사울과 함께 지내는 것이 불가능하다고 판단되어 다윗은 이전 사무엘을 찾았던 것과 마찬가지로, 이제는 놉의 제사장 아히멜렉에게로 찾아갔다. 다윗은 항상 주의 종을 찾아가 그의 생명을 의탁한다.

다윗이 놉에 있는 제사장 아히멜렉에게 갑자기 찾아가자, 아히멜렉은 두려워 떨면서 다윗을 영접했다. 아마도 그의 두려움은 다윗이 혼자 올 수밖에 없는 상황이 불안의 요인인 것 같다. 왜냐하면 놉은 기브아와 예루살렘의 중간 지점에 위치한 곳으로, 이곳은 이전에 실로에서 법궤-예배를 위임받은 제사장의 도피처였다.

제사장 아히멜렉은 조심스럽게 다윗에게 묻는다:

"어찌하여 네가 홀로 있고 함께 하는 자가 아무도 없습니까?"

다윗은 왕명에 의하여 군사 작전을 수행 중이므로, 비밀리에 임무를 수행하는 특사임을 주장하여 위기를 모면한다. 다윗은 사울을 피하여 망명 중이라는 사실을 숨겼다.

그리고 다윗은 가장 중요한 주제, 먹을 것을 아히멜렉에게 요구한다: "당신의 수중에 무엇이 있습니까? 떡 다섯 덩이나 무엇이나 있는 대로 주십시오!" 제사장은 두 가지로 답한다. 첫째, "보통 떡은 없고, 다만 거룩한 떡이 있습니다." 둘째, "당신의 병사들이 여자와 잠자리를 하지 않았다면 먹을 수 있습니다."

첫 번째 대답은 이 빵은 일상적인 빵이 아니라, 제사에 사용된 빵이다. 이 빵은 야훼께 바쳐진 빵으로, 본래 신의 식량으로 이해되었지만, 후에는 인간의 감사의 표시로 간주되었다. 이 빵은 정기적으로 새로운 빵으로 교체되었고, 교체된 빵은 제의적 특성을 지녔으므로, 제사를 드릴 수 있는 자격이 있는 사람 즉, 깨끗한 사람만이 먹을 수 있는 빵이다. 실제로는 제사장과 그의 가족들만이 먹을 수 있었다.

두 번째 대답은 매우 특이하다. "깨끗한 사람"이란 통상 '제의적으로 자격을 갖춘 자'를 말한다. 군대의 정결 규칙을 지켰다고 제의적으로 자격을 갖춘 자가 될 수는 없다. 따라서 여기에서는 거룩성을 새로운 관점에서 해석하고 있다. 제의적 거룩성을 하나님 앞에서의 보편적 거룩성으로 해석했다. 그래서 다윗은 그의 병사들이 깨끗하다고 주장했고, 또 제사장도 진설병을 그들이 먹도록 내주었다.

그리고 아히멜렉은 다윗에게 골리앗이 사용하던 칼을 내주었다. 이제 다윗은 도망하는 데 없어서는 안 될 가장 중요한 것, 즉 식량과 무기를 가지고 떠나갔다.

3) 사울이 놉의 제사장들을 살해하다(삼상 22:6-23)

이 단락은 사무엘상 21장 1-9절/히 2-10절과 연결되어 있다. 놉의 제사장들이 다윗을 도와주었다는 이유로 불행한 일을 당한 사건을 보도한다. 사울은 다윗을 도운 놉의 제사장들을 잔인하게 살해했다. 역사적으로 보면 엘리 가문의 제사장들이 다윗의 편에 가담했기 때문에 이런 일이 일어났을 것이다.

다윗이 독자적으로 군대를 거느리고 활동한다는 소식이 마침내 사울에게 전해졌다. 사울은 그의 신하들과 회의를 하면서 이들에게 야단쳤다. 다윗이 이들에게 밭이나 포도원을 주지 않았으며, 또 군지휘관(예를 들어 천부장, 백부장 등)으로 삼지 않았는데 이들은 다윗의 일에 대해 사울에게 고발하지 않았으므로, 마치 공모자와 같다고 비난했다. 뿐만 아니라 자신의 억울한 처지를 아무도 동정하지 않는다고 야단쳤다.

왕이 비난도 하고 호소도 하면서 경쟁자를 없앨 수 있도록 도와달라고 해도 신하들은 아무런 반응을 하지 않았다. 다만 한 사람만이 다윗에 대해 적대적이었다. 그는 사무엘상 21장 7절/히 8절에 간단히 언급된 도엑이었다. 그는 여기에서 놉의 제사장들을 살해하는 데 중요한 역할을 한다. 그는 사울의 신하로, 아히멜렉이 다윗에게 빵과 칼을 주었다는 점을 사울에게 고한다. 여기에 덧붙여 아히멜렉이 하나님께 다윗의 일에 대해 회답을 구했다고 고한다. 그는 에돔 사람으로 언급된다. 에돔 사람은 후에 이스라엘의 원수가 되었다. 따라서 후대의 독자들은 사울을 도운 자는 이스라엘의 원수였다고 이해할 수 있다.

사울은 사람을 보내 아히멜렉과 놉에 있는 모든 제사장들을 소환하여, 아히멜렉을 추궁했다. 사울은 놉에 있는 제사장들과 다윗이 공모하여 자기를 대적했다고 몰아붙였다. 그래서 떡과 칼을 주고, 또 그를 위해 하나님께 묻기도 했으며, 자신을 칠 수 있는 방법을 일러주었다고 몰아쳤다.

이에 대해 아히멜렉은 자신의 결백을 주장한다. 먼저 다윗은 사울의 충실한 신하였으므로, 아무런 의심을 하지 않았으며, 사무엘상 21장에서와는 달리 그가 다윗을 위해 하나님께 물었던 것은 과거에도 있었던 통상적인 일이었던 점을 주장한다. 또한 사울과 다윗 사이가 최근에 적대관계로 변하게 된 것에 대해 알지 못했다고 해명한다.

그러나 여기에서 다시 한 번 사울은 제정신이 아닌 사람으로 묘사된다. 그는 반역했다는 생각에만 사로잡혀 아히멜렉과 그의 제사장들을 사형으로 다스리려고 한다. 사울은 그의 좌우 호위병들에게 놉의 제사장들을 죽이라고 명령한다. 그들은 왕의 명령을 따르려고 하지 않았다.

그러자 사울 왕은 도엑에게 "제사장들을 죽이라!"고 명령한다. 에돔 사람 도엑은 즉각 그 명령을 시행하여 제사장 팔십오 명을 죽였다. 그리고 놉에 거주하는 사람들, 심지어 아이들과 젖먹이까지 살해하고, 소와 나귀와 양 등의 가축들도 칼로 쳤다. 마치 전쟁 상황과 같았다. 사울은 하나님의 제사장들도 함부로 살해하는 무모한 자임을 여실히 보여준다.

제사장들 중에서 아히둡의 손자, 아히멜렉의 아들 아비아달만이 이 살해 현장을 피하여 도망하여 다윗에게로 가서 이 사실을 알렸다. 다윗은 이러한 변고가 자신으로 말미암아 일어났다고 한탄하면서, 아비아달에게 자신이 생명을 안전하게 지켜 줄 것을 약속하면서 그를 위로했다.

사무엘상 21장과 22장에서 묘사된 사울과 다윗은 신앙 인격적인 면에서 분명한 대조를 이루고 있다. 한 사람은 하나님의 종을 함부로 대하며, 자신의 권위로 제사장들의 생명을 빼앗았으나, 다른 한 사람은 이 모든 것을 자신의 책임으로 돌리며, 그의 생명 보호에 최선을 다하겠다고 약속한다.

4. 사울의 다윗 추격

다윗과 사울이 결별한 후에 다윗에게는 두 가지 일이 벌어졌다. 먼저 사울이 다윗을 토벌하기 위해 유다 남부의 여러 지방들을 원정했으나, 야훼 하나님은 다윗 추격의 길에서 사울이 성공할 수 없도록 하셨다. 다른 한편 다윗이 사울과 결별하면서 그는 새로운 운명의 길을 걷는다. 다윗은 이제 권력을 형성시켜, 점차 상승해 갔다. 그리고 마침내 헤브론에서 유다의 남자들에 의해 왕으로 추앙되며(삼하 2:1-4), 예루살렘에서 이스라엘의 왕이 되면서 다윗 상승/등극의 길은 완성된다(삼하 5:1-10).

다윗은 사울을 피하여 유다의 남부 아둘람으로 와서 민병대를 조직한다(삼상 22 1-5). 이로써 다윗과 사울은 각기 다른 길을 걷게 된다. 사울은 본격적으로 다윗을 토벌하고자 했다. 그래서 다윗은 사울의 추격을 피하기 위해 먼저 모압으로 건너갔다. 아마도 사울이 다윗을 보호하고 있는 모압을 위협하자, 모압은 다윗을 더 이상 보호할 수 없었다. 그래서 다윗은 유다로 건너 와서 유다 남부 지방을 떠돌아 다녔다. 사울은 다윗이 있는 곳에 대한 정보를 들을 때마다 그를 추격했다. 십 광야(삼상 23:15-29/히 14-28), 엔게디(삼상 23:29-24:22/히 24:1-23) 그리고 마지막으로 기브아 하길라(삼상 26:1-25)에서 만났다. 마침내 다윗은 갓의 아기스에게로 망명했다(삼상 21:10-15/히 11-16; 27:1-28:2). 다윗은 블레셋의 치하에서 시글락을 그의 통치 구역으로 할당받아 분봉왕으로 활동한다. 다윗이 유다 남부 지역과 네게브 지역에서 성공적으로 도적 떼들의 침략을 막아냈다. 이러한 과정에서 다윗은 점차 큰 권력에로 상승했다.

1) 십 광야의 다윗(삼상 23:15-29/히 14-28)

사울로 말미암아 다윗의 위협은 점차 커진다. 그일라에서는 추격 계획만 세웠으나(삼상 23:2-14/히 1-13), 지금은 다윗과 사울이 마주치기 직전이다.

성곽 도시 그일라에서 빠져 나온 다윗은 광야가 더 안전한 도피처라고 생각했다. 그래서 다윗은 광야의 요새에도 머물렀고, 또 십 광야 산골에도 머물렀다. 십 광야는 유다의 산악 지대다(수 15:55). 그래서 사울은 매일 다윗을 찾았으나, 하나님께서 그를 사울의 손에 넘겨주시지 아니하셨다.

그러나 이 광야에서 다윗은 요나단을 만난다. 그는 다윗에게 가서 "하나님을 힘있게 의지하라!"고 격려하고, 요나단은 처음으로 "다윗이 이스라엘의 왕이 될 것을 말한다." 다윗 상승/등극 이야기의 중요한 부분이다. 두 사람은 야훼 앞에서 언약하고 다윗은 수풀에 머물고 요나단은 자기 집으로 돌아갔다.

여기에서 요나단은 하나님의 말씀을 전해 주는 자의 역할을 한다. 사울만이 야훼의 뜻에 거역하는 자로 남는다. 이 도망 이야기는 고난당하는 사람을 구출하여 명예를 얻게 해주는 하나님의 행동을 보여준다. 고난당하는 자의 적이자 하나님의 적인 사울은 망한다.

그일라의 사람들과 마찬가지로 십 사람들도 다윗의 행방을 사울에게 고발한다. 그들은 기브아에 있는 사울에게 가서 "다윗이 여시몬 광야 남 하길라 산 수풀 요새에 숨었다"고 밀고한다. 그들은 밀고했을 뿐 아니라, 사울이 오면 다윗을 넘겨주겠다고까지 약속한다. 사울은 계속 정탐하여 자세한 정보를 알려줄 것을 당부한다.

그 사이에 다윗은 위치를 바꾸어 여시몬 광야 남 마온 지방으로 갔다. 사울은 다윗을 추격하여 둘은 여기서 만난다. 다윗은 위험을 느끼고 도망치려 하지만 사울에 의해 도피로가 차단되었다.

그러나 결정적인 순간에 뜻밖의 구원자가 나타난다. 사울의 전령이 와서 블레셋 사람들이 침공하여 위태로워졌다고 전한다. 이에 사울은 다윗 뒤쫓기를 그치고 돌아와 블레셋 사람들을 치기 위해 전열을 정비했다. 독자들은 이 모든 사건의 배후에 하나님의 보이지 않는 손길을 감지한다. 하나님은 다윗의 모든 어려움을 해결해 주신다. 사울의 다윗 추격은 결코 성공할 수 없었다.

2) 엔게디의 다윗(삼상 23:29-24:22/히 24:1-23)

다윗은 마온 지방에서 올라와 엔게디 요새에 머물렀다. 마침내 사울은 목적지에 이른다. 그는 다윗과 만나게 된다. 사울은 블레셋 사람을 몰아내고, 여유를 갖게 되었다. 그러자 사울은 다시금 다윗을 쫓아 엔게디 광야로 갔다. 엔게디는 사해 서해안에 있는 한 촌락이다. 다윗은 급경사면에 있는 동굴이나 협곡에 도피처를 마련했다. 엔게디의 사람들도 사울에게 다윗에 관한 정보를 알려주었다.

사울은 대규모 병력을 거느리고 다윗을 찾으러 들염소 바위로 갔다. 그때 사울은 용변을 보기 위해 혼자 어떤 굴속으로 들어갔다. 그 굴에는 다윗과 그의 병사들이 숨어 있는 곳이다. 다윗의 신하들은 사울을 죽일 것을 간언했다. 사실 사울을 죽이고자 한다면 못할 것도 없는 상황이었다. 하나님께서는 아주 뜻밖의 상황을 이번에도 예비해 주셨다.

그러나 다윗은 사울이 하나님께서 기름 부어 세우신 자임을 내세워 그를 죽이지 않고(삼상 24:7/히 6), 용변을 보고 있는 사울의 겉옷 자락만을 가만히 베어 굴을 나왔다.

사울은 끊임없이 다윗을 죽이려 했으나, 다윗은 사울 왕에게 그의 충성심을 보여주었다: "왕은 내 생명을 찾아 해하려 하시나 나는 왕에게 범죄한 일이 없나이다"(삼상 24:12/히 11). 자신이 사울을 죽이려 했다는 소문은 중상모략임을 입증해 주었다. 이번 사건으로 자신의 충성스러운 태도를 확인시켜 준 셈이다. 다윗은 궁극적으로 지혜의 말로 자신의 입장을 변호한다: "악은 악인에게서 나는 것이므로, 내 손이 왕을 해하지 아니 할 것입니다"(삼상 24:13/히 12). 잠언에서는 악인은 망하나, 의인은 성공한다고 가르치고 있다(잠 11:3, 5…).

사울도 순간적으로는 울며 뉘우쳤다. 사울도 다윗의 왕재를 알아보았던 것이다: "보라! 나는 네가 반드시 왕이 될 것을 알고 이스라엘 나라가 네 손에 견고히 설 것을 아노니!"(삼상 24:20/히 19).

3) 기브아 하길라 산의 다윗(삼상 26:1-25)

십 사람이 다시금 사울에게 다윗의 행방에 대해 밀고를 했다. 그는 기브아에 있는 사울에게 와서, 다윗이 "광야 앞 하길라 산"에 숨었다고 밀고를 했다. 다윗은 광야에 있었다. 그래서 사울은 광야 앞 하길라 산 길가에 진을 쳤다. 그리고 사울은 다윗에게로 점차 포위망을 좁혀 갔다.

다윗은 정탐을 보내어 사울의 진영을 알아보게 했다. 전령은 돌아와 "진영 가운데에 사울이 누웠고, 창은 머리 곁 땅에 꽂혀 있고 아브넬과 병사들이 그를 애워싸고 있다"고 보고했다. 그래서 다윗은 기습하기로 하고, 아비새를 데리고 사울이 자는 진영으로 갔다. 자고 있는 사울을 발견하고, 아비새는 창으로 사울을 죽일 것을 제안했다. 그러나 왕이 비록 생명의 질서를 위반한다 할지라도, 다윗은 아비새에게 사울을 죽이는 것을 허락하지 않는다. 그리고 다윗은 사울에게 원수 갚는 일을 야훼께 맡겨야 함을 말한다. 세 가지 방법으로 야훼께서는 원수를 갚으신다: 첫째, "그를 치신다." 이는 아마도 질병에 의한 죽음을 말한다. 둘째, "죽을 날이 이른다"는 수명을 다하여 죽는 것을 말한다. 아마도 단명을 말하는 것 같다. 그리고 셋째, "전장에 나가서 망한다"는 전사를 의미한다.

이번에도 다윗은 사울의 머리 곁에서 창과 물병만을 가지고 돌아왔다. 아무도 보지 못한 것을 야훼의 개입으로 설명한다. 이번에도 사울은 죄를 뉘우쳤다. 다윗은 야훼의 뜻에 완전히 부합하는 행동을 하는 데 반하여 사울은 옳지 못한 일을 한다.

5. 다윗 상승의 길

사울과 결별한 다윗은 새로운 운명의 길을 걷는다. 그는 본격적으로 권력의 형성과 상승의 길을 걸을 수 있는 기회를 얻는다. 다윗은 무엇보다도 살아남기 위해 몸부림쳤다. 그는 먼저 망명 중에 민병대를 조직했다. 그리고 그의 길은 야훼 하나님께서 함께하시는 길이었다. 다윗은 그의 길을 야훼께 항상 묻고, 그의 해답을 따라 행동했다. 그의 성공은 언제나 야훼 하나님과 동행하면서 이룩되었다.

1) 아둘람 지방에서 민병대 조직(삼상 22:1-5)

다윗은 아둘람 지방으로 피신했다. 이 마을은 본래 가나안 도시 국가의 수도였으나(수 12:15), 나중에 유다의 영토가 되었다(수 15:35). 그곳은 가나안 사람들에게도 블레셋 사람에게도 속하지 않는 지대였을 것이다. 다윗이 아둘람 지방으로 갔다는 말은 사울이 쉽게 쫓아올 수 없는 외국으로 갔다는 말이다. 다윗은 이러한 권력의 공백 지역에서 사람들을 모아 민병대를 조직했다.

다윗의 군대에 합류한 자들은 먼저 "그의 형제와 그의 온 집안"이다. 여기에 언급된 "그의 형제와 그의 온 집안"은 다윗 가문의 사람들을 의미하는 것으로 간주된다. 그리고 그 후에 계속 합류된 자들은 "환난 당한 모든 자와 빚진 모든 자와 마음이 원통한 자"로 언급하고 있다. 여기에서 "환난 당한 자"란 자연재해, 전쟁 등의 여러 가지 이유에서 경제적으로 극도의 어려운 처지에 빠진 자를 말한다. "빚진 모든 자"는 자연재해와 같은 어려운 시기에 개인적으로 가난한 자들에게는 더욱더 어려운 처지에 빠지게 된다. 이들은 채무 노예가 되거나 야밤에 도주하여 도적의 무리에 속하기도 한다. 또한 다른 사람의 어려운 시기를 이용하여 자신의 이익을 추구하는 자들에 의해 "마음이 원통한 자"들이 생겨난다. 예를 들면 곡물을 빌려갈 때의 가격과 추수기의 가격이 엄청나게 격차가 날 때, 이를 이용하여 가난한 자들을 착취하는 경우를 들 수 있다. 모든 것이 형식적으로는 적법하지만, 거의 사기에 가까운 일을 당하므로, 마음으로는 원통할 수밖에 없다.

이스라엘 사람들이 팔레스타인 땅에 정착해 살면서, 점진적으로 농업에 종사하게 되었다. 또한 많은 시간이 흐르면서, 사회 경제적으로 이스라엘 사회는 다계층적 사회로 변화하게 되었다. 이 점에 대해 현 본문(삼상 22:1-2)을 중요한 증거의 본문으로 볼 수 있다.

이스라엘 사회는 왕권 제도가 태동하기 이전부터 경제적으로 부유한 지배 계층과 몰락한 빈민 계층의 출현으로 다계층적 사회로 분화되어 이미 평등적 사회구조를 상실했다. 경제력의 차이가 사회적 차이로 나타나는 현상을 보여주었다. 이스라엘 사회가 다계층적 사회로 변화했다는 점은 계약법전에서도 잘 보여주고 있다.

몰락한 자들은 모두 인생의 낙오자들이다. 다윗은 이 자들을 규합하여 민병대를 조직했다. 이들은 분명 삶의 낙오자들이지만, 다윗은 이들을 그의 꿈을 이루는 역군으로 변모시켰다. 이들과 더불어 새로운 제국을 건설했다. 버리진 돌을 주춧돌로 변화시킨 것이다. 마치 예수님의 제자들이 변화된 것과 같았다.

다윗의 민병대 규모는 처음에 약 400명가량 되었으나, 후에 600명 정도로 불어났다. 이들은 주로 약탈을 해서 생계를 꾸려 갔고 나중에는 군인으로 급료를 받았다(참조 삼상 27장). 이러한 그들의 삶의 형태는 자연히 '동굴, 산지 및 요새'를 따라 사람이 다니지 않는 지대에 자리를 잡았다.

다윗은 이제 더 이상 사울의 신하가 아니며 또한 도적떼와 같이 약탈을 일삼는 그의 삶의 형태는 유다에서 그의 부모가 안전하지 못하다고 생각하여 그들을 모압의 보호하에 두고자 했다.

역사적 상황에 대해 본문에서는 어떤 정보도 전하고 있지 않다. 모압 왕이 어떤 태도를 취했는지 알 수 없었으나, 후에 다윗이 모압을 가혹하게 다룬 것으로 보아(삼하 8:2), 모압 왕은 다윗의 제안을 거절했고, 그래서 다윗은 블레셋 측과 관계를 맺게 되었다.

다윗 상승/등극 이야기의 저자는 다윗과 그의 부모를 야훼의 보호와 인도하심에 두기 위해 예언자 갓을 통해 다윗을 유다로 돌아가게 했다: "너는 이 요새에 있지 말고 떠나 유다 땅으로 들어가라!" (삼상 22:5). 야훼의 이러한 뜻에는 다윗이 머물러야 할 곳은 외국이 아니라, 유다라는 사실도 포함된다. 다윗은 여러 번 외국으로 추방당하지만, 야훼는 계획한 대로 그를 그의 백성에게로 다시 데려왔다.[18]

2) 다윗이 그일라를 구원하다(삼상 23:1-14)

그일라는 옛 가나안 도시로서, 아둘람과 야르 헤레츠 근방에 위치해 있다.[19] 그일라는 아직 어디에도 예속되어 있지 않은 가나안의 도시 국가이다. 후에 이 도시는 유다에 편입된다(수 15:35, 44). 이 도시에는 강도들이 들끓었다. 이 강도들은 "타작마당"을 급습하여 약탈한다. 이런 유의 이야기가 아마르나 편지에서도 자주 나온다. 아마르나 편지에서는 이런 자들을 하비루라고 지칭했다. 그러나 본문은 이 자들을 블레셋 사람이라 지칭한다(삼상 23:1). 아마도 불분명한 약탈자의 존재에 이스라엘 원수의 이름을 붙여 놓은 것 같다.

이 단락에서 매우 특이한 점은 다윗의 행동이 하나님의 지시에 근거한다는 점이다. 다윗은 언제나 하나님께 그의 행동의 방향을 묻고, 하나님은 답을 했다. 이로써 다윗은 야훼의 직접적인 지시를 따라 행동했음을 보여준다.

다윗은 약탈을 일삼은 블레셋을 응징하기 위해 야훼께 여쭈었다: "제가 가서 이 블레셋 사람들을 칠까요?" 야훼께서 다윗에게 대답하셨다: "가서 블레셋 사람들을 치고 그일라를 구원하라!"

이러한 명령에도 병사들은 주저한다. 그들은 유다에서도 목숨이 위태로웠는데 하물며 외국인의 땅인 그일라에서야 두말할 것도 없지 않겠느냐고 생각한다. 그래서 다윗은 하나님께 다시 묻는다. 이번에도 똑같은 대답을 듣는다. 그러나 이번 전쟁은 야훼께서 블레셋 사람을 다윗의 손에 넘겨주신

---

18) 이것이 바로 다윗 상승/등극 이야기의 저자의 의도이다.
19) 그일라는 헤브론 북서 약 8마일 지점이자, 아둘람에서 남으로 3마일 정도 떨어져 있다.

신의 전쟁임을 말한다: "일어나 그일라로 내려가라! 내가 블레셋 사람들을 네 손에 넘기리라!" 이 약속은 보호하시는 하나님께서 자신이 친히 전쟁에 가담하여 승리를 얻게 해주겠다는 뜻이다.

이제 다윗은 전쟁에서 승리할 수 있다는 확신을 갖게 되었다. 그래서 그의 병사들과 함께 그일라로 가서 블레셋 사람들과 싸워 이겼다. 전쟁이 어떻게 진행되었는지는 잘 알 수 없다. 아마도 기습 작전을 감행했을 것으로 여겨진다. 어쨌든 전쟁은 승리를 거두었다. 그리고 강도떼와 같은 적에게서 전리품도 빼앗아 왔다. 이렇게 다윗은 그일라를 구원해 주었다.

이 전쟁은 약 600명밖에 되지 않는 다윗의 부하들이 막강한 적을 무찔렀다는 데 큰 의미를 둔다. 이 전쟁은 오직 야훼의 도움으로 이룬 승리다. 다윗이 야훼 하나님께 묻는 것이 아히멜렉의 아들 아비아달로 인해 가능해졌다. 그가 다윗에게로 도망 올 때, 그는 제사장의 의복과 제사 도구를 가져왔기 때문에 하나님께 문의하는 게 더욱 가능했을 것이다.

다윗이 그일라를 구해 주었으나, 그일라 사람들은 다윗을 배신했다. 사울이 다윗을 치기 위해 쳐들어 올 때, 그일라 사람들은 다윗을 배신하고, 그를 사울에게 넘겨주고자 했기에 다윗은 그일라를 떠나 십 광야로 갔다.

3) 다윗이 아말렉을 쳐 남부 지방 안전의 토대를 마련(삼상 30:1-31)

다윗은 직업군인으로 사울의 궁중에 들어가 군대의 지휘관이 되었다(삼상 16:21; 18:5, 13). 다윗이 사울과 정치적으로 결별한 후에 그는 유다로 돌아갔다. 그 후 그는 사회적 하층민들을 모아 소규모의 군대를 조직했다. 사울이 그를 계속적으로 박해해 그는 블레셋의 봉신으로 들어가게 되었다. 다윗은 갓의 아기쉬의 봉신으로 들어갔다. 그때 그는 시글락[20]이라는 블레

---

20) 정확한 위치 고정에 대해 S. Herrmann, *Geschichte Israels in alttestamentlicher Zeit* (München: Chr. Kaiser Verlag, 1980²), 194 각주 18을 참조하시오. "갓의 외곽 수비지역에 위치한다."

셋의 수비 지역을 담당하게 되었고, 그곳에서 군대를 지속적이며 또 견고하게 성장시킬 수 있었다.[21] 한편으로 이러한 정치적 상황에서 우리는 시글락이 그 당시 문명의 땅의 남쪽 경계선이었다는 점을 추론할 수 있다. 시글락은 아말렉(삼상 30장) 같은 유목족들의 침입을 막는 수비의 남쪽 한계선이었음을 알 수 있다.[22]

다윗은 갓의 아기스 왕 아래 가신으로 지내면서, 시글락을 다스리는 분봉왕이 되었다. 그래서 다윗과 그의 군사들은 갓에서 시글락까지 오는 데 3일이 걸렸다. 그 사이에 아말렉 사람들이 도시를 파괴하고 약탈했다. 다윗이 시글락에 도착했을 때에는 이미 네겝과 시글락이 약탈당한 이후였으며, 여자들을 모두 포로로 잡아간 뒤였다.

아말렉 사람들은 약탈을 일삼는 유목민이다.[23] 약탈 유목민의 출현은 역사적 문헌에서 드물지 않게 나타난다. '하비루' 혹은 '아피루'라는 이름으로 출현하여 약탈하고 사회를 교란하며, 불안을 일으키고 평화를 위협하는 세력으로 여러 차례 언급된다. 유목민들이 낙타를 사용하면서부터 전리품을 장거리에까지 이동할 수 있게 되었다. 생존의 근거를 주로 정착민들에 대한 약탈에 두는 특수한 생활 형태가 이때부터 나타나기 시작했다.

다윗과 그의 사람들이 시글락에 왔을 때, 도시는 불탔고 심지어 자기의 아내들(이스르엘 여인 아히노암과 갈멜 사람 나발의 아내였던 아비가일)과 자녀들이 잡혀갔다. 고향으로 돌아온 남자들이 이 광경을 보고, 매우

21) M. Clauss, *Geschichte Israels*, 72: A. H. J. Gunneweg, *Geschichte Israels*, 74. 쿤네벡도 이와 유사한 견해를 피력했다: "다윗은 그가 블레셋의 봉신으로 있으면서 확고한 군대의 성장을 위한 현실정치적 길을 갈 수 있게 되었다." 반대 H. Donner, *Geschichte des Volkes Israel und seiner Nachbarn in Grundzügen* (ATDE 4/1) (Göttingen: Vandenhoeck & Ruprecht, 1984), 190.
22) H. Donner, *Geschichte*, 191: S. Herrmann, *Geschichte*, 194. "다윗은 일종의 전진 방어대를 형성했다."
23) 그들의 거주지는 보통 팔레스타인 남부 지역이다(민 36:16). 창 36:16에서는 남이 정착한 에돔의 후예로 설명된다.

슬퍼했다. 그러나 이 슬픔은 점차 분노로 바뀌어 이 불행의 책임자인 다윗을 원망하고, 심지어 다윗을 돌로 치려 했다.

이 실패와 불행으로 다윗은 지위를 잃어버릴 지경에 이르렀다. 그의 흔들리는 지위를 확고히 다지려면, 신속한 결단과 행동이 필요했다. 장차 왕이 될 사람은 무엇이 필요한지를 신속하게 판단해야 한다. 그는 무엇보다 먼저 야훼의 도움을 의지한다. 야훼의 도움에 근거하여 다윗은 용기를 얻었다.

다윗은 아히멜렉의 아들 제사장 아비아달에게 에봇을 가져오도록 청했다. 아비아달이 에봇을 가져오자, 다윗은 야훼께 그의 행동의 방향을 물었다: "제가 이 군대를 추격하면 따라잡을 수 있겠습니까?" 그러자 야훼께서는 "그를 쫓아가라! 네가 반드시 따라잡고 도로 찾을 것이다"고 답하셨다. 다윗은 여기에서도 야훼의 지시를 따라 행동하고 있음을 보여준다.

다윗은 행군 도중 한 지점, 즉 브솔 시내에 이르러, 행군의 어려움을 견디지 못해 뒤쳐진 200명의 병사를 그곳에 머물게 했다. 다윗은 사백 명의 병사만을 거느리고 쫓아갔다. 아마도 다윗은 여기에 병참을 두고, 공격의 기점으로 삼았던 것 같다.

다윗은 때마침 전쟁에 필요한 정보를 얻을 수 있었다. 아말렉 사람들로부터 버려진 애굽 사람 노예 한 사람을 만난다. 그는 애굽 소년으로, 아말렉 사람의 종이었으나, 3일 전 병이 들자 주인이 그를 버렸다고 말했다. 그리고 중요한 정보를 더 제공해 주었다: "그들은 그렛 사람의 남방과 유다에 속한 지방과 갈렙 남방을 약탈했으며, 시글락도 불살랐다."

고대인들의 의식 속에는 주인은 노예들로부터 충성과 복종을 받을 수 있지만, 동시에 노예들을 안전하게 보호하는 의무도 져야 한다고 생각했다. 그러나 지금은 주인의 의무를 다하지 못한 경우이다. 다윗은 이전에 사회적 낙오자들을 그의 군대에 동참시켰듯이, 병들어 버려진 애굽 노예를 정성스럽게 돌본다. 다윗은 그에게 떡을 주어 먹게 하며 물을 마시게 했다. 그리고 그에게 무화과 한 덩이와 건포도 두 송이를 주었다. 애굽 노예는 사흘 동안 먹지 못했으나, 이제 이것들을 먹고 정신을 차렸다.

그때 애굽 소년은 자신을 안전하게 보호할 것을 하나님께 맹세할 경우 아말렉 사람의 근거지를 알려주겠다고 말한다. 다윗은 그의 인도를 받아 적의 진영에 이르렀다. 그들은 전쟁의 승리와 전리품에 도취되어 있었다. 그들은 먹고 마시며 춤추고 있었다. 완전히 무방비 상태였다. 그래서 다윗은 손쉽게 그들을 칠 수 있었다. 다윗은 새벽부터 공격을 시작하여 다음날 저녁때까지 그들을 쳐서 전멸시켰다. 적의 일부만 낙타를 타고 도망갔을 뿐이다. 다윗은 아말렉 사람들이 빼앗아 갔던 모든 것을 도로 찾고 그의 두 아내를 구했다. 그들이 약탈했던 것은 크고 작은 것을 막론하고 아무것도 잃은 것이 없이 모두 도로 찾았다.

새로이 얻게 된 전리품을 다윗은 독식하지 아니했다. 그는 먼저 브솔 시내에 남겨두었던 200명에게도 함께 아말렉 사람들을 무찌르는 데 참여했던 자들과 꼭 같이 배분했다. 다윗은 야훼께서 그들에게 승리를 안겨 주셨다고 보았다. 따라서 그 승리의 대가를 대신 가로채서는 안 된다고 병사들을 설득했다. 다윗은 전쟁에 직접 참여한 자들이나, 후방에 머물러 있었던 자들에게 동일하게 분배해야 한다고 주장했다. 이러한 다윗의 조치는 이스라엘의 항구적인 정책이 되었다(삼상 30:25).

또한 다윗은 이 전쟁에서 얻은 전리품을 유다 장로들에게도 보냈다. 유다의 권력자들에게 전리품을 선물해 줌으로써 유다 지역의 유지들이 손실을 약간 만회하게 되었으며, 무엇보다도 다윗의 무리들의 '이미지'를 개선할 수 있게 되었다. 그들은 도적떼들이 아니라, 주민들을 보호하는 야훼의 병사들이라는 점을 부각시키기 위함이었다. 다윗과 왕래가 있는 남방의 모든 지도자들에게 전리품을 선물로 보냈다.

이것은 다윗이 왕으로 나아가는 권력의 길에 큰 밑거름을 놓는 일이었다. 주민들의 민심을 얻는 일이었다.

6. 사울의 멸망

마침내 사울은 멸망의 길로 접어들었다. 역사적으로는 다윗이 남부 시글락을 통치하면서부터 사울-블레셋-다윗이 힘의 균형을 이루었다. 뒤에 사울과 블레셋과의 전투에서 사울이 전사하고, 블레셋도 엄청난 전력 손실을 맞게 되면서, 이러한 힘의 균형은 무너지게 시작했다.

사울의 몰락의 길을 사무엘상에서는 하나님의 버림에서 시작한다.[24] 사울이 하나님께 버림받은 후에 블레셋과의 전투에서 전사한다. 이로써 사울은 몰락한다. 그러나 몰락한 사울에 대한 다윗의 충성심은 변함이 없다.

1) 죽은 자를 불러내는 일로 인해 버림받은 사울(삼상 28:3-25)

이 단락은 사울과 블레셋과의 전투 문맥 사이에 놓여 있다. 사무엘상 28장 2절은 29장 1절과 이어진다. 이 단락의 삽입으로 블레셋과의 전투의 승패의 원인을 밝혀 주고 있다. 사울의 패망의 원인을 군사적인 측면보다는 야훼 하나님에 대한 사울의 신실하지 않음 찾고 있다.[25]

사울은 국가를 세운 후에 모든 우상숭배, 예를 들어 "신접한 자와 박수"를 그 땅에서 축출했다. 그럼에도 자신이 위험에 빠지자 다시금 신접자를 찾았다. 사울은 블레셋과의 일전을 앞두고 두려움에 빠졌다. 그래서 사울은 야훼께 물었으나, 야훼께서는 대답하지 아니했다. 그러자 사울은 인내하지 못하고, 신접한 여인을 찾아 엔돌로 갔다.

이스라엘에서는 혼백을 불러 점치는 일을 여러 곳에서 금지시켰다(레 19:31; 20:6, 27 등). 이사야 시대에까지도 혼백을 불러 점치는 일이 완전

---

24) 사울이 하나님께 버림받는 일은 앞서 언급되었듯이, 후기의 신학적 해석의 영역에서는 태생적 갈등으로 이해했다.

25) 이 단락은 사울의 실패/몰락의 원인을 사울이 야훼 하나님께 신실하지 못한 데서 찾는 후기의 신학적 해석이다.

히 금지되지는 않았던 것 같다. 그러나 신명기에 이르러 혼백을 불러 점치는 일이 완전히 금지되었다(왕하 21:6; 23:24).

엔돌의 무녀 역시 왕명을 두려워하여 죽은 자의 혼백을 불러 점을 치려 하지 않았다. 그러나 사울은 야훼 하나님의 이름을 걸고 맹세까지 하면서, 죽은 자의 혼을 불러 점을 치게 했다. 무녀가 사울에게 "누구를 불러올리랴?" 하니, 사울이 "사무엘을 불러올리라"고 명했다. 마침내 사무엘의 혼이 올라왔다.

사무엘은 사울이 그를 찾은 연유를 묻자. 사울은 야훼의 대답이 더디므로 다급하여 찾았다고 말한다. 그러나 사무엘은 "야훼께서 너를 떠나 네 대적이 되셨거늘 네가 어찌하여 내게 묻느냐! 야훼께서 나라를 네 손에서 아르켈라오스어 네 이웃 다윗에게 주셨다. 네가 야훼의 목소리를 순종하지 않고 그의 진노를 아말렉에게 쏟지 아니했으므로 야훼께서 오늘 이 일을 네게 행하셨고, 야훼께서 이스라엘을 너와 함께 블레셋 사람들의 손에 넘기시리니 내일 너와 네 아들들이 나와 함께 있으리라! 야훼께서 또 이스라엘 군대를 블레셋 사람들의 손에 넘기시리라"고 대답했다.

이 대답은 앞서 야훼께서 사무엘을 버리셨다는 사무엘상 13장 14절과 특히 15장 28절을 상기시킨다. 세 구절 모두 사울의 불순종이 자신의 패망을 가져왔다는 신학적 성찰을 보여준다.

2) 길보아 전투와 사울의 최후(삼상 31:1-13)

사무엘상 28장 17절에서 고지된 것이 이제 현실로 나타난다. 이스라엘은 블레셋과의 전투에서 패하고, 사울과 그의 아들들은 전사한다. 이로써 다윗과 사울과의 갈등이 종결되는 모습이다. 여기에서 야훼가 사울을 버렸다는 사실만이 궁극적으로 고려되고, 이 일로 말미암아 그가 실패하고 말았다.

전투는 이즈르엘 평원 남동에 위치한 산맥, 즉 길보아 산지에서 벌어진다. 이스라엘은 패했다. 먼저 사울의 아들들(여호하난과 아비나답과 말기수아)이 전사하고, 사울은 중상을 입는다. 사울은 적에게 죽는 수치보다는 자결하는 명예를 선택한다.

사울과 그의 아들들의 머리와 갑옷은 블레셋 각 지방의 신상들과 백성들에게 전시되어 고지되는 치욕스러운 최후를 맞는다. 그리고 잘려진 머리와 갑옷은 "아스타르테 신전"에 보관되었다. 이곳은 신명기 역사가의 견해에 따르면, 우상숭배의 중심지다. 죽은 왕의 몫은 모욕과 수치다.

이들의 시신을 길르앗 야베스 주민들이 거두어 장사지냈다. 야베스인들은 그들이 이전에 은혜를 입은 자에게 보내는 마지막 예의를 차렸다. 실패한 왕은 죽었으나, 왕으로서 받아야 하는 마땅한 대접으로 7일간의 애도를 표했다.

3) 다윗의 애도(삼하 1:1-27)

야베스의 사람들과 마찬가지로, 애도하는 자가 또 있었다. 다윗은 아말렉 사람을 쳐 죽이고 돌아와 시글락에서 머물고 있었다(삼상 30:1-31). 사울이 죽은 지 3일 후에 한 아말렉 청년이 다윗에게 와서 사울과 그의 아들 여호하난의 죽음을 전한다. 다윗이 그들의 죽은 경위를 묻자, 이 아말렉 청년은 자신이 마지막 숨을 끊어 주었다고 거짓말을 한다. 그는 이야기를 전함으로써 소득을 얻으려고 하지만, 받아 마땅한 대가를 받는다.

다윗과 그의 신하들은 사울과 그의 신하들이 죽었다는 소식을 듣고, 이전에 야베스의 사람들이 했던 것과 같이, 애도하며 금식했다. 그리고 난 다음에 아말렉 청년에게 야훼의 기름 부음 받은 자를 죽인 대가를 지불하게 했다. 그는 야훼의 처분권을 임의로 침해한 것이다.

그리고 다윗은 슬픈 노래를 지어 유다의 모든 사람들에게 부르도록 했다. 이처럼 사울은 전全 생애 동안 다윗을 죽이려 했으나, 다윗은 사울에 대한 충성을 다했다. 인간적으로 대조적인 모습을 볼 수 있다.

Ⅳ. 결론

사울이 하나님께 버림받은 이유를 각각의 본문에서 살펴보면, 첫째 전쟁에 앞서 그는 예언자를 통해 전해지는 하나님의 지시를 따르려고 하지 않고, 스스로 하나님의 뜻을 대신 결정하려 했다. 둘째, 사울은 아말렉과의 전투에서 승리한 후 도취되어, 모두를 진멸하라는 하나님의 지시를 무시하고, 값나가는 것을 죽이지 않고 남겨 놓는다. 그리고 이를 질책하자, 제사를 위한 것이라고 부적절한 변명을 했다. 철저한 순종이 결여했던 것이다. 셋째, 사울은 블레셋과의 전투에 앞서 죽은 자의 혼백을 불러 점치는 범죄를 저질렀다. 즉 사울의 불순종이 버림받는 결정적인 이유였다.

갈등 초기 사울은 왕이었고, 다윗은 어린 목동이었다. 하나님은 그를 새로운 이스라엘의 왕으로 선택했다. 가장 비천하고 가장 약한 사람이 하나님의 도구로 사용되었다. 사울은 야훼 하나님의 버림을 받았으나, 다윗은 야훼 하나님의 선택을 받았다. 다윗은 분명히 하나님께 지명된 자였다.

불순종하는 사울과 항상 하나님의 뜻을 묻는 다윗은 각기 다른 길을 갔다. 전자는 의심과 분노에 찼고, 그 결과 충성스러운 신하를 자신의 왕위 경쟁자로 간주하고 죽이려 했다. 뿐만 아니라, 그를 도운 자는 하나님의 종이라 할지라도 서슴없이 죽였다. 그러나 다윗은 자신의 상전에 대한 충성을 다했다. 다윗의 행동은 언제나 하나님의 뜻을 따랐다. 하나님은 때로는 역사의 전면에서 때로는 사물의 배후에서 질서를 조정하신다. 이러한 사물의 이치를 따르는 것은 하나님의 뜻에 순종하는 행위이며, 그러기에 지혜로운 행동으로, 언제나 성공을 예비하는 길이다.

사울은 백성들에게 공포의 통치자였다. 다윗의 행방을 알고도 밀고하지 않거나, 그를 도운 자는 가차 없이 처단한다. 그러나 다윗은 사회적 약자일지라도 인간적으로 배려하고 그들의 동지라는 입장을 항상 견지한다. 그리하였기에 마음으로부터의 충성을 이끌어낼 수 있었다. 백성들은 진정으로

다윗이 왕이 되는 것에 동의했다Volkes Akklamation. 그 결과, 왕위 상승/등극
이라는 신의 뜻을 이룰 수 있었다.

제9장

나발과 다윗 그리고
아비가일 이야기의 지혜사상
― 사무엘상 25장 ―

I. 들어가는 말

　사무엘상 25장은 다윗 상승의 역사(삼상 16장-삼하 5장)의 한 부분이다. 이 역사는 다윗이 사무엘에게 기름부음을 받는 이야기(삼상 16장 1-13절)에서 시작하여, 다윗이 이스라엘 전체全體(유다와 이스라엘)의 왕이 되는 이야기(삼하 5장)로 끝난다.[1]

1) 이에 대한 고전적 연구는 L. Rost, "Die Überlieferung von der Thronnachfolge Davids (1926)," 119-253. 최근 연구들: A. Weiser, Legitimation, 325-354; W. Dietrich, Die frühe Königszeit in Israel (Biblische Enzyklopädie 3) (Stuttgart: W. Kohlhammer, 1997); Ders, "Das Ende der Thronfolgegeschichte," A. de Pury/Th. Römer(Hg.), Die sogenannte Thronfolgegeschichte Davids (OBO 176) (Göttingen/Freiburg i. Schweiz: Vandenhoeck & Ruprecht/Uni.sverlag freiburg, 2000), 38-69; W. Dietrich/Th. Naumann(Hgs.), Die Samuelbücher (Erträge der Forschung 287) (Darmstadt: Wissenschaftliche Buchgesellschaft, 1995), 170-175; Th. Naumann, "David als exemplarischer König - der Fall Urias (2Sam 11) vor dem Hintergrund altorientalischer Erzähltraditionen," A. de Pury/Th. Römer (Hg.), Die sogenannte Thronfolgegeschichte Davids (OBO 176) (Göttingen/Freiburg i. Schweiz: Vandenhoeck & Ruprecht/Uni.sverlag freiburg, 2000),

여기의 중요 등장인물은 다윗과 사울이다. 다윗은 상승하는 과정을 그려
주고, 반대로 사울은 몰락하는 과정을 묘사한다. 그래서 사울이 자신의 권
력의 몰락을 막기 위해 끊임없이 다윗을 정치적으로 박해했고, 역으로 다윗
이 사울의 박해로 인해 위기에 직면했으나, 하나님의 도움과 자신의 지혜로
운 행동으로 인해 위기를 모두 극복해 가는 과정을 묘사한다. 다윗이 전
이스라엘의 왕이 되기까지 숱한 역정을 겪었으며, 이 위기 속에서도 기회가
올 때마다 이를 놓치지 않고 상승하여, 마침내 정치적 성공을 이루었음을
보여준다.

다윗 상승 역사는 다윗과 사울의 생애 이야기를 서술하고 있어 마치 두
인물의 전기처럼 보이나, 개별 이야기들을 하나하나 살펴보면, 그것들은
결코 시간의 흐름을 따라 배열된 것이 아님을 알 수 있다. 단편적 일화들이
사울의 박해와 다윗의 위기 극복, 그래서 다윗의 상승과 사울의 하강 구조에
맞추어 논리적으로 구조화되어 있다.

사무엘상 23-26장은 다윗 인생에서 격은 위기의 순간들을 다루고 있다.
사울이 23장 1-14절에서 다윗이 그일라 사람들을 구해 주었으나, 사울이
'그일라'에 있는 다윗을 추격할 때, 이들은 다윗의 편에 서는 것이 아니라
사울의 편에 설 것이라는 예측 속에 다윗은 도망한다. 23장 15-28절에서
사울이 '십 광야'에 숨어 있는 다윗을 추격한다. 24장에서는 '엔게디'에 있는
다윗을 추격해 온다. 그리고 26장에서는 '기브아의 하길라'에 있는 다윗을
잡으러 추격한다. 25장 전후의 이야기는 모두 다윗의 위기의 역사, 즉 쫓기
는 인생의 하강의 역사를 기술하고 있다.

136-167; St. Seiler, *Die Geschichte von der Tronfolge Davids (2Sam 9-20; 1Kön 1-2). Untersuchungen zur Literarkritik und Tendenz* (BZAW 267) (Berlin/New York: Walter de Gruyter, 1998); J. van, Seters, "The court history and DtrH," A. de Pury/Th. Römer(Hg.), *Die sogenannte Thronfolgegeschichte Davids* (OBO 176) (Göttingen/Freiburg i. Schweiz: Vandenhoeck & Ruprecht/Uni.sverlag freiburg, 2000), 70-93.

사무엘상 25장에서는 사울이 등장하지 않는다. 내용상으로 사울이 다윗을 추격하는 사건 사이에 이러한 권력 투쟁과는 무관한 목축업자 나발과 그의 아내와 연루된 사건을 다룬다. 이 이야기는 권력 상승 이야기와 무관한 것처럼 보인다. 이야기의 초점이 직접적으로 다윗이나 사울에게로 향하기보다는 나발이나 아비가일에게로 향해 있다. 물론 다윗은 나발과 대립적 인물로 등장하며, 또 아비가일과 다윗의 아내가 되어 다윗의 정치적 발전의 작은 모티브를 제공하는 인물로 등장한다.

이러한 사울의 추격 사건들을 묘사하는 가운데, 나발과 아비가일의 이야기를 다룬 사무엘상 25장2)은 전후 문맥과는 무관한 이야기처럼 보이고, 경우에 따라서는 문맥의 흐름을 방해3)하는 듯도 하다.

사무엘상 23-26장은 다윗 인생의 위기 순간들을 다룬다. 그의 인생의 하강의 역사 과정을 다룬다.4) 그럼에도 25장은 위기의 역사 속에서, 하강의 역사 속에서 중요한 역할을 한다. 하강의 역사에서 상승의 역사로 되돌릴 수 있는 중요한 길, 상승을 위한 중요한 거점을 마련해 준다. 일종의 예비적 상승의 단계로 볼 수 있다.

다윗 상승의 역사와 다윗 왕위 계승의 역사에서는 상당 부분 지혜 사상을 담고 있다. 사무엘상 25장에서도 지혜 사상을 담고 있다. 이 지혜 사상은 다윗·솔로몬 시대, 다시 말해 이스라엘이 국가를 창건하여, 자신의 정치적 의지를 반영할 수 있는 국가를 가진 새로운 시대에 살아가는 사람들에게

---

2) 최근 삼상 25장에 대한 논문: M. Peetz, *Abigajil, die Prophetin: Mit Klugheit und Schönheit für Gewaltverzicht. Eine exegetische Untersuchung zu 1Sam 25* (Forschung zur Bibel Bd. 116) (Würzburg: Echter Verlag, 2008).

3) 대부분의 주석은 이 점만을 강조한다. 스톨쯔,『사무엘 상·하(국제성서주석 8)』, 260-270.

4) 다만 그일라 사건(삼상 23:1-14)에서만 부분적으로는 상승 과정에 속하나, 전체적으로 하강의 과정에 속한다. 다윗이 그일라 사람들을 도와주었음에도 불구하고, 그일라 사람들로부터 환영받지 못했기 때문이다. 이러한 행동의 원인은 아마도 그일라 사람들은 블레셋의 위협 아래에서 다윗이 구해 주었음에도 불구하고, 그일라 사람들이 다윗을 사울에게로 넘길 수 있다는 점은 아마도 사울의 군사적 위협에 그일라 사람들이 굴복한 것으로 보인다.

시대정신으로 중요한 정신적 토대가 되었다.

특별히 사무엘상 25장의 지혜 사상은 다윗 상승의 역사와 다윗 왕위 계
승의 역사에도 함께 반영되어 있는 중요한 신학 사상으로 위기 극복을 위한
중요한 토대가 된다.5)

다윗의 생애를 여러 단계로 나눌 수 있다. 그중에서 다윗 상승의 역사에
나타난 사건들을 단계별로 구분한다면, 크게 4단계로 나눌 수 있다:

상승 역사 1단계 – 군대 조직(삼상 22:1-2)
상승 역사 2단계 – 블레셋에서의 분봉왕이 됨(삼상 27:5-6)
상승 역사 3단계 – 유다에서 왕이 되는 단계(삼하 2:4)
상승 역사 4단계 – 완성의 단계: 전체 이스라엘의 왕이 됨(삼하 5:3)

상승 역사 1단계에서 2단계 사이에 많은 사건이 있었다. 다윗 상승 역사
의 초점은 주로 두 가지 점에 집중한다. 첫째, 외형적으로 다윗은 군사적
성공에 주력하고, 둘째, 내적으로는 지혜신학의 가르침에 따라 통치자의
인품을 갖추는 노력에 집중한다.

성공의 역사는 어느 날 갑자기 오는 것이 아니라, 위기 가운데에서도
상승을 위해 필요한 내외적 준비를 갖춘 후에 나타난다. 역사가는 다윗의
성공의 요인을 군사적 요인과 함께 지혜신학의 길에서 찾고 있었다. 다윗은
망명 중에도, 즉 경황없이 도망가는 중에도 지혜의 길을 갔다. 다윗은 아비
가일의 지혜로운 충고를 곧장 받아들여, 자신의 삶을 상승으로 이끄는 전환
점을 마련했다.

다윗은 무수한 역경들을 극복하고, 마침내 이스라엘의 왕이 되었다. 이
스라엘 백성들은 그를 가장 성공한 왕으로 칭송하고 있다. 이것이 어떻게

5) A. Weiser, "Legitimation des Königs David," 325-354.

가능했을까? 그의 군사적 성공만으로 이스라엘 백성들의 칭송을 받는 것이 가능하지 않다. 오히려 그는 지혜신학의 가르침을 따라 살면서 군사적 성공을 이루었기 때문이다. 다윗은 지혜신학의 가르침을 따라 통치자의 인품을 차근차근 만들어 갔다. 이것이 곧 그를 성공한 사람으로, 전체 이스라엘의 왕으로, 역사에 남는 인물로 만들어 주었다.

사무엘상 25장, 즉 나발-아비가일 이야기는 다윗이 따랐던 지혜신학에 대해 가르쳐 주고 있다. 이 장에서 이를 이끌어내고자 한다.

자세한 논의에 앞서, 결론을 간단히 말하면, 사울은 그의 권력을 이용하여 사적인 복수, 정적 제거에 전력을 다했다. 다윗도 그의 힘을 이용하여 자신의 뜻을 관철시키고 싶은 욕망이 있었을 것이다. 그러나 그는 이를 억제하고, 하나님의 역사 섭리, 인도하심에 순종하고 있다.

다윗 상승 사화, 특히 나발-아비가일 본문에서 가르쳐 주는 지혜신학은 자신이 얻고자 하는 것을 얻기 위해 물리적 힘, 즉 폭력적 수단으로 관철시키지 않고, 하나님께서 그를 위해 일하시도록 여백을 만들어 주는 것이다. 믿음으로 하나님의 섭리와 인도하심을 인내하며 기다리는 것이다.

이 장에서는 사무엘상 25장을 주석적으로 분석한다. 다만 여러 구절에서 인용, 해설 등으로 반복되고 있으므로, 중복되는 부분은 절의 흐름과 무관하게 함께 묶어 주석한다. 또한 논리적 흐름을 선명하게 보이기 위해 리더십의 요소들과 비교하여 설명하기도 한다.

II. 사무엘상 25장 내용과 구조

다윗과 나발-아비가일 사건은 비교적 긴 이야기에 속하는 일화다. 여러 장면이 함께 연루되어 있다. 먼저 등장인물의 설명과 갈등이 야기될 수 있는 양털을 깎는 상황을 보도한다. 다윗의 용사들이 양털을 깎는 나발을 찾아가 양식을 청하자, 이를 나발이 모욕적으로 거절하면서 다윗의 분노를 격발시 켰다. 이로써 갈등이 전개되었다. 이어 아비가일은 기지를 발휘하여 다윗의 분노를 가라앉히고자 했다. 극도의 긴장 가운데 다윗과 아비가일 사이에 긴 대화가 이어졌고, 마침내 다윗이 아비가일의 말을 들어, 아비가일의 호 소에 따라, 다윗은 직접 복수하여 손에 피를 묻히기보다는 복수를 야훼의 손길에 맡기는 지혜의 길을 받아들였다. 이로써 갈등은 해소되고 이야기는 종결된다.

그러나 갈등이 해소된 이후에도 몇 가지 이야기들이 부록과 같이 덧붙여 져 있다. 먼저 야훼께서 자아도취에 빠진 나발을 치신 이야기, 나발이 죽자 다윗이 지혜의 여인 아비가일을 아내로 받아들인 이야기 그리고 다윗의 부인들의 이야기가 덧붙여져 있다. 이를 구조적으로 정리하면 아래와 같다:

1) 서론: 상황 설명(삼상 25:1-4)

(1) 사무엘의 죽음(삼상 25:1a)

(2) 다윗과 나발과 아비가일의 등장(삼상 25:1b-3)

(3) 나발이 양털을 깎는다는 소식을 다윗이 들음(삼상 25:4)

2) 둘째 단락: 다윗과 나발(삼상 25:5-13)

(1) 다윗의 신하가 나발에게 양식의 요청(삼상 25:5-9)

(2) 나발의 모욕적 거절(삼상 25:10-11)

(3) 다윗의 반응(삼상 25:12-13)

3) 셋째 단락: 아비가일과 다윗(삼상 25:14-35)

(1) 아비가일 하인의 위기적 상황의 보고(삼상 25:14-17)

(2) 아비가일의 예비적 조치(삼상 25:18-19)

(3) 아비가일과 다윗과의 만남(삼상 25:20)

(4) 다윗의 말(삼상 25:21-22)

(5) 아비가일의 인사와 설득(삼상 25:23, 24-31)

  (6) 다윗의 수용(삼상 25:32-35)
 4) 부록 I: 나발의 어리석은 행태와 죽음(삼상 25:36-38)
 5) 부록 II: 다윗의 반응과 아비가일에게 혼인(삼상 25:39a, 39b-42)
 6) 부록 III: 다윗의 부인들(삼상 25:43-44)

   이처럼 나발-아비가일 이야기는 일관된 그리고 잘 구조화된 예술적 작품이다. 이 이야기는 일어난 사건을 보도 형식으로 기록했다기보다는 중심 주제가 선명하게 또 일관되게 보일 수 있도록 예술적으로 구성한 작품이다.[6)

   또 "'폭력적 원수 갚기'를 야훼 하나님의 섭리와 인도에 맡겨야 한다"라는 지혜신학의 중심 주제가 이야기의 처음부터 끝까지 일관되게 흐르고 있다는 점과 개정[7)이나 점진적 성장으로 볼 만한 뚜렷한 내용상의 긴장(들)을 보여주고 있지 않다는 점에서 나발-아비가일 이야기는 통일적 본문으로 볼 수 있다.

   다만 전통적으로 사무엘의 죽음을 보도하는 사무엘상 25장 1a절과 다윗의 부인들에 대해 보도한 25장 43-44절을 본래적 이야기에 속하지 않는다고 간주한다는 점에서 나발-아비가일 이야기의 시작점과 끝나는 점이 어디인가 하는 질문이 제기된다. 사무엘의 죽음의 보도는 나발-아비가일 사건과 무관해 보이나, 리더십의 공백과 새로운 리더십의 탄생이라는 점에서 상호간에 연결이 가능하다. 이러한 점에서 본래적 요소로 볼 수도 있다. 그리고 갈등이 해소된 이후에도 세 이야기가 계속 전개되고 있다: 4) 나발의 어리석은 행태와 죽음(삼상 25:36-38); 5) 다윗의 반응과 아비가일에

---

6) M. Peetz, *Abigajil*, 207-208.
7) T. Veijola, *Die ewige Dynastie. David und die Ensttehung seiner Dynastie nach der deuteronomischen Darstellung* (STAT 193) (Helsinki, 1975). 그는 삼상 25:21-22, 23b, 24b-26, 28-34, 39a을 신명기 사가(DtrN)의 개정 부분으로 간주했다. 그러나 이러한 주장의 근거로 친왕적-반왕권적 구분은 매우 임의적이다.

게 혼인(삼상 25:39a, 39b-42) 그리고 6) 다윗의 부인들(삼상 25:43-44).
이 이야기들은 모두 원인과 결과의 일관된 논리를 주장하는 지혜신학적
논리에 잘 상응한다는 점에서 본래적 요소들로 간주할 수 있다.

그러나 이들 시작점과 종결점에 덧붙여진 부분들이 지혜신학적 일관성
을 지니고 있을지라도 긴박한 구성과 다소 느슨하게 연결되어 있다는 점에
서, 이들은 모두 구성적(혹은 편집적)으로 연결된 부분들이다.

III. 서론 단락의 해설: 상황 설명(삼상 25:1-4)

1. 사무엘의 죽음(삼상 25:1a)

사무엘상 25장은 사무엘의 죽음에 대한 보도(삼상 25:1)에서 시작한다.
사무엘의 죽음의 정보는 나발-아비가일 이야기와 무관한 것처럼 보인다.
다만 사무엘에 의한 가르침 외에 또 다른 가르침의 필요성을 암시해 준다.
실제 나발-아비가일 이야기는 예언자에 의한 가르침 외에 전통적이며, 종
교적 경건에 의한 가르침의 가능성을 보여주고 있다.[8]

그리고 사무엘의 리더십 외에 새로운 리더십의 출현이 기대된다는 점에
서, 구성적으로 나발-아비가일 이야기에 연결되어 있다. 다윗은 사무엘의
죽음 이후에 지혜신학의 가르침을 대신 받아들여 통치자의 인품을 갖추어
성공하는 지도자가 되었으나, 사울은 금지된 무속 신앙에 빠져 자신과 국가
멸망의 한 원인을 제공하고 있다(삼상 28장).

---

8) M. Peetz, *Abigajil*, 52. 그녀는 삼상 25:1a은 예언자 부재의 시대에 대한 암시와 함께
   아비가일이 여예언자임을 암시한다고 주장했다. 사무엘의 죽음이 예언자 부재의 시대를
   암시한다는 점은 동의할 수 있으나, 아비가일이 여예언자로 이해되었다는 점은 과장된
   것 같다.

2. 다윗과 나발과 아비가일의 등장(삼상 25:1b-3)

　사무엘의 죽음의 보도에 이에 나발과 아비가일을 소개한다(삼상 25:2-3). 나발은 "완고하며, 행실이 악하다"고한 반면, 아비가일은 "총명하고9) 용모가 아름답다"고 소개한다. 잠언 16장 22절에서 "총명(שֵׂכֶל)은 생명의 샘이 되니, 미련은 징계를 가져온다"라고 가르친다.10)

　아비가일은 총명한 여인으로, 잠언의 지혜에 따르면, 총명한 사람은 적시에 필요한 말을 할 줄 알며, 행동하기 전에 먼저 사리를 따지고, 사유에 있어서 깊이 생각할 줄 안다(잠 10:5; 10:19). 따라서 일의 결과가 성공적이며(잠 15:24; 참조 잠 21:16), 다른 사람의 인정(잠 12:8; 14:35)과 다른 사람의 호의를 받는다(잠 13:15; 참조 잠 3:4). 잠언 31장 10-31절의 가르침처럼 가문을 번성하게 만든다.11)

　나발은 그의 이름이기도 하지만 "어리석은 자, 혹은 바보"를 의미하기도 한다. 본문은 그의 성품을 완고하고 행실이 악하다고 보도한다. 어리석은 자는 이스라엘의 지혜문학에서 중요한 역할을 한다. 그는 성질이 급하며, 사물의 배후를 보지 못한다. 그는 침묵해야 할 때에 수다를 늘어놓으며, 삶의 질서를 무너뜨리며, 현실을 뒤집어 놓는다.

　나발의 완고한 성품은 미련한 자의 표상이기도 하다. 완고한(קָשֶׁה 카쉐) 성품과 관련하여 특정 개인에게 사용된 경우는 나발과 르호보암 왕에 대해 각 1회씩 사용했다. 전자는 하나님의 심판을 받았고, 후자는 백성들의 정당한 요구를 무시하다, 결국 국가 분열을 가져 왔다(왕상 12:13=대하 10:13).

---

9) טוֹבַת־שֶׂכֶל(토바트 수기켈): 통찰력이 뛰어난(klug an Einsicht), 즉 총명한.
10) 지혜신학적 관점에서는 나발의 경솔한 분노 - 다윗의 청을 모욕적으로 거절함 - 와 그의 죽음 사이에는 인과적 관계가 성립된다.
11) 아비가일의 기지로 나발의 가문의 몰락을 막았다. 그러나 나발이 죽고 난 후, 그녀는 다윗의 아내가 되어 다윗의 가문을 번성시켰을 뿐 아니라, 왕조를 일으키는 일도 성공하게 한다.

그리고 나머지는 모두 이스라엘 백성에 대해 사용했다. 그들은 완고하고 목이 곧은 백성으로 하나님의 처벌의 대상이 되었다.[12]

3. 나발이 양털을 깎는다는 소식을 다윗이 들음(삼상 25:4)

다윗은 군대를 창설한 후(삼상 22:1-2)에 그들을 부양하기 위해 다양한 노력을 경주했다. 먼저 유다 지역에 종종 나타나는 도적 아르켈라오스들이나 이방 민족이 침입했을 때(예를 들어 삼상 30장 아말렉족의 침공) 이를 급습하여 잡혀 갔던 사람들과 잃었던 물건들을 되찾고, 또 추가로 전리품을 얻어 이것으로 생계를 꾸려 갔다. 때로는 유다 지역의 마을들을 지켜 도적 아르켈라오스들로부터 보호해 주고 그 대가로 양식을 얻기도 했다.

나발이 양털을 깎는다는 소식을 다윗과 그의 병사들이 들었다(삼상 25:4). 고대 사회에서는 통상적으로 양털을 깎고 난 후에 먹고 마시는 잔치가 벌어졌다. 하나님의 은혜로 생명이 충만하게 된 것을 축하하여, 감사의 표시로 포도의 수확제나 추수 감사제와 같은 축제의 잔치를 벌인다.[13] 다윗이 양식을 얻을 수 있는 좋은 기회다.

Ⅳ. 둘째 단락에 대한 해설: 다윗과 나발(삼상 25:5-13)

1. 다윗의 신하가 나발에게 양식의 요청(삼상 25:5-9)

다윗은 병사 열 명을 전령으로 뽑아, 나발에게 보내며, 양식을 청했다.

---

12) 목이 곧은 백성(עַם־קְשֵׁה־עֹרֶף 암-커쉐-올로프) - 출 32:9; 33:3; 33:5; 34:9; 신 9:6, 13; 신 31:27; 사 48:4; 삿 2:19; 참조 겔 2:4; 3:7.
13) 스톨쯔, 『사무엘 상·하』, 265.

다윗은 병사들에게 "갈멜로 올라가 나발에게로 가서 … 문안하고, 그 자에게 자신의 말을 전하라!"고 했다(삼상 25:5-6a). 그러자 병사들은 가서 평안을 기원하고, 청원을 위해, 자신들의 공로, 즉 자신들이 나발의 목장을 지켜주었으므로 나발은 아무것도 잃지 않았다는 점을 언급하고, 양식을 청한다(삼상 25:6b-9).

2. 나발의 모욕적 거절(삼상 25:10-11)

이에 나발은 모욕적으로 거절했다(삼상 25:10-12). 나발은 다윗의 존재를 부인하는 의문문으로 다윗을 모독한다: "다윗은 누구인가? 또한 이새의 아들이 누구인가?"(삼상 25:10aβ). 이 의문은 '다윗이 누구이기에 이토록 무례한 요구를 하는가?'라고도 읽을 수 있다.

이러한 설의 의문문은 상대방의 존재를 무시하기 위해 제기하는 질문이다.[14] '누구인가?'라는 질문 속에는 그의 존재를 알지 못하며, 또 그의 존재는 미미하여 알 필요도 없는 자라는 주장이다. 이는 상대방의 존재를 부인하여, 그의 요구를 거절하는 명분을 세우는 것이다.

이러한 표현을 출애굽기 5장 1절 이하에서도 볼 수 있다. 모세는 바로에게 가서 "이스라엘의 하나님 야훼께서 말씀하셨다. '내 백성을 보내라 그러면 그들이 광야에서 나에게 축제를 지낼 것이다'"라고 야훼의 말씀을 전하자, 이에 대해 바로는 "야훼가 누구이기에 내가 그의 목소리를 듣고 이스라엘을 보내겠느냐! 나는 야훼를 알지 못하거니와 이스라엘을 보내지도 않겠다"라고 모세의 요구를 단호하게 거절한다. 이때 거절의 명분은 상대방의 존재를 부인하는 데 있다.

---

14) 란데는 이러한 표현을 "Herabsetzungdformel"(무시하는 표현양식)이라 했다. I. Lande, *Formelhafte Wendungen der Umgangssprache im Alten Testament* (Leiden, 1949), 101-102.

다윗은 물론, 그의 아버지를 언급했다. 이는 다윗과 그의 아버지를 무시한 것이 아니라, 다윗의 가문 전체를 무시한 것이다. 이러한 발언은 상대의 요구를 거절함은 물론, 그의 존재마저도 무시하는 과도한 공격성 발언이다.

또한 나발은 다윗과 그의 병사들의 존재를 도망 나온 노예 정도로 보았다: "요즈음 탈주한 종들이 많구나! 그들은 각기 그의 주인에게 탈주했다" (삼상 25:10b). 단순한 도망(בָּרַח 바라흐, 달아나다) 정도를 넘어, 탈주하다(פָּרַץ 파르츠)라는 표현을 통해, 폭력적임을 암시한다. 다윗의 병사들(= 군대)이 탈출한 자들로 구성된 집단일 경우, 이들은 정당성을 결여한 집단이며, 범죄적 집단이라는 의미한다. 또 고대 사회에서 노예들이란 특별히 대접할 가치가 없는 하찮은 존재라는 것을 의미한다.

나발의 일격은 여기에서 멈추지 않고, 더 나아가 나발은 다윗과 그 병사들을 근본도 알 수 없는 (천한) 자라 폄하한다: "내가 '어디서 왔는지도 알지 못하는 자들에게' …을 주어야 한단 말이냐!"(삼상 25:11b).[15]

다윗과 그의 병사들은 나발과 그의 목장을 외부의 침입자들로부터 지켜주었으나, 나발은 다윗과 그의 병사들을 탈주한 종들로 간주하여 이들에게 모욕적으로 대했다. 이러한 태도는 나그네들에게 친절을 베풀어야 하는 일반적인 아시아적 가치에 위배될 뿐 아니라, 성경의 지혜문학의 가르침과 대별된다.

나발은 다윗과 그의 병사들의 군사적 도움을 하찮은 것으로 여기고, 자신의 것은 귀한 것으로 여겼다. 그는 "내 떡과 내 물과 내 고기"라는 표현을 사용하며, 자신의 것의 존귀함을 주장했다. 그런가 하면 타인의 선한 호의

---

15) 이는 아마도 삼상 22:2의 표현을 염두에 둔 것으로 보인다. 삼상 22:1-2에서는 "다윗이 아둘람 굴로 피하자, 그의 형들과 온 집안이 그곳으로 모였으며, '압제받는 사람들과 빚에 시달리는 사람들과 원통하고 억울한 일을 당한 사람들'도, 모두 다윗의 주변으로 몰려들었다. 다윗은 이들의 우두머리가 되었으며, 이들은 400여 명이나 되었다"고 보도한다. 세상은 이들을 천한 사회적 계층과 신분의 출신으로 기억하나, 다윗은 이들을 위대한 국가의 초석으로 보았다.

를 악의적, 즉 모욕적으로 갚았다. 잠언 17장 13절의 "누구든지 악으로 선을 갚으면, 악/재난이 그 집을 떠나지 아니한다"고 했다.

나발에 대해서는 구약성경에서 사무엘상 25장에서만 언급한다.[16] 나발의 인간됨을 파악할 수 있는 계속되는 본문들은 25장에서 네 군데 소개된다.[17]

3. 부록: 나발의 행동과 태도에 대한 지혜문학적 평가

문학에서는 나발과 같은 자를 어리석고 미련한 자(כְּסִיל 커실)라 했다. 이들의 행동의 특성에 대해 잠언에서 보다 구체적으로 전하고 있다. 이들은 항상 언어로 다른 사람에게 상처를 준다. 그래서 이들의 혀를 '패역한 혀' (סֶלֶף לָשׁוֹן 세레프 라숀)[18]라 부르기도 한다(잠 15:4). 이들은 말로 다른 사람에게 상처를 줄 때, 비수와 같이 날카로워(잠 12:18), 폭력적이기조차 하다(잠 10:6; 잠 10:11; 잠 10:14; 잠 12:6).

이런 자들은 고집이 세며(잠 22:3), 방자하여 자만하고(잠 14:16), 자신들의 어리석음을 마구 떠들어댄다(잠 12:23; 참조 잠 15:2). 또 이들은 쉽고 분노하는 자들로 어리석게 행동한다(잠 14:17; 잠 29:11). 즉 이들은 다툼을 일으키며(잠 15:18; 잠 18:6; 잠 20:3),[19] 때로는 남에게 중상을

---

16) 다만 아비가일을 소개할 때, 나발의 아내라고 몇 번 소개한다(삼상 27:3; 30:5; 삼하 2:2; 3:3).

17) 앞서 이미 살펴본 삼상 25:3에서 나발은 "완고하며, 행실이 악하다"고 소개한다. 그리고 삼상 25:10-11에서 나발의 방자한 언행을 살펴볼 수 있다. 그리고 나발의 하인이 위급한 상황을 아비가일에게 알리면서, "그와 더불어 대화도 할 수 없는 불량한 사람"(삼상 25:17b)이라고 평했다. 나발은 상황의 위급성을 파악하지 못하고, 자신의 주장만 펴는 고집 센 자로, 소통이 되지 않는 사람이다. 또 이와 동일한 표현을 아비가일도 다윗에게 죄를 고백하는 상황에서 사용했다(삼상 25:25a). 그리고 아비가일이 다윗과 긴 대화를 나누며, 다윗을 설득하기 위해 온갖 노력을 다하는 동안에도 나발은 먹고 마시기를 즐기며, 자아도취에 취했으며, 마침내 술에 취해 인사불성이 되었다(삼상 25:36aβγδ). 나발은 소통이 안 될 뿐 아니라, 자기도취형의 인물이다.

18) 표준새번역과 공동번역에서는 "가시돋힌 말".

하기도 하며(잠 10:18), 결국 범죄에도 쉽게 가담한다(잠 29:22).

이러한 행동의 원인은 어리석은 자의 전형적인 행태인 조급함에 있다(잠 14:29). 이들은 말을 조급히 하며(잠 29:20), 다른 사람의 사연을 듣기 전에 모욕적인 말로 답하여, 수모를 받기도 한다(잠 18:13). 이들은 깊이 사유하고 행동하지 않는다. 즉각적으로 말하고 행동함으로 많은 실수와 오류를 범한다.

보다 근원적으로 나발은 다윗과 그의 병사를 경멸적으로 대했을 뿐 아니라 조소하기도 했다. 잠언에서는 이웃을 경멸하는 자를 생각이 "모자란 자(חֲסַר־לֵב 하사르-렙)"라 했다(잠 11:12a). 타인을 이유 없이 경멸하거나 비난하는 행동은 이성적 판단이 미치지 못하는 행동으로 본 것이다. 시편에서는 이러한 행동을 하는 자를 "악인"이라 했다.[20] 이런 악인은 쉽게 남에게 악(담)을 쏟아놓는다(잠 15:28). 이들의 입술에는 항상 가시와 올무가 있다(잠 22:5).[21]

이들은 남에게 상처를 주는 말을 즐겨하며 악을 항상 악을 꾀하는 자들로, 잠언 16장 27절에서는 "불량한 자(אִישׁ בְּלִיַּעַל 이쉬 버리야알)"라 했다. 이들은 타인의 선을 항상 악으로 갚는 자들이다. 이런 자들은 자신의 경거망동한 태도로 인해, 무엇보다 다른 사람을 분노하게 하거나,[22] 다툼을 일으킨다.[23] 그 결과 자신에게 불이익이 주어진다.[24] 때로는 지역 공동

---

19) 다툼을 좋아하는 자를 범죄적인 인물이라 했다(잠 17:19).

20) 참조 시 31:17-18에서는 악인들은 거짓 입술을 가진 자들로, 그들은 교만하고 완악한 말로 무례히 의인을 치는 자들이라고 했다. 또 시 123:3-4에서는 악인을 안일한 자로 칭한다. 그들은 타인에게 쉽게 조소하는 자들이다. 또 이들은 교만한 자들로 시인의 공동체에 멸시를 보내는 자들이다.

21) 그래서 이들을 패역한 자(עִקֵּשׁ 이케쉬)들이라 했다(잠 22:5).

22) 잠 15장 1절에서는 "과격한 말은 분노를 일으킨다"고 했다. 잠 16장 16-18절에서는 지혜로운 자의 길과 어리석은 자의 길의 대조적인 모습을 잘 보여준다: "금을 얻는 것보다 지혜를 얻는 것이 얼마나 더 좋은가! 은을 얻는 것보다 명철을 얻는 것을 택하는 것이 얼마나 더 좋은가!/올바른 사람의 길은 악을 피하게 하며, 그의 길을 지키는 자는 자기의 영혼을 보전한다/교만은 패망의 선봉이며, 마음은 높이는 자(거만한 자)는 넘어짐의 앞잡이다."

체로부터 처벌이나 징계를 받아,[25] 그로 인해 망하기도 한다.[26] 때로는 처벌이나 징계가 아니더라도 스스로 무너지기도 한다.[27] 더 나아가 이들에게는 자신의 집안에서 악이 떠나지 아니하며(잠 17:13), 자신들의 도시에서 소란과 분쟁이 떠나지 아니한다(잠 29:8).[28]

4. 다윗의 반응(삼상 25:12-13)

나발의 답변을 들은 다윗의 신하들은 돌아와 나발의 답변을 다윗에게 전해 주었다. 이 말을 전해들은 다윗은 그 신하들에게 무장을 하도록 명령했다: "너희는 각자 자기의 칼을 차라!" 그러자 그들은 각자 칼을 찼다. 또 다윗도 자기의 칼을 찼다. 다윗이 앞장서 나발을 향해 올라갔고, 그의 병사들은 그를 뒤따라 올라갔다.

여기에서 우리는 언어의 변화를 볼 수 있다. 다윗의 신하가 나발에게

---

23) 잠 18:6-7에서는 "미련한 자(כְּסִיל 커실)의 입술은 다툼을 일으키고, 그 입은 매를 자청한다"고 했다.

24) 잠 22:3에서는 "슬기로운 자는 재앙을 보면 숨어 피하나, 어리석은 자들은 고집을 부리고 나아가다가 화를 입는다"고 했다.

25) 잠 10:13에서는 "생각이 모자라는 자의 등에는 채찍이 있다"고 했다. 잠 14:3에서는 "미련한 자는 그 말로 교만의 매를 자청한다"고 했고(참조 잠 18:6-7), 잠 19:29에서는 "다른 사람을 경멸하는 자에게는 심판이 준비되어 있으며, 어리석은 자의 등에는 채찍이 기다리고 있다"고 했다.

26) 잠 13:3에서는 "입술을 크게 벌리는 자에게는 멸망이 있다"고 했다.

27) 잠 10:8에서는 "입이 미련한 자는 넘어진다"(יִלָּבֵט 이라베트: 그는 넘어진다/fall)고 했고, 잠 18:6-7에서는 "미련한 자(כְּסִיל 커실)의 입술은 다툼을 일으키고, 그 입은 매를 자청한다/미련한 자의 입은 그의 멸망이 되고, 그 입술은 스스로를 옭아맨다"고 했다. 잠 10:21에서는 "미련한 자는 생각이 모자라 죽는다"고 했고, 잠 11:5에서는 "악인은 그의 악함으로 인해 넘어진다"고 했고, 잠 12:13에서는 "악인은 입술의 허물로 인해 올가미가 된다"고 했다.

28) 잠 29:8에서는 개인은 물론 지역공동체 전체를 분쟁에 빠뜨리게도 한다: "조소하는 자는 성읍을 소란에 빠뜨리나, 지혜로운 자는 노를 그치게 한다."
      יָפִיחוּ קִרְיָה(야피후 키르야흐)는 문자적으로 "… 자들은 '도시를 내뿜을 것이다'"를 의미한다. 따라서 '도시를 화염에 휩싸이게 하다.' 혹은 '도시를 소란에 빠뜨리다'를 의미한다.

양식을 요청한 사무엘상 25장 5-9절에서는 '평안'이라는 단어가 전면에
서고, 나발의 모욕적 거절을 다룬 25장 10-11절에서는 나발의 이기적인
자기주장(즉, "나의 빵, 나의 물과 나의 고기")이 전면에 서며, 그리고 다윗
의 대응을 다루는 25장 12-13절에서는 '칼'이라는 말이 전면에 선다. 처음
엔 '평안'이라는 긍정적 언어에서 시작되었으나, 나발의 자기주장의 언어로
인해, 다윗은 분노하게 되었고, 마침내 '칼'이라는 분쟁적 언어로 바뀌게
되었다.29)

처음에 평화적이며 외교적으로 자신의 뜻을 관철하고자 했으나, 나발의
도발적 언행으로 인해, 다윗은 폭력적 수단을 사용하고자 했다. 나발이 다
윗의 감정을 자극하자, 다윗은 즉각적으로 분노했다. 그리고는 폭력의 수단
으로 뜻을 관철하고자 했다. 이러한 점에서 다윗에게도 나발과 마찬가지로,
'쉽게 노하는 자는 매우 어리석은 자다'라는 동일한 지혜문학의 교훈이 적용
될 수 있다.30)

그러나 다윗은 그의 병사를 둘로 나눠, 400명가량은 함께 데리고 올라갔
고, 나머지 200명가량은 후방에 남겨두었다. 이번 조치도 만일에 있을 위험
을 위해 예비적으로 대비해 둔 것으로 보인다. 다윗은 만일의 경우를 대비하
여 일정한 예비적 조치를 취할 만큼 신중함도 보여준다.

---

29) 이와 유사한 견해를 M. Peetz, *Abigajil*, 105-106을 참조하라.
30) 브루거만, 『사무엘 상·하(현대성서주석)』(서울: 장로교출판사, 2000), 266. 원제는
W. Brueggemann, *Frist and Second Samuel* (Interpretation) (Westminster:
John Lnox Press, 2000). 참조 잠 14:29; 16:32; 19:11; 20:22; 25:15.

V. 셋째 단락의 해설: 아비가일과 다윗(삼상 25:14-35)

1. 아비가일의 하인의 위기적 상황의 보고(삼상 25:14-17)

셋째 단락은 아비가일과 다윗과의 대화를 목표로 한다. 이를 위해 위기의 상황이 아비가일에게 보고되는 것으로 시작한다. 나발의 하인 중 하나가 위기적 상황을 아비가일에게 전한다(삼상 25:14a). 이는 아마도 나발에게 조언해도 소용이 없다고 판단을 했기 때문일 것이다(참조 삼상 25:17b). 그는 위기의 해소를 위해 나발의 아내 아비가일을 찾은 것이다. 아비가일에게 지혜로운 해결책을 기대했기 때문이다.

하인은 사건과 상황을 길게 보고한다(삼상 25:14b-17a). 보고의 내용은 앞선 사건의 보도와 일치한다. 그러나 단순히 반복하지는 않는다. 필요한 부분에는 해설을 덧붙이고, 때로는 요약적으로 보고한다.[31]

보고의 첫 머리에 전체의 성격을 짧게 요약적으로 말한다: "다윗의 병사들은 평화롭게 문안했으나, 주인은 그들을 모욕했다"(삼상 25:14b). 양자의 차이점은 전자는 "위해를 가하지 않았다"는 표현 속에서 볼 수 있듯, 어조가 다소 신중하게 출발했으나,[32] 여기에서는 "보호해 주었다"라는 표현에서 보이듯, 다윗과 그의 병사들의 노력을 우호적으로 바라보고 있다. 그리고 다윗의 병사들이 양식을 요구했다(삼상 25:8b; 참조 삼상 25:11)는 점을 생략한다.

보고의 결론은 사태의 위급성에 대한 이해를 촉구함(삼상 25:17aα)과

---

31) 다음으로 다윗과 그의 병사들이 자신들을 지켜 주고 보호해 주었다는 점을 보다 상세히 반복적으로 보고한다(삼상 25:15-16). 삼상 25:7b에서는 '함께 있었음'(삼상 25:7bα), '위해를 가하지 않았음'(삼상 25:7bβ), '나발의 것을 하나도 잃지 않았음'(삼상 25:7byδ)을 보도하나, 삼상 25:15-16에서는 '병사들이 잘 대해 줌'(삼상 25:15a), '어떤 고통도 받지 않았음'(삼상 25:15bα), '아무 것도 잃지 않았음'(삼상 25:15bβ), 항상 함께 있었으며 보호해 주었음(삼상 25:15by-16b)' 등을 보도한다.

32) 그래서 다윗과 그의 병사들이 겸손해 보인다.

동시에 그 이유를 두 가지로 제시한다(삼상 25:17aβ와 삼상 25:17b).

"이제 아십시오"라는 간단한 말로 사태의 위급성을 알린다. 지혜문학에서 지혜란 시기와 상황에 대한 통찰 능력도 포함한다. 위급한 상황을 잘 파악하지 못하면 화를 입게 된다. 신중하고 지혜로운 자는 상황을 잘 파악할 줄 알며, 또 상황에 맞게 대처할 줄 안다. 그래서 나발의 하인은 아비가일에게 "당신은 무엇을 해야 할지를 생각하십시오!"라고 말한다.

상황의 위급성의 이유는 먼저 나발의 하인의 이해에 따르면, "나발과 그의 온 집안에 악이 내려질 것이 확고해졌다"(삼상 25:17aβ)는 데 있다. 여기에서 '악'이 무엇을 의미하는지 구체적으로 말하지 않았다. 전후 문맥으로 이해한다면, 나발의 모욕적 말에 대한 다윗과 그의 병사들에 의한 폭력적 응징을 의미할 수 있다(참조 삼상 25:13; 참조 삼상 25:22). 나발의 하인은 그의 주인이 다윗의 선한 호의를 악의적, 즉 모욕적으로 갚았다고 보았기 때문이다. 그의 인식에는 잠언 17장 13절의 "누구든지 악으로 선을 갚으면 악이 그 집을 떠나지 아니한다"라는 말씀에 근거한 것 같다.

그리고 또 다른 이유는 나발의 부정적 인격성에 근거한다. 나발은 대화가 통하지 않는 고집불통이며, 성품이 천성적으로 불량한 사람이다(삼상 25:17b).

2. 아비가일의 조치(삼상 25:18-19)

나발의 하인의 보고에 대한 아비가일의 반응을 보도한다. 먼저 그녀는 다윗과 그의 신하들에게 줄 예물을 급히 준비하여, 나귀들에 싣고, 그녀의 하인들에게 "앞서 가라! 나는 너희의 뒤를 따라갈 것이다"라고 지시했다. 그리고 이 사실을 그녀의 남편 나발에게는 알리지 않았다.

아비가일의 행동은 세 가지 특이한 점을 드러낸다. 첫째는 신속하게 행동했다는 점이다. 그녀의 신속함은 에스더가 유대 민족이 몰살할 위기에 처하자 신속하게 행동했던 것과 유비될 수 있다. 사태의 위급성을 파악하지 못하고, 지체할 경우 집안과 민족의 몰살되는 참혹은 위기가 내재되어 있다. 지혜로운 자는 상황을 정확히 파악하고, 필요한 조치를 신속히 행한다.

둘째, 아비가일은 예물을 풍성하게 준비했다. 먼저 양식으로 먹을 수 있는 "떡 200덩이, 포도주 2가죽 부대 및 요리된 양 5마리"를 준비했다. 이는 나발이 다윗의 신하들에게 주기를 거절한 것과 상응한다: 빵, 물, 고기(삼상 25:11). 아비가일은 여기에 덧붙여 또 다른 세 종류의 생필품을 준비한다: "볶은 곡식 5세아, 건포도 100송이와 무화과 뭉치 200개."

이는 아브라함이 찾아온 세 나그네에게 천국 잔치를 베풀어 대접한 것과 유사하다. 그는 아내에게 "급히 (알갱이가 있는) 가루 세 스아(부대)로 빵을 만들라!"고 하고, 또 하인에게 부드럽고 좋은 송아지 한 마리를 끌어다가 "요리를 하라"고 지시했다. 그리고 버터와 우유와 더불어 상을 차렸다. 아브라함이 천국 잔치를 준비한 것 같이, 아비가일은 궁중 잔치를 열려는 듯 풍성하게 준비했다. 아비가일의 풍성함은 나발의 옹색함과 대비된다. 후일에 왕비가 될 사람의 후함을 본다.

이러한 아비가일의 태도는 잠언에서 말하는 지혜로운 여인의 조건을 충족시키고 있다(잠 9:1-9). 지혜로운 자는 집안을 일으키고 번영시킨다(잠 9:1). 뿐만 아니라 지혜로운 공동체를 일구기도 한다. 지혜로운 자는 거만하나 어리석은 자를 징계나 책망으로 다스리지 않는다(잠 9:6-9). 오히려 잔치를 베풀어 후히 대접한다(잠 9:2-5). 이 길(만)이 어리석은 자들이 어리석음을 버리고 생명을 얻게 하며, 명철의 길을 행하게 하는 것이기 때문이다(잠 9:6). 잠언 9장에서는 참다운 지혜란 "야훼를 경외하는 것이며, 거룩하신 자를 아는 것이라 했다." 잠언의 가르침에 따른다면, 아비가일의 축복의 예물은 모든 어리석은 자들을 지혜롭게 만드는 길이다.

셋째, 아비가일은 예물을 나귀들에게 싣고, 그녀의 하인들에게 지시하여 앞서 가라고 했다. 그리고 이 사실을 그녀의 남편 나발에게 알리지 않았다.

아마도 이 행동은 만일에 있을 나발의 방해를 염두에 둔 것 같다. 아비가일
은 사려 깊고 신중하게 행동했다.

3. 아비가일과 다윗의 만남(삼상 25:20)

아비가일은 나귀를 타고 산 아래 남으로 내려가고 있었고, 다윗과 그의
병사들은 북으로 올라가고 있었다. 그들은 서로 마주보고 오다가 함께 만났
다. 이제 사건의 중심인물이 서로 만났다. 이야기의 초점은 두 주인공, 아비
가일과 다윗에게 집중된다. 다윗의 신하들과 나발과 아비가일의 하인들은
더 이상 전면에 서지 않는다.

다윗은 나발에게 선의를 베풀었으나, 나발은 이를 악의로 되갚는 현실을
매우 한탄하면서, 동시에 그는 크게 분노했다(참조 삼상 25:13, 21-22).
이런 상황에서 아비가일에게는 무엇보다 먼저 다윗의 분노를 가라앉히는
것이 중요한 과제였다. 결론적으로 아비가일의 지혜로운 충고와 다윗의
지혜의 길 선택이 함께 만난 것이다.

4. 다윗의 말(삼상 25:21-22)

아비가일을 만난 다윗은 자신이 군사를 이끌고 나발을 응징하기 위해
출병하게 된 이유와 그의 현재의 결의를 전한다. 다윗이 출병하게 된 동기는
나발의 배은망덕한 행위 때문이라고 했다. 이 사건에 대해서는 앞서 사무엘
상 25장 7절과 14-16절에서 이미 언급한 내용을 반복하고 있다.

먼저 다윗과 그의 병사들이 나발의 가축을 지켜 준 사실과 그 결과 나발은
손실이 없었다는 사실의 언급과 함께, 이러한 선행은 헛된 것이 되었음을
주장한다(삼상 25:21aβγ). 그 이유에 대해 구체적 설명보다는 "나발이 다
윗의 선을 악으로 되갚았다"(삼상 25:21b)라고 대신한다.

여기에서 '선'은 다윗이 나발에게 행한 일을 의미하고 있으나, '악'은 구체적으로 언급하지 않았다. 다만 문맥으로 보면, 이 악은 나발의 모욕적 언행(삼상 25:10-11)을 암시한다. 이러한 모욕적 언행에 대해, 그는 오늘 안으로 나발의 남자들을 한 사람도 남겨 두지 않고 모두 살해할 것이라는 현재의 결의를 나타냈다(삼상 25:22ab).

5. 아비가일의 인사와 설득(삼상 25:23, 24-31)

아비가일은 신속한 행동과 긴 대화로 다윗을 설득한다. 먼저 그녀는 다윗을 보고 급히 나귀에서 내려, 다윗 앞에 엎드려 그녀의 얼굴을 땅에 대고 절했다(삼상 25:23).

"땅에 대고 절하다"라는 태도는 하나님이나 왕 앞에서 나타내는 극도의 겸양이나 굴복을 나타내는 표현이다. 또한 아비가일은 다윗을 "나의 주인(אֲדֹנִי 아도니)"이라 칭하며, 자신을 "당신의 여종(אֲמָתְךָ 아마터카)"이라 부른다. 불친절하고 오만한 독설로 다윗의 신하들을 내친 나발의 태도와는 달리, 아비가일은 겸손한 태도로 다윗을 영접한다.

아비가일은 다윗의 분노를 가라앉히기 위해 다윗과 긴 대화를 한다(삼상 25:24aβ-31). 이 단락은 내용상으로 세 부분으로 다시 나눌 수 있다: 첫째 단락의 중심 내용은 죄의 고백(삼상 25:24aβ-25), 둘째 단락은 죄의 용서의 청함(삼상 25:26-28a), 셋째 단락은 축원의 기원(삼상 25:28b-31)을 담고 있다.

1) 죄의 고백(삼상 25:24aβ-25)

아비가일은 다윗의 발에 엎드려, "그 죄악을 오직 자신에게만 돌려줄 것"을 청한다(삼상 25:24aβ). 그리고 그 이유를 말하기에 앞서, 그녀의 변명을 그에게 말할 수 있도록 허락해 줄 것과 그녀의 말에 귀를 기울여 줄 것을 부탁했다(삼상 25:24bαβ).

아비가일은 죄를 자신에게만 돌려 달라는 청함의 이유를 두 가지로 언급한다. 먼저 그녀는 다윗이 보낸 병사들을 보지 못했기 때문에 지금의 사단이 발생했으므로, 그녀에게 허물이 있음을 고백한다(삼상 25:25b).

사단의 발생은 나발의 감정적이고 모욕적인 발언으로 생긴 것이지, 아비가일이 다윗의 병사들을 보지 못한 것이 (직접적인) 원인이 될 수 없다. 이러한 죄의 청함과 죄의 고백은 결코 자신의 허물이 있어 이를 용서받기 위한 행동으로 볼 수 없다. 다윗과 그의 용사들이 분노했으므로, 우선 이를 완화시키려는 화법의 일환으로 보아야 한다.[33]

죄의 청함(삼상 25:24aβ)과 죄의 고백(삼상 25:25b) 사이에 또 다른 이유가 언급되어 있다: "내 주여! 이 불량한 사람, 나발에게 마음을 두지 마십시오! 그는 그의 이름과 같은 존재입니다. 그의 이름은 나발이며, 그의 이름과 함께 어리석은 자입니다."

여기에서 아비가일은 그녀의 남편, 나발을 하인의 말과 같이, "이 불량한 사람, 나발(אִישׁ הַבְּלִיַּעַל הַזֶּה עַל־נָבָל 이쉬 하버리야알 하쩨 알-나발)"이라 불렀다(참조 삼상 25:17). 이러한 칭호는 남편을 경멸한다기보다는 남편과 '거리감'을 나타내고자 한다. 나발은 그녀의 남편으로서 그녀 자신과 동일시될 수 있는 인물이 아니라는 점을 표현하고자 했다.

그래서 죄를 나발에게 두지 말 것을 청한다(삼상 25:25aα). 그 근거로 그의 이름의 원인론에서 찾고 있다. 그의 이름이 "어리석은 자"를 나타내는 나발이므로, 그는 그의 이름과 같은 존재라는 주장이다.[34]

아비가일은 나발을 이처럼 평가절하했다. 화법적으로 볼 때, 나발은 다윗의 상대가 되지 못하는 존재이므로, 그에게서 허물이나 책임을 묻지 말아

---

33) 그래서 페츠는 삼상 25:24aβ "수사적 수단/표현"으로 간주했다. 참조 M. Peetz, *Abigajil*, 145-146을 참조하라.
34) 이름은 그 사람의 됨됨이나 운명의 본질을 나타내기도 한다(참조 사 32:5-6; 창 38:29-30; 룻 1:20).

야 한다는 논리가 성립된다.

2) 죄의 용서를 청함(삼상 25:26-28a)

아비가일은 자신이 유일한 다윗의 대화 파트너임을 분명히 한 뒤에, 그녀가 원래 말하려고 했던 주제로 넘어간다.

여기에서도 본래의 주제로 넘어가기에 앞서, 다윗의 분노를 어느 정도 완화시키기 위해 노력한다. 이 노력은 맹세(삼상 25:26a), 저주(삼상 25:26b), 예물 전달(삼상 25:27) 및 용서를 청함(삼상 25:28a)으로 이루어져 있다. 먼저 저주와 예물의 중요한 목적은 공감을 표현하여 다윗의 분노를 완화시키는 데 있다. 또 맹세의 표현 속에서 반전을 위한 설득의 논리를 표현했다. 이러한 준비 끝에 결정적인 용서를 청한다.

(1) 저주(삼상 25:26b)

아비가일은 다윗의 원수들에게로 향한 저주 표현을 통해 다윗의 분노에 대한 공감을 표했다: "이제 당신의 적들과 내 주에게 악을 끼치려는 자들은 나발과 같이 되기를 원합니다." 여기에서 다윗의 원수들은 두 집단으로 언급되었다: 다윗의 적들과 내 주에게 악을 끼치려는 자들. 내용적인 측면에서 보면, 양자는 동일한 집단이 될 수 있다.

그러나 이들에게 내린 저주의 내용은 다소 모호하다: "나발과 같이 되기를 원합니다." 이제까지의 문맥으로 볼 때, 이 저주는 "나발과 같은 어리석은 자"라는 사회적 수치를 받는 것으로 이해된다. 이러한 내용만으로는 신의 이름으로 맹세할 만한 충분한 내용이 되지 못한다. 그래서 벨하우젠은 다윗의 원수들은 "나발과 같은 운명에 놓인다"라고 해석했다.[35] 그는 사무엘상 25장 38절에서와 같이 이 저주를 '신의 벌을 받아 죽음에 처해지다'를 뜻하

35) J. Wellhausen, *Der Text der Bücher Samuelis* (Göttingen: Vandenhoeck & Ruprecht, 1871), 134.

거나, 구약성경에서 종종 어리석은 자가 그의 어리석음으로 인해 죽음에 처해지는 것을 의미한다(창 34:7, 24-27; 신 22:20-21; 수 7:15; 삼하 13:13, 22-29; 렘 29:21ff.).

아비가일은 이 저주와 함께 다윗의 분노에 공감을 표했다. 이 공감과 함께 다윗의 분노가 완화될 수 있을 것이다. 이는 본격적인 반전을 위한 준비가 된다.

(2) 맹세(삼상 25:26a)

아비가일은 야훼의 살아 계심과 다윗의 살아 계심을 두고 맹세한다(삼상 25:26aα). 여기에서 비로소 처음으로 야훼의 이름이 언급된다. 신의 존재에 의지하여 맹세한 것은 신의 권능에 의지하여, 자신의 말의 신실함과 진실됨을 나타내고자 한다.

맹세의 내용은 야훼께서 다윗에게 베풀어 준 과거의 자비를 언급했다(삼상 25:26aβ): 야훼께서는 다윗으로 하여금 피에 빠지지 않게 막아 주셨으며(מְנָעֲךָ מִבּוֹא בְדָמִים 머나아카 미보 버다밈), 또 그의 손을 지켜 주셨습니다(וְהוֹשֵׁעַ יָדְךָ לָךְ 버호쉐아 야드카 라크). 그녀는 다윗이 좀 더 신중하게 행동하게 하기 위해 야훼 하나님을 자신의 논리에 끌어들였다.

구약성서의 세계에서 "피에 빠지다"라는 말은 '폭력적 행위에 가담하다'라는 의미로 이해될 수 있다. 이러한 이해에 따르면, 야훼께서는 다윗으로 하여금 '폭력적 행위에 가담하는 것을 막았다'라고 이해할 수 있다. 그렇다면 '피에 빠지다.' 즉 '폭력적 행위에 가담'하는 것은 정당하지 않다는 걸 의미한다.

이러한 이해에 따르면, 다윗이 자신의 뜻을 관철시키기 위해, 물리적 힘을 사용하려고 했던 것, 즉 400명의 병사와 함께 나발의 가문을 몰살하려는 계획도 정당하지 않다는 뜻이다. 야훼께서 과거에 다윗으로 하여금 불의한 혹은 정당하지 않은 사건에 가담하지 않도록 막아 주었듯이 지금도 야훼께서는 다윗이 나발의 가문을 몰살하려는 사건도 막아 주실 것이라는 점을 암시한다. 만약 다윗이 이 일을 강행한다면, 그동안 야훼께서 그에게 베풀어 주신 자비로운 행위에 역행하며, 야훼의 뜻에 대립하여 부당한 폭력 행위를 하는 것으로 간주된다.

또 "야훼께서는 다윗의 손을 지켜 주셨다"라는 말에서 '손'은 '폭력적 행동'은 물론 '그가 행하는 모든 행동,' 특히 '다른 사람에게 어떤 영향을 미치는 일체의 행위'를 의미한다.[36] 야훼께서 다윗의 손, 그의 행동을 지켜 주셨다는 것은 야훼께서 다윗으로 하여금 불의한 행위, 정당하지 않는 행위를 하지 못하게 막았다는 것이다.

여기에서 "야훼께서는 다윗의 손을 지켜 주셨다"라는 말과 관련하여 다윗이 직접 (폭력적 수단으로) 복수 행위를 암시한다(삼상 25:31aγ).

현재의 문맥에서 '피에 빠지지 않게 막아 주다'와 '손을 지켜 주다'라는 표현은 동일한 의미와 목표를 갖는다.

(3) 축복의 예물(삼상 25:27)

공감의 표현은 축복의 예물과 함께 더욱 고조된다. 문맥으로 볼 때, 이 축복의 예물은 다윗과 그의 병사들에게 필요한 양식이다. 사무엘상 25장 8aγ절에서는 다윗의 병사들이 나발에게 모호한 표현으로 "은혜를 얻기를 원한다"고 언급하고, 8b절에서는 이를 "당신(=나발)의 수중에 있는 것"으로 보다 구체적으로 기술한다. 이에 대해 나발은 25장 11a절에서 다윗이 요구한 것을 "떡과 물과 고기"라고 구체적으로 답한다. 그리고 18a절에서는 "떡 200덩이와 포도주 2가죽 부대와 요리된 양 5마리와 볶은 곡식 5세아와 건포도 100송이와 무화과 뭉치 200개"라 언급했다.

이 축복의 예물은 분명히 사무엘상 25장 21b절의 표현과 관련이 된다.

---

36) J. F. Sawzer, "ישׁע," *ThWAT* Bd. III (1982), 1035-1059.

다윗은 나발에게 선을 베풀었으나, 나발은 다윗에게 악으로 되갚았다. 그래서 지혜로운 발의 아내 아비가일은 이를 원래의 위치로 되돌려 놓고자 했다. 그래서 축복의 예물로 다윗의 선의에 화답하고자 했다.

(4) 용서를 청함(삼상 25:28a)

아비가일은 다윗에게 허물을 용서해 달라고 청한다. 만약 다윗이 그녀의 용서 청함을 받아들인다면, 다윗은 나발로 인해 분노하지 않을 것이며, 동시에 나발을 용서한다는 뜻이다.

이 점에 대해 잠언 19장 11절에서는 "신중한 사람은 노하기를 더디 하며, 허물을 용서하는 것이 자기의 영광이다"라고 말씀한다. 다윗이 아비가일의 용서를 받아들임으로써, 그는 노하기를 더디 하여, 신중하고 지혜로운 사람이 되며, 나발을 용서함으로 영광을 받게 된다.

3) 축원의 기원(삼상 25; 28b-31)

용서를 청함(삼상 25:28a)에서 설득의 목표는 절정에 이른 셈이다. 아비가일의 설득하는 대화는 여기에서 종결할 수 있다. 그러나 축원의 기원은 용서의 청원에 이유의 형식으로 계속되고 있다.[37]

이 단락에는 용서의 청원에 대한 다양한 이유들(삼상 25:28bα, 28bβ, 28bγ, 29)이 덧붙여져 있다. 다양한 이유들은 네 가지 약속으로 이루어져 있다. 견실한 집을 세우실 것이라는 약속(삼상 25:28bα), 야훼의 전쟁을 수행하실 것이라는 약속(삼상 25:28bβ), 악이 일어나지 않을 것이라는 약

---

37) 이러한 점에서 이 단락(삼상 25:28b-31)을 편집적 추가로 볼 수 있다. 전승의 발달 과정을 살펴보면, 먼저 하나님의 자비의 약속들(삼상 25:28bα, 28bβ, 28bγ, 29)과 자비의 청원(삼상 25:30-31)이 먼저 삽입되고, 다윗의 용서(삼상 25:28a)와 야훼의 약속들의 조건화의 논리로, 이차적으로 하나님의 자비와 다윗의 결단의 호소(삼상 25:30-31a)가 삽입된 것으로 추정할 수 있다. 그럼에도 삼상 25장 전체가 나발-아비가일-다윗의 역사적 사건을 신학적으로 구성/편집했다는 점에서 통일적으로도 볼 수 있다.

속(삼상 25:28bγ) 그리고 생명을 보호할 것이라는 약속(삼상 25:29) 등으로, 모두 야훼 하나님의 자비에 관한 내용들이다. 인간의 용서와 하나님의 자비가 조건적으로 연결되어 있다.

이러한 조건화된 논리에 근거하여, 결정적 반전을 요구한다. 아비가일은 다시 한번 하나님의 자비를 예견하면서(삼상 25:30), 하나님의 자비를 받는 데 걸림돌이 되지 말 것을 호소한다(삼상 25:31a). 그리고 아비가일은 다윗의 자비에 청원한다(삼상 25:31b).38) 이로써 그녀의 말이 끝난다.

(1) 하나님의 자비의 약속들

(a) 견실한 집의 약속(삼상 25:28bα): 아비가일의 용서의 청함(삼상 25:28a)에 다소 이질적인 내용들이 이유의 형식으로 연결되어 있다. 이들은 모두 미래의 예견이다. 첫 번째 미래예견은 이유절/근거절(כִּי 키; 왜냐하면)의 형식으로 연결되어 있다.

아비가일은 야훼께서 다윗에게 견실한 집(בַּיִת נֶאֱמָן 바이트 네에만)을 반드시 세우실 것이라 예견한다(삼상 25:28bα). 여기에서 '견실한 집'이란 다윗의 개인의 집안을 넘어 '다윗 왕조의 약속'으로 이해된다. 아비가일의 말은 나단의 약속을 상기시킨다(삼하 7:11, 16).39)

용서의 근거로 왕조의 예견/약속이 제시된 데에는 통치자란 모름지기 지혜로움을 보여야 한다는 데 있다. 그는 용서를 선언하고, 화해를 이뤄야 한다(참조 삼하 14:9-21; 삼하 18:16-23).40)

용서의 청함과 왕조의 약속은 원래 독립적 내용이었으나, 아비가일은 양자를 조건적(כִּי 키; 왜냐하면)으로 연결했다. 그래서 다윗이 용서하지

---

38) 편집적/구성적 관점에서 볼 때, 자비의 청원(삼상 25:30-31)은 다윗의 답변과 자연스럽게 이어지게 한다. 이러한 점에서 용서의 청함(삼상 25:28a)의 재수용으로도 볼 수 있다.
39) 이와 함께 페츠는 아비가일을 예언자로 간주했다. 참조 M. Peetz, *Abigajil*, 165-166을 참조하라.
40) 이로써 이야기의 지평이 국가적 차원으로 확대되었다.

않고는 그에게 한 야훼 하나님의 약속의 성취도 이룰 수 없게 만들었다.
공을 다윗에게 떠넘긴 셈이다.

(b) 야훼의 전쟁의 약속(삼상 25:28bβ): 두 번째 이유절도 יכ(키; 왜냐하면)
로 연결되었다: "(또) 왜냐하면 내 주께서 야훼의 전쟁을 수행하시기 때문
입니다." 여기에서는 '견실한 집' 즉 '왕조의 약속'에 대한 근거를 밝혀 주고
있다. 야훼께서 다윗을 위해 전쟁을 수행하시기 때문이다(삼상 25:28bβ).
다윗은 일생 동안 수많은 전쟁을 수행하면서 승리를 쟁취했다. 다윗 자신도
인정하듯, 아비가일은 이러한 수많은 승리 배후에는 야훼께서 동행했기
때문이라고 주장한다. 인간의 전략과 지략에 의한 전쟁이 아니라, 야훼께서
친히 싸우시는 전쟁이다. 이러한 야훼의 전쟁이 다윗으로 하여금 거대하고
견고한 국가를 세울 수 있게 했다.

(c) 악이 일어나지 않을 것이라는 약속(삼상 25:28bγ): 그리고 세 번째 근거절
에서는 다윗에게 일생 동안 악한 일이 일어나지 않을 것이라고 예견한다(삼
상 25:28bγ). 여기에서는 앞선 두 이유절과 달리 접속사 'ו'로 연결되어 있
다. 여기에서 '악'이 무엇을 의미하는지 구체적으로 언급하지는 않았다. 일
반적으로는 다윗, 그의 집안 그리고 다윗의 왕조에 미칠 일체의 부정적인
것을 의미할 수 있다.

아비가일의 이 예견은 다윗이 나발과 그의 집안에 폭력적으로 대응하고
자 했던, 즉 악을 행하고자 했던 계획과 맞선다.[41] 아비가일은 다윗을 비난

---

41) 다윗은 나발의 모욕적 발언에 폭력적으로 응징하고자 했다: "너희는 각자 자기의 칼을
차라!"고 명령하고(삼상 25:13aβ) 다윗도 자기의 칼을 찼다(삼상 25:13aδ). 이 광경에
대해 나발의 하인은 "우리 주인과 주인의 온 집안에 악이 내려질 것이 확고해졌다"고
말한다(삼상 25:17aβ). 또 다윗이 아비가일에게 "내가 나발에게 속한 남자들 가운데
한 사람이라도 아침까지 남겨 두면"(삼상 25:22b)이라는 말과 아비가일이 다윗에게 "야
훼께서 당신이 피에 빠지지 않게 막아주셨으며, 당신의 손을 지켜주셨습니다"(삼상 25:
26aβ) 그리고 "무죄한 자의 피를 흘리는 일이나 내 주께서 친히 보복하는 일"(삼상
25:31aβγ)이라는 말 속에서, 그리고 다윗이 아비가일에게 한 말 "네가 급히 와서 나를
영접하지 아니했다면, 아침이 밝아 오기까지 나발의 남자들 중에 한 사람도 남지 아니했
을 것이다"(삼상 25:34b) 가운데에서 폭력적 응징을 암시한다.

하고자 하지 않았다. 오히려 '다윗이 현재 올바르게 행동한다'면, '그에게 미래에 어떤 일이 일어날 것'이라는 점을 상기시켜 주었다. 아비가일은 이와 같은 방식으로 다윗이 입었을 상처를 어루만져 주고 분노를 되돌려 주었다.

(d) **생명 보호의 약속(삼상 25:29)**: 예견은 (c)의 형식으로 다시 한번 반복한다. 만약 다윗에게 그의 생명을 노리는 자가 일어났을 경우(삼상 25:29a), 다윗과 원수의 운명이 각기 달라질 것이라는 약속이다(삼상 25:29b).

세 문장으로 이루어져 있다. 첫째 문장에서는 상황을 제시한다: "만약 어떤 자가 일어나 당신의 생명을 노린다면." 둘째 문장에서는 다윗의 운명에 대해 말하고: "야훼께서 다윗을 생명 싸개에 싸서 보호할 것이다"(삼상 25:29bα), 셋째 문장에서는 다윗 원수들의 운명에 대해 말한다: "그러나 당신의 원수들의 생명을 야훼께서 물매로 던지듯 그것을 던지실 것입니다"[42](삼상 25:29bβ).

첫째 문장에서 다윗을 쫓아 그의 생명을 노리는 자가 누구인지는 분명히 말하지는 않는다. 다만 법률적 용어로 "(어떤) 사람(אָדָם 아담)"이라고만 했다. 그는 반드시 나발이나 사울이라고 구체적으로 전제되지는 않는다. 오히려 다윗의 생애에 있었던 수많은 적들 중의 한 사람일 것이다. 물론 이들도 그중 한 사람일 수 있다. 다윗의 생명을 노리는 이 사건은 그의 생애에서 가장 위험했던 일일 것이다.

그럼에도 그의 운명과 그의 적들의 운명이 확연히 달랐다. 둘째 문장에서는 야훼께서 생명싸개로 다윗을 보호하겠다고 약속한다. 여기에서 '생명의 싸개(צְרוֹר הַחַיִּים 처로르 하하임)'라는 표현은 매우 인상적이나 구체적으로 무엇을 의미하는지는 분명치 않다. 그것이 보호의 기능을 수행하는 것으로 이해된다.[43] '싸개'는 동전이나 금과 같은 값진 것을 담는 주머니를

---

42) וְקִלְּעֶנָּה בְּתוֹךְ כַּף הַקָּלַע(여칼에나 버토크 카프 하칼라)의 문자적 의미는 "그가 그것을 투석관 속으로 던지실 것입니다"이다.

43) H.-J. Farby, "צר," *ThWAT* Bd. VI (1989), 1113-1122, 특히 1120.

말한다. 바울은 인간을 "질그릇에 담긴 보화"에 비유했다. 야훼께서 다윗을 생명의 싸개에 담아 귀중하고 안전하게 보호할 것이라는 약속이다.

셋째 문장에서는 다윗의 원수들의 운명에 대해 말한다. 다윗의 원수의 운명은 다윗과는 다른 운명의 길을 걷게 된다. 셋째 문장에서는 이 생명의 싸개가 '물매'와 맞서 있다. 야훼께서 물매를 던지듯, 원수들의 생명을 던질 것이라고 했다. 물매는 구약성서에서 드물게 언급되었다. 다윗 이야기에서는 골리앗과 관련하여 언급되었다(삼상 17:40, 49, 50).

(e) **중간 종합**: 이상의 논의에서 아비가일의 논리는 분명하다. 만약 다윗이 그녀의 용서의 청함을 받아들인다면, 야훼 하나님께서는 다윗에게 견실한 집을 세우실 것이라는 약속(삼상 25:28bα), 야훼의 전쟁을 수행하실 것이라는 약속(삼상 25:28bβ), 악이 일어나지 않을 것이라는 약속(삼상 25:28bγ) 그리고 생명을 보호할 것이라는 약속(삼상 25:29)의 실현이 보장된다. 이 모든 것을 이루는 데에는 다윗의 용서와 화해의 행동이 선행적으로 전제 조건이 된다. 다윗이 복수를 포기한다면, 야훼의 약속은 성취될 수 있다는 논리이다. 아비가일의 이러한 조건화된 말은 다윗 스스로 판단하고 결단하게 만들었다.

(2) 하나님의 자비와 다윗의 결단의 호소

이제까지의 인간의 용서와 하나님의 자비가 조건화의 논리에 근거하여, 결정적 반전을 시도한다. 여기에서 언급된 하나님의 자비는 하나님의 선(삼하 25:30a)과 나기드 지명(삼상 25:30b)이며, 이러한 하나님의 자비의 수여는 다윗의 행동과 조건적으로 결부되어 있다. 다시 말해 다윗이 하나님의 자비를 받는 데 걸림돌이 되는 행동을 하지 않을 때, 그는 그것을 수용할 수 있다. 여기에서 하나님의 자비를 받는 데 걸림돌이 되는 행동으로 "무죄한 자의 피를 흘리는 일"(삼상 25:31aβ)과 "내 주께서 친히 보복하는 일"[44](삼상 25:31aγ)을 들고 있다. 다윗이 무죄한 자의 피를 흐리거나 또 친히 보복에 가담한다면, 그는 나기드 지명을 받을 수 없다.

(a) 야훼의 선의 약속(삼상 25:30a): 사무엘상 25장 30a절에서는 야훼께서 다윗에게 선을(הַטּוֹבָה 하토바)을 행하실 것을 예견한다. 여기에서 '선'의 내용이 구체적으로 무엇을 의미하는지 명시되어 있지 않다. 다만 25장 28-29절과 연결해 본다면, '선'이란 견실한 집, 왕조의 약속(삼상 25:28b α), 야훼의 전쟁 약속(삼상 25:28bβ), 악의 저지 약속(삼상 25:28bγ) 그리고 생명 보호의 약속(삼상 25:29) 등으로 이해할 수 있다. 또한 25장 전후의 이야기들과 연결한다면, 선은 '적의 추격으로부터의 안전한 도피'로 이해될 수 있다.

(b) 나기드 지명의 약속(삼상 25:30b): 그리고 사무엘상 25장 30b절에서는 야훼께서 다윗을 나기드로 지명하실 것을 예견한다. 나기드란 하나님께서 지명한 자를 의미한다. 이스라엘의 나기드는 모두 왕을 의미한다. 그러나 모든 왕이 나기드는 아니다. 모든 왕이 하나님에 의해 선택된 자들은 아니다. 다윗과 솔로몬의 궁중 사학자들은 사울에서 다윗으로, 또 다윗에서 솔로몬으로 이어지는 왕위 계승은 하나님의 선택Gottes Designation과 백성의 동의Volkes Akklamation에 의해 이루어졌음을 주장한다.

(c) 걸림돌이나 양심의 장애물(삼상 25:31aα): 앞서 하나님의 자비를 받는 데 다윗의 용서가 전제 조건이 되듯, 여기에서도 이와 같은 조건이 제시되었다. 아비가일은 "이런 일로 걸림돌(פּוּקָה 푸카)이 되거나 양심의 장애물(מִכְשׁוֹל לֵב 미크숄 렙)이 되지 않기를 호소했다"(삼상 25:31aα). 여기에서 '이런 일'이란 문맥적으로 볼 때, 사무엘상 25장 31aβ절의 "무죄한 자의 피를 흘리는 일"과 25장 31aγ절의 "내 주께서 친히 보복하는 일"을 가리킨다.

아비가일은 "하나님의 선의 베푸심"과 "하나님의 나기드 지명"의 전제

---

44) וְהוֹשִׁיעַ אֲדֹנִי לוֹ(우러호쉬아 아도니 로)를 직역하면, "내 주께서 자신에게 구원을 베풀다"이다. 따라서 이는 "내 주께서 친히 보복하다"로 의역할 수 있다.

조건으로 다윗이 나발에게 행하려는 계획, 즉 일어나서는 안 되는 것들과 연계시키고 있다: "무죄한 자의 피를 흘리는 일"(삼상 25:31aβ)과 "다윗이 직접 보복하는 일"(삼상 25:31aγ). 다윗이 야훼의 선을 받고, 또 나기드로 지명되기 위해서는 그는 무죄한 자의 피를 흘려서는 안 되며, 직접 폭력적 보복에 가담해서도 안 된다.

(d) 무죄한 자의 피를 흘리는 일(삼상 25:31aβ)과 직접 보복하는 일(삼상 25:31aγ): 이는 '이유 없이,' '무의미하게,' 혹은 '불필요하게' 그래서 '정당하지 않게' 또는 '불법적으로' 개입한 폭력적 행위를 말한다. 다윗이 무죄한 자를 피를 흘리는 일에 개입한다면, 그것은 야훼께서 친히 개입하여, 다윗이 폭력적 행위에 빠지는 것을 막아 주셨던 일(삼상 25:26aβ)과 정면으로 대치되며, 그것은 동시에 야훼께서 다윗에게 베풀어 주신 구속적 행위를 자신이 뒤집는 일이다. 그 결과 다윗이 불필요하게 피 흘리는 일에 개입하게 된다면, 그것이 나발의 일과 관련된다 할지라도, 다윗은 견실한 집, 즉 왕조와 나기드 지명에 그림자를 드리우게 될 것이다.

여기에서는 지혜 사상에 대한 성찰이 반영되어 있다. 잠언 20장 28절에서는 "왕은 인애와 신실로 자신을 지키며, 그의 보좌는 인애로 말미암아 견고해진다"고 말한다(참조 잠 25:5). 통치자가 법과 정의와 사회적 연대를 공고히 한다면, 그는 국가를 번영시킬 뿐 아니라, 백성들을 증대시킨다. 동시에 이는 통치자에게도 영예와 명성거리가 된다.[45] 그러나 부패한 정부는 백성은 물론 왕 자신을 파멸로 이끈다.

다윗이 그의 미래를 생각한다면, 결코 그와 같은 일들을 해서는 안 된다. 이로써 아비가일은 다윗으로 하여금 나발의 모욕을 직접 응징하여 피를 보는 일을 하지 못하게 했다.

---

45) H. F. Fuhs, *Sprichwörter* (NEB 35) (Würzburg: Echter Verl. 2001), 102.

(3) 자비의 청원(삼상 25:30-31)

앞서 용서의 청함(삼상 25:28a)과 마찬가지로, 자비의 청원을 통해, 공을 다윗에게로 넘겨 그의 결단을 촉구한다. 아비가일은 마지막으로 야훼께서 다윗에게 선을 베푸실 때, 자신을 기억해 달라고 당부하는 짧은 말로 이야기를 종결한다.

'선을 베풀다(יטב 야타브)'라는 동사는 사무엘상 25장 30절의 선(선을 행하다: עשה את-הטובה 아샤 에트-하토바)과 연결된다. 여기에서는 '다윗에게 한 약속들이 실현된다'는 것으로 이해할 수 있다. 아비가일은 자신을 다윗의 여종으로 자리매김했다. 다윗의 자비를 이끌어내고자 했다. 아비가일의 마지막 말은 다윗의 번영을 기원하고, 동시에 그녀의 미래를 보장받고자 했다. 이 말은 아마도 나발이 죽고 난 뒤에 아비가일이 다윗의 아내가 되는 사건을 암시하고 있다.

6. 다윗의 수용(삼상 25:32-35)

이제 공은 다윗에게로 넘어왔다. 다윗은 아비가일의 말에 이어 대답했다. 다윗의 답변은 세 부분으로 다시 나뉜다: 다윗의 감사(삼상 25:32-33), 다윗의 맹세(삼상 25:34) 그리고 다윗의 화해(삼상 25:35).

맹세의 내용은 앞서 언급한 다윗의 감사(삼상 25:32-33)와 거의 일치한다. 전자가 야훼께서 아비가일을 통해 그의 뜻을 이루고 있음을 고백했다면, 여기에서는 야훼께서 친히 다윗에게 역사했다는 점을 강조하고, 아비가일의 활동을 단지 이유절 속에서 언급한다. 야훼 하나님의 역사가 보다 전면에 서 있다.[46]

---

[46] 문헌비평적(literarkritisch) 관점에서 볼 때, 다윗의 감사(삼상 25:32-33)와 다윗의 맹세(삼상 25:34)는 중복적이다. 내용적으로 보면, 후자(다윗의 맹세)는 전자(다윗의 감사)를 좀 더 신학적으로 개정했다.

1) 다윗의 감사(삼상 25:32-33)

찬양은 두 부분으로 이루어져 있다. 이 두 개의 찬양은 유사한 구조를 이루고 있다: "…을 찬양하라(בָּרוּךְ 바루크), 왜냐하면(אֲשֶׁר 아쉐르) … 오늘(הַזֶּה הַיּוֹם 하욤 하쩨)…."

다윗의 찬양은 먼저 아비가일을 향하는 것이 아니라, 야훼, 이스라엘의 하나님을 향한다. 다윗이 아비가일을 만난 것은 무엇보다 야훼 하나님의 인도하심 때문이라 말한다(참조 삼상 25:26, 28-30). 다윗은 아비가일의 말과 행동 속에서, 하나님의 뜻을 발견하고 이를 고백한다. 야훼 하나님은 그의 계획을 아비가일로 하여금 행하게 한 것이다. 인간은 지혜 가운데에서 하나님의 뜻을 발견하며, 그의 계획을 대행할 수 있다.

두 번째 감사에서 다윗은 아비가일을 향한다. 다윗은 아비가일의 분별력(טַעַם 타암)과 함께 이를 넘어 그녀의 인격성(혹은 자체)을 축복한다. '분별력'이란 잠언 11장 22절에서는 여성의 감수성이나 여성적 신중함으로 이해할 수 있으며, 시편 119편 66절에서는 '경건한 자의 판단 능력'으로 이해할 수 있다. 여기에서는 '상황의 인지 능력이나 이에 따른 대응 능력'으로 이해할 수 있다. 다윗은 아비가일에게 이러한 분별력이 있는 자로 인정했다.

이러한 감사와 축복의 근거로 '피의 복수 사건에 빠지지 않도록 그녀가 막아 주었다'는 점에 있다(삼상 25:33b). 다윗은 아비가일의 말(삼상 25:26; 참조 삼상 25:31)을 수용하여 반복한다. 이 점은 다윗이 아비가일의 말을 받아들여 명심하고 있음을 나타낸다. 이로써 다윗은 그가 폭력적으로 나발을 응징하려 했던 그의 계획이 정당하지 않았음을 인정했으나, 아비가일은 이 일을 야훼의 인도하심으로 돌리고 있다(삼상 25:26aβ). 다윗은 아비가일의 행위, 즉 야훼 하나님의 대변 활동 속에서 활동하시는 야훼 하나님의 활동을 인지한 것이다.

다윗은 자신의 뜻을 관철하기 위해, 물리적 힘을 사용하여, 비록 그것이

적은 것이라 할지라도, 직접 복수하려는 욕망을 억제한다. 그는 직접 복수하는 것을 피하고, 이를 하나님의 섭리, 인도하심에 내맡긴다. 야훼, 하나님께서 자신을 위해 일하실 수 있도록 여백을 만들어 주고 있다.

뿐만 아니라 다윗은 지혜의 가르침을 중시한다. 그가 군대를 조직할 때에도 병사들의 출신과 사회적 신분을 고려하지 않고 그들의 미래에 대한 의지를 중시했듯이, 지금은 남성과 여성을 구분하지 않고 올바른 조언자를 중시한다.

다윗은 아비가일의 지혜로운 조언을 수용했다. 지혜신학 가르침을 따라 자신의 행동을 돌이킨다. 다윗은 나발을 폭력적으로 응징하려 했던 계획을 악한 일로 간주하고 나발에게 속한 남자들을 모두 몰살하려 했던 계획을 철회한다. 다윗은 하나님 앞에서 또 진리/지혜 앞에서 자신의 허물을 돌아보며, 돌아서고Umkehr(회개) 있다.

2) 다윗의 맹세(삼상 25:34)

다윗은 야훼의 살아 계심을 두고 맹세한다(삼상 25:34aα). 맹세의 내용은 관계 문장 속에 표현되어 있다: "그는 나를 막아 네게 악을 행하지 않게 하셨다."(삼상 25:34aβ) 그리고 그 구체적 내용이 이유절의 형태(왜냐하면; כִּי 키)로 소개된다: "왜냐하면 네가 급히 와서 나를 영접하지 아니했다면, 아침이 밝아 오기까지 나발의 남자들 중에 한 사람도 남지 아니했을 것이 때문이다"(삼상 25:34bαβ).

맹세의 내용은 "야훼 하나님께서 다윗으로 하여금 악을 행하지 않도록 막아 주셨다고 고백한다(삼상 25:34aβ). 여기에서 '악을 행한다'라는 말의 구체적 내용에 대해 본문에서는 언급하고 있지 않다. 다만 전후 문맥으로 추론한다면, 먼저 나발의 하인이 아비가일에게 "우리 주인과 주인의 온 집안에 악이 확고해졌다"(삼상 25:17aβ)라는 말에서 다윗이 나발에게 행할 어떤 폭력적 응징으로 이해할 수 있다. 그리고 사무엘상 25장 26절과 31절에서는 피를 흘리는 폭력적 사건과 다윗이 직접 복수하는 일에 대해 말하고 있다.

여기에서 분명한 것은 이러한 일들을 모두 가치적으로 악한 일로 해석하고 있다는 점이다. 다윗은 자신의 계획 "나발과 그의 가족들에게 폭력적으로 응징하려 했던 일"을 스스로 악한 일로 여기고 있다. 다윗은 하나님 앞에서 또 진리/지혜 앞에서 자신의 허물을 돌아보며, 돌아서고 있다.

이러한 맹세의 고백의 이유로 아비가일의 행동을 언급한다. 다윗으로 하여금 악한 일을 피하게 하신 이는 야훼이며, 동시에 아비가일이다. 야훼께서 하신 일과 아비가일이 한 일은 같은 내용이다. 따라서 야훼 하나님은 그의 계획을 아비가일로 하여금 행하게 한 것이다. 인간은 지혜 가운데에서 하나님의 뜻을 발견하며, 그의 계획을 대행할 수 있다. 다윗은 아비가일의 말과 행동 속에서 하나님의 뜻을 발견하고 이를 고백한다.

다윗은 사무엘상 25장 22절에서 다윗은 나발에게 속한 남자들[47] 가운데 한 사람이라도 아침까지 남겨 둔다면, 그는 하나님께 벌을 받을 것이라고 다짐했으나, 지금은 아비가일로 인해 나발의 남자들 중에 한 사람도 해하지 않았다고 고백하고 있다. 다윗은 하나님 앞에서 또 진리/지혜 앞에서 그의 계획과 태도를 바꾸었다Umkehr.

3) 다윗의 화해(삼상 25:35)

마침내 본문은 다윗과 아비가일과 화해를 보도한다. 화해의 조치는 먼저 행동으로 취해진다: "다윗이 그녀의 손에서 그녀가 그에게 가져온 것을 받았다"(삼상 25:35a). 다윗은 아비가일이 가져온 축복의 예물을 받았다(삼상 25:35a). 이 행동은 아비가일의 의도를 수용하겠다는 뜻이다. 축복 예물의 수용은 곧 화해의 상징적 행동이다.

---

47) מַשְׁתִּין בְּקִיר(마쉬틴 버키르)의 문자적 의미는 "벽을 향해 오줌을 누는 자들"(남자들)이다.

그리고 다윗은 아비가일에게 "네 집으로 평안히 올라가라!"고 화해를 선언했다(삼상 25:35bβ). 이로써 평화가 다시 찾아왔으며(참조 삼상 25:5, 6), 전쟁의 위험이 사라졌다(삼상 25:13, 21-22). 아비가일로 인해 집안이 다시 살게 되었으므로, 그녀야말로 나발 집안의 진정한 대변자다. 그녀는 잠언 31장 10-31절에서 말하는 현숙한 여인의 상징이다.

그리고 다윗은 "그녀의 말을 듣고, 네 청을 허락하겠다"[48]고 고백한다 (삼상 25:35bγ). 이로써 다윗은 지혜의 가르침을 적극 수용하고 있음을 잘 알 수 있다. 잠언에서는 지혜의 가르침에 귀를 기울이라고 가르치고 있다 (잠 2:1-2; 3:1…). 잠언 1장 5절에서는 "지혜 있는 자는 듣고 학식이 더하며, 명철한 자는 모략(תַּחְבֻּלוֹת 타흐부로트)을 얻는다"라고 가르친다. 여기에서 '모략'은 대개 '다른 이의 조언' 혹은 '건전한 충고'로 이해하고 있으나,[49] 공동번역과 NIV에서는 보다 적극적으로 "남을 이끌 힘"으로 이해하고 있다. 다윗은 지혜의 가르침에 열린 자세를 취했기에, 그는 위기의 상황에서도 성공의 길을 갈 수 있었으며, 목표를 이룰 수 있었다. 마침내 다윗은 아비가일의 청을 들어주고, 그녀와 화해했다.[50]

VI. 요약과 결론

나발이 양털을 깎는 날에 방문한 다윗의 병사들에게 모욕적으로 대하므로, 다윗은 격분하여 군사적인 힘으로 그를 응징하려 한다. 이에 아비가일은 지혜롭게 다윗을 설득한다. 그리고 다윗은 지혜의 가르침을 받아들여

---

48) וָאֶשָּׂא פָנָיִךְ(봐에샤 파나이크)의 문자적 의미는 "내가 네 얼굴을 세워주겠다"이나, 이 말의 의미는 "내가 네 청을 허락하겠다"이다.

49) ASV, "sound counsels"; NASB, KJV, "wise counsel"; RSV, "skill"; NIV, "guidance".

50) 여기에서 '누구의 청을 들어주다'라는 말은 히브리어 문장 נָשָׂא פָנִים(나샤 파님)의 의역으로 이를 문자적으로는 '누구의 얼굴을 세워 주다'를 의미한다.

바른 길을 갔다.

여기에서 보여준 지혜신학의 가르침은 자신의 물리적 힘을 이용하여, 자신의 뜻을 관철시키고 싶은 욕망을 물리치는 데 있다.

잠언에서는 직접 복수하지 말라고 가르친다. 잠언 20장 22절은 "너는 악을 갚겠다 말하지 말고 야훼를 기다리라 그가 너를 구원하실 것이다"라고 가르친다. 따라서 스스로 복수하기로 기도하는 것은, 그것이 소송에 의한 것이든 완력에 의한 것이든, 야훼 하나님의 통치에 개입하려는 것으로 간주한다.

이러한 사고는 이스라엘 주변에서도 볼 수 있다: "너를 공격하는 일에 서두르지 말라. 그것을 신에게 맡겨라. 그것을 날마다 신에게 기도하라. 오늘과 같이 내일도 기도하라. 그러면 신이 무엇을 하는지 너는 보게 될 것이다: 그는 범죄한 자를 넘어지게 할 것이다."[51]

오히려 잠언에서는 적에게 생존을 위한 최소한의 배려는 허용하라고 말한다: "네 원수가 배고파 하거든 음식을 먹이고 목말라 하거든 물을 마시게 하라! 그리 하는 것은 핀 숯을 그의 머리에 놓는 것과 일반이요 야훼께서 네게 갚아 주시리라"(잠 25:21-22).

동시에 복수의 포기 배후에는 야훼 하나님으로부터 오는 도움에 대한 희망이 있다: "너는 악을 갚겠다 말하지 말고 야훼를 기다리라 그가 너를 구원하시리라"(잠 20:22). 야훼에 대한 신뢰는 보호와 안전을 가져다주며(잠 29:25; 참조 잠 18:10), 필요를 충족시켜 만족감(잠 28:25) 또는 일반적으로 번영을 가져다준다(잠 16:20). 이와는 반대로 적의 넘어짐을 보고 기뻐한다면, 야훼께서 더 이상 적에게 손상이 일어나지 않게 하신다(잠 24:17-18).[52]

---

51) H. Brunner, *Altägyptische Weisheit, Lehren für das Lernen* (Zürich/München: Artemis Verlag, 1988), 209f.
52) J. Hausmann, *Studien zum Menschenbild der älteren Weisheit* (Spr. 10ff.) (Forschungen zum Alten Testament 7) (Tübingen: J. C. B. Mohr/Paul Siebeck,

또한 다윗 상승의 역사 및 다윗 왕위 계승의 역사에서도 직접 복수하지 말 것을 가르친다. 사무엘상 24장 13절에서는 "옛 속담에 말하기를 '악은 악인에게서 난다'고 했으니 내 손이 왕을 해하지 아니 하리이다"라고 가르친다. 이러한 태도는 26장 9절에서 "야훼의 기름 부음 받은 자를 치면 죄가 없겠느냐?"라고 말한다. 다윗이 직접 원수 갚기를 하지 않는 이유는 하나님께서 이를 행하실 것이기 때문이다: "야훼께서 그를 치실 것이다." 야훼께서 그가 죽을 날이 속히 오게 하거나 전장에서 전사하게 만드실 것이라는 말이다(삼상 26:10).

따라서 다윗은 직접 복수하는 것을 억제하고, 하나님의 역사 섭리, 인도하심에 맡기고 있다. 하나님께서 그를 위해 일하시도록 여백을 만들어 주어야 한다. 오직 믿음으로 인내하면서 하나님의 역사 섭리, 하나님의 통치를 기다리는 것이다.

다윗의 성공은 자신의 뜻을 관철하기 위해 물리적 힘을 사용하기를 거절하고, 이를 하나님께 맡기고, 하나님의 자비를 기다림에 있다. 다윗의 성공은 자신의 힘만으로 역사를 이루는 것이 아니라, 하나님의 도움과 함께 역사를 이루는 지혜에 있다.

1995), 237-236.

제10장

기름부음의 의미

- 사무엘하 2:1-4a을 중심으로 -

I. 서론

어떤 이가 왕이 될 때, 대개 아버지에게서 세습을 받는다. 이러한 관습에도 불구하고 하나님에 의해 지명되어야 하며, 또 백성들(혹은 그 대표자들)의 동의가 있어야 한다는 주장이 있다. 이러한 견해를 다윗 상승 사화에서 분명하게 보여준다. 이러한 주장은 분명 왕권의 정당성을 변호하려는 의도와 동기가 강하게 작용했다.[1] 이 점을 사무엘하 2장 1-4a절에서 보다 자세히 살펴보고자 한다.

사무엘하 2장 1-4a절에서 백성들(혹은 그 대표자들)은 정치적 무대에 중심적 인물로 서 있다. 이들은 다윗이 유다와 이스라엘[2]의 왕이 되는 데 결정적인 역할을 한다. 그들은 다윗을 자신들의 왕으로 기름을 부었다.

---

1) 다른 한편 백성들이 왕을 선택할 수 있어야 한다는 신명기적 주장과는 크게 대조를 이루고 있다.
2) 삼하 5:1-3.

II. 문학적 컨텍스트 분석(삼하 2:4b-11)

1. 사무엘하 2장 1-11절의 문학적 특징

사무엘하 2장은 짧은 시간의 보도 "그 후에"(삼하 2:1)와 함께 시작을 한다. 2장 12-32절에서는 북왕국 이스라엘과 남왕국 유다와의 전쟁에 대해 비교적 상세한 역사를 서술하고 있다. 3장 1절에서는 사울 가문의 전쟁과 다윗 무리들과의 전쟁을 요약적으로 보도한다. 따라서 2장 1-11절은 여기에 속하는 역사의 한 단면으로 볼 수 있다. 그럼에도 2장 1-11절의 전승은 통일적이지 않다. 오히려 거의 메모 성격에 가까운 짧은 보도들[3])이 한데 묶여 이루어진 전승이다.[4])

2. 아브넬이 이스보셋을 왕으로 세움(삼하 2:8-9)

아브넬에 의해 이스보셋(אִישׁ־בֹּשֶׁת)을 이스라엘의 왕으로 세웠다는 짧은 보도를 사무엘하 2장 8-9절에 담고 있다. 사울이 죽고 난 후에 사울 왕조는 왕국을 안정시키기 위해 노력했을 것이다. 이러한 의미에서 이스보셋을 이스라엘의 왕으로 삼았다는 전승은 역사적으로 매우 신뢰할 만한 회상으로 간주된다. 사울의 아들 중의 하나인 이스보셋이 사울의 후계자로 그의 보좌에 앉았다는 것은 북왕국 이스라엘에서도 왕권을 세습하는 왕조

---

3) R. Rendtorff, "Beobachtungen zur altisraelitischen Geschichtsschreibung anhand der Geschichte vom Aufstieg Davids," H. W. Wolff (Hg.), *Probleme biblischer Theologie*, FS für G. von Rad (München: Chr. Kaiser Verlag, 1971), 424-439, 432-436.

4) 문헌적 성격에 대해 A. Weiser, "Legitimation des Königs David. Eigenart und Entstehung der Geschichte von Davids Aufstieg", *VT* 16 (1966), 325-354, 330ff. 에서 다음과 같이 규정한다: "저자는 다양한 성격의 개별 전승을 이용하여 그의 작품을 구성했기에… 모자이크적 성격을 지닌다." 이러한 성격이 결코 부인될 수 없다.

적 전통이 확실하게 자리 잡았다는 점을 입증해 주는 것이다.5) 이스라엘은 시작에서부터 왕조적 전통이 확실하게 자리 잡았기에 이 전승의 저자에게 는 이스보셋을 왕으로 옹립함에 있어서 정당성 확보를 위한 어떤 노력이 필요했다는 점은 전혀 생각해 볼 필요가 없다.

사무엘하 2장 1-11절과 12-32절을 결합한 편집자는 이 짧은 역사적 보도(정확히 삼하 2:8-9bα)를 받아들여 자신의 보도(삼하 2:9bβ, 10b)를 결합하여 12-32절과 3장 1절에서의 역사 보도를 위한 문학적 컨텍스트를 이루었다.

Ⅲ. 사무엘하 2장 1-4a절 분석

사무엘하 2장 1-4a절에서는 다윗이 야훼께 문의하여 응답을 얻은 결과, 그의 가족과 군대를 이끌고 시글락에서 헤브론으로 올라와 헤브론과 그 주변에 자리를 잡고, 또 유다의 남자들은 다윗을 유다 가문의 왕으로 기름을 부었다는 짤막한 보고를 담고 있다.

현 본문은 고대의 전승이나 혹은 그것들의 단편으로 저자에게 주어졌다 기보다는 저자에 의해 직접 구성되었다는 인상을 주고 있다.6)

1. 야훼의 문의에 근거한 다윗의 헤브론으로 이동

사무엘하 2장 1절은 짤막한 시간의 보도를 하고 나서 여기에 다윗이 야 훼께 드리는 두 개의 질문과 답변이 이어진다: 다윗이 "제가 유다의 도시들

---

5) 참조 F. Stolz, *Samuel*, 192.
6) R. Rendorff, *Beobachtungen*, 428-439. J. H. Grönbaek, *Die Geschichte vom Aufstieg Davids (1Sam 15 - 2Sam 5). Tradition und Komposition* (AthD 10) (Kopenhagen, 1971), 223.

중의 한 도시로 올라가도 되겠습니까?"라고 물었을 때, 하나님께서 "올라가
라"라고 간단히 답하셨다. 다윗은 또 "제가 어디로 올라가야 합니까?"라고
묻자, 하나님께서는 "헤브론으로"라고 답하셨다. 다윗은 그가 중요한 결정
을 해야 하는 순간에 하나님께 의견을 묻는 경건한 인물로 묘사되고 있다.
이러한 종교적 계기들은 다윗 상승 사화에 비교적 빈번하게 나타나고 있
어,7) 매우 중요한 의미를 지니고 있다. 다윗이 헤브론으로 올라갈 때, 야훼
께 묻고 행동한 것은 그의 이동을 정당화시켜 주는 기능을 한다.8) 이러한
종교적 모티브는 의도된 정치적 목적을 추구한다. 그것은 다윗은 야훼에
의해 인도될 뿐 아니라, 그의 의지에 복종하는 경건한 인물이라는 인상을
은연중에 풍겨 준다.9)

다윗 상승 사화에 나타난 정당화의 경향과 정치-신학적 주제는 "야훼가
다윗과 함께 한다"라는 짧은 표현10) 속에 함축적으로 잘 나타날 뿐 아니라,
이러한 정치-신학적 주장을 통해 다윗 상승 사화의 저자는 다윗의 성공과
그의 적으로부터의 해방을 하나님의 인도하심 때문이라는 점도 보여주고
있다.

야훼께서 다윗에게 미래의 왕국을 약속한 본문들 속에서도 이러한 정치
-신학적 경향을 우리는 잘 읽을 수 있다.11) 이러한 형태의 야훼의 말씀을
통해 다윗 상승 사화의 저자는 "실제 다윗은 하나님에 의해 왕이 되었다"는
점을 의심할 바 없이 명백하게 각인시키고자 했다.

---

7) 삼상 23:2, 4, 9ff; 삼하 2:1; 5:19, 23.
8) 참조 J. H. Grönbaek, *Aufstieg Davids*, 223.
9) A. Weiser, *Legitimation*, 335.
10) 삼상 18:12, 14, 28; 20:13; 삼하 5:10.
11) 삼상 25:30; 삼하 3:9f.; 3:18; 5:2b; 6:21. 참조 L. Schmidt, *Menschlicher Erfolg und Jahwes Initiative, Studien zu Tradition, Interpretation und Historie in Überlieferungen von Gideon, Saul und David* (WMANT 38) (Neukirchen-Vluyn: Neukirchener Verlag, 1970), 120-140.

2. 유다의 남자들이 다윗을 유다왕으로 기름부음(삼하 2:4a)

1) 문제 제기

사무엘하 2장 4a절에서는 짧게 유다의 남자들이 다윗에게 기름을 부어 유다의 왕으로 삼았다고 보도한다. 이 기름부음은 어떤 의미가 있는가?[12] 한편으로 이 보도는 열왕기하 23장 30절에서 보여준 바와 같이 백성들이 이 기름부음의 의식에서 주도적 역할을 수행하면서 왕위 계승에 어떤 주도권을 주장하는 것이 아닌가? 더 나아가 이러한 주도권은 왕위 계승 이후에도 정치적 무대에서 계속하여 주도권을 행사하기 위함이 아닌가? 라는 의문이 제기된다. 아니면 이와는 반대로 백성들이 기름부음을 받은 자에게 단순히 충성을 바치는 정치적 의식에 불과한 것인가? 다시 말해 기름부음을 받은 자가 그의 왕적 권위를 요구하는 의식인가? 혹은 단순히 이 짧은 보도가 신적인 정당화와 마찬가지로 단순히 백성들의 동의 형식으로 정당화의 경향을 띠는 것인가? 이 점에 대한 해명은 역사적 상황에 대한 보다 분명한 이해에서 밝혀진다.

2) 역사적 상황 이해

다윗은 직업군인으로 사울의 궁중에 들어가 군대의 지휘관이 되었다.[13] 다윗이 사울과 정치적으로 결별한 후[14]에 그는 유다로 돌아갔다. 그후 그

---

12) 이 문제는 역사적 평가의 문제와 관련된다. E. Kutsch, *Salbung als Rechtsakt im Alten Testament und im Alten Orient* (BZAW 87) (Berlin/New York: Walter de Gruyter, 1963), 57f. 그는 삼하 2:4a를 역사적 보도로 보았다. 몇몇 주석자들은 여기에 대해 직접적인 표현은 사용하고 있지 않으나, 그들의 입장이 역사적 보도임을 추측케 한다. 참조 A. Alt, *Staatenbildung*, 41; M. Noth, *Geschichte*, 168; H. W. Hertzberg, *Sammelbücher*, 202f.; A. H. J. Gunneweg, *Geschichte Israels*, 76f; J. Kegler, *Politisches*, 46; L. Schmidt, *Jahwes Initiative*, 179ff.; W. Dietrich, *David, Saul und die Propheten*, 79; M. Clauss, *Geschichte*, 72.

13) 삼상 16:21; 18:5, 13.

14) 히브리어 성경에서는 사울과 다윗과의 갈등의 진정한 원인과 배경에 대해 침묵하고 그

는 사회적 하층민들을 모아 소규모의 군대를 조직했다.15) 사울이 그를 계
속적으로 박해했고 그는 블레셋의 봉신으로 들어가게 되었다.16) 다윗은
갓의 아기쉬의 봉신으로 들어갔다. 그때 그는 시글락17)이라는 블레셋의
수비 지역을 담당하게 되었고, 그 곳에서 그의 군대를 지속적이며 또 견고하
게 성장시켰다.18) 한편으로 이러한 정치적 상황에서 우리는 시글락이 그
당시 문명의 땅의 남 경계선이었다는 점을 추론할 수 있다. 시글락은 아말렉
(삼상 30장) 같은 유목족들의 침입을 막는 수비의 남 한계선이었음을 알
수 있다.19)

사울이 길보아 전투에서 크게 패배한 후에 다윗은 헤브론으로 올라갈
수 있게 되었다. 다윗의 도피길을 살펴봄으로써 이러한 사실은 입증된다.
다윗의 도피길은 삼상 23-24장에서 어느 정도 추정할 수 있으나 정확히
재구성하는 것은 불가능하다. 그럼에도 다윗의 도피길은 사울의 정치적
군사적 역량이 남에서 어디에까지 미쳤나 하는 점을 알 수 있게 해 준다.
당시에는 명시적인 국경이라는 것이 없기에 사울의 군사적 움직임을 통해
다만 짐작할 뿐이다. 이러한 입장이 정당하다면, 사울이 블레셋과의 전투에
서 결정적 패배를 경험한 후에야 비로소 다윗이 헤브론으로 이동했다는
것이 가능하다.20)

후 계속되는 사건에 대해서만 언급한다. 그 자리에 정치적으로 친다윗적인 경향적인
전승만 전하고 있다.
15) 삼상 22:2.
16) 삼상 27:1.
17) 정확한 위치 고정에 대해 S. Herrmann, *Geschichte*, 194, Anm. 18; F. Stolz, *Samuel*,
169을 참조하시오. "가드의 외곽 수비지역에 위치한다."
18) M. Clauss, *Geschichte*, 72; A. H. J. Gunneweg, *Geschichte Israels*, 74. 쿤네벡도
이와 유사한 견해를 피력했다: "다윗은 그가 블레셋의 봉신으로 있으면서 확고한 군대의
성장을 위한 현실정치적 길을 갈 수 있게 되었다." 반대 H. Donner, *Geschichte*, 190.
19) H. Donner, *Herrschergestalten in Israel* (Verstandliche Wissenschaft) (Berlin,
1970); Ders, *Geschichte*, 191; S. Herrmann, *Geschichte*, 194. "다윗은 일종의 전진
방어대를 형성했다."
20) 삼하 2:1의 시간 보도는 사울의 죽음과 다윗의 왕위 상승 사이에 시간적으로 거리가

사무엘하 2장 1-3절의 보도에서는 다윗이 헤브론으로 올라가 그곳에
자리를 잡으며,21) 또 왕이 되는 과정에22) 대해 역사적인 관점에서는 거의
아무것도 전하고 있지 않다.

블레셋이 다윗을 시글락에 위치시켜 그들의 국경의 경계를 안전하게 지
키고자 했다면, 이 점을 통해 우리는 블레셋의 군사적 힘의 강도를 엿볼
수 있다. 길보아 전투에서 블레셋이 사울의 군대를 무찌른 후에, 자료가
전하는 바에 따르면, 블레셋은 조용히 있었으며, 승리 이후에 가져다주는
이익을 전혀 누리지 못했다. 이 점과 관련하여 군네벡은 의미 있는 질문을
던진다: 블레셋이 사울과의 대승리 이후에 다윗의 군사적 팽창을 가만히
보고만 있었던 이유는 무엇인가?23) 어떻게 다윗이 빠른 시간 안에 왕국을
일으키며 국가를 세웠는가? 길보아에서의 전투는 사울의 패망은 물론 블레
셋의 군사력에도 약화를 가져왔다고 추론할 수 있다. 이러한 판단에 근거하
여 계속해서 다음의 주장을 이끌어낼 수 있다: "다윗이 그의 활동 중심지를
헤브론으로 옮기고 그곳에서 지배권을 행사하는 것은 블레셋의 입장에서
불리할 것이 없다." 블레셋은 사울과의 적대관계에 있는 다윗이 북으로 이
동함으로 "블레셋-사울-다윗" 간의 세력균형을 이루어 안정을 꾀할 수 있
다고 판단했을 것이다: "divide et impera"(분할과 지배).24) 따라서 블레

있음 보여주려는 의도를 있음에도 다윗은 사울의 생애 기간에 이미 왕좌에 앉았다는
뇌벨(Nübel)의 추론은 개연성이 없다. H.-U. Nübel, *Davids Aufstieg*, 67.

21) 다윗은 헤브론의 주민들과의 동의 없이 자리 잡았다고 추측하는 자들도 있다. 참조 J.
A. Soggin, 65; F. Crüsemann, *Widerstand gegen das Königtum*, 136, Anm. 62;
Ders, "Geschichte Israels als Geschichte der Bibel," E. Lessing (Hg.), *Die Bibel.
Das Alte Testament* (München: C. Bertelsmann, 1987), 134-170, 395-402, 특히
147; J. Kegler, *Politisches*, 45; A. Malamat, *Zur Entstehung eines Großreiches*,
11.

22) 유다 사람들은 다윗에게 군사적 지도자의 자리를 부여하여 블레셋의 군사적 위협을 피하
고자 했다고 주장하는 이들도 있다. 참조 A. Bardtke, "Erwägungen zur Rolle Judas
im Aufstand des Absalom," *AOAT* 18 (1973), 1-8; M. Clauss, *Geschichte*, 72.

23) A. H. J. Gunneweg, *Geschichte Israels*, 68ff.

24) H. Donner, *Herrschergestalten in Israel*, 15; A. H. J. Gunneweg, *Geschichte*

셋의 공격으로 인해 유다 사람들이 다윗에게 군사적 지도권을 부여했을
것이라는 추론은 개연성이 없다.

3) 다윗의 기름 부음(삼하 2:4a)

사무엘하 2장 1-3절에서 하나님에 의해 다윗의 행동 및 왕이 되는 것을
정당화시킨 후에 유다의 남자들(אַנְשֵׁי יְהוּדָה 안쉐 여후다)에 의해 다윗을
왕으로 기름부었다(אֶת־דָּוִד לְמֶלֶךְ ... וַיִּמְשְׁחוּ 봐임쉬후 ... 에트-다뷔드
러메레크)는 짧은 보도로 이어진다(삼하 2:4a).

기름을 부은 행위의 주어는 유다의 모든 남자들이다.[25] 쿠취E. Kutsch와
슈미트L. Schmidt의 견해에 따르면, 기름부음의 의미는 행위의 주체(=주어)
에 달려 있다.[26] 구약성서에서 기름부음 행위의 주어는 여러 가지로 나
온다:

① 예언자가 주어인 경우: 왕상 19:15f.; 왕하 9:3, 6, 12.
② 제사장이 주어인 경우: 왕상 1:34, 39, 45.[27]
③ 야훼가 주어인 경우: 삼하 12:7; 사 61:1; 시 45:7/히 8; 89:20/히 21.
④ 하나님이 "야훼의 기름부음"이라는 표현 속에서 주어인 경우: 삼상
   24:6/히 7(2번), 10/히 11; 26:11, 16, 23; 삼하 1:14, 16; 19:21/히
   22; 애 4:20.
⑤ 하나님이 "하나님의 기름부음"이라는 표현 속에서 주어인 경우: 삼하
   23:1.
⑥ 접미어로 나타낸 표현 "그의 기름 부음": 삼상 2:10; 12:3, 5; 16:6;
   삼하 22:51; 사 45:1; 시 2:2; 18:50/히 51; 20:6/히 7; 28:8.

Israels, 69.
25) 삼하 5:3에서는 "이스라엘의 모든 장로들"로 나온다.
26) E. Kutsch, *Salbung*, 55ff.; L. Schmidt, *Jahwes Initiative*, 175f.
27) 왕상 1:34, 45에 따르면 예언자 나단이 기름부음 행위의 주어로 참여하고 있다.

⑦ "당신의 기름 부음": 시 84:9/히 10; 89:38/히 39, 51/히 52; 132:10; 대하 6:42.

⑧ "나의 기름 부음": 삼상 2:35; 시 105:15; 132:17; 대상 16:22.

⑨ 백성이 주어인 경우: 삼하 2:4, 7(유다의 가문); 5:3(=대상 11:3); 19:10/히 11; 왕하 23:30; 삿 9:15(나무들).

⑩ 다른 제3자가 주어인 경우: 삼하 3:39; 5:17; 왕상 5:1/히 15.

⑪ 왕이 주어인 경우: 왕상 1:39.

쿠취E. Kutsch와 슈미트L. Schmidt의 견해에는 다음과 같은 문제점이 제기된다. "기름부음"의 의식이 언급된 본문이 목적으로 삼는 의도를 크게 고려하지 못했다. 어떤 사회적 집단이 그 본문 배후에 있는가에 대해 고려하지 않았다.[28] "야훼의 기름부음"(참조 ④)이라는 표현은 하나님께서 왕을 선택하시고, 세우시고 그래서 그를 보호하신다는 관점하에서 왕을 서술한 것이다.[29] 이러한 표현 양식은 야훼와 왕의 연관성을 강조하는 표현이다. 이러한 표현과 관련하여 바이저는 "이러한 표현으로 다윗 상승 사화의 저자는 어떤 정치적 관점을 나타내고자 했다"고 주장했다. 즉, 다윗 상승 사화의 저자는 야훼의 기름부음을 받은 다윗을 사울의 합법적인 후계자로 나타내고자 했다.[30]

그럼에도 불구하고 이사야 45장 1절에 나타난 후기의 증거를 경향적으

---

28) 여기에 대한 방법론적 해설을 제시한 쇼트로프의 글을 참조하시오: L. & W. Schottroff, *Kairos-Dokument*, 49-71: "사람들이 성서를 읽는 관점이 있다면 그것이 어떤 것이든 탁상에 앉아 고요하게 명상하면서 형성된 것이 아니라, 실제 삶의 현장에서 또 많은 이해관계에 연루되면서 형성된 것이다"(50). 이러한 이해를 성서 본문의 이해에도 적용할 수 있다. 우리는 성서 본문 배후의 이해 집단의 입장을 정확하게 파악해야 한다.

29) H. Schulte, *Die Entstehung der Geschichtsschreibung im Alten Israel* (BZAW 128) (Berlin/New York: Walter de Gruyter, 1972), 148f.는 다음과 같이 주장한다: "기름부음을 받은 왕은 결코 해할 수 없다는 주장은 일종의 타부로, 여기에는 '기름부음을 받은 왕을 해하는 자는 그도 죽어야 한다'는 어떤 정치적 의도가 깔려 있다."

30) A. Weiser, *Legitimation*, 327.

로 이해하지 못하고 있다. 이사야 45장 1절에서는 페르시아 왕 고레스를
야훼의 기름부음을 받은 자로 묘사하고 있다. 야훼는 고레스를 그의 직무에
받아들여 목자의 위치에 세웠다(사 44:28). 동시에 고레스는 야훼의 계획
을 실행에 옮기는 자로 나타난다(사 46:11). 이방인의 왕 고레스를 야훼의
기름부음을 받은 자로 나타낸 제2이사야의 표현에서 우리는 다음과 같은
하나님 고백과 세계 이해를 이끌어낼 수 있다: 이스라엘의 하나님 야훼는
세계의 주권자로 모든 민족을 통치하시는 하나님이시다. 그의 지배하에
놓인 모든 그의 구원의 계획을 위한 수단으로 이용할 수 있다. **따라서 "야훼의
기름부음을 받은 자"라는 표현은 그것이 놓인 문학적 컨텍스트와 그 배후에 놓인
이해관계에 따라 상이한 기능이 있음을 이해해야 한다.**

기름을 부어 왕으로 삼거나 나기드로 삼는 행위 속에서 대개는 주어의
입장이 본문의 의도로 이해될 수 있다. 어떤 자가 하나님의 위임[31])으로
또한 백성들의 동의[32])로 왕이 된다면, 이 경우 왕위 옹립에 있어서 신의
의지나 백성의 의지에 종속된다. 다시 말해 이렇게 하여 왕이 된 자는 그의
통치권을 "하나님의 의지"에 혹은 "백성들의 의지"에 따라야 한다.

이와는 달리 기름부음의 의미가 정치적으로 왕위 상승의 정당성을 목적
하는 구절들도 있다.[33]) 열왕기상 1장에서 솔로몬에게 기름을 부었다는 보
도는 역사적으로 신뢰할 만하다.[34]) 서술된 묘사들은 "솔로몬이 어떻게 왕

---

31) 이러한 의미의 증거들: 왕상 19:15, 16(2번); 왕하 9:3, 6, 12. 참조 L. Schmidt,
   Initiative Jahwes, 184f.
32) 이러한 의미의 증거들: (아마도) 왕하 23:30. 왕하 23:30은 역사적으로 신뢰할 만한
   본문으로 여겨진다. 참조 왕하 11:12. "그 때 사람들은 요아스를 왕으로 세우소 그에게
   기름을 붓고 박수치며 '왕! 만수무강, 만세' 하고 외쳤다." 여기에서 특이한 점은 진행
   과정의 순서이다: "왕이 됨-기름부음-백성의 동의". 여기에서 이미 요아스가 왕이 되었
   다면, 그 다음에 오는 기름부음의 의식은 불필요한 것이다. 아마도 신명기 사가의 개정에
   서 삽입된 후기의 추가 구절로 생각된다.
33) 삼상 16:12(삼상 16:1-13의 전체 단락이 왕권 옹호를 목적으로 하는지는 분명치 않음);
   24:6/히 7(2번), 10/히 11; 26:9, 11; 삼하 1:14, 16; 19:21/히 22. 계속되는 설명에
   대해 A. Weiser, *Legitimation*, 325-354를 참조하시오.
34) M. Noth, *Könige* (BK X/1) (Nezkitchen-Vluyn, 1968), 12; E. Kutsch, *Salbung*,

이 되었나?" 하는 점과 관련된다. 여기에서는 다윗의 왕위 계승에 대한 역사
를 아주 생생하고 집중적으로 잘 묘사해 주고 있다. 열왕기상 1-2장의 전승
이 예루살렘의 궁중 무리들에 의해 나왔다는 주장은 받아들일 만하다.[35]
다윗은 솔로몬에게 기름을 붓고 왕으로 옹립했다. 기름부음 의식은 기혼
생가에서 사독 제사장에 의해 수행되었다.[36] 기름부음 의식은 여기에서
새로운 왕이 등극하는 데 결정적으로 중요한 행위이다.[37] 그러나 백성들은
이러한 왕위 등극에 아무런 역할도 하고 있지 않다. 솔로몬은 기름부음 의식
에 의해 왕으로서의 권위와 정당성이 확보된 것으로 여겨진다.

4) 백성들의 역할

유다의 남자들의 기름부음 의식에서 백성들이나 그의 대표자들의 역할
과 관련하여 계속하여 검토하고자 한다.[38] 압살롬의 반란은 우리에게 좋은
증거를 제시해 주고 있다. 압살롬의 반란이 일어나는 동안 백성들이나 그의
대표자들의 역할은 이제까지의 연구에서 논란의 여지가 있다. 누가 이 반란
에 참여했는가에 대한 질문은 난을 평정한 후에 왕이 자비를 베푸는 장면에
서 우리는 결정적인 단서를 얻을 수 있다: 삼하 19:9bff.

다윗 왕은 오직 유다의 장로들에게 그들은 인척관계가 있음을 지적하면
서 설득한다. 그래서 아마사에게 모병부대의 군지휘권을 맡긴다. 그 밖에도
다윗은 사울의 가족들에게도 자비를 베푼다.[39] 이것을 통해 우리는 압살롬

57.
35) L. Rost, *Die Überlieferung von der Thronnachfolge Davids* (BWANT III/6)
(Stuttgart: W. Kohlhammer 1926) = ders, *Das kleine Credo und andere Studien
zum Alten Teszament*, (Heidelberg, 1965), 199-253, 127f; M. Noth, *Könige*,
12.
36) 왕상 1:45에 의하면 나단 예언자도 기름부음 의식에 참여하고 있다.
37) L. Schmidt, *Initiative Jahwes*, 179.
38) 참조 바트케의 대-유다 암픽티오니-가설은 설득력 없다. A. Bardtke, *Rolle Judas*,
1-8.
39) 이 보도는 다윗 상승 사화와 왕위 계승 사화의 저자에 의한 친다윗적 경향의 표현이다.

의 반란에 참여한 자들은 주로 유다 지역에 살고 있는 백성들이었음을 알
수 있다. 압살롬은 이스라엘이 거대한 제국으로 개편되면서 새롭게 형성된
권력층에서 소외된 유다 지역의 사람들을 주로 접촉하여 반란에 가담하도
록 했다.

압사롬의 반란에 관한 역사 서술에서 다윗이 거대한 제국을 형성할 때,
백성들이나 그 대표자들이 군사적 임무를 수행하면서, 중요한 역할을 수행
했음을 알 수 있다. 이와 함께 이들은 정치적 무대에서 중요한 역할을 수행
하기를 원했다는 점도 알 수 있다. 결과적으로 이러한 기대에 부응하지 못하
게 되자. 즉 권력을 행사하는 무대에서 소외되자 반란의 유혹을 거절하기
어렵게 된다.

사무엘상 23-27장과 30장은 유다 백성들의 또 다른 모습을 보게 된다.
유다 지역은 모든 군대들 - 사울의 군대, 다윗의 군대, 아말렉의 군대 및
블레셋의 군대 - 이 아무런 제약을 받지 않고 자유로이 출입할 수 있었다.
유다의 백성들은 이방 민족들의 군대나 도적 아르켈라오스들의 침공을 막
을 수 있는 어떠한 형태의 군조직도 가지고 있지 못했다. 이 지역에 속한
백성들이 군 소집에 부름을 받고 소집되었다는 보도를 우리는 결코 들어
보지 못했다. 사무엘상 23-30장의 역사 서술에서 백성들이 정치적 군사적
무대에서 어떤 역할을 수행했다는 것을 우리는 들어보지 못했다.

두 본문은 백성들의 역할에서 분명한 차이가 있음을 인식시켜 준다. 이러
한 차이의 근본적인 이유는 두 본문이 다윗의 정치적 발전사에 각기 다른
단계와 연관되기 때문이다. 다윗은 거대한 제국으로 발전하는 팽창 정책을
수행한다. 이를 위해 직업적인 용병 부대 외에도 유다의 지파들에서 소집되
어 온 남자들로 구성된 모병 부대도 필요로 했다. 백성들이 정부에 군사적으
로 참여함으로 정치적 역할이나 권력을 행사하는 일에도 참여할 수 있는
몫을 요구한다. 두 본문에서 백성들의 역할 차이는 이러한 사회적 발전과
변화의 차이에 기인한다. 사무엘상 23-30장의 본문은 다윗이 아직 결정적

인 정치적 발전을 전개하기 이전의 역사 서술이며, 압살롬 반란에 관한 본문
은 이미 다윗이 정치적 발전과 사회적 변화를 이룩한 뒤의 본문이다.

이상의 고찰에서 사무엘하 2장 4a절은 어떤 역사적인 정보를 제공해
주는 것이 아니라는 점을 알 수 있다. 오히려 이 구절은 정당성을 목표로
하는 정치 경향적 서술이다. 이러한 성격의 정치 경향적 서술들을 구약성서
의 다른 곳에서 계속 살펴보고자 한다.

솔로몬이 왕이 될 때에도 백성들이 참여하고 있다. 이 경우 백성들의
역할은 다만 환호와 동의Akklamation에 제한된다.40) 기름부음 의식이 거행
된 다음 백성들의 반응을 열왕기상 1장 39b-40절에서 보여주고 있다: "전
백성들은 '솔로몬 왕 만세' 하고 외치며, 전 백성들은 그를 뒤따라 올라왔다.
그 때 백성들은 피리를 불며 크게 환호하며 즐거워했다…." 여기에서는 전
체 백성이 두 번 참여한 것으로 언급한다. 새롭게 탄생하는 왕에게 이들은
모두 충성을 맹세했다. 백성들의 활동에 대한 이러한 묘사는 정치 경향성을
지닌 서술임을 분명히 알 수 있다. 이 역사 서술의 저자는 솔로몬이 왕위에
오르도록 결정한 다윗의 명령을 전체 백성이 받아들였으며, 동시에 솔로몬
을 새로운 왕으로 등극하는 일에 환호하며 동의했음을 보여주고 있다. 여기
에서 우리는 백성들이 어떤 정치적 역할을 하는 행동을 보게 되는 것이 아니
라, 다윗 왕의 정치적 결정을 정당화해 주는 문학적 서술을 보고 있을 뿐이
다.41) 백성들의 반응의 묘사를 통해 다윗 왕위 계승 사화의 저자는 솔로몬
이 왕이 되는 것을 정당화해 주고 있다. 이처럼 백성들이 동의하는 모습을
통해 정치적 정당화를 목적으로 하는 묘사는 신에 의해 정당성이 부여되는

40) E. Kutsch, "Wie David König wurde, Beobachtungen zu 2 Sam 2, 4a und 5, 3," A. H. J. Gunneweg/O. Kaiser(Hg.), Textgemäß. Aufsätze und Beiträge zur Herneneutik des Alten Testament, FS für E. Würthwein (Göttingen: Vandenhoeck & Ruprecht, 1979), 114; M. Noth, Könige, 26. "백성들은 왕의 기름부음의 의식을 감동적으로 바라다보고만 있다…."

41) E. Würthwein, Die Bücher der Könige: 1Kön 1-16 (ATD 11/1) (Göttingen: Vandenhoeck & Ruprecht, 1977), 18.

묘사와 함께 다윗 상승 사화와 다윗 왕위 계승 사화의 본질을 이루는 결정적인 요소들이다. 이러한 경향은 백성들이 다윗을 사랑하는 모습을 담은 구절에서도 볼 수 있다.[42]

이러한 정당화의 경향은 압살롬의 반란에서 다윗이 망명가는 상황을 묘사할 때도 나타난다.[43] 이 서술에서 전체 백성은 망명가는 다윗을 뒤따른다고 묘사되어 있다. 이러한 묘사는 반역하는 무리와는 달리 다윗과 어떤 이해관계에 연루되어 있지 않은 사람들까지 그들의 주인을 따르고 있음을 보여주는 정치적 경향성을 띠는 묘사다.[44]

사무엘하 16장 17절은 우리에게 정당화의 경향에 대해 매우 설득력 있는 완전한 표현을 제공해 준다: 왕은 야훼 하나님에게서뿐 아니라, 백성들에게서 선택된 자(=사랑받는 자)다. 하나님의 선택(=지명)Gottes Designation과 백성들의 동의Volkes Akklamation는 다윗 상승 사화와 다윗 왕위 계승 사화에서 목적으로 하는 정당화의 중요한 두 요소로서 여기에서 완전하게 결합되어 나온다.

이러한 정당화의 경향은 압살롬의 반란에서 다윗이 돌아오는 상황의 묘사에서도 나타난다. 사무엘하 19장 9b-11절에서는 전체 지파에서 나온 백성들이 다윗을 다시금 보좌 위로 모셨다고 묘사한다.[45]

이상의 고찰에서 다음과 같은 정치-신학적 결론을 이끌어낼 수 있다: "신이 지명하고 백성들이 동의한 자는 왕으로 오를 수 있다."

끝으로 다윗 권력을 형성시켜 나가는 과정을 살펴보고자 한다. 다윗은 사울과 결별 이후에 유다에서 소규모의 하층민들 군대를 조직했다. 이것이

---

42) 삼상 18:5ff., 16.
43) 삼하 15:17, 23, 30; 16:6, 14.
44) 반대 H. W. Hertzberg, *Samuelbücher*, 281. 그는 다윗을 따른 모든 백성을 다윗의 전체 군대로 잘못 해석했다.
45) 반대 F. Stolz, *Samuel*, 271. 그는 여기에서 정당화의 경향을 간과하고 참여한 자들은 북지파에서 온 자들로 잘못 해석했다.

그의 권력 형성의 첫걸음이었다.46) 다윗은 갓의 아기쉬의 블레셋 봉신으로 들어감으로 그의 권력 형성의 길에 한 걸음 더 나아가게 되었다. 왜냐하면 다윗이 시글락을 그의 통치 지역으로 부여받음으로 왕국 형성을 위한 최초의 작은 기초를 마련했기 때문이다.47)

사울이 블레셋과의 전투에서 패배한 후에 다윗은 북동 지역으로 권력을 확장할 수 있는 절호의 기회를 갖게 되었다. 왜냐하면 북왕국 이스라엘은 더 이상 남유다 지역에 영향력을 행사할 여력이 없기 때문이다.

사무엘하 2장 4a에 대한 계속되는 연구에서 "사무엘하 2장 4a절은 역사적인 보도가 아니라, 다윗 상승 사화의 문맥 속에 담긴 정치지적 경향성을 담은 서술이라는 주장이 확증된다. 바인엘H. Weinel은 2장 4a절의 기름부음 전승에는 정당화의 경향을 지니고 있다고 믿었다.48) 그뢴벡J. H. Grönbaek은 2장 1-4a절의 단락은 다윗 상승 사화의 저자에 의해 형성되었다고 보았다. 따라서 다윗 상승 사화의 본질적인 특징이 이 서술에는 나타나 있다. 이 서술에 묘사된 모든 사건은 하나님의 뜻이 반영되어 있으며, 사울이 죽고 난 뒤에 북왕국에는 보좌가 비어 있어, 이것은 다윗에게 기름을 부어 왕으로 삼을 수 있는 전제가 됨을 보여준다. 이러한 경향은 다윗에게 기름을 부어 유다의 왕이 되어 그의 정치적 행보의 중요한 걸음을 내디뎠을 때 좀 더 분명하게 나타난다.49) 2장 4a절의 문학적 목적은 다윗이 하나님의 의지에 따라 헤브론으로 올라갔으며, 유다의 남자들에 의해 왕으로 동의되었음을 보여주는 데 있다고 볼 수 있다.50)

---

46) A. Alt, *Staatenbildung*, 39; A. H. J. Gunneweg, *Geschichte Israels*, 67-77.

47) A. Alt, *Staatenbildung*, 39.

48) H. Weinel, "משח und seine Derivate," *ZAW 18* (1898), 1-82, 22. "다윗이 왕위에 오르는 것에 대해 어떤 이의를 제기하는 자들에게는 다윗에게 왕으로서의 존엄을 느끼게 하는 의식이 필요했을 것이다."

49) J. H. Grönbaek, *Aufstieg Davids*, 223. 계속하여 R. Rendtorff, *Aufstieg Davids*, 435.

50) F. Stolz, *Samuel*, 190.

이상의 고찰에서 알트의 테제 "하나님의 지명과 백성의 동의"는 사사시대의 정치 신학 사상이 아니라, 다윗 상승 사화와 왕위 계승 사화의 저자에 의해 그 시대의 정치적 사건들을 정당화하려는 의도에서 형성된 정치 신학 사상이다.

제11장
다윗 왕위 상승 사화에
나타난 왕의 계약
- 사무엘하 5:1-3 -

I. 문제 제기

다윗이 어떻게 북지파 이스라엘의 왕이 될 수 있었는가 하는 질문과 관련
하여, 대부분의 역사학자들은 사무엘하 5장 1-3절에서 역사적인 과정을
제시한다고 생각한다. 북지파들의 대표들(장로들)과 다윗이 계약을 맺으
므로, 두 나라가 통합Personalunion되었다는 것이다. 이와 같은 역사 이해가
타당한가 하는 점을 여기에서 검토하고자 한다.

신명기는 백성들의 왕 선택권을 강하게 주장한다. 동시에 왕의 법을 통해
왕의 권한을 근본적으로 제한할 것을 주장한다. 이와 유사한 사상으로 신명
기 사상의 특성을 드러내고 있는 부분은 왕과 백성들 사이에 맺은 계약 사상
이다. 실제 왕의 법도 왕이 백성들과 계약을 맺음으로 현실화될 수 있었다.

왕의 계약은 구약 성서에 3군데 나온다: 삼하 5:3, 왕하 11:17, 왕하
23:1-3. 이 가운데 다윗 왕위 상승 사화에 나타난 왕의 계약 사상을 살펴보
고자 한다.

II. 부록 I: 본문 번역

^{1a}온 이스라엘 지파가 헤브론으로 다윗을 찾아가서, ^{1bα}다음과 같이 말했다: ^{1bβ}"보십시오, 우리는 당신의 뼈이며, 살입니다. ^{2aα}이전에 사울이 우리의 왕이었을 때도, 이스라엘을 이끌고 출전했던 자도 당신이었습니다. ^{2bα}또 야훼께서 당신에게 말씀하셨습니다: ^{2bβ}'너는 내 백성 이스라엘에게 꼴을 먹이게 될 것이며, ^{2bγ}또 이스라엘의 통치자(나기드)가 될 것이다'" ^{3aα}온 이스라엘의 장로들이 헤브론으로 다윗을 찾아가서, ^{3aβ}다윗 왕은 헤브론에서 그들을 위해 야훼 앞에서 계약을 맺었다. ^{3b}또 그들은 다윗을 이스라엘의 왕으로 기름을 부었다.

III. 주석 단위의 결정

사무엘하 5장 1-3절은 다윗이 북 지파들의 왕으로 오를 때 계약을 맺고 왕이 됐음을 언급하고 있다. 이 절들은 다윗 왕위 상승 사화의 한 부분에 속해 있다.

상세히 주석을 하기에 앞서 주석 단위를 결정하고자 한다. 이것은 다음과 같은 질문을 통해 결정된다: 이 주석 단위는 어디에서 시작하여 어디에서 끝나는가?

사무엘하 4장은 이스보셋의 살해를 보도하며, 5장은 새로운 주제에 대해 언급한다. 즉 다윗이 온 이스라엘의 왕이 되는 사건을 보도한다. 그러나 끝나는 점은 다소 모호하다. 사무엘하 5장 10절에서는 사무엘상 18장에 담고 있는 다윗에 대한 신학적 해석 부분(특히 삼상 18:14)을 다시 반복하고 있다. 이와 같은 신학적 해석을 종결 구절로 볼 수 있으므로, 5장 1-10절을 주석 단위로 보아야 한다.¹⁾ 그러나 5장 10절에서 다윗 상승 사화가 끝나는가 하는 점은 분명치 않다.[2] 5장 12절은 약간 변형된 형태로 5장 10절을 다시 수용Wiederaufnahme하고 있다. 이것은 역사적으로 신뢰할 만한 보도를 담고 있는 5장 11절을 후에 삽입함으로써 재수용하게 된 것이다.

사무엘하 5장 4-5절은 다윗에 대한 신명기 사가의 연대기적 보도로 보아야 한다.[3] 이 보도의 삽입으로 이 단락은 5장 1-3절과 6-10절로 양분되었다. 이는 아마도 신명기 사가가 다윗이 온 이스라엘의 왕이 되는 것(삼하 5:1-3)을 그의 역사에 제2막의 시작으로 보았기 때문이다. 어쨌든 5장 1-12절은 다양한 보도들이 함께 조합eine Komposition되어 있으며,[4] 5장 1-3절은 조합된 부분들의 한 구성 요소로 포함 되어 있다. 따라서 주석을 이 구절들에 제한하고자 한다.

IV. 문제의 제기와 문헌비평의 분석

이 본문을 주석함에 있어서 다음과 같은 질문들에 해답을 찾고자 한다.

첫째, 이 본문은 통일적einheitlich인가, 혹은 개정Bearbeitung된 본문인가? 라는 질문을 제기하며, 만약 개정된 본문이라면, 왕의 계약은 어떤 층에 속하는가 하는 질문을 하고자 한다.

둘째, 왕의 계약의 의미를 문맥을 통해 밝히고자 한다. 이 부분은 비록 세 구절로 이루어져 있지만 확실히 반복되고 있다. 사람들이 다윗을 두 번

---

1) R. Rendtorff, *Aufstieg Davids*, 424-439, 437; F. Stolz, *Samuel*, 207.
2) 다윗 왕권은 예루살렘에서 완성에 이르렀다. 즉, 상승 사화의 목적에 도달했다고 보는 이도 있다. R. Rendtorff, *Aufstieg Davids*, 435; F. Stoiz, *Ibid.*, 207. 그러나 이와는 달리 다윗 상승 사화가 삼하 7장에서 끝난다고 본 이도 있다. F. Mildenberger, *Saul- und Davidüberlieferung*, 120, 151, 194ff.; A. Weiser, *Legitimation*, 342ff.
3) M. Noth, *ÜGS*, 63; R. Rendtorff, *Aufstieg Davids*, 435; J. H. Grönbaek, *Aufstieg Davids*, 248.
4) R. Rendtorff, *Aufstieg Davids*, 436; J. H. Grönbaek, *Aufstieg Davids*, 246-258.

찾았다. 사무엘하 5장 1절에서 이스라엘의 온 지파들(כָּל־שִׁבְטֵי יִשְׂרָאֵל 콜-쉬브테 이스라엘)이 헤브론에 있는 다윗(אֶל־דָּוִד 엘-다뷔다)을 찾아 가며, 3절에서는 모든 이스라엘 장로들(כָּל־זִקְנֵי יִשְׂרָאֵל 콜-찌크네 이스라엘)이 다윗 왕(אֶל־הַמֶּלֶךְ 엘-하멜레크)을 찾아갔다. 이 문제점을 해결하기 위해 이제까지 여러 가지 견해들이 피력되었다. 사무엘하 5장 3절이 오래된 것이며, 5장 1-2절이 후기의 것이라고 보는 이도 있고,[5] 이와는 달리 두 개의 사건으로,[6] 두 개의 다른 시각으로 이해하는 이들도 있다.[7] 이 부분에 담겨 있는 모든 요소들을 문헌비평적으로 또 역사적으로 검토해 보면 이들 해결책들은 모두 문제가 있음을 알 수 있다.

본문은 다윗이 북 지파들의 왕이 되는 데 몇 가지 견해를 들어, 그 근거를 정당화Legitimation시키고 있다. 또한 왕이 되는 방식도 두 가지의 입장을 담고 있다. 여기에서 유의해야 할 점으로 이 모든 요소들은 다윗이 이스라엘의 왕이 되는 것을 정당화해 주는 이데올로기적 성격을 지니고 있다는 것을 간과해서는 안 된다.

V. 다윗 상승 사화 내에서 사무엘하 5장 1-3절의 위치와 배열

다윗이 북 지파들의 왕이 되는 보도(삼하 5:1-3)는 아브넬의 죽음의

---

5) E. Kutsch, "Wie David König wurde," 75-93; Ders, "Die Dynastie von Gottes Gnaden, Probleme der Nathanweissagung in 2 Sam 7," (1961), U. Struppe (Hg.) (Stuttgart, 1989), 107-126; J. H. Grönbaek, *Aufstieg Davids*, 246-251; O. Eiß-feldt, *Komposition der Samuelisbücher* (Leipzig, 1931), 28. 등이다. Eißfeldt는 1a절 외에도 3aα도 이차적인 부가물로 보았다. 다른 한편 E. Würthwein, *Die Bücher der Könige*, 156, 각주 10에서 "3절은 짧고 신학적 반성이 없는 구절이기 때문에 본래적이다"고 했다.

6) H. W. Hertzberg, *Samuelbücher*, 218.

7) F. Stolz, *Samuel*, 218.

보도(삼하 3장)와 이스보셋의 죽음의 보도(삼하 4장) 이후에 나온다. 이러한 배열은 다윗이 사울 가문의 살해에 가담했다는 혐의를 제거하려 했다는 점을 보게 된다.

VI. 본문 분석

1. 온 이스라엘 지파들(삼하 5:1a)

사무엘하 5장 1a절에서는 온 이스라엘 지파들이 헤브론에 있는 다윗을 찾아가서 '우리는 당신의 살이며 피입니다'고 말했다고 보도한다. 1-2절에서는 다윗이 북 지파들의 왕이 되는 데 여러 가지 이유를 들어 정당화한다. 먼저 온 이스라엘 지파들이 다윗을 찾아와 왕이 될 것을 청했다고 한다. 여기에서 나타난 온 이스라엘 지파들이라는 표현과 1-3절까지 다섯 번 언급되는 이스라엘이라는 표현은 이중적인 의미가 있다. 한편으로 북 지파들을 의미하며, 또 다른 한편으로 전 이스라엘 지파들을 의미한다.[8] 이와 같이 혼용하여 사용된 이유는 다윗 상승 사화와 왕위 계승 사화의 저자가 전체 이스라엘이라는 개념으로 다윗 제국을 서술하기를 원했기 때문이다. 여기에는 유다와 협의의 이스라엘 주민들의 모든 요소들을 다윗의 통치하에 통합하려는 다윗 정책이 반영되어 있음을 엿볼 수 있다. 이처럼 혼용하여 사용된 표현을 담고 있는 다윗 상승 사화와 왕위 계승 사화의 형성은 다윗이 사울 제국을 합병한 연후의 시간대에야 가능하다.

---

8) 삼하 19, 10 참조. J. H. Grönbaek, *Aufstieg Davids*, 246f.

2. 인적 관계(삼하 5:1b)

이 본문은 계속하여 북 지파 이스라엘 사람들과 다윗은 인적 관계가 있음을 언급하고 있다(삼하 5:1b 우리는 당신의 살이며 피입니다.9)) 이전부터 특히 사사시대에 인적 관계는 위기에 처한 사람들 – 특히 예를 들어 전쟁이 났을 때 – 도움을 청하는 좋은 이유가 된다. 물론 구약성서에서는 이 점을 사사기 5장에서 암시적으로 나타내고 있기는 하나 특별히 강조하여 보도하고 있지는 않다. 민족의식이 강하게 작용하고 있을 때에는 인적 관계는 더욱 강조될 수 있다. 다윗의 지배하에 통합된 제국에서는 제국 내의 모든 주민들은 한 민족이라는 의식을 특별히 강조했음을 볼 수 있다(삼하 19:13). 전체 민족 이스라엘을 광의적인 의미에서 인적 관계가 있다고 표현하는 견해 속에는 당시의 역사적이며 정치적인 상황이 반영되어 있다: 통합 국가로서의 정치적 현실에서 단일 민족이라는 주장은 제국 내의 각 주민들을 통합하려는 정치적 노력의 산물이다.

온 이스라엘 지파들이 헤브론에 있는 다윗을 찾아갔다는 표현과 그들이 다윗과 인적 관계가 있다는 주장의 의도는 전체 상승 사화의 맥락에서 볼 때, 분명하게 이해될 수 있다. 상승 사화의 저자는 다윗이 북 지파들의 왕이 된 것은 북 지파 주민 전체의 동의에 의해 되었음을 주장한다. 이로써 다윗의 왕위 계승을 정당화하고 있다. 또한 민족의식에 근거한 통합의 원리를 저자는 북 지파들에 대한 다윗 왕권을 정당화하는 원리로 역이용했다.

3. 지속적인 군사적 긴장상황과 다윗의 승리(삼하 5:2a)

본문은 계속하여 다윗의 왕위를 정당화하고 있다. 지속적인 군사적 긴장

---

9) 같은 표현이 구약의 다른 곳에도 나온다. 창 29:14; 삿 9:2; 삼하 19:13.

상황과 그의 승리에 대한 보도는 그의 왕위를 가장 잘 합리화해 주고 있는
요소들이다. 사무엘하 5장 2a절의 기저에 놓여 있는 저자의 의도는 분명하
다. 군사적 성공을 거둔 자(여기에서는 다윗)를 왕으로 삼아야 한다는 이데
올로기적 주장이다. 이러한 정치적 이데올로기적 경향은 사울이 왕이 될
때에도 나타났다(삼상 11장).10) 이러한 경향은 우리 시대에서도 통용되는
논리다.11)

4. 나기드(נָגִיד 지명된 자) 칭호(삼하 5:2b)

사무엘하 5장 2b절에서는 북 지파들에 대한 다윗의 왕위 상승을 야훼의
약속과 결부해 정당화한다. 이 야훼의 약속은 상승 사화의 여러 곳에서 볼
수 있으며(삼상 25:30; 삼하 6:21; 7:8), 상승 사화의 저자 손길과 의도를
드러내고 있다.12)

다윗에게 내려진 하나님의 약속은 두 가지 내용을 담고 있다. 첫째는
다윗이 이스라엘의 목자가 된다는 것이고, 둘째는 다윗이 이스라엘의 나기
드가 된다는 것이다.

1) 나기드 칭호의 양식(Formel)

나기드 칭호의 양식을 살펴보고자 한다. 특이한 것은 '어떤 이가 나기드
가 된다'라는 문장은 일정한 형태의 양식을 이루고 있다는 것이다. 물론
이 양식에는 여러 가지의 변형된 양식들Variationen이 있으며, 또 다양한 문맥

---

10) 보다 상세한 논의는 Han, Dong-Gu, Frankfurt - Diss. 1993. 92f와 삼상 8장 20절과
   관련하여 57f.를 참조하라.
11) 미국의 루즈벨트 대통령은 전쟁에서 승리함으로써 4선 대통령이 되었다.
12) A. Weiser, *Legitimation*, 336ff.; E. Kutsch, *Dynastie*, 114; L. Schmitt, *Mensch-
   licher Erfolg und jahwes Initiative. Studien zu Tradition. Interpretation und
   Historie in überlieferungen von Gideon, Saul und David* (WMANT 38)
   (Neukirchen-Vluyn: Neukirchener Verlag, 1970), 120-140.

속에서 사용되었다.13) 이 양식과 관련하여, 리히터W. Richter는 중요한 점을 지적했다. 이 양식의 모든 요소들 - 주어, 동사, 목적어 - 은 개별 전승의 역사적 가치를 판단하는 데 중요하다고 했다.14) 물론 그의 주장의 구체적인 세부 사항에 있어서는 몇 가지 문제점들을 보여주고 있기에, 다시 이 양식을 면밀히 검토하고자 한다.

주어로는 '야훼'가 가장 많이 등장하고, 단 한 곳에서만 '다윗'의 주어로 등장한다(왕상 1:35). 리히터는 신적 주어das göttliche Subjekt가 이 양식의 본래적인 구성요소이며 인간적 주어das menschliche Subjekt는 예외적인 현상이라고 판단했다.15) 그러나 이러한 판단에는 다음과 같은 문제들이 있다. 그것은 종교적으로 확고하게 된 양식이 세속적이며 정치적인 표현으로 대체될 수 없다는 점이다.16) 따라서 신적 주어와 인간적 주어 모두 양식의 본래적인 구성요소가 될 수 있다고 보아야 한다.

목적어의 경우, 변형된 형태가 거의 없다. 다윗 상승 사화와 왕위 계승 사화에서 세 번에 걸쳐 중성적인 개념인 '이스라엘'이 목적어로 나온다.17)

---

13) 나기드 양식에 대한 연구 문헌: E. Lipnski, "Nigid, der Kronprinz," *VT* 24 (1974), 497-499; G. Ch. Macholz, "Nagid - der Stadthalter, 'praefectus'," *CBAT* 1 (1975), 59-72; V. Fritz, "Die Deutungen des Königtums Sauls in den Überlieferungen von seiner Entstehung 1 Sam 9-11," *ZAW* 88 (1976), 346-362; T. N. D. Mettinger, *King and Messiah*, 151-184; T. Veijola, *Dynastie*, 52, 129, 139, 141; Ders, *Königtum*, 73ff.; R. A. Carlson, *David, the chosen King. A Traditio - Historical Approach to the Second Book of Samuel*, Transl. by E. J. Sharpe and S. Rudman (Stockolm, 1964), 52ff.; S. Herrmann, *Geschichte*, 178; U. Rüterswörden, *Die Beamten der israelitischen Königszeit. Eine Studie zur ‫נער‬ und vergleichbaren Begriffen* (BWANT 117) (Stuttgart: W. Kohlhammer, 1985), 102-105.
14) W. Richter, "Kleinere Beiträge. Die nagid - Formel. Ein Beitrag zur Erhellung des nagid - Problems," *BZ* 9 (1965), 71-84.
15) W. Richter, *Die nagid - Formel*, 77.
16) 참조 E. Lipinski, "Nagid, der Kronprinz," *VT* 24 (1974), 497-499. 그는 솔로몬이 최초의 나기드였다고 보았다.
17) 삼상 25:30; 삼하 5:2; 왕상 1:35.

그 밖의 모든 경우 신학적인 개념ein theologischer reflekterter Begriff인 '야훼의 백성Jahwes Volk'이 목적어로 나온다. 어떤 것이 양식의 본래적인 구성요소인 가라는 질문은 주어에서 적용되었던 판단이 여기에도 적용되어야 한다. 중성적 개념인 이스라엘이 후기에 압축된 이차적 개념이 아니라, 오히려 본래적 구성요소이며, 반면 신학적 개념인 야훼의 백성이 이차적으로 변형 되었다고 보아야 한다.18) 그럼에도 불구하고 이 신학적 개념인 다윗 상승 사화와 왕위 계승 사화에 확고히 자리를 잡았다는 점도 배제할 수 없다.19)

위의 관찰에서 다음과 같은 결론에 도달한다. 나기드 양식은 비교적 느슨 한 형태로 이루어져 있다. 따라서 개별 전승 속에 담겨져 있는 이 양식의 역사적인 가치는 다양하게 판단되어야 한다. 특별히 이 양식이 담겨져 있는 문맥으로부터 판단되어야 한다.

2) 나기드 양식의 역사

이러한 결론을 토대로 나기드 양식에 담겨져 있는 몇몇 구절들을 역사적 으로 고찰하고자 한다. 이 양식은 국가 형성 이전의 성서 본문에는 나오지 않는다. 따라서 나기드 칭호는 국가 형성 이전 시대의 어떤 직책을 표현하는 것으로는 이해될 수 없다. 나기드 칭호는 왕조 시대에 형성된 것으로 보아야 한다. 이 칭호는 신으로부터 선언된 자 또는 지명된 자를 의미한다.20)

이 칭호가 다윗 이전의 전승, 즉 사울과 관련하여 두 번 언급되었다(삼상 9:16; 10:1).21) 여기에 사용된 칭호는 야훼의 절대적 주권을 나타내기 위 해22) 사용되었으며 그 삶의 자리가 예언자 운동, 아마도 예언자적 재야

---

18) 반대 W. Richter, *Die nagid - Formel*, 77.
19) N. Lohfink, "Beobachtungen zur Geschichte des Ausdruks 'Am JHWH," H. W. Wolff(Hg), *Probleme biblischer Theologie*, FS für G. von Rad (München: Chr. Kaiser Verlag, 1971), 275-305, 284.
20) A. Alt, *Staatenbildung*, 23 Anm. 2.
21) 이 두 구절은 전승사적으로 오히려 삼하 5:2을 의존한다.
22) 반대 W. Richer, *Die nagid - Formel*, 78ff.; ferner L. Schmidt, *Initiative Jahwes*,

운동에 있음을 보게 된다. 따라서 이 두 전승은 후기에 형성된 산물로서, 실제 사울에게 사용된 역사적 전승으로 보기 어렵다.

역사적으로 신뢰할 만한 전승들은 다윗 상승 사화와 왕위 계승 사화에서 5번 언급되었다(삼상 13:14; 25:30; 삼하 5:2; 6:21; 7:8). 저자는 정치적 목적을 위해 - 다윗이 전체 이스라엘의 왕이 되는 것을 정당화해 주며, 솔로몬의 왕위 계승에 있어서 제국의 분열을 막기 위해 - 나기드 칭호를 여러 사람의 입을 빌려 사용했다. 그들은 다윗과 솔로몬을 야훼로부터 지명된 왕으로 권위를 부여하고자 했다.

이 중 두 번은 신명기 사가의 문맥에 나온다(삼상 13:14; 삼하 7:8). 사무엘상 13장 7-15절에서는 잘못을 지적하는 예언자적 신명기 사가의 정신을 분명히 볼 수 있다. 즉, 그 내용은 하나님의 명령에 대한 불순종이 자신(사울)에게 저주를 가져왔다는 점이다.[23]

사무엘하 7장 8절에서는 의심할 바 없이 다윗 왕위 계승 사화에 흔히 나타나는 정당화Legitimation의 문제를 다루고 있다. 나기드 양식도 본래의 목적을 위해 사용되었다. 즉, 다윗을 하나님에 의해 지명된 자라 칭한 것은 왕위 계승 사화에서 나타나는 정당화의 목적을 위해 사용되었다[24] 그러나 이 구절은 신명기 사가에 의해 개정된 문맥 속에 나온다. 즉, 신명기 사가는 예언자적 신명기 사가적 쉐마를 이용하여 솔로몬의 왕권을 하나님의 왕권이라는 견해를 상대화시켰다(삼하 7:14b-15).[25] 신명기 사가는 다윗의 이전 직업이 목자였다는 사실을 언급하고, 또 하나님의 위대한 행동들을

141-171.

23) 참조 F. Stolz, *Samuel*, 85f.

24) 반대 L. Schmidt, *Initiative Jahwes*, 120-140, 146-159.

25) 참조 L. Rost, *Die Überlieferung von der Thronnachfolge Davids*, 199-253. 그는 삼하 7장의 형성 과정을 다음과 같이 보았다. 즉, 초기 전승을 함께 묶어 놓은 기본층은 1-7, 11b, 13a, 16, 18-21, 21-24, 25-29절로 보았으며, 이 기본층이 신명기 사가에 의해 개정되었다. 특히 8-17절이 확대되었다. 이러한 견해를 M. Noth, *ÜGS*, 106도 동의했다.

열거함으로, 하나님께 지명된 자라는 다윗의 존엄한 칭호와 그들이 현재
누리는 평화로운 시절이 하나님의 주도권에 의해 이룩된 것으로 돌렸다.
동시에 이스라엘은 다가오는 미래에 안정을 누릴 것인가 하는 점도 그들이
하나님께 순종하는가 하는 점에 달려 있음을 상기시켰다.26)

사무엘상 13장 14절에서는 신명기 사가의 쉬마와 결부되면서 사무엘하
7장 8절에서는 하나님에 의해 지명된 자라는 현재의 모습과 인간적으로는
천한 직업에 종사했다는 과거의 모습을 서로 대비시킴으로써 신명기 사가
는 나기드 칭호의 본래의 목적과 의도를 변경시켰다. 즉, 하나님께 지명된
자라는 존엄한 칭호에 나타난 정당성의 경향은 퇴색되고, 역사에 대한 하나
님의 주도권이 전면에 부각되었다.

또 다른 두 전승(삼상 25:30; 삼하 6:21)은 다윗 상승 사화의 문맥에
잘 들어맞는다. 나발-아비가일 이야기(삼상 25장)에서는 다윗 상승 사화
의 한 특징인 변증적 성격을 보게 된다.27) 야훼의 약속으로 말미암아 이
이야기의 저자는 다윗의 과거 경력 - 도적 아르켈라오스와 같은 활동 -
을 감추고자 했으며, 그 당시에 시행되었던 조세제도를 정당화하고자 했
다.28) 정당화의 경향은 법궤 이야기(삼하 6장)의 말미에서도 분명히 볼
수 있다. 저자는 다윗의 벗은 모습을 하나님 앞에서의 낮추심으로 해석함으
로써 다윗의 경건성을 드러내 보이고자 했다. 이로써 사울의 버림당함과
다윗이 나기드로 선택된 것을 정당화하고자 했다.

사무엘하 5장 2절의 전승은 결정적인 자리에 위치하고 있다. 다윗이 전체
이스라엘의 왕이 되는 것을 신의 지명Designation으로 정당화하고 있다.29)

---

26) 이 문맥의 시제 'W - Perfekt와 Imperfekt'를 과거시제로 번역한 것은 잘못된 번역이다.
    반대 L. Schmidt, *Initiative Jahwes*, 147f.; F. Stolz, *Samuel*, 218f.

27) A. Weiser, *Legitimation*, 337.

28) F. Crüsemann, *Der Widerstand gegen das Königstum*, 138ff.

29) A. Weiser, *Legitimation*, 338f. 이와는 달리 L. Schmidt, *Initiative Jahwes*, 125는
    삼하 5:2b이 삼하 7장을 의존한다고 잘못 보았다.

여기에서 나기드 칭호는 (신으로부터) 지명된 왕으로 이해된다. 이러한 이해는 열왕기상 1장 35절의 경우에도 적용된다.

위의 고찰을 통해 다음과 같은 결론을 얻게 된다. 나기드 칭호는 다윗 상승 사화와 왕위 계승 사화의 저자에 의해 사용되었으며, 이 칭호는 다윗이 전체 이스라엘의 왕이 되는 것을 신의 권위를 빌려 정당화하기 위해 사용되었다.

이 칭호는 예언자들의 무리들에게도 전승되어 계속 사용되었다. 물론 예언자들은 다윗 상승 사화와 왕위 계승 사화의 저자와는 달리, 자신들의 종교적 의도와 경향에 따라 달리 해석하여 사용했다.[30]

5. 백성의 목자로서의 왕 칭호(삼하 5:2)

이제 하나님의 약속의 첫 번째 부분 '너는 내 백성 이스라엘을 방목하리라(רָעָה 라아)'를 다루고자 한다. 여기에서 방목하다(רָעָה 라아) 동사는 '지배하다', '통치하다'라는 뜻으로 전이되어 사용되었다. '왕은 백성의 목자다'라는 모티브는 고대 동양에서 일반적으로 널리 유포되어 상용되었다.[31]

---

30) W. Richter, *Die nagid - Formal*, 83.
31) 이 사상과 관련된 연구사적 문헌: M. -J. Seux, *Epithetes royales akkadiennes et sumeriennes* (Paris, 1967), 244-250, 441-446; J. Seibert, *Hirt - Herde König. Zur Herausbildung des Königtums in Mesopotamien* (Berlin, 1969); I. Engnell, *Srudies in Divine Kingship in the Ancient Near East* (Uppsala, 1943), 12ff., 37f.; L. Dürr, *Ursprung and Ausbau der israelitisch - jüdischen Heilslandserwartung. Ein Beitrag Zur Theologie des Alten Testamentes* (Berlin, 1925), 116-124; V. Hamp, *Das Hirtenmotiv im Alten Testament* (Faulhaber - Festschrift, 1949), 7-20; W. Beyerlin, *Religionsgeschichtliches Textbuch* (ATDE 1) 53-54, 131; J. Jeremias, Art., *ThWNT* VI (1959), 484-487; K.-H. Bernhardt, *Das Problem der altorientalischen Königsideologie im Alten Testament. Unter besonderer Berücksichtigung der Geschichte der Psalmenexegese dargestellt und in kritisch gewürdigt* (VTS 8) (Leiden, 1961), 67-69, 84; Ferner W. Zimmerli, *Ezechiel* (BK XIII) (Neukirchen-Vluyn: Neukirchener Verlag, 1969), 834ff.; A. Hermanm, *Die ägyptische Königsnovelle* (Leipziger ägyptologische Studien

백성의 목자라는 왕 칭호는 의심할 바 없이 통치 이데올로기와 관련되었다.32)

다른 한편 예레미아스Jeremias는 이 칭호가 고대 동양의 궁중양식Hofstil에서 사용된 경우와 구약성서에서 사용된 경우의 차이점을 밝혀 주고 있다.33) 목자로서의 왕 칭호는 다윗 가문에서 나오는 미래의 메시아라는 표현으로, 포로기 혹은 포로 후기에 나타났다고 한다(사 9:6-7/히 5-6; 렘 23:5f.; 30:9f.; 겔 34:23f.; 호 3:5; 슥 3:8; 6:12).34)

이와 함께 우리는 다음과 같은 어려운 문제에 직면하게 된다. 사무엘하 5장 2절의 경우는 통치 이데올로기의 성격을 띠는 것인지, 아니면 메시아적 희망을 강조하기 위해 시도된 역사화인지를 판단해야 한다. 언어상의 특징으로 비추어 볼 때, 여기에서 사용된 칭호는 고대 동양의 통치 이데올로기와 분명히 관련이 있다고 보아야 한다. 그러나 이 본문을 통해 포로기와 포로 후기에 제기되었던 통치 방식에 대한 반성과 메시아적 희망을 이끌어낼 수도 있다.

6. 다윗이 이스라엘 장로들과 맺은 계약(삼하 5:3)

1) 계약 체결 양식 분석

다윗이 이스라엘의 왕으로 기름부음을 받기 전에, 그를 찾아 헤브론으로 온 이스라엘의 장로들과 계약을 체결했다. 이 계약은 대체 무엇을 의미하는

---

10) (Glückstadt, 1938); S. Herrmann, "Die Königsnovelle in Ägypten und Israel. Ein Beitrag zur Gattungsgeschichte in den Geschichtsbüchern des Alten Testaments," FS für A. Alt (Wz Leipzig 3) (Leipzig, 1953/54), 51-62 = ders, *Gesammelte Studien zur Geschichte und Theologie des Alten Testaments* (ThB 75) (München: Chr. Kaiser Verlag, 1986), 120-138.

32) I. Engnell, *Divine Kingship*, 12f., 37.

33) J. Jeremias Art, ποιμήν, *ThWNT* VI, 487.

34) 이 귀절에 대한 설명은 W. Zimmerli, *Ezechiel*, 842f.를 참조하라.

가? 쿠쉬Kutsch는 이 표현 양식Formel의 의미를 정확히 제시했다. 여기에 나
타난 표현 양식 לְ בְּרִית כָּרַת(카라트 버리트 러)에 비추어 이 계약이 쌍방
이 의무를 지는 것으로 보기는 어렵다.35) 다만 자신이 스스로 의무를 지는
것인지 아니면 다른 사람에게 계약의 의무를 지우는 것인지를 구분해야
한다. 이 표현 양식은 대부분의 경우 계약을 자르는 자(이 문장의 주어)가
스스로 의무를 지는 표현으로 사용되었다. 따라서 이 표현은 본래부터 누구
를 위해 '계약을 자르다' 혹은 '의무를 넘겨받다'는 뜻으로 사용되었다.36)

이러한 이해에 따르면, 본문은 다음과 같이 이해할 수 있다. 백성들의
대표자는 헤브론에 있는 다윗을 찾아와서 북 지파들과 다윗 왕이 계약을
체결할 것을 요구했다. 계약의 내용은 다윗이 북 지파들의 백성을 위해 의무
를 지는 것이다. 다윗이 북 지파 대표들의 요구를 받아들였을 때, 비로소
그들은 다윗에게 기름을 붓고 왕으로 삼았다.

쿠쉬는 여기에서 선거 계약Wahlkapitulation같은 것을 생각했으며, 그 내용
으로 열왕기상 12장을 예로 들었다.37) 그 가능성으로 신명기 17장 14-20
절의 왕의 법을 예를 들었다.38) 그러나 이 보도는 역사적인 과정이 반영된

---

35) 전치사 לְ가 사용된 표현 양식은 편무 계약이며, 쌍방이 의무를 지는 계약에서의 표현
양식은 "Y וּבֵין X בֵּין"를 주로 사용한다. E. Kutsch, *Verheißung und Gesetz.
Untersuchungen zum sogenannten Bund im Alten Testament* (BZAW 131)
(Berlin/New York: Walter de Gruyter, 1972), 55, Ders, *Wie David König wurde*,
123f.
36) E. Kutsch, *Verheißung*, 22f., 56, Ders, *Wie David König wurde*, 124f. 수 24:25:
왕하 11:4은 예외적인 경우로 보아야 한다. 이와는 달리 G. Forher, "Der Vertrag zwi-
schen König und Volk in Israel," *ZAW* 71 (1959), 1-22, 4는 백성들이 의무를 지는
편무계약을 생각했다.
37) E. Kutsch, *Wie David König wurde*, 125f. 이러한 견해는 이미 A. Jepsen, "Berith
Ein Beitrag zur Theologie der Exilszeit," (1961), ders, *Der Herr ist Gott* (Berlin,
1978), 196-210, 199가 주장했으며, 최근에는 T. N. D. Mettinger, *King and
Messiah*, 139도 주장했다. 왕상 12장에 대한 바른 이해는 Han, Dong-Gu, Frankfurt-
Diss. 1993, 121-143을 참조하라.
38) E. Kutsch, *Verheißung*, 56. 신 17:14-20에 대해 한동구, 『신명기 해석』, 228-229를
참조하라.

실제 역사상도 아니며, 궁중 사가들에 의한 정당화의 시도는 더더욱 아니다. 이 보도는 백성들의 이익을 대변하여 주장한 신명기 개혁 운동의 이상적인 상으로 보아야 한다. 이 점은 그 당시의 역사적인 정황을 검토함으로써 더욱 분명해진다.

2) 역사적 상황에 대한 연구

성서 본문에서는 당시 역사적인 상황을 투명하게 제시하고 있지는 않다. 사무엘하 5장 17절은 블레셋 사람들이 다윗이 이스라엘의 왕으로 기름부음을 받았다는 소식을 듣고, 다윗을 잡으러 올라왔다고 보도한다. 이 보도에서는 블레셋 사람들이 다윗에게 잠정적인 군사적 위협이 있다고 보았음을 알 수 있다.

다른 한편 성서는 남북조 사이의 대립 관계에 대해서는 유감스럽게도 선명하게 보도하고 있지 않다. 그럼에도 남북조 사이의 대립과 긴장은 다윗이 헤브론에서 유다의 왕이 됨으로써 실제 있어 왔다고 생각할 수 있다. 이스보셋은 북 지파들에게서 소집한 군대를 이끌고 한편으로는 다윗(삼하 2:12ff.)과 또 다른 한편으로 블레셋과 싸웠다.[39] 이러한 점을 미루어 볼 때, 사무엘하 3장 18절 이하 – 이스라엘의 장로들이 이전부터 다윗을 왕으로 모시고자 했다 – 의 보도는 역사적으로 신뢰할 만한 보도로 보기는 어렵다. 북 지파의 사람들이 자신의 적과 싸우고 있는 동안에 북 지파들의 장로들이 그들의 국가의 주권을 그들의 적 다윗에게 어떻게 넘겨줄 수 있겠는가? 사무엘하 3장 17-18절의 문헌적 성격은 분명하다. 이 구절의 저자는 다윗이 왕이 되는 것을 하나님의 부르심(하나님의 지명Designation)을 통해 (삼하 3:18b), 또 다른 한편 백성이 바란다는, 즉 일종의 백성의 동의 Akklamation를 이유로 들어(삼하 3:17b) 정당화하고 있다.[40] 이 양 측면 –

---

39) A. H. J. Gunneweg, *Geschichte Israels*, 78. 반대 M. Clauss, *Geschichte Israels*, 74.

die Designation Gottes, die Akklamation des Volkes - 은 다윗 상승 사화와 왕위 계승 사화의 필수적인 구성요소다. 저자는 다윗이 하나님으로부터 지명되고 백성들로부터 동의되었다는 점을 들어, 당시 유포될 수 있었는 비난 - 다윗은 권력을 얻기 위해 부당하게 쿠데타를 일으킨 왕위 찬탈자였다 - 을 제거하고자 했다.[41]

아브넬(삼하 3장)과 이스보셋(삼하 4장)의 갑작스런 죽음으로 인해, 북 지파들은 지도력의 공백 상태에 빠지게 되었다. 사무엘하 5장 1-3절에 의하면 다윗은 북 지파의 왕이 되었다. 그가 어떻게 왕이 되었는가 하는 역사적인 과정은 유감스럽게도 분명치 못하다. 다시 말해 북 지파 사람들이 다윗에게 군사적인 도움을 청했는지[42] 혹은 그들이 다윗에게 왕의 자리를 청했는지 하는 점은 분명치 않다. 사울의 후손들이 아직도 살아 있었기 때문에(삼하 21:7-8), 만약 북 지파가 군사적인 힘을 가지고 있었다면, 아마도 왕조적인 원칙이 지속되었을 것이다.[43] 따라서 다윗은 설득이나[44] 강압적인 수단으로[45] 북 지파를 합병했을 가능성도 배제할 수 없다.[46]

성서의 다른 부분에서는 정복 전후에 체결된 계약에서 정복된 민족들이 스스로 종의 신분으로 낮아질 것을 제안했음을 보여준다(수 9장, 삼상 11장). 이 두 경우에 공통적으로 계약의 수용자를 전치사 ל(=여격 목적어)로 표현하고 있으며 계약의 내용은 종의 신분의 수용이나 정복자의 관용의 약속이다.[47]

---

40) J. A. Grönbaek, *Aufstieg Davids*, 239, Anm. 62.
41) 참조 J. A. Soggin, *Das Königtum in Israel, Ursrünge, Spannungen, Entwicklung* (BZAW 104) (Berlin, 1967), 63.
42) 예를 들면 삿 11:5ff.; 삼상 11:1ff.
43) A. Alt, *Die Staatenbildung der Israeliten in Palastina* (1930), ders, *KS* II (München: C. H. Beck, 1964), 1-65, 33 Anm. 1.
44) 길고 내용이 복잡한 다윗 상승 사화와 왕위 계승 사화의 필요성이 이를 증명해 준다.
45) 삼하 16:7f., 21장.
46) H. Donner, *Herrschergestalten in Israel*, 17.
47) E. Kutsch, *Verheißung*, 53f.

이러한 상황에 비추어 지도력의 공백 상태에 빠져 있는 북 지파들이 자신에게 유리하도록 계약을 체결하여, 다윗에게 왕의 의무를 지도록 요구했다는 것은 상상할 수 없다.

사무엘하 5장 1-3절에서 보여주고 있는 문헌상의 중복(삼하 5:1-2; 삼하 5:3)은 분명히 개정의 증거로 보아야 한다. 그 개정의 관점은 이전 전승에서 보여준 이데올로기적인 성격을 시정하여, 이제 왕에게 주어진 하나님의 약속을 백성들 혹은 그들의 대표자들의 의지에 예속시키고 있다. 다윗이 전체 이스라엘의 지배자가 된 것을 정당화한 이전의 전승들은 이제 수정되어, 백성들의 뜻을 전면에 내세우며 왕의 지배를 백성들의 동의하에 예속시킨 표현으로 변화되었다. 이러한 변화 배후에는 신명기 개혁운동의 문헌적 개정 활동이 있었음을 보게 된다.[48]

VII. 기름부음(Die Salbung)

본문은 계속하여 북 지파들의 장로들이 다윗에게 기름을 부었다는 사실을 기록하고 있다. 다만 여기에서 언급하고자 하는 것은 이 본문의 저자가 다윗이 기름부음을 받을 때, 전체 국민이 이 사건에 관여했다는 사실을 보여줌으로써, 다윗이 합법적인 사울의 후계자라는 것을 드러내려고 했다는 점이다.

---

48) 참조 F. Stolz, *Samuel*, 220.

VIII. 결론

앞서 살펴본 점들을 요약하고자 한다. 사무엘하 5장 1-3절 중에 3a절
- 경우에 따라서는 5장 2bβ절 - 을 제외하고 나머지 모든 부분은 다윗
상승 사화와 왕위 계승 사화의 저자의 작품으로 돌려야 한다. 왕과 백성이
맺어진 계약은 신명기 개혁운동의 근본이다. 신명기 개정자는 자신의 당대
의 시대정신을 고대의 사건 - 원초적인 사건 - 에 전이시켰다. 이러한 역사
화의 작업을 통해 자신의 시대에는 더 이상 적합지 못한 고대 전승들을 수정
하여, 좀 더 강한 영향력을 얻고자 했다.

제12장
다윗 왕위 계승 사화의
소위 '밧세바 에피소드'
-사무엘하 11-12장-

I. 문제 제기

　다윗 왕위 계승 사화의 의도와 정치적 성격에 관하여 로스트L. Rost의 테제는 "1) 왕위 계승 사화는 통일적이며, 2) 친다윗적, 친솔로몬적 입장을 지녔다"로 요약할 수 있다. 그동안 학계에서는 이에 대해 지지하는, 즉 친왕권적 프로파간다 문서라는 입장과 반대하는, 즉 반왕권적 문서라는 입장으로 격렬한 논쟁이 벌어졌다.1)

1) 델레카트는 왕위 계승 사화를 반왕권적 문서로 간주했다: "설화자는 다윗의 결혼은 부당하며, 솔로몬의 왕권 지배는 불법적이며 하나님이 원치 않는 것임을 보여주려 했다." 이 이야기의 목표는 "솔로몬의 붕괴"를 지향한다고 보았다. 참조 L. Delekat, "Tendenz und Theologie der David-Salomo-Erzählung," ders, *Das ferne und das nahe Wort*, FS für L. Rost (BZAW 105) (Berlin: de Gruyter, 1967), 26-36. 다른 한편 화이브레이 (R. N. Whybray)는 왕위 계승 사화 속에서 솔로몬을 위한 프로파간다 문서를 보았다고 말한다: "그의 정통성을 설명하고 그의 통치를 정당화시킴으로써 그의 정부를 지원했다." 참조 R. N. Whybray, *The Succession Narrative. A Study of II Samuel 9-20: IKing 1 and 2* (SBT II/9) (London, 1968); F. Crüsemann, *Der Widerstand gegen das Königtum*, 184 재인용.

이러한 논쟁의 중심에 소위 '밧세바 에피소드'(삼하 11-12장)가 놓여 있다. 이 이야기를 전후로 암몬과의 전쟁 보도가 전체 이야기의 틀을 이루며, 그 가운데 다윗과 밧세바 스캔들로 인해 혼인이 파괴되고, 다윗의 계획적 살인으로 우리아가 죽고, 이에 대해 나단 예언자의 질책이 이어지며, 나아가 첫째 아들의 죽음의 예고와 죽음, 이에 하나님의 긍휼을 구하는 다윗의 행동에 대한 보도가 이어지며, 마침내 둘째 아들 솔로몬의 출생과 "하나님께서 사랑하셨다"라는 보도가 이어진다.

밧세바 에피소드(삼하 11-12장)는 현재 본문에서 볼 때, 분명히 다윗과 솔로몬을 부정적으로 묘사했다. 바로 이 점은 다윗 왕위 계승 사화 전체를 반왕권적 문서로 간주하게 하거나, 심지어 편집사적 관점에서 다윗 왕위 계승 사화의 존재를 부인하게 만들었다.

다윗 상승 사화나 다윗 왕위 계승 사화에서는 "사울의 자손들 중에서 왕이 되는 것보다 다윗이 왕이 되는 것이 더 정당하다는 점을 보여주는 것이 가장 으뜸 되는 목적이다. 이를 위해 이 역사는 1) 하나님이 다윗을 선택했다는 것을 보여 주며Gottes Designation, 2) 백성들이 다윗을 더 좋아했을 뿐 아니라, 다윗이 왕이 되는 것을 동의했으며Volkes Akklamation, 3) 다윗은 사울의 딸과 결혼하여 합법적인 왕위 계승자가 되었을 뿐 아니라, 4) 다윗은 사울과 비교하여 전투적 능력, 인격적 신의도 및 모든 측면에서 더 훌륭하다는 점을 보여준다."[2] 이러한 점에서 다윗 상승 사화나 다윗 왕위 계승 사화의 존재를 부인할 수 없을 뿐 아니라, 이 역사서는 친왕권적, 혹은 친다윗적, 친솔로몬적 성격을 분명히 드러낸다.

또한 밧세바 에피소드(삼하 11-12장)에는 본문 앞뒤에 친왕권적 성격의 전쟁 보도와 솔로몬을 하나님의 사랑의 아들로 여기는 부분이 있어, 밧세바 에피소드(삼하 11-12장)의 초기 전승은 다윗과 솔로몬에 대해 긍정적

---

2) 한동구, "다윗과 사울의 갈등," 『성경연구』 9권 6호 (2003년 6월, 통권 103호), 48-61.

으로 묘사한 문서임을 암시한다.3) 따라서 밧세바 에피소드(삼하 11-12
장)의 성격을 이해하기 위해 본문 전체를 새로이 분석할 필요가 생겼다.

이 장에서는 밧세바 에피소드(삼하 11-12장)를 중심으로 다윗 왕위 계
승 사화의 연구사를 살펴보고자 한다. 그리고 본문의 형성사를 살펴보고
나아가 친왕권적 초기 전승의 의도와 신학을 살펴보고자 한다.

II. 밧세바 에피소드(삼하 11-12장)의 연구사

1926년에 로스트가 "다윗 왕위 계승 사화"4)를 발표한 이래, 줄곧 이 문
서는 왕권을 정당화하려는 '친왕권적' 문서라는 주장과 왕권을 반대하려는
'반왕권적' 문서라는 주장이 팽팽히 맞서 있다.

로스트에 따르면, 다윗 왕위 계승 사화는 사울 딸 미갈과의 대화 장면(삼
하 6:16, 20-23)에서 시작하여, 열왕기상 2장 46절에서 끝난다고 보았다.
그리고 그 가운데 사우엘하 7장, 즉 11b절과 16절을 핵심 부분으로 간주했
다. 다윗 왕위 계승 사화는 한 사람의 저자에 의해 문헌적으로 고정된 역사
서로 보았다. 이를 위해 몇 가지 자료Quellen가 이용되었다: 법궤 사화, 고대
왕조 약속의 단편과 암몬 전쟁의 보고 등이다. 그의 작품은 문예적 창작품이
아니라, 실제 일어난 역사적 사실이다. 로스트는 저자를 궁중 주변의 인물
로 보고 있다. 다윗 왕위 계승 사화는 전체적으로 통일적이며, 친-다윗적이
며 친-솔로몬적 작품이다.5)

크뤼제만F. Crüsemann은 다윗 왕위 계승 사화는 다윗에 대한 비판적 문서
이며, 솔로몬 궁중의 지혜학파에 의해 왕의 통치 모습을 폭로하기 위해 서술

---

3) 한동구, 『신명기 해석』(서울: 도서출판 B&A, 2004), 256-258.
4) L. Rost, "Die Überlieferung von der Thronnachfolge Davids (1926)," 119-253.
5) W. Dietrich/Th. Naumann, Die Samuelbücher, 170-175.

했다고 보았다.6) 분명히 사무엘하 11장의 서술은 궁중 지혜학파에 의한 왕권비판의 서술로 볼 수 있다.

뷔르트봐인E. Würthwein은 다윗 왕위 계승 사화가 동시대 북이스라엘 지파 출신의 반다윗적·반왕권적 입장을 지닌 무리에게서 나왔으며, 그들은 다윗의 예를 들어 다윗 왕조가 어떤 늪 위에 세워졌나를 보여주려고 했다고 말한다. 다윗에 대한 부정적인 서술은 사가의 이데올로기적 선택임을 말한다.7) 우리아 에피소드는 - 형성 연대를 왕조시대 초기로 돌린다면 - 예루살렘 궁중에서 형성될 수 없었다는 점에서 뷔르트봐인의 견해는 타당하다. 그러나 그의 테제에 대한 결정적 난점은 다윗에 대해 부정적으로 평가한 부분을 전체 역사의 일부로 이데올로기적 선택의 몫으로 보고 있으나, 궁중 사화의 다른 에피소드들(삼하 13-20장)에서는 찾아볼 수 없으며, 이에 대한 충분한 증거가 없다는 점이다.

디트리히W. Dietrich는 다윗 전승의 후기 형성 모델을 세웠다. 그는 거대한 역사서에 대한 테제를 수립했다. 이 역사서는 북왕국 멸망(기원전 722년) 직후 북왕국에서 망명을 온 자들에게 다윗 제국을 신뢰하도록 선전하는 목적으로 예루살렘에서 형성되었다고 보았다.8) 이 역사서를 형성하기 위해 초기의 많은 전승 자료들을 수용했다. 비교적 친왕조적이며 친다윗적이고 친솔로몬적인 본문인 사무엘하 13-20장은 고대 전승층에는 아직 속하지 않는다고 보았다.

그러나 극단적으로 다윗과 솔로몬을 비판적으로 다룬 '밧세바-솔로몬 이야기'(삼하 11-12* + 왕상 1-*)는 고대 전승에 속하는 것으로 보았다. 여기에는 밧세바 에피소드와 그 결과 솔로몬의 출생과 솔로몬의 권력 장악

---

6) F. Crüsemann, *Widerstand gegen das Königtum*, 180-193.

7) E. Würthwein, *Die Erzählung von der Thronfolge Davids theologische oder politische Geschichtsschreibung?* (ThSt(B) 115) (Zürich: Theologischer Verlag, 1974).

8) W. Dietrich, *Die frühe Königszeit in Israel*.

의 사건을 다루고 있다. 밧세바-솔로몬 이야기의 형성은 시간적으로 솔로 몬의 시대로 소급되며, 수 세기 후에 이 이야기는 보충되어 다윗-왕조의 (거대한) 역사 이야기 속에 포함되었다.

디트리히는 - 이미 뷔르트봐인이 주장한 바와 같이 - 고대 동양에서 흔 하지 않은 왕에 대한 비판적 에피소드는 일종의 비정통적 집단의 문헌으로 예언자들의 왕권-비판적 활동 이전에 이미 존재했다고 보았다. 이러한 전 승이 나중에 예루살렘 궁중의 공식적인 역사 서술에 수용되어 계속 전승되고 보존되었다고 여겼다.9)

그러나 이러한 주장의 난점은 예루살렘 궁중 무리들이 그들의 이데올로 기적 입장과 정반대되는 전승들을 왜 보존했을까 하는 질문에 답하기 어렵 다는 점이다.

사무엘서에 담긴 전승들에 대한 디트리히의 재구성의 특이한 점은 로스 트와 폰 라트가 주장한 다윗 상승 사화(삼상 16장-삼하 5장)나 다윗 왕위 계승 사화(삼하 9-20장과 왕상 1-2장)와 같은 역사서의 존재를 포기했다 는 점이다.

케이스G. Keys는 로스트의 가설을 강하게 비판했다. 그는 사무엘하 10- 20장을 다윗의 죄와 처벌을 중심 주제로 하는 신학적 문서로 보았다. 이 문서의 저자는 예언자 집단에서 나왔으며, 그는 사무엘하 1-9장과 21-24 장을 알고 있으며, 이를 그의 작품의 틀로 이용했다. 이 문서는 다윗의 마지 막 활동과 신명기 사가의 완성 사이의 어느 시점에 형성되었다. 케이스는 신명기 사가의 영향을 최소한으로 축소시켰다.10)

나우만Th. Naumann은 사무엘하 11-12장 전체를 후기의 개정의 몫으로 돌렸다. 나단-에피소드는 이미 비판적 예언 정신의 경험을 전제한다. 역사

---

9) W. Dietrich, "Das Ende der Thronfolgegeschichte," 38-69.

10) G. Keys, *The Wages of Sin. A Reappraisal of the Succession Narrative* (JSOTS 221) (Sheffield: Sheffield Academic Press, 1996).

적으로는 다윗 시대를 전제하는 것이 아니라, 사무엘하 12장의 나단의 당당
한 모습은 이미 예언자 이사야나 예레미야의 지위를 연상케 한다. 따라서
그는 심판 예언자들의 관점이 사무엘하 11-12장 전체의 기조를 이룬다고
보았다. 11-12장의 에피소드들은 두 날개를 지닌 한 폭의 그림과 같다고
보았다. 한편에서는 다윗의 범죄를 그려 주고 있으며(삼하 11장), 다른 한
편으로는 참회하고 예언자의 비판을 기꺼이 수용하는 태도를 그려 주고
있다(삼하 12장).

이러한 점은 예언자들의 정치적 종교적 역할의 중대함을 잘 보여주고
있어 전체적으로 볼 때 후기에 형성된 것으로 추측할 수 있다. 사무엘하
11-12장에서 가장 오래된 요소라 할지라도, 국가 권력에 당당히 맞섰던
기원전 8세기 말엽의 예언자들을 전제한다. 그리고 나단의 심판 질책(삼하
12장)에서는 신명기 사가에 의한 개정을 분명히 인식할 수 있으므로, 신명
기 사가 이전에 형성된 것이 분명하다. 이 점은 다른 궁중 역사에는 적용될
수 없다.

후에 사무엘하 11-12장을 압살롬 이야기(삼하 13-20장) 앞에 두어,
이 이야기의 서론Prolog 기능을 하게 했다. 다윗의 가족과 국가 내에서의
갈등들이 다윗의 범죄에 대해 나단 예언자가 선포한 심판 예언의 성취로
보이게 했다.[11]

반 세터스John van Seters는 우리아-에피소드 전체를 포로 후기 반메시아
적 입장을 가진 자들의 산물로 간주했다. 이 단락은 다윗을 이상화시킨 신명
기 사가의 역사서 속에 후기에 삽입된 것으로 보았다.[12]

오늘날 구약학의 경향은 대가들이 설정한 테제를 거의 대부분 무너뜨리
고, 그 가운데 일부를 다시 되살리는 과정 중에 있다. 사무엘하 11-12장의

---

11) Th. Naumann, "David als exemplarischer König - der Fall Urias (2Sam 11)," 136-167.
12) J. van Seters, "The court history and DtrH," 70-93.

왕권 비판적 성격의 역사-이야기로 인해 다윗 왕위 계승 사화의 존재를
부인하게 되었고, 최근에는 그동안 다윗 왕위 계승 사화의 존재를 부인해
왔던 이들의 논거를 반박하면서 다윗 왕위 계승 사화를 다시 되살리고 있다.

자일러St. Seiler는 로스트의 테제 - 왕위 계승 사화는 통일적이며, 친다윗
적, 친솔로몬적 입장을 지녔다 - 에 반대해 왔던 그동안의 학자들(뷔르트
봐인, 랑라메트, 뵈율라 등)의 편집사적 논거들을 비판적으로 다뤘다.

그는 문학비평Literarkritik적 방법을 사용하여 편집사적 논거들이 정당하
지 않음을 입증하고자 했다. 왜냐하면 다윗 왕위 계승 사화(삼하 9-20장과
왕상 1-2장)는 사무엘하 11-12장과 약간의 삽입구들을 제외하고 실제
통일적이며 솔로몬의 시대에 그의 통치권을 정당화하기 위해 형성되었기
때문이다. 이것은 로스트의 입장을 의도적으로 되살린 것Rehabilitation이다.
그는 다윗 왕위 계승 사화와 법궤 사화가 맞물린다는 로스트의 가설과 나단
약속의 핵심부(삼하 7:11b, 16)에 관한 로스트의 가설은 수용하지 않았으
나, 저자가 암몬 전쟁에 관한 보도를 고대 자료로 이용했다는 견해는 받아들
였다.13)

자일러와 같이 다윗 왕위 계승 사화를 다윗과 솔로몬에게 유리한 본문으
로 이해하는 자는 사무엘하 10-12장에서 전前역사Vorgeschichte를 긍정적으
로 해석해야 한다. 그는 첫째 아이의 죽음과 둘째 아이의 출생 이야기(삼하
12:15b-24abα)를 본래적 이야기로 간주하며, 이로써 솔로몬을 오점에서
구출할 수 있다고 보았다. 이러한 분석은 자체적으로 모순에 빠진다.

---

13) Stefan Seiler, *Die Geschichte von der Tronfolge Davids*.

Ⅲ. 밧세바 에피소드(삼하 11-12장)의 형성사

1. 밧세바 에피소드(삼하 11-12장)의 편집사적 외곽틀(삼하 10:1-11:1과 12:26-31)

밧세바 에피소드는 전쟁에 관한 보도(삼하 10:1-11:1과 12:26-31)에 에워싸여 있어, 편집사적으로 외곽의 틀처럼 보인다. 그 사이에 여러 개의 에피소드가 연결되어 있다.

전쟁에 관한 보도와 그 안에 담긴 밧세바 에피소드는 내용상 서로 다른 주제를 다룰 뿐 아니라, 문체상으로도 전자는 짧고 간결한 보도를 담고 있는 데 반하여 후자는 긴 이야기체로 사건을 다루고 있어 차이가 난다. 이러한 점에서 로스트는 전쟁 보도의 자료에 다윗 왕위 계승 사화의 저자가 밧세바 에피소드를 넣어 결합시켰다고 보았다.

전쟁의 상황은 우리아가 예루살렘에서 나와 야전(야기에서는 암몬과의 전투지)으로 가야 했고, 그곳에서 전사하는 장면을 제공한다. 이러한 점에서 전쟁 보도와 밧세바 에피소드가 두 개의 다른 주제를 다룬다고 볼 필요는 없다.

뿐만 아니라 긴 논쟁사로부터 얻은 결론은 암몬과의 전쟁을 보도하는 전승은 역사적으로 신뢰할 만한 보도로 다윗 왕위 계승 사화의 본래적 구성 요소였다는 점이다.[14]

전쟁 보도의 동기와 신학적 의도와 관련하여 다윗과 밧세바의 혼인 파괴 이야기를 위한 단순한 문학적 자리의 기능만을 한 것은 아니다. 분명히 전쟁 의 보도는 그 자체로 목적이 있다. 적과 대치하는 위험한 상황에서 고대 국가에서 왕의 직무인 외부의 적으로부터 국가를 안전하게 지켜야 하는

---

14) W. Dietrich/Th. Naumann, *Samuelbücher*, 229-233.

임무를 잘 수행했을 뿐 아니라, 그렇게 할 수 있는 능력을 보유했다는 점도
암시한다는 점에서 중요한 기능을 한다.

2. 사무엘하 11장 2절-12장 25절의 문학비평(Literarkritik)

외곽틀의 기능을 하는 전쟁 보도 사이에 놓여 있는 부분은 상호 독립된
에피소드들이 연결되어 있다. 그리고 이 에피소드들에는 반복적 부분이나
내용상 상충되는 부분들이 있다.

우리아의 죽음은 단지 성에서 나온 병사(אַנְשֵׁי־הָעִיר 안세 하이르)에
의해 죽은 것으로 보고하나(삼하 11:17), 예언자 개정층에서는 한편 (적의)
정규병(אַנְשֵׁי־חַיִל 안세 하일)에 의해 죽은 것으로 암시하여(삼하 11장
16b) 의도적 살인을 부각시킨다. 그리고 우리아는 보병과의 전투에서 칼에
맞아 죽은 것으로 보도하나(삼하 11:⟨17⟩, 25; 삼하 12:9aγδ, 10a), 포로
후기 개정층에서는 암몬 사람의 칼에 죽은 것으로 보도를 수정하거나(삼하
12:9b), 궁수의 활에 죽은 것으로 수정한다(삼하 11:20γb, 24). 이는 우리
아의 죽음이 우연한 것이며, 전투 과정에서 불가피했다는 점을 은연중에
나타난다.

전령이 다윗에게 세 번 보고한다(삼하 11:18, 22, 23). 심지어 전령이
사무엘하 11장 18절에서 모든 보고를 다 마친 것으로 서술하나, 11장 19절
에서는 요압의 지시가 아직 끝나지 않아 전령이 아직 떠나지 않은 것으로
나오며, 22절에서 비로소 떠나간다고 서술한다. 그리고 23절에 한 번 더
전령이 보고한다. 이는 두 차례 이상의 개정으로 인해 생긴 것이다.

사무엘하 11장 27b절에서 전형적인 신명기 사가의 언어를 보여준다:
וַיֵּרַע הַדָּבָר אֲשֶׁר עָשָׂה דָוִד בְּעֵינֵי יְהוָה (봐예라 하다바르 아세르 아샤
다비드 버에네 야붸: 다윗이 행한 그 일이 야훼께서 보시기에 악했다)(참조

삼하 12:9aαβ). 뿐만 아니라, 몇 차례의 중복되는 곳에서도 신명기 사가의 개정의 흔적을 보여준다. 다윗에게 베푼 하나님의 자비로운 행적을 열거하는 사무엘하 12장 7-8절에서 בֵּית אֲדֹנֶיךָ(베트-아도니카: 네 주인의 집안, 삼하 12:8aα)은 בֵּית יִשְׂרָאֵל וִיהוּדָה(베트-이스라엘 뵈후다: 이스라엘과 유다 집안; 삼하 12:8aβ)으로 확대되고 있다. 나단 예언자의 심판 선언에서도 12장 10b절에서는 "나를 업신여기고"라고 말하나, 9aα절에서는 "야훼의 말씀을 업신여기고"로 변경시키고 있다. 또 구체적 범죄의 내용을 기술하는 곳에서 12장 10b절은 "헷 사람 우리아의 아내를 취하여 네 아내로 삼았기 때문이다"라고 서술하나, 12장 9aγδ절에서는 "헷 사람 우리아를 칼로 치고,"를 더 확대하여 기술한다. 그리고 범죄에 상응하여 처벌도 각각 중복적으로 나타난다. 강간 사건에 맞서 다윗 집안의 성추문 사건을 예견하며(삼하 11:11aγδ), 살인 사건에는 칼의 재앙과 이로 인한 원수들의 비방거리를 심판으로 내린다(삼하 12:10a, 11aβ, 14a).

포로 후기의 개정층은 주로 친-다윗적, 친-솔로몬적 보도들이다. 여기에는 전형적으로 다윗의 참회와 하나님의 용서가 포함된다. 뿐만 아니라, 현 본문은 밧세바가 두 아이를 낳은 것으로 보도하고, 솔로몬이 둘째 아이로 나온다. 이로써 솔로몬은 살인자의 자식으로 나온다. 이러한 결점은 하나님께서 솔로몬을 인정했다는 점과 강하게 대립된다. 따라서 주석자들은 솔로몬이 첫째 아이로 살인 사건과 무관하다는 점을 주장한다(참조 삼하 12:14b, 15b-24abα).

이상에서 살펴본 바와 같이, 전쟁의 보도 사이에 놓인 에피소드들은 분명한 사람의 저자에 의해 형성되었다고 볼 수 없다. 오히려 여러 차례 개정의 흔적으로 간주해야 한다. 밧세바 에피소드 본문은 내적으로 여러 층들을 이루고 있다.

3. 사무엘하 11장 1절-12장 25절의 형성사(표)

기본층	예언자 개정층	신명기 사가 개정층	포로 후기 친다윗-솔로몬 개정층
삼하 11: 1, 16a-18, 25, 27a; 12: 24bβγ -25.	삼하 11: 2-15, 16b, 19, 20aαβ, 21a γb, 22; 12: 1-8, 10b, 11aα, 11aγδ -12, 15a.	삼하 11: 27b; 12: 9aαβ, 9aγδ, 10a, 11aβ, 14a.	삼하 11: 20γb-21aαβ, 23-24; 12: 9b, 13, 14b, 15b-23, 24abα.
1. 그 해가 돌아와 왕들이 출전할 때가 되었을 때, 다윗이 요압과 그와 함께 있는 그의 부하들과 온 이스라엘 병사를 보냈다. 그들이 암몬 자손을 멸하고 랍바를 에워쌌다. 그러나 그 때 다윗은 예루살렘에 머물러 있었다.			
	2. 저녁 때에 다윗이 그의 침상에서 일어나 왕궁 옥상에서 거닐다가 그 곳에서 보니 한 여인이 목욕을 하는데 심히 아름다워 보이는지라 3. 다윗이 사람을 보내 그 여인을 알아보게 했더니 그가 아뢰되 그는 엘리암의 딸이요 헷 사람 우리아의 아내 밧세바가 아니니이까 하니 4. 다윗이 전령을 보내어 그 여자를 자기에게로 데려오게 하고 그 여자가 그 부정함을 깨끗하게 했으므로 더불어 동침하매 그 여자가 자기 집으로 돌아가니라 5. 그 여인이 임신하매 사람을 보내 다윗에게 말하여 이르되 내가 임신했나이다 하니라 6. 다윗이 요압에게 기별하여 헷 사람 우리아를 내게 보내라 하매 요압이 우리아를 다윗에게로 보내니 7. 우리아가 다윗에게 이르매 다윗이 요압의 안부와 군사의 안부와 싸움이 어떠했는지를 묻고 8. 그가 또 우리아에게 이르되 네 집으로 내려가서 발을 씻으라 하니 우리아가 왕궁에서 나가매 왕의 음식물이 뒤따라 가니라 9. 그러나 우리아는 집으로 내려가지 않고 왕궁 문에서 그의 주의 모든 부하들과 더불어 잔지라 10. 어떤 사람이 다윗에게 아뢰되 우리아가 그의 집으로 내려가지 아니했나이다 다윗이 우리아에게 이르되 네가 길 갔다가 돌아온 것이 아니냐 어찌하여 네 집으로 내려가지 아니했느냐 하니 11. 우리아가 다윗에게 아뢰되 (법)궤와 이스라엘과 유다가 야영 중에 있고 내 주 요압과 내 왕의 부하들이 바깥 들에 진 치고 있거늘 내가 어찌 내 집으로 가서 먹고 마시고 내 처와 같이 자리이까 내가 이 일을 행하지 아니하기로 왕의 살아 계심과 왕의 혼의 살아 계심을 두고 맹세하나이다 하니라		

기본층	예언자 개정층	신명기 사가 개정층	포로 후기 친다윗-솔로몬 개정층
	12. 다윗이 우리아에게 이르되 오늘도 여기 있으라 내일은 내가 너를 보내리라 우리아가 그 날에 예루살렘에 머무니라 이튿날 13. 다윗이 그를 불러서 그로 그 앞에서 먹고 마시고 취하게 하니 저녁 때에 그가 나가서 그의 주의 부하들과 더불어 침상에 눕고 그의 집으로 내려가지 아니하니라 14. 아침이 되매 다윗이 편지를 써서 우리아의 손에 들려 요압에게 보내니 15. 그 편지에 써서 이르기를 너희가 우리아를 맹렬한 싸움에 앞세워 두고 너희는 뒤로 물러가서 그로 맞아 죽게 하라 했더라		
16a. 요압이 그 성을 살펴보고 있는 동안	16b. 요압은 그가 아는 바, 정규병 있는 곳에 우리아를 배치했다.		정규병(אַנְשֵׁי־חַיִל) - 강력한 전투력을 지닌 병사들
17. 그 성의 사람들이 나와서 요압과 싸웠다. 이 때에 다윗의 부하들 중에 몇 사람이 쓰러졌다. 17b. 헷 사람 우리아도 죽었다. 18. 요압이 전갈을 보내어 다윗에게 전쟁의 모든 일을 알렸다.			
	19. 그 전령에게 명령하여 이르되 전쟁의 모든 일을 네가 왕께 보고하기를 마친 후에 20aαβ. 혹시 왕이 노하여 네게 말씀하기를	(중복적 성격)	
			20aγb. 너희가 어찌하여 성에 그처럼 가까이 가서 싸웠느냐 그들이 성 위에서 쏠 줄을 알지 못했느냐 21aαβγ. 여룹베셋의 아들 아비멜렉을 쳐죽인 자가 누구냐 여인 하나가 성에서 맷돌 위짝을 그 위에 던지매 그가 데벳스에서 죽지 아니했느냐
	21aδb. 어찌하여 성에 가까이 갔더냐 하시거든 네가 말하기를 왕의 종 헷 사람 우리아도 죽었나이다 하라 22. 전령은 길을 떠나, 가서 요압이 그를 보낸 모든 일을 다윗에게 고했다.		
			23. 전령이 다윗에게 알렸다: 그 사람들이 우리보다 강하여 우리를 향하여 들로 나왔기에 우리가 그들을 쳐서 성문 어귀에까지 몰아붙였습니다. 24. "활 쏘는 자들이 성 위에서 당신의 부하들을 향해 쏘매, 임금님의 부하들 중에 몇 사람이 죽고, 헷 사람 우리아도 죽었습니다."

기본층	예언자 개정층	신명기 사가 개정층	포로 후기 친다윗-솔로몬 개정층
25. 다윗이 전령에게 말했다: "너는 요압에게 다음과 같이 말하여라: '이 일로 걱정하지 말라. 칼은 이 사람 저 사람 (가리지 않고) 죽이느니라' 그 성을 향해 더욱 힘써 싸워 함락시켜라. 너는 그에게 용기를 내게 하라." 26. 우리아의 아내는 그 남편 우리아가 죽었다는 것을 듣고, 그의 주인을 위해 곡했다. 27a. 그 장례가 끝나자, 다윗은 사람을 보내 그녀를 그의 왕궁으로 불러왔고, 그녀는 그의 아내가 되어 그의 아들을 낳았다.			삼하 12:24abα와 중복적
		27b. 다윗이 행한 그 일이 야훼께서 보시기에 악했다.	
	1. 야훼께서 나단을 다윗에게 보내시니 그가 다윗에게 가서 그에게 이르되 한 성읍에 두 사람이 있는데 한 사람은 부하고 한 사람은 가난하니 2. 그 부한 사람은 양과 소가 심히 많으나 3. 가난한 사람은 아무것도 없고 자기가 사서 기르는 작은 암양 새끼 한 마리뿐이라 그 암양 새끼는 그와 그의 자식과 함께 자라며 그가 먹는 것을 먹으며 그의 잔으로 마시며 그의 품에 누우므로 그에게는 딸처럼 되었거늘 4. 어떤 행인이 그 부자에게 오매 부자가 자기에게 온 행인을 위해 자기의 양과 소를 아껴 잡지 않고 가난한 사람의 양 새끼를 빼앗아다가 자기에게 온 사람을 위해 잡았나이다 하니 5. 다윗이 그 사람으로 말미암아 노하여 나단에게 이르되 야훼의 살아 계심을 두고 맹세하노니 이 일을 행한 그 사람은 마땅히 죽을 자라. 6. 그가 불쌍히 여기지 않고 이런 일을 행했으니 그 양 새끼를 네 배나 갚아 주어야 하리라 한지라 7a. 나단이 다윗에게 이르되 당신이 그 사람이라 7bα. 이스라엘의 하나님 야훼께서 이와 같이 말씀하셨다 7bβ. 내가 너에게 기름을 부어 이스라엘의 왕이 되게 하기 위해, 7bγ. 내가 (친히) 너를 사울의 손에서 구원했다. 8aα. (또) 내가 네게 네 주인의 집 (안)을 주고		

기본층	예언자 개정층	신명기 사가 개정층	포로 후기 친다윗-솔로몬 개정층
		8aβ2. 또 내가 네게 이스라엘과 유다의 집안을 맡겨주었다	(국가적 차원으로 확대)
	8b. 만일 그것이 부족했다면 나는 네게 이것 저것을 더 주었을 것이다.		
		9aαβ. 어찌하여 네가 야훼의 말씀을 업신여기고 나 보기에 악을 행했느냐! 9aγδ. 어찌하여 너는 헷 사람 우리아를 칼로 치고, 그의 아내를 빼앗아 네 아내로 삼았느냐!	(중복적 성격)
			9b. 그를 너는 아몬 사람의 칼로 죽였다.
		10a. 이제 칼이 네 집에서 영원히 떠나지 아니할 것이다.	
	10b. 내가 나를 업신여기고 헷 사람 우리아의 아내를 취하여 네 아내로 삼았기 때문에 11aα. 야훼께서 또 이와 같이 말씀하셨다: (보라)		
		"11aβ. (보라) 내가 네와 네 집안에 재앙을 일으킬 것이다.	
	11aγδ. 내가 네 눈앞에서 네 아내들을 빼앗아 네 이웃들에게 줄 것이다. 11b. 그는 네 아내들과 백주에 동침할 것이다. 12. 너는 은밀히 행했으나 나는 이 일을 온 이스라엘 앞에서 백주에 행할 것이다.		
			13. 다윗이 나단에게 "내가 야훼께 범죄했습니다."라고 고백하자, 나단은 다윗에게 "야훼께서 당신의 죄를 용서하셨으므로, 당신은 죽지 아니 할 것입니다."고 대답했다.
		14a. 이 일로 말미암아 야훼의 원수가 크게 비방할 거리를 얻을 것이다.	
			14b. 또한 당신이 낳은 아이가 반드시 죽으리이다.
	15a. 나단이 자기 집으로 돌아가니라		
			15b. 우리아의 아내가 다윗에게 낳은 아이를 야훼께서 치시매 심히 앓는지라 16. 다윗이 그 아이를 위해 하나님께 간구하되 다윗이 금식하고 안에 들어가서 밤새도록 땅에 엎드렸으니

기본층	예언자 개정층	신명기 사가 개정층	포로 후기 친다윗-솔로몬 개정층
			17. 그 집의 늙은 자들이 그 곁에 서서 다윗을 땅에서 일으키려 하되 왕이 듣지 않고 그들과 더불어 먹지도 아니하더라 18. 이레 만에 그 아이가 죽으니라 그러나 다윗의 신하들이 아이가 죽은 것을 왕에게 아뢰기를 두려워하니 이는 그들이 말하기를 아이가 살았을 때에 우리가 그에게 말하여도 왕이 그 말을 듣지 아니하셨나니 어떻게 그 아이가 죽은 것을 그에게 아뢸 수 있으랴 왕이 상심하시리로다 함이라 19. 다윗이 그의 신하들이 서로 수군거리는 것을 보고 그 아이가 죽은 줄을 다윗이 깨닫고 그의 신하들에게 묻되 아이가 죽었느냐 하니 대답하되 죽었나이다 하는지라 20. 다윗이 땅에서 일어나 몸을 씻고 기름을 바르고 의복을 갈아입고 야훼의 전에 들어가서 경배하고 왕궁으로 돌아와 명령하여 음식을 그 앞에 차리게 하고 먹은 지라 21. 그의 신하들이 그에게 이르되 아이가 살았을 때에는 그를 위해 금식하고 우시더니 죽은 후에는 일어나서 잡수시니 이 일이 어찌 됨이니이까 하니 22. 이르되 아이가 살았을 때에 내가 금식하고 운 것은 혹시 야훼께서 나를 불쌍히 여기사 아이를 살려 주실는지 누가 알까 생각함이거니와 23. 지금은 죽었으니 내가 어찌 금식하랴 내가 다시 돌아오게 할 수 있느냐 나는 그에게로 가려니와 그는 내게로 돌아오지 아니하리라 하니라
			(삼하 11:27a와 중복) 24abα. 다윗이 그의 아내 밧세바를 위로하여, 그녀에게로 들어가 함께 누웠더니, 그녀가 아들을 낳았고,
24bβγ. 그의 이름을 솔로몬이라 했다. 야훼께서 그 아이를 사랑하셨다. 25. 야훼께서 예언자 나단을 보내어 그의 이름을 여디디야라 불렀다. 이는 야훼께서 사랑하셨기 때문이다.			

따라서 그 사이에 놓여 있는 이야기 속에서 분명하게 인식할 수 있는 반복적 부분이나 내용상 상충되는 부분들로 인해 다윗 왕위 계승 사화의 본문의 성격에 대해 의견이 분분했다. 특별히 이 최초의 본문이 취하는 왕권에 대한 입장에 대해서도 분명한 결정이 유보된 상태다.

4. 밧세바 에피소드(삼하 11-12장)의 최초의 본문

어떻게 이 최초의 본문의 성격을 결정할 것인가? 중간에 놓여 있는 다윗 왕위 계승 사화가 편집사적으로 앞과 뒤의 두 전쟁 보도와 결부되어 있다는 점을 출발점으로 받아들일 수 있다면, 따라서 내용상으로나 성격상으로 이 틀 부분과 일치하는 요소들을 원래의 부분으로 보고, 이 바깥의 틀 부분과 상충되거나 최소한 무관한 요소들을 후기에 추가로 성장된 요소들로 볼 수 있다면, 밧세바 에피소드(삼하 11-12장)는 아비가일 이야기(삼상 25장)와 마찬가지로 원래 아주 긍정적인 색채로 묘사된 이야기로서 다윗 왕위 계승 사화의 한 부분이었을 것이다.

전쟁에 대해 중립적으로 보도한 부분,[15] (부분적으로) 실패한 전쟁에 대해 왕의 자애로운 위로,[16] 전쟁에서 죽은 자의 여인을 왕이 부인으로 받아들인 부분[17]과 하나님의 은총으로 특징 지워지는 자녀의 출산[18]을 최초의 본문 내용으로 볼 수 있다.

최초의 다윗 왕위 계승 사화에서는 왕의 불법적인 행동으로 인해 혼인이 파괴되고, 또 이 부정적인 관계 속에서 한 아이가 태어난 것을 이야기한 것이 아니라, 군인이었던 남편이 전사함으로써 미망인이 된 여인(여기에서는 밧세바)이 선한 왕(여기에서는 다윗)에 의하여 위로받음으로 그 사이에서 하나님의 사랑을 받은 아이가 태어난 것을 이야기하고 있다.

그러나 현재의 본문에서는 이러한 덕담을 담은 왕위 계승 사화가 완전히 반대 방향으로 변형되었다. 나단의 비유Parable에서 부정적 성격이 특별히 두드러진다. 이 변형된 왕위계승사화에서는 예언자 나단의 활동이 두드러지고, 그의 태도도 왕권에 대해 부정적 입장을 취하고 있다. 이 저항의 정신

---

15) 삼하 11:1, 16a, 17.
16) 삼하 11:25.
17) 삼하 11:26-27a.
18) 삼하 12:24bβγ-25.

은 아마도 왕들과 부자들에 의하여 사회적으로 약하고 경제적으로 가난한 자들에게 행했던, 온갖 종류의 범죄에 대해 신랄하게 규탄했던 고전적 예언자들로부터 고취된 것 같다.[19]

나단의 비유(삼하 12:1-4)로 인해 다윗으로 인한 밧세바의 혼인 파기 사건은 부자가 가난한 자들에게 행한 불의와 강한 자들이 약한 자들에게 행한 폭력의 한 표본으로 해석되었다.

이러한 변형은 궁중에서 왕의 녹을 먹는 집단에 의해서는 결코 행해질 수 없다. 오히려 예언자적 정신에 고취된 재야 집단이 했을 것이다. 이 변형된 왕위 계승 사화에 나타난 예언자적 반성은 실제 역사적 사건과는 시간상으로 상당한 거리감을 두고 일어났다. 왕위 계승 사화의 기저에 담고 있는 저항의 정신은 신명기 17장 17aα절의 (예언자적) 금령(왕은 자신을 위해 부인을 많이 두지 말라)의 정신과 십계명의 마지막 계명의 정신과 일치한다. 이렇게 변형된 왕위 계승 사화의 연대 추정을 위해 간접적인 증거는 다윗의 당혹감에서 찾을 수 있다(삼하 11:5-13). 다윗의 당혹감은 밧세바 스캔들로 인해 다윗이 법률(신 22:22)을 깨뜨렸으며, 이 일이 그에게 결코 무사할 수만은 없다는 것을 전제한다. 왜냐하면 이스라엘에서는 왕이 결코 치외법권을 누릴 수 없었기 때문이다.[20]

최초의 다윗 왕위 계승 사화는 반왕권적 관점에서 강하게 변형되어 예언자적 왕위 계승 사화로 바뀌었고, 그 후에 신명기 사가의 역사서에 받아들여지면서 역사신학(예언-성취의 원리)이 덧붙여졌다. 그리고 포로기 전환기와 포로 후기에 왕권 회복 운동과 관련하여 다윗-메시아 사상 운동이 일어나면서 부정적으로 묘사되었던 부분을 완화하게 되었다.

---

19) W. Dietrich, *David, Saul und die Propheten*, 38.
20) H. W. Hertzberg, *Samuelbücher*, 254.

IV. 밧세바 에피소드(삼하 11- 12장)의 신학

1. 전쟁에 대한 보도

알트A. Alt는 이스라엘에서 왕권이 형성하게 된 동기는 블레셋에 의한 지속적인 군사적 위협이라고 주장했다.[21] 블레셋 족은 기원전 12세기경에 바다의 민족으로 팔레스타인에 들어왔으며, 애굽의 지배권이 약화된 기원전 11세기 중엽부터는 팔레스타인의 지배권을 행사했고, 이스라엘의 정착지역에까지 깊숙하게 지배 영역을 넓혀 갔다.[22]

이 견해에 따르면, 극단적인 외압은 토착 세력으로 하여금 반왕권적 자유이념을 포기하게 했으며, 지속적인 중앙집권적 정치 기구를 형성케 했다.[23] 사울이 암몬과의 해방전쟁에서 카리스마적인 지도력을 발휘했고, 전투 능력을 보여주었으며, 효과적 성공을 거두었다. 이로 인해 군대(=이스라엘의 남자들)는 그를 이스라엘의 왕으로 추대했다(삼상 11장).[24]

고대 사회에서 왕이 지녀야 하는 덕목들 가운데 하나는 왕은 "강력하고 상설적인 군대를 창설하고 이를 유지하고 지휘해야 한다"이다(참조 삼상 8:20b). 사무엘상 8장에서는 백성들이 사무엘에게 나아가 왕을 세워 달라고 요구한다. 이 요구는 여러 가지로 정당화되고 있다. 그중 하나는 국가(혹은 이와 유사한 공동체)가 외부로부터의 군사적 위협을 받고 있을 때, 즉, 강력하고 상설적인 군대의 필요성이 제기될 때, 왕은 이에 부응해야 한다는

---

21) A. Alt, "Die Staatenbildung der Israeliten in Palästina (1930)," ders, *KSII*, (München: C. H. Beck, 1964³), 116-132.
22) 참조 삼상 10:5; 13:3-4, 19-21. 블레셋(=바다의 민족들)에 대해 A. Strobel, *Der spätbronzezeitliche Seevölkersturm* (BZAW 145) (Berlin: de Gruyter, 1976)을 참조하시오.
23) 참조 F. Crüsemann, *Widerstand gegen das Königtum*.
24) 이러한 견해의 정당성과 부당성에 대해 필자는 이미 논한 바 있다. 참조 한동구, "고대 이스라엘의 왕권형성의 동기와 왕권에 대한 다양한 이해,"『성경과신학』제33권 (한국복음주의신학회, 2003년 4월), 38-71.

것이다.

이러한 주장을 사무엘상 11장에서 가장 잘 보여주고 있다. 11장은 이스라엘의 한 지역에 적이 침입하여 엄청난 위협에 처하게 되었다는 보도에서 시작한다. 이 사화에 속하는 중요한 요소로 도움을 청하기 위해 사자를 보내는 이야기(삼상 11:3-4), 사울과의 만남(삼상 11:5) 및 답변과 전할 새 소식(삼상 11:9-10) 등이 포함된다. 이 군사적 위험은 11절에서 해소된다.[25] 정쟁의 위험이 해소되면서 이 사화는 끝이 난다.[26]

이 고대 사화는 왕권에 대해 우호적인 입장을 가진 자들의 편에 - 아마도 다윗-솔로몬의 궁중에서 - 전승되어 계속하여 확대되어 (문헌적인) 기본 층을 형성했다.[27] 이 확대된 기본층은 사울이 암몬과의 전쟁에서 승리한 후에 길갈 성전에서 왕이 되는 것을 이야기하고 있다. 여기에서는 의심할 바 없이 정치적 의도를 보여주고 있다. 이 이야기 속에는 왕과 백성들 사이에 대조적인 모습으로 나타난다. 한편으로 용기를 잃은 백성이 있으며(삼상 11:4aβ-5), 다른 한편 백성들에게 승리를 가져다 준 영웅이 있다(삼상 11:11, 12f.).[28] 이 이야기는 전체 이스라엘을 다스릴 새로운 왕 - 아마도 역사적으로는 다윗과 같은 왕 - 을 사울과 같은 원형을 통해 정당화하려는

---

25) A. Weiser, *Samuel*, 71: H. J. Stoebe, *Samuel*, 224-225: F. Stolz, *Samuel*, 74. 다른 학자들은 삼상 11:15에서 이야기가 끝난다고 보았다. 예를 들어 F. Mildenberger, *Die vordeuteronomische Saul- und Davidüberlieferung*, 35. 이와는 달리 케글러는 삼상 11:15의 형성 연대를 정하는 단서를 제공하고 있다: 이야기 된 요소는 다윗, 압살롬 및 솔로몬의 왕 즉위의 맥락에서 등장하는 요소이다. J. Kegler, *Politisches Geschehen und theologische Verstehen*, 62.

26) 이 사화는 삼상 11:1, 2a, 3aαβγb, 4aα, 5ayb, 9-11로 구성되어 있다. 이 고대 사화의 형성 연대는 사건과 가까운 시간대에 형성되었으므로 사건의 실제적인 과정을 보도할 수 있다. 이 고대 사화는 이 사건을 개인적으로 체험한 사람들에 의해 구두 전승으로 퍼져나갔을 수 있다.

27) 이 기본층에는 삼상 11:2b, 3aδ, 4aβb, 5aδ, 6b, 7abβ-*, 8a, 12-*, 13, 15가 포함된다.

28) J. Kegler, *Politisches Geschehen und theologische Verstehen*, 82-83은 삼상 11:13에 나타난 왕의 모습에 담긴 의도를 다윗의 경우(삼하 19:23)와 비교하여 정확히 연구했다: 정치권력의 목적으로 기술되었다.

정치적인 서술로 보아야 한다.

이러한 맥락에서 사무엘서와 열왕기에서 군사적 위협에 대한 보도는 물론, 초기 왕들의 군사적 성공에 대한 보도가 많이 나오는 이유를 잘 이해할 수 있다.[29]

2. 왕의 자애로운 모습

고대 지혜문학에서는 왕이 지녀야 할 덕목으로 법과 정의를 세워야 하며, 공동체의 유지를 위해 법(정의) 외에도, 사랑(=인자, חֶסֶד 헤세드), 정의(צֶדֶק 짜데크)와 법(=정의, מִשְׁפָּט 미쉬파트) 등 인간적 덕목도 강조한다. 잠언 20장 28절에 "인자와 진리가 왕을 보호하고, 그의 보좌도 인자로 말미암아 견고해진다"라고 말한다. 왕의 지배를 지속시켜 주는 데 중요한 요소는 세습이나 권력이 아니라, 왕의 사회적 태도임을 말해 주고 있다. 그의 자애로운 모습은 백성들이 그를 공경하게 만들고 이것이 곧 왕권을 굳건하게 만들어 준다.

지혜문학에서 추구하는 인간상은 다른 사람의 허물에 대해 관대함을 보여주는 것이다. 잠언 10장 12절에서 "미움은 다툼을 일으켜도 사랑은 모든 허물을 가린다"라고 말한다. 여기에서 허물이 자신의 허물인지 다른 사람의 허물인지는 분명치 않다. 어쨌든 사랑하는 마음이 있다면, 자신이 사랑스럽게 보여짐은 물론, 다른 사람의 허물도 관대하게 대한다는 것을 의미한다. 아마도 잠언에서는 후자의 관점을 더 강조하는 것 같다. 잠언 17장 9절에서는 "허물을 덮어 주는 자는 사랑을 구하는 자요 그것을 거듭 말하는 자는 친한 벗을 이간하는 자다." 다른 사람의 허물을 덮어 주는 자는 다른 이들로부터 사랑을 받을 수 있음을 말한다. 반대의 경우 우정을 파괴하거나 미움과

---

29) 그 이유는 이러한 군사적 · 정치적 이데올로기에 근거하고 있음도 알 수 있다: 삼상 14:47f.; 삼상 30장; 삼하 8장….

증오를 불러일으킬 수 있다. 시편 15편 3절에서는 남을 해하기 위해 그의 약점이나 과오를 날카롭게 지적하는 것을 비난한다. 지혜로운 자는 다른 사람의 허물을 보았을 때, 먼저 분노부터 하지 않고, 그의 허물을 관대하게 용서한다. 이러한 태도로 말미암아 다른 이의 칭송을 받고 나아가 영광스러운 존재가 되는 것이다(잠언 19:11).

지혜문학이 추구하는 바는 관대한 인간상이다. 요셉 이야기에서도 요셉은 형들의 과오를 벌하거나 복수하지 않고, 관대하게 덮어 주었다. 이러한 요셉의 모습은 지혜자의 원형으로 여겨진다.

뿐만 아니라, 다윗 왕위 계승 사회에서도 다윗이 신하들의 실수를 관대하게 덮어 주는 모습을 보여주었다. 전투에서 약간의 사상자를 냈다는 전령의 보고에 대해 다윗은 자애로운 모습으로 위로하고 격려한다. 전쟁에서는 불특정인에게 우발적으로 사상자가 날 수 있음을 전제하고, 사상자의 일에 대해 염려하지 말고, 목표(성의 함락)에 정진하도록 독려했다(삼하 11:25). 이러한 모습은 다윗이 이상적 왕의 성품(חֶסֶד 인자)을 지녔음을 보여주는 증거이다. 이러한 모습은 군주의 당당한 인품을 증거하는 것이며, 고대 사회가 추구하는 지혜자의 인물상을 지녔음을 말한다.

3. 약자 보호는 왕의 의무

우발적 사상자 중에는 우리아도 포함되어 있다. 밧세바는 남편의 죽음을 애통해 하며 장례를 치렀다. 장례가 끝나자, 다윗은 그녀의 처지를 긍휼히 여겨 그녀를 아내로 삼았다. 그리고 그녀에게서 아들도 낳았다. 다윗의 이러한 태도는 왕의 과제인 사회적 약자를 돌보는 일을 충실히 이행하고 있음을 보여주는 증거다.

고대 동양의 왕 전통에 따르면, 왕은 국가를 번영시켜야 하며, 사회적 약자를 보호해야 한다. 시편 72편에서도 왕의 약자 보호 직무를 언급한다.

"그가 가난한 백성의 억울함을 풀어 주며 궁핍한 자의 자손을 구원하며 압박하는 자를 꺾으리로다."(시 72:4)

"그는 궁핍한 자가 부르짖을 때에 건지며 도움이 없는 가난한 자도 건지며, 그는 가난한 자와 궁핍한 자를 불쌍히 여기며 궁핍한 자의 생명을 구원한다."(시 72:12-13)

잠언 29장 14절에서는 왕의 과제로 사회적 약자를 돌보고 배려하는 것을 특별히 강조하고 있다. 공동체의 구성원 중에 가난한 자들이 많아지면, 사회가 경제적 관점에서 양분화될 수 있다. 그렇게 되면 국가는 가벼운 재난에도 견뎌내지 못하고 쉽게 붕괴된다. 왕은 솔선수범하여 사회적 약자를 배려하여 공동체가 양분화되지 않도록 해야 한다.

이스라엘 역사의 전 시대에 걸쳐 고아와 과부에 대한 배려를 호소하고 있다(출 22:22; 신 10:18; 14:29; 16:11… 시 68:5; 94:6…). 특별히 지혜문학 가운데에는 욥기에서 과부에 대한 배려를 강조한다(참조 욥 22:9; 24:3, 21; 31:16, 18).

전쟁으로 죽은 병사의 아내를 내버려 둘 경우, 그녀는 경제적으로 어려움에 빠지게 되며, 마침내 생계를 위해 창녀 같은 일을 하는 어려움에 처할수도 있다. 남편이 죽고, 미망인이 된 여인들의 경제적 어려움을 룻기에서 잘 보여준다. 룻기의 주제는 룻이 보여준 신앙과 인간미와 함께 미망인을 보호하는 보아스의 자애로운 태도로 후일에 한 왕조를 이루는 큰 보상을 받았다는 것이다. 이와 마찬가지로 다윗은 신하이며 병사인 우리아의 죽음으로 미망인이 된 밧세바를 받아들여 그녀가 처할 경제적·사회적 어려움을 면할 수 있게 해주었다. 이것은 왕의 직무에 충실한 모습으로 충분히 비쳐진다.

4. 하나님의 특별한 은총

다윗은 밧세바를 긍휼히 여겨 아내로 맞아했고, 그 결과 그녀는 다윗의
아들을 낳았다. 그리고 그의 이름을 솔로몬이라 했다. 그 이유를 야훼께서
그 아이를 사랑하셨기 때문이라고 말한다. 예언자 나단은 그의 이름을 '여디
디야'라 불렀다. 그 뜻은 '야훼께서 사랑하셨다'이다.

שְׁלֹמֹה(솔로몬)이라는 이름은 히브리어 동사 שלם Piel형(설렘)으로 표
현되는 활동 '대신하다' 혹은 '온전하게 하다'의 결과를 나타낸다. 따라서
솔로몬의 이름은 "그의 보충/대용"을 의미한다. 그의 이름 속에서 죽은 남편
에 대한 회상이 담겨 있다. 여기에서는 솔로몬이 둘째 아이이고, 죽은 이가
첫째 아이라면, 그는 회상의 대상이 될 수 없다. 왜냐하면 그는 부정의 결과
생겨난 죄의 씨앗이기 때문이다. 따라서 회상해야 할 대상은 '밧세바의 남
편, 우리아'여야 하며, 그렇게 될 때 솔로몬은 보아스의 경우와 같이, 다윗의
자비로운 행동의 결과로 얻어진 아이가 된다.[30]

고대 서부 아시아 지역의 왕권 전통에 따르면, 왕은 신의 특별한 가호
속에 탄생한다. 그래서 그는 신의 지상 대리자로 군림할 수 있게 된다.[31]
솔로몬 역시 하나님의 특별한 사랑을 받고 태어난 아이이므로, 그는 마땅히
왕좌에 올라야 한다(참조 왕상 1-2장).

V. 결론

이상의 논의에서 앞서 제기했던 질문에 대한 해답이 나왔다. 다윗 왕위

---

30) T. Veijola, "Salomo - der Erstgeborene Bathsebas," ders, *David. Gesammelte
Studien zu den Davidüberlieferungen des Alten Testaments* (SFEG 52)
(Göttingen: Vandenhoeck & Ruprecht, 1990), 84-105, 특히 89-91.
31) Th. Naumann, *David als exemplarischer König*, 150-153.

계승 사화는 밧세바 에피소드(삼하 11-12장)에서 살펴본 바와 같이, 역사적으로 사건이 일어난 근접한 시간대에 형성된 문헌이다. 밧세바 에피소드(삼하 11-12장)의 기본층은 친다윗적·친솔로몬적 특성을 지녔으며, 솔로몬이 왕좌에 오르는 것을 목표(왕상 1-2장)로 하는 문헌, 즉 다윗 왕위 계승 사화의 일부다.

다윗 왕위 계승 사화의 일부로서 밧세바 에피소드(삼하 11-12장)는 부분적으로 고대 서부 아시아 지역의 왕권 전통에서 흔히 볼 수 있는 사상을 이용하기도 했으며, 부분적으로는 지혜 전통에서 사용한 지혜사상을 이용하기도 했다. 이 문헌층에서는 다윗의 행위는 왕으로서의 자질을 갖추었으며, 또한 그의 자혜로운 행동은 하나님으로부터 특별한 은총을 받기에 충분하다. 그 결과 태어난 솔로몬은 "하나님의 사랑을 받는 자"로서 장차 왕위에 오르기에 충분하다는 점을 주장한다.

다만 밧세바 에피소드(삼하 11-12장)가 다윗과 솔로몬을 부정적으로 인식하게된 것은 후기 개정의 결과다.

제13장

솔로몬의 기도
- 열왕기상 3:4-15의 분석과 메시지 -

I. 본문 비평1)과 번역

   4왕은 제사를 드리기 위해 기브온으로 갔다.2) 왜냐하면 그곳에는 큰 산
당이 있었기 때문이다. 천 회의 번제를 솔로몬은 그 제단에서 드렸다.3)
   5기브온에서4) 야훼께서는 솔로몬에게 밤의 꿈에 나타나시어 하나님5)

---

1) 히브리어 성경의 비평주를 참조.
2) 셉투아진트에서는 καὶ ἀνέστη(=וַיָּקָם 봐야콤, 그는 일어났다)가 덧붙여져 있다: "왕은 일어
   나 제사를 드리기 위해 기브온으로 갔다." 이것은 아마도 왕상 3:4에서 작은 단락이 시작됨
   을 확실하게 나타내기 위해 덧붙여진 것으로 생각된다.
3) "드렸다"라는 말의 히브리어 표현은 미완료형(יַעֲלֶה 야알로)으로 이루어져 있다. 이것은
   과거의 지속된 행위를 표현한다. 따라서 천 회란 한 번에 연속적으로 드린 것을 말하는
   게 아니라 천 회에 걸쳐 드린 걸 말한다(HC 138).
4) 셉투아진트와 페쉬타에서는 맛소라 본문과는 달리 왕상 3:5의 첫 단어 בְּגִבְעוֹן(버기브온,
   기브온에서)와 둘째 단어 사이에 접속사를 두어, 왕상 3:5의 첫 단어 "기브온에서"는 제단
   의 위치를 가리키는 말로 보았다. 왕상 3:4에서는 기브온에 있는 그 제단에서 제사를 드리
   고, 왕상 3:5에서는 그 날 밤 꿈에 야훼께서 솔로몬에게 나타나셨던 계시 사건을 분리했다.
5) 셉투아진트에서는 "하나님"이라는 말 대신에 κύριος(주)로 대신했으며, 불가타에서는 삭
   제하여, 신명의 불일치를 피하고자 했다.

은 "내가 너에게 무엇을 줄까" 하고 물었다.

⁶솔로몬은 답했다 "당신의 종, 나의 아버지, 다윗이 당신 앞에서 신실과 정의와 당신을 향한 정직한 마음으로 행한 것과 같이,⁶⁾ 당신도 그에게 큰 사랑을 베푸시며, 당신은 그에게 이 같은 큰 사랑을 보존하시고 오늘과 같이 그의 보좌에 앉을 그의 아들을 주셨습니다.

⁷이제 야훼 나의 하나님이여, 당신은 당신의 종을 나의 아버지 다윗을 대신하여 왕이 되게 하셨으나, ᵃ나는 어린 소년이라 나갈 때와 들어 올 때를 알지 못합니다.ᵃ⁷⁾

⁸또한 당신의 종은 당신이 선택한 당신의 백성, 즉 수가 많아 헤아려 지지도 않으며 ᵃ기록되지도 않는ᵃ⁸⁾ 많은 백성 중에 있습니다.

⁹그러나 당신은 당신의 종에게 듣는ᵃ⁹⁾ 마음을 주시어 당신의 백성을 b다스릴 수 있게 하시고¹⁰⁾ ᶜ선과 악을 분별할 수 있게 하소서.¹¹⁾ 달리 누가

---

6) 히브리어 כַּאֲשֶׁר(카이쉐르, -와 같이)를 대부분 인과적으로 번역했다. 그러나 원인과 결과의 내용은 다르다. 어떤 이는 "하나님께서 사랑을 베푸심으로 결과적으로 다윗이 의롭게 행했다"로 이해했다(참조 Fritz, *Züricher Bibelkommentar*). 그러나 대부분은 "다윗이 의로운 행위를 행하므로 그 보답으로 하나님께서 사랑을 베풀었다"로 이해했다. 한글개역(개역개정 포함), 새번역, Mulder(HC), Noth(BK), Hentschel (NEB), Würthwein (ATD).

7) BHS에서는 한 개의 종속절 속에 이유절과 결과절로 읽었다: "ᵃ나는 어린 소년이라 나갈 때와 들어 올 때를 알지 못합니다.ᵃ" 그러나 소수(3-10개)의 필사본과 셉투아진트와 페쉬타와 불가타에서는 인용을 나타내는 두 개의 종속절로 읽고 있다: "나는 어린 소년일지라도, 또한 나갈 때와 들어올 때를 알지 못할지라도…." 하나의 종속절을 두 개의 종속절로 고쳐 읽음으로써 주절의 내용, 즉 하나님께서 솔로몬을 왕으로 세운 일이 매우 파격적임을 은연중에 나타낸다.

8) 셉투아진트에서는 한 문장(ᵃ기록되지도 않는ᵃ)을 생략하고 있다. 그 대신 루키아노스 비평에 따른 셉투아진트에서는 "바다의 모래알과 같이"를 추가하고 있다. 아마도 보다 짧은 본문이 본래적인 것 같다.

9) "듣는"을 히브리어 본문에서는 능동분사(שֹׁמֵעַ 쇼메아흐)로 읽고, 셉투아진트에서는 부정사(לִשְׁמֹעַ 리쉬모아흐)로 고쳐 읽고 있다. 그 다음에 이어지는 부정사에 접속사를 붙여 연결했다(וְלִשְׁפֹּט אֶת־עַמְּךָ 버리쉬포트 에트-암카): "당신은 당신의 종에게 마음을 주시어 듣게 하시며, 당신의 백성을 다스릴 수 있게 하시고…." 분사를 부정사로 변경함으로 솔로몬으로 하여금 백성들의 음성을 들을 뿐 아니라, 하나님의 음성도 듣는 마음이 있음을 좀 더 강조한다. 따라서 이러한 변화를 통해 경건하고 신중한 지도자임을 더 강조한다.

이 위대한 백성을 다스릴 수 있겠습니까?"

¹⁰솔로몬이 이 일을 청한 것이 주a12)의 눈에 들었다.

¹¹그래서 하나님a13)은 답했다. "네가 이 일을 구했기에, 즉, 네가 장수를 구하지도 않고, 네가 부를 구하지도 않고, 네가 네의 적의 생명을 구하지도 않고, 너는 송사를 듣고 분별할 수 있기를 구했기에,

¹²보라, 나는 너의 말과 같이 행하리라, 보라 나는 너에게 지혜롭고 통찰력 있는 마음을 주리니, 너 이전에도 너와 같은 자가 없었고, 너 이후에도 너와 같은 자가 일어나지 않을 것이다.

¹³또한 네가 구하지 아니한 것, 부도 영예도 내가 너에게 줄 것이다. 너의 평생에a14) 왕들 중에서 너와 같은 자가 없을 것이다.

¹⁴너의 아버지 다윗이 걸었던 것과 같이, 네가 나의 길 가운데를 걸어, 나의 규정들과 나의 명령들을 지키면, 나는 너의 날을 길게 할 것이다."

¹⁵솔로몬이 잠을 깨었을 때, 보라 (그것은) 꿈이었다. 그는 예루살렘으로 가서 주의 언약의 궤 앞에 서서 번제들을 드리고 또한 종결친교제를 드리며, 그의 모든 신하들을 위해 연회를 베풀었다.

---

10) 백성을 다스림에 있어서 셉투아진트에서는 정의롭게(ἐν δικαιοσύνη = בְּצֶדֶק 버쩨데크) 라는 말을 삽입했다. 이를 통해 통치 행위의 정의를 강조하고 있다.

11) 셉투아진트에서는 왕상 3:9b와 관련하여 계속되는 부정사에도 접속사를 붙여 자연스러운 표현이 될 수 있도록 연결했다(וְלְהָבִין 우리하빈): 또한 선과 악을 분별할 수 있게 하소서.

12) 많은(20개 이상) 히브리어 필사본과 셉투아진트에서는 "주의 눈에"라는 표현 대신에 "야훼의 눈에"라는 표현을 사용했다. 주라는 표현을 통해 보다 교훈적 성격을 강하게 나타내므로 왕상 3:10을 편집적 손길에 돌리는 주석자들이 있다.

13) 셉투아진트(와 페쉬타와 불가타)에서는 하나님이라는 칭호 대신 주라는 칭호를 사용했다. 이것은 아마도 왕상 3:10의 주라는 칭호와의 마찰을 피하기 위함인 것 같다.

14) 셉투아진트에서는 "평생에"라는 표현을 삭제하고 있다. "평생에"라는 표현은 "왕들 중에서"라는 표현과 마찰을 보여주고 있으므로 자연스러운 흐름을 위해 제거했다.

II. 본문 주석

본문은 솔로몬이 어떻게 제국을 굳건하게 정비했는가를 설명한 후에, 그의 계속적인 통치를 여러 가지 측면에서 기술하고 있다(왕상 3:1-11:43). 여기에서 솔로몬은 특별히 지혜로운 왕으로 기술되고 있다(왕상 3:2-5:18/히 32). 따라서 그는 성전을 왕궁과 같이 건축할 수가 있었다.

솔로몬은 제사를 드리기 위해 이름 있는 산당 기브온으로 간다(왕상 3:4). 하나님께서 솔로몬에게 한 가지 청을 들어주겠다고 계시한다(왕상 3:5b). 그러자 솔로몬은 백성들을 잘 통치할 수 있는 지혜를 (본문에서는 듣는 마음15)을) 청한다(왕상 3:9). 하나님께서는 솔로몬이 부나 장수나 적의 목숨을 요구하지 않고, 지혜를 간청한 것을 매우 기쁘게 생각했다(왕상 3:11a). 그래서 하나님은 솔로몬에게 지혜롭고 통찰력 있는 마음을 주었다(왕상 3:12a). 이와 함께 부와 명예와 장수를 주었다(왕상 3:13a, 14b). 마침내 솔로몬은 하나님께서 그에게 계시를 주신 것을 깨닫고 기브온에서 다시 한 번 제사를 드리고 축제를 베풀었다(왕상 3:15a).

이 이야기는 애굽 왕 투트모세 IV(기원전 1412-1403)의 스핑크스 석비(ANET 449) 내용과 몇 가지 공통적인 특징을 보여준다. 여기에서는 왕세자가 순례를 하다가 낮에 잠이 들었다. 신이 꿈에 나타나 그에게 상하 이집트를 통치하게 될 것을 알려준다. 그가 잠에서 깨어나 그 위대한 신에게 제사를 드릴 것을 그의 신하들에게 전한다.

솔로몬의 꿈 이야기 속에는 몇 가지 주요한 신학적인 언설과 해설이 더 추가된다. 왕과 백성이 산당에서 제사를 드리는 것은 성전 건립 이전의 관행이었음을 전한다(왕상 3:2). 또한 솔로몬이 야훼를 사랑하고 다윗의 법도

---

15) '듣는 사람'(אִישׁ שֹׁמֵעַ 이쉬 쇼메르)는 '지혜자'를 가리키는 전문용어다. H. Brunner, *Das hörende Herz* (OBO 80) (Göttingen: Vandenhoeck & Ruprecht, 1988), 3-5; 크리스티앙 자크, 『현자 프타호텝의 교훈』, 홍은주 역 (서울: 문학동네, 1999), 100-101, 181-183.

를 따라 행했으나, 여전히 산당에서 제사를 드린 유감도 전한다(왕상 3:3). 그리고 솔로몬과 하나님과의 대화(왕상 3:6-8) 속에서 다윗은 특별히 은혜 받은 왕으로 여겨지고(참조 왕상 9:4; 14:8; 15:3), 그의 아들을 하나님은 왕으로 삼으셨다(참조 왕상 2:4; 8:20, 25; 9:5). 그래서 이스라엘은 선택받은 백성이다(참조 신 4:37; 7:6; 10:15; 14:2). 또한 솔로몬에게 부가적으로 주어진 축복 가운데 장수의 축복은 하나님의 법도와 명령의 준수 여부에 달려 있음을 보여준다(왕상 3:14). 솔로몬이 주의 법궤 앞에서 제사를 드림으로 그가 예루살렘 중심의 신학(예배의 중앙 통일화의 신학)에도 신실했음을 보여준다(왕상 3:15b). 한편으로 솔로몬은 다윗보다 높고 다른 누구와도 비교가 되지 않을 만큼의 높은 지위를 부여받는다. 여기서는 그의 종교적 경건과 이로 인해 얻게 된 지혜의 결과임을 강조한다(왕상 3:12b, 13b).

III. 설교를 위한 신학적 메시지

1. 경건과 하나님 체험(왕상 3:4-5)

솔로몬은 제사를 드리기 위해 기브온으로 갔다. 기브온은 예루살렘에서 북 서방향으로 약 12km 떨어진 오늘날 엘깁el-ǧīb이라는 지역이다. 이 지역은 성지 순례 시 흔히 방문하는 기브온에 있는 소위 사무엘의 묘지en-nebi samwīl로부터 북으로 약 2km 떨어진 곳이다. 블렌킨숍의 견해에 따르면, 기브온은 사울의 수도이며 예루살렘에 성전이 지어지기까지는 중요한 정치적·종교적 중심지였다.16) 솔로몬이 제사드릴 장소로 기브온을 선택한

---

16) J. Blenkinsopp, *Gibeon and Israel*, 1972, 86.

이유를 본문에서는 분명하게 언급하고 있지는 않다. 법궤가 예루살렘으로 안치되기 전 아비나답의 집에 있었고, 이를 예루살렘으로 옮겨 오는 도중 불의의 사고로 오베데돔의 집에 머물게 되었다. 역대기상 16장 37-38에 따르면 오베데돔의 집은 기브온에 있다. 같은 사건을 보도하는 역대기하 1장 3절에서는 기브온에 만남의 장막(=회막)이 있었다고 술회한다. 기브온은 예루살렘에 야훼 성전이 있기 전, 이스라엘 사람들에게 전통적인 중요한 성소였기 때문에 솔로몬이 그곳으로 제사를 드리기 위해 갔을 것이다.

솔로몬은 기브온 성소에서 야훼 하나님께 천 회의 번제를 드렸다. 다소 과장된 인상을 준다.17) 그러나 솔로몬의 헌신과 경건의 정신은 충분히 반영하고 있다. 하나님을 사랑하고 그의 아버지 다윗의 법도에 따라 행했던 그는 야훼께 헌신하기 위해 수많은 번제를 올렸을 것이다.

번제는 구약성서에서 가장 빈번하게(280회) 언급되었고, 가나안, 페니키아, 희랍 등에서도 있었던 제사제도다. 아마도 이스라엘에서는 주변 가나안으로부터 넘겨받은 것 같다.18) 번제는 제물을 하나님께 온전히 드리는 것을 말한다. 번제란 히브리어로 עוֹלָה(올라)로서 (위로 하늘로) "올라가다"를 의미한다. 제물을 완전히 태우므로 "연기"로 하나님께 올려 드린다. 번제는 하나님께 온전한 헌신의 의미로 드려지며(창 8:20; 22:13), 감사(삼상 6:14f.)와 청원(삼상 7:9)이 있을 때도 드린다. 이스라엘에서 초기 시대에는 번제에서 속죄(화해)의 기능을 기대할 수 없었다(창 8:20; 삿 6:19-24; 삼하 6:17f.; 왕상 9:25; 18:30-38). 제사 규정을 담은 비교적 후기의 문헌에서는 번제가 속죄의 기능이 있다.

렌토르프R. Rendtorff의 재구성에 따르면, 번제의 의식 순서는 ① 제물의 봉헌-② 제물에 안수-③ 도살-④ 피의식-⑤ 기타 준비-⑥ 불사름이다.

---

17) 번제는 왕조 초기에는 하루에 한 번씩 드렸다. 그리고 왕조 말기와 그 이후에는 하루에 두 번씩 드렸다. 이러한 전통을 고려한다면, 단번에 천 회의 번제를 드리는 것은 종교적 전통에 어긋난다.
18) L. Rost, "Von Ugarit nach Qumran," FS für O. Eißfeldt, 1958, 177ff.

이러한 솔로몬의 헌신과 경건은 꿈을 통한 하나님의 계시로 이어진다. 꿈은 하나님의 계시를 매개하는 통례적인 수단이었다(참조 창 26:3; 28:16; 31:10f.; 40:5; 46:2ff.; 삼상 3:4ff.; 28:6). 하나님은 솔로몬에게 소원을 들어줄 것이니 소원을 말하라고 명한다(참조 시 2:8; 20:4f.; 21:2, 4).

현대인들은 영성에 대해 많은 이야기를 한다. 특히 "하나님과의 만남"을 영성의 핵심으로 이해한다. 하나님과의 만남은 성령의 역사이며, 따라서 전적으로 하나님의 은혜만으로 이루어질 수 있는 것으로 주장한다. 그리고 인간의 편에서의 경건과 헌신은 성령의 역사와 여기에서 이어지는 하나님과의 만남에 결코 전제 조건이 될 수 없다고 못 박는다. 그럼에도 불구하고 우리는 영성에 대해 논의하고, 영성을 삶 가운데에서 실천해야 한다고 주장한다. 이러한 주장들은 철저히 종교개혁자들의 주장과 그 전통에 따른 것이다. 중세의 가톨릭교회의 공로사상을 극복하기 위해 '오직 믿음'이라는 주장의 전개는 역사적으로 타당했다.

오늘날 한국 교회의 성도들은 비도덕적 범죄에 쉽게 연루되었다. 초창기의 건전한 정신은 사라지고, 자신의 이익 챙기기에 급급한 신도들을 양산한다. 그 원인은 수많은 한국 교인들이 이중적 잣대놀음에 빠져 있으며, 삶과 유리된 내면(만)의 구원을 진정한 구원으로 이해하는 데 있다. 이러한 점은 종교개혁자들의 주장과 그 전통이 직접적인 원인이 될 수는 없을지라도, 많은 부작용을 낳고 있는 것은 사실이다.

그러나 위에서 언급한 영성에 대한 주장들이 과연 성서에 근거한 것인가를 묻지 않을 수 없다. 하나님과의 만남에 인간 편에서의 전제 조건을 제시할 수는 없다. 왜냐하면 하나님의 은혜는 인간에 의해 제한될 수 없기 때문이다. 그럼에도 불구하고 하나님의 많은 축복은 인간의 신실과 경건에 좌우된다. 구약성서는 하나님을 사랑하고, 그의 법도를 따라 행하며, 하나님께 헌신과 경건을 다하는 사람에게 축복의 길이 열려 있음을 가르친다.

현대인들에게 필요한 영성의 핵인 하나님과의 만남과 이를 위한 영성훈

련은 이원론적 사상에 근거한 희랍 사상19)이나 종교개혁적 전통에 근거하기보다는 구약성서의 가르침에 근거하는 게 바람직할 것이다.

요셉에게서 볼 수 있는바, 그는 종교적 경건을 간직한 사람이다. 따라서 하나님의 영이 그 가운데 머물게 되며, 나아가 그는 하나님의 역사 섭리와 계시를 이해하는 사람이 되었다.20)

2. 약속의 성취와 솔로몬의 새로운 과제(왕상 3:6-8)

믿음의 조상 아브라함은 그의 고향 땅을 떠나면서 하나님에게 축복을 약속의 형태로 받았다(창 12:2-3; 13:16; 15:5; 22:17; 26:4; 28:14).21) 그 가운데 "큰 민족이 되리라"는 약속은 다윗과 솔로몬에게 와서야 비로소 성취되었다.

다윗 제국의 영토는 팔레스타인의 전 지역, 즉 동부와 서부, 사막에서 바다까지, 남부의 국경선은 시내 사막을 깊숙이 가로질러 아카바만에서 이집트 강Wadi el-'Arsh 하구의 지중해까지 미치고 있었다. 서부의 국경선은 북으로 페니키아 성읍인 시돈과 두로를 제외한 전 해안지역과 남으로 좁은 해안지역을 제외한 해안지역을 경계로 한다. 동으로는 동부요르단의 애돔 모압 암몬을 포함하며, 북으로는 헤르몬 산자락에 있는 단 가까운 지점까지

---

19) 본문 비평에서 암시했던 바와 같이, 셉투아진트와 페쉬타에서는 맛소라 본문 내용의 변경을 시도하고 있다. 후대의 번역본에서는 제사를 드린 사건과 계시 사건을 별개의 사건, 즉 불연속적 사건으로 변경하려 했다. 희랍의 이원적 사고의 토대로 이루어진 번역본에서는 인간의 헌신과 경건이 하나님의 축복과 계시로 이어질 수 있다는 가능성을 부인하고자 했다.

20) 한동구, "요셉 이야기의 언어세계와 신학사상," 한동구, 『창세기의 신앙과 신학』(서울: 프리칭 아카데미, 2010)을 참조하라.

21) 1) 큰 민족이 되리라. 2) 엄청난 축복이 (토양으로부터 뿌리 뽑힌 자에게) 약속되었다. 3) (이질성으로 말미암아 무시당하던 자가) 이름이 창대케 된다. 4) 그가 축복의 근원(= 진수)이 된다. 5) 그를 친절하게 대하는 자는 하나님께서 축복하신다. 6) 그를 무시하는 자는 저주를 받는다. 7) 이들은 땅의 모든 족속들에게 축복의 중재자가 된다.

나아갔다.22) 다윗과 솔로몬의 제국은 유다를 중심으로 한 다원적 정치구조를 이루었고, 이는 명백히 제국을 이루었다.

다윗은 제국의 건설자로 하나님 앞에서 "신실과 정의와 정직한 마음"으로 행했다.23) 그 결과 하나님도 다윗에게 큰 사랑을 베풀어 거대한 제국을 세우게 하셨다. 본문에서는 왕국을 철저히 하나님에 의해 주어진 것으로 이해한다. 그리고 그의 아들 솔로몬을 보좌에 앉게 하셨다. 하나님이 선택한 하나님의 백성은 헤아릴 수 없을 만큼 불어났다. 이는 하나님의 축복의 결과이며, 선조에게 내리신 약속의 실현이다.

하나님의 엄청난 축복은 솔로몬으로 하여금 새로운 과제에 직면하게 한다. 이와 유사한 점을 출애굽기에서도 볼 수 있다. 하나님의 축복의 결과가 이스라엘 민족에게 고통과 억압의 원인이 되었다(출 1:9).24)

역사적으로 볼 때, 다윗과 솔로몬은 새롭게 형성된 거대한 제국, 이로 인한 복합적인 정치구조, 나아가 변화된 사회현상으로 인해 이전과는 다른 과제들에 직면했다. 통치자가 감당해야 했던 과제들 중에서 중요한 것은 정의를 확립하여 국가의 질서와 바른 가치관을 확립하는 일이다. 이는 물질적 풍요나, 사회구조의 변혁보다 중요한 일일 것이다. 이를 위해 솔로몬은 "듣는 마음"을 간구했다. 성서적 관점에서 볼 때, 마음이란 감정뿐 아니라,

---

22) 국경에 대해 밀러/헤이스,『고대 이스라엘 역사』, 637, 639의 지도를 참조하라.

23) '신실'은 한 분 하나님에 대한 한결같은 태도를 말한다. '정의'는 민족을 공동체적 관계로 실현시키는 것을 말한다. '정직한 마음'은 생각과 행동이 일치됨을 말한다.

24) 요셉을 알지 못하는 바로의 발언에서 이스라엘의 억압은 시작된다. "이 백성 이스라엘 자손이 우리보다 많고 강하도다"(출 1:9). 그들의 수가 급속히 증가한 것은 아브라함에게 "큰 민족이 되리라"(창 12:2)고 한 하나님의 약속과 이삭과 야곱에게 하신 하나님의 약속 (창 26:4, 24)이 성취되었음을 보여준다. 약속 성취의 결과로 이스라엘이 민족이 되었다. 반면 이스라엘에게 실현된 축복은 바로 이스라엘에게 억압과 고통의 동기와 원인이 되었다. 이는 하나님의 역사 섭리를 향해 눈을 뜨도록 만든다. 이스라엘의 낮추심은 불의한 억압자, 애굽을 징계하기 위함이며, 해방자 하나님의 능력을 선포하기 위함이다. 요셉이 형들의 미움으로 애굽에 팔려갔으며, 애굽에서도 누명을 쓰고 왕실 감옥에 갔다. 이러한 낮춤은 요셉의 가족들과 당시 세계 모든 사람들의 구원을 위함이다. 예수 그리스도가 십자가에서 돌아가심은 인류 구원과 부활을 위함이다.

이해와 의지 및 종교적 심성의 중심이다. 솔로몬은 행정적인 능력과 연륜으로부터 주어지는 지혜는 물론 하나님과의 영적 교통을 통해 얻어지는 지혜를 갈구하고 있다.

우리는 여기에서 중요한 점을 한 가지 더 지적하고 넘어가야 한다. 솔로몬은 자신을 "나는 어린 소년이라 나갈 때와 들어올 때를 알지 못합니다"라며 낮춘다. 이는 사실적인 표현이라기보다는 그의 겸손을 나타내는 표현이다. 그가 왕이 되었을 때 그의 나이는 이미 마흔 살이 넘었다. 이처럼 겸양과 참다운 경건은 하나님으로부터 주어지는 지혜와 축복을 향해 마음을 열게 한다.

3. 지혜와 함께 풍요도(왕상 3:10-14)

솔로몬의 청은 하나님의 마음을 감동시켰다. 그 결과 솔로몬은 그가 청하지도 않은 부와 명예와 장수의 축복을 함께 누릴 수 있게 되었다. 부는 물질적 소유와 성공의 결과다. 이스라엘의 왕들 가운데 솔로몬은 물질적 번영을 누린 왕으로 널리 후손들에게 칭송된다.

지혜의 결과는, 특히 통치자에게 있어서, 안정과 질서는 물론이요 풍요와 번영을 포함한다. 구약성서에서는 사람들이 말씀에 신실하다면, 하나님의 축복을 입어 빵을 함께 누리게 됨을 주장한다. 하나님의 태도로부터 이점은 충분히 이해될 수 있다.

어떤 젊은 목회자와 감리사를 지낸 중년의 목회자가 나눈 흥미 있는 대화를 소개한다. 젊은 목회자는 "자신의 목회와 교회에 유익한 일꾼을 구별하는 방법"을 물었다. 중년의 목회자는 "자신의 목회와 교회에 유익한 일꾼이란 학식, 직업, 세련된 매너가 뛰어난 사람이 아니라, 헌금 생활을 충실히 하는 자"라고 답했다. 젊은 목회자는 그 말의 뜻을 이해하지 못하는 듯했다. 그러나 필자는 중년의 목회자의 경험적 충고가 매우 옳다고 생각한다. 왜냐하면 사람들은 재물이란 대단한 것이 아니라고 말하지만 내면적으로는 매우 귀중한 것으로 여기고 있다. 가장 귀중한 것을 아낌없이 교회를 위해 사용할 수 있는 자는 믿을 만하고 충성된 자라고 말할 수을 것이다. 대개 사람들은 작은 재물일지라도 이를 저축하기 위해서는 많은 인내와 절제가 요구된다. 이렇게 하여 저축하는 자들은 재물은 아무것도 아니라고 말할 수 없을 것이다. 예수께서 부자 청년에게 그가 가장 귀중하게 여기는 것 – 재산 – 을 팔아서 가난한 자에게 나눠주라고 말했을 때, 부자 청년은 예수님의 요구는 너무 가혹한 것으로 여기고 슬픈 얼굴로 물러갔다는 점을 기억해야 한다.

마태복음 4장과 신명기 8장은 각기 다른 맥락에 있기는 하나, "사람이 떡으로만 살 것이 아니요 하나님의 입으로부터 나오는 모든 말씀으로 살 것이라"라는 구절의 의미는 동일하다(동일해야 한다). 그러나 희랍적 전통을 따르는 해석과 히브리적 전통을 따르는 해석에서는 본문의 의미를 다르게 이해했다. 희랍적 전통에 따르면 인간의 삶은 물적 토대(=떡), 즉 육적 삶은 가변적이어서 영원한 것이 못 되나, 하나님의 말씀을 토대로 한 삶은 변하지 않으며, 영원한 것으로 이해했다. 따라서 말씀은 떡보다 우위에 있는 것으로 보았다. 더 나아가 떡은 무가치한 것으로 간주되기도 했다. 이러한 이해방식은 삶의 모든 영역에 영향을 미쳐 이원론적으로 사유하며 행동하게 한다. 따라서 기독교인의 경제활동은 말씀 중심의 생활보다 무가치하며, 때로는 속되며, 죄의 영역의 속한 것으로 오해될 수 있다.

그러나 히브리적 사유는 희랍적 이해와는 다른 신학적인 교훈을 우리에게 준다. 신명기 8장 3절에서는 "사람은 떡으로만 사는 것이 아니요, 야훼의 입에서 나오는 것으로 살아간다"는 말씀을 "대체 인간은 무엇으로 살아가는가?"라는 질문과 연결된다. 외형적으로는 떡과 말씀의 대립적 현상으로 보인다. 떡은 자연적인 것, 또는 물질적인 것을 의미하며, 말씀은 초자연적인 것, 혹은 영적인 것을 의미하는 것으로 보아서는 안 된다. 하나님은 이스라엘을 축복하여 물질적인 것을 내려 주셨다. 이러한 구원의 역사를 통해 하나님과 이스라엘과의 관계를 확고히 하고, 하나님의 명령을 준수케 했다. 즉, 하나님의 명령의 준수를 통해, 이스라엘은 살게 되며, 떡을 보장받게 된다.

히브리적 이해에 따르면 하나님의 말씀에 충실한 사람은 떡도 보장받을 수 있다는 입장이다. 하나님은 이스라엘 민족이 광야에서 고난을 겪고 있는 동안에 이들에게 필요한 것을 모두 채워 주셨다. 하나님으로부터 주어지는 지혜는 부와 명예와 장수의 축복을 함께 누리게 한다.

4. 감사와 축제(왕상 3:15)

솔로몬이 잠에서 깨어 보니 꿈이었다. 그는 다시금 예루살렘으로 돌아와 야훼의 언약궤 앞에 번제와 감사의 예물을 드렸다. 이로써 다시 한번 그의 경건을 나타내 보였다. 그리고 그의 신하들을 위해 축제를 드렸다. 그가 받았던 기쁨을 함께 나누며 공유했다.

IV. 결론

솔로몬은 매우 지혜로운 왕으로, 또 솔로몬의 시대는 번영과 영화를 누린 시절로 이스라엘의 자손들은 항상 그를 칭송했다. 이러한 솔로몬의 지혜와 영화는 어디에서 오는 것일까? 본문의 신학적 언설에서는 솔로몬은 경건했으며, 그의 경건이 하나님을 감동케 했고, 나아가 그로 하여금 지혜를 선물로 받게 되었으며, 이와 함께 부를 누릴 수 있게 되었다고 말한다. 본문에 나타난 경건의 모양은 여러 가지로 나타난다. 먼저 솔로몬은 헌신적으로 번제를 드렸다. 이것은 분명 그의 경건을 보여주는 모습이다. 다윗과 솔로

몬은 모두 하나님을 사랑하고, 하나님 앞에서 법도와 명령을 따라 행동했
다. 솔로몬의 영화와 지혜는 그의 경건의 결과임을 알 수 있다.

제14장
백성의 왕-선택권과 통치이념
- 열왕기상 12:1-20을 중심으로 -

I. 문제 제기

다윗-솔로몬 제국의 분열을 보도하는 문맥 속에 놓여 있는 열왕기상 12장 1절과 20절에서는 누군가 왕에 오르고자 할 때, 백성들의 왕-선택권을 분명히 주장하고 있다.

> 온 이스라엘이 그를 왕으로 삼기 위해 세겜으로 왔기 때문이다.(왕상 12:1)
> 온 이스라엘이 여로보암이 돌아왔다는 것을 듣고, 그들은 사람을 보내 그를 총회로 불러와서, 그를 온 이스라엘의 왕으로 삼았다.(왕상 12:20)

이 두 구절의 보도가 실제 역사적 상을 반영하고 있는 것인지, 아니면 후기의 주장으로 이상적인 상을 묘사하고 있는지를 살펴보아야 한다.

II. 열왕기상 12장 1-20a절의 문헌비평적 분석

열왕기상 12장 1-20절에서는 다윗-솔로몬 제국의 분열의 역사적 과정
을 보도한다. 이 전승의 마지막 형태, 즉 현재의 본문은 신명기 사가의 개정
으로 돌릴 수 있다. 그러나 이 전승의 핵은 보다 이전 것이다.[1]

여기에서는 보다 이전의 독립된 전승의 핵, 본래적 전승을 재구성하여,
본래적 전승의 특성과 형성의 역사적 자리를 밝히고자 하며, 가능하다면
제국 분열의 역사적 과정을 다시 물어야 한다.

열왕기상 12장에서 2-3a절과 12절에서 여로보암의 이름의 명기는 이
차적 삽입과 이로 인한 조화의 시도로 보아야 한다는 점은 이미 대부분의
선행연구에서 일반적으로 주장한다. "여로보암이 애굽에 머물러 있으며,
사람들이 그를 불러오게 했다"는 12장 2-3a절의 보도는 왕을 선출하기
위해 세겜에 모여 협상하려는 이야기의 흐름을 단절시키고 있다. 또 12장
12절과 전후 문맥, 즉 왕과 백성의 협상과정에서 여로보암은 아무런 역할을
하고 있지 않음에도 12장 12절에서 여로보암의 이름이 언급되어 있다. 이
는 후기의 삽입으로 여겨진다.[2]

---

1) J. Debus, *Die Sünde Jerobeams. Studien zur Darstellung Jerobeams und der
Geschichte des Nordreichs in der deuteronomistischen Geschichtsschreibung*
(FRLANT 93) (Göttingen: Vandenhoeck & Ruprecht, 1967), 91; F. Crüsemann,
*Der Widerstand gegen das Königtum. Die antiköniglichen Texte des Alten
Testaments und der Kampf um den frühen israelitischen Staat* (WMANT 49)
(Neukirchen-Vluyn: Neukirchener, 1978), 112.

2) I. Benzinger, *Die Bücher der Könige* (KHC 9) (Freiburg i.B.: Universitätverlag,
1899), 7; G. Hölscher, *Das Buch der Könige. Seine Quellen und seine Redaktion*,
FS für H. Gunkel (FRLANT 36/1) (Göttingen: Vandenhoeck & Ruprecht, 1923),
158-213, 182; M. Noth, *Könige* (BK 9) (Neukirchen-Vluyn: Neukirchener Verlag,
1983), 268f., 273; Ders, *Überlieferungsgeschichtliche Studien. Die sammelnden
und bearbeitenden Geschichtswerke im Alten Testament* (Halle: 1943, 1967³),
80 각주 3; A. Jepsen, *Die Quellen des Königsbuches* (Halle in Saale, 1953), 5;
J. A. Soggin, *Das Königtum in Israel. Ursprünge, Spannungen, Entwicklung*
(BZAW 104) (Berlin: de Gruyter, 1967), 91-92; I. Plein, *Erwägungen zur*

또 다른 이차적인 삽입은 열왕기상 12장 15절에서 볼 수 있다. "왕이 백성의 말을 듣지 아니했다"(왕상 12:15a)는 12장 16aα절과 중복되고 있으며, 12장 15b절에서 아히야에 대한 언급은 11장 29-32절의 아히야 단락에 편집적으로 연결되어 있어 본래적인 이야기에 속하지 않는다.3)

열왕기상 12장 16b-17절은 실패한 협상의 결과를 보도하고 있어, 이야기가 끝난다고 보아야 한다. "이스라엘이 다윗의 집을 배반하여 오늘날까지 이르렀다"라는 12장 19절은 실패한 협상의 또 다른 결과로서 12장 1-17절에서 보도된 사건에 대한 부정적인 평가를 담고 있다. 이는 분명히 유다적 시각을 반영하고 있다. 이러한 점은 12장 18a절의 "온 이스라엘 백성이 그를 돌로 쳐죽였다"라는 보도에서 보여주는 잔인성으로 인해 더욱 입증된다. 따라서 12장 18a절과 18b절("르호보암 왕이 급히 수레에 올라, 예루살렘으로 도망했다")은 본래적 이야기의 확장된 부분이며 또 12장 19절은 사건을 부정적으로 평가하는 이차적인 부분으로 후기의 저자에게 돌릴 수 있다.

여기에 왕조실록에서나 볼 수 있는 또 다른 연감적 보도가 연결되어 있다: 여로보암이 돌아왔으며, 백성들은 그를 북지파의 왕으로 삼았다. 그러므로 "유다 지파 외에는 다윗의 집을 따르는 자가 없었다"라는 열왕기상 12장 20b절의 보도는 12장 17절의 보도의 재수용으로 보인다. 연감적 보도와 재수용은 신명기 사가의 편집자에게 돌릴 수 있다.

이상의 분석으로부터 열왕기상 12장 1, 3b-12*, 13-14, 16, 17절을 본래적인 전승으로 분리해낼 수 있다(*'여로보암' 제외).

Überlieferung von 1 Reg 11:26 - 14:20, ZAW 78 (1966), 8-24, 13; J. Debus, *Sünde*, 21. F. Crüsemann, *Widerstand, 112*. E. Würthwein, *Die Bücher der Könige* (ATD 11/2) (Göttingen: Vandenhoeck & Ruprecht, 1977), 151.

3) G. Hölscher, *Könige*, 182; M. Noth, *Könige*, 269, 276; *ders, ÜGS*, 79 각주 2; A. Jepsen, *Quellen*, 5; I. Plein, *Erwägungen*, 11; F. Crüsemann, *Widerstand*, 112; E. Würthwein, *Könige*, 151f.

1. 제국 분열의 역사에 나타난 세 가지 주제

열왕기상 12장의 제국 분열 이야기에는 르호보암에게 충고하는 원로들과 젊은 관리들로 구성된 자문기구에 대해 특별히 많은 지면을 할애하고 있다. 모티브의 관점에서 볼 때, 12장의 제국 분열 이야기는 의심할 바 없이 지혜문학의 범주에 속한다. 이 점은 12장의 제국 분열 이야기를 수메르어 서사시 "Gilgames und Agga"와 비교해 볼 때, 더욱 분명해진다.[4] 따라서 엡센A. Jepsen은 12장을 지혜학교의 교훈 이야기Beispielerzählung로 보아야 한다고 주장했다.[5]

그럼에도 여기에서 중요하게 다루고 있는 점은 원로들의 충고와 그들의 지혜를 존중해야 한다는 점이 아니라, 하나의 사회-정치적 목적을 추구하고 있다는 점이다. 따라서 지혜적 표현은 문학적 수단으로 보아야 하고, 실제 중요한 점은 이러한 문학적 표현 속에 사회-정치적 문제를 다루고 있으며, 동시에 그것의 극복 방안을 제시하고 있다는 점이다.[6] 열왕기상 12장의 제국 분열 이야기는 지혜문학적 문체를 이용하여 어떤 한 시대의 사회-정치적 문제를 다루고 있으며, 필자의 견해로는 그 문제의 해결책으로 '항구적이며 이상적인 통치 이념'의 교훈을 제시하고 있다.

그 밖에도 이 이야기에는 의심할 바 없이 다른 모티브들도 함께 포함되어 있다: 역사적 요소.

그러므로 모티브사적인 관점에서 볼 때, 열왕기상 12장의 제국 분열 이

---

4) 수메르어 서사시 "Gilgames und Agga"에 따르면, Uruk왕 Gilgameš는 전쟁과 평화를 결정하기에 앞서, 그 도시의 원로들(=장로들)에게 자문을 구한 후에 다시금 그 도시의 남자들(용사들)에게도 자문을 구했다. 참조 S. N. Kramer, Geschichte beginnt mit Sumer, 37-38; J. Debus, Sände, 25-26; K. Jaroš, Sichem. Eine archäologische und religionsgeschichtliche Studie mit besonderer Berücksichtigung von Jos 24 (OBO 11) (Göttingen: Vandenhoeck & Ruprecht, 1976), 93ff.

5) A. Jepsen, Quellen, 78-79.

6) 이와 비슷한 견해를 J. Debus, Sünde, 25 각주 18에서 주장했다.

야기는 지혜문학적, 사회-정치적 및 역사적 모티브 등 세 모티브를 보여주고 있다.

이 이야기는 무엇인가 실제 일어난 것을 묘사했다는 인상을 결코 보여주고 있지 않다.[7] 열왕기상 12장의 제국 분열 이야기는 역사를 정확히 객관적으로 묘사하려고 하는 것이 아니라, 왕에 의한 통치의 사회-정치적 표준을 제시하려고 한다. 이야기의 중심에는 역사적으로 실제 일어난 것이 놓여 있는 것이 아니라, 사회-정치적 요소가 있다.[8]

2. 양원제도와 같은 원로들과 젊은 관리들로 구성된 자문기구

원로들과 젊은 관리들의 자문기구를 일종의 의회의 양원 시스템과 연관 지울 수는 없다. 왜냐하면 이러한 형식의 권력기구에 대해 구약성서 어디에도 언급되어 있지 않다. 또한 솔로몬 시대, 이스라엘 주변의 고대 동양의 나라들과 특히 애굽에서도 그러한 권력 기구는 발견되지 않는다.[9]

이 점에 대해 데부스는 설득력 있는 논증을 제시했다.[10]

열왕기상 12장 6절에서 "르호보암의 아버지 솔로몬을 섬겼던 원로들"이라는 표현은 일차적으로 솔로몬의 궁중 관리들이거나 장관들을 생각하게 된다. 이들은 솔로몬 당시의 통치 제도에서 생겨났으며, 이 제도의 대변자들이다. 그런데 이들이 솔로몬 왕이 죽고 난 후에 솔로몬의 통치 방법은 정당하지 못한 혹독한 것이었다고 비판한다는 것은 상상하기 어렵다.

---

7) J. Debus, *Sünde*, 19-30: K. Jaroš, *Sichem*, 96.
8) 본문의 구성과 구조에 대해 A. Jepsen, *Quellen*, 78-79. 특히 79 각주 1을 참조하라.
9) 반대 A. Malamat, "Kingship and Council in Israel and Sumer, A Parallel," *JNES* 22 (1963), 247ff.; Ders, "Organs of Statecraft in the israelite Monarchy," *BA* 28 (1965), 34-65: 계속하여 J. Debus, *Sünde*, 23-24, 25-26, 30-34: E. Würthwein, *Könige*, 154-155.
10) J. Debus, 윗글.

또한 왕상 12장 6절에서 언급된 הַזְּקֵנִים(하쩨케님)을 말라마트A. Malamat 의 주장과 같이, 상원이나 다윗-솔로몬 제국의 지역대표자(의원)들로 보는 것은 불가능하다, 왜냐하면 이러한 제도에 대해 구약성서 어디에서도 들어 보지 못했다. 만약 그러한 제도가 있었다면, 이는 분명히 국가의 행정 기구로 존재했었어야 한다.

따라서 여기에서 언급된 "솔로몬을 섬겼던 원로들"이라는 표현은 어떤 역 사적 기구-사사 시대 지파의 대표자들이나 왕조시대 왕실 관리들, 등 그 어 떤 역사적 기구도 염두에 두지 않았다는 것이 분명하다.

또한 열왕기상 12장에서는 הַיְלָדִים(하라딤)에 대해 언급하고 있다. 이 그룹은 야망에 찬 젊은 궁중의 젊은 관리들(문자적으로는 젊은 사람들)을 생각해 볼 수 있다. 예를 들어 이들은, 말라마트가 생각한 것처럼, 궁중의 왕자들을 생각해 볼 수 있다. 그러나 그와 같은 두 번째 의회(혹은 공회/총 회)와 같은 행정 기구에 대해 그 어디에서도 들어보지 못했다는 점에서, 여라딤(젊은 관리들)이라는 표현 속에서 구체적 조직을 지닌 기구나 또 여 기에서 파생된, 확실하게 정해진 역할을 추론하는 것은 가능하지 않다.

이상의 고찰로부터 '원로들'과 '젊은 관리들'이라는 두 자문기구와 이들 의 자문 장면들은 문학적 상상력에 의한 창작임에 틀림이 없다, 왜냐하면 이들에 대항하는 그 어떠한 역사적·정치적 배경을 담고 있지 않고 있기 때문이다.

3. 백성들의 왕-선택권과 백성들의 총회

솔로몬이 죽고 그 뒤를 이을 왕을 선출하기 위해 백성과 르호보암은 세셈 에 모였다. 우리는 백성들이 왕위를 계승할 자와 더불어 왕위 계승에 관련된 제반 문제에 대해 협상을 벌인다는 것을 어디에서도 들어보지 못했다.[11]

이 점과 관련하여 알트A. Alt는 다음과 같이 다른 견해를 피력했다.12)

제국의 이원체계Dualismus가 바로 여기에서 상호간에 놀라울 정도도 다른 견해를 피력할 수 있다는 것을 잘 보여주고 있다. 북왕국 이스라엘은 이전 이스라엘 지파들의 관습, 즉 카리스마적인 리더십과 연결되어 있다(118).

카리스마적인 지도체계와 관련하여 알트는 "하나님의 지명"과 "백성들의 동의"를 염두에 두었다. 이러한 상황의 변화는 다윗이 북왕국의 왕으로 왕위에 오르는 과정과 다윗에서 솔로몬으로 왕위가 넘어가는 왕위 계승 과정을 비교해 본다면 가장 간단하게 이해할 수 있을 것이다. 전자는 모든 과정이 사울의 경우와 매우 유사하게 야훼에 의한 지명과 지파 백성들의 동의에 의해 이루어졌다(삼하 5:1ff.). 이와는 달리 후자의 경우 다윗이 혼자서 그의 후계자를 정했다. 이때 야훼의 동의나 백성들의 동의에 대해 일체 언급이 없다(왕상 1:35; 120). 북왕국의 지파들이 카리스마적인 왕권 제도에 대해 포기했거나 아니면 완전히 잊어버렸는가 하는 점은 다윗에 대해 반기를 들었던 몇 차례의 저항들에서 북지파 백성들이 보여준 태도에서 볼 수 있듯, '아니다'라는 점을 알 수 있다(120). 솔로몬 왕이 죽고 난 직후에 북왕국 이스라엘의 카리스마적인 왕권 제도에 대한 본래적 특성이 완전히 나타났다(121).

제국의 이원체계에 대한 알트의 테제는 더 이상 유지될 수 없다.13) 야훼

---

11) J. Debus, *Sünde*, 28.

12) A. Alt, "Die Staatenbildung der Israeliten in Palästina" (1930), ders, *Kleine Schriften* II (München 19643), 1-65, 118ff. 유사한 견해가 일부 주석자들에 의해 계속 주장되었다. 예를 들어 G. Fohrer, "Der Vertrag zwischen König und Volk in Israel," *ZAW* 71 (1959), 1-22. 백성들의 총회('the Popular Assembly')에 관하여 T. N. D. Mettinger, *King and Messiah. The civil and sacral Legitimation of the israelite Kings* (CBOT 8) (Lund: LiberLaromedel/Gleerup, 1976), 111-118를 참조하라.

의 지명과 백성들의 동의는 사울과 그의 아들 이스바알Isbaal이 왕이 될 때에
는 나타나지 않았다.14) 만약 야훼의 지명과 백성들의 동의에 근거하여 르
호보암이 세겜으로 가야했다면, 솔로몬도 세겜으로 갔어야 했다. 이스라엘
의 장로들이 그들의 주권을 다윗(왕)에게 넘겨주었다(삼하 5:1ff.)는 것은
다만 전쟁과 같은 위기의 상황에서만 이해할 수 있다. 이러한 주권의 양도가
언제나 통용되는 것은 아니다. 특히 평화의 시절에는 더욱 그렇다.

　누군가가 왕으로 오르고자 할 때 백성들의 총회가 개최되거나 이 때 통치
자와 백성들의 협상을 벌인다는 것은 실제 역사적인 형태로 일어났다는
주장은 개연성이 없다. 그러므로 소위 백성들의 총회의 장면(왕상 12:1)은
백성들의 왕-선택권을 주장하기 위한 문학적인 창작품Fiktion이다.15) 이
점은 열왕기상 12장 20a절에도 적용된다.

---

13) 야훼의 지명과 백성들의 동의에 대해 다양한 표현으로 서술되어 있다. 두 제도는 모두
　　신학적·정치적 주장들이다. 두 제도는 모두 다윗이 북지파의 왕으로 등극하는 문제와
　　솔로몬이 왕위를 계승하는 문제를 정당화하기 위해 다윗-솔로몬 시대 궁중 무리들에
　　의하여 처음으로 주장되었다. 필자의 박사학위 논문 제3장을 참조하라. 야훼의 지명과
　　백성들의 동의에 관한 사상은 후에 왕권에 반대하는 무리들에 의해 완전히 다른 방향으로
　　해석되었다. 하나님의 지명은 기원전 701년 사건 이후에 이스라엘 사회에서 활동했던
　　예언자 무리들에 의해 수용되어, 왕위 계승에 있어서 하나님의 주도권을 주장하고 인간
　　의 정당화를 배제하기 위해 반대 방향으로 해석되었다. 백성들의 동의는 신명기 개혁운
　　동 집단에 의해 수용되어 백성들의 이익을 대변하고 지도층의 임의적 권력을 제한하기
　　위해 반대 방향으로 해석되었다. 두 역방의 해석은 모두 기원전 7세기 동안에 일어났다.
　　이미 F. Mildenberger, *Die vordeuteronomische Saul- und Davidüberliefe-
　　rung* (Diss. Tübingen, 1962), 36-53에서도 주장되었다. 그는 예언자들에 의한 하나
　　님의 지명에 대해 유사한 견해를 주장했다.
14) 비교 E. Kutsch, "Wie David König wurde. Beobachtungen zu 2 Sam 2:4a und
　　5:3," A. H. J. Gunneweg/O. Kaiser(Hg.), *Textgemäß. Aufsätze und Beiträge zur
　　Hermeneutik des Alten Testaments*, FS für E. Wütthwein (Göttingen: Vanden-
　　hoeck & Ruprecht, 1979), 111-112.
15) 참조 삼상 10:17.

4. 통치 이념이나 국가 이념

열왕기상 12장에서 보여준 사회-정치적 요소에 대한 분명한 관심은 매우 중요한 중심단어 '섬기다' עבד(아바르)와 함께 분명한 목적을 나타내고 있다: 한편으로 백성들을 국가의 노예와 같은 예속에서 해방시키고자 하며, 다른 한편으로는 왕에게 이상적 통치의 상을 부여하고자 한다. 왕은 백성들 위에 군림하는 자가 되어서는 안 되며, 백성들을 섬기는 자가 되어야 한다. 이스라엘 사회에 왕권이라는 새로운 제도가 등장한 이래로 통치자와 피통치자(백성)들 사이에 갈등이 생겨났고, 이러한 갈등은 북왕국의 주민들에게만 아니라, 남왕국의 주민들에게도 있었다. 이 점에 관하여 남왕국 유다의 주민들을 배제시킬 수 없다. 유다에 임명된 부역감독관이 이를 증명한다(참조 왕상 4:20[16]). 압살롬의 반란에 유다도 동참했다. 더욱이 유다가 압살롬 반란의 중심인물로 활동했다.

열왕기상 12장 4절에 따르면, 르호보암이 "무거운 노역과 무거운 멍에를 가볍게 해준다면, 백성들이 그를 왕으로 계속 섬기겠다"는 주장이다. 백성들은 다만 어떤 조건하에서만 계속 왕을 '섬길 것이다.' 이러한 표현으로부터 분명하게 인식할 수 있는 것은 백성들의 저항권이다. 이러한 표현 속에는 수용과 거절의 양자택일이 가능하다는 것을 전제한다. 만약 왕이 좋은 통치자가 아니라면, 열왕기상 12장 20a절에서 벌어진 사건과 같이, 백성들은 다른 이를 왕으로 선택할 수 있다. 12장 4절로부터 유추될 수 있는 '섬기지 않을 것이다'라는 부정적 선택은 '다른 이를 섬긴다'는 말과 거의 같은 말이다. 이러한 경향의 표현은 7절에서도 발견된다: "만약 당신이 이 백성을 섬기는 자가 되고자 한다면… 그러면 그들이 영원히 당신을 섬기는 자가 될 것입니다." 이러한 표현들은 인류사의 모든 시대에 통용될 수 있는 일종

---

16) 이 구절은 문헌사적으로 후기의 삽입이지만, 그래서 유다 지역에는 부역 감독관이 없었다고 주장하는 것은 타당하지 않다.

의 이상적 통치자의 상을 보여주고 있다.

어쨌든 갈등은 남왕국과 북왕국 사이에 있었던 것이 아니라, 통치자와 백성 사이에 있었으며, 어쩌면 예루살렘과 제국의 다른 지역들 사이에 있었다. 지혜문학에서 가르쳐 주는 통치자상이 여기에서 역사적인 이야기 속에 함몰되어 이 이야기는 더 큰 설득력을 얻을 수 있게 되었다.

5. 국가적인 억압시스템과 백성의 저항권

열왕기상 12장 4, 9-11, 14절에 따르면, 왕은 백성들에게 '멍에'를 지울 수 있다. 전 백성은 어떤 조건하에서 르호보암을 왕으로 세우고자 했다. 그 조건 중의 하나는 왕은 백성이 지고 있는 무거운 멍에를 가볍게 해주어야 한다는 것이다. 여기에서 '멍에'란 일반적 의미로 백성들이 지고 있는 부담들, 예를 들어 부역, 조세, 군복무 및 다른 의무들을 의미할 수 있다. 또한 12장 11절과 14절에서는 '채찍으로' 백성(בַּשּׁוֹטִים 바 쇼팅)을 다스릴 수 있다고 말한다. 대개 채찍이란 노예나 동물들에게 (강요된) 노동을 시키고자 할 때 사용하거나, 이들의 저항을 벌하고자 할 때 사용한다. 채찍은 폭력적 통치 방식을 상징하기도 한다.

백성들은 어떤 개혁을 요구한다. 조세와 부역에 의해 왕의 재산이 관리되는 것을 제한하고자 했다. 만약 왕이 이러한 제한을 받아들인다면, 그에게 주어진 권력의 폭은 상당히 제한된다.[17]

르호보암 왕과 백성이 협상의 파트너로서 등장했다. 열왕기상 12장에서 묘사된 백성은 사회학적인 관점에서 무겁고, 가혹한 부담을 지고 있는 억압받은 자들이다. 그럼에도 불구하고 그들은 협상의 파트너로서 왕과 맞서 있다. 따라서 여기에서 묘사된 백성은 왕의 정책에 대해 저항하는 재야집단

---

17) 참조 신 17:14-20.

으로 볼 수 있으며, 이들은 정치적인 힘(저항권)을 가지고 있는 것으로 보인다. 백성들에 대한 이러한 이해는 백성들에 대한 역사적인 상과 상응하지 않는다. 한편에는 절대 왕권의 무제한적인 통치권의 주장이 있으며, 다른 한편에는 백성들의 권리의 주장이 서로 맞서 있다.

여기에서 묘사된 백성들의 상은 역사적인 상으로는 결코 볼 수 없으며, 신명기 개혁운동 집단에서 주장하는 어떤 이상적인 상의 주장이다.

6. 제국 분열의 역사적 원인으로서의 사회-정치적 문제

협상을 실패한 후에 열왕기상 12장 16a절에서는 백성들의 반응을 보도하고 있다: "온 이스라엘 사람들은 왕이 그들의 말을 듣지 않았다는 것을 보고, 백성들은 왕에게 다음과 같은 말로 대답했다: '우리에서서 우리가 받을 몫이 무엇인가? 이새의 아들에게서 받을 유산이 없다. 이스라엘아! 너희의 장막으로! 이제 다윗이여 당신의 집이나 돌아보라!'" 이 구절은 민간에서 전래된 전승으로 다윗 왕조에 저항하는 내용을 담고 있다. 이 구절들은 이미 세바의 반란에서 언급되었다(삼하 20:1).[18]

여기에 담겨 있는 민간전승에 따르면, 다윗 왕에 저항하는 반란에 참여한 자들은 다윗 왕조로부터 어떤 형태이든 상속의 몫(חֶלְקָה/נַחֲלָה 헤칼/나할라)을 기대했다가 그것을 얻지 못한 사람들이다(참조 삼상 22:7). 사회적 관점에서 그들은 무겁고 부담과 부역(왕상 12:4, 18a)과 조세와 병역 및 다른 의무를 지고 있는 억압받는 자들은 아니다. 다윗 왕조에 반기를 들과 반란을 일으킨 압살롬의 반역, 세바의 반역 및 여로보암의 반역 등에 참여한 자들은 부유한 농민들이었다. 그들은 스스로의 힘으로 군사적 병기를 갖추

---

18) 의존관계의 분석과 관련하여, 삼하 20:1이 더 오래된 것, 즉 본래적으로 여겨진다. 왜냐하면 삼하 20:1에 비해 왕상 12:16a은 문학적으로 더 잘 짜인 형태를 이루고 있기 때문이다. 노트는 "세 차례 반복되는 평행구절"("mit einem Doppeldreier mit parallelismus membrorum")로 이루어져 있음을 지적한다. M. Noth, *Könige*, 276-277.

고 무장할 수 있는 자들로서, 결코 가난한 농민들이나 목자들이 아니었다.

역사적으로 볼 때, 다윗-솔로몬 왕국은 매우 복잡한 정치적 구조를 이루고 있었다. 유다가 그 중심에 놓여 있었다. 여기에는 한 지역이 중심을 이루고 있으며, 그 중심 지역은 주변의 지역에 대해 정치적 경제적으로 주도권(혹은 패권)을 행사하는 제국적인 정치구조ein übernationales System를 이루고 있다.19)

이스라엘이 예루살렘을 정치적 구심점으로 삼는 거대한 제국으로 탈바꿈하는 동안, 국가 이전 시대에서부터 존재했던 지도계층의 사람들은 제국의 통치와 권력 행사에서 점진적으로 배제되어 갔다. 그들이 차지하고 있든 지도층의 자리를 왕이 임명하는 관리들이나 직업적인 군인들이 차지하게 되었다.20)

제국 분열에 있어서 역사적으로 신뢰할 만한 원인은 제국의 통치와 권력 행사에 배제되거나 제한된 참여만을 허용함으로 제국에 대한 불만족스러웠던 점을 지녔다는 점에 있다. 제국 분열 사건에 참여한 자들은 무거운 부담을 진 억압받는 자들이 아니라, 이전 지파 사회에서부터 누려왔던 지도층의 사람들이었다.

다윗-솔로몬 제국의 백성들이 졌던 무거운 부담은 외형적으로 정치적 저항의 원인/구실이 되었을 수 있다. 그러나 열왕기상 12장에 묘사된 무거운 멍에와 엄청난 부담을 진 자들은 정치적 저항에 있어서 실제 거의 영향력을 미칠 수 없는 자들이었다. 이러한 자들은 제국 분열에 능동적으로 참여할 수 있는 자들이 아니었다. 기껏해야 그들은 정치적 저항운동에 동조자 내지

---

19) A. Malamat, *Das davidische und salomonische Königreich und seine Beziehungen zu Ägypten und Syrien. Zur Entstehung eines Großreichs* (Österreichische Akademisch der Wissenschaften philosophisch-historische Klasse Sitzungs-berichte 407) (Wien, 1983), 18.

20) 참조 F. Stolz, *Das erste und zweite Buch Samuel* (ZBKAT 9) (Zürich: Theologi-scher Verlag, 1981), 254.

는 돕는 자들이었다. 그러므로 제국의 분열에 있어서 사회-정치적 문제는 아무런 작용을 하지 않았다는 점이 분명하다.

7. 중간 종합

이상의 고찰에서 열왕기상 12장에 묘사된 제국 분열 이야기는 문학적·역사적 창조물로서, 그 배후에는 어떤 계층의 이익을 분명히 읽을 수 있다: 민중들(혹은 사회적 약자계층)의 정치적 영향력(의 확대). 열왕기상 12장의 제국 분열 이야기의 저자는 민간전승을 수용하여 그것을 역사적인 이야기로 탈바꿈시켰다. 이러한 변형을 통해 그는 백성들의 왕-선택권과 저항권을 주장했고, 왕의 억압적 통치 시스템을 약화시켰으며 왕이 임의적으로 행사할 수 있는 통치 권력도 축소시켰다. 덧붙여 그는 바람직한 통치의 상, 즉 국가의 상을 제시하여, 그는 근본적으로 다른 새로운 사회를 주창했다. 그가 주창하는 통치 이념은 '왕은 지배 없이 백성들을 섬겨야 한다'는 것이다.

III. 여로보암의 왕위 상승의 역사적 고찰(왕상 12:20a, 2-3a)

1. 여로보암의 왕위 상승

1) 열왕기상 12장 20a절과 2-3a절의 분석

이제 여로보암이 어떻게 왕이 되었는지를 살펴보고자 한다. 이와 관련된 구절은 열왕기상 12장 20a절이며, 계속하여 12장 2-3a절로 이 두 구절을 분석하고자 한다. 12장 2-3a, 20a절은 11장 40절과 연결되어 있다. 먼저 11장 40절에 따르면, 솔로몬은 여로보암을 죽이려 했고, 그래서 여로보암

은 애굽으로 망명을 가서 솔로몬이 죽기까지 애굽에 머물러 있었다. 이어서
12장 2-3a절에 따르면, 솔로몬 왕이 죽었다는 소식을 듣고 난 후에 사람들
은 여로보암을 불러왔다. 그리고 12장 20a절에 따르면, 온 이스라엘 백성은
그를 북왕국 이스라엘의 왕으로 삼았다.

위 구절들은 문학적 형식에 있어서 이야기Erzählung라기보다는 짤막한
보도Bericht로 보아야 한다. 이 보도들은 역사적으로 신뢰할 만한 정보를
전하고 있다. 아마도 보도 가운데 역사적으로 신뢰할 만한 핵심적인 내용은
"여로보암은 돌아와 북왕국 이스라엘의 왕이 되었다"는 기사일 것이다. 그
밖의 내용, 즉 여로보암이 왕이 되는 자세한 과정, '어떻게'는 후기의 개정자
의 몫으로 돌려야 한다.21)

제국 분열 이야기에 따르면, 백성들은 르호보암을 왕으로 삼기 위해 그들
의 총회에 불렀다. 백성들은 르호보암과 협상을 벌여 그들의 부담을 줄여
줄 것을 요구했다. 그러나 르호보암은 협상에서 백성들의 요구를 거절했다.

이 이야기의 논리에 따르면, 르호보암과의 협상이 결렬된 후에 그와 같은
동일한 길을 다시 택했다는 점, 다시 말해 백성들이 여로보암을 불러 그를
왕으로 삼았다는 것은 개연성이 없는 것으로 여겨진다.22)

열왕기상 12장 2-3a, 20a절의 보도의 저자는 제국 분열 이야기에서 주
장하는 근본 사상, 즉 '백성들의 왕-선택권'만을 받아들였다. 이를 역사적인
사실(여로보암이 왕이 되었다는 정보)과 결합하여 여로보암이 백성에 의
해 보좌에 오르게 되었다는 형식으로 변형시켰다.23)

이러한 이해는 여로보암이 왕으로 오르는 역사적인 과정을 보다 정밀하

21) 참조 E. Würthwein, Könige, 151.
22) 그 밖에 또 셉투아진트에서는 여로보암을 왕으로 세우는 보도는 제외되었다. 참조 E. Meyer,
    Die Israeliten und ihre Nachbarstämme. Alttestamentliche Untersuchungen
    (Halle, 1906), 363-370, 특히 364.
23) 반대 J. Debus, *Sünde*, 29: "동시에 왕상 12:1-20에는 제국 분열에 대한 두 서술이
    있다. 그중 하나는 왕상 12:2, 20의 짧은 보도로 여로보암의 귀향과 왕-선택이다. 이는
    역사적으로 확실히 신뢰할 만한 보도이다."

게 살펴봄으로써 다시 한번 입증될 수 있다. 이로써 여로보암이 어떻게 왕이 되었는가에 대한 질문을 제기해야 한다.

2) 여로보암이 왕으로 상승한 역사적 과정 연구

다윗-솔로몬 시대에는 여러 차례 반란이 일어났다. 크뤼제만F. Crüsemann 은 르호보암의 반란과 제국의 분열을 새롭게 형성된 제도, 왕권 국가에 반대 하는 여러 차례의 반란들 중의 하나로 간주했다.[24] 그는 이러한 여러 차례 의 반란들은 당시의 급격한 사회 변화와 다윗-솔로몬의 정책과 관련된다고 보았다.[25]

국가 이전 시대 이스라엘 사회는 개별 지파들이 상호 연계성 없이 분화되 어 있었다. 이스라엘 사회는 정치적으로 또 경제적으로 작은 부락을 단위로 개체화되어 있었다. 이와는 달리 다윗-솔로몬 시대에는 거대한 수도에서 강력한 정부에 의해 통치되었으며, 세금과 부역이 중앙에서 행정적으로 책정되어 국민들에게 부과되었으며, 상비군들에 의해 국방이 충당되었다. 이전의 부락과 지파의 자리에 중앙 정부를 가진 국가적 체계가 자리 잡았다.

크뤼제만은 지그리스트의 인류사회학적 이론[26]을 제국의 분열 때까지 의 여러 차례의 반란들에 적용했다:

"지배계층과 피지배계층 간의 대립과 갈등은 정치적 지배구조를 이전의 형태로 되돌리려 했다. 이러한 노력은 중앙 행정 기구를 해체시키기를 원했 다."[27]

---

24) F. Crüsemann, *Widerstand*, 111-127.
25) F. Crüsemann, *Widerstand*, 85-127, 194-222.
26) C. Sigrist, *Regulierte Anarchie. Untersuchung zum Fehlen und zur Entstehung politischer Herrschaft in segmentären Gesellschaften Afrikas* (Olten/Freiburg i. B., 1979²); Ders, "Über das Fehlen und die Entstehung von Zentralinstanzen in segmentären Gesellschaften," *ZE* 87 (1962), 191-202.
27) C. Sigrist, *Anarchie*, 256; F. Crüsemann, *Widerstand*, 220.

이러한 이해는 다윗-솔로몬 시대의 반란들을 면밀히 살펴본다면 잘못된 이해라는 것을 잘 알 수 있다. 따라서 다윗-솔로몬 시대의 반란들을 면밀히 검토해 보고자 한다.

(1) 사울과 다윗의 갈등

사울 왕은 정치적 관점에서 그의 신하 다윗과 대립되었다. 사울과 다윗과의 갈등은 다윗으로 하여금 새로운 권력을 형성하게 했다. 여기에서는 지배자와 피지배자 백성과의 갈등이 아니라, 왕과 군사령관, 즉 권력 경쟁자들 사이의 갈등이다. 사울은 그의 권력 행보에 장애가 되었던 다윗과의 갈등이 생겼고, 그 결과 다윗을 제거하기 위해 그를 박해했다. 블레셋이 다윗을 보호했으며, 또 사울이 블레셋과 지속적으로 전쟁을 수행해야 했기에, 다윗은 사울의 박해에서 살아남을 수 있었다.

(2) 압살롬의 반란

다윗의 왕자, 압살롬은 그의 아버지의 정부에 반란을 일으켰다. 압살롬은 헤브론에서 왕이 되었다. 그의 반란에 많은 사람들이 가담했다. 그들은 아마도 유다 사람들이며, 이전의 지도적 계층에 속했던 자들, 장로들이었을 것이다.[28] 압살롬 반란의 목표는 조세나 부역과 같은 국민적 부담이 과중하여 이를 경감하기 위함이 아니라, 압살롬과 그에게 가담한 자들은 왕권 형성과 함께 형성된 새로운 권력층에서 소외되었고, 그래서 그들 자신이 주도적으로 권력을 행사할 수 있는 새 정부를 원했다. 압살롬의 반란이 진압된 이후에 다윗은 반란에 가담한 자들을 일방적으로 처벌하기보다는 그들의 요구를 수용하는 관용을 보여주어 반란 이후의 불안한 정국을 안정시켰다.

---

28) 참조 삼하 15:10ff.와 19:12f.

(3) 세바의 반란

베냐민 사람 세바는 다윗 정부에 반란을 일으켰다. 아마도 이 반란에는 약간의 북지파 사람들이 가담했을 것이다.[29] 반란의 목표는 분명치 않다. 아마도 세바 자신은 왕의 자리를 원했던 것 같다. 사무엘하 20장 1절에 나타난 주장에서 알 수 있는바, 이 반란에 참여한 자들은 스스로 무장을 한 자들로 부유한 농민들이었을 것이다. 반란이 진압된 이후 다윗 측으로부터 어떠한 중재안도 제안되지 않았다는 점에서 이 반란의 목표가 다윗 정부에 의해 북지파 사람들이 무거운 짐을 졌고 이를 해방하려 했다는 것이 아니라는 점을 알 수 있으며, 더 나아가 중앙 정부를 가진 행정기구를 해체하여 이전의 지파적 사회 시스템으로 되돌리려 하지 않았다는 점도 분명히 알 수 있다. 오히려 세바와 그의 반란에 참여한 자들은 다윗 정부하에서 권력의 지분에 불만족하여 새로운 권력 형성의 길을 추구한 자들이다.

(4) 여로보암의 반란

여로보암은 솔로몬 시대에 이미 반란을 주도했다. 그는 스스로 무장할 수 있었고, 토지를 소유했고, 완전한 권리를 지닌 자였다(גִבּוֹר חַיִל 기보르 하일).[30] 심지어 그는 솔로몬 정부에서 관리로 일했다. 요셉의 가문에 부역을 책임지는 감독관이었다. 그의 반란의 동기와 목표에 대해 성서는 역사적으로 신뢰할 만한 정보를 전하고 있지 않다. 여로보암은 솔로몬 정부에서 관리로서 만족하지 않았던 것 같다. 그래서 다윗이나 아브넬과 같이, 그는 스스로 북지파의 왕이 되고자 했다. 이 점은 솔로몬이 죽고 난 후에 왕이 되었다는 점에서 더욱 분명해진다. 어쨌든 솔로몬은 그를 죽이려 했고, 이로 인해 그는 애굽으로 망명하여, 솔로몬이 죽을 때까지 애굽에 머물러

---

29) 이 점은 다음과 같은 점을 통해 입증될 수 있다. 세바는 그가 박해를 받는 동안 북지파의 거주지 밖에서만이 보호처를 발견할 수 있었다. 참조 삼하 20:2; 20:14.

30) 번역과 관련하여 Würthwein, *Könige*, 139, 142을 따른다.

있었다.

솔로몬이 죽고 난 후에 그는 다시금 반란을 시도했다. 마침내 이 반란에서 성공했다. 그가 반란에서 성공할 수 있었던 것은 아마도 르호보암이 새로이 왕이 된 직후 그의 정부가 불안정했기 때문이며, 또 반란을 평정하기 위해 백성들을 군으로 동원하는 것 역시 쉽지 않았을 것으로 추측된다. 반란이 성공할 수 있었던 또 다른 이유는 애굽 왕 시삭이 르호보암 제5년에 침공해 오므로 여로보암의 반란을 진압할 여유가 없었을 것으로 생각된다.

(5) 중간 종합

이상의 고찰에서 다윗-솔로몬 시대에 여러 차례의 반란이 있었으며, 이들 모두가 왕권 제도를 반대하여 반란을 일으켰다고 볼 수는 없을지라도, 새로운 제도의 등장과 함께 이전에 누리던 권리가 침해당했거나 상대적으로 소외되었다는 의식에서 반란을 일으켰다. 어쨌든 반란을 일으킨 자들이나 여기에 가담한 자들은 다윗-솔로몬 정부에 대해 냉소적이거나 비판적 입장을 취했던 게 분명하다.

IV. 제국 분열에 대한 예언적 전 역사(왕상 11:26-40)에 나타난 제국 분열의 동기와 과정

열왕기상 11장 26-40절은 제국 분열의 또 다른 동기와 과정을 보도하고 있다. 이 단락에서는 여로보암의 반란과 예언자 아히야에 의해 그를 왕으로 지명하는 것을 보도하고 있다. 이로 인해 결국 솔로몬과 여로보암은 적대관계에 놓이게 되었음을 보도한다.

열왕기상 11장 26절에서는 여로보암이 솔로몬에 반대하여 반란을 일으켰다는 역사적으로 신뢰할 만한 사실을 보도한다. 그리고 11장 40절에서는

11장 26절이 결말을 보도한다: 솔로몬은 여로보암을 죽이고자 했다. 그래서 여로보암은 애굽으로 망명을 갔으며, 그곳에서 솔로몬이 죽기까지 머물러 있었다. 26절과 40절의 보도는 모두 역사적으로 신뢰할 만한 보도에 속한다.

그 사이에 놓인 열왕기상 11장 27-39절은 문맥의 흐름을 단절시키는 삽입된 단락으로 보인다. 역사적으로 신뢰할 만한 짧은 보도인 26절과 40절을 다른 사람에 의하여 긴 이야기로 확대되었다. 27-31절은 여보로암 반란에 대한 보다 자세한 정황을 보도하고 있으며,31) 양식사적으로 볼 때, 27-31절은 26aγb절과 정확히 중복된다Dublette.

열왕기상 11장 27b-28절에서는 여로보암의 사회적 지위를 상세히 보도하고 있으며, 이 보도는 26aγ절의 짤막한 보도("그는 솔로몬의 관리였다")와 내용적으로 맞물려 있으며, 29-31절은 여로보암의 반란의 동기를 보도하고 있다(참조 왕상 11:26b).

열왕기상 11장 27b-28절의 보도는 한편으로 26aγ절의 보도를 상술하고 있으며, 다른 한편으로 12장 1-20절32)의 서술에 대한 한 구체적인 예를

---

31) 왕상 11장 27aα절에서의 '시작하는 문장' ("이것은 (…에 대한 이유의) 기록이었다")는 대개 후기의 상술/해설을 시작할 때 흔히 사용하는 문장이다. 참조 J. Wellhausen, *Die Composition des Hexateuchs und der historischen Bücher des Alten Testaments* (1885) (Berlin: W. de Gruyter, 1963⁴), 273; J. Debus, *Sünde*, 4에서는 "편집적 양식(redaktionelle Formel)"으로 보았다. F. Crüsemann, *Widerstand*, 120과 각주 51; E. Würthwein, *Könige*, 140, 142.

32) '멍에'는 왕상 12:1-20에 자주 등장한다(왕상 12:4a, 4bα, 9bβ, 10aε, 10aζ, 11aγ, 11aβ, 14aβ, 14aγ; 9번). 여기에서는 모두 부역을 포함하여 왕의 절대적 권력하에서 행해지는 모든 것을 의미할 수 있다. 두 구절만 예외적으로 부역에만 국한 된다: 왕상 12:4bα; 12:18a.

왕상 12:4bα에서 이중적 표현 מֵעֲבֹדַת אָבִיךָ הַקָּשָׁה וּמֵעֻלּוֹ הַכָּבֵד(메아보다트 아비카 하카샤: 무거운 노역과 무거운 멍에)는 이야기의 흐름을 단절시키고 있으며, 왕상 12:18a에 나오는 아도람(아도니히람이 아님)의 직업을 설명하는 관계 문장 (אֲשֶׁר עַל־הַמַּס 아세르 알-하마스: 그는 부역을 담당했다)은 상세한 부연 설명으로 반드시 필요한 정보는 아니다. 두 구절 모두 후기의 삽입으로 왕상 12:1-20을 역사화하는 과정에서 삽입되었다. 여로보암 단락의 형성 과정에서 역사화의 과정은 지속적으로

제시하고 있는 셈이다. 이로 인해 12장에서 '무거운 멍에'란 이제 의심할 바 없이 부역을 의미하며, '채찍'이란 부역 과정에서 행해지는 무자비한 폭력을 의미하게 되었다. 이러한 상세한 부연 설명으로 12장과 연결되고 있다.

또한 열왕기상 11장 29-31절에서는 이러한 상세한 부연 설명의 방식으로 여로보암의 반란을 예언자 아히야에 의해 여로보암이 지명된 자로 간주되어 정당화시키고 있다. 이러한 전후 문맥의 상세한 부연 설명 없이는 하나님의 개입의 이유가 정당하게 제시될 수 없다.33) 예언자 아히야는 그의 옷을 찢는 상징적 행동34)으로 그의 제국이 분열되는 것을 상징했고, 또한 여로보암이 하나님에 의해 북왕국 이스라엘의 왕이 되었음을 상징했다. 아히야의 상징적 행동과 예언자에 의한 야훼의 말씀(야훼의 위임)으로 인해 여로보암은 이스라엘의 열 지파에 대한 카리스마적인 지도자로 지명되었다.35)

또 다른 예언자적 해석이 열왕기상 11장 32-39절에 나타난다. 여기에서

반복하여 일어났다.

33) 여기에서 예언자의 말씀이 왕상 12장에서 일어난 사건의 계기가 되었을지라도, 내용적 관점에서 볼 때, 예언자의 말씀은 왕상 12장의 사건을 '정당화'해 주고 있다고 보아야 한다.

34) 예언사의 상징적 행동은 삼상 15:27f.에서도 볼 수 있다. 양자 사이의 의존관계에 대해 W. Dietrich, *Prophetie und Geschichte. Eine redaktionsgeschichtliche Untersuchung zum deuteronomische Geschichtswerk* (FRLANT 108 (Göttingen: Vanden-hoeck & Ruprecht, 1972), 15-16을 참조하라. 그는 두 구절에 나타난 상징적 행동과 해석적 말씀의 문학적 · 논리적 입장을 비교했다. 필자의 견해로는 방법론적 관점에 거의 무의하게 보였다. 왜냐하면 그와 같은 것들은 의존관계의 규정에 특별히 중요하지 않은 부차적인 것들이기 때문이다. 의존관계의 규정에는 오히려 두 구절에 나타난 갈등 상황과 근거 지움의 방식 등을 비교하는 것이 더 좋을 것으로 보인다. 삼상 15장에서의 갈등 상황이 완전히 종교적이라면, 왕상 11-12장의 갈등 상황은 완전히 사회-정치이다. 바로 이러한 비교점으로부터 왕상 11-12장이 본래적이며, 삼상 15장은 왕상 11-12장을 종교적 상황에 적용시킨 것이다. 반대 G. Hölscher, *Könige*, 179; M. Noth, *Könige*, 259; W. Dietrich, *Prophetie*, 15-16.

35) J. Debus, *Sünde*, 7.

는 신학적 성찰과 함께, 11장 1-13절에서와 같이, 다윗 왕조로부터 북지파
들이 분리하게 된 이유를 묻는 질문에 답을 하고 있다.[36]

열왕기상 11장 27b-28절에서 반역의 동기와 여로보암의 직책에 대한
상세한 보도들은 확실히 12장 1-20절의 제국 분열 이야기의 존재를 전제
하고 있다. 11장 27-31절, 27a절과 29-31절의 예언자 아히야의 말씀은
11장 32-39절의 또 다른 예언자의 해석DtrP을 필요로 한다는 점에서 시간
적으로는 신명기Dtn 이후와 신명기 사가Dtr 이전에 형성되었다.

열왕기상 11장 27b-28절의 보도들은 역사적으로 신뢰할 만한 보도들
이다. 그럼에도 이 보도들은 예언자적 이야기 속에 있는 경향적 서술Ten-
denzaussage로 볼 수 있다. 이 경향적 서술에 따르면, 여로보암은 솔로몬 제국
의 관리임에 틀림없다. 그러나 이러한 보도 내에서 여로보암이 솔로몬에
저항하는 반란에서 그의 지위를 이용했는지, 만약 했다면 어떻게 이용했는
지에 대해서는 전혀 언급이 없다. 그 대신에 예언자 아히야와의 만남에 대한
이야기만 이어지고 있다. 따라서 이 예언자적 서술로서 반역의 과정을 보도
하고자 했는지에 대해 질문해야 할 것이다.[37]

여로보암이 그의 입장에서 백성들의 불만족을 이용하여 반역을 계획했
다는 점은 배제할 수 없다. 백성들의 무거운 부역은 반역을 정당화하고 광범
위한 동조를 얻을 수 있는 기회가 될 수 있기 때문이다. 그럼에도 역사적으
로는 부역으로 인한 불만족이 반역의 원인이 되었는지는 분명치 않다. 왜냐
하면 한 후기의 저자는 반역의 정당성을 가혹한 부역의 노동과 무자비한
폭력의 사실로부터 구성했기 때문이다.[38]

---

36) E. Würthwein, *Könige*, 143.
37) J. Debus, *Sünde*, 5.
38) 참조 E. Meyer, *Israeliten*, 368. 그는 여보로암의 반역의 다른 이유로 "솔로몬과 여로보
암의 순수 개인적인 갈등으로 보고 있다."

V. 제국 분열의 후 역사

르호보암의 역사 보도의 말미(왕상 14:30)에 그의 통치에 대한 신명기 사가의 요약적 평가를 전하고 있다. 르호보암은 그가 생존하는 기간 내내 여로보암과 전쟁을 했다. 실제 이 기간 동안 두 왕국 사이에는 지속적인 국지전이 있었다는 걸 가능한 것으로 생각해 볼 수 있다. 그러나 이 전쟁들은 북왕국을 근본적으로 뒤흔들 수 있을 만큼 대전쟁으로는 발전되지 않았다.[39]

1. 여로보암의 두 가지 조치

여로보암의 후 역사에서 역사적으로 신뢰할 만한 보도는 여로보암이 새로이 왕권 국가를 설립한 후에 국가를 정비하고 통치를 안정화하기 위해 취한 두 가지 조치에 대해 기술한다.

첫째, 그는 세겜에 왕의 거주지를 건설했다. 세겜은 여로보암 I 통치 시절에 세운 북왕국의 첫 번째 수도다. 여로보암은 제한된 범위에서 건축 활동을 수행했다(왕상 12:25). 애굽의 바로 쇼셍크 I가 팔레스틴 원정을 한 후에 그는 수도를 브니엘로 천도했다(왕상 12:25; 14:25). 세겜에 대한 고고학적인 발굴에서도 이 기간 동안 세겜이 심각하게 파괴되었음을 증거한다.[40]

둘째, 여로보암은 벧엘(과 단)에 각각 중앙 성소를 세웠다(왕상 12:29). 그는 북왕국을 위한 성소를 설립하고 여기에 일반 백성 중에서 제사장을 뽑아 세우고, 순례의 절기를 제정했다(왕상 12:31-33).

백성들이 예루살렘에 있는 야훼의 성전으로 예배를 드리기 위해 간다면,

---

39) S. Herrmann, *Geschichte Israels in alttestamentlicher Zeit* (München: Chr. Kaiser, 1973; Berlin, 1981), 242.

40) K. Jaroš/B. Deckert, *Studien zur Sichem-Area* (OBO 11a) (Göttingen: Vandenhoeck & Ruprecht, 1977), 40.

이는 여로보암에게 정치적으로 위태로운 일이 될 것이라는 열왕기상 12장 26-27절의 보도는 분명히 유다적 관점에 서 있다. 이 구절은 여로보암의 의도가 원래부터 반예루살렘적이었다는 점을 나타내려 한 것이다.[41]

이어지는 열왕기상 12장 28-30절에서는 왕이 두 개의 금송아지를 만들어 벧엘과 단에 각각 세웠다고 보도한다. 두 금송아지의 제작은 여기에서는 여로보암의 것으로 돌리고 있다. 그러나 출애굽기 32장 1-6절에서는 아론 사람들에게 돌리고 있다. 왕조 시대의 전승에서는 단의 역할에 대해 완전히 침묵하고 있다.[42]

다른 한편 황소상은 국가 이전 시대부터 이미 제의적 대상이었다.[43] 이러한 점을 고려할 때, 열왕기상 12장 28-30절의 보도는 논쟁적이며 따라서 후기의 경향적 개정으로 보아야 한다. 이에 따르면, 여로보암의 제의-정치적 조치들은 북왕국 이스라엘 백성들에게 죄를 짓도록 하는 동기가 되었다고 보았다.[44]

북지파가 예루살렘과 유다로부터 분리된 이후, 여로보암에게는 제의적 관점에서도 북왕국 이스라엘의 독립성을 보존하기 위해 새로운 중앙 성전을 마련해야 할 과제가 주어진 것이다.[45] 아마도 이미 존재하는 벧엘 성전을 제국 성전의 지위로 격상시켜 왕실 제의 업무를 보게 했을 것이다. 예루살렘에서 그룹과 법궤가 제의 대상물로 작용한 것과 같이, 여로보암도 아무

---

41) J. Debus, *Sünde*, 38.

42) 참조 H. Motzki, "Ein Beitrag zum Problem des Stierkultes in der Religionsge-schichte Israels," *VT* 25 (1975), 470-485, 476. 그는 단에 관한 보도를 비역사적인 것으로 간주 했다. E. Würthwein, *Könige*, 164.

43) O. Eiβfeldt, "Lade und Stierbild," ders, *Kleine Schriften*, 2. Bd. (Tübingen, 1963), 282-305. 그는 많은 수의 예를 제시했다(298-299). 여기에서 더 나아가 황소상은 전고대 근동에서 제의적 상이었다는 점을 주장한다. 그러나 황소상이 이스라엘의 가나안 이전 시대-이스라엘의 애굽 체류 기간이나 광야 유랑 기간에서부터 넘어온 유산이라는 그의 테제는 입증되기 어렵다.

44) J. Debus, *Sünde*, 38. "아마도 여기에 여로보암의 제의적 규정에 대한 고대 북이스라엘의 핵을 담고 있다"고 본 그의 견해는 이러한 점을 간과하고 있다.

45) J. Debus, *Sünde*, 40ff.

런 문제의식을 느끼지 않고, 벧엘에 동물상들(예를 들어 황소상)을 제의
대상물로 설치할 수 있다.

2. 출애굽 전통

이러한 논쟁에 출애굽 전통이 들어 있다는 것은 매우 놀라운 것이다.
논쟁의 성격상 황소의 상징을 출애굽의 하나님과 결부시키는 것을 어떤
후기의 개정자에게 돌리는 것은 불가능해 보인다. 이와는 달리 민수기 23장
22절과 24장 8절에서 문헌적 증거를 보여주고 있다. 그럼에도 "여로보암
자신이 황소상과 이스라엘을 온갖 부역과 고역으로 인해 종살이의 집으로
통하는 애굽으로부터의 해방을 상징하는 출애굽 전통을 직접 결합시켰
다"[46]고 보는 것은 개연성이 없다. 아마도 여로보암은 애굽을 결코 종살이
의 집으로 이해하지 않았을 것이다. 오히려 그 반대로 그에게 정치적 망명지
를 제공한 구원의 집으로 이해했을 것이다. 아마도 많은 전승이 결부되어
있는 지방 성소를 제국의 성소로 격상시키면서, 황소상과 출애굽의 하나님
이 결합되어 있는 전승도 함께 받아들였을 것이다.

여기에서 계속하여 출애굽이 무엇을 상징했는가 하는 의미의 폭을 다시
금 검토해야 한다. 민수기 23장 22절과 24장 8절에 니타닌 출애굽에 내한
고대 전승은 폭력적 지배로부터의 해방을 상징하는 것이 아니라, 황소와
같이 힘 있고 강력하여 자신들을 지켜 주고 보호하는 신을 상징한다. 이러한
수호신으로서의 신의 상징은 가나안의 제국주의적 신들의 상징과 유사하
다.[47] 이는 결코 해방의 상징이 될 수 없다. 이러한 점에서 새로운 국가의

---

46) F. Crüsemann, *Widerstand*, 122.
47) 하솔에서 황소 제의상을 발굴했다. 참조 Y. Yadin(ed.), *Hazor*, 4 Bde, (Jerusalem:
Israel Exploration Society, 1950-1961), Bd. 4, Hazor III-IV, Taf. 341. 여기에서
황소는 자신의 등에 신을 태워 나르는 도구이며, 그 위에 있는 신은 막대기나 칼과 같은
무기로 무장했다.

새로운 왕에 의해 바로 출애굽 전통이 강조되었다. 이것을 볼 때 출애굽 전통을 솔로몬 제국의 강압적 통치 시스템으로부터 해방투쟁을 위해 적용했다고 보는 크뤼제만의 테제는 결코 유지할 수 없다.[48]

VI. 요약과 결론

이상의 논의에서 열왕기상 12장 1-20절의 제국 분열 역사는 문학적·역사적 창작품으로, 민중(혹은 사회적 약자층)의 정치적 영향력(의 확대)을 추구하고 있다. 12장 1-20절의 제국 분열 역사의 저자는 민간전승을 수용하여, 이를 역사적 이야기로 전환했다. 그는 백성들의 왕-선택권과 저항권을 주장하며, 왕의 억압적 시스템을 약화시키고 왕의 임의적인 통치 권력을 제한하고자 했다. 또한 그는 이상적 통치 이념, 즉 국가 이념을 주창하여 이스라엘 사회를 근본적으로 바꾸어 놓고자 했다.

덧붙여 그는 바람직한 통치의 상, 즉 국가의 상을 제시했다. 통치자는 백성들을 지배 없이 섬겨야 한다. 이러한 통치 이념은 이스라엘 사회를 근본적으로 새롭게 바꾸어 놓고자 했다.

제국 분열에 대한 역사적 과정에 대한 연구에서 열왕기상 12장에서 주장하는 통치 이념은 아무런 작용을 하지 않았다. 이러한 통치 이념은 오히려 신명기 개혁운동 집단에 의해 형성된 것이다.

---

48) F. Crüsemann, *Widerstand*, 122.

제15장
오므리 왕조의 종교정책

I. 문제 제기

　한국 교회의 커다란 병폐들 중에 매우 심각한 것을 하나 지적한다면 그것은 이원론적 사고다. 이원론적 사고란 믿음과 행위가 분리되는 현상을 말한다. 이러한 이원론적 사고는 이중적 잣대, 즉 법과 규범을 자신에게는 관대하게, 사회적 약자에게는 가혹하게 적용한다. 뿐만 아니라, 지도층으로부터 사회적 약자를 수용하고 통합하려는 일체의 노력이 미미하다.

　이스라엘 역사에 나타난 각 시대의 사회적 문제를 특정 규범하에서 바라보고 규정하기란 용이하지 않다. 그러나 이스라엘 역사에서 오므리 왕조의 종교정책은 경제적 부흥을 위해 전통과 신앙 및 사회적 통합과 연대를 모두 포기함으로써 심각한 도덕적 부패를 가져왔고, 그 결과 사회 전체가 갈등구조로 발전하여 궁극에는 패망했던 역사적 교훈을 가르쳐 준다.

　오므리 왕조는 남북조 분열 이후 이스라엘을 비교적 강력한 국가로 재건한 왕조였다. 오므리 왕은 남북조 간의 대립 상황을 청산하고 상업적 도시국가인 페니키아와의 동맹을 통해 국가의 많은 상업적 이익을 추구함으로써 동진정책을 펼칠 수 있었다.

하지만 국가의 발전에도 불구하고 국내적으로 강력한 저항에 부딪쳐야만 했다. 엘리야와 엘리사를 중심으로 한 전 국민적인 저항과 반발에 직면하여 마침내 몰락하고 말았다.

이 장에서는 오므리 왕조의 국내 상황과 저항의 성격을 규정하면서 한국 교회와 교인들의 이원론 형성의 원인 규명에 실마리를 던져 보고자 한다.

II. 오므리 왕조 형성 이전의 상황

1. 두 경쟁 국가의 국지전

남북조가 분열되면서 예루살렘은 이스라엘 국경과 가까이에 접하게 되었다. 이스라엘은 예루살렘을 직접 위협할 수도 있다. 예루살렘 북쪽에 방어기지를 두고자 했다.

르호보암[1]은 북부 이스라엘을 강제로 복귀시키려는 노력을 하지 않은 것으로 여겨진다. 그래서 대규모 전쟁은 일어나지 않았다. 다만 산발적으로 베냐민 지역에서 국경선을 조정 ─ 벧엘과 예루살렘 사이에 애매하게 정해진 지역 ─ 하는 문제만 일어났다. 르호보암은 베냐민 지파의 영토를 점령하려는 조치들을 취했다(왕상 14:30; 대하 11:10). 르호보암이 이스라엘을 다

---

[1] 르호보암에 대한 간단한 정보: 왕상에서는 1) 북부의 반란과 관련된 그의 행동들에 관한 기사, 2) 시삭의 침공에 관한 보도(왕상 14:25-28), 3) 르호보암과 여로보암 간에 끊임없는 전쟁이 있었다는 말 외에는 그의 치세에 관한 별다른 내용이 없다. 역대기에서는 두 가지를 덧붙인다. 르호보암이 유다에 지은 열다섯 곳의 방비하는 성읍들에 관한 명단(대하 11:5-12). 그리고 르호보암이 "그 모든 아들을 유다와 베냐민의 온 땅 모든 견고한 성읍에 흩어져 살게 하고 양식을 후히 주고 아내를 많이 구하여 주었다"는 말이 있다(대하 11:23). 참조 밀러/헤이스, 『고대 이스라엘 역사』(서울: 크리스챤 다이제스트, 1996), 289f.

시 정복하려는 희망을 가졌을지라도 재위 5년(기원전 935년) 애굽의 시삭의 침공으로 실현할 수 없었을 것이다.[2]

국지전은 르호보암의 아들 아비야(기원전 915-913년)의 짧은 통치기간과 그의 후계자 아사(기원전 913-873년)의 통치 기간 내내 있었다. 아비야는 에프라임 지대 국경지대에서 여로보암을 쳐부수고 진격하여 벧엘과 그 부근 일대를 점령했다(대하 13:19).

유다 왕 아사는 마레사 국경 요새(참조 대하 11:8) 부근에서 애굽의 잔당들을 격파하고 그랄까지 추격했다. 이로써 팔레스타인 문제에 대한 애굽의 간섭을 종결했다.

아사의 통치 말기 북왕국의 바아사는 군대를 남진하여 베냐민 지파의 땅으로 밀고 들어와 예루살렘에서 북쪽으로 5마일밖에 떨어져 있지 않는 라마를 점령하고 요새화함으로써 예루살렘을 심각한 위기로 몰아넣었다(왕상 15:16-22).

그러나 아사는 다메섹의 벤하닷 1세에게 선물을 보내, 바아사와 맺은 조약을 포기하고 자기를 도울 것을 청했다. 벤하닷은 이를 구실삼아 북부 갈릴리를 약탈함으로써 바아사는 철수하지 않을 수 없게 되었다. 아사는 서둘러 라마의 요새 시설을 철거하고 게바와 미스바에 방비시설을 견고케 하여 수도를 위험에서 벗어나게 했다.

두 나라의 국지전은 분열(기원전 922년) 이후부터 오므리가 왕이 되기까지(기원전 876년) 계속되었다. 싸움은 간헐적으로 있었으며, 아주 치열하지도 않았지만 두 나라에 인력과 경제력에 부담을 주었다. 분열로 인해 생긴 감정의 골은 국지전이 지속되는 동안 더욱 깊어졌다.[3]

---

2) 르호보암과 여로보암은 시삭의 침공과 그 사후 처리에 골몰해야 했기에 전면전을 치를 수 가 없었다. 참조 밀러/헤이스,『고대 이스라엘 역사』, 299; 존 브라이트,『이스라엘 역사』(고양: 크리스챤다이제스트, 1994), 318-320.
3) 두 왕국 간의 적대적 행위에 관하여 참조 밀러/헤이스,『고대 이스라엘 역사』, 299-302; 존 브라이트,『이스라엘 역사』, 317-322.

2. 북왕국 이스라엘의 내정 - 여로보암의 방침

여로보암은 이제까지 존재하지 않았던 국가를 창건하는 과제를 안았다. 수도도 없었고 행정기구도 없었으며, 군사조직도 없었고 종교조직도 없었다. 여로보암은 수도를 세겜에 정했다(왕상 12:25). 세겜은 므낫세 지파의 영지로 지리적으로 중앙에 속하며, 가나안계 히브리인의 거류지였다. 이곳을 선택함으로써 지파들의 질투를 최소화하는 동시에 비이스라엘계 주민들을 만족시켰을 것이다.

그 후에 여로보암은 요르단 동편 브누엘로 천도했으며, 다시금 디르사로 천도했다. 천도의 이유는 분명치 않으나, 세겜은 방어하기 쉽지 않았으며, 브누엘은 지리적으로 기울어져 있었다. 디르사는 세겜에서 동쪽으로 7마일 떨어진 곳으로, 역시 비이스라엘적 도시다(수 12:24; 17:1-4).

여로보암의 매우 중요한 조치 중의 하나는 예루살렘에 대응하는 국가적 공식 제의를 제정한 것이다(왕상 12:26-33). 그는 자기 스스로를 보호하고 새로운 국가의 종교적 기반을 마련하기 위해 영토의 양쪽 끝인 단과 벧엘에 두 개의 공식적인 성소를 설치했다(왕상 12:31-33).[4] 여로보암은 예루살렘의 일곱째 달 절기에 대항할 목적으로 여덟째 달의 연례 절기를 제정했다.[5]

---

4) 이러한 조치를 한 것은 예루살렘과 다윗 전통과는 대립되는 새로운 전통을 수립하고자 하는 목적이었다. 여기에서 대부분의 학자들은 새로운 전통을 세우기 위해 옛 전통을 다시 끌어왔다고 주장한다. 단은 모세와 그의 후손들의 제사장들과 연결되며(삿 18:30), 당시 행정 중심지이며, 아람족에 대한 방위 거점이기도 했다. 벧엘은 족장(창 12:8; 28:18-22; 35:1-15) 및 사무엘(삼상 7:16)과 연결된다. 참조 존 브라이트, 『이스라엘 역사』, 324; 밀러/헤이스, 『고대 이스라엘 역사』, 293-296, 특히 295.

5) 김영진은 이를 윤달 제정으로 보고 있다. 참조 존 브라이트, 『이스라엘 역사』, 324; 김영진, "여로보암의 종교개혁과 윤달(왕상 12:31-33)," 『구약논단』 제6집 (1999), 79-90.

3. 북왕국 이스라엘의 정변

이스라엘의 왕위는 처음 50년 동안에 세 차례나 폭력에 의해 교체되었다.[6] 여로보암이 죽자 그의 아들 나답(기원전 901-900년)이 왕위를 계승하려 했다(왕상 15:25-31). 그가 군대를 거느리고 전쟁터에 나가 있을 때, 그의 군관 가운데 한 사람인 바아사에 의해 암살되었고, 바아사는 여로보암의 가문을 몰살시키고 스스로 왕이 되었다(기원전 900-877년).

그의 아들 엘라(기원전 877-876년)가 그를 계승하려고 했을 때, 이 엘라도 그의 군관 중의 한 사람인 시므리에게 암살되었다. 이스라엘 군대가 깁브돈에서 블레셋인들과 싸우느라 전사자에 있었지만, 디르사에 머물고 있던 엘라는 병거부대의 절반을 지휘하는 시므리에게 살해되었다. 시므리는 바아사 가문을 몰살시키고 스스로 왕위에 올랐다. 일주일 안에 야전 사령관(שַׂר־צָבָא 샤르-차바, 왕상 16:16)이었던 오므리가 디르사로 진격해 옴으로써 그는 자결했다.

---

6) 대부분의 학자들은 그 원인을 북왕국의 경우 사사시대의 전통인 카리스마적 전통을 이어받았기 때문에 왕조의 세습이 인정되지 않았기 때문이라고 보았다. 참조 존 브라이트, 『이스라엘 역사』, 325f. 이러한 주장은 알트(A. Alt)에 의해 주장된 테제 "사사시대에는 'Gottes Designation(하나님의 선택)'과 'Volkes Akklamation(백성들의 동의)'와 같은 정신적 전통이 있었으며, 또 이러한 정신적 전통은 북왕국을 통해 계승되었다"에 근거한다. 참조 A. Alt, *Die Staatenbildung der Israeliten in Palustion* (1930), ders *KS* II (München: C. H. Beck, 1964³), 1-65. 그러나 사사시대의 사회적 상황에 대한 최근 이해에 근거해 볼 때 사사시대에는 카리스마적 전통이 존재하지 않았다. 더욱이 알트의 테제는 사사시대의 산물이라기보다는 다윗-솔로몬 시대의 정신적 산물로 보아야 한다. 알트로 인한 역사이해의 오류는 이스라엘 역사 이해에 커다란 오류를 가져왔다.

III. 오므리 왕조7)

1. 오므리 시대의 국제 정세

오므리는 열왕기에서 8절 정도로 짧게 기술되고 있지만(왕상 16:21-28), 대부분의 역사가들은 그를 매우 유능한 인물로 평가한다.8)

그는 이스라엘에 안정을 가져다 준 인물이었다. 그의 통치는 12년(혹은 8년) 동안의 짧은 기간이었지만(기원전 876-869년), 그는 성경 외적 고대 문헌들에 최초로 나오는 성경의 인물이었고, 자신의 아들과 두 손자가 왕위를 세습하여 왕조를 창건했으며, 이스라엘에 국력과 번영을 창출했다. 앗시리아는 오랫동안 이스라엘을 오므리가로 지칭했다. 오므리는 아사 왕 31년(왕상 16:23)에 이스라엘의 왕이 되었으며, 통치 기간은 12년간으로 보고 있다.9)

오므리는 아람 다메섹이 팔레스타인과 시리아에 주도적인 강대국으로 자리 잡고 있으며, 이때 이스라엘의 영토가 줄어든 상황에서 이스라엘을

---

7) 오므리 왕조시대에 관한 정보는 주로 네 가지 사료에 나온다. 1) 왕상 16:15-왕하 8:27에서 오므리 왕조에 해당되는 부분; 왕하 8:27 = 대하 22:2; 미 6:16; 2) 모압 왕 메사 참조 *TGI* 51-53, *KAI Nr.* 181, *AOT* 440-442, *ANET* 320f., *TUAT* I 646-650, S. Timm, *Die Dynastie Omri* (FELANT 124) (Göttingen: Vandenhoeck Ruprecht, 1982), 158-180; 3) 살만에셀 3세의 비문들 참조 W. Schramm, *Einleitung in die assyrischen Konigsinschriften, Zweiter* Teil 934-722 v. Chr., (Leiden/Koln: E. J. Brill, 1973). S. Timm, Die Dynastie Omri, 181-200; 4) 고고학 유물들.

8) 오므리에 대한 신명기 사가의 평가는 매우 부정적이다: "오므리는 야훼께서 보시기에 악을 행했다. 그는 그 전의 모든 사람보다 더욱 악하게 행했다. 느밧의 아들 여로보암의 모든 길로 행하며 그가 이스라엘에게 죄를 범하게 한 그 죄 중에 행하여 그들의 헛된 것들로 이스라엘의 하나님 야훼를 노하시게 했다"(왕상 16:25-26). 이러한 평가에 대한 역사적 이해를 위해 H. Weippert, "Die deuteronomistischen Beurteilungen der Könige von Israel und Juda und das Problem der Redaktion der Königsbucher," *Biblica* 53 (1972), 301-339를 참조하시오.

9) 왕상 16:15에서는 아사 왕 27년으로 명기했다. 왕상 16:29에 따르면 8년간 통치한 것으로 나온다.

물려받았다. 애굽은 무력한 상태에 빠져 있었으며, 앗시리아는 새로운 제국의 강대국으로 자리 잡기 시작했다. 앗시리아의 앗수르나시르팔 2세(기원전 884-860년)는 상부 메소포타미아를 유린하고 아람족의 나라를 차례차례 굴복시켰다. 그런 다음 오므리 왕의 통치시대에 시리아 팔레스타인 해안지역에까지 침공하여 해안의 도시국가들로부터 조공을 받았다. 이것은 영속적 정복은 아니지만 불행한 일의 전조였다.10)

2. 오므리 왕가의 외교정책

오므리는 이스라엘의 국력을 회복하기 위해 다윗과 솔로몬의 정책을 이어받았다. 국내에서 평화를 유지하고 유다와 페니키아에 우호적 관계를 맺으며, 페니키아와 긴밀한 유대를 가지나, 요르단 동부, 특히 아람족에 대해서는 강경책을 폈다. 이 정책은 오므리에 의해 실행되기 시작했지만, 그의 아들 아합에 의해 계속 추진되었다.

오므리는 그의 아들 아합을 시돈 왕 엣 바알(אֶתְבַּעַל 에트바알)의 딸 이세벨과 혼인시킴으로써 페니키아와 동맹을 확정했다. 그리고 유다와도 동맹을 맺었다(왕상 16:31). 아합은 자기 누이11) 아달랴를 유다 왕 여호사밧의 아들 여호람과 혼인시킴으로써 유다와 동맹을 맺었다. 이러한 동맹은 군사적·상업적 목적이 있었다.

이로써 동족 간의 반목은 끝났다. 이스라엘과 유다는 군사적 긴장을 꾀할 수 있었다. 오므리는 모압을 격파하여 봉신으로 삼았고(왕하 1:1; 3:4-5), 에돔은 유다의 속주가 되었다(왕상 22:47). 오므리는 가장 위험한 경쟁자

---

10) 존 브라이트,『이스라엘 역사』328ff.
11) 왕하 8:18과 대하 21:6에서 아달랴는 아합의 딸로 왕하 8:26과 대하 22:2에서는 오므리의 딸, 즉 아합의 누이로 나온다. 그런데 왕상 8:26 עֲתַלְיָהוּ בַּת־עָמְרִי(아탈랴 밭-오므: 오므리의 딸 아달랴)를 한글 번역에서는 임의로 수정하여 오므리의 손녀 아달랴로 번역했다.

인 다메섹에 대해 상황을 역전시켜 놓았다. 그가 취한 행동은 전혀 알 수 없지만 그는 모압 정복에 착수할 수 있었다. 그러나 아합은 다메섹과 싸우지 않으면 안 되었다. 아합 통치 초기 이스라엘의 위협적인 재기를 억제하려는 목적으로 아람족의 군대가 이스라엘을 침공해 왔다. 그러나 아합은 대담한 일격으로 침략자를 격퇴했고, 요르단 동부에서의 2차 접전에서 이스라엘은 압도적 승리를 거두고 벤하닷을 사로잡았다. 그러나 아합은 다메섹이 이전에 이스라엘에게 강요하여 얻어낸 것을 다시 되돌려 받고, 벤하닷과 조약을 맺고 그를 석방했다. 이것은 아마도 두 나라가 모두 앗시리아의 위협 아래 놓였기 때문일 것이다.[12]

3. 오므리 왕조 시대의 국내 정세

오므리 왕가의 강력한 정책은 북왕국 이스라엘을 재난에서 구했고 다시 한번 강대국으로 만들었다. 그러나 이러한 정책은 국내적으로 긴장과 갈등을 야기시켰다. 국내적 긴장과 갈등의 형성 원인에 대해 전통적 입장과 필자가 주장하는 새로운 입장을 살펴보고자 한다. 전통적 입장은 알트A. Alt에 의해 주장되었고, 그 후 도너H. Donner와 디트리히W. Dietrich에 의해 계승되었다. 먼저 전통적 입장을 부록 형식으로 다루고자 한다.

1) 부록: 이스라엘과 가나안과의 관계에 대한 알트와 도너의 입장

알트는 오므리 왕조의 국내정치의 기본적인 특징을 이스라엘과 가나안과의 관계에서 바라보고 이를 해결하려 했다.[13] 이러한 이해의 문제점을 도너는 잘 지적해 주었다. 민족으로서의 가나안은 다윗-솔로몬 시대 이래

---

12) 존 브라이트, 『이스라엘 역사』, 331f.; Han Dong-Gu, *Das Deuteronomium und seine soziale Konstellation* (Diss. Frankfurt Uni., 1993), 122ff. 특히 주 24.
13) A. Alt, "Der Stadtstaat Samaria" (1954), ders *KS* III, 258-302.

로 더 이상 존재하지 않았기 때문에 이스라엘과 가나안을 인종적으로는 더 이상 구별할 수 없다. 그러나 여전히 도시 문화권에서는 가나안적 전통이 이어져 내려왔다. 따라서 가나안적 문화, 종교 및 정신적 세계가 도시 문화권에서는 여전히 상존했다고 보아야 한다. 기원전 9세기에 가나안이라는 말은 인종적인 말이 아니라, 사회학적 또는 종교학적으로만 규정될 수 있는 말이다.[14]

오므리 왕조는 가나안 문제를 해결하기 위해 다음의 두 가지 방법 중에 하나를 택했을 것이다. 첫째, 오므리 왕조는 이스라엘 주민과 가나안 주민들 사이에 차이점(특히 종교적 차이점)을 극복하고 가능한 통합시키고자 했다. 도너는 이러한 정책은 야훼 신앙에 신실한 무리들로부터의 많은 저항에 직면했어야 했다는 점을 지적한다. 둘째, 통합 정책을 포기하고 두 민족 성분을 가능한 한 분리시켜, 이원적 정책을 추구하는 길이다. 이 정책 역시 위험이 없는 것은 아니다. 이미 오래전부터 추구해 온 융해 과정에 대립되는 것이다. 마치 강물을 거슬러 올라가는 것이다. 이미 솔로몬은 두 번째의 가능성으로 나아갔다. 그는 이스라엘의 행정 구역과 가나안의 행정 구역을 나눠 대등한 지위로 다뤘다. 오므리 왕조는 가나안 문제의 이원론적 해결책을 선택한 것으로 보이며, 이러한 길을 마지막까지 택한 것으로 여겨진다.

사마리아의 선택과 관련하여 도너는 다음과 같이 주장한다.[15] 오므리가 새로운 수도를 선택한 것은 정치적 목적을 가졌기 때문이다. 이러한 점을 보다 분명히 살펴보기 위해 아래의 네 가지의 관점을 살펴볼 필요가 있다:

1. 사마리아의 매입은 가나안적인 토지 매입 방식으로 얻게 되었다.
2. 오므리와 아합은 사마리아에 특별한 지위를 부여했다.

---

14) H. Donner, *Geschichte des Volkes, Israel und seiner Nachbam in Grundzügen* 2 (ATDE 4/2) (Göttingen: Vandenhoeck Ruprecht, 1986), 263f.
15) H. Donner, *Geschichte*, 266f.

3. 아합이 사마리아에 바알 신전을 세우므로 사마리아는 종교적 중심지
   가 되었다.
4. 오므리 혹은 아합 이래로 북왕국 이스라엘 왕들은 사마리아 외에 이스
   르엘을 제2의 종교지로 사용했다.

이러한 관점을 종합하여 볼 때, 오므리 왕조는 유다의 예루살렘이 특별한
지위를 본받아 사마리아를 건설했다. 따라서 사마리아는 북왕국 이스라엘
과 독립된 하나의 도시국가였다. 오므리 왕조는 가나안의 도시국가의 왕으
로, 예루살렘의 다윗 왕조처럼 사마리아를 다스렸다. 그리고 왕들에 의해
북왕국 이스라엘과 도시국가 사마리아가 연결되었다(Personal Union).

한 걸음 더 나아가 사마리아는 이스라엘의 중심으로서 가나안적 요소가
통용되었으며, 이스르엘은 이스라엘의 중심으로서 이스라엘적 요소가 통
용되었다. 이러한 점에서 오므리 왕조의 사마리아 건설은 가나안의 문제를
이원론적으로 해결하려는 계획된 국내 정치적 조치였다. 오므리 왕조는 가
나안에서는 가나안적, 이스라엘에서는 이스라엘적 원칙을 적용했다.

이러한 종교정책의 결과가 곧 나타났다. 오므리는 페니키아의 상업도시
와 우호조약을 맺었다. 페니키아와의 우호정책은 아합 왕 시절에 절정에
달한다. 그가 시돈 왕 엣바알의 딸 이세벨과 결혼함으로써, 사마리아에 바
알 신전이 세워지게 되었다. 바알 신전이 이세벨과 페니키아 사람들을 위한
성소로 세워졌다고 생각하는 것은 문제를 지나치게 단순화시켜 보는 것이
라 도너는 지적한다. 오히려 오므리 왕조의 이원론적 종교정책의 산물로
보아야 한다고 주장한다.

오므리 왕조의 이러한 정책은 필연적으로 전통적 견해를 가진 자들, 야훼
의 배타성을 주장하는 자들의 저항에 부딪쳐야 했다. 이러한 점은 노트M.
Noth의 견해와도 일치한다.16)

알트와 도너의 문제 해결 방식은 가나안적 요소를 지나치게 극대화시켜

문제의 본질을 흐리게 했다. 도너 자신도 지적하듯이 가나안적 요소는 정치적 실체를 갖고 있지 않으므로 실제적인 위협 요소가 아니었다. 그럼에도 바알 숭배자들과 야훼 숭배자들 사이의 결전이 있었다면, 그 갈등과 대립은 다른 차원에서 그 원인을 찾아야 한다. 오므리 왕조는 그들이 직면한 정치·외교적 문제를 해결하기 위해 지나치게 전통을 무시함으로써 새로운 갈등을 야기시켰다. 국민적 통합을 위해 지도층의 희생과 양보는 전혀 없었다. 오히려 자신의 이익만을 더 추구했다. 지도층이 사회적 통합을 이루기 위한 의도적 노력을 기울이지 않음으로 인해 국가의 패망이 촉진된 것이다. 이러한 태도를 가나안적 전통이라고 이해할 필요는 없다.

2) 정치적, 사회 경제적 상황

오므리 재위 초기에는 시므리의 실패한 정변으로 인해 상당한 손상을 입었던 디르사 왕국에서 나라를 통치했다. 그는 다윗이 행했던 것과 매우 흡사하게 새 수도를 건설할 부리를 매입하여 그 전 주인인 세멜의 이름을 본 따 사마리아(소머론)으로 명명했다. 사마리아[17]는 기원전 722년 북왕국이 멸망하기까지 수도로 사용되었다. 사마리아는 세겜에서 북서쪽으로 8km 떨어져 있으며, 산악지대에 자리 잡고 있다. 높은 언덕으로 방어하기에 이상적인 위치다. 다른 한편 오므리가 사마리아를 선택한 것은 다윗이 예루살렘을 선택한 것과 마찬가지로 자신의 강력한 정치적 구심점을 형성하기 위함이다.

오므리 왕과 아합 왕은 페니키아와의 외교적 성공으로 페니키아의 (상업적) 부가 이스라엘에 흘러들어 오게 되었다. 모든 증거는 오므리 왕가 통치

16) M. Noth, *Geschichte Israels* (Göttingen: Vandenhoeck & Ruprecht, 1981), 221.
17) 고고학적 발굴에 대해 N. Avigad, "Samaria (city)," E. Stern(Hg.), *The New EAEHL*, Bd. IV (1993), 1300-1310; E. Hovers/A. Zertal/I. Finkelstein/S. Dar, "Samaria (region)," E. Stern(Hg.), *The New EAEHL*, Bd. IV (1993), 1310-1318ff.를 참조하시오.

하의 이스라엘은 상당한 물질적 번영을 누렸다는 것을 시사해 준다. 사마리아에는 오므리가 시작했으며, 아합이 완공한 탁월한 요새 시설을 갖추었다. 건축물 속에서 많은 상아를 발견함으로써 '상아궁'을 예증한다(왕상 22:39). 오므리 왕가는 이스르엘에 있던 별관을 보수했다(왕상 21장). 몇몇 중요한 도시들의 방어시설을 강화했다. 공격무기도 발전했다.[18]

나라가 부강함에도 불구하고 소농들의 처지는 더욱 악화되었다. 가난한 사람들은 궁핍한 때에 자신의 몸이나 자녀들의 몸이 아니면 자신의 땅을 저당 잡히고 부자들로부터 고리대금을 빌려 쓰지 않을 수 없었고, 기한 내에 갚지 못하여 노예가 되거나 집에서 쫓겨나야 했다(왕하 4:1). 아합 왕 치세 때에 큰 가뭄으로 인해 수많은 영세 농민들은 가지고 있던 모든 것을 잃었을 것이다. 아합 왕이 나봇의 포도원을 강탈하기 위해 그를 살해한 것이 그 예가 된다(왕상 21장).[19]

아합 시대에 와서 이스라엘의 국내 정치에 커다란 변화를 왔다. 페니키아에서 들어온 이세벨을 중심으로 새로운 종교적인 구심점이 형성된 것은 물론, 경제적으로는 페니키아에서 들어온 외국 (상업) 자본을 토대로 신흥 주류 세력이 형성되었다. 국내 정치무대는 전통적 세력과 신흥 주류세력 간의 대립으로 양분화되는 양상을 띤다. 그 내용을 정리하면 아래와 같다.

	전통적 세력	신흥 세력
정치적	비주류	주류
경제적	농업자본	외세에 의존한 상업자본
지지기반	민족주의에 근거한 백성	에세벨과 (신)정치귀족
종교적	야훼신앙	바알신앙

---

18) 존 브라이트, 『이스라엘 역사』, 333f.
19) 존 브라이트, 『이스라엘 역사』, 334f.

3) 종교정책

훨씬 더 심각했던 것은 오므리 왕가의 종교정책으로 말미암아 고조된 위기다. 오므리가 두로와 동맹을 맺고 그의 아들 아합을 이세벨과 결혼시킴으로서 시돈의 신들인 바알 멜카르트와 아세라의 숭배자였던 이세벨과 그녀의 시종들과 교역을 목적으로 그녀를 따라왔던 상인들에게도 이스라엘 땅에서 자기들의 토착 종교와 제의와 관습을 계속 지키는 것이 허용되었다. 이런 목적을 위해 사마리아에 바알 신전이 세워졌다(왕상 16:32f.).

앞서 도너가 언급한 바와 같이, 바알 신전의 목적을 이세벨과 페니키안 추종을 축소하는 것은 문제를 지나치게 단순화한 것이다. 분명히 이스라엘 사람도 바알 신전을 찾았을 것임에 틀림없다. 그러나 오므리 왕조의 이원적 종교정책에서 찾으려는 알트와 도너의 노력 역시 무의미한 것으로 보인다. 오히려 정치적 상황에서 찾아야 할 것이다. 정치-경제적으로 주도 세력이었던 이세벨과 페니키안과 그의 추종자들은 종교적 구심점을 만들어 그들의 세력을 안정적으로 고착시키기 위해 바알 신전을 건설했다고 보아야 한다. 이스라엘 사람들 중에는 정치적 신흥 세력을 따라 종교적 이장을 수정했을 수도 있다.

이세벨은 의지가 굳은 여인으로서 자기가 숭배하는 신에 대해 열심이었으며, 바알 제의를 궁중의 공식 제의로 만들고자 했다. 바알과 아세라의 선지자들이 국가의 공인의 신분을 누렸다(왕상 18:19). 이세벨은 중앙 정치무대에서 새로운 중심세력이 됨으로써 이스라엘 내의 자발적인 많은 추종자들을 낳게 했으며, 이와 함께 종교적인 측면에서도 자발적인 바알의 추종자들이 생겨나게 되었다. 야훼 제의 역시 국가의 공식 종교로 남아 있기는 했으나, 바알 신앙은 많은 사람들에게 충격 없이 받아들여졌으며, 심지어 환영까지 받았다. 엘리야는 "양다리를 걸치고 비틀거리고 있다"고 비난했다(왕상 18:21).

이세벨은 야훼 신앙을 처음부터 박해하지는 않았지만, 그녀의 정책이 저항에 부딪치자 가혹한 조치를 내렸다(왕상 18:4). 야훼의 선지자들은 그녀의 격노의 표적이 되어 전례 없는 위기 사태에 직면하게 되었다.

IV. 오므리 왕가의 몰락

1. 정치적 실패

이스라엘의 아합은 유다의 여호사밧과 함께 길르앗 라못이라는 국경 성읍을 장악하기 위해 출정했다. 아합은 이 군사 작전 도중에 전사했다. 그의 아들 아하시야가 왕이 되었으나, 그는 몇 개월이 안 되어 낙상하여 회복되지 못했다. 그의 동생 여호람이 왕이 되었다. 그는 모압 왕 메사의 반란에 직면하게 되었다(왕하 3:4-27). 여호람은 유다의 도움을 받아 사해 남단 주변의 모압에 진격하여 승리를 거두었으나, 반역자를 항복시킬 수는 없었다. 다메섹과의 전쟁도 질질 끌게 되었다. 아합 사후 8년이 지났는데도 이스라엘은 여전히 그곳에서 교전을 하고 있었다.

2. 종교적 저항

이세벨의 철권 정책은 저항운동을 지하로 몰아넣는 데 성공했다(왕상 18:4). 사무치는 증오가 많은 이스라엘 사람들의 마음속에 쌓여 갔다. 이세벨의 대적자들 가운데 가장 뛰어난 상징적인 인물은 예언자 엘리야였다. 엘리야를 주변으로 많은 소외된 자들이 모여 들었다. 엘리야는 경제적으로 가난한 자들의 문제를 위해 함께 싸워야 했다.[20]

---

20) 엘리야와 엘리사와 관련된 많은 기적 이야기는 좋은 배경이 될 수 있다.

엘리야는 갈멜산에서 바알 선지자들과 일대 격전을 벌였다. 여기에서 그는 이스라엘의 신은 바알이 아니라, 야훼임을 확인시켜 주었다. 그리고 흥분한 청중들로 하여금 바알 선지자들을 모두 죽이게 했다(왕상 18장). 이러한 사건이 어떻게 가능했는지 그 과정을 상세히 추론할 수는 없지만 엘리야는 정치적으로 구(舊)세력, 경제적으로 가난하고 소외된 자들, 민족으로 외세와 연합하지 않은 민족주의적인 사람들, 종교적으로 전통적인 야훼 신앙에 충실한 자들을 하나로 결합시킬 수 있었고, 그 힘으로 새로운 정치 세력 집단이며, 외세 지향적이며, 바알 신앙에 충실한 자들과의 대결을 이끌어낼 수 있었다. 갈멜산 투쟁은 두 세력 간의 투쟁을 상징적으로 잘 드러내 주며, 그 결과 야훼 신앙에 충실했던 자들이 승리했음을 보여준다.

엘리야는 사회 비판적 측면에서 저항운동을 하기도 했다. 부정한 수단으로 얻은 아합의 포도밭에서 그를 직접 만나서 나봇을 죽인 그의 범죄를 저주했다(왕상 21장).

3. 예후의 쿠데타

쿠데타는 기원전 843/2년에 일어났다. 표면상으로 쿠데타는 예후라는 장군에 의해 주도된 쿠데타였다. 격렬한 폭력성이 보여주듯이 실제로 이 혁명은 오므리 왕가와 그 모든 정책에 대해 대중의 누적된 분노, 즉 이스라엘에서 보수적이었던 모든 백성의 분노가 폭발한 것이었다. 혁명의 도화선에 엘리사가 불을 붙였다. 여호람이 부재 중인 틈을 타서 예후에게 기름을 붓자, 예후의 군관들은 곧장 그를 왕으로 세웠다. 예후는 이스르엘로 가서 여호람을 죽이고, 사마리아로 가서 에세벨과 아합 가문의 온 가족을 죽였다. 쿠데타는 순식간에 대학살로 변했다. 그리고 바알 숭배자들을 모두 죽이고, 바알 신전과 모든 설비를 파괴했다. 이로써 오므리 왕조는 멸망하게 되었다.

V. 결론

오므리 왕조의 국내 상황은 외형적으로 성장했다. 군사적 성공과 함께 경제적인 성공도 가져왔다. 그럼에도 불구하고 정치 지도층은 자신의 이익을 추구하기 위해 비도덕적 행위를 자행했다. 무엇보다도 외세에 의한 전통의 몰락, 최소한 전통을 위협하는 상황은 국민적 저항에 부딪쳐야 했고, 마침내 예후라는 새로운 정치적 야심가에 의해 몰락하게 되었다. 그의 쿠데타 동기는 종교 탄압이었다.

오므리 왕조는 불건전한 외세에 대해 지나치게 의존함으로써 전통과 새시대의 정신을 조화스럽게 창출하는 데 실패하게 되었다. 더욱이 정통성이 결여된 정치적 · 종교적 특권층은 필히 도덕적 불건전성을 낳게 되었다. 온 나라는 지도층과 백성, 외세와 전통이라는 양분된 구조로 몰아갔다.

지도층의 자기희생적인 노력 없이는 사회적 통합을 이룰 수 없으며, 부분적인 경제 성장을 가져온다 할지라도 지속되지 못하고, 파멸하게 된다. 오늘 우리는 경제적 위기를 맞게 되었다. 그래서 많은 개혁의 음성을 듣게 된다. 궁극적으로 성공을 거두려면 지도층의 자기희생적 헌신이 요구된다.

부록: 남북조 연대표

르호보암	922-915	여로보암	922-901
아비야	915-913		
아사	913-873	나답	901-900
		*바아사	900-877
		엘랏	877-876
		*시므리	876
		*오므리	876-869
여호사밧	873-849	아합	869-850
예호람	849-843	아하지야	850-849
아하지야	843/2	예호람	849-843/2
아탈리아	842-837	예후	843/2-815
요아스	837-800		

제16장
요아스 역사에 나타난 왕의 계약
- 열왕기하 11장의 문헌비평적 분석 -

I. 문제 제기

열왕기하 11장에서는 요아스와 여호야다에 대한 역사를 서술하고 있다. 여기에서는 사무엘하 5장 3절에서의 다윗의 역사에서와 열왕기하 23장 1-3절의 요시야의 역사의 경우와 같이, 왕과 백성이 맺는 왕의 계약에 대해 언급한다. 열왕기하 11장에서의 왕의 계약에 대해 분석하기에 앞서, 본문을 문헌비평적으로 분석하여 본문의 형성사를 먼저 재구성해 보고자 한다.

II. 열왕기하 11장의 문학적 특징

열왕기하 11장의 히브리어 본문은 일목요연하게 잘 보존되어 있지 못하다. 벨하우젠은 "열왕기하 11장 4절 이하에 서술된 본문의 내용은 본문 파손으로 인해 이해하기 어려우며, 이제까지 어떤 해석자들도 분명하게 해명

하지 못하고 있다"[1]고 했다. 이러한 벨하우젠의 견해는 열왕기하 5-7절에
서만 적용되는 것이 아니라, "열왕기하 11장 전체에도 적용된다."[2] 11장의
여러 부분에서 해석의 난점을 야기하고 있다: 장소의 문제, 수비대의 배치,
기름부음의 의식, 요아스와 여호야다의 명명 등. 일련의 반복들과 내용상
충돌들은 본문의 혼란을 가져왔고 이것들은 본문 이해를 어렵게 하고 있다.

슈타데는 이러한 혼란은 자료설에 근거하여 동일한 사건에 대한 두 개의
다른 보도가 함께 연루되어 난점들이 야기되었다고 보았다. 그는 역사적으
로 신뢰할 만하고 완전히 보존된 보도는 열왕기하 11장 1-2절과 18b-20
절이며, 그 사이에 있는 보도는 다른 단편적 보도들로 보았다.[3]

루돌프는 이와는 달리 본문을 통일적으로 보았다. 그럼에도 그는 바알신
전 붕괴의 이야기를 전체 이야기의 끝부분으로 옮겨 놓았고, 열왕기하 11장
14절과 19절에 언급된 "그 땅의 백성들"(암 하아레츠)에 대한 언급은 삽입
으로 간주했다.[4]

레빈은 보충가설을 주장했다. 그는 열왕기하 11장에서 4개의 문헌층들
을 분리했다.[5]

이러한 선행 연구들이 열왕기하 11장의 본문에 내재된 문제점들을 모두
해결한 것은 아니지만, 본문이 점진적으로 성장했다는 점만은 분명하게

---

1) J. Wellhausen, *Composition*, 292-293 각주 2.
2) Ch. Levin, *Atalja*, 14.
3) B. Stade, *Ausgewählte akademische Reden und Abhandlungen* (Giessen, 1907),
   186-192. 참조 R. Kittel, *Die Bücher der Könige* (HAT I/5) (Göttingen: Vanden-
   hoeck & Ruprecht, 1900), 244, 249. 이와 유사한 변형된 주장을 E. Würthwein,
   Könige, 344-352에서 제기되었다. 그는 왕하 11:1-12, 17-20을 첫째 보도로, 왕하
   11:13-16을 둘째 보도로 보았다. E. Junge, *Heerwesen*, 18-19. 그는 왕하 11:1-10,
   19-20을 첫째 보도로, 왕하 11:11-18을 둘째 보도로 보았다. 또 다른 변형된 주장들에
   대해 Ch. Levin, *Atalja*, 15 각주 6을 참조하라.
4) W. Rudolph, "Die Einheitlichkeit der Erzählung vom Sturz der Athalja (2 Kön 11),"
   W. Baumgartner/O. Eißfeldt(Hg.), FS für A. Bertholet (Tübingen, 1950), 473-
   478.
5) Ch. Levin, *Atalja*.

지적한다.

어떤 본문이든 전체를 바라볼 때, 그 본문의 구조를 더 잘 이해할 수 있다. 아달랴의 죽음(왕하 11:16과 왕하 11:20)을 반복적으로 또, 아마도 요아스의 왕위 등극(왕하 11:12, 13f., 17ff.)을 여러 차례 반복적으로 보도한다. 첫째 이야기는 아달랴의 죽음의 보도와 함께 끝났다(왕하 11:1-16). 그 다음에 이어지는 둘째 이야기(왕하 11:17-20)는 개정된 이야기로서, 선행하는 이야기를 보충하는 본문이다. 첫째 이야기는 두 번째 이야기 없이 바로 열왕기하 12장과 연결될 수 있다.

첫째 이야기는 세 장면의 단락이 함께 묶여 있다:

1) 요아스의 구출(왕하 11:1-3)
2) 요아스의 왕위 등극(왕하 11:4-12)
3) 아달랴의 죽음(왕하 11:13-16)

세 단락 모두 문맥으로부터 분리될 수 있는 전승 자료들을 포함하고 있으며, 동시에 후기에 개정된 요소들도 포함하고 있다.

III. 요아스의 구출 - 첫째 단락의 분석(왕하 11:1-3)

첫째 단락은 "아하시야의 어머니인 아달랴가 아하시아 왕이 죽었다는 소식을 듣고, 왕의 자손을 모두 죽이기 시작했다. 그 와중에 아하시야의 누이인 여호세바가 아하시야의 아들 요아스를 숨겼다. 그는 성전에 육 년을 숨어 있었고, 그동안, 아달랴가 통치했다"는 내용이다.

여기에서 열왕기하 11장 2aγ절의 "그와 그의 유모를 침실 내부에"라는 표현은 본문 중 다른 서술들과 충돌된다. 첫째, 요아스만을 구출한 것으로

서술한 11장 2aβ절과 내용상 충돌이 되며, 둘째, 요아스가 구출된 곳이 11
장 2aγ절에서는 "침실 내부에"[6]로 언급했으나, 11장 3절에서는 "야훼의
성전으로" 언급했다. 그럼에도 슈타데가 의미했던 바와 같이, 11장 2aγ절
을 주해로서 삭제할 수 없으며,[7] 오히려 자료층에 속한 것으로 볼 수 있다.
그 밖에도 "유모가 본래부터 원본에 포함된 것이 아니면, 유모가 어떻게
본문에 포함되게 되었는지 설명하기 쉽지 않다."[8]

요아스 구출에 관한 원본은 민간전승에서 유래되었으며,[9] 열왕기하 11
장 2bα절의 "그들이 …를 숨겼다"(וַיַּסְתִּרוּ 봐야시티루)에서 복수 표현은
2a절의 "여호세바/그녀는…"에서 3인칭 단수 표현과 구별된다는 점에서
2aγb절이 편집자에게 넘겨지기 전에 독립적으로 존재했음을 알 수 있다.

열왕기하 11장 1-2절의 가족 관계에 대한 정보("아하시야의 어머니인
아달랴", "요람 왕의 딸이며, 아하시야의 누이인 여호세바" 및 "아하시야의
아들 요아스")와 3a절의 숫자에 대한 정보("육 년")는 연대기나 연감에 속
하는 자료들이다.

편집자는 민간전승(왕하 11:2aγ, 2bα), 연대기나 연감 자료인 가족관계
(왕하 11:1aα, 2aα)와 숫자(왕하 11:3a*, 3b*)에 대한 정보에 근거하여,
요아스의 구출에 대한 첫째 단락을 서술했다.

편집자는 살인 행위와 왕자를 감추는 행위에서 알 수 있는바, 함께 행동
한 보조자들에 대해 아무런 관심을 보이지 않는다. 그는 오직 '한 사람: 합법
적인 왕위 계승자 요아스'에 대해서만 관심을 두었다.

---

6) B. Stade, *Reden*, 186. 그는 여기에서 언급된 "침실 내부"는 성내에 어떤 곳으로 이해하지
   않았다. 요아스가 피신한 곳은 성내에 있는 어떤 곳이 될 수 없고, 오히려 그곳은 왕자들이
   살해된 곳으로 이해해야 한다고 여겼다. 이러한 견해를 뷔르트봐인도 따른다. E. Würthwein,
   Könige, 344, 346.
7) B. Stade, *Reden*, 186; E. Würthwein, *Könige*, 344, 각주 2.
8) R. Kittel, *Könige*, 245.
9) H.-D. Hoffmann, *Reform und Reformen. Untersuchungen zu einem Grundthema
   der deuteronomistischen Geschichtsschreibung* (ATANT 66) (Zürich: Theo-
   logischer Verlag, 1980), 111.

여기에 덧붙여 편집자는 야훼의 성전을 주요 무대로 변화시켰다. 그는
모든 사건이 성전에서 일어난 것으로 했다. 그에게 있어서 성전은 중요한
의미를 갖는다.[10] 이러한 입장에 따르면 편집자는 궁중 무리, 보다 정확히
는 제사장 집단에 속한 자였다.

IV. 요아스의 왕위 등극 – 둘째 단락의 분석(왕하 11:4-12)

둘째 단락은 첫째 단락보다 더 복잡하다. 여기에서는 최소한 세 종류의
문학적 경향을 읽을 수 있다: 자료층, 편집층과 개정층.

열왕기하 11장에서는 다양한 집단들이 관련 사건에 참여하고 있다. 11
장 4a절에서는 가리 사람의 백부장들(혹은 백부장들과 가리 사람들)과 호
위병들이 호위(혹 경비) 업무와 왕의 등극의 과정에 참여하고 있으며, 이와
는 달리 11장 9절과 11절에서는 백부장들과 호위병들이 이 행위에 참여하
고 있고, 15-16절에서는 백부장들만이 아달랴의 처형에 참여하고 있다.
이 경우는 암묵적으로 호위병들이 계속하여 성전에 남아 왕을 호위하고
있음을 전제한다.

열왕기하 11장 14a절에서는 왕위 등극의 장면을 묘사해 주고 있다. 여기
에는 관리들(הַשָּׂרִים 하샤림)과 나팔수들(הַחֲצֹצְרוֹת 하라쪼쯔로트)이 왕
위 등극에 참여한 자들로 언급되었다. 특이한 점은 그 땅의 백성들(암 하아

---

10) 몇몇 주석자들은 이러한 차이에서 침실의 내부를 첫 번째 도망 장소로 보았고, 성전을
    장시간의 피난처로 이해했다. 참조 R. Kittel, *Könige*, 372; S. Herrmann, *Geschichte*,
    279; M. Rehm, *Das zweite Buch der Könige* (Würzburg: Echter Verlag, 1982),
    115; J. Gray, *I und II Kings* (The Old Testament Library) (London, 1977³), 570.
    레빈은 이와는 달리 이해했다. Ch. Levin, *Atalja*, 30-31. 그는 왕하 11:3a를 선행본문을
    보충적으로 해명하는 구절로 보았다(31). 역대기 역사서에서는 이러한 차이를 여호세바
    를 제사장 여호야다의 부인으로 이해했으며, 따라서 침실 내부를 성전 구역 내에 위치한
    것으로 이해하여 극복했다(대하 22:11).

레츠)도 참여했다. 11장 19절에서는 참여한 자들의 긴 목록이 언급되었다:
백부장들과 가리 사람과 호위병들과 그 땅의 백성들.11)

아달랴의 몰락을 주도한 자가 여호야다인가? 대체 그가 누구인가? 만약
그렇다면 여호야다는 아달랴의 몰락 이전에 이미 고위직에 올라 있어야
한다. 그는 어려움 없이 관리들(백부장들과 가리 사람과 호위병들)에게
명령할 수 있어야 한다. 이러한 점에서 여호야다는 일종의 고위 관리였다는
점을 수용할 수 있다.12) 이와는 달리 열왕기하 11장 9절과 15절에서는
여호야다를 제사장으로 언급하고 있다.13)

요아스도 다양하게 언급되었다. 먼저 열왕기하 11장 2절에서는 단지
그의 이름만 언급했고, 4절과 12절에서는 왕의 아들로 언급되었고, 8-11
절에서는 이미 왕으로 부르고 있다. 11장 8-11절에서 요아스를 왕으로
부르는 것은 적절치 못하다, 왜냐하면 그가 11장 12절에서 비로소 왕위에
등극하기 때문이다. 이러한 차이를 어떻게 해명할 수 있겠는가?

둘째 단락에서는 편집자에게 주어진 선행하여 존재했던 또 다른 연대기
나 연감에 속했던 보도들이 발견된다(왕하 11:4,14) 12ab15)).

열왕기하 11장 4절의 숫자표기 양식 "X בַּשָּׁנָה(바샤나)"는 일반적으로
왕이 바뀔 때 사용하며, 신명기 사가의 것으로 돌릴 수 있는 열왕기의 연대
표기 양식 "X בִּשְׁנַת(비쉬나트)"16)와는 차이가 난다.

---

11) 왕하 11:4a는 자료층에 속한 것으로 돌릴 수 있고, 왕하 11:9, 11, 15-16은 편집층으로
    돌릴 수 있다. 왕하 11:14a는 또 다른 자료층에 속한 것으로 볼 수 있다. 왕하 11:19은
    개정층으로 돌릴 수 있다.
12) Cr. Levin, *Atalja*, 89-90. 레빈은 그를 총리로 이해했다.
13) 왕하 11:9(2회)과 15(1회)에서 "제사장 여호야다"라는 표현이 언급되었고, 왕하 11:10
    과 18에서는 단지 "제사장"이라는 표현으로만 언급되었다. 여호야다를 제사장으로 언급
    한 것은 편집자의 몫으로 돌릴 수 있다.
14) 야훼의 성전과 맹세로서의 계약에 대한 언급이 없이
15) 왕하 11:12aα는 왕하 11:5-11을 넘어 왕하 11:4의 재수용으로 보인다.
16) 왕상 15:1, 9, 25, 28, 33; 16:8, 10, 15, 23, 29; 22:41, 52/히 51; 왕하 1:17; 3:1;
    8:16, 25; 9:29; 12:2, 7; 13:1, 10; 14:1, 23; 15:1, 8, 13, 17, 23, 32; 16:1; 17:1,
    6; 18:1, 10; 24:12; 25:1, 27. 참조 J. Begrich, *Die Chronologie der Könige von*

요아스가 왕위에 등극할 때, 백성들은 환호하며 경의를 표했다: "그들은 박수를 치고, '왕 만세!' 하고 외쳤다"(왕하 11:12bαβ). 열왕기하 11장 11절에서 왕 주변에서 호위를 섰던 자들도 12절의 왕위 등극에 함께 참여하면서, 백성들과 같이 요아스의 등극에 경의를 표했다. 이는 사무엘상 11장 15절과 열왕기상 16장 6절과 병행한다. 군 요원들은 궁중 무리들 중에 속했던 자들인 것 같다. 왕위 등극에 경의를 표하는 "왕 만세!"(יְחִי הַמֶּלֶךְ 여히 하멜렉크; 왕하 11:12bβ)라는 표현은 사무엘상 10장 24절과 열왕기상 1장 39절에서도 볼 수 있다. 이는 궁중 집단에서 흔히 사용하는 표현이다. 따라서 이 전승은 궁중의 군사적 집단에서 형성된 연대기나 연감적 표현으로 볼 수 있다.

이 전승의 저자는 모든 왕들이 왕위에 등극할 때, 하나님의 지명과 같은 절차를 받아야 한다고 생각하지는 않았던 것 같다. "왕의 아들"과 같은 표현 속에서는 은연중에 왕조적 원리가 여전히 작용하고 있다는 점을 암시해준다. 어쨌든 요아스의 왕위 상속권은 암묵적으로 전제되어 있는 것 같다. 여기에 덧붙여 왕위 등극에 참여한 자들의 동의Akklamation는 요아스의 왕위 상속권을 인정하는 것으로 여겨진다. 이 전승에 따르면 군 요원들만이 동의에 참여했다.

열왕기하 11장 4절에서의 (아마도 맹세의 형식으로 된) 계약은 호위하는 자들에게 부과된 의무와 관련된 것이 아니라, 아마도 새로이 등극하는 왕을 인정하는 문제와 왕위 등극에서의 동의와 관련된다.

호위의 과정에 대한 묘사는 매우 복잡하며, 현재 본문의 파손으로 분명치 않다. 무엇보다도 개정의 손길은 호위 과정의 묘사와 관련하여 지나치게 깊숙이 관여되어, 현재의 본문은 그 의미를 이해하기 어려울 정도로 혼란스럽다.

Israel und Juda und die Quellen des Rahmens der Königsbücher (Tübingen, 1929), 172-200.

열왕기하 11장 4절에서 여호야다가 백부장들, 가리 사람과 호위병들을 뽑아서 계약을 맺고, 왕의 아들을 보여주며, 5절에서부터 호위의 임무를 부과했다: "이것은 너희가 행해야 할 일이다." 호위 임무의 내용은 11장 5b-11절에 길게 서술되었다. 본문 전체에서 주는 인상은 호위의 임무가 점진적으로 확대되었고 또 조직적으로 발전되었다는 점이다. 이러한 가정이 타당하다면, 전승의 초기 단계에는 호위 임무는 단지 왕의 주변에서 왕을 지키는 일에 국한되었을 것이다. 이러한 내용은 11장 5a, 8, 9aαβb, 11aαb절에서 재구성할 수 있다.

전승의 후기 단계에 가서 호위 임무가 왕궁과 성전으로 확대되었다. 또 호위 임무에 참여하는 자들도 삼부제로 분할되었다. 안식에 당번인 자들 중의 삼분의 일은 왕궁의 경비를 담당했다. 이들이 다시금 삼등분으로 분할되었다. 그리고 안식에 비번인 삼분의 이는 성전의 경비를 담당했다. 이러한 내용은 열왕기하 11장 5b-7, 9aγb, 10, 11aβγ절에서 재구성할 수 있다:

⁵ᵃ그(여호야다)는 그들에게 "이것이 너희가 해야할 일이다"라고 명령했다: ⁵ᵇ너희 중에 안식일에 당번인 삼분의 일은 왕궁의 경비를 담당해야 하고, ⁶ᵃˣ또 삼분의 일은 수르 문을 담당하고, ⁶ᵃᵝ또 (나머지) 삼분의 일은 호위대 뒤에 있는 문을 담당해야 한다. ⁶ᵇ이와 같이 너희는 교대로 왕궁의 경비를 담당해야 한다. ⁷ᵃ너희 중에 안식일에 비번인 두 부대는 ⁷ᵇ야훼의 성전에서 왕의 호위를 담당해야 한다. ⁸ᵃˣ "너희는 각자 손에 무기를 잡고 왕 주의를 호위해야 하며, ⁸ᵃᵝ대열에 접근하는 자를 죽여야 한다. ⁸ᵇ왕이 들어갈 때나 나갈 때에는 왕과 함께 해야한다." ⁹ᵃˣᵝ백부장들은, 제사장 여호야다가 명령한 모든 것과 같이, 행했다. ⁹ᵃᵞ그들은 각자 대원들, 즉 안식에 당번인 자들과 안식일에 비번인 자들을 거느리고, ⁹ᵇ제사장 여호야다에게 갔다. ¹⁰ᵃ제사장은 다윗 왕의 것이었든 창과 방패를 백부장들에게 주었다. ¹⁰ᵇ이것들은 야훼의 성전에 보관되어 있었다. ¹¹ᵃˣ호위병들은 각자 손에 무기를 잡고 왕의 주변, ¹¹ᵃᵝ즉, 성전 오른쪽에서

부터 왼쪽까지, ^{11aγ}제단과 성전 곁과 (또) ^{11b}왕의 주변에 서있었다.

전승의 초기 단계에서는 주로 한 사람, 즉 새로이 등극한 왕의 호위에
집중되다가, 전승의 후기 단계에서는 지역 경비, 왕궁과 성전의 경비로 발
전되었다. 이 점은 언어적 관점에서도 입증된다. 전승의 초기 단계에서는
"주변을 에워싸다"(נקף Hi.) 또는 "주위에 서다"(עמד + סביב)라는 형상
적 언어가 사용되었고, 전승의 후기 단계에서는 "…(지역)에 경비(임무)를
담당하다"(שמר את־משמרת 샤마르 에트-미쉬메레트)라는 표현을 사용
했다. "…(지역)에 경비(임무)를 담당하다"라는 표현은 포로기와 포로 후
기의 문헌에서 주로 나온다.[17]

초기 전승은 편집자의 몫으로 돌려야 한다. 왕국의 경비는 불필요하다,
왜냐하면 새로운 왕이 성전에 있기 때문이다. 단지 적대자들인 아달랴와
그녀의 무리들이 왕궁에 있기 때문이다. 군사적 관점을 지나치게 과장하는
경향은 후기의 제사장 문서와 역대기 역사서에서 흔히 볼 수 있는 것이다.

열왕기하 11장 8절(2회)과 11절에서 요아스를 왕으로 부른 것은 11장
1-16절의 전체 이야기의 결합을 전제한다. 특히 11장 12절에서 요아스가
왕으로 등극하는 보도를 전제한다. 11장 5-11절의 호위 및 경비 행위는
첫째 단락(왕하 11:1-3)과 셋째 단락(왕하 11:13-16) 없이는 이해할 수
없다. 호위 행위는 편집 작업, 즉 11장 1-16절의 편집층을 전제한다.

열왕기하 11장 12aβ절에서 "그(=여호야다)는 그에게 왕관(הנזר 하네
쩨르)과 증거(=율법, עדות 에두트)를 주었다"라는 문장은 아론의 임직식
에서 보여준바(출 29:6, 7; 레 8:9, 10),[18] 제사장 임직-의식을 위한 형식

---

17) 창 26:5; 레 8:35; 18:30; 22:9; 민 3:7, 8, 28, 32, 38; 8:26; 9:19, 23; 18:3, 4, 5;
신 11:1; 수 22:3; 왕상 2:3; 왕하 11:5, 6, 7; 겔 40:45, 46; 44:8, 14, 15, 16; 48:11;
슥 3:7; 말 3:14; 느 12:45; 대상 12:23, 30, 32; 대하 13:11; 23:6.
18) Ch. Levin, *Atalja*, 46ff., E. Würthwein, *Könige*, 348. 반대 G. von Rad, "Das Jüdische
Königsritual," *ThLZ* 72 (1947), 211-216, 205ff. 그는 이 문장을 애굽의 왕위 등극

처럼 보인다. "증거"(עֵדוּת 에두트)란 "제사장 문서에서 흔히 사용되었으며, 하나님의 율법을 의미한다."19) 한편 이 문장이 11장 17a의 세 파트너, 즉 하나님과 왕과 백성 사이의 계약을 전제한다면, 이 문장은 후기의 삽입으로 간주할 수 있다.20) "왕관"(נֵזֶר 네쩨르)이란 봉헌의 상징이나 봉헌(혹은 봉헌 행위)을 의미한다.21) 제사장 문서에서 "왕관"은 대제사장의 예복/관복(혹은 예물/관물) 중의 하나였다: 머리에 쓰는 관(출 29:6; 39:30; 레 8:9). 머리에 관을 씌우는 것은 아론과 그의 아들들의 임직식에서 중요한 행위의 순간이다. 이 문장이 "하나님의 의지에 복종하는 것을 상징한다면,"22) 이 문장은 11장 17절의 신학적 계약을 전제한다.

이상의 논의에서 다음과 같은 결론을 이끌어낼 수 있다. 열왕기하 11장 12aγb절은 편집자에게 주어진 전승된 자료들이다. 또한 왕하 11장 4aα절의 연대기적 표현("일곱째 해에" וּבַשָּׁנָה הַשְּׁבִיעִית 우바샤나 하쉬비이트)도 자료층에 속한다.

열왕기하 11장 5a, 8, 9aαβb, 11aαb절의 호위 행위 묘사와 11장 12aα절의 재수용된 부분, 즉 "대중 앞으로 왕을 나오게 한 부분"은 편집자에게 돌릴 수 있다.

그리고 열왕기하 11장 5b-7, 9aγb, 10, 11aβγ절의 호위/경비 행위의 다른 부분들은 후기의 개정자의 몫으로 돌려야 한다. 11장 12aβ절에서 "왕관(הַנֵּזֶר 하네쩨르)과 증거(=율법, עֵדוּת 에두트)를 넘겨주는 행위"는 세 파트너가 함께 체결하는 신학적 계약에 관여한 또 다른 개정자에게 돌려야 한다.

문서에서 볼 수 있는 프로토콜이나 인정서(eine Urkunde der Legitimität)같은 것을 생각했다. 참조 R. de Vaux, *Das Alte Testament und seine Lebensordnungen* I/II (Freiburg 1964²/1966²), 168.
19) A. Šanda, *Die Bücher der Könige* 2 Bde (EH 9) (Münster, 1912), 131.
20) 참조 신 17:18-19.
21) 참조 Ch. Levin, *Atalja*, 47-48.
22) R. Kittel, *Könige*, 249.

따라서 둘째 단락(왕하 11:4-12)에서 편집자의 중요 관심사는 새로이 왕으로 등극하는 요아스를 아달랴 편으로부터 가해질 수 있는 잠재적 위험에서 보호하고 동시에 지키는 일이다.

V. 요하스의 왕위 등극과 아달랴의 살해
- 셋째 단락의 분석(왕하 11:13-16)

1. 요아스의 등극(왕하 11:13-14a)

열왕기하 11장 13절에서야 비로소 백성들이 왕위 등극에 참여한 자로 나타난다. 따라서 많은 주석자들이 11장 13-16절에서 두 번째 자료층의 존재를 언급한다. 암 하아레츠는 여기에서 전쟁에 참여한 사병도 근위대의 병사들도 아니다.23) 이들은 열왕기상 1장 39절 이하와 마찬가지로, 왕위 등극에 동의Akklamation를 위해 참여한 자들이다.24) 열왕기하 11장 14ay절의 "그 땅의 백성들(암 하아레츠)이 모두 즐거워했다"라는 문장은 왕위 등극에 암 하아레츠들이 동의했다는 것으로 보아야 한다.25) 이 전승의 저자는 암 하아레츠 모두는 왕위 등극의 관중으로 참여했다는 점을 염두에 두었다.26) 이 전승의 저자는 백성들이 정치적 무대에서 아무런 역할도 하지 않은 것으로 간주했다.27) 이들은 단지 축제적 의식에서 환호하는 자로 보

---

23) A. Šanda, *Könige*, 131; M. Rehm, *Könige*, 118.
24) 참조 W. Rudolph, *Einheitlichkeit*, 477-478. 그는 암 하아레츠를 "백성 무리" 혹은 "사람들"로 보았다. Ch. Levin, *Atalja*, 20 각주 10. 그도 유사한 견해를 피력했다.
25) 참조 왕상 1:40, 45; G. von Rad, *Dtn - Studien*, 44. 반대 W. Rudolph, *Einheitlichkeit*, 477.
26) 비슷한 견해를 Ihromi, *Königinmutter*, 426에서 주장했다. 아달랴의 몰락에 있어서 중심적인 역할을 한 것은 암 하아레츠가 아니라, 강력한 권력을 가진 예루살렘의 제사장 여호야다였다.
27) Gegen G. von Rad, *Dtn - Studien*, 145.

왔다.28) 이와 같은 경향을 사울이 왕위에 등극할 때(삼상 11장), 다윗이
왕위에 등극할 때(삼하 2:4a과 삼하 5:3) 그리고 솔로몬이 왕위에 등극할
때(왕상 1장)에 보여주었다. 이러한 의미에서 암 하아레츠는 도시에 거주
하는 주민들과의 대립 개념으로서의 지방 출신으로 구성된 정치적 집단을
의미하는 것이 아니라(참조 왕하 11:20), 예루살렘과 유다 지역 전체에
거주하는 백성 전체를 의미한다.

　　열왕기하 11장 14aα절의 지리적 언급 "그 단 위에"(עַל־הָעַמּוּד 알-하
아무드)는 어디를 의미하는지 분명치 않다.29) '그곳이 어디인가?' 하는 점
은 이 전승의 저자에게는 중요한 것이 못 되었던 같다. 왜냐하면 그는 그곳
이 독자들에게는 이미 알려진 곳으로 전제했기 때문이다. 그럼에도 "단 위
에"라는 말은 왕이 서 있는 자리를 성전이나 왕궁같이 기둥 건물 내의 어떤
곳으로 좁혀질 수 있다.30) 이러한 정보를 토대로 이 전승은 자료층에 속하
는 것으로 궁중 집단에게 돌릴 수 있다.

　　열왕기하 11장 14aα절은 새로운 왕이 등극하는 모습을 전해 주고 있다.
11장 14aα절의 "규례대로"(כַּמִּשְׁפָּט 카미쉬파트)라는 보도에 따르면, 성전
이나 왕궁 같은 기둥 건물 내의 "단 위에"는 왕위 등극에서 왕이 서 있는
자리였다. "왕이 그 단 위에 서 있었다"라는 보도는 열왕기하 23장 3절과
병행한다.31)

　　왕위 즉위 의식이 역사적인 관점에서 통상적이었다면, 두 구절은 공통적
으로 역사적 전통에 의존했을 수 있다. 이 전승에서 암시해 주고 있는 것은
요아스가 왕으로 등극하게 된 것이 통상적인 의식 절차를 따라 진행되었고,

---

28) 참조 A. Šanda, *Könige*, 132. "그는 왕위 등극을 아마도 불특정 안식일이 아니라, 특정
　　축제일로 옮겼다."
29) Ch. Levin, *Atalja*, 21. 그는 그 곳을 왕궁 내에 있는 기둥 건물에 있는 것으로 보았다(참조
　　왕상 7:6).
30) 반대 E. Würthwein, *Könige*, 352. 그러나 "성전이냐 혹은 외부 지장이냐"라는 그의
　　질문은 적절치 않다.
31) Vgl. 213-214.

또 평화롭게 시행되었다는 점이다. 왕위 등극의 보통의 과정을 그곳에 참여한 자들이 증언한다: 관리들(הַשָּׂרִים 하사림)과 나팔수들과 그 땅의 백성들(암 하아레츠). 이러한 묘사는 역사적인 모습은 아니다. 이 전승의 저자는 아마도 축제적 의식을 강조하고자 했을 것이다.

특이한 점은 아달랴로부터 야기될 수 있는 잠재적 위험을 제거하기 전에 요아스가 왕으로 등극했다는 점이다. '요아스의 왕위 등극-아달랴의 살해'라는 사건의 진행 순서는 열왕기하 11장 13-14절의 자료층이 편집자 이전에 있었다는 점을 지적해 준다.

"호위병들"(הָרָצִין/הָרָצִים 하라촌/하라침)이라는 명칭은 왕상 11장 13a절의 "아달랴가 호위병들, 백성의 소리를 듣고"라는 문장에 언급되었다. 이 명칭은 백성들이 갑작스럽게 출현하는 것을 주변 문맥과 조화시키기 위해 편집자가 삽입한 것이다.[32] 따라서 열왕기하 11장 13절은 1-12절에서 곧바로 이어지는 부분이 아니며, 백성들의 총회가 어떻게 이루어졌는가에 대해 설명하지 못한다.[33]

열왕기하 11장 13b절에서 아달랴가 달려 간 곳도 이중적이다. 자료층에 따르면, 아달랴가 백성들의 총회에 달려갔고, 편집층에서는 백성들의 총회가 야훼의 성전에 있었던 것으로 정확히 장소를 규정하고 있다.

열왕기하 11장 14aγ절에서 암 하아레츠가 나팔수로 나타난다. 그들은 제의적 인물(참조 왕상 1:39)이거나 경우에 따라서는 호위병(참조 왕하 9:13)에 속한다.[34] 동시에 이 암 하아레츠가 11장 12절에서 박수갈채에 참여한 군사적 요인들과 동일시된다. 따라서 11장 14aγ절은 편집자의 몫으로 돌려야 한다.

---

32) R. Kittel, *Könige*, 249; A. Šanda, *Könige*, 131. 반대 W. Rudolph, *Einheitlichkeit*, 474ff.

33) M. Rehm, *Könige*, 118.

34) 참조 W. Rudolph, *Einheitlichkeit*, 477.

2. 아달랴의 살해(왕하 11:14b-16)

새로운 권력자들, 즉 새로운 왕과 여호야다의 추종자들에 가해질 수 있는 어떤 저항도 나타나지 않는다(왕하 11:14b-16). 아달랴는 왕위 계승자가 될 수 있는 모든 왕자들을 왕의 근위대의 도움과 지지하에서 살해하고 유다를 통치했다. 그녀는 군사적 요원들, 즉 근위대와 직업 군인들의 충성을 잃은 후에, 그녀를 돕는 자가 더 이상 없었다.

열왕기하 11장에서 군 요원들이 어떤 출신인가에 대해 보도하지 않는다고 하여, 그것이 그들이 지방 출신이거나 야전에서 왔다는 것을 말하지 않고, 오히려 그들이 직업 군인들로서 예루살렘에 있다는 것을 말할 뿐이다.

열왕기하 11장 15aα절에서 "군대를 지휘하는"(פְּקֻדֵי הַחַיִל 퍼쿠데 하하일)이라는 표현은 해석적 주해다.35) 이 표현은 여기 외에 그 밖에 민수기 31장 14절에서만 나온다. 군사적 의미의 '지휘하다'(פָּקַד 파카드) 동사는 제사장 문서에서 아주 빈번하게 나온다.

이해하기 어려운 어휘 "לְשַׂדֵרֹת"(라쉬다로트: 대열 밖으로)는 많은 주석자들이 공간적으로 해석했다: 내부로,36) 밖으로,37) 통해,38) 사이에,39) 이와는 달리 키텔R. Kittel은 문제의 새로운 해결책을 제안했다. 그는 이 말을 호위Eskorte로 해석했다: 울타리.40)

(왕의) 호위대는 대열을 파괴하려는 자라면 누구든 살해하라는 명령을 받았다(왕하 11:15aβγδ). 호위에 관한 문체와 개념은 열왕기하 11장 8절

---

35) W. Rudolph, *Einheitlichkeit*, 475; Ch. Levin, *Atalja*, 21. 반대 A. Šanda, *Könige*, 132. 그는 첫째 표현, 백부장들(שָׂרֵי הַמֵּאיוֹת 사레 하메오트)을 불필요한 부분으로 간주했다.

36) Ch. Levin, *Atalja*, 49.

37) M. Rehm, *Könige*, 113.

38) W. Rudolph, *Einheitlichkeit*, 474.

39) J. Gray, *Kings*, 576; A. Šanda, *Könige*, 125, 132.

40) R. Kittel, *Könige*, 250.

과 병행한다.[41] 여기에서는 지역 경비가 아니라, 인물 호위를 의미한다.

열왕기하 11장 15aβγ절에서도 사건의 장소를 성전으로 명시한다. 여호야다는 호위병들에게 아달랴를 "궁에서" 끌어낼 것을 명령한다. 여기에서 궁은 아마도 '성전'을 의미한다. 왜냐하면 아달랴를 성전에서 살해하는 것을 피하고자 했다(왕하 11:15bαβ). 이는 성전에서 살해하는 것은 범인보호법(혹은 망명자보호법Asylrecht)에 위배되기 때문이다.[42] 이러한 조치는 열왕기상 2장 31절과 대립된다. 그 곳에서는 솔로몬이 요압을 제단 앞에서 가차없이 살해하도록 했기 때문이다.

이상의 논의를 요약하면, 열왕기하 11장 13-14a절은 궁중 무리들에게 유래하여 편집자에게 전달된 전승이었다. 다만 13a절과 14aβ절의 편집적 해석들과 13b절에서 사건을 성전으로 장소화한 것을 편집자에 의해 전후 문맥과 조화를 이루기 위해 수정했다.

또 열왕기하 11장 14b-16절도 궁중 무리들에게 유래하여 편집자에게 전달된 전승이었다. 다만 15aα절의 주해는 편집자의 몫으로 돌릴 수 있다. 편집자는 그에게 주어진 자료가 이야기의 다른 부분과 조화를 이루게 하기 위해 이를 해석했다. 여기에서도 편집자는 사건의 장소를 성전으로 장소화 했다(왕하 11:15aβγ, 15bαβ).

여기 셋째 단락에서는 주로 아달랴의 죽음을 다루고 있다. 여기에서 중점을 두는 것은 제사장 여호야다와 군 요원들에 의한 아달랴의 살해에 있다.

VI. 첫째 이야기의 형성과 해석

첫째 이야기(왕하 11장 1-16절)는 다양한 집단들에게서 형성된 다양한

---

41) 반대 Ch. Levin, *Atalja*, 49-50. 그는 왕하 11:15-16을 심판 행위로 잘못 이해했다.
42) 참조 왕상 1:50.

기원의 전승들로 구성되어 있다. 이것들을 통해 기원전 9세기의 정치적
상황을 간단히 살펴볼 수 있다.

1. 자료층: 두 연대기적 연감적 보도들

연대기를 형성한 신명기 사가(신명기 역사서의 외형을 형성한 자, DtrH)
는 왕의 실록 등과 같은 문헌적 자료들을 가져와 그이 이야기의 보도들에
이용했다. 열왕기하 11장 1-3절의 두 연대기적·연감적 보도들, 예를 들어
가족에 대한 정보들과 숫자들은 왕조실록과 같은 문헌적 자료에 속한다.
이를 연대기를 형성한 신명기 사가가 이용했다.[43] 그와 같은 보도를 형성
하는 것은 연대기적 관리(מַזְכִּיר 마쯔키르)[44]의 과제에 속할 수 있다.

또 열왕기하 11장 13-14a절의 왕위 등극에서 전통적인 궁중 관습을
볼 수 있다. 이 관습은 편집층의 저자에게 잘 알려져 있었다. 이러한 점에서
궁중 관습은 11장 1-3절과 동일한 연대기적 연감적 저자에게 돌릴 수 있다.
이 자료층의 저자는 관리를 지칭하는 일반적 용어(שָׂרִים 샤림)[45]를 사용했
다. 이 전승에서는 특정 집단, 예를 들어 제사장 집단, 총리로서의 서기관
(סוֹפֵר 소페르) 및 군사적 집단에 우호적인 태도를 나타내지는 않는다.

---

43) A. Jepsen, *Quellen*, 30-40; M. Noth, *ÜGS*, 18ff. 72ff.; J. Begrich, *Chronologie*.
44) 삼하 8:16; 20:24; 왕상 4:3; 대상 18:15; 왕하 18:18, 37(=사 36:3, 22), 대하 34:8.
   U. Rüterswörden, *Beamte*, 89ff., "아마도 Mazkir는 날마다 기록하는 실록을 작성하는
   자로 볼 수 있다." … "그를 연대기 기록자로 간주할 수 있다." 참조 J. Begrich, "Sofer
   und Mazkir. Ein Beitrag zur inneren Geschichte des davidisch - Salomonisches
   Großreiches und des Königreiches Juda," *ZAW* 58 (1940/41), 1-29 = ders, *TB*
   21, 67-98; 그는 이와 다르게 보았다. 애굽의 선례를 따르면, 그는 Mazkir를 왕의 대변인
   으로 보았다. 왕의 대변인은 여러 가지 잡다한 과제를 수행했다: "궁중의 예식의 과제도
   그의 몫에 포함되어 있었다." "또한 대변인은 통치자에게 애굽의 정국 상황에 대해 보고한
   다. 그는 백성들의 말을 통치자에게 전한다." "대변인은 왕의 의지를 나라 곳곳에 전한다.
   즉 나라 전체에 왕의 교지를 교육한다." "그는 경찰의 업무도 수행한다."
45) 고위층의 관리가 왕과 관련해서는 대개 '섬기는 자'(혹은 종: עֶבֶד 에베드)이라는 용어를
   사용하며, 백성에 대해서는 지도자(שַׂר 샤르)라는 용어를 사용한다.

열왕기하 11장 4-12절의 자료층에서는 또 다른 종류의 연대기적·연감적 보도가 있다. 이 보도는 여호야다의 활동, 군사적 요원들의 동참과 왕위 등극에서 그들의 환호 등에 관한 것이다. 여기에는 역혁명에 대한 종교적 동기에 대해서는 전혀 언급이 없다. 맛소라 본문에서의 크레터Kreter(커티브)는 가리Karer(커레) 사람들로 고쳐 읽는다면,[46] 이자들은 외국인 직업 군인, 즉 용병들이다. 이러한 점에서 민족주의적 감정 또한 중요한 동인이 되지 못한다. 여호야다의 태도를 가늠할 수 있는 또 다른 점은, 그가 아달랴의 종교 정책(야훼 종교의 바알화)에 대해 관용적 입장을 취했을 수 있다.

아달랴는 그녀의 아들 아하시야가 죽었다는 소식을 듣고, 아달랴는 즉각적으로 그녀의 권력의 안전조치를 취하기 시작했다. 그녀는 살아 있는 다윗 왕조의 후손들을 모두 제거하기 시작했다. 이로써 그녀는 다윗 왕조의 연속성을 파괴하고자 했다. 아달랴가 어떻게 살해했는지에 대한 상세한 정보는 없다. 그럼에도 그녀가 홀로 이러한 일을 하지는 않았을 것이란 걸 상상할 수 있다. 분명 그녀의 쿠데타를 돕는 무리들이 있었을 것이다.

여호야다는 누구인가? 자료층에서는 그의 칭호에 대해 아무런 언급도 없다. 그럼에도 그는 아달랴의 몰락 이전부터, 즉 아달랴의 통치 기간 동안에도 중요한 지위에 있었던 것 같다. 그는 아달랴의 통치 기간 동안에도 관리들과 근위대와의 연계가 되어 있었던 것 같다(왕하 11:4). 어쩌면 여호야다도 아달랴의 쿠데타에 동참했었을 수 있다(왕하 11:1). 어쨌든 여호야다는 아달랴의 정부에서 고위직에 올라 있었고, 다윗 왕조가 단절을 용인했다. 최소한 6년 동안은 아달랴의 통치를 용인했다. 아달랴 통치 제7년째 그는 그녀와의 관계를 단절하고, 역혁명을 주도했다. 여호야다는 먼저 군대의 지원을 확보했다.[47] 그는 미성년의 왕위 계승자를 왕위에 올리고, 그때

46) R. Kittel, *Könige*, 246.
47) 반대 H. Donner, *Geschichte*, 253. 그는 역혁명에 참여한 자들을 예루살렘의 제사장 집단과 유다 지역의 귀족들(암 하아레츠)로 간주했다.

부터 스스로 정책의 결정자가 되었다. 그는 더욱이 요아스의 부인들도 선택
할 수 있었다(대하 24:3). 그러나 역혁명의 진정한 동기가 무엇인지에 대해
우리는 아는 바가 없다. 여호야다가 다시금 다윗 왕조를 계승하고자 했는지
아니면 다윗 왕조 원리에 근거하여 권력을 잡고자 했는지는 분명치 않다.
그럼에도 분명한 것은 역혁명에서 왕조적 원칙에 의해 정당화 되었다는
점이다.

2. 편집층 이야기(왕하 11:1-16)

신명기 사가는 아달랴 몰락에 관한 이야기를 커다란 변화 없이 그의 서술
속에 받아들였다.[48] 여기에서는 신명기 사가의 역사 서술의 틀, 즉 이스라
엘과 유다의 왕들의 역사 서술(왕상 12장에서 왕하 25장까지의 역사)에서
흔히 볼 수 있는 도식적 요소들(=열왕기 양식)이 빠져 있다. 이 점은 신명기
사가(DtrH)가 아달랴의 통치를 다윗 왕조의 역사에서 배제했다는 점을
알 수 있다.[49]

열왕기하 11장 1-16절의 이야기는 편집적으로 형성되었다. 편집자는
다양한 전승이 자료(층으)로 포함되어 있는 세 단락을 한데 묶었다. 이때
그는 자신의 관점에서 이들을 해석하고 변형시켰다. 편집자는 아마도 자료
층에서 총리로 볼 수 있는 여호야다를 제사장으로 변형시켰다. 편집자의
입장에서는 제사장 여호야다가 관리들과 근위대에게 명령을 내릴 수 있다
고 보았다. 또한 관리들은 계약 체결에 어떠한 영향력도 미치지 않았다고
보았다. 그들은 다만 호위 행위를 위해 군사적 의무를 맹세했을 뿐이다.

열왕기하 11장 1-16절의 편집자는 사건이 일어난 장소를 성전으로 위
치시켰다. 편집자는 외국인 군인들이 역혁명에 참여하는 것을 배제했다.

---

48) M. Noth, *ÜGS*, 77: H. Donner, *Geschichte*, 246: Ch. Levin, *Atalja*, 11.
49) Ch. Levin, *Atalja*, 11.

그럼에도 그는 자료층의 연대기적 · 연감적 저자들의 입장과 같이, 종교적 동기에서 역혁명을 추진하지는 않았다. 오히려 직업군인(특별히 외국인 직업군인들, 용병들)에 반하여 예루살렘에 있는 제사장 집단의 이익을 대변했다. 그는 예루살렘의 제사장 집단을 정치적 무대의 전면에 내세웠다. 이러한 변화로부터 정치적 상황에 대한 어떠한 역사적 상도 이끌어낼 수가 없다. 다만 요아스의 통치 시대의 정치-권력의 상황만 알려줄 뿐이다. 열왕기하 12장의 보도에서 제사장 집단과 군사적 집단, 특히 외국인 군사적 집단 사이의 대립적 상황을 분명히 읽을 수 있다. 요아스 왕은 솔로몬 성전의 복원에 전력을 다했다(왕하 12:5-17). 따라서 예루살렘 제사장 집단의 정치권력을 강화해 나갔다는 점은 분명하다. 반대로 외국인 군사들을 포함하여, 군사적 집단들은 약화되었다.

　　역혁명 이후의 유다 왕국의 정치노선은 제사장 집단에 의해 결정되었다. 아람 왕 아사엘이 예루살렘을 공격했을 때, 요아스는 성전과 왕국의 보물을 주고 그 위기를 모면했다(왕하 12:18-19). 아마도 이러한 사건의 결과로 요아스의 권력은 흔들렸다. 결국 그는 궁중 쿠데타에 의해 희생되어 두 신하에 의해 살해되었다. 역대기하 24장 26절에 따르면 이들은 외국인 출신의 군인이었다.

VII. 열왕기하 11장 17-20절의 문헌비평적 연결

　　열왕기하 11장에서 첫 번째 이야기(왕하 11:1-16)은 야달야의 죽음의 보도(왕하 11:16, 20)와 함께 끝난다.[50] 11장을 전체 구조적인 측면에서

---

50) 그 사이에 놓여 있는 왕하 11:17-20은 후기의 개정으로 돌릴 수 있다. 아달랴의 죽음은 첫째 단락(왕하 11:1-16)의 결말이기도 하지만, 이 단락의 저자도 아달랴의 죽음을 자신의 이야기의 결말로 보았다. 따라서 아달랴의 죽음이 반복되고 있다.(보다 정확히는 재수용되었다. wiederaufnahmen).

살펴볼 때, 11장 17-20절은 첫 번째 이야기(왕하 11:1-16)의 반복임을
알 수 있다 - 물론 새로운 요소도 포함하고 있다. 요아스의 통치는 신명기
사가의 열왕기 역사서술 양식(왕하 12:1-40)에서 비로소 서술되고 있다.
그 사이에는 첫째 이야기의 확대 부분과 반복되는 부분이 놓여 있다. 둘째
이야기의 끝부분에 아달랴의 죽음에 대한 짧은 보도가 나오며, 이 보도로
둘째 이야기를 요약적으로 종결하고 있다(왕하 11:20b). 이로써 본래적
이야기와 신명기 역사서가 편집적으로 결합된다.

여호야다는 요아스를 왕으로 올린 다음 소위 계약을 주선했다. 이 계약에
는 왕, 즉 새로운 통치자와 백성이 계약의 파트너로 참여한다. 열왕기하
11장 12절[51])에서 당시 통용되는 일반적인 왕위 등극의 절차에 관한 정보
를 얻을 수 있다. 그럼에도 이 짧은 보도로부터 왕위 등극에 대한 의식과
절차를 재구성해낼 수는 없다.[52])

레빈은 왕과 백성의 계약을 등위 등극의 4번째 과정의 행위로 간주했
다.[53]) 그러나 여기에서 그 순서가 적절치 않음을 알 수 있다. 왜냐하면 왕의
계약은 선언/선포와 동의에 선행해야 하기 때문이다. 백성들이 새로이 왕
이 되려는 자를 이미 그들의 통치자로 동의했다akklamieren면, 왕의 계약을
통해 그로부터 기대할 수 있는 것이 무엇일까? 협상은 선언/선포와 동의
이전에 이루어져야 한다.[54]) 여기에서 여전히 중요한 점은 왕 즉위 의식에
있어서 형식적인 구성요소가 아니다.[55]) 오히려 후기의 삽입으로 이루어진

---

51) 참조 왕하 23:3.
52) 드보와 레빈의 주장에 따르면, 왕상 1장과 왕하 11장의 보도에 근거하여 왕-즉위의 의식
과 절차를 재구성할 수 있다고 보았으나, 수용하기는 어렵다. 왜냐하면 이들의 주장 중에
서 설득력이 없고 입증되지 않는 요소들이 많이 있기 때문이다. R. de Vaux, *Lebensord-nungen* I, 166-174과 Ch. Levin, *Atalja*, 91-94.
53) Ch. Levin, *Atalja*, 93-94. Vgl. N. Lohfink, "Dt 26:17-19 und die 'Bundesformel,'" *ZKTh* 91 (1969), 517-553, 550ff.
54) 이처럼 부적절한 순서를 역대기 사가는 이미 인지하고, 그래서 그는 왕의 계약을 다른
자리에 옮겨 놓았다.
55) 반대 Ch. Levin, *Atalja*, 93.

정치-신학적 반성의 부분이다. 이 부분에서는 신명기 신학에 따른 백성에 대한 사상이 지배적이다.56)

열왕기하 11장 17-20절은 결코 통일적인 단락으로 볼 수 없다. 여기에서는 계약 체결이 두 번 반복적으로 언급한다. 먼저 야훼와 왕과 백성이 함께 계약에 참여하는 삼자 계약을 언급한다(왕하 11:17aα). 그리고 여호야다에 의해 인도되는 왕과 백성의 계약(왕하 11:17b)이 언급된다. 이로 인해 본문이 전체적으로 정치-신학적 성격을 강하게 띠게 되었다.57)

역대기 이야기에 근거한 의식의 순서에 따르면, 먼저 계약이 맺어지고(대하 23:3), 그 다음에 기름부음과 백성들의 경의와 함께 왕으로 등극한다(대하 23:11). 역대기는 그의 관점에 따라 먼저 왕과 백성의 계약과 하나님과 왕(백성을 포함하여)의 계약을 분리했으며, 둘째로 왕의 계약의 위치를 옮겨 놓았다. 이러한 순서의 변화는 열왕기의 신명기 사가 본문 순서가 부적절함을 나타내는 것이다. 열왕기 본문의 부적절한 순서는 첫째 이야기(왕하 11:1-16)를 위치의 변경 없이 단순히 확대함으로 인해 생겨난 것이다.

쿠취는 이와는 달리 논증한다. 제사장은 단지 왕과 백성 사이의 계약에서만 주선할 뿐 하나님과의 계약에서는 가능하지 않다. 왜냐하면 인간이 신에게 계약을 주선하여 그가 인간을 위한 의무를 지도록 하는 것은 구약성서 그 어디에도 찾아볼 수 없기 때문이라고 주장한다.58) 그러나 쿠취의 주장은 설득력이 없다. 출애굽기 19-24장과 여호수아 24장에서 모세를 하나님과 백성 사이의 계약의 중재자로 볼 수 있기 때문이다.

계약 체결이 있은 후에 종교개혁이 일어났다. 암 하아레츠(그 땅의 백성들)는 바알 제단과 바알 형상을 포함한 바알의 집을 파괴하고 바알 제사장을 모두 멸했다(왕하 11:18a). 백성들의 이러한 행동은 계약을 통해 부여

---

56) S. Herrmann, *Geschichte*, 280.
57) H. Spieckermann, *Juda unter Assur in der Sargonidenzeit* (FRLANT 129) (Göttingen: Vandenhoeck & Ruprecht, 1982), 177-178.
58) E. Kutsch, *Verheißung*, 16.

된 의무를 이행하는 일단계에 불과하다.59) 계약과 개혁이 서로 병행하는 것은 열왕기하 23장 1-3절의 계약과 4절 이하의 개혁에서 볼 수 있다.60) 이러한 두 사건에 대한 병행된 보도는 신명기 사가의 신학 관점에서 볼 때, 분명해진다. 신명기 사가에게 있어서 계약과 제의개혁은 하나이기 때문이다. 호프만H. D. Hoffmann 제의 개혁 보도에 나타난 언어의 특징과 관련하여 신명기 사가의 "전형적인 경향적 언어"임을 밝혀 주었다.61) 그 밖에도 예루살렘에 야훼 성전 외에 또 다른 성전이 있었을 것이라는 추정은 개연성이 없다.62) 열왕기하 11장 17aβ절과 18a절은 신명기 개혁의 정신이 반영된 신명기 사가의 해석으로 볼 수 있다.63)

제사장 여호야다는 야훼의 전을 지키는 경비병을 세웠다(왕하 11:18b). 이는 그곳에 모여 있던 자들(왕과 백부장들과 가리 사람과 호위병과 그 땅의 백성)이 왕궁으로 이동하고 나면(왕하 11:19a), 성전 구역의 경비가 노출되기 때문에 이를 막고자 한 것이다. 그런데 문제가 되는 것은 새 왕이 왕궁으로 이동하고, 아달랴도 처형되고 난 후에도 성전을 위협할 자가 또

---

59) B. Stade, *Reden*, 189; H.-D. Hoffmann, *Reform*, 110; Ch. Levin, *Atalja*, 61.

60) H. -D. Hoffmann, *Reform*, 110-112; H. Spieckermann, *Juda unter Assur*, 178, 그는 이것을 편집적으로 모방으로 보았다.

61) H.-D. Hoffmann, *Reform*, 111; H. Spieckermann, *Juda unter Assur*, 178, Anm. 43.

62) H.-D. Hoffmann, *Reform*, 111-112; H. Spieckermann, *Juda unter Assur*, 200-212. 슈피커만은 구약성서에서 언급된 바알에 대한 증언들을 종교사적인 관점에서 연구했다. 그는 기원전 8세기 마지막 1/3세기 동안 남왕국 유다에서 활동한 문서 예언자들, 즉 이사야와 미가는 바알과의 투쟁에 대해 전혀 알지 못한다고 했다. 그리고 예레미야서에서는 비교적 빈번하게 바알에 대해 언급하고 있으나(13회), 이 구절들 대부분은 예레미야에 대한 신명기 사가의 편집에 속하는 구절들이라고 했다. 예레미야와 동시대 예언자, 스바냐는 기원전 7세기 동안 가나안의 바알 신과의 투쟁이 아무런 역할도 하지 않았다는 점을 또한 입증해 주고 있다고 했다. 다만 포로기에 활동한 신명기 사가의 언어 용례를 통해 모든 이방 신들을 구분 없이 바알로 명명하고 있음을 밝혀 주고 있다.

63) S. Herrmann, *Geschichte*, 280; H. -D. Hoffmann, *Reform*, 104-112; Ch. Levin, *Atalja*, 59-71; H. Spieckermann, *Juda unter Assur*, 177ff.; E. Würthwein, *Könige*, 345.

있을 수 있겠는가 하는 점이다. 대체 어떤 잠재적 위협을 위해 성전에 경비병을 세워야 하는가 하는 점이다.

쉬타데B. Stade[64]는 열왕기하 11장 18a절과 18b절 사이를 끊어서 읽어야 한다고 주장한다. 그는 자료 가설에 근거하여 11장 1-18a절을 분리한다. 그래서 아달랴는 11장 20b절에서 처형되기까지 살아 있기 때문에, 성전에 경비병을 세우는 일이 의미 있는 것이라고 보았다.[65] 루돌프W. Rudolph는 바알 제의 파괴를 일련의 행동 말미로 옮겨 놓음으로, 경비의 동기를 여기에서 찾고 있다. 왜냐하면 바알 추종자들이 여전히 살아 있어 공격의 여지가 있기 때문이다.[66] 레빈Ch. Levin은 열왕기하 11장 18b를 초기 역대기의 개정으로 돌렸다. 역대기 역사서에서 제사장과 레위인과 같은 제의 종사자들의 업무 중에는 경비의 업무도 포함하고 있는 것과 같이, 이 개정의 중요 관심사는 성전의 완전한 보존으로 보았다(참조 대하 23:18).[67]

경비의 형식은 열왕기하 11장 5절 이하에서 각기 다양한 용어로 묘사되었을지라도, 여기에서 보여주는 바는 지역 경비이다. 이러한 지역 경비의 관점에서 경비의 목적은 모든 상황하에서 야기될 수 있는 왕에 대한 일체의 공격을 제거하는 데 있다.

지키다(פקד 파카드)라는 말은 열왕기하 11장 18b절에서는 경비, 호위의 개념으로 사용되었으나, 11장 16절에서는 군 지휘관이나, 군 장교의 의미로 사용했다.[68] 따라서 11장 18b절의 경비의 개념은 후기에 삽입된 다른 요소들과 함께 후기의 주해로 간주해야 한다.

---

64) B. Stade, *Reden*, 186-192.
65) 계속되는 구절들: 왕하 11:18; 겔 14:11; 대하 23:18; 24:11. 참조 B. Stade, *Reden*, 190; W. Schottroff, "pqd/heimsuchen," *THAT* II (München: Chr. Kaiser Verlag, 1984), 466-486, 468.
66) W. Rudolph, *Einheitlichkeit*, 477. 참조 R. Kittel, *Könige*, 251.
67) Ch. Levin, *Atalja*, 24-25.
68) W. Schottroff, "pqd/heimsuchen," 474; W. Rudolph, *Einheitlichkeit*, 475.

이상과 같은 열왕기하 11장 17-20절의 문헌비평적 분석은 이 단락의 형성사를 다음과 같이 제시하게 한다: 왕하 11장 1-16절의 이야기를 개정한 이야기층은 왕하 11장 17aα*b, 19-20절이며, 이 개정층 외에도 신명기 사가의 삽입은 왕하 11장 17aα*β, 18a절이며, 그 이후의 다른 삽입은 왕하 11장 18b절이다.

열왕기하 11장 17-20절의 단락에서 백성들의 정치적 역할이 전면에 서며, 이로 인해 왕위 등극에서 백성들의 왕-선택권이 주장된다. 이러한 경향은 아달랴의 몰락을 전후한 정치적·역사적 상황으로부터 형성된 것이 아니라, 신명기 개혁운동 집단에서 주장된 것이다. 신명기의 개정층은 자신들의 동시대에 백성들에 대한 사상을 과거의 역사 서술에 옮겨놓아 자신들의 주장의 정당성을 고취시키고자 했다.

VIII. 열왕기하 11장에서의 왕과 백성의 계약

왕위 등극의 맥락에서 "계약"이라는 말은 무엇을 의미하는가? 여호야다는 왕과 백성 사이에 계약을 체결하게 했다. 쿠취E. Kutsch는 A와 B 사이의 계약을 의무를 지는 양식에 따라 세 가지로 분류했다. 첫째, 계약의 한 당사자가 다른 당사자에게 일방적으로 의무를 지우는 계약. 둘째, 계약의 한 당사자가 다른 당사자를 위해 의무를 스스로 지는 계약. 셋째, 드물게는 계약의 쌍방 당사자가 의무를 지는 계약 등이다.[69]

여기에서는 새로이 등극하는 왕이 백성들을 위해 스스로 의무를 지는 형식의 계약이다. 이는 사무엘하 5장 3절과 같다.[70] 만약 왕의 계약을 통해 새로이 등극하는 왕이 백성들을 위해 스스로 의무를 진다면, 이는 계약을

---

69) E. Kutsch, *Verheißung*, 25.
70) E. Kutsch, *Verheißung*, 16. 반대 E. Würthwein, *Könige*, 350.

통해 통치자나 지도층의 이익에 반하여 백성들의 이익이 관철될 수 있다. 여호야다는 여기에서 계약의 중재자로 나타난다. 특이한 점은 열왕기하 11장 1-16절과는 달리, 그는 통치자와 백성들 사이의 계약의 중재를 통해 개정자의 이익을 특정 집단, 예를 들어 제사장 집단에 일방적으로 미치지 못하게 했으며, 오히려 백성과 지도층 사이의 연대감을 갖게 하는 데 주력했다.

열왕기하 11장 19aα절에는 왕위 등극에 참여한 긴 목록을 제시한다: 백부장들, 가리 사람, 호위병과 그 땅의 백성(암 하아레츠). 이 목록은 가장 긴 목록으로 가장 나중에 형성된 것으로 생각된다. 이 목록에는 군사적 요원들이 먼저 언급되고 목록의 끝에 그 땅의 백성(암 하아레츠)이 언급되어 있다. 이들도 행동하는 다양한 집단 중의 하나로 볼 수 있다. 왜냐하면 세 군사적 집단과 함께 그 땅의 백성(암 하아레츠)도 왕을 성전에서 왕국으로 인도하는 일과 아달랴를 살해하는 일에 동참했기 때문이다. 여기에서 개정자는 백성들의 정치적 역할을 돋보이게 할 뿐 아니라, 이를 통해 왕이 바뀌는 시점에 백성들의 왕-선택권을 전면에 내세우고 있다.

이상의 논의를 요약하면, 열왕기하 11장 17-20절의 개정자는 새로운 왕이 왕위에 등극할 때, 왕의 계약을 맺고 또 왕위 등극에 참여하는 등 적극적인 백성들의 정치적 역할을 강조하고 있다.

역사적인 관점에서 총리로서의 여호야다는 군사적 집단과 함께 역혁명을 주도했다. 이것은 백성들의 혁명이라기보다는 일종의 궁중 쿠데타로도 볼 수 있다.[71] 백성들의 정치적 역할의 강조와 왕-선택권의 주장을 전면에 내세우는 것은 아마도 신명기 개혁운동 집단의 경향이다. 그러므로 신명기 개정자들은 자신의 관심을 과거의 역사적 사건에 전이시켜 표현했다.

---

71) 반대 E. Würthwein, '*amm ha'arez*, 24. "이처럼 두 보도는 암 하아레츠가 아달랴 몰락과 요아스를 왕으로 등극하는 일에 참여했다는 점을 의심할 수 없이 명백하게 했다."

IX. 아달랴의 쿠데타에서 여호야다의 역혁명까지 역사적 연구

필자는 계속하여 역사적 연구를 통해, 이 단락(왕하 11:17-20)이 신명기 개혁운동 집단에 의해 형성되었다는 입장을 간접적으로 입증하고자 한다. 아달랴가 쿠데타를 일으키기 직전부터 여호야다의 역혁명에 이르기까지의 정치적 상황에 대한 역사적 고찰은 이러한 주장을 좀 더 분명하게 해준다.

여호사밧에서부터 요아스에 이르기까지의 다섯 명의 통치자가 다스렸던 유다의 국내외적 정치적 상황은 거의 알려져 있지 않다. 그럼에도 유다의 국내외적 정치적 상황을 밝히기 위해 필자는 전쟁(§1), 포로기 이전 왕조시대의 사법제도와(§2) 연속적인 정변으로 인한 정치적 불안정(§3)에 대해 연구하고자 한다.

1. 전쟁 보도들

먼저 일련의 전쟁 보도들을 연구하고자 한다. 전쟁이 발발했을 때, 백성들이 소집되었는지를 살펴보아야 한다. 오므리 왕조시대 북왕국 이스라엘과 아람-다메섹과의 정치적 관계는 점차 어려워졌다. 최소한 두 나라는 양자와의 관계에 있어서 주도권을 가능한 한 넓은 범위로 확장하는 데 항상 관심을 가졌다. 도시 국가 페니키아는 이스라엘의 후미에 놓인 국가로서, 잠재적 위협에 대비하여 항상 안정을 꾀해야 했다. 유다와는 점진적으로 신뢰를 회복하여, 유다가 이스라엘의 전쟁에 함께 동참할 수 있을 만큼 관계가 우호적으로 발전되었다.[72]

열왕기상 20장과 22장의 보도에 따르면, 이스라엘 왕 아합은 유다와

---

72) S. Herrmann, *Geschichte*, 268.

여호사밧과 동맹을 맺고, 라못 갈르앗을 탈환하기 위해 아람-다메섹과 전
쟁을 감행했다.73) 짧은 연대기적 보도에 따르면, 에돔에는 여호사밧의 통
치 전후로 유다의 속국으로 총독(נצב 니차브)이 주둔해 있었다(왕상
22:48). 구약성서에서는 모압이 독립하여 이탈한 것은 아합 왕의 죽음 이후
로 보도하고 있다(왕하 1; 3:5). 이스라엘의 요람과 유다의 여호사밧(유다
의 속국인 에돔을 포함하여)과의 동맹은 모압의 저항운동을 저지하기 위함
이다. 그러나 모압이 아르논 북쪽의 땅을 다시 얻고, 남쪽 에돔의 위험을

---

73) 기원전 853년에 있었던 카르카르 대전에 앞서 북왕국 이스라엘과 아람 국가들 사이의
연합이 있었다는 점은 왕상 20장과 왕상 21장의 전쟁에 대한 보도를 정확히 어떤 역사적
맥락, 연대기적 배열에 포함해야 하는지 역사적 이해를 어렵게 하고 있다. 이를 위해 필자
는 선행 연구 문헌들에서 몇 가지 입장을 이끌어내고자 한다. O. Eißfeldt, *Weltge-
schichte*, 169-176, 특히 172. 그는 연대기적 관점에서 카르카르에서 살만에세르 III세
가 시리아-팔레스타인의 연합국가들과의 전쟁을 기원전 853년에 수행했다고 보았다.
그리고 1년 후 혹은 수개월 후에 라못 갈르앗을 위해 이스라엘-유다 연합국과 아람-다메
삭이 전쟁을 했다고 보았다. 참조 이러한 견해는 이미 R. Kittel, *Geschichte des Volkes
Israel, 2. Bd.: Das Volk in Kanaan. Quellenkunde und Geschichte der Zeit bis
zum Babylonischen Exil* (Gotha, 1909^2), 357ff.과 J. Bright, *History*, 243 각주
55 등이 주장했다.
　물론 이러한 견해와 다른 입장을 주장하는 이들도 있다. 몇몇 학자들은 왕하 9:14f.의
보도를 아람의 하자엘과 이스라엘의 요람과의 첫 전쟁(대치)으로 보았다. A. Jepsen,
"Israel und Damaskus," *AfO* 14 (1941/44), 153-172; M. Noth, *Geschichte*, 222
각주 1; C. F. Whitley, "The deuteronomic Presentation of the House of Omri,"
VT 2 (1952), 137-152, 148; J. M. Miller, "The Elisha Cycle and the Accounts
of the Omride Wars," *JBL* 85 (1966), 441-454, 444-445; O. H. Steck,
Überlieferung und Zeitgeschichte in den Elia-Erzählungen (WMANT 26)
(Neukirchen-Vluyn: Neukirchener Verlag, 1968), 34 각주 2와 50 각주 1, 또 92-93;
H.-C. Schmitt, *Elisa. Traditionsgeschichte Untersuchungen zur vorklassischen
nordisraelitischen Prophetie* (Gütersloh: Gütersloher Verlagshaus Mohn,
1972), 32-72, 특히 51-67; W. Schottroff, "Der Prophet Amos. Versuch der
Würdigung seines Auftretens unter sozialgeschichtlichen Aspekt," ders (Hg.),
Der Gott der kleinen Leute, 1. Bd. (München: Chr. Kaiser Verlag, 1979), 39-66,
45; 최근 G. Reinhold, *Die Beziehungen Altisraels zu den aramäischen Staaten
in der israelitisch - jüdäischen Königszeit* (Euroäische Hochschul- schriften
23/368) (Frankfurt a.M. Theol. Diss., 1989), 123-193. 그는 문제의 상황과 그 해결
책을 추구했다.

제거한 것은 모압 왕 메사에 이르러서야 비로소 가능했다.[74] 구동맹국이
벌인 전쟁에는 아마도 유다의 백성들이 군대에 소집되어 동참했을 것이다:
국민 징집부대와 직업군인 부대가 모두 참여했다는 점은 다음의 표현에서
잘 알 수 있다: "나는 당신과 같고 내 백성은 당신의 백성과 같고 내 말들도
당신의 말들과 같다."[75] 역대기하 17장에서 여호사밧에 대한 계속되는 또
다른 보도는 여호사밧의 축성과 건축 활동 및 군대조직 정비에 관한 것이다.
여호사밧의 권력에 대해 언급한 짤막한 보도(대하 17:12a: 이렇게 하여
여호사밧은 점점 강해졌다), 그의 건축에 대한 보도(대하 17:12b)와 유다
의 지방 도시들의 성의 정비(대하 17:13a)는 모두 역대기 사가의 언어로
그의 사상적 관점에서 서술되었다. 이러한 보도로부터 포로기 이전의 고대
전승 자료에 대한 암시는 전혀 없다.[76] 또한 역대기하 17장 14-19절의
군 조직의 정비에 대한 보도도 역대기 사가의 것으로 여기기에는 고대 자료
가 개정되었다는 흔적이 전혀 없다.[77] 이스라엘과 유다가 아람-다메섹을
위해(왕상 22장) 또 모압을 위해(왕하 3장) 맺었던 동맹이 깨졌고, 그 결과
에돔은 유다의 지배가 느슨해졌다.[78] 에돔이 유다의 지배에서 실제 벗어난
것은 여호사밧이 죽고 난 이후, 즉 여호람이 유다를 통치하면서부터다(참

---

74) 이 점은 모압과의 전쟁을 위해 유다-에돔의 군대를 소집한 역사적 사항과 상응한다(참조
   왕하 3장). 참조 S. Herrmann, *Geschichte*, 270-272; M. Weippert, *Edom, Studien
   und Materialien zur Geschichte der Edomiter auf Grund schriftlicher und archä-
   ologischer Quellen* (Diss - Habil) (Tübingen, 1971), 306-309; S. Timm, *Die
   Dynastie Omri. Quellen und Untersuchungen zur Geschichte Israels im 9. Jh.
   v. Chr.* (FRLANT 124) (Göttingen: Vandenhoeck & Ruprecht, 1982), 171-180;
   Vgl. M. Noth, *ÜGS*, 83 Anm. 7. "왕하 3:6에서 요담이라는 이름은 분명히 후기삽입
   (Zusatz)이며… 또 왕하 3:7, 14에서도 여호사밧이라는 이름도 이차적 삽입니다
   (sekundär)." O. H. Steck, *Elia*, 63 Anm. 3에서 왕하 3:4-27은 자료층에 속한다고
   본 노트의 주장을 논란이 있다고 보았다.
75) 왕상 22:4; 왕하 3:7.
76) P. Welten, *Geschichte und Geschichtsdarstellung in den Chronikbüchern*
   (WMANT 42) (Neukirchen-Vluyn: Neukirchener Verlag, 1973), 19-24.
77) P. Welten, *Geschichtsdarstellung*, 82-87.
78) R. Kittel, *Könige*, 223.

조 왕하 8:20ff., 대하 21:8-11).[79] 이러한 맥락에서 에돔 왕국이 다시
세워졌다(왕하 8:20-22). 독립을 선언하고 떨어져 나간 에돔을 정벌하기
위해 벌인 전쟁에 유다가 전차를 사용했다고 보도한다(왕하 8:20ff.). 유다
에서 전차부대는 근위대만이 있었다. 그것도 그 규모가 의심할 바 없이 소규
모였다.[80] 열왕기하 8장 22절에서 블레셋의 리브나가 유다 왕 여호람에게
서 떨어져 나갔다는 보도도 그 당시 유다가 약화되었다는 점을 말해 준다.

이스라엘과 아람-다메섹과의 전쟁은 그 이후에도 계속되었다: 왕하
6:8-7:20; 8:28ff.(= 9:14f.); 12:17-18/히 18-19; 13:3ff.….

이스라엘의 요람은 아람-다메섹과 전쟁을 해야 했다(참조 왕하 8:28-
29; 9:14f.). 그는 이 전쟁에서 부상을 입고, 치료를 위해 이스르엘로 가야
했다. 유다의 아하시야는 그에게 병문안을 했다. 그러나 그는 그 전쟁에
참여하지는 않았다. 두 왕, 유다의 아하시야와 이스라엘의 요람은 예후의
혁명으로 목숨을 잃게 되었다(왕하 9:24, 27).

유다에 대해 단편적으로 전하는 이러한 보도들을 종합하여 판단할 때,
유다에서는 징집부대가 상당히 후퇴했다는 것을 알 수 있고, 이로 인해 정치
적 무대에서는 거의 나타나지 않는다. 실제 활동하는 부대는 모두 직업 군인
으로 구성된 부대이다.

2. 포로기 이전, 왕조시대의 사법제도의 변화

역대기는 여호사밧에 대한 역사 서술 가운데 두 곳에서 특수 자료를 제시
하고 있다: 대하 17:7-9와 19:4-11. 전자는 법률 교육에 관한 것이며, 후자

---

79) M. Weippert, "Edom und Israel," *TRE* 9, 291-299.
80) "백성들은 도망쳐 각자의 집으로 갔다"라는 보도에서, 여기에서 '백성'은 유다 주민들로부
   터 소집된 병사들로 구성된 징집부대를 의미하는 것이 아니다. 전후 문맥으로 볼 때,
   이 말은 왕하 8:21에 언급된 전차부대를 말하는 것 같다. 참조 대하 21:8-11. 역대기
   사가는 이 보도를 삭제했다.

는 여호사밧의 사법제도 개혁에 관한 것이다.

이 두 단락은 포로기 이전, 왕조시대의 것으로 간주될 수 있는 고대의 법률 규정을 자료로 갖고 있다. 역대기 사가는 그에게 전해진 고대 법률 규정을 여호사밧의 시대의 것으로 옮겨 놓았으며, 신명기적 양식을 따라 서술했다.81)

송사나 공동체 규율과 같은 일은 원래 대가족의 소관이거나 이보다 조금 큰 공동체의 소관이었다. 이런 일은 장로들, 혹은 귀족들이 모임에서 주관했다.82)

성곽 도시가 건설된 이후, 혹은 유다 지방의 수비대가 있는 곳에서 방어용 성곽과 같은 건축물이 세워진 이후에는 그곳에 군 관리가 파견되었다. 초기에 군 관리 자리는 지방 귀족들로 채워졌다. 그러나 시간이 흐르면서 파견되는 군 관리의 자리는 예루살렘에서 파견한 군 관리로 대신했다.

히브리어 "קָצִין(카친)"이라는 말은 '재판관'83)이나, 군 지휘관84) 혹은 정치 지도자85)를 의미한다. 그가 수행하는 기능들이 서로 얽혀 있다. 이사야 3장 6절과 미가 3장 1, 9절에서 이 말은 가족의 우두머리, 즉 가장을 의미하기도 한다. 따라서 이 말은 원래 왕의 관리를 의미하는 것이 아니었다. 군 수비대가 배치되어 있는 성곽 도시(대하 19:5)에서 왕의 사법적 수행이 파견된 군 지도자에게 제한되면서, 그들이 종래의 성문에서 수행했던 재판적 기능을 넘겨받았다. 예루살렘의 관리들이 지방의 성곽 도시에 파견되어 한편으로는 왕의 군사적 관리로 직무를 수행하고, 다른 한편으로는 재판관의 임무를 수행한다.86) 군사조직과 사법기구가 한데 묶여 있는 출애

81) E. Junge, *Heerwesen*, 81-93; W. Rudolph, *Chronikbücher* (HAT I/21) (Tübingen: J. C. B. Mohr, 1955), 257; P. Welten, *Geschichtsdarstellung*, 184-185. J. Wellhausen, *Geschichte*, 88.

82) J. Wellhausen, *Geschichte*, 88.

83) 사 1:10; 미 3:1, 9.

84) 수 10:24; 삿 11:6, 11.

85) 사 3:6, 7; 22:3; 잠 6:7; 25:15; 단 11:18.

굽기 18장 13-27절과 신명기 1장 9-18절에서 이러한 모습을 잘 볼 수 있다. 왕의 사법 기능은 군 관리를 성곽 도시에 파견함으로써 종래의 성문 사법 기능과 병행 혹은 대립적 관계에 놓이기도 했다. 이로 인해 지방 귀족들이 점차 후퇴되어 갔다. 성곽 도시의 건축 활동과 왕의 군사 관리를 지방에 파견함으로써 지방 귀족들과 지방 백성들의 정치적 역할이 점차 후퇴되었다.

3. 연속적인 정변으로 인한 정치적 불안정

역대기하 21장 4절과 13절에서 여호람은 왕위에 등극한 후에 그의 여섯 형제와 이스라엘의 장교들, 분명히 그와 대립관계에 속했던 자들의 일부를 죽였다는 점을 보도한다. 이러한 보도는 역사적으로 신뢰할 만하다.[87]

아하시야는 북왕국 이스라엘의 예후의 정변으로 살해되었다(참조 왕하 9:27f.). 그에 이어 아달랴가 정권을 이어받았다. 그녀의 첫 번째 조치는 다윗 계열의 후손들을 모두 제거하는 것이었다(왕하 11:1). 6년 후에 여호야다가 여왕 아달랴를 죽이고 일곱 살짜리 어린아이 요아스를 왕으로 등극시켰다. 그도 아람-다메섹과의 전쟁에서 실패한 후에 군사 쿠데타를 일으킨 신하에 의해 살해되었다. 그를 이어 아마샤가 보좌에 올랐다. 그는 왕위에 올라 권력이 확고해진 다음, 그의 아버지를 살해한 자들을 모두 처형했다. 그도 반란이 일어나 살해되었다.

간략히 살펴본 역사적 상황을 토대로 다음과 같은 결론을 이끌어낼 수 있다. 첫째, 유다의 여호사밧 이후 아사랴(우시야)에 이르기까지 약 백 년 동안에 연속적인 정변에 일어났으며, 이로 인해 정치적 상황은 매우 불안정

86) R. Knierim, "Exodus 18 und die Neuordnung der mosaischen Gerichtsbarkeit," ZAW 73 (1961), 146-170, 165-169; G. Ch. Macholz, "Zur Geschichte der Justizorganisation in Judä, ZAW 84 (1972), 314-340, 322ff.
87) M. Noth, ÜGS, 143 und Anm. 1; W. Rudolph, Chronikbücher, 265.

했다. 정변 그리고 역정변에 참여한 자들은 지방 출신의 백성이 아니다. 오히려 그들은 궁중 지도층에 속한 자들이다.

둘째, 열왕기하 11장 17-20절의 단락의 기저에 놓인 사상, 특별히 왕이 백성과 계약을 맺고, 백성들의 요구를 수용하여 의무를 지는 사상은 여호야다의 역혁명을 전후하여 전개되었던 정치적·역사적 상황에서 나온 것이 아니라는 점이다.

4. 암 하아레츠와 예루살렘 도시와의 대립 상황

열왕기하 11장 19a절에 따르면, 예루살렘에는 아달랴와 그녀의 추종자들과 대립되는 또 다른 정치적 집단이 있음을 보게 된다. 그들은 역혁명을 주도했으며, 새로운 왕 요하스, 여호야다와 그의 추종자들 그리고 암 하아레츠로 구성되어 있었다. 또 다른 정치적 집단은 아달랴를 지지하는 집단이며, 이들은 아달랴와 그의 추종자들, 특히 예루살렘의 관리들과 예루살렘의 주민들로 구성되어 있었다.

여호야다는 의심할 바 없이 역혁명 이후에 더 확고하고 더 높은 권력의 지위를 얻게 되었다. 그는 정치노선을 스스로 결정할 수 있는 위치에 놓이게 되었다. 그는 권력을 지속적으로 확고히 하기 위해, 그의 정치적 집단에서 요하스를 위해 부인(부인들)을 구해 주었다(참조 대하 24:3).[88]

열왕기하 14장 1-2절에 따르면, 아마샤는 요하스의 아들이며, 그의 어머니는 예루살렘 출신의 여호앗단이었다. 이 보도에 따르면 여호야다는 예루살렘 귀족 가문과 함께 정치적으로 공동의 이익을 추구했다.

혁명에 이어 역혁명이 이어졌다. 이러한 정변에서 예루살렘과 지방 간의 대립은 없었으며, 예루살렘에 거주하는 정치세력 간의 대립만이 있었다.

---

88) 여호야다는 그의 정치적 집단과 대립되는 다른 어떤 정치적 집단의 어떤 가문이 요하스, 즉 왕과의 결혼을 통해 정치적으로 정점에 오르려는 걸 막고자 했을 것이다.

따라서 열왕기하 11장 20a절의 "온 백성이 즐거워하고, 온 성이 평온했다"라는 보도는, 여호야다가 예루살렘의 관리들과 예루살렘의 주민들과의 대립관계에 놓여 있지 않았음을 추측케 하며, 이는 역사적으로 신뢰할 만한 보도로 여겨진다. 예루살렘과 지방과의 대립은 기원전 8세기 후반세기에, 특별히 예언서에서 나타난다. 그 대립의 원인은 예루살렘이 지닌 경제적, 법률적으로 우월한 지위로 인해 야기되었다:

> "너희는 시온을 피로 건설하며, 예루살렘을 불법으로 세우는구나… 따라서 너희로 말미암아 시온은 갈아엎은 밭이 되고 예루살렘은 무더기가 되고 성전의 산은 수풀의 높은 곳이 될 것이다."(미 3:10-12)

제17장

열왕기하 16장 10-16절의 형성사
-피와 관련한 정결 속죄 사상의
형성사를 위한 예비적 고찰-

I. 문제 제기

　　모든 언어는 시간이 흘러감에 따라, 즉 시대의 흐름과 사회 구조가 변함에 따라 그 의미가 변한다. 의미의 변화와 함께 사용된 표현의 용례와 그 언어가 상징하는 세계도 바뀐다. 이러한 주장이 타당하다면, 역으로 어떤 낱말의 의미의 변화와 표현 용례의 변화를 통해 시대와 사회 구조를 추론하는 것이 가능하다.

　　히브리어 דָּם דָּמִים(담/다밈: 피)은 시대와 사회 구조에 따라 다양한 의미와 상징으로 사용되었다. "생명의 근원은 피 속에 있다"라는 중성적 개념과 피가 폭력과 살인을 상징하는 부정적 개념에서 피는 "정결, 속죄, 구원, 평화" 등을 상징하는 긍정적 개념에까지 아주 광범위하게 사용되었다. 피의 뜻이 필자는 부정적 개념에서 긍정적 개념으로 변화하는 전환점을 살펴보고자 한다.

　　이 글에서는 피의 상징 세계를 간략하게 개괄하고, 그리고 피에 대한 부정적 이해로부터 긍정적 이해로 전환하는 최초의 전환점으로 간주되는 '초기 피-의식'의 형성 연대 결정에 난점이 되는 열왕기하 16장 10-16절을 분석하고자 한다.

II. 피 개념의 변천사

1. 원시적 피 개념

아마도 가장 최초의 표현은 "모든 육체의 생명은 피 속에 있다/피다"[1])라는 표현일 것이다. 문헌상으로는 신명기에서 비로소 나타났으나, 그러나 신명기 이전 것으로 보아야 한다. 왜냐하면 신명기에서는 "피를 먹지 말라"는 규정의 근거절에서 이러한 상징적 표현이 언급되었으며, 근거절은 이미 사회적 규범으로 자리 잡았을 때 가능하기 때문이다.

사회 인류학적으로 볼 때, 이와 같은 상징적 표현은 일종의 명제와 같은 표현으로 태곳적인 것으로 보아야 한다. 대개 어떤 명제든 그것의 형성 연대를 증명하는 것은 거의 불가능하다. 왜냐하면 명제는 거의 모든 시대에 통용되기 때문이다. 그러나 그것의 사용 의미는 분명하다. 이 상징적 표현이 희랍 사상에서 흔히 볼 수 있는바, 사물의 본질과 근원에 대한 질문, 즉 "생명의 본질은 무엇인가?" 혹은 "인체 내에서 어디에 위치하는가?"라는 질문에서 형성된 것은 결코 아니다. 생명을 손상케 하는 행위는 반드시 피를 흘리는 현상에서 고대인들은 상해와 살해는 피와 관련이 있다고 인식하게 되었다. 여기에서 더 나아가 "생명은 피 속에 있다/피다"라는 명제로 발전되었다고 본다. 이러한 가정이 타당하다면, 이 상징적 표현은 (형사-) 법적인 관점

---

1) 창 9:4; 레 17:11, 14; 신 12:23.

에서 나왔다고 보아야 한다. 사회 구조가 단순한 가족이나 씨족의 범주를 넘어 혈연이 다른 사람들과 함께 살아가는 사회로 발전하게 되면서(예를 들어, 부족이나 지파 공동체), 그 사회에서는 폭력 문제가 발생하게 되며, 이러한 폭력 문제에 대한 반성에서 이 상징적 명제는 형성되었다. 즉, 이 상징적 명제는 생명 보호를 위한 경고로 여겨진다. 이러한 인식이 타당하다면, 이 상징적 표현은 강제력으로 폭력을 처벌할 수 없는 사회, 즉 조직적인 행정 체계가 있기 이전 사회에서 형성되었다고 간주해야 한다.

2. 왕조시대 말기에서 포로기의 피 개념

성서에서도 피는 폭력적 행위를 상징하는 표현으로 이용되었다. 특히 왕조시대 말기에는 공권력에 의한 폭력이 많이 자행되면서, 이로 인해 사회에 폭력 현상이 만연하게 되었다. 이러한 사회 현상은 언어 표현 속에서도 나타난다.

"시온을 피로, 예루살렘을 죄악으로 건축하는도다."(미가 3:10)
"… 무죄한 자의 피를 심히 많이 흘려 예루살렘 이 가에서 저 가까지 가득하게 했더라."(왕하 21:16)

이러한 표현들은 폭력적 사회 현상에 대한 예언자들의 직접적인 고발로 이해된다.

폭력적 사회 현상에 대한 제사장들의 간접적인 반성도 볼 수 있다. 신명기 12장 16, 23절에서는 "피를 먹지 말고 땅에 쏟아 버려라"고 명한다. 이 제의적 규정은 필자의 견해로는 원래 법적 영역의 규정이었으나 제의적 영역으로 옮겨 온 것이다. 창세기 9장 4절 이하에서는 인간의 영역에서 동물의 피까지 확대한 것을 볼 수가 있다. 왕권제도가 이스라엘에 들어오면서 공권력에 의한 폭력의 가능성은 문이 열렸고, 왕조 후기에 와서 더욱 심해 졌으며, 포로기에는 절정에 달했다. 이 제의적 규정은 이러한 무죄한 자에게 흘린 피에 대한 반성의 산물이다.[2]

3. 포로 후기의 피 개념

포로 후기의 초기까지 신명기 개혁에서의 요구와 이를 전제한 피 사상은 변하지 않았다. 오히려 신명기의 요구를 보다 강도 높게 요구했다. 즉 일체의 도살에서 피를 먹지 말도록 엄격히 규정하고 있다.[3] 더 나아가 일체의 피를 부정한/불결한(טָמֵא 타메) 것으로 이해했다.[4]

III. 종교적으로 전용된 피 개념

시간이 지나면서 이스라엘의 신앙 공동체는 사회적으로 새로운 요구들이 제기되었다. 폭력과 살인을 포함하여 일체의 범죄를 정화하며, 동시에 모든 일에 있어서 정결과 거룩성으로 보존하고자 했다. 피를 제단에 바침으로 도살된 제물은 정결해지며 거룩해진다.

피에 대한 초기의 이해 방식은 시간이 지나면서 더욱 심화되어, 단순히 정화 작용에서 그치는 것이 아니라 거룩하게 하는 힘으로 이해되었다. 특별한 권위를 얻기 위해 드리는 예배에서는 엄숙한 절차와 함께 피-의식도

---

2) 편집사적 관점에서, 신 12:16의 제의적 규정은 후에 이 문맥 속에 들어오게 되었다. 아마도 예배의 중앙 통일화(신 12:13-15a)와 예배의 개혁(신 12:17-18)이 더 이상 종교적·정치적 행위로 이해되지 않고, 개인이나 공동체를 위한 제의상의 규정으로만 통용된 때에 들어오게 되었다. 그럼에도 신 12:16은 왕조 후기에 형성된 것으로 신명기 편집자의 산물로 돌려야 한다.
3) 창 9:4ff.; 레 3:17; 7:26f.; 17:10, 13, 14; 19:26 참조.
4) 레 12:4, 7; 15:19; 20:18.

보다 복잡한 절차로 발전되어 나타났다. 이러한 이해 방식은 제사장의 위임
식,5) 제단의 봉헌,6) 등에서 볼 수 있다.7)

여기에서 더 발전된 피 이해 방식은 피가 속죄 능력을 가진 것으로 이해되
었다. 이러한 발전은 일체의 부정적인 현상을 죄로 이해하면서 가능하다.
예를 들면 문둥병(혹은 피부병)에 걸린 사람은 부정하게 되었으므로 정결
해져야 한다. 다른 한편 이러한 불결 현상과 그 원인을 죄로 이해하므로,
정결 예식 혹은 속죄 의식이 필요하다.

피의 이해 방식 중에서 가장 발전된 이해 방식은 재앙으로부터의 해방8)
과 삶의 모든 영역에서 구원과 구속을 주는 능력9)으로 이해된 것이다. 다른
한편 종교적 집단은 이 제의적 행위를 통해 경제적 수입을 확고히 하여,
이를 통해 신앙 공동체의 지배 체제를 공고히 하고자 했다.10)

구약성서에는 세 종류의 피-의식Blutritual이 있다. 첫째, 초기 피-의식이
다. 피를 제단 주변에 뿌리는 זרק(짜라크) 의식이다. 둘째, 소小 피-의식die
kleine Blutritual이다. 피를 제단의 뿔에 바르고(נתן 나탄), 나머지 피는 제단
바닥에 쏟아 버린다(שפך/זרק/יצק 샤파크/짜라크/야차크).11) 소小 피-

---

5) 출 29장; 레 8장.

6) 겔 43:20.

7) 출 24:3-8에서도 이와 같은 현상을 보여준다. 이 단락에서는 계약 체결 장면을 묘사하고
있다. 이 본문은 신명기 사가에 의해 형성된 계약 체결 장면(예 왕하 23:1-3)이 후에 제사
장적 집단에 의해 개정되었다. 여기에서 피의 절반을 백성들에게 뿌리는 행위는 제사장의
위임식에서 피를 제사장에게 발라, 그를 성결케 하여, 권위를 갖게 한 제의 행위와 동일한
것으로 이해된다. 차이점은 계약 체결에서는 대제사장이 아니라, 백성들이라는 점이다.
따라서 출 24:3-8의 개정층 배후에 서 있는 집단은 출 29장과 레 8장의 제의 의식을 수용하
여 민주적으로 확대 적용시켰다.

8) 출 12:7, 13, 22.

9) 수 9:11.

10) 레위기 7장 14절과 33절에서는 제사장의 몫에 대해 규정을 담고 있다. 그 몫은 친교제의
피(דם השׁלמים 담 하쉬라밈)를 제의적으로 절차에 따라 처리한, 즉 제단 (주변)에
뿌린(זרק/קרב 짜라크/카라브) 제사장에게 주어진다는 규정이다.

11) זרק-נתן 출 29:20; 레 8:23-24
שפך-נתן 출 29:12; 레 4:25; 4:30, 34
יצק-נתן 레 8:15; 9:9

의식은 외형적으로 성결 의식Salbungsaktion(기름을 발라 거룩하게 하는 행위)과 유사하다. 셋째, 대大 피-의식die große Blutritual이다. 피를 만남의 장막 안으로 가져가 휘장에 7번 뿌리고(נזה 나짜 Hi.) 또 만남의 장막 안 제단의 뿔에 바르고(נתן 나탄), 나머지 피는 모두 만남의 장막 어귀에 있는 번제단 밑바닥에 쏟아야(שפק 샤프크) 한다.12)

시간이 지남에 따라 형식과 절차가 점차 복잡한 형태로 발전하고, 또 그 사상도 점차 심화되었다. 즉, 위의 세 의식은 차례차례로 발전되었다고 보아야 한다.

IV. 피-의식(초기 피-의식)의 형성사

1. 문제의 제기

피에 대한 부정적 이해에서 긍정적 이해로 바뀌게 된 전환점은 초기 피-의식 - 피를 제단 주변에 뿌리는 의식 혹은 피를 제단에 뿌리는 의식 -에서 찾아볼 수 있다.

이 의식의 의미는 무엇인가? 그것은 히브리어 동사 'זרק(짜라크)'('뿌리다)에서 암시한다. 'זרק(짜라크)'는 정결 의식을 위한 전문 술어다. 이스라엘에서 정결 예식은 초기에 단순히 목욕하는 것이었다(왕하 5장). 이때는 제사장의 활동은 고려되지 않았다. 그러다가 정결 예식에서 제사장들의 활동이 많아지면서 물을 뿌리는 의식으로 발전하게 되었고,13) 마침내 물

זרק-זרק 출 24:3-8
נתן 레 9:9; 14:14, 25, 28; 겔 43:20; 45:19.
12) 레 4:5ff., 17ff.; 16:15-19(נתן-נזה); נזה Hi.: 출 29:21; 레 5:9; 8:30; 14:6, 51; 16:14; 민 19:4.
13) 참조 겔 36:25; 민 19:13, 20.

대신에 피를 제단(주변)에 뿌리는 것으로 발전되었다.

렌토르프는 "피-의식은 친교제의 한 형태인 종결제 שְׁלָמִים(쉬라밈)의 본래적 요소였으나 점차 다른 제사에도 확대되었다"고 보았다.[14] 그러나 결론적으로 말한다면, 피 의식은 특정 제의 의식에서 발전된 것이 아니라, 포로 후기의 정결(성결) 사상이 확산되면서 제사 의식으로 발전된 것이다.

초기 정결 의식은 구약성서에서 19번 언급되었다:

   번   제: ⓐ출 29:16; ⓑ레 1:5, ⓒ11; ⓓ8:19; ⓔ9:12; ⓕ왕하 16:15;
         ⓖ대하 29:22; ⓗ겔 43:18
   친교제(זֶבַח שְׁלָמִים) : ⓘ레 3:2, ⓙ8, ⓚ13; ⓛ7:14; ⓜ9:18; ⓝ17:6;
         (שְׁלָמִים): ⓞ왕하 16:13;
         (וְזָבַחְתָּ/זְבָחִים): ⓟ신 12:27(שׁפֵך);
         (זֶבַח): ⓠ왕하 16:15
   속건제(אָשָׁם): ⓡ레 7:2; ⓢ민 18:17.

초기 피-의식은 형성 연대를 결정하는 문제는 간단한 문제가 아니다. 또한 여기서 언급된 성서 구절들의 형성 연대를 결정하는 문제도 매우 복잡하다. 왜냐하면 어떤 구절에도 형성 연대를 결정할 만한 아무런 단서를 담고 있지 않기 때문이다.

2. 제사장의 몫(수입)으로 언급된 경우

ⓘ레위기 7장 14절, ⓢ민수기 18장 17(19)절에서는 제사를 집행한 – 피를 제단 주변에 뿌린 – 제사장은 일정한 수입을 얻게 됨을 말하고 있다.

14) R. Rendtorff, *Studien zur Geschichte des Opfers im Alten Israel* (WMANT 24) (Neukirchen-Vluyn: Neukirchener Verlag, 1967).

여기에 언급된 구절은 이미 초기 피-의식의 형성을 전제하고 있다. 왜냐하면 제사장의 수입만을 위해 새로운 제도를 형성시켰다기보다는 새로운 제도가 도입됨으로써 특정 계급의 사람들 - 여기서는 제사장 - 의 수입이 증대되었다고 보아야 한다.

제사장와 레위인들의 몫에 관한 문제는 제2성전이 다시 건립되면서 부터 야기될 수 있는 문제다. 제사장과 레위인들의 몫에 관한 규정(특히 레위인의 몫에 관한 규정)이 본격적으로 논의되고 제정된 시기는 느헤미야의 개혁 때부터다. 느헤미야는 등한시된 제의를 다시 부흥시켰으며, 이때 레위인들의 지위가 격상되었고, 동시에 그들의 몫도 확고해졌다고 볼 수 있다.15) 그러나 이때 레위인들에게 주어진 몫이 피-의식을 수행하여 주어진 몫은 아니다.

3. 번제

번제의 경우 피를 뿌리는 의식은 본래적인 요소가 아니다. 그럼에도 번제와 관련된 많은 본문에서 피 뿌리는 의식을 받아들였다.16)

연대 결정에 특별한 문제가 제기되지 않는 구절은 ®역대기하 29장 22(7)절이다.

이스라엘의 신앙 공동체에서 일체의 범죄를 정화하며, 동시에 모든 일에 있어서 정결성과 거룩성을 보존하려는 사회적 요구는 초기 피-의식을 모든 제의 행위에 확대되도록 했다. 제의적 행위를 통해 제물의 정결성은 물론, 종교적 영역을 넘어 사회 전반에 정결성(혹은 정결 의식)을 확대코자 했다. 한편으로 경제적인 관점에서도 제사장들의 수입을 확고히 하고 또 증대시키기 위해, 피를 뿌리는 제도를 강화하고 확대시킬 수 있다(참조 ®레 1:5;

---

15) 참조 느 13:10ff.
16) R. Rendtorff, *Studien zur Geschichte des Opfers*, 97ff.

ⓔ레 1:11; ⓕ왕하 16:15).

제사장의 위임(참조 출 29:16(1); 레 8:19(4); 참고 9:12(5), 18(13))
과 제단의 봉헌(참조 겔 43:18(8))과 관련하여 언급된 구절들은 초기 피-
의식의 형성을 넘어 보다 후기의 발전된 사상을 보여주고 있다(참조 소 피-
의식과 주 12). 이 본문에서는 제사장의 권위를 높이기 위해 – 일종의 성결
의식 – 여러 가지 의식이 함께 거행되었으며 그 가운데 피를 뿌리는 번제도
거행되었다.

4. 속건제

ⓐ레위기 7장 1-6(18)절에서는 속건제(אָשָׁם 아샴)의 의식을 설명하
고 있다. 속건제는 아마도 세속적인 배상(혹은 보상)의 문제가 발전되어
종교적 제사에까지 발전된 것으로 보인다. 동형보복 사상Talionsgesetz('눈에
는 눈, 이에는 이')은 고대 사회의 보편화된 형사법 사상이다. 그러나 시간이
지나면서, 고의적인 범죄가 아니고, 또 가벼운 범죄의 경우(특히 민사 사건
의 경우), 보상법이 발전하게 되었다. 본래의 값을 배상하고, 또 그 값의
5분의 1을 추가하여 보상해야 한다(레 6:6/히 5:24, 참조 삼상 6:3, 4, 8,
17). 초기 단계에서는 사건 당사자 간의 문제였다. 이때는 제사장이 관여하
지 않았다.
민수기 5장 5-10절에서 약간의 발전된 형태를 보여준다. 피해자를 대신하
여 보상받을 근친이 없으면, 그 배상액은 제사장의 몫이 된다.17) 포로 후기

---

17) 민 5:5-10은 레 6:1-7/히 5:20-26의 속건제에 있어서 제사장에게 주어지는 몫이라는
    관점에서 보충하고 있으며(민 5:8-10), 또한 언어적인 관점에서 후기의 언어 관습을
    보여 주고 있다. 참조 D. Kellermann, *Die Priesterschrift von Numeri 1, 1 bis 10,
    10 literarisch und traditionsgeschichtlich untersucht* (BZAW 120) (Berlin/New
    York: Walter de Gruyter, 1970), 66-69.
      그러나 민 5:5-10은 보상법을 다루고 있으며, 레 6:1-7/히 5:20-26에서는 속건제를
    다루고 있다. 따라서 전통사적으로는 속건제가 보상법보다 발전된 제도로 보아야 한다.

의 초기에 죄에 대한 이해가 다양해졌다. 종교적 잘못의 경우 해당 당사자는
자연히 제사장이 된다(레 22:15; 참조 레 5:16).

이러한 초기 단계의 사상과는 달리, 좀 더 발전된 사상을 보여주는 구절
들도 있다: 모든 종류의 잘못이나 범죄는 하나님의 명령을 어긴 것으로 이해
되었다. 아마도 잘못이나 범죄가 문자화된 법전에 언급되었을 수도 있
다.18) 보상액과 함께 속건 제사를 드려 속죄해야 한다. 속건제의 본질적인
발전은 이 단계부터다.

이후 속죄 사상이 사회 전면에 부각되면서, 속죄제와 속건제가 내용상으
로 구분이 모호해졌다. 예를 들면 어떤 사람이나 사물이 부정(혹은 불결)해
지면, 이것은 정결/불결의 문제가 아니라, 속죄의 문제가 된다. 따라서 부정
한 사람은 정결해지기 위해 속죄제 혹은 속건제를 드려야 한다(레 5:6;
14:12, 19…). 제사의식적인 관점에서 볼 때, 속건제는 초기 피-의식을
거행했고, 그 후에 소 피-의식으로 발전되었다.

ⓒ레위기 7장 1-6(18)절의 속건제는 세속적인 배상(보상)의 관점을 넘
어, 이미 제의적 영역에 속한다. 본문에서는 이 제사가 어떤 목적에서 거행
되었는지 언급하고 있지 않다. 더욱이 피-의식이 어떤 기능을 갖고 있었는
지도 분명치 않다. 아마도 제사 전체는 속죄를 목적으로 했을 것이다. 그러
나 피-의식이 속죄를 목적으로 거행되었는지는 분명치 않다. 다만 본문에
서는 제사장의 몫을 지칭하는 표현만 언급되어 있다: "이것은 가장 거룩한
것이다"(레 7:1b), "모든 남자 제사장들은 이것을 먹을 수 있다. 거룩한

참조 R. Rendtorff, *Studien zur Geschichte des Opfers*, 210f.
18) 이스라엘의 종교적인 법이 정치적인 구속력을 갖게 된 것은 페르시아 (에스라) 시대의
   통치 방식과 관련된다. 즉, 식민지의 종교적인 법이 제국의 정치적인 법으로 공인되었다.
   이로써 정치적인 구속력을 갖게 되었다. P. Frei, "Zentralgwalt und Lokalautonomie
   im Achämenidenreich," P. Frei & K. Koch(Hg.), *Reichsidee und Reichsorgani-
   sation im Perserreich* (OBO 55), 7-43; F. Crüsemann, *Die Tora, Theologie und
   Sozialgeschichte des alttestamentlichen Gesetzes* (München: Kaiser Verlag,
   1992), 387-393.

장소에서 그것을 먹어야 한다." 모든 요소들을 열거했다기보다는 제사장의
몫과 관련하여 필요한 요소들만 언급되었을 수 있다. 따라서 피-의식과
제물의 성결화Heiligung와 밀접히 관련이 있다. 이를 통해 제사장의 몫을 규
정할 수 있게 했다.

5. 친교제

친교제를 나타내는 용어는 세 종류다:

זֶבַח שְׁלָמִים, שְׁלָמִים, זְבָחִים(זֶבַח)

זֶבַח/זְבָחִים(쩨바/쩨바힘)는 주로 친교를 목적하는 '친교제'다. 따라서
사적인 목적으로, 드물게 공적인 목적으로 드려진 제사였다. 신명기 개혁으
로 말미암아 사적 성격의 친교제는 점차 사라졌고, 포로 후기에는 이 점이
더욱 강화되었다. 따라서 친교제에서 기쁨을 주는 축제적 성격은 점차 퇴색
하게 되었다.
שְׁלָמִים(쉬라밈)은 공식적인 제사(들)를 종결하고자 할 때 드려진 '종결
제'다. 많은 경우에 제사를 드린 후에 축제가 이어졌으므로 (축제적) 종결제
였다.19) 그러나 국가적 비운을 겪고 난 후에 드리는 제사는 여흥적 축제가
없는 종결제였다.20)
축제적 성격의 종결제(שְׁלָמִים 쉬라밈)는 자연스럽게 친교제(זֶבַח 쩨바)
와 결부되어, 종결 친교제(זֶבַח שְׁלָמִים 쩨바 쉬라밈)로 발전될 수 있었다.
특히 포로 후기에 사적 친교제가 폐지되고, 친교제에서 축제적 성격이 퇴색
되면서 더욱 발전될 수 있었다.

---

19) 삼하 6:17, 18; 왕상 3:15; 8:64; 9:25.
20) 삿 20:26; 21:4; 삼하 24:25.

렌토르프는 열왕기하 16장 13절과 레위기 7장 14절, 에스겔 43장 18절에 근거하여, 피 의식은 שְׁלָמִים(쉬라밈)의 본래적 요소였다고 주장한다. 왜냐하면 여기 언급된 구절들에서 "(축제적) 종결제의 피(דַּם־הַשְּׁלָמִים 담-하쉬라밈)를 (제단에) 뿌리다(זָרַק 짜라크)"라는 고유한 표현 양식이 발견되기 때문이라고 보았기 때문이다. 그러나 위 구절들에서 고유한 표현 양식이 발견됨에도 불구하고, 이 구절들은 피 의식을 이미 전제한 구절들이다.[21]

친교제(זֶבַח 쩨바)에서 피에 대한 최초의 언급은 신명기 12장 16, 23절에서 나온다. 여기에서는 피를 땅에 쏟아 버릴 것을 명한다. 이것은 '피를 먹지 말라'는 규정일 뿐, 어떤 피 의식을 위한 제의적 규정이 아니다. 출애굽기 23장 18절과 34장 25절에서도 친교제의 피를 언급한다. 여기에서는 다소 표현의 의미가 모호하다: 아마도 그 의미는 "친교제에서 유교병(누룩이 든 빵)을 먹어서는 안 되며, 더 나아가 짐승의 피도 먹어서는 안 된다"고 이해된다. 그러나 여기에서 친교제는 '나의 친교제'로 표현했다. 이 표현에서 친교제가 더 이상 "종교적 의미를 상실하고, 세속적 도살의 차원으로 변형된" 신명기적 차원에 머무는 것이 아니라, 다시금 종교적 제사의 차원으로 이해되었음을 알 수 있다.

친교제에서 피 의식을 최초로 언급한 것은 열왕기하 16장 15절이다. 이 구절에서 피 의식으로 발전된 특별한 동기나 형성 연대를 이해하는 것은 거의 불가능하다. 다만 여기에서는 개정자의 시대에 통용된 제의 관습을 강화하기 위해, 이전의 본문에 전이시켰다는 점만 알 수 있다.

그 밖에는 모두 종결 친교제(זֶבַח שְׁלָמִים 쩨바 쉬라밈)에서 피 의식을 언급하고 있다. 렌토르프의 견해에 따르면, 종결 친교제의 제의 의식은 번제(레 1장)에 의존하고 있다.[22] 종결 친교제의 피 의식은 이차적임을 알 수 있다.

---

21) 왕하 16:13은 §4을, 레 7:14는 §3-2를, 겔 43:18은 주 12를 참조하라.
22) R. Rendtorff, *Studien zur Geschichte des Opfers*, 97ff., 156f.

6. Ⓟ신 12장 20-28절과 Ⓞ왕하 16장 13; Ⓠ왕하 16장 15절 분석

연대 형성에 특별한 문제가 되는 구절은 Ⓟ신명기 12장 27절과 Ⓞ열왕기하 16장 13(15)과 Ⓠ열왕기하 16장 15절이다. 신명기 12장 20-28절은 12장 13-19절에서 부분적으로 전통적인 부분들이 글자 그대로 재수용되었고, 여기서 자신의 새로운 해석과 뉘앙스를 덧붙여 변형시켰다.[23]

열왕기하 16장 13-19절에서는 제의적 도살이 예배의 중앙 통일화로 인해 포기된 것에 반하여 여기에서는 다시금 제의적 행위로 나타났다[24]: "네가 번제를 드릴 때에는 그 고기와 피를 야훼, 네 하나님의 제단에 드릴 것이요, 또 나의 친교제의 피는 야훼 하나님의 제단에 붓고(שׁפך 샤파크), 그 고기는 먹어라(신 12:27)." 여기에 사용된 동사는 여전히 זרק(짜라크) 대신에 שׁפך(샤파크)를 사용한다. שׁפך(샤파크) 동사는 제의적 의미를 지니고 있지 않다. 친교제의 피를 제단에 부어야 한다. 그러나 이것이 제의적 피 의식을 염두에 둔 것으로는 볼 수가 없다. 왜냐하면 '피를 붓다(שׁפך דם 샤파크 담)라는 표현의 용례는 이러한 이해를 불가능하게 한다.[25] 그럼에도 이러한 변화는 후기의 개정자가 자신의 시대에 통용되었던 제의적 관습에 따라 개정시켰다고 보아야 한다. 어떤 시대적 상황이 여기에 반영되어 있는가? 신명기 12장 27절은 이미 예배의 중앙 통일화를 전제하고 있으며, 이를 넘어서 새로운 것을 추구하고 있다. 즉, 피를 제단에 뿌릴 것을 규정하고 있다. 아마도 레위기 17장 6절의 상황과 동일한 배경으로 간주될 수 있다.

---

23) M. Rose, *Der Ausschlieβlichkeitsanspruch Jahwes, Deuteronomische Schult-theologie und die Volksfrömmigkeiten der späten Königszeit* (BWANT 106) (Stuttgart: W. Kohlhammer 1975), 68f; Han, Dong-Gu, *Das Deuteronomium und seine soziale Konstellation*, Frankfurt - Diss, 1993.

24) F. Horst, *Das Privilegrecht Jahwes. Rechtsgeschichtliche Untersuchungen zum Deuteronomium* (FRLANT 45) (Göttingen 1930), 24.

25) R. Rendtorff, *Studien zur Geschichte des Opfers*, 146.

V. 열왕기하 16장 10-16절의 분석

1. 아하스 왕의 외교적 활동에 대한 보도

(초기) 피 의식의 연대 측정은 열왕기하 16장 10-16절(특히 왕하 16: 13-15)에서도 문제가 된다. 먼저 10-16절을 문헌비평적으로 분석하여 본문의 역사성과 형성사를 검토하고자 한다. 벨하우젠J. Wellhausen은 이 단락이 성전 기록Tempelannalen에서 유래되었다고 보았다.26) 그의 견해는 왕이 다메섹에서 앗시리아 왕을 만난 것 및 왕이 제의적 사항에 대해 행한 것과 관련하여 타당성이 있다. 즉 이 두 요소에 한하여 포로기 이전의 상즉, 역사적인 상으로 볼 수 있다.27)

이 점은 본문의 분석을 통해 분명히 볼 수 있다. 열왕기하 16장 10-16절은 다메섹에서 아하스 왕이 앗시리아 왕을 만난 것(왕하 16:10a)과 제단 제작(왕하 16:10-11)과 두 번의 제의적 실행(왕하 16:12ff., 15f.)의 보도로 구성되어 있다. 이 본문은 다양한 후기의 제의적 관행이 소급되어 개정되었다.

양식사적으로 볼 때, 제단의 제작과 그 결과를 보도한 제의적 실행은 분리될 수 없다. 두 개의 실행 보도 중에 어떤 보도가 열왕기하 16장 10-11절과 연결될 수 있나?28) 열왕기하 16장 10-11절의 구조는 아하스 왕이 명령하고(왕하 16:10b) 우리아 제사장이 실행에 옮겼다(왕하 16:11). 이러한 구조는 15-16절에서 다시금 볼 수 있다: 아하스 왕의 명령(왕하

---

26) J. Wellhausen, *Composition*, 293f. 비슷한 견해 M. Noth, *ÜGS*, 76과 A. Jepsen, *Die Quellen des Königsbücher* (Halle, 1953/1956²), 54은 이스라엘과 유다의 왕조 실록을 언급했다(Tagebüchern bzw. Annalen).

27) 참조 H. Spieckermann, *Juda unter Assur in der Sargonidenzeit* (FRLANT 129) (Göttingen: Vandenhoeck & Ruprecht, 1982), 365f.

28) 양자의 차이점에 대한 상세한 비교는 R. Rendtroff, *Studien zur Geschichte des Opfers*, 46ff.를 참조하라.

16:15)과 우리아 제사장의 실행(왕하 16:16). 열왕기하 16장 10-11절의 제단 제작과 16장 15-16절의 제의적 실행의 보도를 보도의 본질적인 구성 요소로 보아야 한다.

그 밖에도 아하스 왕의 귀향 보도는 열왕기하 16장 11bβ절과 16장 12aα 절에서 중복으로 보도하고 있다. 한편으로 16장 11bβγ절은 제단 제작 보도 의 종결구로 볼 수 있다.[29] 아하스 왕에 대한 칭호가 두 종류로 언급되었다: 열왕기하 16장 10f., 15f.절에서는 아하스 왕(אָחָז הַמֶּלֶךְ 하멜렉크 아하 쯔)으로 칭해졌고, 16장 12-13절에서는 왕(הַמֶּלֶךְ 하멜레크)으로 칭해졌 다. 따라서 16장 12-13절은 이차적인 것(혹은 후기의 삽입)으로 간주할 수 있다.[30]

포로기 이전의 (역사적) 보도의 구성 요소는 열왕기하 16장 10f., 15aαβ 123, 15b, 16절이다.

기원전 800년에서 750년에 이르는 두 세대 동안 이스라엘(북조)과 유다 (남조)는 상당히 평온한 시대를 누렸다. 그 후 745년에 디글랏빌레셀 3세 가 칼라흐Kalach에서 왕이 되었다. 그는 주변의 작은 나라들을 정복하여 조 공을 바치도록 했고, 시리아, 팔레스타인 지역에도 원정하여 조공을 요구했 다.[31] 그 후 722/1년에는 사마리아 성이 함락되었다. 이로써, 이스라엘(북 조)은 분열된 이후 약 200년쯤 계속되다가 영원히 끝났다(933-722= 211). 앗시리아의 정권이 불안정할 때 - 예, 왕이 바뀔 때 - 마다 저항운동 을 펼쳤다. 733년에 수많은 소수 민족들이 저항운동을 폈다. 이 저항운동은

29) 참조 왕하 16:16도 비슷한 언어적 특징을 보이며, 한 사건 보도의 종결절로 볼 수 있다.
30) R. Rendtorff, *Studien zur Geschichte des Opfers, 46f*. E. Würthwein, *Die Bücher der Könige 1. Kön 17 - 2. Kön. 25* (ATD 11/2) (Göttingen: Vandenhoeck & Ruprecht, 1984), 387. 이와는 달리 H.-D. Hoffmann, *Reform und Reformen*, 142f. 은 아하스 왕의 귀향 보도(왕하 16:12)도 이야기의 본래 부분에 속한 것으로 보았다.
31) 기원전 740년에 시리아 북부 지방에 원정하여 합병했다. 734년에는 서부 해안 지역까지 진출했다. 시리아, 팔레스타인 지역의 원정은 그 후 계속되었다. A. H. J. Gunneweg, *Geschichte Israels*, 170f; S. Herrmann, *Geschichte*, 305f.

사마리아가 몰락할 때까지 계속되었고, 예루살렘이 무너질 때까지도 끊이
지 않았다.

시리아와 이스라엘(북조)은 기원전 733년에 반앗시리아 동맹을 맺어,
유다로 하여금 이에 가담하도록 압력을 가했다. 이들은 예루살렘을 포위하
기까지 했으나 성공을 거두지 못했다(왕하 15:37; 16:5). 유다 왕 아하스는
자진하여 앗시리아에 굴복했고, 자비를 빌기 위해 조공을 바쳐(왕하 16:8),
예속 상태에 빠져들어 갔다(왕하 16:7-9). 이사야 예언자는 이와 같은 예
속적 외교정책을 비난했다(참조 사 7:1-9).

아하스 왕은 앗시리아의 최고 통치권과 앗시리아 민족의 최고 신을 인정
한다는 표시로서 야훼 제단 외에 또 다른 제단을 만들었다.[32] 따라서 그는

---

[32] 한동구, "신명기 개혁 운동에 나타난 종교 개혁," 『기독교사상』(1995. 1), 119-140, 주
12를 재인용함. 왕하 16:10-16의 보도만을 근거하여, 앗시리아 종교 형태가 강압적인
수단으로 (혹은 강압적인 분위기에서) 유다에 가해졌는지, 아니면 유다가 자발적으로
수용했는지는 판단하기 어렵다. H. Spieckermann, *Juda unter Assur in der
Sargonidenzeit*, 319-381은 아하스 왕의 조치는 앗시리아의 정치적 · 종교적 압박에
의해 취해진 것으로 보았다.

이와는 달리 M. Cogan, *Imperialism and Religion. Assyria, Judah and Israel in
the Eight and Seventh Centuries B.C.E.* (SBLMS 19) (Missoula Montana, 1974),
73-77와 J. Mckay, *Religion in Judah under the assyrians* (SBT SS 26) (London,
1973), 5-112는 첫째, 제사장 우리아의 순종적 반응, 둘째 제단의 형태의 비교 연구를
통해(K. Galling, *Der Altar in den Kulturen des alten Orient. Ein archäologische
Studie*, Berlin 1925의 연구에 근거), 셋째, 피의식(Blutritual)에 근거하여, 제단이 앗
시리아형이 아니라, 시리아형임을 주장했다.

최근 정중호, "유다의 종교 개혁과 왕," 『기독교사상』(1994. 10), 66-93, 67ff., 73ff.
그는 아하스가 만든 제단을 "예루살렘 제의의 대형화"로 평가했다. 그의 결론은 앗시리아
는 종교적 압박을 가하지 않았으며, 아하스 왕이 만든 제단은 앗시리아형 제단이 아니라,
당시 국제적으로 널리 알려진 새로운 스타일의 시리아형 제단을 모방하여, 예루살렘의
야훼 제단을 국제적 스타일로 변형시킨다고 주장한다. 자료의 성격상 아하스가 만든
제단이 어떤 형태인가를 직접적으로 규명하기는 쉽지 않다.

그러나 그 제단이 앗시리아형 제단이 아니라, 시리아형 제단임을 주장한 논거들 중에
는 몇 가지 문제점이 있다. 첫째, 우리아의 순종적 반응은 직업적 제사장으로서, 또 다신
론적 세계에 속한 자로서 불가능한 반응으로 볼 수 없다. 둘째, 아하스가 친앗시리아
정책을 추구했다면 (실제 역사적인 상도 그러했다), 반앗시리아 정책을 펴고 있는 시리
아의 제단을 모방할 수 있었을까? 셋째, Cogan/Tadmore, *II Kings* (AB II) (New

앗시리아 왕에게 호감을 사고자 했다. 다른 한편 민족주의적이며, 야훼 종
교에 충실한 자들의 반감을 무마하기 위해 여전히 야훼 제단에도 충실했다
(왕하 16:15).33) 열왕기하 16장 10-16절은 두 개의 상호 대립적인 집단이
공존했음을 보여준다. 한 집단은 아하스 왕과 그의 궁정 신하들로서 친앗시
리아 정책과 앗시리아 종교 형태를 수용한 집단이며, 또 다른 집단은 국가의
주권을 상실하고, 종교적 혼합 주의에 거부감을 느끼며, 그 책임이 궁중의
무리들에게 있다고 느끼는 집단이다. 이 집단이 후에 신명기 개혁 집단으로
발전한다.34)

2. 신명기 사가의 평가

이 보도는 신명기 사가에 의해 확대되었다. 신명기 사가는 아하스 왕이
외교적 노력을 기울이고, 그 결과 유다는 종교적으로 앗시리아에 예속되는
결과가 초래되었다는 점을 보여준다. 이스라엘이 야훼 하나님을 의지하는
것보다 자신의 힘(예를 들면 군사적 힘이나 외교적 노력)에 의지한 것이
결국은 망국을 가져왔고, 나아가 종교적인 예속까지 가져왔다는 신학적
입장을 보여준다.35) 이러한 반성은 포로기적 상황에서 형성된 것으로 보아
야 하며, 신명기 사가의 역사화(입장)로 보아야 한다.36)

York: Doubleady & Company, Inc., 1988), 44의 열왕기하 주석을 인용하여, 즉 "앗
시리아 제의에는 번제와 피 뿌림이 없다"는 점에 근거하여 앗시리아 제단이 아니라고
주장한다. 그러나 이러한 주장에는 신중성을 기해야 한다. 관련된 성서 문헌, 왕하 16:
10-16의 역사성이 철저히 검증되어야 한다.
　피를 제단에 뿌리는 의식은 이스라엘의 제의의 역사에서 아주 늦게 형성된 의식이다.
피의식이나 제의 보도 중 일부는 후기의 개정으로 보아야 한다.
33) H. Spieckermann, *Juda unter Assur in der Sargonidenzeit*, 368.
34) 한동구, 『신명기 개혁 운동의 역사』(서울: 도서출판 B&A, 2007), 22-48.
35) R. Kittel, *Die Bücher der Könige* (HK I/5) (1900), 270; M. Noth, *ÜGS*, 76; A. Jepsen, *Die Quellen des Königsbücher*, 54.
36) 이러한 입장의 선구자는 예레미야 예언자다. 그는 유다로 하여금 바벨론에 항복하라고
명한다. 항복하지 않고 군사적 힘이나 외교적 노력을 기울여 바벨론에 저항하는 것은

왕의 종교적 예속을 보도하고 있는 열왕기하 16장 12절과 이로 인해
한 귀퉁이로 치워진 놋 제단의 운명을 보도한 16장 14절이 신명기 사가의
개정에 속한다.[37]

신명기 사가는 자신의 신학적 입장을 개진하기 위해 자료들을 모두 자신
이 창조한 것은 아니다. 그는 역사적 자료 - 최소한 회상(기억) - 를 그의
서술의 자료로 이용했다: 새롭게 제작된 (큰) 제단과 종래의 (작은) 놋 제단
의 운명에 대한 서술은 역사적 자료로 볼 수 있다.

열왕기하 16장 15aβγδb절은 직접 화법 형식으로 왕의 말을 담고 있다.
따라서 왕을 3인칭으로 표현한 어투는 어울리지 않는다. 즉 왕하 16장 15αβ
4절에 담고 있는 '왕의 번제와 그의 곡식제'라는 표현은 이 직접 화법 형식의
왕의 말에 어울리지 않는다. 아마도 "왕의 번제와 그의 곡식제"와 "모든 그
땅의 백성의 번제와 그들의 곡식제"라는 표현은 왕과 그 땅에 (남은) 모든
사람의 제사로 이해될 수 있으며, 따라서 이 표현은 나라 전체가 이방의
예속적 상황에 빠졌음을 보여준다. 그렇기에 이 부분은 신명기 사가의 개정
부분으로 돌려야 한다.

3. 포로 후기의 제의적 개정들(삽입들)

제의적 표현과 관련한 표현이 계속하여 (아마도 세 차례의 개정을 통해)
덧붙여졌다. 먼저 양식사적 관점에서 볼 때 "그들의 전제"(=수은제: 부어
바치는 제사)라는 표현은 번제와 곡식제의 세 번 반복되는 어투와 동사
'불살라 드려라'(הקטיר 히크티르)에도 어울리지 않는다.[38] 따라서 이것
은 후기의 삽입으로 보아야 한다.

야훼 하나님의 뜻에 반역하는 것으로 이해했다.
37) 참조 왕상 12:30ff.
38) R. Rendtorff, *Studien zur Geschichte des Opfers*, 47.

이제 본문은 더 이상 부정적/반성적 차원에서 다루어지지 않는다. 오히려 자신의 시대를 위한 본문으로 삼고자 했다. 개정자는 과거의 사건을 현재 자신의 시대를 위한 전례/모형으로 삼아 개정자의 시대에 통용되었던 제의 관습을 강화시켜 나갔다. 이를 위해 개정자의 시대에 통용되었던 제의 관습과 상응하도록 전승을 개정한 것으로 보아야 한다.

여기에서 문제가 되는 것은 언제 이와 같은 개정이 일어났느냐는 것이다. 전제는 포로기 이전부터[39] 있었던 가나안적인 제의 관습으로 생각된다. 이스라엘 사람들이 팔레스타인 땅에 발을 들여놓으면서, 그 땅의 곡식과 포도주를 양식으로 삼게 되고, 이를 통해 전제의 관습이 이스라엘화되었다. 포로기에 접어들면서, 국가의 공식 종교와 국가적 성소(＝예루살렘)가 외부의 압력에 의해 폐지되면서, 다시금 토착적 제의 관습과 성소들이 되살아나게 되었다. 이와 함께 전제도 토착 성소에서 드려지게 되었고, 따라서 이교적인 것(＝우상 숭배)으로 매도되었다.[40]

포로 후기에 접어들면서 제2성전이 다시 건립되고, 폐지되었던 국가의 공식 종교도 다시금 복원되면서 전제도 국가의 공식 제의의 하나로 다시금 자리 잡게 되었다. 이러한 변화의 전제는 포로기적 관습, 혹은 이교화의 위협이 더 이상 상존하지 않고, 제의적 계급이 확고하게 자리 잡아, 이교화의 위협을 염려하기보다는 국가 공식 종교의 장려를 통해 국민들의 교화에 몰두할 때 가능하다. 시간상으로는 이러한 개정의 시발점을 페르시아 시대, 보다 정확히는 제2성전이 건립된 후의 제 1-2세대 이래로 보아야 한다.[41]

다음으로 열왕기하 16장 15αδ절이 덧붙여졌다: "또 모든 번제의 피와

---

[39] 참조 창 35:14; 욜 1:9, 13; 욜 1:9, 13은 포로기적 상황을 가상적으로 묘사했다. 그러나 포로기 이전의 관습의 폐지를 말한다.

[40] 참조 렘 7:18; 19:13; 32:29; 44:17, 18, 19, 25; 겔 20:28; (사 57:6).

[41] 제사들의 목록(번제, 곡식제, 전제)은 레 23:12f., 18; 민 29:18, 21, 24과 병행되며, 끝의 두 제사(그들의 곡식제와 그들의 제주)는 레 23:18; 민 6:16; 15:24; 29:18, 21, 24과 병행한다. 참조 R. Rendtorff, *Studien zur Geschichte des Opfers*, 47. 그는 이 단계의 삽입은 병행 구절들의 형성과 상응한다고 보았다.

모든 친교제의 피를 너는 그 위에 뿌려라." 양식사적으로 볼 때, 번제와 곡식
제의 반복되는 어투에서 완전히 벗어났으며(번제와 친교제), 문체적 차원
에서 2인칭 단수의 동사는 왕의 말의 인용구에 어울리지 않는다. 열왕기하
16장 15αδ절이 언제 삽입되었는지는 분명치 않다. 렌토르프는 레위기 1장
과 3장이 관계가 있음을 지적했다.[42]

 (초기) 피 의식의 형성과 함께 피 의식을 확산시키기 위해, 여기에 열왕
기하 16장 15αδ절이 삽입되었다면, 이는 제물과 제의의 정결화를 통해 야
훼 신앙을 철저하게 하고자 한 노력으로 보아야 한다.

 유다 총독 스룹바벨이 페르시아에 의해 제거되면서,[43] 다윗 가문의 부
흥을 희망하는 정치적 메시아 운동이 실제적으로 좌절되었다. 그 후 느헤미
야의 파송까지 외양적으로는 유다의 역사가 매우 암울한 것으로 그려진다.
그러나 정신적 내면세계에서는 새로운 형태의 메시아 사상을 꿈꾸었다.[44]
페르시아의 물리적 강압이 유다의 희망을 완전히 잠재울 수 없었다. 이러한
사상적 흐름은 제의적 영역에도 영향을 미쳤을 것으로 간주되며, 필자의
견해로는 아마도 초기 피 의식을 통한 야훼 신앙의 철저화의 형태로 나타난
것으로 간주된다. 만약 이러한 가정이 타당하다면, 초기 피 의식을 기원전
486년 이후 느헤미야의 파송(기원전 445년) 이전에 형성된 것으로 간주할
수 있다.

 끝으로 열왕기하 16장 13절이 덧붙여졌다. 여기에서는 열왕기하 16장
15절에서 보이는 문체상의 불일치가 완전히 제거되었다: 번제(עֹלָה 올라)
와 곡식제(מִנְחָה 민하)는 살라 드리고(קְטַר 카타르), 전제(נֶסֶךְ 네세크)
는 부어 드리고(נָסַךְ 나사크), 종결제(שְׁלָמִים 쉬라밈)의 피는 제단에 뿌렸
다(זָרַק 짜라크). 16장 12b절에서 친교제를 나타내는 일반적인 용어인

---

42) R. Rendtorff, *Studien zur Geschichte des Opfers*, 47f.
43) 브라이트, 『이스라엘 역사』, 509ff., 518. 그는 이 사건을 메시아 운동의 맥락에서 보았고,
  크세르 크세스(Xerxes) 때의 폭동과 관련지어 486/5년으로 추정한다.
44) 한동구, "음식 규정에 나타난 평화 사상," 『기독교사상』(1994. 4), 130-148, 144.

זבחים/זבחה(쩨하/쩌바힘: 친교제) 대신에 제의상의 전문 술어 שלמים(쉬라밈: 종결제)을 사용하고 있으며, 16장 13절에서 열거하고 있는 제사 목록(번제·곡식제·전제·친교제(＝종결제))도 민수기 29장 39절에서 볼 수 있는 후기의 표현과 동일하다. 따라서 열왕기하 16장 13절은 15절의 수정을 통해 형성되었다.

열왕기하 16장 13절의 삽입으로 인해, 왕과 제사장에 의해 완전한 제사가 드려졌다. 이러한 모습은 총독과 제사장이 지도층으로 공존한 시대의 산물이다. 역대기 사가의 역사서가 형성되었던 헬레니즘 시대에는 불가능하다. 왜냐하면, 웃시야 왕이 제사장의 영역을 침입하여, 하나님께 징계를 받아 문둥병에 걸린 사실을 보도하기 때문이다. 제사장이 정치(행정)적 영역과 종교적 영역을 모두 총괄하는 시대, 필자의 견해로는 에스라 시대 이후에는 불가능하다.45)

열왕기하 16장 12-15절을 전체적으로 볼 때 후기의 개정을 통해 점진적으로 형성되었다. 특히 피를 제단에 뿌리는 의식은 이스라엘 제의의 역사에서 아주 늦게(기원전 486-445년) 형성된 의식이다.

---

45) 엘레판틴 문서에 따르면, 기원전 5세기 말엽까지 총독의 활동이 증거되고 있다. 다른 한편, 페르시아 시대 말엽(기원전 5세기 말엽)부터 유다는 독자적으로 화폐(동전)를 발행했다. 이 동전에는 'JHD'(יהד)라는 문자가 새겨져 있다. 기원전 370년경에 발행된 것으로 추정되는 한 동전에서는 아마도 대제사장으로 여겨지는 지역 지도자의 상이 새겨져 있다. 이것은 기원전 4세기경 반페르시아 운동의 일환으로 시돈에서 발행한 동전의 상과 유사하다. 참조 J. W. Betlyon, "Coinage," ABD 1.V.(992), 1083. 이 동전에 근거하면, 기원전 4세기 중엽에는 행정권과 종교권이 대제사장의 수중에 들어갔음을 의미하며(참조 브라이트, 『이스라엘 역사』, 567), 이 통합의 시작을 (일종의 총독으로서) 에스라의 시대(기원전 398/7년에 파송) 이래로 보아야 한다.

VI. 결론과 전망

이상에서 언급된 내용을 간략히 요약하면, 피 의식은 특정 제사 의식(종결제: שְׁלָמִים 쉘라밈)의 본래적 구성 요소였으며, 여기에서 다른 제사 의식으로 확대되었다는 견해R. Rendtorff는 타당하지 않다. 위에 열거된 19구절은 모두 이미 피 의식을 전제한 구절들로서 이차적으로 피 의식을 받아들인 구절들이다.

포로 후기 이스라엘 사회는 정결성과 성결성을 보존하고 확대하고자 했으며, 이러한 노력의 일환에서 피 의식이 형성되었고, 또 제사 의식이 각 영역으로 확대되었다.

피 의식의 형성 연대와 그 삶의 자리를 규명하기 위한 계속되는 과제로, 필자는 먼저 포로 후기의 사상적 흐름, 특히 정결 사상의 발전 과정을 정밀히 검토하고, 다음으로 위에서 언급한 개별 구절들의 형성 연대를 검토하며, 각 제사(의식)의 발전 과정을 검토하고자 한다.

부록: 히브리어 본문

10aα וַיֵּלֶךְ הַמֶּלֶךְ אָחָז לִקְרַאת תִּגְלַת פִּלְאֶסֶר
מֶלֶךְ־אַשּׁוּר דּוּמֶּשֶׂק

10aβ וַיַּרְא אֶת־הַמִּזְבֵּחַ אֲשֶׁר בְּדַמָּשֶׂק

10b וַיִּשְׁלַח הַמֶּלֶךְ אָחָז אֶל־אוּרִיָּה הַכֹּהֵן
אֶת־דְּמוּת הַמִּזְבֵּחַ וְאֶת־תַּבְנִיתוֹ לְכָל־מַעֲשֵׂהוּ:

11a וַיִּבֶן אוּרִיָּה הַכֹּהֵן אֶת־הַמִּזְבֵּחַ

11bα כְּכֹל אֲשֶׁר־שָׁלַח הַמֶּלֶךְ אָחָז מִדַּמֶּשֶׂק

11bβγ כֵּן עָשָׂה אוּרִיָּה הַכֹּהֵן עַד־בּוֹא
הַמֶּלֶךְ־אָחָז מִדַּמֶּשֶׂק:

וַיָּבֹא הַמֶּלֶךְ מִדַּמֶּשֶׂק 12aα

וַיַּרְא הַמֶּלֶךְ אֶת־הַמִּזְבֵּחַ 12aβ

וַיִּקְרַב הַמֶּלֶךְ עַל־הַמִּזְבֵּחַ וַיַּעַל עָלָיו: 12b

וַיַּקְטֵר אֶת־עֹלָתוֹ וְאֶת־מִנְחָתוֹ 13aα

וַיַּסֵּךְ אֶת־נִסְכּוֹ 13aβ

וַיִּזְרֹק אֶת־דַּם־הַשְּׁלָמִים אֲשֶׁר־לוֹ עַל־הַמִּזְבֵּחַ: 13b

וְאֵת הַמִּזְבַּח הַנְּחֹשֶׁת אֲשֶׁר לִפְנֵי יְהוָה 14aα

וַיַּקְרֵב מֵאֵת פְּנֵי הַבַּיִת מִבֵּין הַמִּזְבֵּחַ 14aβ

וּמִבֵּין בֵּית יְהוָה

וַיִּתֵּן אֹתוֹ עַל־יֶרֶךְ הַמִּזְבֵּחַ צָפוֹנָה: 14b

וַיְצַוֵּהוּ הַמֶּלֶךְ־אָחָז אֶת־אוּרִיָּה הַכֹּהֵן 15aα

לֵאמֹר

עַל הַמִּזְבֵּחַ הַגָּדוֹל 15aβ1

הַקְטֵר 15aβ2

אֶת־עֹלַת־הַבֹּקֶר וְאֶת־מִנְחַת הָעֶרֶב 15aβ3

וְאֶת־עֹלַת הַמֶּלֶךְ וְאֶת־מִנְחָתוֹ 15aβ4

וְאֵת עֹלַת כָּל־עַם הָאָרֶץ וּמִנְחָתָם 15aγ1

וְנִסְכֵּיהֶם 15aγ2

וְכָל־דַּם עֹלָה וְכָל־דַּם־זֶבַח 15aδ1

עָלָיו תִּזְרֹק 15aδ1

וּמִזְבַּח הַנְּחֹשֶׁת יִהְיֶה־לִּי לְבַקֵּר: 15b

וַיַּעַשׂ אוּרִיָּה הַכֹּהֵן 16a

כְּכֹל אֲשֶׁר־צִוָּה הַמֶּלֶךְ אָחָז: 16b

한글 번역

^{10aα}그리고 아하스 왕이 앗시리아 왕 디글랏 빌레셀을 만나러 다메섹에 갔을 때, ^{10bβ}그는 다메섹에 있는 그 제단을 보았다. ^{10b}그리고 아하스 왕은, 그 제단이 만들어진 것과 똑같은, 그것의 모형과 그것의 도본을 우리아 제사장에게 보냈다.

^{11abα}그리고 우리아 제사장는, 아하스 왕이 다메섹에서 보내온 것과 똑같이, 그 제단을 만들었다. ^{11bβγ}아하스 왕이 다메섹에서 돌아오기 전에 우리아 제사장은 그렇게 만들었다.

^{12a}그리고 왕이 다메섹에서 돌아와서, ^{12aβ}왕은 그 제단을 보고, ^{12b}왕은 제단으로 나아가, 그 위로 올라가서, ^{13aα}그의 번제와 그의 곡식제를 불사르고, ^{13aβ}그의 전제를 부어 드렸다. ^{13b}그리고 그는 그(=왕)를 위한 친교제 (השלמים 하쉬라밈)의 피를 제단에 뿌렸다. ^{14a}그리고 그는 야훼 앞에 놓여진 놋제단을 그 전 앞에서, 즉 그 제단과 야훼의 전 사이에서 옮겨다가, ^{14b}그 것을 그 제단의 북측면에 놓았다.

^{15aα}그리고 아하스 왕은 우리아 제사장에게 다음과 같이 명령했다:
^{15aβ1}"큰 제단에는
^{15aβ3}아침의 번제와 저녁의 곡식제와
^{15aβ4}왕의 번제와 그의 곡식제와
^{15aγ1}그 땅의 온 백성의 번제와 그들의 곡식제와
^{15aγ2}그들의 전제를
^{15aβ2}살라 바치고,
^{15aδ1}그리고 번제의 모든 피와 친교제의 모든 피를
^{15aδ2}그 위에 너는 뿌려라,

^{15b}그리고 놋제단은 나의 물을 일을 위한 것이다.["]

¹⁶제사장 우리아는, 아하스 왕의 모든 명령대로, 행했다.

제18장
요시야 역사에 나타난 왕의 계약
- 열왕기하 23:1-3 -

I. 문제 제기

요시야 왕은 그의 통치 제18년에 백성들과 계약을 맺었다. 이에 대해
열왕기하 23장 1-3절에서 기록하고 있다. 이 단락은 요시야의 개혁에 대한
22-23장의 긴 보도 가운데 포함되어 있다. 이제까지의 연구에 따르면, 요
시야 개혁에서 가장 중요한 점이 이 단락에 담겨 있다고 보았다.

이 단락에서 말하고 있는 계약을 어떻게 이해할 수 있겠는가? 왕과 백성
이 함께 맺은 계약으로,[1] 혹은 한편에서는 하나님과 다른 한편에서는 왕을
포함한 백성과 맺은 계약으로 이해할 것인가?[2] 이 질문에 올바르게 답을

1) G. Fohrer, Vertrag, 13. "왕과 백성이 맺은 왕의 계약은 신명기의 율법을 받아들이는
형식으로 요시야에게서 발견된다. 왕하 23장 1-3절에 따르면 왕은 백성과(예루살렘으로
파견된 백성들이 대표자들을 통해) 계약을 체결했다." 참조 M. Weinfeld, "Berit," ThWAT
I, 799ff.

2) M. Noth, Die Gesetze im Pentateuch, 61-63: "실제 요시야에 의해 성전에서 발견된
신명기(토라의 책)가 하나님과 백성의 계약을 통해 실현되었다." "이것은 왕하 23장 1-3
절에서 취할 수 있다고 생각되는 보도에 따르면, 요시야 시절 실제 일어났다."(63), "분명

하는 길은 계약의 파트너를 누구로 생각하느냐 하는 점이다. 성서 본문의
보도는 분명하지 못하다. 따라서 다양한 설명의 모델이 생겨나게 되었다.

열왕기하 23장 1-3절은 3절밖에 안 되는 짧은 단락이지만, 복잡한 형성
의 역사를 가진 본문이다.3) 따라서 왕의 계약에 대한 신학적 질문을 제기하
기에 앞서 문헌비평적 분석이 선행되어야 한다. 이를 통해 각 부분의 역사성
을 검토하고자 한다. 문헌비평적 분석을 통해 포로기 이전, 즉 왕조시대의
문헌층에 해당하는 본문이나 이에 대한 회상을 구별해내고자 한다.

문헌비평적 분석의 결과를 앞서 언급한다면, 이 단락에서 신명기 사가에
게 전승된, 포로기 이전, 즉 왕조시대의 문헌층은 불완전한 형태로 보존되
어 있다. 포로기 이전의 문헌층에서 בְּרִית(베리트)에 대해 언급하고 있는
데 이는 왕과 백성 사이의 정치적 관점에서의 계약으로 이해할 수 있다.
그 후 신명기 사가의 문헌층(DtrH)에서 בְּרִית는 의심할 바 없이 명백하게
야훼와 백성 사이의 신학적 관점의 계약으로 이해해야 한다. 후기의 또 다른
신명기 사가의 문헌층(DtrN)에서는 בְּרִית가 하나님의 율법과 동일한 의
미로 사용되었다. 왕을 포함하여 모든 백성은 계약을 통해 야훼의 율법을

한 것은 하나님과 백성 사이의 계약이었을 것이다. 이 계약에서 왕의 역할은 계약 체결을
준비하게 하고 실행되게 한 것이다."(62); L. Perlitt, *Bundestheologie im Alten
Testament* (WMANT 36) (Neukirchen-Vluyn: Neukirchener Verlag, 1969), 11:
"결코 왕과 백성상의 계약은 아니다. 백성은 왕으로부터 부여된 자신들의 의무를 져야
한다. 따라서 백성들이 왕에게 의무를 지우는 것이 아니라, 그와 함께 의무를 지는 것이
다."; H. Spieckermann, *Juda unter Assur*, 75-76: "왕이 홀로 하나님 앞에 서 있다.
그는 계약의 파트너 없이 홀로 서 있다.", "쌍방의 계약으로부터 야훼에 대한 왕의 일방적인
의무가 되었다.", "왕이 야훼 앞에서 의무를 지는 행위를 한 후에야 비로소, 백성들도 행동
하기 시작하여 백성들도 의무를 받아들였다(왕하 23:3b). 이것은 또한 포로기 이전, 즉
왕조 시대 말기에 이와 유사한 것을 예레미야서에서 한 번 발견될 수 있는 일회적 행동이
다"(참조 렘 34:10).
3) H. Weippert, "Das deuteronomistische Geschichtswerk. Sein Ziel und Ende in
   der neueren Forschung," *ThR* 50 (1986), 213-249; H. Spieckermann, *Juda unter
   Assur*, 71-79, 425; N. Lohfink, "Zur neueren Diskussion über 2 Kön 22 - 23,"
   ders (Hg.), Das *Deuteronomium. Entstehung. Gestalt und Botschaft* (BETL 68)
   (Leuven, 1985), 24-48.

받아들여야 한다. 따라서 필자는 계약사상과 관련하여 두 질문을 제기한다:

> 1) 열왕기하 23장 1–3절에서 정치적 관점에서 본, 왕과 백성이 맺은 계
>   약을 위한 문헌적 증거를 제시하고 있는가?
> 2) 신명기 사가는 언제 또 어떤 목적으로 포로기 이전의 문헌층을 개정했
>   는가?

이 두 질문에 답을 하는 동안 בְּרִית의 개념과 계약신학의 발전사와 관련
하여 이제까지의 선행 연구와 다른 입장임을 간접적으로 알 수 있다.[4]

II. 활동의 중심에 서 있는 자로서의 장로들

열왕기하 23장 1절의 본문은 "왕은 사람을 보내어, 그들은 유다와 예루
살렘의 장로들을 모두 그에게로 불러 모았다"라고 기록하고 있다. 맛소라
본문에는 "불러 모았다"라는 동사의 히브리어는 וַיַּאַסְפוּ(봐야아스푸)로
서, Qal w-impf 3인칭 복수형으로 "-를 불러 모으다"를 의미한다. 이와는
달리 역대기하 34장 29절과 셉투아진트에서는 단수로 고쳐 읽어, 열왕기하
23장 1절을 "그는 유다와 예루살렘의 장로들을 모두 그에게로 불러 모았다"
로 읽고 있다. 또 만약 וַיַּאַסְפוּ(봐야아스푸)를 니팔형으로 읽는다면(예를
들어 페쉬타와 불가타와 같이), 유다와 예루살렘의 장로들 모두가 스스로
모인 것으로 읽을 수 있다. 이 경우 유다와 예루살렘의 장로들은 행동의
주어가 된다.[5]

---

4) 여기에서 필자의 테제는 R. Smend와 그의 제자들의 테제, 즉 'DtrH-DtrP-DtrN'의 순서
   및 연속성에 대한 테제와 다름을 알 수 있다.
5) 이 점에 대해 H. Spieckermann, *Juda unter Assur*, 71 각주 87에서는 "왕이 모든 중요한
   행동에서 아직 주어가 되지 못한, 보도의 보다 오래된 형태."

사사기 11장 1-11절에서 장로들은 외부로부터 가해진 전쟁의 위협하에
서 이례적인 결정을 내린 바 있다. 그들은 전쟁을 수행할 능력이 있는 입다
에게 그들의 지도자가 되어 줄 것을 요청했다.

왕조 시대에 장로들은 여전히 상류층의 일부를 이루고 있었으나, 점차
그들의 본래적인 독립성을 잃게 되었다. 그러나 열왕기하 23장 1절에서와
같이 국가의 중대사에 국가에 어떤 영향력을 미칠 수 있다는 점에서, 그들은
상당한 권력의 향상을 가져왔다.[6]

신명기의 규정[7]에 따르면, 개별 도시의 사법 문제의 경우 그 도시의 장
로들이 결정하거나 어떤 화해의 길/해결책을 마련해야 한다. 이 점에 있어
서 도시의 장로들은 이전부터 전통적으로 부여된 기능을 수행했다.[8] 이러
한 점에서 도시의 장로들은 전통적인 이스라엘의 관습을 통용시키는 기능
을 수행하여, 이스라엘의 전통이 사라지는 것을 막을 수 있었다.[9]

어쨌든 열왕기하 23장 1-3절에서는 왕과의 계약에서 유다와 예루살렘
의 장로들이 모습을 드러냈다. 이들의 등장의 목적은 무엇일까? 결코 그들
을 계약의 책을 경청하는 자들(참조 §3, §5)로 볼 수는 없다. 성서의 본문은
이들을 계약의 책의 청중으로 묘사하고 있지 않으며, 오히려 이들을 백성의
대표자로서, 왕의 계약, 즉 왕이 의무를 지는 계약에서 파트너이거나 증인
일 가능성이 높다.

장로들이 보다 큰 사회적 단위의 공동체, 예를 들어 도시와 같은 규모의
공동체에서의 대표자로 활동하는 모습은 애굽의 예외를 제외하고는 대부
분의 고대 서부 아시아 지역에서는 드물지 않게 증거하고 있다.[10] 대략

6) Conrad, "Ältesten," ThWAT II (München: Chr. Kaiser Verlag, 1984), 639-650, 646.
7) 죽인 자를 알지 못하는 범죄(신 21:1-9), 패역한 범죄(신 21:18-21), 순결에 관한 범죄(신 22:13-21), 나봇의 포도원 범죄(왕상 21:8-14), 죽은 형제의 의무(신 25:5-10, 참조 룻 4:1-12) 그리고 망명법(신 19:11f., 참조 수 20:1-6).
8) Conrad, "Ältesten," ThWAT II, 646.
9) 참조 신 21:18ff.; 22:13ff.; 25:5ff.

이스라엘 백성이 반유목민으로 혹은 정착민으로 자리 잡으면서 도시의 장로 제도는 완전하게 발전되었다.[11] 장로들은 법률적으로 분쟁이 발생했을 경우 양 당사자들 간의 조정을 위해 중요한 역할을 했다. 지역 사법제도들에 대한 증거들은 이보다 후기, 즉 왕조시대에 형성된 본문들에서만 나타난다. 그럼에도 법률 공동체가 국가 이전 시대에 이미 존재했다는 것은 의심할 수 없는 사실이다. 지역 사법제도가 왕조시대의 사법제도에 이해 완전히 대체된 것은 아니다.[12]

왕조시대에 장로들이 백성들의 대표자로서 그들이 통치자를 선택할 수 있는 완전한 권력을 가졌다는 점은 역사적으로 볼 때 개연성이 없는 것으로 여겨진다. 이러한 점은 신명기 개혁운동에서 비로소 일어났다. 신명기 저자는 전투력이 있는 군사 지도자에게 자신의 권력을 양도하면서 그를 왕으로 선택했던 고대 전통을 변형시켜, 왕이 권력을 법의 통제하에 두고자 했다.

사무엘상 8장 5절(혹은 1-5절)에 따르면, 사사들의 부패(역사적으로는 정치 지도자들의 부패)가 백성들(본문에서는 백성의 대변인들인 장로들이 행동의 주체로 나타난다)에게 새로운 지도자를 요구하게 했다. 이들은 법의 통제하에 놓여야 했다(삼상 8:9, 10과 삼상 10:25). 이스라엘 지파들의 왕으로 기름부음이 있기에 앞서, 다윗은 이스라엘의 장로들과 왕의 계약을 맺었다(참조 삼하 5:3). 사무엘하 5장 3절에서도 장로들이 계약의 파트너였다. 그들은 또 다른 파트너, 즉 왕과 마주 서 있다. 계약을 통해 다윗 왕은 백성을 위해 (스스로 짊어지는) 의무를 수용했다. 백성의 대표자로서의 장로들이 함께 모여, 왕과 계약을 맺어 그를 법의 통제하에 서게 했다.

이로써 열왕기하 23장 1-3절의 문맥에서 볼 때, 유다와 예루살렘의 장로

---

10) 참조 H. Klengel, "Zu den sibutum in altbabylonischer Zeit," Or NS 29 (1960) 357-375; Ders, "Die Rolle der Ältesen im Kleinasien der Hethiterzeit," ZA 57 (1965), 223-236; Conrad, "Ältesten," ThWAT II, 639-650.

11) W. Thiel, Die soziale Entwicklung, 106.

12) W. Thiel, Die soziale Entwicklung, 104.

들이 왕에게 모였다고 볼 수 있다. 계속되는 본문의 보도에서는 장로들이 더 이상 언급되지 않는다. 이는 다른 집단이 보충되면서, 이들이 장로들을 대체했기 때문이다. 따라서 열왕기하 23장 1b절은 초기에 전승된 문헌층 Vorlage에 속한 것으로 간주하며, 그리고 23장 1a절은 신명기 사가의 개정층에 속한 것으로 간주한다. 주지하는바, "유다와 예루살렘"이라는 표현은 기원전 7-6세기 정치적 현실을 반영한 서술로 볼 수 있다. 이 표현은 정치적 사건에 그 삶의 자리를 두고 있다. 다시 말해 기원전 701년 앗시리아가 유다를 침공하므로, 유다는 많은 영토를 상실하게 되었고, 이로 인해 생겨난 표현 양식이다.[13]

III. 참여한 사람들의 긴 목록

왕이 야훼의 집(=성전)으로 올라갔다(왕하 23:2a). "올라가다"(עלה 알라)라는 표현은 지리적 상황을 정확히 반영하고 있는 표현으로,[14] 이러한 정보는 "유다 왕조실록"(참조 왕하 23:28)과 같은 역사적 기록에서 전승되었다고 볼 수 있으며, 이러한 역사적 정보의 기록은 궁중의 무리들 가운데에서 형성될 수 있다.[15]

열왕기하 23장 1절의 논의에서 이미 주지했듯이, 장로들은 더 이상 언급되지 않는다. 장로들에 대한 언급 대신에 계약 의식에 참여한 사람들의 긴 목록으로 대신했다: "유다의 모든 남자들, 예루살렘의 모든 거주자들, 제사장들과 예언자들, 노인에서 젊은 이에 이르는 전체 백성들"(왕하 23:2a).

---

13) 참조 사 5:3; 습 1:4. A. Alt, "Die territorialgeschichtliche Bedeutung von Sanheribs Eingriff in Palästina (1930)," ders, *KS* II, (München: C. H. Beck, 1964), 242-249.
14) 렘 26:10.
15) K. Višaticki, *Die Reform des Josija und die religiöse Heterodoxie in Israel* (Diss. th. Reihe 21) (St. Ottilien, 1987), 227.

이 긴 목록에서 특이한 점은 "장로들과 백성들"이 함께 언급되어 있다는 것이다. 이 두 집단이 본래의 본문에 나란히 병행하여 언급되는 것은 불가능하다. 왜냐하면 장로들은 백성의 대표자들로서, 백성과 함께 언급될 필요가 없기 때문이다.16) 이로 인해 또 다른 질문이 제기된다. 왜 어떤 목적에서 유다와 예루살렘의 전체 거주자들이, 제사장들과 예언자들 및 전체 백성들과 함께 왕을 따라 야훼의 성전으로 가는가 하는 점이다. 본문으로부터 그 이유를 두 가지 끌어 낼 수 있다.

첫째, 야훼의 성전에서 발견된 언약책에 적힌 모든 말씀을 낭독할 때, 이를 듣는 청중으로 참여해야 한다(왕하 23:2b).

둘째, 이들이 동시에 계약의 파트너로서 참여한다(왕하 23; 3b). 아마도 그 계약은 한편의 파트너는 야훼이며 다른 한쪽 파트너는 왕을 포함한 모든 백성이다. 이 계약에서 이들은 단순한 참관자일 수도 있다.

1. 제사장과 예언자들의 병행 표기

왕을 따라 야훼의 성전으로 올라간 동반자의 목록 가운데 제사장과 예언자가 나란히 병기되어 있으며, 이를 전승사적 관점에서 연구하고자 한다. 제사장과 예언자가 나란히 병기되는 경우는 구약성서에서 약 30회 징도며, 이것도 주로 왕조시대 말기의 문헌에 나타난다. 제사장과 예언자가 서로 병행하여 나타나는 것은 예레미야서에서 가장 분명하게 드러난다.17) 예레미야는 주로 하나님의 계시, 즉 바른 토라와 바른 말씀과 관련하여 제사장들과 예언자들과 논쟁을 벌였다. 왕조시대 제사장들과 예언자들은 왕의 관리였다.18) 신명기에서는 국가의 기관에 대해 규정하면서, 왕의 법에 대해

---

16) H. Spiekermann, *Juda unter Assur*, 72.
17) 렘 2:8, 26; 4:9; 5:31; 6:13; 8:1, 10; 13:13; 14:18; 23:11, 33, 34; 26:7, 8, 11, 16; 27:16; 29:1; 32:32(19회).
18) 왕상 4:2, 5; 계속하여 왕하 10:19.

신명기 17장 14-20절에서 다루고, 제사장의 법에 대해 18장 1-8절에서 다루고 있으며, 예언자의 법에 대해 18장 9-22절에서 다루고 있다. 여기에서는 현존하는 국가의 기관, 즉 권력 기구를 인정한다는 인상을 받는다. 그러나 이들의 권한에 대해서는 긍정적인 측면에서 강조하기보다는 부정적인 측면에서 제한하고 있음도 사실이다. 지도층에 속한 권력 기관에 대해 부정적으로 이해하는 이유는 아마도 고전적인 예언자 정신에 영향을 받은 것 같다.

이러한 점에서 신명기 개혁운동의 입장과 당시의 시대정신의 흐름을 인식할 수 있다. 예언자의 고발은 백성의 지도층에 집중되어 있다. 제사장들과 예언자들은 왕과 고위 관리들과 함께 백성들을 지도하는 상류층에 속한다.[19] 이들은 여러 차례 국가 멸망에 책임이 있는 범죄자들로 비난받고 있다. 이들은 뇌물과 같은 부패로 인해 비난받고(미 3:11[20]), 하나님과 그의 토라에 대한 지식이 없음은 물론 이를 가볍게 여김으로 인해 비난받으며(호 4:4ff.[21]), 경솔함과 율법을 범한 자로 비난받고(습 3:4), 폭력성(애 4:13[22])과 기만성으로 인해 비난받는다(렘 2:8; 5:31). 왕과 관리들을 포

---

19) 참조 렘 2:26; 4:9; 8:1; 29:1; 여기에 느 9:32도 의존하고 있다.

20) 미가서에서 상류층 계급을 비판하는 미 3:9-12의 단락에서 제사장과 예언자에 대한 총체적 비판을 하고 있음을 보게 된다. 미 3:11에서는 지도층의 뇌물로 인한 부패를 고발하고 있다. 미 3:9-12의 단락에서는 제사장과 예언자를 예루살렘의 대파멸에 책임이 있는 범죄자로 비난받는다: בִּגְלַלְכֶם(비그날켐: 너희들 때문에). 미가서에서는 가르치는 기능(יָרָה 야라 Hi.)을 제사장의 임무(참조 호 4:4ff.)로 또 하나님의 음성을 듣는 기능(קֶדֶם 케뎀, Losorakel)을 예언자의 과제로 보고 있다(참조 겔 21:26f.).

21) 비슷한 방식으로 호세아 예언자도 제사장들과 예언자들을 비난했다. 왜냐하면 그들(혹은 제사장들만)은 하나님을 아는 지식을 경솔하게 다뤘으며, 하나님의 토라를 얻어버렸기 때문이다. 여기에 예언자를 삽입한 것은 유대적 상황에서 예언자를 집단적으로 이해했다는 점을 말해 준다. 참조 A. Deißler, *Der Priesterliche Dienst I, Ursprung und Frühgeschichte* (QD 46) (Freiburg i.B., 1970), 54, 각주 104; H. W. Wolff, *Dodekapropheton 1: Hosea* (BK 14/1) (Neukirchen-Vluyn: Neukirchener Verlag, 1973³), 88, 95; W. Rudolph, *Hosea* (KAT 13/1) (Gütersloh: Gütersloher Verlagshaus Mohn, 1966), 96-97; J. Jeremias, *Der Prophet Hosea* (ATD 24/1) (Göttingen: Vandenhoeck & Ruprecht, 1983), 63, 66.

함하여 제사장들과 예언자들이 예언자의 비난과 고발의 대상이 되었다.

이러한 점에서 제사장과 예언자가 나란히 언급되는 것은 어느 정도 제한 시간대에 사용된 언어 용례임을 알 수 있다. 더욱이 제사장과 예언자가 나란히 병기되는 것이 국가 이전 시대에는 단 한 번도 나타나지 않으며, 포로 후기 시대에도 드물게 나타날 뿐이다.23) 제사장과 예언자가 포로 후기의 문헌에서는 나란히 두 번 언급되었다. 느헤미아 9장 32절에서는 사람들의 긴 목록을 소개하고 있다. 여기에도 제사장과 예언자가 나란히 소개된다. 이 목록에 열거된 사람들은 산헤립의 침공(기원전 701년) 이후로 지금까지 큰 고난과 종살이를 겪게 된 자들이다. 따라서 느헤미야 9장 32절의 목록은 포로기 이전 혹은 포로기의 전승을 수용한 것으로 추정된다.24) 스가랴 7장 3절에서도 제사장과 예언자가 나란히 소개되고 있다. 여기에서는 제의상의 문제에 관하여 성전에서 집무를 하는 자에게 질문을 제기한다: "내가 여러 해 동안 행한 대로 오월 중에 울며 근신해야 합니까?" 이러한 질문은 원래 제사장에게만 제기할 수 있는 것이다.25) 이 점은 본문 비평을 통해 입증될 수 있다. 그리고 카이로 게니자에서 나온 한 필사본에서는 예언자가 언급되어 있지 않다. 아마도 예언자가 제거되었을 것이다.26) 그러나 여기에서는 제사장과 함께 예언자들도 제기되었다. 제사장들과 예언자들 모두 야훼 하나님의 뜻을 선포할 수 있는 자들이다.27) 이 점은 포로기 이전, 신명기에서는 그러하다.28) 열왕기하 23장 2절과 병행되는 보도인 역대기

---

22) 의로운 자들을 피 흘리게 한 예언자들과 제사장들은 예루살렘의 대파멸의 책임이 있는 자로 비난받고 있다.

23) 반대 A. F. Puukko, *Das Deuteronomium* (BWAT 5) (Leipzig 1910), 5, "제사장을 예언자보다 앞에 둔 것은 포로 후기의 정신과 잘 상응한다."

24) 예를 들어 렘 2:26; 4:9; 8:1; 32:32.

25) 참조 학 2:11.

26) 참조 BHS 비평주.

27) 참조 렘 28:7ff..

28) 참조 G. Fohrer, "Priester und Prophet - Amt und Charisma?," *KuD* 17 (1971), 15-27, 15, "예언은 그 당시(포로 후기)에 주로 과거의 현상을 서술한 것으로 나타난다.

하 34장 30절에서는, 열왕기하 23장 2절에 대한 몇몇의 필사본에서와 같이, 예언자의 자리에 단순히 레위인들로 대체시켰다.[29]

이상의 관찰에서 볼 때, 제사장들과 예언자들은 주로 하나님의 뜻과 관련하여 언급되고 있으며, 이들은 주로 포로기와 포로 후기의 문헌들에서만 언급된다.

열왕기하 23장 2절의 긴 목록에서 처음 두 인물(유다의 모든 남자들과 예루살렘의 모든 거주자들)과 다음의 세 인물(제사장들, 예언자들 및 노인에서 젊은이에 이르는 전체 백성들) 사이에 대명사 접미어 "그와 함께"(אִתּוֹ 이토)라는 말이 나온다. 이러한 대명사 접미어는 대개 열거의 끝에 언급된다.[30] 따라서 뒤에 언급된 세 인물은 편집적 작업을 통해 지금의 목록 속으로 들어오게 되었음을 알 수 있다.

2. "노인에서 젊은 이에 이르는 전체 백성들"이라는 표현

열왕기하 23장 2절의 긴 열거에서 또 다른 특이한 점은 "노인에서 젊은 이에 이르는 전체 백성들"(כָּל־הָעָם לְמִקָּטֹן וְעַד־גָּדוֹל 콜-하암 러미카톤 버알-가돌)이라는 표현이 들어 있다는 점이다. 이 표현은 백성 개개인 모두를 망라한다는 뜻이다.[31] 이처럼 백성 모두를 총망라한다는 뜻의 표현

예언에서는 본질적으로 사물을 꿰뚫어 보고 판단할 수 있는 것으로 여겼다."

29) 참조 BHS의 비평주.

30) 예를 들어 창 7:7, 13; 13:1; 50:14…. 이와는 다른 방식으로 창 46:7; 50:7; B. Stade/F. Schwally, *The book of Kings* (SBOT) (London, 1904), 292와 이것들과 연결하여 F. Puukko, *Deuteronomium*, 5에서는 왕하 23:2에서 וְעַד־גָּדוֹל … וְהַכֹּהֲנִים(버하코헤님 … 버아드-가돌)"을 삽입으로 간주하여 제거를 제안했다. 계속하여 M. Kegel, "Die Kultus - Reformation des Josia. Die Aussagen der modernen Kritik über II Reg 22:23 kritisch beleuchtet," (Leipzig/Erlangen, 1919), 10을 참조하라.

31) 창 19:11; 신 1:17; 삼상 5:9; 22:15; 25:36; 30:2, 19; 왕하 23:2; 25:26; 대상 25:8; 26:13; 대하 15:13; 31:15; 34:30; 36:18; 렘 6:13; 8:10; 16:6; 31:34; 42:1, 8; 44:12; 욘 3:5, 6; 암 6:11; 시 104:25; 115:13; 에 1:5, 20; 욥 3:14.

양식이 지도층 계급의 목록과 결합된 경우는 예레미야서에서 두 번 나온다
(렘 6:13; 8:10).[32]

예레미야 6장 9-15절에서는 유다의 모든 주민들에게 내려지는 하나님
의 심판과 그 심판의 이유를 서술하고 있다.[33] 여기에서 특이한 점은 지도
층에 속한 계급은 물론, 백성들 모두가 부패했으며, 따라서 하나님의 심판
의 이유를 전체 백성들에게 찾고 있다는 점이다. 심판의 이유가 여러 차례
반복적으로 언급되고 있다. 먼저 13-15절에서 포로기 이전의 본문으로
돌릴 수 있는 구체적 범죄들을 언급하기도 하지만, 10절에서는 야훼의 말씀
을 욕되게 했으며, 경솔하게 대했다는 점이 하나님의 심판의 동기가 되고
있다. 9-15절에서 야훼의 말씀은 야훼 하나님 요구의 총체적 표현으로 전
면에 서 있다. 예레미야서에서는 야훼의 말씀이 항상 심판의 근거가 되는
맥락에서 언급된다.

"노인에서 젊은이까지 이르는"(לְמִקְטֹן וְעַד־גָּדוֹל 러미카톤 버알-가
돌)이라는 표현 양식은 나타나지 않지만, 백성이나 주민 전체를 총망라하
는 표현이 신명기 29장 10-11절과 31장 12절에서도 언급된다:

> "오늘 야훼 너희들의 하나님 앞에 너희 모두는 서 있다. 즉, 너희 지파들의
> 우두머리들, 너희의 장로들, 너희의 관리들, 이스라엘의 모든 남자들, 너희
> 의 유아들, 너희의 부인들, 너의 진 중에 있는 나그네, 너의 장작을 패는
> 자로부터 너의 물을 긷는 자까지 모두 서있다."(신 29:10-11)[34]

---

32) 렘 6:12a, 13-15은 죄인들의 목록을 기술하고 있으며, 이와 동일한 목록이 렘 8:10-12에
서도 발견된다. 문학적 컨텍스트에 근거하여 이들 사이의 상호 의존 관계를 판단할 때,
렘 6장이 본래적 표현임을 알 수 있다. 참조 J. Schreiner, *Jeremia 1 - 25, 14* (Die
Neue Echter Bibel) (Würzburg: Echter Verlag, 1981), 50; R. Liwak, *Der Prophet
und die Geschichte. Eine literarhistorische Untersuchung zum Jeremiasbuch*
(BWANT 121) (Stuttgart: W. Kohlhammer, 1987), 283 각주 689.

33) 렘 9:9-15은 예레미야서 내에서 비교적 후기에 형성되었다. 참조 R. Liwak, *Prophet*,
283.

34) "너희 지파들의 우두머리들"은 본문 비평이 요구되는 표현이다. 너희 우두머리들과 너희

신명기 29장 10-11절에서 주민 모두를 총망라하는 표현이 계약(בְּרִית 버리트)과 맹세(אָלָה 알라)의 문맥에서 언급되며(신 29:12/히 11), 또 계약관계의 문맥과 관련된다: "그(=하나님)가 너를 그의 백성으로 삼으시고, 그는 친히 네 하나님이 되시고자 한다."(신 29:13/히 12)

여기에서 계약과 맹세를 전체 문맥으로부터 읽지 않는다면, 이 계약과 맹세의 내용이 아직 계약의 말을 지키고(신 29:9/히 8) 맹세의 말씀을 듣는 것(신 29:19/히 18)으로 이해되지 않는다. 오히려 하나님과 이스라엘과의 관계로 이해된다.35)

신명기 29장 9(히 8)절과 21(히 20)절에서의 계약(בְּרִית 버리트)은 이스라엘 백성들이 지켜야 하는 율법의 의미로 사용되었다.36) 12(히 11)절과 14(히 13)절에서는 맹세(אָלָה 알라)가 언급되며, 이는 계약(בְּרִית 버리트)과 동의어로 사용되었다. 그러나 9(히 8)절과 21(히 20)절에서는 동의어 표현, 즉 계약(בְּרִית 버리트)이 저주(קְלָלָה 커날라)와 동의어로 사용되기도 했다.

이처럼 계약(בְּרִית 버리트)이 다양한 개념으로 사용된 것은 계약의 개념이 발전되었음을 증거하며, 따라서 신명기 29장의 본문은 통일적이지 않다. 후기의 문헌층에서는 언급된 사람들의 긴 목록이 계약의 말씀(신 29:9/히 8)과 맹세의 말씀(신 29:19/히 18)과 관련되며, 또 토라의 책이 기록된 계약의 저주와 관련된다(신 29:21/히 20). 신명기 29장 10-11(히 9-10)에서 백성들이 모인 것37)은 토라의 말씀을 위한 것이다: "그들이 토라의 말씀을 듣고 배워 야훼 너희의 하나님을 경외하기 위함이며, 율법의 모든 말씀을 지켜 행하기 위함이다"(참조 신 29:13).

지파들이라는 표현은 본문 파손으로 보인다(커티브). 따라서 "너희 지파들의 우두머리들"로 읽어야 한다(커레). 또한 '수의 변화'는 목록이 편집적으로 확대되었음을 암시한다.
35) 겔 17:11-21에서도 이와 같은 의미로 사용되었다(참조 겔 17:13, 16, 18, 19).
36) 신 29:19/히 18과 비교하라.
37) 백성, 남자들, 여자들(부인들), 자녀들과 나그네(들).

이상의 고찰에서 전체 주민의 범죄를 비난하는 예언자적 고발의 본문과 신명기 내의 신명기 사가적 본문에서는 하나님의 요구에 대립상을 보여주기 위해 동반된 사람들의 목록에서 그 구성 요소들이 확대되었다는 점을 알 수 있다.

열왕기하 23장 1-3절의 문맥에서, 참여한 사람들의 긴 목록은 무엇을 의미하는가? 여기에 열거된 사람들은 한편으로 계약의 파트너이며, 다른 한편으로 계약의 의무와 관련된다. 여기에서는 두 가지 해석이 모두 가능하다. 그 이유는 계약의 개념이 발전되었기 때문이다. 계약은 한때 하나님과 이스라엘과의 관계를 나타내다가 후에 율법에 대한 대체 개념으로 사용되었다.38)

IV. 계약 체결에서 왕의 낭독

왕이 야훼의 성전으로 들어간 후에 그는 야훼의 성전에서 발견된 "계약의 책의 모든 말씀"을 읽었다(왕하 23:2bα). 왕의 낭독(קרא 카라)은, 특히 계약 체결에서 무엇과 관련되는가? 이를 위해 관련 성경 구절 출 19:7; 24:7; 신 5:1; 31:11; 수 8:33; 렘 36:10; 느 8:1-3; 9:3; 13:1 등이 연구되어야 한다.

예언 문헌에서 '읽다'(קרא 카라)라는 동사는 '선포하다'를 의미하는 전문 술어이다.39) '선언하다' 혹은 '선포하다'라는 말이 많은 사람들 앞에서 행해질 경우, '읽다'(קרא 카라)의 의미를 가질 수 있다. 바룩은 그가 위임받은 바와 같이, 야훼의 성전에서 전체 백성들 앞에 두루마리 책을 읽었다(렘

---

38) 예를 들어 신 29장에서도 이러한 계약-개념의 발전을 보여주고 있다.
39) 참조 왕상 13:32; 왕하 23:16, 17; 사 40:2, 6; 58:1; 렘 2:2; 3:12; 7:2; 11:6; 19:2; 20:8; 48:17; 49:29; 욜 3:9/히 4:9; 욘 1:2; 3:2, 4; 슥 1:4, 4, 17; 7:7. 참조 C. J. Labuschagne, "rufen," *THAT* I (München: Chr. Kaiser Verlag, 1984), 669.

36:10).[40] 바룩이 읽은 두루마리 책에 대해 정확히 정의하기는 어렵다. 두루마리 책에 기록된 것은 모두 예언자가 선포한 하나님의 말씀이다: אֵת־כָּל־דִּבְרֵי יְהוָה(에트-콜-디브레 야훼, 렘 36:11). 야훼의 말씀은 직접적으로 야훼의 명령을 통해 전달되었다. 바룩을 통한 낭독은 두루마리 책에 담긴 하나님의 뜻을 전달하는 데 목적이 있다. 이와 같은 예언자적 율법의 낭독/선포는 포로 후기 유대 공동체에서 율법의 선포를 위한 일종의 전 단계에 해당된다고 볼 수 있다.

여호수아는 전체 이스라엘 백성에게 토라의 책에 기록된 바와 같이(수 8:32-35), 토라의 모든 말씀들(אֵת־כָּל־דִּבְרֵי הַתּוֹרָה 에트-콜-디브레 하토라), 즉 축복과 저주를 낭독해 주었다(수 8:33). 토라가 예언자들이 선포한 하나님의 말씀들 같이 하나님의 의지가 담겨 있다는 것이 당연히 전제되어 있다. 여호수아가 읽은 것은 토라의 모든 말씀이다. 이는 문헌으로 고정되어 있으며, 내용이 가변적일 수 없는 절대화된 율법을 말한다.[41] 축복과 저주의 양자택일을 할 수 있게 했다는 점은 율법이 문헌적으로 고정되어 있음은 물론 백성들에게 교육의 대상의 되었음을 알 수 있게 한다.

모세는 모든 이스라엘 사람들에게 토라를 낭독했다(신 31:11). 신명기 31장의 후기 삽입 구절을 통해(신 31:9aβγδb-11a) 토라(토라의 모든 말씀들)가 매 칠 년 끝 면제해의 초막절에 정기적으로 낭독되어야 했다. 제사장에 의해 전체 백성들에게 토라가 가르쳐져야 한다.

에스라는 학사(혹은 제사장)로서 초막절에 모인 백성들에게 하나님의 율법책을 낭독했으며(느 8:1-3; 9:3; 13:1) 또한 하나님의 율법책을 이해할 수 있도록 해석해 주었다(느 8:8f.). 이는 에스라가 하나님의 율법을 포로 후기 유대 공동체에 통용시켰음을 전제한다.[42] 이 당시에는 백성들에

---

40) 렘 36장은 구두로 선포된 예언자가 대언하는 하나님의 말씀이 문헌적으로 고정되는 특별한 상황을 이해할 수 있게 한다.
41) M. Noth, *Die Gesetze im Pentateuch* (1940), 112-136.
42) M. Noth, *Die Gesetze im Pentateuch* (1940), 100.

게 모세의 책이 낭독되었다(느 13:1).

이상의 고찰에서 위에서 언급된 본문들(신 31:9ff.; 수 8:32ff.; 느 8; 9; 13)에서 낭독된 율법은 하나님의 말씀이다. 이는 이미 문헌적으로 고정되었음을 전제하며, 백성들에게 가르침의 대상이 되었다.

율법의 공개적인 낭독이 예루살렘 성전의 일상적일 삶에서는 아무런 역할도 하지 않았다. 단지 예배만이 드려졌고, 여기에서는 제사가 정점에 서 있다. 율법 낭독의 진정한 삶의 자리는 회당Synagoge이다.[43]

하나님 말씀의 낭독은 예언자 전통, 특히 바룩에게서 볼 수 있다. 여기에서는 예언자나 그의 대리인이 청중들, 즉 이스라엘 백성들에게 하나님의 말씀을 선포했다. 문헌으로 쓰인 하나님 말씀의 낭독은 아마도 포로 후기에나 가능했을 것이다.

하나님의 말씀이 계약 체결에 앞서 백성들에게 낭독되었다(출 19:7[44]); 24:7; 신 5:1). 여기에서 율법의 낭독은 계약 체결 의식의 한 요소였다. 열왕기하 23장 2절에서의 낭독은 출애굽기 19장 7절과 출애굽기 24장 7절 및 신명기 5장 1절과 동일한 맥락에 속한다.

V. 계약의 의미

요시야 왕이 읽은 것은 אֵת־כָּל־דִּבְרֵי סֵפֶר הַבְּרִית(에트-콜-디브레 세페르 하버리트: 계약책의 모든 말씀들)이다. 여기에서 계약(בְּרִית 버리트)이란 무엇을 의미하는가? 몇몇 주석자들은 히브리어 בְּרִית 버리트)를

---

43) J. Leipoldt/S. Morenz, *Heilige Schriften. Betrachtungen zur Religionsgeschichte der antiken Mittelmeerwelt* (Leipzig, 1953), 101-102.
44) 출 19:7에서는 '계약'이라는 용어는 언급하지는 않았으나, "야훼께서 모세에게 명령하신 그 모든 말씀"(출 19:7)은 출 19:5의 "야훼의 말씀"(קֹלִי 콜리: 나의 소리)과 야훼의 계약(בְּרִיתִי 버리티: 나의 계약)"으로 볼 수 있다.

계약, 즉 두 파트너 사이에 맺은 협의로 이해하지 않고, 요구나 의무의 관점에서 이해했다.45) 그러나 다른 주석자들은 히브리어 **בְּרִית**(버리트)를 야훼와 이스라엘 사이의 관계로 이해했다. 여기에서 계약의 한 파트너는 의무를 넘겨받으며, 또 다른 계약의 파트너는 의무나 약속을 부여한다, 특히 하나님과 인간 사이의 계약에서는 더욱 그러한 의미로 이해한다. 하나님과 인간 사이에 맺은 계약에 있어서 계약의 핵심적 내용은 관계이다(소위 계약 양식: 하나님은 이스라엘의 하나님이며, 이스라엘은 하나님의 백성이다). 의무나 약속은 상호간의 관계를 유지시키는 것, 수단이나 조건과 같은 것으로 핵심 요소가 아니다.46)

　계약의 개념을 학자들마다 달리 이해하게 된 것은 아마도 계약의 개념의 모호성에서 야기된 것이 아니라, 계약의 개념의 발전(변화)에서 비롯되었다.47)

　포로기 전환기에 "유대와 비유대"의 문제는 매우 심각했다. 이사야 56장 1-7절에서는 이 문제를 해결할 수 있는 조치들을 서술하고 있다. 하나님 백성의 공동체에 속할 수 있는 자들의 범위를 확대하고 있다. 나그네들과 고자들에게도 하나님 백성의 무리 속에 포함될 수 있는 길을 열어 놓았다.

---

45) 예를 들어 M. Weinfeld, "Berit," 784. 참조 E. Kutsch, *Verheißung*, 1-27; A. Jepsen, *Berith*, 196-210.

46) 예를 들어 J. Begrich, "Berit. Ein Beitrag zur Erfassung einer alttestamentlichen Denkform" (1944), ders, *Gesammelte Studien zum Alten Testament* (TB 21) (München: Chr. Kaiser Verlag, 1964), 55-66: "**בְּרִית**(버리트)는 관계의 표현이다. 여기에서 강자는 약자를 자신에게로 받아들이는 것이다."(58), 또 "비로소 '버리트'라는 표현과 함께 양식이 성립된다. 이 양식에서 야훼와 이스라엘과의 관계가 분명하게 규정된다."(64); R. Smend, "Die Bundesformel," ders, *Die Mitte des Alten Testaments* (BEvTh 99) (München: Chr. Kaiser Verlag, 1986), 11-39; Ch. Levin, *Die Verheiß ung*, 119-125: "따라서 계약(**בְּרִית** 버리트)의 본래적 의미를 가정 정확히 규정한다면, 그것은 계약관계로 규정해야 한다."(123).

47) 여기에서 필자가 의미하는 것은 세속적 차원의 계약에서 신학적 차원의 계약으로의 발전을 의미하는 것은 아니다. 이 점에 있어서 필자는 레빈(Ch. Levin)의 견해와 달리하고 있다. 신학적 차원 내에서의 발전, 즉 관계의 개념이 의무의 개념으로 발전된 것을 말한다.

매우 독특하게도 제3이사야에게 있어서 율법을 따르는 길[48]은 하나님의 백성의 공동체에 속할 수 있는 중요한 요소다. 여기에서 계약(בְּרִית 버리트)는 율법, 즉 사람들이 지켜야 하는 것과 동의어다. 이사야 56장 7절에서 "내 집"이라는 표현은 본문 형성의 시간대를 정할 수 있는 중요한 단서를 제공해 준다. 이 표현은 포로 후기의 성전 공동체를 지칭한다.

이상의 고찰에서 포로 후기에 계약과 율법은 상호 대체할 수 있는 개념임을 알 수 있다. 계약은 율법에 대한 대체 개념으로서 다양한 표현들 속에서 문헌적으로 고정된 법률을 지칭한다(왕하 23:2b): 계약의 (모든) 말씀, 계약의 책, 계약의 서판(토판) 및 계약의 궤.

VI. 성전 수리 과정에서의 책의 발견과 거룩한 문서의 신비한 기원

고대의 책들은 그것이 신비한 기원을 가졌을 때, 그 가치가 더 올라간다.[49] 고대의 문헌들 가운데 이와 유사한 현상을 보이는 경우가 많이 있다. 예를 들어 '사자의 서'에서 이와 같은 경우를 볼 수 있다: "… 그가(=왕은) 성전을 수리하는 동안, 거룩한 말씀의 책이 발견되었다."[50] 열왕기하 2장에서 잘 알려진 바와 같이, 신명기의 발견이 완전히 경이적인 사건으로 묘사되고 있다: "나(=대 제사장 힐기야)는 야훼의 성전에서 율법책을 발견했다"(왕하 22:8).

---

48) 나의 안식일(שַׁבְּתוֹתַי 샵토타이), 내 마음에 드는 것(בַּאֲשֶׁר חָפָצְתִּי 바아셰르 하파츠티) 및 나의 계약(בִּבְרִיתִי 비버리티).

49) J. Herrmann, "Ägyptische Analogien zum Funde des Deuteronomiums," *ZAW* 28 (1908), 291-302; J. Leipoldt/S. Morenz, *Heilige Schriften*, 28; W. Speyer, *Bücherfunde in der Glaubenswerbung der Antike. Mit einem Ausblick auf Mittelalter und Neuzeit* (Göttingenn: Vandenhoeck & Ruprecht, 1970). 최근에 K. Višaticki, *Reform des Josija*, 23-24.

50) J. Leipoldt/S. Morenz, *Heilige Schriften*, 28.

호프만은 열왕기하 23장 1-3절의 단락을 율법책의 발견에 관한 보도의 종결로 보고 있다.[51] 성전에서 발견된 율법책을 계약 체결에서 낭독하는 토라의 책과 동일시하는 것은 의도적 편집의 손길을 느끼게 한다.[52] 벨하우젠의 고전적인 명제 "요시야 왕의 개혁이 이루어지고, 그 결과들을 종합하여 신명기가 형성되었다"[53]에 따르면, '야훼의 성전에서 발견된 것이 신명기 혹은 원신명기였다'라는 주장은 불가능하다. 오히려 개연성 있는 입장은 율법책의 발견은 신명기의 신비한 기원을 통해 권위 있는 책으로 통용시키려는 문학적 창작의 차원으로 보아야 한다.[54]

VII. "기둥 곁에 서서"라는 표현

열왕기하 23장 3aα절에서는 왕이 기둥 곁에 서서 야훼 앞에서 계약을 체결했음을 보도했다. "기둥 곁에"(עַד־הָעַמּוּד 아드-하아무드)라는 표현

---

51) 그러나 이 단의 모든 요소가 율법책의 발견 보도와 관련된 것은 아니다. 다만 왕하 23장 2b절과 3aγδ절만이 관련이 된다.

52) 참조 왕하 22:13aγδbβγδε, 16b; 23, 2b, 3aγδ, 21b, 24b, (25aγ). 훌다의 신탁과 책의 발견을 결합한 것은 이차적이다. 왜냐하면 이 결합은 반드시 필요한 중복이 아니기 때문이다(왕하 22:13). 이 중복은 내용적으로 구체화한 것에 지나지 않는다(왕하 22:16b). 왕하 23: 21b, 24b에서도 이차적인 성격을 느낄 수 있다. 이러한 이차적 성격에 대해 이미 푸우코는 호르스트의 주장을 받아들여 개진했다. 참조 A. F. Puukko, *Deuteronomium*, 24-25; L. Horst, "Etudes sur le Deuteronome," *Revue de l'histoire des religions* XVII (1894), 14-22: "요시야 개혁에 관한 이야기는 아마도 기본층(제1층)에 속한 것으로 보았다. 그러나 이 이야기는 '율법책의 발견에 관하여 주로 이야기하는 두 번째 편집에 의해 축소되었으며 변형되었다."(24), "율법책을 발견했다는 전체 이야기는 포로 후기 보고 양식을 따르고 있음을 알 수 있다. 이는 요시야 개혁에 관한 초기 자료에 '요시야가 개혁을 실행할 때, 오직 율법책에 근거했다'는 성찰을 덧붙이고자 한 것이다."(25), "따라서 율법책 발견에 관한 보도는 역사적 보도로서의 가치가 없다는 점이 분명하다."(25).

53) J. Wellhausen, *Prolegomena zur Geschichte Israels* (Berlin 1905⁶), 9.

54) L. Perlitt, *Bundestheologie*, 9: "… 왕하 22-23장의 장면들은 모세의 기원을 포기하지 않고, 신명기가 형성되었던 시기에 신명기를 통용시키기 위한 틀을 마련한 것이다."

은 왕이 어떤 의식(지금은 즉위 의식)에서 서야 하는 특별한 자리를 나타낸
다. 이와 유사한 표현은 열왕기하 11장 14절에서도 사용되었다. 이 두 구절
로 미루어, 왕은 중요한 국가적 행사나 의식에서 항상 "기둥 곁에" 서야 함을
알 수 있다. 이러한 추정이 옳다면, 이 보도는 궁중 전통에서 형성된 보도이
며 따라서 초기 문헌층Vorlage에 속한 것으로 보아야 한다. 비자티키K.
Višaticki는 고대 바벨론에서 나온 병행 자료를 제시했다. 여기에서도 법률적
행위가 기둥 곁의 샤마쉬 앞에서 거행되었다.[55]

VIII. 왕의 계약

그리고 요시야 왕은 야훼 앞에서 계약을 체결했다. 왕-즉위 의식의 보도
로 결정적인 행위에 도달하게 되었다. 어떤 형식의 계약을 의미하는가? 여
기에서는 왕이 홀로 계약의 파트너로서의 야훼와 맺는 계약이 아니라, 야훼
앞에서 체결한 계약이다.

포러G. Fohrer는 왕의 계약을 생각했다. 여기에서는 왕이 한쪽 파트너이
며, 다른 한쪽에 백성(혹은 백성의 대리자들이 예루살렘으로 파견되어)이
파트너로서 맺는 계약을 말한다.[56]

---

55) K. Višaticki, *Reform des Josia*, 231. 종교사적 관점에서도 이와 병행하는 증빙 자료가
있다. 이에 대해 H. Spieckermann, *Juda unter Assur*, 74, 각주 93을 참조하라. 왕하
22-23장의 분석에서의 오류, 즉 책 발견 보도를 역사적으로 신뢰할 만한 기본 문헌층에
속하는 보도로 보는 견해의 오류는 요시야 시대에 대한 역사적 분석을 통해, 특별히 히스
기야 시대에 시작하여 요시야 시대에까지 지속된 신명기 개혁운동에 대한 역사적 탐구를
통해, 또한 왕과 백성(혹은 백성의 대리자들)이 맺는 왕의 계약에 대한 바른 이해를 통해
쉽게 파악할 수 있다. 반대 H. Spieckermann, *Juda unter Assur*, 50-54.
56) M. Weinfeld, "Berit," 781-808, 그는 히브리어 בְּרִית(버리트)를 왕과 백성이 맺는
계약(독일어의 Bund)로 이해했다(792). 이와 유사한 견해를 E. Kutsch, *Verheißung*,
17에서도 제기했다: "파트너 없이, 자기 스스로 짊어지는 의무로서의 계약"으로 이해했
다. 이와는 달리 L. Perlitt, *Bundestheologie*, 11, 각주 6에서는 "결코 왕과 백성이
서로 계약을 체결하지 않았다."

이와는 달리 슈피커만은 "야훼 앞에서"(יְהוָה לִפְנֵי 리퍼네 야훼)라는
표현에서 계약의 증인으로서의 신적 존재의 현존 사상과 연결하여 생각했
다. 이러한 사상은 무의식중에 앗시라아의 종속조약에서의 계약 의식에
의존하고 있는 것으로 보인다.[57)

열왕기하 23장 3b절을 문자적으로 번역하면 "모든 백성이 계약 가운데
서 있었다"이다. 이 보도에서 백성들은 누구인가? 그들은 단지 관찰자/청중
으로 계약 체결에 동반하거나, 왕의 본보기에 따라 백성도 계약의 당사자로
서, 계약을 체결하기 위해 등장했다.

따라서 왕은 백성의 대표자들로서의 장로들이 보는 앞에서 계약을 체결
하거나 혹은 그들과 함께 계약을 체결했다. 후자의 경우 백성을 포함하여
장로들은 계약 체결에 있어서 일종의 계약의 파트너로 볼 수 있다. 이 경우
계약은 왕과 백성이 맺은 계약을 의미한다.

대개 "계약을 체결하다"라는 표현에는 계약의 다양한 경우를 묘사하기
위해 전치사를 동반된 표현이 많이 사용되었다. 그러나 열왕기하 23장 3절
에서는 "계약을 체결하다"(בְּרִית כָּרַת 카라트 버리트)라는 표현에는 전치
사 없이 사용되었다.[58) 아마도 전치사 없이 사용된 표현은 전치사와 함께
사용된 표현에 비해 후기에 발전된 표현이다.

전치사 없이 또 인간을 주어로 한 표현 용례는 사람과 사람 사이에 맺는

---

57) H. Spieckermann, *Juda unter Assur*, 74-75와 각주 95; L. Perlitt, *Bundestheo-logie*, 11. 또 다른 견해를 M. Weinfeld, *Deuteronomy*, 62에서 주장했다. 그는 "성서적 계약에서 신적 존재가 증인으로 등장하는 것은 가능하지 않다고 보았다."
58) M., Weinfeld, "Berit," 787-790; E. Kutsch, *Verheißung*, 40-50. 참조 N. Lohfink, *Die Landverheißung als Eid, Eine Studie zu Gen 15* (SBS 28) (Stuttgart: Verlag Katholisches Bibelwerk, 1967). 쿠치의 견해에 따르면, "계약을 체결하다"라는 표현 대신에 "계약을 자르다"라는 표현이 사용되었고, 이러한 표현은 계약 체결 의식, 즉 동물들을 반으로 쪼개는 의식에서 생겼다고 보았다. 그러나 이러한 입장은 개연성이 없는 것으로 여겨진다. 왜냐하면 사건 자체보다도 세속적 사건에서 유래된 의식이 후에 생겨나기 때문이다. 창 15장과 렘 34장의 의식은 고대적으로 표현되어 있을지라도, 이 두 본문을 본래적이라고 볼 수는 없다. 반대 E. Kutsch, "Verpflichtung," 339-352. Ders, *Verheißung*, 40-50.

계약에서 대부분 발견된다.59) 언어학적인 관점에서 열왕기하 23장 3절의
이해를 위해 중요한 구절은 예레미야 34장 15절, 호세아 10장 4절과 욥기
31장 1절 등이다. "계약을 자르다"라는 표현은 예레미야 34장에서도 볼
수 있다.60) 예레미야 34장에서 주어 "너희들"은 "유다 고관들과 예루살렘
고관들과 내시들과 제사장들과 이 땅의 백성'Am ha'arez의 모두"를 가리킨다.
여기에서 "계약을 자르는 행위"는 전적으로 의무 이행과 관련된다: 모든
이들은 히브리 노예들과 히브리 여노예들을 해방시켜야 한다.

욥기 31장 1절에서는 "나는 내 눈과 계약을 맺었는데, 어떻게 내가 젊은
처녀를 바라보겠는가/한 눈 팔겠는가!"라고 쓰여 있다. 이 문장에서는 욥의
각오를 엿볼 수 있다. 그는 스스로 다짐하며, 일종의 자기 스스로 의무를
짊어지고 있다. 그는 결코 젊은 여자에게 한눈팔지 않겠다고 다짐한다.

호세아 10장 4절에서는 "그들이 거짓 맹세의 말을 하며, 계약을 맺었으
니…"라고 기록하고 있다. 여기에서 언어 표현과 그 의미는 분명하지 않다.
첫째 문장은 "그들이 거짓 맹세의 말을 했다"로 이해할 수 있다.61) 둘째
문장 "계약을 맺다"는 부정사 구문으로 첫째 문장과 동격으로 쓰였다. 이
말은 왕의 거짓 맹세의 말과 행위의 맥락에서 사용되었다. 쿠쉬E. Kutsch는
이 표현을 거짓된 것의 동인으로 보았다.62) 따라서 이 표현은 왕이 백성과
계약을 체결하고, 이 계약을 신실하게 지키지 않았던 행동으로 이해할 수
있다. 이러한 예언자의 비난은 왕이 계약을 자르는 행위를 통해 그에게 부과

59) 창 21:27, 32; 31:34; 삼상 18:3; 23, 18; 왕상 5:12/히 5:26. 참조 렘 34:15; 왕하 23:3
= 대하 34:31; 호 10:4; 욥 31:1. 신을 주어로 한 경우에는 예외적으로 출 34:10에서만
발견된다.
60) 렘 34:15은 왕하 23:3을 이해하기 위해 중요한 구절이다: "… 너희는 각기 이웃들에게
노예 해방을 선언해야 한다. 너희들은 내 앞에서 내 이름이 불려지는 내 집에서 계약을
체결했기 때문이다."
61) 여기에서 본문 비평이 요구된다: דִּבְרוּ(디브루)는 명령형 남성 복수로 "(너희는) 말하
라!"로 이해할 수 있다. 이를 דִּבְּרוּ(다버루)로 읽을 경우 완료형 3인칭 복수로 "그들이
말했다"로 이해할 수 있다.
62) E. Kutsch, Verheißung, 59.

된 혹은 그 스스로 넘겨받은 어떤 의무를 성실하게 이행하지 않았음을 전제
한다.(63)

이상의 고찰에서 '계약을 자르는 행위'는 요시야 왕이 백성을 위해 어떤
의무를 넘겨받는 것을 의미한다. 그러나 열왕기하 23장 1-3절의 본문으로
계약의 내용에 대해서는 짐작할 수 없다. 왜냐하면 계약을 자르는 행위에
덧붙여진 부정사 구문들(목적 문장들)은 신명기 사가에 의해 확대된 부분
이기 때문이다. 가장 개연성 있는 계약의 내용은 신명기 17장 14-20절의
왕의 법과 같은 것이다.(64)

정치적 계약이 포로기에 접어들면서 신학적 차원으로 발전되었다. 시드
기야 왕은 바벨론 왕 느부갓네살과 종속 조약을 맺었다(겔 17:11-21). 이
정치적 조약이 에스겔 17장 19절에서 하나님과 맺은 계약으로 해석되었다.
예레미야 34장 10-20절에서 또 다른 예를 제공하고 있다. 왕이 남녀 히브
리 노예들을 해방시키기로 백성과 맺은 정치적 계약이 하나님과 맺은 계약
으로 해석되었다: "내 계약을 어긴 사람들"(렘 34:18aα). 두 번째 관계 문장
에서는 정치적 계약을 신학적 계약으로 전환시킨 해석의 근거를 제시하고
있다: "그들이 내 앞에서(야훼; לְפָנַי 리프네) 계약을 체결했기 때문이다"
(렘 34:18aγ). "야훼 앞에서의 계약"이라는 표현이 열왕기하 23장 3a절에
서도 볼 수 있다. 여기에서는 정치적 계약이 포로기에 하나님과 맺은 계약으
로 전환되는 근거점을 제공하고 있다.(65)

---

63) 왕이 백성과의 계약을 통해 의무를 넘겨받았다는 사상은 예언자 호세아 자신의 것으로
　　돌릴 수 없다. 이와 같은 사상은 신명기 개혁운동 이전에는 이스라엘 역사에서 알려지지
　　않았다.

64) G. Fohrer, *Vertrag*, 13-14; H. Spieckermann, *Juda unter Assur*, 74.

65) 참조 H. Spieckermann, *Juda unter Assur*, 74; Ch. Levin, *Verheißung*, 119-125.

IX. 세 개의 부정사 구문

맛소라 본문에 따르면, 세 번째 부정사 구문은 접속사 없이 연결되어 있다. 두 헬라어 필사본에서는 세 부정사 구문 모두가 접속사 없이 나열되어 있다.[66] 이는 두 번째 부정사 구문에서 접속사를 제거함으로써 가능해졌으며, 이로써 세 부정사 구문 모두가 동일한 차원에 놓이게 되었다. 많은 주석자들이 헬라어 필사본 읽기를 따르고 있다.[67]

그러나 맛소라 본문에 따르면 세 부정사 구문이 모두 등가적이지 않다. 세 번째 부정사 구문은 바로 그 앞에 서 있는 두 번째 부정사 구문의 행위를 보충하고 있다.[68] 이것은 세 번째 부정사 구문이 후에 덧붙여졌다는 하나의 증거다.[69] 이와 함께 다양하게 표현된 법률 용어들은 성전에서 발견된 책에 기록된 계약 문서들로 해석되었다. 세 번째 부정사 구문(왕하 23:3aεζ "이 책이 쓰여진 이 계약의 말씀을 이루기 위함이다")을 통해 성전에서 발견된 책(왕하 22:8)과 요시야 왕이 계약 체결에 앞서 낭독한 책(왕하 23:2b)이 동일시되었으며, 동시에 법적 효력을 갖게 되었다. 이 계약(בְּרִית 베리트)에서는 관계를 의미하는 것이 아니라, 율법과 대체 개념으로 사용되었다. 열왕기하 23장 3aβ절(그는 야훼 앞에서 계약을 맺었다)과 연결된 세 개의 부정사 구문들은 계약의 목적을 명시하고 있다(왕하 23:3aγδεζ; לָלֶכֶת 라레케트: 걷기 위하여, לִשְׁמֹר 리쉬모르: 지키기 위하여, לְהָקִים 러하킴: 세우기 위하여). 왕과 백성이 맺은 계약에서의 목적은 하나님과 왕을

---

66) BHS의 비평주를 참조하라.
67) H. Spieckermann, *Juda unter Assur*, 73, 각주 92; K. Višaticki, *Reform des Josija*, 232.
68) C. Brockelmann, *Hebräische Syntax* (Neukirchen Kreis Moers, 1956), 48, "Insbesondere dient der inf. cs. mit ל zum Ausdruck unmittelbar bevorstehender Handlungen (tempus instans)."
69) 이 부분에서는, 바인펠트(M. Weinfeld)에 따르면, D와 P의 혼합된 용어들이 사용되었다. 참조 M. Weinfeld, *Deuteronomy*, 77; K. Višaticki, *Reform des Josija*, 233.

포함한 백성과 맺은 계약에서 그 목적이 변경되었다.

세 부정사 구문 가운데 그 순서가 의미를 갖는다면, 첫 번째 부정사 구문(왕하 23:3aγ, "야훼의 뒤를 따라 걷기 위함이다")은 하나님의 요구를 담고 있는 구절로 가장 중요한 요구다. 첫 번째 부정사 구문은 계약관계를 형성하거나 아니면 파손된 계약관계를 복원하는 데 그 목적이 있다. 두 번째 부정사 구문은 문법적 관점에서 첫 번째 부정사 구문과 병행하며, 따라서 두 부정사 구문은 동일한 목적을 추구하고 있다. 두 부정사 구문(=부정사의 목적 구문)에서 포로기의 신학 현상을 다루고 있다. 율법 준수의 요구는 포로기의 신학적 맥락에서는 야훼를 따르는 것, 즉 십계명의 제1계명을 준수하는 것과 동일한 것으로 간주된다.

"야훼의 뒤를 따라 걷다"(לָלֶכֶת אַחַר יְהוָה 라레케트 아하르 야훼)[70]라는 표현은 원래 야훼에 대해 신실하고 순종적인 태도를 나타낸 것이다. 이 표현은 신명기 이전부터 사용된 표현이다: 열왕기상 18장 21절.[71] 그러나 예레미야 2장 2절은 포로기의 변증[72]을 담고 있으나, 아마도 저자가 포로기 이전의 언어 용례를 넘겨받았을 수 있다. 그 밖에 대부분은 후기의 본문에서 나온다. 두 번째 부정사 구문에 언급된 율법적 용어의 열거는 아마도 우연한 조합으로 보인다: מִצְוֹתָיו(미초타브: 그의 명령들), עֵדְוֹתָיו(에도타브: 그의 증거들), חֻקֹּתָיו(후코타브: 그의 규정들).

이 열거는 어떤 구체적인 법 규정을 염두에 둔 것으로 보이지 않는다. 이 열거에서 의도한 바는 야훼께서 이스라엘에게 내리신 요구를 모두 표현한 것으로 이스라엘 백성은 이를 준수해야(שָׁמַר 샤마르) 한다. 두 번째 부

---

70) 민 14:24; 32:11f.; 신 1:36; 13:5; 삼상 12:14; 왕상 11:6, 10; 14:8; 18:21; 왕하 23:3 =대하 34:31; 렘 2:2; 호 11:10.

71) 호 11:10의 형성 연대는 분명하지 못하다. 바인펠트(M. Weinfeld)와 비자티키(K. Višaticki)는 신명기 이전으로 보았으나, 슈피커만(H. Spieckermann)은 신명기적으로 보았다.

72) 참조 W. Schottroff, "Jeremia 2:1-3. Erwägungen zur Methode der Propheten-exegese," *ZThK* 67 (1970), 263-294.

정사 구문에서의 법률적 용어들은 시간적으로 볼 때, 매우 광범위한 시간대에 흩어져 나온다. 이는 결코 "고전적인 신명기 사가의 표현 양식"을 나타내지는 않는다.[73]

그리고 "그의 온 마음과 온 생명을 다하여"(בְּכָל־לֵב וּבְכָל־נֶפֶשׁ 버콜-렙 우버콜-네페쉬)라는 구절은 어떤 일에 임하는 "진지한 태도"를 나타내는 표현으로 이스라엘 백성들이 야훼 하나님을 사랑하고, 그의 계명을 지켜야 하는 곳에 주로 사용되었다.[74]

X. 계약의 관객으로서의 백성

열왕기하 23장 3b절에서는 백성들이 무대에 등장한다. 백성들은 왕의 계약 의식에서 결코 능동적으로 참여한 것으로는 보이지 않는다. 백성들은 계약에 있어서 단순한 관객 혹은 청중이었다. 열왕기하 23장 3b절을 언어적으로 고찰해 볼 때, 전치사 בְּ(버)의 기본적 의미의 범주에 시간적 의미(-할 때, -할 즈음에)도 포함될 수 있다: "전체 백성들이 계약을 체결할 때 그 곁에 서 있었다.[75] 그러나 후기의 문헌층에서 백성은 단순한 관중이 아니라, 계약의 파트너로 참여한 것으로 변경되었다.

XI. 결론

이상의 논의들을 요약적으로 종합하면, 포로기 이전의 문헌층(Vorlage)

73) K. Višaticki, *Reform des Josija*, 232-233.
74) 신 4:29; 6:5; 10:12; 11:13; 13:4; 26:16; 30:2, 6, 10; 수 22:5; 23:4; 왕상 2:4; 8:48; 왕하 23:3, 25; 렘 32:41. 참조 M. Weinfeld, *Deuteronomy*, 334, Nr. 9.
75) 반대 Koehler - Baumgartner, "בְּ und עמד," *Hebräisches und Aramäisches Lexikon zum Alten Testament* (1967).

에는 열왕기하 23장 1b, 2aαβ*, 3aαβ, 3b절이 속한다:

> ¹ᵇ유다와 예루살렘의 모든 장로들이 모였다. ²ᵃᵅᵝ*왕이 야훼의 성전에 올라갈 때, 그와 함께 유다의 모든 백성과 예루살렘의 모든 주민도 (올라갔다). ³ᵃᵅᵝ왕은 기둥 곁에 서서, 야훼 앞에서 계약을 맺었다. ³ᵇ온 백성도 계약을 체결할 때, (함께) 있었다.

여기에서 계약은 왕과 백성 혹은 왕과 백성들이 대표자와 맺은 계약으로 이해되었다. 이 계약을 통해 왕은 백성을 위해 어떤 의무를 넘겨받는다. 이 왕의 계약은 백성들의 이익을 대변해 주고 있으며, 따라서 신명기 개혁 운동에서 형성되었다.

포로기에 접어들면서 이전의 전승은 개정되었다. 포로기 개정층에는 열왕기하 23장 1a, 2aβ*, 3aγδ이 속한다.

> ¹ᵃ왕이 사람을 보내어, ¹ᵇ유다와 예루살렘의 모든 장로들이 모였다. ²ᵃᵅᵝ*왕이 야훼의 성전에 올라갈 때, 유다의 모든 백성과 예루살렘의 모든 주민도 그와 함께 (올라갔다). ²ᵃᵝ⁴⁵제사장들과 예언자들과, 노인에서 젊은이에 이르기까지 전체 백성도 함께 (올라갔다). ³ᵃᵅᵝ왕은 기둥 곁에 서서, 야훼 앞에서 계약을 맺었다. (이는) ³ᵃᵞᵟ야훼의 뒤를 따라 걷기 위함이며, 온 마음과 목숨을 다해 그의 계명들과 그의 증거들과 그의 규정들을 지키기 위함이다. ³ᵇ온 백성도 계약을 체결할 때, (함께) 있었다.

포로기의 개정층에서는 정치적 차원의 계약이 신학적 차원으로 전환되어졌다. 여기에서는 계약(בְּרִית 버리트)의 개념도 하나님과 이스라엘 백성과의 관계를 규정하는 의미로 전환되었다.

포로기 후기에 접어들어 예루살렘의 성전이 복원되면서 국내외의 정치적 상황은 완전히 변했다. 이와 함께 포로기의 전승은 다시 한번 개정되었다. 포로 후기의 개정층에는 열왕기하 23장 2b절과 3aεζ절이 속한다.

> [1a]왕이 사람을 보내어, (그들이) [1b]유다와 예루살렘의 모든 장로들이 모였다(불러 모았다). [2aαβ*]왕이 야훼의 성전에 올라갈 때, 유다의 모든 백성과 예루살렘의 모든 주민도 그와 함께 (올라갔다). [2aβ45]제사장들과 예언자들과, 노인에서 젊은 이에 이르기까지 전체 백성도 함께 (올라갔다). [2b]그는 야훼의 전에서 발견된 계약의 책의 모든 말씀을 그들에게 크게 읽어 주었다. [3aαβ]왕은 기둥 곁에 서서, 야훼 앞에서 계약을 맺었다. (이는) [3aγδ]야훼의 뒤를 따라 걷기 위함이며, 온 마음과 목숨을 다해 그의 계명들과 그의 증거들과 그의 규정들을 지키기 위함이다. [3aεζ]이 책에 기록된 계약의 말씀을 이루기 위함이다. [3b]온 백성도 계약을 체결할 때, (함께) 있었다.

포로 후기의 개정층에서는 계약(בְּרִית 버리트)이 율법과 대체 개념으로 사용되었으며, 이 율법은 하나님의 요구가 이미 문헌적으로 고정된 법률의 형태이다.

부록: 열왕기하 23장 1-3절의 번역

[1a]왕은 사람을 보내어,
[1b]그들은 유다와 예루살렘의 장로들을 모두 그에게로 불러 모았다.
    (유다와 예루살렘의 장로들이 모두 그에게로 모였다)
[2aα]왕이 야훼의 전으로 올라갈 때,
[2aβ1]유다의 모든 남자들,
[2aβ2]예루살렘의 모든 거주자들,
[2aβ3]그와 함께 (동행했으며),

2aβ4제사장들과 예언자들,

2aβ5노인에서 젊은이에 이르는 전체 백성들

2bα그는 계약의 책의 모든 말씀들을 그들의 귀에 낭독해 주었다.

2bβ야훼의 성전에서 발견한

3aα왕은 기둥 곁에 서서

3aβ야훼 앞에서 계약을 맺었다. (이는)

3aγ(1)야훼의 뒤를 따라 걷기 위함이며,

3aδ(2)그의 온 마음과 온 생명을 다하여

그의 명령들과, 그의 증거들과 그의 규정들을 지키기 위함이며,

3aεζ(3)이 책이 쓰여진 이 계약의 말씀을 이루기 위함이다.

3b그리고 모든 백성이 계약을 체결할 때 (함께) 서 있었다.

제19장
역대기 역사서의 형성과
신학적 특징

Ⅰ. 역대기 역사서의 형성 배경

팔레스타인에서 정치적 지배권이 헬라 시대로 넘어갔음에도, 구약성서
의 문헌에서는 이에 대한 언급이 없다. 특별히 역대기 역사서에 포로 후기의
역사가 기술되어 이 점을 기대할 수 있으나, 아무런 언급이 없다. 예외적으
로 후기 예언 문헌에서 암시한다(요엘 3:4ff./히4:4ff.; 슥 9:1ff., 13ff.;
11:15; 단 8:21; 10:20; 11:2ff.).

역대기의 형성과 신학은 정치적으로 두 요소에 큰 영향을 받는다. 反사
마리아적 경향과 반反헬레니즘의 경향이다. 이러한 강한 정치적 · 현실적
경향은 반反종말론적 경향을 띤다.

1. 반사마리안적 경향과 역대기 역사서의 초기 편집층

사마리아가 자신의 신학적 주장을 강화하며, 궁극적으로 예루살렘에서

분리하여 그리심 산에 독자적인 제의적(정치적) 구심점을 이룩함으로써, 이제까지 자명한 것으로 여겨져 왔던 유대 공동체의 정당성이 흔들리게 된 것이다. 이러한 과정은 유다로 하여금 자신이 이제까지 누려 왔던 종교적·제의적 지도권을 주장하게 했으며, 새로운 신학적 근거들을 마련하게 되었다.

역대기 역사서의 저자는 자신의 포로 후기 역사 서술에서 다음과 같은 점을 보여준다: 유대 공동체만이 옛 이스라엘의 합법적 후계자들이다. 유대 공동체의 구성은 바벨론 포로들의 후손들이며, 하나님의 심판을 겪었고, 그렇기 때문에 그의 약속 아래에 놓였다(스 1:2-4). 이들만이 고레스의 칙령을 받아 성전을 건축할 수 있는 권한을 위임받았으며(스 1:3; 4:3; 5:13), 성전 기물에 대해서도 포로 이전 시대의 제의와의 연속성을 갖게 되었다(스 1:7; 5:14f.; 6:5). 이들만이 모세의 토라와 결부되어 있다(느 8-10장). 이와는 달리 사마리아는 애초부터 유대 공동체의 적으로 묘사되었다(스 4장; 느 3:6). 이들은 끊임없이 성전과 예루살렘 재건 공사를 방해했다.

따라서 예루살렘 성전에 대해 이들이 미칠 수 있는 영향력이나 유대 공동체의 일에 관여하여 함께 결정하려는 결정권Mitbestimmung이 부인되었다.

사마리아는 헬라 시대로 접어들면서 예루살렘의 참정권을 얻으려는 노력을 포기하고 그리심 산에 성전을 세웠다. 이것은 포로 후기의 역사에 유다가 독점하는 것에 더 이상 만족할 수 없었기 때문이다. 사마리아 사람들은 오경(초기 역사)에 의존한다. 이를 통해 그들의 정당성을 얻고자 한다. 즉 창세기와 신명기에서는 야훼께서 어느 성전을 선택했는지 더 이상 신학적으로 묶여져 있지 않다. 예루살렘이라는 이름은 신명기, 오경에는 언급되어 있지 않다.

사마리아가 분리되면서, 유대의 지도적 위치를 유지시키는 문제가 다시금 제기되었고, 이 점이 기원전 4세기 초엽 역대기 역사서를 형성하게 했다.

역대기 역사서의 저자(편자)가 직면한 가장 큰 문제는 유다의 지도적 위치를 보장하는 예루살렘 성전과 다윗 왕권이 정경적 역사서, 즉 오경에서는 이스라엘의 건국사에 명시적으로 언급되어 있지 않다는 점이다. 따라서 다윗 왕권과 예루살렘 제의가 확고하게 자리 잡은 이스라엘의 초기 왕조사(다윗-솔로몬 시대)를 이스라엘 건국사의 가장 본질적 요소로 만듦으로써 문제를 해결하고자 했다. 그래서 역대기 사가는 이 시대의 역사 서술에 지면의 절반을 부여했다(대상 11장-대하 9장). 그리고 계약의 법제와 광야의 이동 성전도 예루살렘으로 이동시켰다(대상 13:15f.; 대하 5:5). 이와 함께 다윗을 제2의 모세로 묘사했다.

사마리아의 분열은 유대 공동체 내에서 새로운 통합의 노력을 기울이게 했다.

첫째, 토라(오경)와 신명기 역사서를 통합Synthese했다. 역대기 사가의 역사서에서는 유다 국가의 역사적 전승을 야훼의 율법tora jhwh이나 모세의 율법과 관련지었다:

야훼의 율법: 대상 16:40; 22:12; 대하 12:1; 31:3f.

야훼의 율법의 책: 대하 17:9; 34:14

야훼의 계명mismeret jhwh: 대하 13:11

야훼의 말씀: 대하 30:12; 35:6

모세의 율법: 대하 23:18; 30:16

모세의 책: 대하 35:12

모세의 계명miswat mose: 대하 8:12

동사적 표현: 대상 6:49/히 34

모세를 통해bejad mose: 대하 33:8; 34:14; 35:6

"쓰여진 바와 같이": 대하 23:18; 25:4, 26; 30:5, 18(부정적); 스 3:2, 4; 느 8:15; 10:34/히 35, 36/히 37.

두 번째 통합은 역대기 사가의 역사 서술에 의도적으로 예언서를 관련짓고자 했다:

예언자들을 빈번하게 언급한다 - 참조 대하 11:2f.; 12:5, 7; 15:1-7; 16:7-9; 19:2f.;(20:14-17); 20:37; 21:12-15; 25:15f.; 28:9-11; 34:22-28; 36:12, 15f.

여러 곳에서 예언서의 언어 용법에 의존한다 - 대상 28:18(겔 1:10), 대하 15:2(렘 29:13f.), 대하 15:5(암 3:9), 대하 15:7(렘 31:16), 대하 16:9(슥 4:10), 19:7(습 3:5), 대하 20:7(사 41:8), 대하 20:20(사 7:9), 대하 36:21(렘 29:10; 레 26:34).

이것은 예언서를 공식적으로 야훼 종교에 큰 역할을 하도록 하자는 데 의도가 있다. 그러나 종말론적인 세계의 변화를 꾀하고자 한 것은 아니다. 역대기 역사서에는 철두철미 무조건적인 심판 예언과 무조건적인 구원 예언도 빠졌다. 그 대신 조건적 심판 예언이나 구원 예언이 나온다. 역대기 사가의 이해에 따르면 예언은 하나님과 올바른 관계를 갖게 하는 경고다.

셋째 예루살렘 시편 전통과의 통합이다. 역대기 사가는 제의 노래Kultgesang와 제의 가수Kultsänger를 염두에 두고 있다. 역대기 사가는 예배적 찬양 - 대하 20:21: 야훼를 찬양하라. 그의 자비는 영원하시다 - 에 매우 중요한 기능을 부여했다. 야훼의 자비가 항상 미치게 한다는 것이 역대기 사가의 역사 서술의 한 의도다.

넷째 통합은 야훼의 공식적 종교와 개인적 경건의 통합이다. 개인의 경건을 나타내는 표현은 "야훼/하나님을 찾다(דרשׁ 다라쉬, בקשׁ 비케쉬)이다. 이러한 표현으로 기도나 순종으로 하나님께로 향함을 나타낸다. 진정으로 하나님을 찾는 것은 온 마음과 뜻으로 행하는 것이다.

2. 반(反)외세적 경향과 역대기 역사서의 후기 편집층

역대기 역사서는 의도적으로 반(反)헬라적 경향을 띤다. 헬라 시대 초기까지 유대인들이 헬라와의 접촉이 그렇게 빈번하지는 않았다. 그러나 문화적 · 사상적 요소는 그 이전 후기 페르시아 시대에서부터 팔레스타인에 미쳐 왔다. 따라서 역대기 역사서에서 보여주는바, 헬라 문화와의 거리감은 의도적인 결단으로 보아야 한다. "온 마음으로 선조의 하나님을 찾아라"는 호소나 온갖 종류의 이방인의 영향을 배제하려는 노력은 근대화된 헬라 문화의 유혹에서 유대의 정체성을 지키려는 노력으로 이해할 수 있다. 역대기에서 줄곧 보여주는바, 인간이 자유로운 순종-불순종 및 신앙-불신앙의 결단에 의해 하나님의 축복과 저주가 달려 있다는 신학 패러다임은 헬레니즘의 운명론과 대립되는 모델로 이해된다.[1]

---

1) 이에 대한 좀 더 상세한 연구는 김윤이, "역대기 역사서의 편집층 연구." 『구약논단』 제22집 (2006. 12. 31), 80-97과 한동구, "헬레니즘의 역사와 중간사 문헌의 형성배경: 역대기 역사서의 형성을 중심으로." 『복음과 신학』 제XII집 (2011)을 참조하라.

제20장
역대기의 내용과 신학

Ⅰ. 계보론(대상 1-9장)

1. 일반적 특징

일정 방식으로 정리되고 주해된 계보들Genealogien로 역대기 사가는 자신의 동시대인들에게 그의 신학적 입장을 선포하고 있다.

전前 역사 단계Vorhalle에서는 계보론적 · 지리적 · 역사적 제시들로 가득 차 있다. 즉 이름들이 지루하게 열거되어 있다. 전 역사 단계의 독자들은 전통에 대한 상당한 지식을 가진 자, 진정한 학자들 중에서 학자들이다. 지식 사회학적으로 이 부분과 서술은 학자들의 학자들을 위한 문헌이다.

전 역사 단계의 서술은 3부분으로 단락을 지워 서술되었다: 세계의 민족들(대상 1장), 이스라엘의 지파들(대상 2-8장), 예루살렘 주민들(대상 9장). 전 역사 단계에서는 일종의 작은 우주의 역사를 서술하고 있다.

전체적으로는 역대기 사가의 편집적 작품이다. 그는 주어진 이전의 자료들Quellen을 결합하고, 또 간단한 역사적 · 지리적 메모로 주해했다. 그는 포로 후기의 역사 전승만을 제시한 것이 아니라, 보다 오래된 역사 자료들을 제시했다.

역대기 사가는 세 가지 차원이 복합적으로 연루된 역사를 서술했다: 계보론적 관점, 지리적 관점 및 역사적 관점.

2. 계보론의 케리그마

전 역사의 단계는 목록들의 지혜문학적 요소를 담고 있다. 이미 알려진 세계를 개괄적 열거를 통해 파악했고, 또 배열했다. 역대기상 1장에서 제시하는바, 세계의 모든 민족들을 한 가족으로 묘사한 계보론의 의미는 인류가 한 선조로부터 비롯되었다는 통일성을 강조하는 데 있는 것이 아니라, 인류는 매우 다양한 민족들로 구성되어 있으며, 넓은 거주 지역에 분포되어 있음을 보여준다. 다양한 민족들의 가지의 중심에는 이스라엘이 놓여 있다.

한 선조에게서 비롯된 인류는 이스라엘에게 축복을 내려주고 있다. 특별히 유다, 레위, 베냐민에게 이 세 지파는 모두 예루살렘에 결부되어 있다(대상 9:3ff.).

계보론을 통해 역대기 사가의 현재를 선조들의 과거와 결합시키고 있다. 현 세대는 아담-노아-아브라함-이스라엘로 이어지는 기원에 뿌리박고 있다. 인류의 가지에 속함으로써 정체성과 자의식을 얻는다.

다윗의 왕조 가문을 포로 후기의 후기에까지 확대시켜 전개한 것은 왕가의 영속성에 관심이 있음을 보여준다. 토착인, 즉 이스라엘 왕가의 지배에 대한 가능성이 열려 있다. 그러나 메시아적으로 전개한 것이 아니라, 왕조적 · 현세적으로 전개했다. 더욱이 다윗의 중요한 역할은 "제의적인 일"에 있다.

제사장과 제의에 관련된 일에 대해 매우 높은 의미를 부여했다. 그 중심에는 성전에 속한 인물들, 레위인, 아론 가문의 사람들이 놓여 있다(대상 6:1-81/히 5:27-6:66; 9:10-41). 이들이 전全 이스라엘을 위해 직무를 수행했다는 사실을 역대기상 6장 48/히 33절에서 언급한다. 계보론은 제사장들의 직무 수행을 정당화해 주고 있으며, 제사장직을 가진 가문을 영화롭게 장식해 주고 있다. 사회학적 관점에서 볼 때, 예루살렘 성전에 직무를 수행하는 인물은 전全 이스라엘적, 즉 전국적全國的 지명도를 가진 인물로 이해되었다.

전前 역사 단계에서는 여성들이 아무런 기능을 하지 못한다. 이들은 부정적 이미지와 함께 무시되었다. 이들은 첩들이거나, 외국인 부인들이거나, 혹은 아들을 유혹에 빠지게 한 재앙의 표징이었다. 당당한 부인들의 이름들, 이브, 사라, 하갈, 라헬, 레아, 빌하, 실바 등은 빠졌다. 이러한 상은 포로 후기의 실제 부인들의 지위와 상응한다.

외국 부인들과 혼합하지 말라는 계명은 여기 전 역사 단계의 장들에서는 명시적으로 언급하고 있지 않다. 또 거룩한 씨가 부정하게 되어서는 안 된다는 것도 명시적으로 언급하고 있지 않다. 그러나 비非이스라엘 사람들과의 결합은 최소화되었거나 거절되었다.

3. 지리적 케리그마

전前역사 단계에서는 이스라엘의 세계관을 표현한 프로그램을 담고 있다. 역대기 사가는 옛 자료들을 이용하여 생활공간을 허구적으로 서술했다. 이것은 과거의 있었던 모습이나, 미래의 있을 것을 전망하여 서술했다.

이는 거룩성을 중심으로 잘 구성된 모델을 제시한다. 가장 외곽에는 민족들(세계)이 있고 그 중심에는 이스라엘이 있다. 두 번째 원에서는 이스라엘 지파들이 놓인다. 주로 유다와 레위와 베냐민 지파에 비중을 두며, 그 중심은 레위지파가 있다.

세 번째 원에서는 예루살렘이 놓여 있다. 가장 핵심에는 성전이 놓여 있다.

지리적 체계 속에서 북지파들이 의도적으로 빠졌다(잇사갈, 북 베냐민, 납달리, 서 므낫세, 아셀 지파).[1]

4. 역사적 케리그마

전前 역사 단계의 구조물은 여러 개의 축을 이루고 있다. 이것들이 중첩되므로 무질서한 인상을 주고 있다. 전前 역사 단계에서는 아담의 시대(대상 1:1)에서 사울 시대(대상 9:38)까지 역사를 조명하고 있다.

---

[1] 단과 스불론은 이제 더 이상 계보론적/지리적 명칭이 아니다.

아담 ⇒ 사울(Saul)

이러한 축 위에서 사울의 시대를 넘어서는 사건들이 여기저기에 삽입되어 있다. 이 사건들의 대부분은 다윗과 솔로몬 시대에 관련된다. 이 사건들의 보도는 포로 후기의 후기 시대에까지 미친다.

국가 이전의 시대	
국가 형성	사울
성전 건축과 설비(시설물)	
국가의 분열	
북왕국의 멸망	⇃⇂
남왕국의 멸망	
포로기	
귀향	
제2성전	느헤미야

전前 역사 단계에서 시간을 압축하여 조망하고 있다면, 전 역사 단계는 더 이상 혼란스럽지 않다. 역대기의 처음 9개의 장들은 역대기의 신학을 나타내고 있다. 역사적 메모들은 주제상 한 가지 점에 집중되어 있다: 거룩성.

I. 다윗(대상 1:49-54; 3f.장; 4:30; 7:2; 9:22)
II. 예루살렘(대상 5:41; 8:28; 8:31; 9장)
III. 성전(대상 4:23; 6:10/히 5:36; 6:16f., 33f.; 9:10ff.)
IV. 레위인(대상 6:31ff./히 16ff.; 6:38f./히 33f.; 9:18-34)
IV. 유다(대상 4:9f., 27; 5:1; 6:15/히 5:41)

VI. 죄(대상 2:7; 5:18-26; 6:1-3/히 5:27-29; 9:1)

VII. 국가 형성에서 멸망에까지 국가 운명(대상 1:10, 12, 19, 43-54; 5:6; 5:56/히 41; 8:6f.; 9:1f.)

VIII. 전쟁 보도/지역 확대(대상 2:22f.; 4:38-43; 5:9f., 18-25; 8:6f., 13)

IX. 건축 보도(대상 4:23; 6:10/히 5:36; 6:32/히 17; 8:12)

여기에서 보여주는바, 전 역사 단계의 중심 주제는 역대기 사가의 중심 주제임을 알 수 있다.

역사적 메모는 해당 지파들에 따라 특징지웠으며, 이들을 신학적으로 등급을 매겼다.

유 다: 다윗과 그의 아들들의 출생지파―이들은 성전 건축의 일에 왕과 함께했다. 그러나 신뢰를 깨버린 아갈(대상 2:7)도 유다 출신이다. 그럼에도 유다 지파는 형제들 가운데 힘 있는 자였으며 나기드 (통치자)가 되었다.

시 므 온: 유다처럼 수가 많지는 않았다. 그러나 성공적으로 전쟁을 수행했다. 500명만으로 세일을 차지했다.

루 우 벤: 장자권을 상실 ―┐ 이들이 하나님을 신뢰하는 한에 있어서 전쟁
갓   에서 성공했고, 다른 신들을 쫓을 때, 포로에
반-므낫세   ―┘ 빠져야 했다(대상 5:5, 18-22, 25f.)

레 위: 하나님의 종 보세의 규정에 따라, 이스라엘을 위해 속죄/화해를 이루었다.

앗 사 갈: 다윗 시대로 간주되었다.

베 냐 민I: 역사 언급 없음.

납 달 리: 역사 언급 없음.

므낫세II: (부분적으로 예루살렘에 거주한다.)

에프라임: 가축 도둑, 일부는 예루살렘에 산다.

베 냐 민 : 성공적인 전쟁 수행 – 다른 이들을 포로로 이끌었고, 원주민을
추격했고, 예루살렘에 살았다.

역사적 메모에서 보여주는바, 유다는 아주 높은 지위를 차지했으며, 시므
온, 레위와 베냐민은 아주 긍정적으로 평가되었고, 다른 지파들은 부정적으
로 평가되었다. 이 점은 역대기 사가의 시각과 같다: 북지파는 다윗의 집과
솔로몬 성전에서 떨어져 나가면서 스스로 평가절하되었다. 북지파는 계보
적으로는 이스라엘과 동일하다. 따라서 돌아오도록 초청되었다. 역대기상
2장 1절 이하에 묘사된 12지파의 도식은 참된 성전을 지닌 참 이스라엘로
돌아오도록 북지파들을 향한 초청으로 이해된다.

II. 사울 시대 이스라엘의 혼란(대상 10:1-14)

전후 문맥으로부터 분리된 역대기상 10장의 위치, 역사적·지리적 보도의
혼합, 참 이스라엘에 참여한 자들의 확대, 패전 후 이스라엘 사람들이 도시를
버림, 사울의 과오에 대한 대략적 보도 등은 역대기상 10장을 범례적 이야기
로 보이게 한다. 이 장은 서울 가문의 역사적 몰락을 다루고 있는 것이 아니라
사울이라는 인물 속에 나타난 원 역사적인 모형을 보여주고자 한다. 여기에
서는 세 실체 간의 관계를 보여준다:

1) 야훼
2) 이스라엘과 그의 왕

3) 민족들(세계)

이 원역사적인 모형은 이스라엘 왕들의 역사와 이와 결부된 민족의 운명 속에서 반복적으로 나타난다. 사울 가문의 몰락과 땅의 상실은 포로기 때 왕조사의 몰락을 선취적으로 서술해 주고 있다.

전쟁의 실패를 사울의 과실에서 찾았다. 그러나 역대기상 10장에서 그의 구체적 과실을 언급하지 않고, 총체적 태도를 비난했다: "사울은 야훼의 말씀에 복종하지 않았고, 무당에게 조언을 구했기 때문이다. 또한 야훼 앞에서 범죄를 자행한 불성실로 인해 죽었다"(대상 10:13).

역대기 사가는 이스라엘 민족의 생존의 가능성을 야훼와의 관계의 지속성에 두었다. 민족 사이에서 수평적인 현 존재는 이스라엘과 야훼와의 수직적인 결합에 달려 있다.

III. 하나님의 법궤의 귀향과 이스라엘의 이방인들에 대한 우위(대상 11-16장)

역대기상 11-16장에서 다윗과 전 이스라엘이 하나의 목표를 깃고 있나: 하나님의 법궤를 예루살렘으로 옮기는 것이다. 다윗이 전 이스라엘의 왕으로 기름부음 받음(대상 11:1-3), 예루살렘의 점령(대상 11:4-9)은 법궤를 예루살렘으로 옮기기 위한 전제적 사건들이다.

역대기상 14장에서 다윗이 법궤를 위한 장소를 마련했기 때문에 하나님의 보호가 내려졌고, 이 때문에 다윗은 블레셋에게 승리하며, 그의 명성이 세계적으로 널리 퍼졌다.

역대기 사가는 다윗 역사의 전반부(대상 11-16장)를 사울 역사와 대조적인 모습을 이루도록 했다. 사울과 그의 치하의 이스라엘과는 달리 다윗

치하의 이스라엘은 법궤를 찾고자 했고 예루살렘 성전의 기초를 놓았다. 이로써 그들의 생존권을 보장받게 되었다.

이스라엘과 이방 민족들과의 관계도 역대기상 10장에서와 마찬가지로 범례적으로 묘사했다. 이방 민족들 가운데 이스라엘의 생존은 야훼에 근거하며, 야훼를 통해 보존된다. 다윗이 법궤를 다시 찾고, 그와 이스라엘에 주어진 야훼의 도움은 포로 후기 이스라엘 이방인의 지배를 극복하려는 노력의 전형으로 여겨진다.

역대기상 11-16장에서는 역사적 다윗의 역사를 이야기하는 것이 아니라, 에스라 역사에서 두드러진 포로 후기 이스라엘의 관심사를 서술했다. 법궤가 예루살렘으로 옮겨 오기 전 예루살렘이 다시 재건되어야 한다는 점은 역대기 사가가 포로 후기의 상황을 다윗 역사에 옮겨 넣었다는 점에서 쉽게 이해될 수 있다.

IV. 다윗의 역사: 성전 건축의 준비의 역사(대상 17-29장)

역대기에서 나단의 약속은 다윗 왕조와 그 왕조의 영속을 말하는 약속이 아니다. 다윗을 위해 집을 짓는다는 것은 "야훼께서 과거에 다윗을 선택하시고, 그의 적을 물리치게 하시고, 이스라엘에게 한 장소를 마련하여 옮겨 심게 하신 바와 같이, 하나님께서 다윗에 많은 아들들을 주시고, 이와 같은 방식으로 또 이와 같은 의미로 집을 지어주셨다."

다윗의 많은 아들들 가운데 한 사람만이 중요하다: 미래의 성전을 건설하는 이, 솔로몬. 역대기에서 나단 예언의 대상은 솔로몬의 개인적 인물이나, 다윗의 후계자로써의 솔로몬이 아니라, 솔로몬과 그와 그의 시대와 결부된 거룩한 것들, "사방의 적으로부터 휴식을 갖는 것" 특히 "야훼를 위한 휴식의 집, 성전"이다.

역대기상 18-20장의 전쟁 보도는 다윗의 도덕적 과실과 제의적 불결로 인한 다윗에 부담이 되었던 것이 아니라, 야훼에 의해 지원된 다윗의 업적들이다. 다윗이 전쟁에서 승리함으로써 솔로몬 시대의 성전 건축을 성공하게 하는 데 기여했다. 전쟁 전리품도 성전 건축을 위한 재료로 사용되었다. 다윗과 그의 시대는 솔로몬과 그의 시대를 위해 길을 준비하는 때가 되었다.

역대기상 21장에서는 성전 건축을 위한 기초가 얻어졌을 뿐 아니라, 야훼께서는 오르난의 타작마당을 거룩한 장소로 선언하셨음을 보도한다. 오르난의 타작마당 획득은 성전 대지의 물질적 준비일 뿐 아니라, 예배 장소의 설치다.

그럼에도 역대기 사가는 다윗이 성전 장소와 솔로몬의 성전 사이의 차이점을 아주 분명하게 강조한다. 역대기상 17-29장에서도 포로 후기, 역대기 사가의 동시대의 이스라엘의 상황이 반영되어 있다.

V. 솔로몬의 역사: 성전 건축의 역사(대하 1-9장)

역대기 사가의 다윗 역사에서 나타난바 솔로몬은 성전 건축자로 나타난다. 역대기 사가는 사울과 다윗과 마찬가지로 솔로몬 개인 인물 묘사에 주안점이 놓여 있는 영웅 사화가 아니라, 야훼 앞에 놓인 이스라엘의 역사적 상황을 개괄적으로 서술한다. 즉 야훼는 그의 백성 주변에 현존하고 있으며, 이스라엘은 주변의 모든 억압과 위협에서 해방되었음을 서술한다.

솔로몬이 그의 통치 초기 야훼께 청한 지혜는 더 이상 통치를 위한 지혜가 아니라, 약속된 야훼의 성전을 예루살렘에 세울 수 있는 능력을 의미한다.

솔로몬과 그의 성전으로 인해 도래한 시대는 역대기 사가에 따르면 이상적 모세 시대의 도래로 보고 있다. 솔로몬 성전의 건축은 광야의 모세 성전의 모형을 따라 서술되었다. 광야에서 만남의 장막에 야훼의 영광이 가득한 것 같이, 솔로몬 성전에도 야훼의 영광이 가득하다. 모세의 성전과 성전의 봉헌은 솔로몬 성전과 그 성전의 봉헌과 동일시되었다. 두 성전은 모두 이스라엘에게 내려질 완전한 구원 시대의 궁극적인 성전 모형으로 이해되었다.

역대기 사가가 솔로몬 시대에 부여했던 궁극적인 구원 시대로서의 특성을 '그때 예루살렘으로 들어오는 부의 묘사'와 '야훼와 그의 성전이 이방인으로부터 인정된 사실'을 통해 더욱 강조했다.

VI. 솔로몬 이후의 왕들의 역사(대하 10-35장)

신명기 사가의 역사서에는 북왕국과 사마리아와 그들의 왕들을 위한 작품이 발견된다. 여기에서는 예루살렘에 있는 신성하고 참된 성전에 반해 제의적으로 종교적으로 독립된 정도에 따라, 사마리아와 그들의 왕들을 판단했다. 또한 북왕국에서는 앗시리아에 의해 국가가 망한 후에 이교적 요소가 야훼 종교에 들어와 야훼 종교를 타락시켰다고 비난한다. 이러한 보도들은 역대기 사가에서는 완전히 빠져 있다. 그러나 역대기 사가의 역사서는 예루살렘에 그 중심을 두고 있는 야훼 공동체가 그리심 산에 그 중심을 두고, 갈라져 나간 공동체를 반대할 필요성에서 형성되었다는 주장은 타당성이 없다. 왕조사의 요소들은 주제상으로 비이스라엘적이며 이방인적인 세력과 맞서 싸운 역사의 맥락에 속하거나, 예루살렘의 중심으로 포로 후기의 디아스포라를 결부시키거나, 이방인 세계의 영향으로부터 이스라엘인들을 보호하려는 노력을 증거하고 있다.

역대기 사가는 왕들의 역사를 죄(과실)와 벌 그리고 올바른 행위와 야훼의 도움이 상호 관련이 있다는 연관성을 조명한다. 때로는 동일한 왕의 역사 속에서 여러 이야기 소재들을 동일한 맥락에 결부시켜 서술한다.

역대기 사가는 야훼의 찾음과 발견됨(나타남)의 상관관계, 야훼를 버리심과 야훼에 의한 버림받으심의 상응관계에 대해 가르치고 있다. 이 가르침은 올바른 일을 하도록 권고하고, 용기를 주려는 훈계적 의도를 갖고 있다. 예배는 한 신학자가 야훼께서 이스라엘과 함께한 역사를 파악하려고 시도한 것이 아니라, 한 설교자가 자신의 시대의 야훼 공동체를 야훼께서 열어 준 삶의 공간에 두려고 권고한 것이다. 야훼는 그를 찾는 자에게 나타나시는(발견되시는) 하나님이시며, 그를 버리는 자를 버리시는 분이시다.

역대기 사가가 사울과 다윗과 솔로몬의 역사에서 원역사적으로, 범례적으로 서술한 반면, 그는 솔로몬 이후의 선한 왕들을 서술할 때 솔로몬의 이상과 분명한 거리를 두고 서술했다. 즉 사울과 다윗에게서 보게 되는 전형적 가능성들을 솔로몬 이후의 왕들에게서 보게 된다. 다윗 역사에서는 법제를 다시 찾고 성전 건축을 준비한 반면, 솔로몬 이후의 왕들의 역사에서는 계약 체결이나 백성들을 야훼께로 돌아오게 하며, 백성들을 율법 아래 두려는 노력이 명시적으로 강조되었다.

역대기 사가는 사울 시대가 다윗 시대로 인해 해체된 것에 관심을 기울인다. 지배권이 다윗에게로 넘어감으로써 분노와 심판의 시대에서 구원의 시대의 시작으로 전환하게 되었다. 이러한 전환점은 므낫세의 잘못된 통치가 회개한 므낫세에 의해 해체될 때, 암몬 시대가 요시야 시대를 통해 해체될 때, 아하즈 시대가 히스기야를 통해 해체될 때 나타났다. 특히 분노에서 구원으로 전환하는 역사의 전환점에는 바벨론 포로에서의 귀향도 속한다. 포로기와 포로 후기의 상황도 사울과 이와 유사한 왕들과 다윗과 대별되어 나타난다. 사울 시대의 모델에 따라 이해된 포로기에서 다윗 시대의 모델에 따라 이해된 포로 후기 시대로의 전환을 역대기 사가는 그의 작품 마지막 부분에 선명하게 보여준다: 대하 36장; 에스라 1ff.

제21장
느헤미야 11-12장 해설

Ⅰ. 역대기 사가의 역사신학

에스라-느헤미야서(역대기 역사서)의 중요한 관심사는 에스라에 의한 성전 건립과 느헤미야에 의한 예루살렘 성벽 건립이다. 역대기 사가는 에스라와 느헤미야가 같은 시대에 함께 활동한 것으로 묘사한다. 이러한 역사 이해는 제사장은 성전을 건립하고 총독은 성벽을 건립한다는 상을 보여주어, 활동의 중심에 제사장이 놓이고, 그 주변에 정치가인 총독이 놓이도록 했다. 제사장 중심의 세계관을 그리려고 한 것이다.

느헤미야서에서 보여주는 느헤미야의 활동은 크게 세 부분으로 구분할 수 있다. 첫째, 느헤미야가 총독으로 임명받아 예루살렘으로 파견된다(느 1장-2:11a). 둘째, 느헤미야는 자신의 중요 임무인 예루살렘 성벽 재건을 완수했다(느 2:11b-7:5a과 12:27-43). 셋째, 느헤미야의 다른 활동을 보고한다(느 13:1-31).

성벽 재건과 성벽 봉헌 사이에 에스라의 활동을 보고하고 있다(느 8-10

장). 에스라가 백성들 앞에서 토라를 낭독하자(느 8장), 백성들은 참회했다
(느 9장). 그리고 에스라는 그들에게 의무와 책임을 부여했다(느 10장). 에
스라 활동의 중심 내용은 백성들을 율법대로 살도록 고백시키는 것인데, 그
내용은 혼혈 금지에 초점이 맞추어져 있다. 에스라가 백성들 앞에서 율법을
낭독하기 위해서는 귀향자 명단(느 7장)이 필요했으며, 백성들의 잡혼 파괴
를 하고 율법대로 정결한 사람들이 예루살렘과 그 주변에 정착한다(느 11
장). 그런 다음 제사장의 목록에 소개되며, 성벽 봉헌이 성대히 이루어진다.
성벽 봉헌은 에스라와 느헤미아에 의해 함께 진행되나, 전체적으로는 제사
장에 의해 주도되는 것으로 추측된다. 이러한 모습은 역대기 사가가 추구하
는 역사상이다.

에스라-느헤미야서는 예루살렘-성전 공동체에 대해 말하고 있다. 그들
의 제의적 중심은 성전이며, 정신적 중심은 토라다. 성전 건축과 성벽 건축은
하나님께서 이스라엘에 보여주신 자비의 한 양식이다. 하나님은 그의 백성
을 버리지 않고, 그의 분노의 수단인 페르시아 왕에게 맡겨 섬기게 했다. 페르
시아 황제가 느헤미아에게 예루살렘 성벽 재건을 위임했다. 사마리아 총독
산발랏, 암몬 사람 토비야와 아랍 사람이 이를 방해하여 저항했으나 느헤미
야는 군사적 보호 조치를 취하여 성벽 재건의 임무를 완성한다. 그리고 내적
문제에도 관여하여 해결한다. 이러한 역사상은 하나님의 뜻은 온갖 어려움
과 방해에도, 결국 이를 극복하고 완수된다는 점을 보여준다.

II. 역대기 역사서의 삶의 자리

역대기 역사서의 형성과 신학은 정치적으로 두 요소에 큰 영향을 받는다.
반사마리아적 경향과 반헬레니즘의 경향이다.

사마리아 사람들은 포로 후기의 역사에서 유다가 독점하는 것을 더 이상

좌시할 수 없었기 때문에, 에스라 시대 이후로 예루살렘의 참정권을 얻으려는 노력을 포기하고 그리심 산에 성전을 세웠다. 자신의 신학적 주장을 강화시켜 나갔다.

이로써 이제까지 확고한 것으로 여겨져 왔던 유대 공동체의 정당성이 흔들리게 된 것이다. 이러한 과정은 유다로 하여금 자신이 이제까지 누려 왔던 종교적·제의적 지도권을 주장하게 했으며, 새로운 신학적 근거들을 마련하게 했다.

초기 역대기 역사서의 편집자는 포로 후기의 역사 서술에서 다음과 같은 점을 보여준다: 유대 공동체만이 옛 이스라엘의 합법적 계승자다. 유대 공동체의 구성은 바벨론 포로로 갔다가 돌아온 자들과 그들의 후손들이다. 그들은 하나님의 심판을 받아 그들의 죗값을 모두 치렀다. 그렇기 때문에 그들만이 약속 아래에 놓일 수 있다(스 1:2-4). 이들만이 고레스의 칙령을 받아 성전을 건축할 수 있는 권한을 위임받았으며(스 1:3; 4:3; 5:13), 성전 기물에 대해서도 포로기 이전 제사와의 연속성을 갖게 되었다(스 1:7; 5:14f.; 6:5). 이들만이 모세의 토라와 결부되어 있다(느 8-10장).

이와는 달리 사마리아는 애초부터 유대 공동체의 적으로 묘사되었다(스 4; 느 3:6). 이들은 끊임없이 성전과 예루살렘 재건 공사를 방해했다. 따라서 예루살렘 성전에 대해 이들이 미칠 수 있는 영향력이나 유대 공동체의 일에 관여하여 함께 결정하려는 결정권이 부인되었다.

Ⅲ. 예루살렘과 그 주변 도시의 정착(느 11:1-2)

1. 정착의 의미

느헤미야 11장은 예루살렘과 그 주변 도시에 정착한 자들의 목록을 다룬

다. 이는 에스라의 활동을 보도한 느헤미야 8-10장을 넘어 다시금 7장의
관심사 - 귀향자의 목록 - 로 연결된다. 귀향자들은 역대기 사가가 추구하
는 합법적인 이스라엘의 백성이다. 이들은 바벨론 포로로 끌려갔던 자들로
서, 그 땅에 남은 사마리아나 유대 주변 민족들과는 달리 잡혼하지 않은
자들이다. 정착자들은 에스라의 율법을 듣고, 참회하고 정화된 자들로 하나
님의 법대로 살기로 결심한 자들이다. 이들이 거룩한 도성을 지키기 위해
자신의 삶의 터전을 버리고 예루살렘으로 이주해야 한다. 그리고 정착자들
은 귀향자들과는 달리 인구의 증가를 보여준다.

백성들의 지도자들이 예루살렘에 정착하며(느 11:1a), 나머지 백성은 추
첨으로 십분의 일이 예루살렘에서 정착해야 했다(느 11:1b-2). 이러한 조
치는 항상 어려운 일이며, 이주해야 하는 백성의 처지에서는 즐거운 일이
아니었다. 따라서 자신의 삶의 터전을 버리고 예루살렘에 정착하기를 자원
하여 이주해 온 백성들을 축복했다.

역대기 사가는 예루살렘을 거룩한 도시임을 강조하면서, 민족의 중심, 나
아가 세계의 중심이 되는 도시임을 강조하면서, 인구가 많고, 백성들이 자원
하여 정착하기를 원하는 도시로 그려 나갔다.

2. 예루살렘과 그 주변 도시 정착자의 목록(느 11:3-36)

느헤미야 11장 3절은 긴 목록의 표제처럼 보인다: "이는 예루살렘과 유
다 도시들에 거주하는 지방의 지도자들이다." 이 목록은 예루살렘이 재건된
이후 백성들이 어떻게 분포되어 살았는가 하는 점을 일목요연하게 보여주
고 있다. 예루살렘에 거주하는 지방가문의 지도자들(느 11:4-9)은 유다
지파(느 11:4-6)와 베냐민 지파(느 11:7-9)의 가문들이다. 이어서 예루
살렘에 거주하는 제사장 가문들의 목록(느 11:10-14)과 레위인 가문들의
목록(느 11:15-18) 및 기타 봉사자들(성문 지기, 느디님 사람/성전 봉사

자, 노래하는 자들) 가문의 목록(느 11:19-24)이 소개된다. 끝으로 마을과 주변 동네들에 거주하는 백성들의 목록(느 11:25-36)을 서술한다. 이것이 성전의 도시 거룩한 도시에 자원하여 때로는 필요에 의하여 거주하는 이스라엘 공동체다. 이 공동체는 성전에 모여 있으며, 성전을 봉사하는 공동체이다. 이제 이 성전 공동체가 형성됨으로써 비로소 시편 150편의 찬양이 울려 퍼질 수 있다:

> "할렐루야
> 그의 성소에서 하나님을 찬양하며
> 그의 권능의 궁창에서 그를 찬양할지어다
> 야훼를 찬양하라
> 그의 능하신 행동을 찬양하며
> 그의 지극히 위대하심을 따라 찬양할지어다."(시 150:1-2)

목록에 담긴 순서는 '백성의 지도자-제사장-레위인-기타 봉사자들'의 순이다. 이 순서는 포로 후기의 초기 성전 공동체의 사회상, 즉 권력의 위상이 반영된 것이다. 사회상이 반영된 이러한 순서가 역대기 사가에게 전승된 것이다. 역대기 사가는 자신에게 전승된 역사상을 토대로 자신의 시대에서 형성된 새로운 역사상을 여기에 반영했다.

역대기 역사서는 북지파의 사람들을 더 이상 이스라엘 민족의 범주에 포함하고 있지 않다. 이는 역대기 역사서의 삶의 자리와 중대한 관심사에서 기인한 것이다. 사마리아가 분리되자 유대가 합법적인 이스라엘의 계승자임을 나타내기 위해 북지파 사람들을 부정적으로 묘사하거나 아예 생략해버린 것이다. 그럼에도 불구하고 페르시아와 같은 외세에 대해서는 매우 우호적이다.

예루살렘에 정착한 자들의 목록(느 11:3-9, 10-14, 15-18, 19-24)은

역대기상 9장의 귀향하여 그 땅에 다시 정착한 자들의 목록(대상 9:2-9, 10-13, 13-16, 17-27)과 거의 일치한다. 두 목록 사이의 공통점은 '백성의 지도자-제사장-레위인-기타 봉사자들'의 순서를 따르는 점이다.

총 정착자의 수는 느헤미야 11장에 비하여 역대기상 9장에서 약간 증가했다. 느헤미야 11장에서는 예루살렘에 정착한 제사장들의 총수를 두 번 소개하나(11a절과 13a절), 역대기상 9장에서는 이를 합하고 또 약간 증가한 수치를 한 번 소개한다. 느헤미야 11장 15-18절에는 성전 바깥에서 일하는 자들과 아삽 후손(=노래하는 자들)을 레위인으로 간주하지 않았으나, 역대기상 9장에서는 모두 레위인의 목록에 포함시킨다. 이 점은 느헤미야 11장 19-24절에서도 동일하다. 이러한 점들을 비추어 볼 때, 느헤미야 11장보다 역대기상 9장이 더 후대에 기술된 것이다.

두 목록 사이의 차이점들은 예루살렘에 정착한 자를 느헤미야 11장에서는 유다와 베냐민으로 제한했으나, 역대기상 9장에서는 유다, 베냐민, 에브라임과 므낫세로 확대했다. 느헤미야 11장은 반反사마리아와 범유다주의를 지향하나, 역대기상 9장은 반反외세와 범이스라엘주의를 지향한다. 이러한 경향은 유다의 자손 목록(느 11:4-6)에서 더 잘 나타난다. 느헤미야 11장에서는 유다 자손의 가문 중에서 두 지도자 아다야와 마아세야를 소개하며, 또 아다야 가문은 오대에까지, 마아세야 가문은 칠대까지 그 혈통을 소개한다. 역대기상 9장에서는 우대 한 사람만 소개하며, 혈통도 사대까지만 소개한다. 느헤미야 11장은 순수 유다주의를 추구하여, 유다의 혈통을 강조한데 반하여, 역대기상 9장은 포괄적인 범이스라엘주의로 확대 개편되어, 이스라엘 전체로 눈을 돌린다. 또 한 가지 특이한 점은 북지파의 도시에 속하는 "실로"를 느헤미야 11장에서는 유다 자손의 마아세야 가문의 칠대조로 편입시킨 데 반하여, 역대기상 9장에서는 유다 자손에서 분리하여 단지 예루살렘에 정착한 독자적인 가문으로 소개된다. 혈통의 강조는 느헤미야 11장 7절의 베냐민 자손, 제사장 가문과 레위인 가문의 보도에서도 잘 나타난다.

이상의 고찰에서 느헤미야 11장과 역대기상 9장은 공통의 전승에 의존하면서 각자의 입장에 따라 다르게 확장시켰다. 느헤미야 11장에서 범유다주의-반사마리아주의를 지향했다면, 역대기상 9장은 범이스라엘주의-반외세를 지향했다.

Ⅳ. 제사장과 레위인의 목록들(느 12:1-26)

느헤미야 12장에서는 성벽 봉헌(느 12:27-43)에 앞서 다시 한번 제사장과 레위인들의 목록들을 전한다. 이에 덧붙여 제의 직무에 종사하는 자들에게 부여되는 몫을 규정하고 있다. 목록들 중에서 10-11절은 6명의 대제사장의 목록으로 가장 중요한 것이다.

이 목록에 앞서 첫 번째 언급된 대제사장 예수아 시절의 제사장 가문(느 12:1-7)과 레위인 가문의 우두머리들의 목록(느 12:8-9)을 소개한다. 대제사장 목록 이후, 느헤미야 12장 12-21절에서는 두 번째 대제사장 요야김 시절의 제사장 가문의 우두머리들의 목록을 소개한다. 23-26절에서는 나머지 세 명의 대제사장(엘리아십, 요야다 및 여호하난) 시절의 레위인의 우두머리들의 목록을 소개한다.

성벽 봉헌과 같은 성대한 축제를 위해서는 이를 맡아 수행하는 제사장들과 레위인들을 정비할 필요가 있으며, 이를 위해 성벽 봉헌에 앞서 이들의 목록을 소개한다.

1. 첫 번째 대제사장 예수아 시대의 제사장과 레위인의 목록

느헤미야 12장 1-9절에서는 스룹바벨과 여호수아(기원전 약 538-

520년) 시대의 제사장(느 12:1-7)과 레위인의 목록(느 12:8-9)을 다룬다. 1-7절에서는 제사장 가문의 우두머리의 이름이 22명 소개된다.[1]

느헤미야 12장 8-9절에서는 스룹바벨 시절의 레위인들의 목록에는 8명의 이름이 소개된다. 느헤미야 2장 40(=느 7:43)에서도 스룹바벨 시대의 귀향자들 중에 레위인의 목록이 소개된다. 두 사람의 이름만 언급되었다.

느헤미야 12장 1-9절의 목록 속에 소개된 이들은 제사장과 레위인 가문의 우두머리로서 성벽 봉헌을 위해 수고할 자들이다. 그러나 12장 1절의 표제는 이들이 모두 귀향자임을 소개한다. 목록에 담긴 이름은 귀향자들과의 연속성 속에 놓였음을 말한다.

2. 대제사장의 목록(느 12:10-11)

느헤미야 12장 10-11절은 여섯 명의 대제사장을 소개한다. 첫 번째 대제사장인 여호수아는 스룹바벨 시대의 대제사장이며, 여섯 번째 대제사장 얏두아는 알렉산더 대왕과 동시대의 대제사장으로 같은 시기에 죽었다(기원전 323년). 여섯 명의 계보는 200년 동안의 대제사장의 계보다.

첫 번째 대제사장 여호수아는 학개와 스가랴 시대에 공직에 있었다(학 1:1, 12, 14; 2:2, 4; 슥 3:1, 3, 6, 9; 6:11: 여호사닥의 아들 대제사장 여호수아).

두 번째 대제사장 요야김은 바룩서 1장 7절에 언급되나, 이 외경 문서는 중요하게 취급할 수 없다.

---

1) 스 2:36-39(=느 7:39-42)에도 스룹바벨과 여호수아 시대의 제사장의 목록을 소개한다. 이는 귀향자의 목록으로 4명의 제사장 가문의 우두머리만을 소개한다. 느 10: 1-8에서는 총독 느헤미야 시대의 제사장의 목록을 소개한다. 양자는 모두 22명의 제사장 목록을 소개한다. 양자 사이에는 약간의 일치에도 불구하고 상당한 차이가 있다. 그리고 대상 24:7-18에서는 다윗 시절의 24명의 제사장의 목록을 소개한다. 약 7명 정도만 느 12장의 목록의 이름과 동일할 뿐, 나머지는 이름도 순서도 아주 다르다.

세 번째 대제사장 엘리아십은 느헤미야 시대의 대제사장이었다(느 3:1, 20, 21; 13, 4, 7). 엘리아십은 느헤미야의 초기 양문을 재건하는 제사장들을 지휘했으나(느 3:1), 나중에 암몬 사람 토비야에게 성전 안에 방을 제공함으로써 외부의 영향력에 굴복했다(느 13:4, 7). 그의 손자는 산발닷의 사위였다(느 13:28).

네 번째 대제사장 요야다에 대한 정보는 특별히 없다. 다만 요세푸스는 유다라고 불렀다.

다섯 번째 대제사장 여호하난은 에스라 시대에 재직했음이 틀림없다. 왜냐하면 에스라 고백 이후 그의 방에 들어갔다고 기록했기 때문이다(스 10:6).

요세푸스는 여섯 번째 대제사장 얏두아에 대해 그가 노인이 되어 알렉산더 대왕과 같은 시기에 죽었다고 전한다.

3. 요야김 시대 제사장 가문의 우두머리들(느 12:12-21)

느헤미야 12장 12-21절은 대제사장 요야김 시대 제사장 가문의 우두머리들을 전한다. 이는 12장 1-7절과 동일한 명단이다. 다만 여섯 번째 핫두스 가문이 빠져 총 수가 22가문에서 21가문으로 줄어들었고, 열세 번째 미야민 가문의 철자가 약간 변형되었다.

4. 엘리아십, 요야다 및 요하난 시절의 레위인 가문의 우두머리들(느 12: 22-26)

느헤미야 12장 22-26절은 레위인들의 등록 문제를 다룬다. 본문은 약간 혼란스럽다. 22절에 따르면, 나머지 네 명의 대제사장(엘리아십, 요야다, 요하난 및 얏두아) 시절의 레위인의 우두머리들을 소개한다고 기록했다. 그리

고 이들의 이름은 바사 왕 다리오 때에 제사장도 책에 기록되었다고 서술한
다. 여기에서 말하는 다리우스는 다리우스 III세 코도마누스(기원전 335-
331년)를 말하는 것 같다. 그러나 느헤미야 12장 23절에 따르면, 나머지
세 명의 대제사장(엘리아십, 요야다 및 요하난) 시절의 레위인 가문의 우두
머리들을 소개한다고 기록했다. 이 경우 대제사장의 목록은 요하난, 즉 에
스라 시대까지이며, 마지막 대제사장 얏두아 시대가 빠지게 된다. 이는 아
마도 역대기 역사서가 성장하면서, 레위인들의 목록 역시 성장한 것 같다.

레위인 우두머리들의 구체적 목록은 계속되는 느헤미야 12장 24-26절
에서 소개한다. 레위인들의 직무로 다양하게 확장되었다. 레위인 고유의 직
무, 즉 제사장의 보조 업무(본문에서는 전제함) 및 창고지기(느 12:25)에서
찬양(느 12:24)과 문지기(느 12:25)가 덧붙여졌다. 에스라서와 느헤미야
의 많은 구절(역대기 역사서의 초기 편집층)에서 '찬양과 문지기'의 일을
레위인의 직무에 포함시키고 있지 않다.

V. 성벽 봉헌(느 12:27-43)

사건의 진행 과정으로 볼 때 느헤미야 12장 27-43절의 성벽 봉헌은 7장
1-3절과 연결된다. 12장 31, 38, 40절에서는 다시금 1인칭 문체로 기술되
었다. 역대기 사가는 성벽 봉헌을 일종의 성전 봉헌과 버금가는 의식으로
백성들과 제사장과 레위인의 의식이다.

레위인들을 소집했다. **각처에서 레위 사람들(느 12:27)과 노래하는 자들(느**
12:28)을 찾아 예루살렘으로 데려왔다. 느헤미야 12장 27-43절의 봉헌식의
보도에서는 역대기 사가의 특징 - 악기의 소개(제금, 비파와 수금; 27절),
느도바를 레위인의 거주로 소개하는 것(느 12:28), 제사장과 레위인의 정
결(느 12:30), 성문과 성벽의 정결(느 12:30), 나팔수로서의 제사장(느

12:35, 41), 이들을 다윗의 악기를 다루는 자들로 소개(느 12:36), 제사의 봉헌(느 12:43)과 축제의 즐거움(느 12:43) - 을 보여준다.

축제 행군의 출발점은 아마도 성 남서에 있는 골짜기 문(느 2:13, 15; 3:13; 대하 26:9)이었을 것이다. 그들은 성벽 위를 둘로 나눠 - 하나는 동으로 다른 하나는 서로 - 성 북쪽에 있는 성전 광장으로 행군했다.

동으로 행군하는 무리는 먼저 남으로 돌아(=오른) 북으로 향했다. 그들은 분문糞門(느 12:31)과 샘문(느 12:37)을 거쳐, 다윗 성에 이르러 성벽 층계로 올라가서 다윗의 궁 윗길에서 동으로 향하여, 첫째 행군의 마지막 지점인 수문을 지났다.

서 행군의 거점들은 느헤미야 3장 1-32절에 언급되어 있다: 화덕 망대(느 12:38; 3:11), 넓은 성벽(느 12:38; 3:8), 에브라임 문(느 12:39), 옛문(느 12:39; 3:6), 어문(느 12:39; 3:3), 함메아 망대에서 하나넬 망대(느 12:39; 3:1b), 양문(느 12:39; 3:1a). 마지막 거점은 감옥문(느 12:39)이다.

두 행군은 대략 도시 전체를 돈 것이다. 첫째 행군은 에스라에 의해 둘째 행군은 느헤미야에 의해 인도되었다. 역대기 사가는 에스라와 느헤미야가 동시대 활동한 것으로 묘사한다(느 8:9). 첫째 행군은 선두에 호세야가 서고 다음에 유다 지도자의 절반, 다음에 제사장 7명(아사랴, 에스라, 므술람, 유다, 베냐민, 스마야와 예레미야 느 12:33-34), 다음에 레위인 9명(스가랴, 스마야, 아사렐, 밀랄래, 길랄래, 마애, 느다넬, 유다와 하나니. 느 12:35-36).

둘째 행군은 백성의 절반이 따랐으며(느 12:38), 이와 함께 백성의 우두머리 절반(느 12:40b), 7명의 제사장(엘리아김, 마아세야, 미냐민, 미가야, 엘료에내, 스가랴와 하나냐. 느 12:41)과 9명의 레위인(마아세야, 스마야, 엘르아살, 웃시, 여호하난, 말기야, 엘람과 에셀. 느 12:42)이 따랐다.

에스라-느헤미야서에서 "기쁨"(의 축제)에 대해 네 번 언급했다. 첫 번째에는 새 성전의 기초를 놓을 때 사용되었고, 이때 눈물도 함께 언급되었다 (스 3:12). 두 번째는 성전 봉헌 때 언급되었다(스 6:16). 세 번째는 에스라 가 율법을 낭독한 후였다. 이때 느헤미야는 백성들에게 "너희는 가서 살찐 것을 먹고 단 것을 마시되 준비하지 못한 자에게는 나눠 주라 이 날은 우리 주의 성일이니 근심하지 말라 야훼로 인해 기뻐하는 것이 너희의 힘이다."라 고 말했다(느 8:10). 네 번째로 성벽을 봉헌할 때 언급되었다(느 12:43).

성벽을 봉헌하는 기쁨의 축제는 특별히 시편의 음악과 악기의 연주로 인 해 성대히 베풀어졌다(느 12:27, 36, 42). 또한 나팔을 부는 제사장들도 언 급했다(느 12:35). 느헤미야 자신은 기쁨의 진정한 이유를 "하나님이 그들 에게 큰 기쁨을 주셨기 때문이다"(느 12:43)라고 고백했다. 이는 인간의 공 적이 아니라, 즉 느헤미야의 지도력도 백성들의 노고도 아니며, 하나님의 은 혜이며 선물이기에 그들은 감사의 찬양으로 고백했다. 아마도 그들은 시편 126편의 한 구절을 노래한 것 같다: "야훼께서 우리를 위해 큰 일을 행하셨으 니 우리는 기쁘도다"(시 126:3).

VI. 제사장과 레위 사람에게 준 몫(느 12:44-47)

느헤미야 12장 44절에서 13장 31절까지는 10장 30-39절(히 31-40) 의 백성들의 의무에 대한 설명을 담고 있다. 느헤미야 12장 44-47절(느 13:4-13, 31)은 제사장과 레위인의 몫을 규정한 것으로 백성들이 바쳐야 하는 제물(느 10:32-39)과 상응한다. 성전에서 봉사하는 자는 누구나 공동 체에서 그들의 양식을 배려해야 한다. 이것은 이스라엘의 오래된 전통이다. 제사장과 레위 사람은 토지를 가져서는 안 된다. 그것은 야훼가 그들의 기업 이 되기 때문이다. 야훼 예배에 종사하는 자들에게는 백성들이 드리는 제물 로 그들의 양식을 삼아야 한다(참조 신 18:1-8).

제사장들과 레위인들의 몫은 거제물과 만물곡식과 십일조로 규정한다. 그들의 직무는 제의(=**하나님을 섬기는 일**)와 정결의식(=결례의 일), 합창대의 일과 **문지기의 일**이다. 여기에서 강조하는 점은 이 모든 일이 "율법에 정한 대로" 또한 "다윗과 그의 아들 솔로몬의 명령을 따라" 행했다는 것이다.

아삽을 다윗 시대의 노래하는 자의 지도자로 언급한다(느 12:46). 스룹바벨의 시대-느헤미야의 시대는 역대기 사가가 중요하게 여기는 관심사의 시대다(느 12:47).

VII. 설교 안내

1. 자원하는 심령

온갖 역경 끝에 예루살렘에 하나님의 성전이 세워지고, 또 백성들은 에스라가 들려주는 율법을 듣고 크게 깨달아 율법대로 살기로 결심했다. 이제 이러한 신앙상의 결심을 자신의 행동으로 보여주어야 한다. 예루살렘의 성전과 성벽이 재건되는 동안에 사마리아와 암몬 사람들은 끊임없이 방해했다. 이제 이 성전과 거룩한 도성을(합법적인) 유대 사람들이 지켜야 한다. 자신들이 살던 삶의 터전을 버리고 예루살렘과 그 주변 도시로 이주하여 살아야 한다. 먼저 지도자들이 모범을 보였다. 백성들의 지도자들이 모두 예루살렘에 정착했다. 나머지 백성은 추첨으로 십분의 일이 예루살렘에서 정착해야 했다. 십일조는 물질로만 드리는 것이 아니다. 삶 그 자체로 드려야 한다. 거룩한 성도를 지키기 위해 솔선수범하고 자원했다. 자원하는 자들에게 하나님은 축복했다.

오늘 우리 시대의 믿는 자들도 자신의 사적인 생활보다도 주의 거룩한 사업을 먼저 생각해야 한다. 주의 거룩한 사업을 위해 자원하는 심령을 가져야 할 것이다.

2. 성전 중심의 공동체

새로이 정착한 이스라엘 공동체는 예루살렘의 성전과 성산을 중심으로 모여 있다. 이 공동체는 성전에 모여 있으며, 성전을 봉사하는 공동체다. 성전과 성산에서는 하나님의 율법이 선포되고, 백성들이 야훼 하나님을 찬양하는 삶을 가장 이상적 삶으로 그리고 있다.

성전 중심의 이상은 이사야 예언이 완성되는 모습이다(사 2:1-3).

> ¹ 아모스의 아들 이사야가 받은 바
>
>   유다와 예루살렘에 관한 말씀이라
>
> ² 말일에
>
>   야훼의 전의 산이
>
>   모든 산 꼭대기에 굳게 설 것이요
>
>   모든 작은 산 위에 뛰어나리니
>
>   만방이 그리로 모여들 것이라
>
> ³ 많은 백성이 가며 이르기를
>
>   오라 우리가 야훼의 산에 오르며
>
>   야곱의 하나님의 전에 이르자
>
>   그가 그의 길을 우리에게 가르치실 것이라
>
>   우리가 그 길로 행하리라 하리니
>
>   이는 율법이 시온에서부터 나올 것이요
>
>   야훼의 말씀이 예루살렘에서부터 나올 것임이니라
>
>   ……

3. 성벽 봉헌과 기쁨의 축제

역대기 사가는 성벽 봉헌을 일종의 성전 봉헌과 버금가는 의식으로 온 백성이 참여하는 감사와 기쁨의 축제 의식으로 기술한다. 성벽을 봉헌하는 기쁨의 축제는 특별히 시편의 음악과 악기의 연주로 인해 성대히 베풀어졌다.

예배에 참석하는 구성원은 "전체 이스라엘"이다. 개개의 가족, 계층, 신분 모두가 민족으로 통합된다. 예배나 축제에서는 항상 사회적 계층 간의 제한이 철폐된다.

이스라엘 예배의 중요한 특징은 기쁨을 공유하는 것이다. 하나님의 은혜의 선물을 기쁘게 누리고 무엇보다도 다함께 누리는 것이 전면에 서 있다. 민족 전체가 차별 없이 예배에 참석하여, 야훼의 축복을 다함께 누리는 것에 있다.

느헤미야 자신은 기쁨의 진정한 이유를 "하나님이 그들에게 큰 기쁨을 주셨기 때문이다"(느 12:43)라고 고백했다. 하나님께서 베풀어 주신 은혜이기에 감사와 찬양을 드려야 한다. 우리는 예배 때마다 하나님께서 우리에게 베풀어 주신 은혜를 먼저 감사와 찬양으로 돌려보내야 한다.

제22장
제사장과 레위인의 갈등과 화해

I. 문제 제기

  기원전 587년 예루살렘이 바벨론에 의해 점령당하면서, 이스라엘 민족
은 국가 멸망이라는 비운과 함께 종교적으로도 중대한 위기를 맞게 되었다.
이러한 위기에 대해 다양한 집단들이 자신들의 관점과 이해 방식으로 해결하
고자 모색했다. 이러한 활동의 흔적들이 구약 여러 곳에 문헌으로 남아 있다.
  이스라엘 역사의 발전은 단선적으로 이해하지 않고, 다양한 사회적 집단
이 함께 활동한 다선적 역사로 이해해야 한다.[1] 특별히 포로기에는 매우 다
양한 (사회적) 집단이 활동했다.[2] 포로 후기에는 이러한 다양한 사회적 집

---

1) 참조 한동구, 『고대 이스라엘의 사회사』(서울: 대한기독교서회, 2001).
2) 알베르츠는 포로기에 사회적 집단이 다양할 수밖에 없는 이유를 설득력 있게 제시했다: "전승
  집단 중 어떤 집단도 다른 집단들에 앞서 유일한 집단으로 통용시킬 정치적 힘을 갖지
  못했다." 라이너 알베르츠, 『이스라엘 종교사 II』, 강성열 옮김 (고양: 크리스챤다이제스트,
  2004), 31-42. 원제는 R. Albertz, *Religionsgeschichte Israels in alttestamentlicher
  Zeit* 2 (ATDE 8/2) (Göttingen: Vandenhoeck & Ruprecht 1992), 145-146.

단의 대부분이 주도적인 제사장 집단으로 흡수 통합되었다. 물론 여기에 속하지 않은 소수의 다양한 집단들도 있었다.

　필자는 이전 "포로기의 성전 사상"[3]에서 포로기 동안에 활동했던 다양한 사회적 집단들을 크게 두 부류로 나눌 수 있음을 보여주었다. 먼저 예루살렘과 성전을 중심으로 한 신앙생활을 주장하는 집단으로 신명기 사가와 제사장 집단이 있으며, 이와는 달리 탈제의적 신앙생활과 범이스라엘을 주장하는 집단이 있었다. 야뷔스트는 성전으로 찾아가는 신앙생활 대신에 하나님께서 일상 속으로 찾아오시는 신앙을 강조했으며, 예언자 집단은 종래의 성전 중심적 지도자론을 극복하고, 하나님(의 영)에 의한, 카리스마적인 지도자론을 전개했고, 정치무대에서는 대체로 지방의 장로들이 지도자로 부상했다.

　이러한 차이와 대립은 때로는 갈등으로 발전되었다. 종교적인 집단들 사이에서 커다란 갈등의 흔적을 볼 수 있다. 제사장들은 예루살렘과 성전 중심의 신앙을 주장한 반면, 레위인들은 야훼 하나님의 헌신을 강조한다. 이러한 차이는 포로기와 그 이후의 역사에서 두 집단 사이의 엄청난 갈등으로 발전되었다.

　이러한 갈등의 소용돌이 속에서 레위인들의 지위가 크게 변화되었다(= 오르기도 하였고, 내리기도 하였다). 이 장에서는 레위인들의 지위의 부침을 역사적으로 고찰하고자 한다. 제사장 집단과 레위인들 사이의 갈등의 클라이맥스는 포로기였으나, 이들 사이의 화해의 역사는 포로 후기에야 이루어졌다. 따라서 이 글에서는 포로기라는 경계를 넘어서는 것이 불가피하다.

　제사장 집단과 레위인들 사이의 갈등의 역사는 신명기 개혁운동에서 제사장과 레위인의 관계를 고찰하는 것에서 시작하고자 한다. 왜냐하면 신명기 개혁운동에서 레위인의 지위가 상승하여 제사장과 대등한 위치로 올려놓

---

3) 한동구, "포로기의 성전사상," 『구약논단』 제18집 (2005. 8), 53-73.

았기 때문이다. 그 후 제사장과 레위인 사이의 대등한 지위는 파괴되고, 레위인의 몰락과 상승의 역사는 헬레니즘 시대에 이르기까지 반복했다.

II. 제사장과 레위인과의 초기 관계

1. 신명기 개혁운동에서의 제사장과 레위인

레위인의 지위 변화[4]는 비교적 긴 역사를 가지고 있다. 고대 이스라엘 역사의 초기에 "레위인은 누구이며, 무슨 일을 했는가?"에 대해 정확히 개념을 정의하는 것은 불가능하다. 다만 신명기 개혁운동[5]에서 비로소 그 정체를 알 수 있다.

레위인이란 지방 성소에서 활동하던 제사장을 말한다.[6] 지방 성소 중에서 많은 경우 확고한 건물을 갖춘 성전이 있다기보다는 높은 언덕 위에 단지 제단만을 갖춘 경우가 많다. 따라서 지방 성소는 산당(בָּמוֹת 바마)이라고 부르는 경우가 많다. 예배의 중앙 통일화로 인해 지방 제사장들은 중앙 제사장들과 동등한 권리를 갖고 중앙에서 일할 수 있게 되었다. 신명기 18장 6-8절은 지위나 경제적 수입도 동등해야 한다고 주장한다. 아마도 개혁운동 초기에는 이러한 법이 잘 통용되었을 것이다.

신명기 18장 2절에 따르면,[7] 레위인을 포함하여 제사장은 다른 일반 백

---

4) 한동구, "헬레니즘이 유대문화에 미친 영향," 『현상과 인식』 제26집 제4호 (2003년 겨울), 132-149.

5) 이 점에 대해 한동구, 『신명기 해석』(서울: 도서출판 B&A, 2004), 130-153을 참조하시오. 신명기 이전 시대에도 지방 성소의 제사장으로 활동했다. 참조 W. Zimmerli, "Erstgeborene und Leviten," ders, *Studien zur alttestamentlichen Theologie und Prophetie* (ThB 51) (München: Chr. Kaiser Verlag, 1974), 235-246.

6) 이에 대한 논쟁사를 알베르츠, 『이스라엘 종교사 II』, 125-128을 참조하라.

7) 신 18:1-8의 본문은 시간의 흐름과 함께 성장의 흔적을 보여주고 있다. 신 18:1과 3a에서

성과 같이(=그의 형제 중에서) 생업에 종사할 수 있는 토지(=기업)를 가져
서는 안 된다. (이미) 제사장에 대해 규정한 바와 같이(=그에게 말씀하신
바와 같이), 야훼가 곧 그의 기업이다. 18장 3절에서부터 보다 구체적으로
그 내용을 규정한다: '소나 양'으로 드리는 친교제물의 일부, 앞다리와 두 볼
과 위가 제사장이 받을 수 있는 몫이다.[8] 이러한 규정의 신학적 동기를 야훼
의 선택에 두고 있다(신 18:5). 야훼의 제사장은 야훼를 섬기는 직무를 그의
특권으로 부여받았으므로, 그는 거룩한 종교적 직무 외에 세속적인 생업에
종사하지 말 것이며, 세속적인 재산을 소유하지 말 것을 규정한다.

계속하여 레위인의 지위를 규정한다. 그들이 지방에서 예루살렘으로 이
주하여 제사장으로 활동하기를 원할 경우 종래의 예루살렘의 제사장과 동일
한 제의적 지위[9]와 동일한 몫을 받을 수 있도록 규정한다(신 18:6-8). 열왕
기하 23장 8절에서는 유다의 (게바에서 브엘세바의) 모든 도시들로부터 제
사장들이 예루살렘으로 왔음을 상기시킨다.

는 주어가 복수로 나오나, 신 18:2과 3b에서는 단수로 언급되었다. 이 점은 제사장과 레위인
의 지위 변동과 함께 신 18:1에서 주어의 표현과 내용이 확대된 흔적을 보여준다. 신 18:2
의 내용이 신명기 개혁운동의 내용으로 보인다. 아마도 신 18:3a의 מִשְׁפַּט הַכֹּהֲנִים(미쉬
파트 하코하님: 제사장들의 법)에 대한 규정과 함께 주어가 복수로 확장된 것 같다.
8) '곡식과 포도주와 기름의 첫 열매'와 '양털의 첫 열매'를 제사장의 몫으로 규정한 4절의 규정
은 후기에 확장된 본문으로 여겨진다. 신 26:1-11(특히 신 26:10)에서도 농산물의 첫 열
매를 백성들이 바쳐야 함을 규정한다. 그러나 이는 제사장의 몫으로 규정한 것이 아니라,
(신명기의 축제-) 예배를 위해 사용할 것으로 규정한다. 참조 한동구,『신명기 해석』(서
울: 도서출판 B&A, 2004), 272-298, 특히 278-286. 첫 열매의 사용 용도에 대해 분명히
규정하고 있지는 않지만, 아마도 (축제-) 예배의 비용과 사회적 약자를 돕는 비용으로 사용
되었을 것이다.
9) 레위인의 제의적 지위를 나타내는 표현은 히브리어 두 동사를 통해 표현되었다: (신
18:7a) 그는 그의 하나님 야훼의 이름으로 섬길 수 있다(שָׁרַת 샤라트). (신 18:7b)
그의 모든 형제와 같이 레위인은 그곳 야훼 앞에서 설 수 있다(עָמַד 아마트). 두 단어
모두 제의적 섬김을 표현하는 동사로 사용될 수 있다. 이 점은 신 18:5에서 잘 나타내
준다. 그러나 후자(עָמַד 아마트)는 단순한 보조적 업무로도 볼 수 있다. 만약 그렇다면
신 18:7a(שָׁרַת 샤라트)은 후기에 레위인의 지위변화에 맞추어 추가된 부분으로 보아야
한다.

2. 제사장과 레위인의 초기 갈등

그러나 시간이 지나면서, 신명기 개혁운동 초기의 생생한 정신들이 계속 유지되지 못하고, 내부의 갈등으로 발전되었다. 따라서 신명기 18장 1-8절의 규정들도 계속 지켜지지 못했다. 예루살렘에서 원래부터 활동했던 제사장들과 지방에서 올라온 레위인들 사이에 갈등이 발생했고, 이 갈등에서 레위인들의 지위가 강등되었다. 레위인들은 제사장의 권리를 박탈당하면서 사회적 하층민으로 몰락했다. 제사장과 레위인의 갈등을 묘사하는 초기의 본문은 열왕기하 23장 8-9절이다.

열왕기하 23장 8-9절

8aα וַיָּבֵא אֶת־כָּל־הַכֹּהֲנִים מֵעָרֵי יְהוּדָה
그는 모든 제사장을 유다 (모든) 도시들에서 불러왔으며,

8aβ וַיְטַמֵּא אֶת־הַבָּמוֹת
그는 산당들을 부정하게 하고

8aγ אֲשֶׁר קִטְּרוּ־שָׁמָּה הַכֹּהֲנִים מִגֶּבַע עַד־בְּאֵר שָׁבַע
게바에서 브엘세바까지 (산재한) 제사장들이 분향하던

8b וְנָתַץ אֶת־בָּמוֹת הַשְּׁעָרִים …
또 성문의 산당들을 헐어버렸다. …

9aα אַךְ לֹא יַעֲלוּ כֹּהֲנֵי הַבָּמוֹת אֶל־מִזְבַּח יְהוָה בִּירוּשָׁלָ͏ִם
산당의 제사장들은 예루살렘의 야훼의 제단에 올라갈 수 없고

9b כִּי אִם־אָכְלוּ מַצּוֹת בְּתוֹךְ אֲחֵיהֶם׃
다만 그들의 형제들과 함께 (제사장의) 몫10)을 먹을 뿐이었다.

---

10) 주석자들(예를 들어 Kuenen 등)은 이를 필사 오류로 간주하고 מִנְיוֹת(머나욜⟨מְנָת 머낱: 일부, ⟨제사장에게 배당되는⟩ 몫)으로 읽을 것을 제안했다. 한글번역에서는 모두 "무교병(만을)"이나, 이를 번역하여 "누룩이 들지 않은 빵(만을)"으로 번역했다. 제물 중에서 유월절 제물인 무교병만을 먹도록 했다는 한글 번역의 읽기는 전체 문맥에 상응하지 않는다. 따라서 필자도 "몫"으로 번역했다.

열왕기하 23장 8절에서는 유다 전국의 – 게바에서 브엘세바까지 – 모든 도시에서 활동했던 지방 제사장들(=레위인)이 예루살렘으로 올라왔다는 사실을 보도한다. 그리고 23장 9절에서는 산당에서 활동했던 제사장들은 예루살렘의 제단에서 일(활동)하지 못하게 했다. 그러나 이들에게도 제의 활동의 결과로 제사장에게 주어지는 제물의 몫은 배당되었다.

지방 제사장들(=레위인)이 신명기 개혁에 동참했다는 것은 명백한 사실이다.11) 예배의 처소를 중앙에 통일화시킨 것은 종교적 동기에서라기보다는 정치적·종교적 동기에서 기인했다. 지방 제사장들(=레위인)은 국민 총화를 이루기 위해 자신들의 삶의 터전인 지방 성소를 모두 포기했다. "한 하나님·한 예배 처소·한 민족 공동체"라는 목표를 위해 자기희생에 근거한 자발적 참여에서 이뤄낸 것이다.12)

그러나 열왕기하 23장 8-9절에서 지방 성소(=산당)를 우상 숭배의 근거지로 보고 폐지해야 한다는 관점을 처음 보도한다. 예배 처소를 정화한다는 관점은 결코 신명기 개혁운동의 관점이 될 수 없고, 신명기 개혁운동의 정신이 소멸된 이후, 다른 관점에서의 시각이다. 아마도 제사장 집단 내부에서 본래의 예루살렘 제사장들과 지방에서 이주해 온 레위인들 사이의 정치적·종교적 갈등이 생겨났으며, "지방 성소(=산당)를 우상 숭배의 근거지"로 보는 시각은 예루살렘 제사장들이 지방 제사장을 비난하는 음성의 일환으로 여겨진다.

그럼에도 "제사장에게 주어지는 제물의 몫을 배당"했다는 보도에서 다음 두 가지 사실을 짐작할 수 있다. 첫째로 레위인들의 존재가 정치적으로 완전히 무시하기에는 비교적 큰 집단이었다는 점이다. 둘째로 레위인들의 존재를 종교적으로 완전히 무시하기에는 신명기 개혁운동이 기억 속에 아직 남아 있는 과거의 사건이라는 점이다.

---

11) 한동구, 『신명기 해석』, 138-141, 148-149.
12) 한동구, 『고대 이스라엘의 사회사』, 71-95.

신명기 18장 1-8절에서는 예루살렘의 제사장들과 지방 제사장(=레위인)들 사이에 동등한 권한이 인정되었으나, 에스겔 44장에서는 지방 제사장들을 우상 숭배한 제사장들로 규탄하고, 이들은 성전의 잡역부로만 일할 수 있다고 규정하였다. 이 세 본문의 관계를 신명기 18장 6-8절에서 열왕기하 23장 8-9절을 거쳐 에스겔 44장으로 발전해 갔다고 보는 것이 옳다.

열왕기하 23장 8-9절은 지방 제사장과 예루살렘 제사장 사이에 갈등이 있었고, 그 갈등의 한 시점을 묘사해 주고 있다고 보아야 한다. 이 갈등은 신명기 개혁이 실질적으로 더 이상 발전해 가지 못하고, 어떤 심각한 장애로 말미암아 소진되어 갈 때 일어난 내부의 자리다툼으로 보아야 한다. 실제 요시야 왕이 죽음으로써 신명기 개혁은 마비되어 갔다. 예루살렘의 제사장들은 자신의 기득권을 다시 찾고자 했고, 23장 8-9절에서 보는 바와 같이 평화로운 해결은 불가능했다. 아마도 초기에는 지방 제사장(=레위인)의 존재를 완전히 부인할 수 없었기 때문에 부분적으로 승인할 수밖에 없었다.[13] 그러나 포로기에 접어들면 권력투쟁에서 완전히 패배함으로써 우상 숭배자로 몰려 정죄당한다.

Ⅲ. 제사장과 레위인의 갈등

포로기(기원전 587-515년)와 포로 후기 초기에 제사장들과 레위인들 사이에 심각한 투쟁이 있었다. 레위인들을 지지하는 친레위적 성서 본문은 창세기 29장 31-35절부터 30장 1-24절(참조 창 35:16-18), 출애굽기 32장 25-29절, 신명기 33장 8-11절, 예레미야 33장 22절 및 말라기 2장 4절 등이며, 레위인들을 반대하는 반레위적 성서 본문은 민수기 16-17장,

---

13) 신명기에 나오는 레위인을 위한 자선의 규정, 예 신 12장 19절은 바로 여기에 해당된다.

열왕기하 23장 5절과 에스겔 44장 9-14절 등이다.

1. 친레위적 입장 I(창 29:31-35 - 30:1-24; 참조 창 35:16-18)

창세기 29장 31-35절부터 30장 1-24절(참조 창 35:16-18)에서는 야곱의 12아들이 출생하는 과정을 묘사한다. 여기에 사용된 많은 어휘들은 전형적인 야뷔스트의 언어임을 보여주고 있다. "야훼께서 레아가 사랑 받지 못함을 보셨다"(창 29:31), 또한 "야훼께서 레아의 괴로움을 돌보셨다"(창 29:32). 이처럼 야훼께서는 그의 백성의 고난을 보신다(ראה 라아). 야훼는 하갈의 곤궁을 보시며(창 16:11), 애굽에 있는 그의 백성의 고난을 보신다(출 3:7). 야훼 하나님은 그의 백성의 고통을 외면하지 않으시고 돌아보신다.

또한 "야훼께서는 레아가 사랑받지 못함을 들으시고"(창 29:33) 그녀에게 두 번째 아들 시므온을 낳게 하여 그녀의 곤궁을 신원하셨다(창 29:33). 야훼께서는 그의 백성의 곤궁을 들으신다(שמע 샤마). 하갈과 이스마엘의 곤궁을 들으시고 그들에게도 큰 민족을 약속해 주셨다(창 16:11). 그리고 이스라엘의 곤궁(עני 아나; 출 3:7, 16)을 들어주셨다. 레빈이 야뷔스트의 편집 연대를 포로기로 보고 있듯, 이러한 표현들은 모두 포로기적 상황에서 읽을 때, 의미 있는 표현으로 이해된다.[14]

야곱이 이스라엘로 상징되면서(창 32:28), 야곱의 12아들은 야곱의 소생을 의미할 뿐 아니라, 이스라엘의 12지파를 상징하기도 한다. 제 2이사야에서 야곱과 이스라엘이 종종 동일시된다.[15] 또한 창 32장 28절(히 29)에서는 야곱과 이스라엘을 동일시한다. 그는 브니엘에서 씨름을 하고 난 후에

---

14) 레빈, 『편집자 야훼기자』, 637-690.
15) 사 40:27; 41:14; 42:24; 43:1, 22, 28; 44:1, 21, 23; 45:4; 46:3; 48:12; 49:5; 참조 시 14:7; 22:23; 53:6; 78:5, 21, 71; 81:4; 105:10, 23; 114:1; 135:4; 사 9:8; 10:20; 14:1; 27:6; 29:23; 렘 2:4; 10:16; 미 2:12; 3:1, 8, 9….

그의 이름을 이스라엘이라 부르는 것이 허락되었다(창 32:24-30/히 25-31).

이스라엘이 12지파 체제로 조직된 것으로 이해한 것은 왕조시대의 행정-사회조직과는 다르다. 왕조시대에는 왕과 그의 신하들 그리고 전국에 퍼져 있는 성들(도시들: עִיר 이르)로 구성된 행정-사회조직 체제다. 각 성에는 중앙에서 파견된 군사 지도자들과 지역의 대표자들인 장로들에 의해 대표되었다. 지파 체제는 고대 이스라엘의 사사시대에 대한 회상이다. 실제 사사시대의 사회조직이 지파 체제로 이루어졌는지는 역사적으로 분명히 입증할 수 없다.

한편 기원전 8세기의 예언자들은 지파에 대해 전혀 관심을 갖지 않았다. 신명기에서 다시금 나타난다(참조 신 12:14).[16] 아마도 이 구절은 신명기적 계열의 후기 본문으로 왕조시대 이후의 상황에서 이스라엘 사회를 이상적으로 형성시키려는 의도에서 이루어진 것으로 보인다. 지파에 대한 본격적인 관심은 포로기부터다.[17]

---

16) 최고의 정치적 권위(권력)가 중앙 정부에 부여된 것이 아니라, 민족의 총회에 주어졌다. 중앙 정부가 없었던 지파 공동체에 대한 회상을 통해 아마도 신명기 저자는 당시 현존했던 정치적·경제적 격차에 반해 평등 의식을 불러일으키고자 했을 것이다. 지파에 대한 언급은 소속의식을 전제한다. 따라서 신명기 편집자는 과거 지파들 사이의 연대감을 가졌던 관습을 상기시켰고, 이를 통해 현재를 위한 공동체성과 연대감을 얻고자 했다. 신 12:14a에서 지파들에 대한 언급을 후기의 보충물로 보는 이들이 있었다. 예를 들어 G. Nebeling, *Die Schichten des deuteronomischen Gesetzeskorpus. Eine Traditions- und redaktionsgeschichtliche Analyse von Dtn 12 - 26*, Diss. ev. Theol. (Münster 1970), 35, 43; M. Rose, *Der Ausschließlichkeitsanspruch Jahwes*, 66 주 3, 77 주 2.

17) 알베르츠, 『이스라엘 종교사 II』, 19.

2. 친레위적 입장 II(출 32장 25-29절)

1) 구조와 역사적 삶의 자리

현 본문은 세 단락으로 구분되어 있으며, 각 단락은 모두 모세의 행동으로 시작한다. 출애굽기 32장 26-29절은 백성들의 방자한 행동으로 인해 (국가의 멸망에서와 같이) 적에게 패하게 되고 그로 인해 주변의 적들에게 조롱거리가 되었다는 위기의 상황을 보도한다. 이러한 위기 상황을 극복하기 위해 결단해야 하는 순간이 주어졌고, 이 순간에 레위인들은 책임 있는 행동을 하고, 그 결과로 상응하는 보답을 받았다는 내용을 보도한다. 내용상으로도 짜임새 있게 잘 구성된 의도적인 편집물이다.

위기의 상황: 출애굽기 32장 25절 - 모세가 백성들을 보았다

25aα וַיַּרְא מֹשֶׁה אֶת־הָעָם 모세가 백성들을 보았다

25aβ כִּי פָרֻעַ הוּא 그들은 방자했다

25bα כִּי־פְרָעֹה אַהֲרֹן 이는 아론이 그들을 방자하게 했기 때문이다

25bβ לְשִׁמְצָה בְּקָמֵיהֶם: 그들의 원수들에게 조롱거리가 되었다

책임 있는 행동 출 32장 26-28절 - 모세는 서서 말했다

26aα וַיַּעֲמֹד מֹשֶׁה בְּשַׁעַר הַמַּחֲנֶה 이에 모세는 진지의 문에 서서

26aβ וַיֹּאמֶר 그는 말했다:

26aγ מִי לַיהוָה אֵלַי 누구든지 야훼 편에 있는 자는 내게로 모여라

26b וַיֵּאָסְפוּ אֵלָיו כָּל־בְּנֵי לֵוִי: 그러자 레위 자손이 다 그에게로 모였다

27aα וַיֹּאמֶר לָהֶם 모세가 그들에게 말했다

27aβ כֹּה־אָמַר יְהוָה אֱלֹהֵי יִשְׂרָאֵל 이스라엘의 하나님 야훼께서 이렇게 말씀하셨다

27aγ שִׂימוּ אִישׁ־חַרְבּוֹ עַל־יְרֵכוֹ 너희는 각각 허리에 칼을 차라

27aδ עִבְרוּ וָשׁוּבוּ מִשַּׁעַר לָשַׁעַר בַּמַּחֲנֶה 진 이 문에서 저 문까지 왔다갔다

(= 왕래)하며

27b וְהִרְגוּ אִישׁ־אֶת־אָחִיו וְאִישׁ אֶת־רֵעֵהוּ וְאִישׁ אֶת־קְרֹבוֹ: 각 사람이 그 형제를, 각 사람이 자기의 친구를, 각 사람이 자기의 이웃을 죽여라!

28a וַיַּעֲשׂוּ בְנֵי־לֵוִי כִּדְבַר מֹשֶׁה 레위 자손이 모세의 말대로 행하여

28b וַיִּפֹּל מִן־הָעָם בַּיּוֹם הַהוּא כִּשְׁלֹשֶׁת אַלְפֵי אִישׁ: 이 날에 백성 중에 삼천 명 가량이 죽었다

상응하는 보상: 출 32장 29절 – 모세가 말했다

29aα וַיֹּאמֶר מֹשֶׁה 모세가 말했다

29aβ מִלְאוּ יֶדְכֶם הַיּוֹם לַיהוָה 오늘 야훼께 헌신하여라(= 제사장의 직무를 온전히 다하다)

29bα כִּי אִישׁ בִּבְנוֹ וּבְאָחִיו 각 사람이 자기의 아들과 자기의 형제를 대적했으므로

29bβ וְלָתֵת עֲלֵיכֶם הַיּוֹם בְּרָכָה: (그가) 오늘 너희에게 복을 내리시리라

출애굽기 32장 26-29절의 삶의 자리를 찾는 일은 간단치 않다. 다만 "위기의 상황"을 묘사한 25절에서 암시해 주고 있다. 백성들은 방자하며, 이들을 방자하게 만든 이는 아론으로 규탄한다. 방자함으로 인해 그들의 적대자들 사이에서 조롱거리가 되었다. "'조롱거리'가 되다"는 말의 의미가 분명치 않으나, 적에게 패하여 비참한 처지에 빠짐으로 이러한 현상을 적들이 즐거워하고, 또 조롱거리로 삼았다. 이러한 현상은 국가의 멸망과 관련하여 구약에서 흔히 묘사된 현상이다. 비록 언어적 표현은 다양하게 사용되었지만 유사한 현상이 유다의 국가 멸망과 관련하여 빈번하게 사용되었다: 렘 20:7; 48:26, 27, 39; 애 3:14(שָׂחַק 쉬호크: 웃다, 조롱하다); 렘 19, 8:25, 9, 18; 29:18; 51:37; 미 6:16; 대하 29:8(שְׁרֵקָה 쉬레카: 쉬소리, 조롱); 겔 22:4, 5(동사형; קָלָסָה 카리사: 비웃음, 조롱). 이러한 점에 비추

어 현 본문은 포로기적 상황을 전제한다. 그 이전으로 소급할 수는 없다.

한편 위기의 상황에 직면하여 책임 있는 행동을 하고 상응하는 보답을 받는 의도된 구조를 이루고 있다. 이러한 구조는 창세기 32장 24-32절(브니엘에서 야곱의 씨름)과 출애굽기 1장 15-22절(히브리 산파들의 경건한 행동)에서도 볼 수 있다. 이러한 구성물은 야훼 하나님의 일방적 개입을 말하는 야뷔스트나, 율법의 준수를 전면에 내세우는 신명기 사가의 주장과는 다른 신학적 음성이다. 야훼의 이름을 사용한다는 점에서 엘로히스트로 국한할 수도 없다.

이러한 신학적 음성은 하나님의 소속성(출 32:26-29), 하나님의 얼굴을 향한 경건성(창 32:24-32) 및 하나님을 두려워하는 경외심(출 1:15-22)을 강조한다. 국가의 멸망이라는 위기의 상황을 극복하기 위해 인간의 책임성을 강조하는 다양한 신학적 집단들이 있었으며, 그중 하나로 여겨진다. 성전을 중심으로 국가의 권력 체계가 확립된 이후에는 이러한 신학적 주장의 가능성이 희박하다는 의미에서 제2성전에서 권력 체제가 확립되기 이전으로 추측된다.

2) 전승사적 이해

현 본문은 짜임새 있게 잘 구성된 의도적인 편집물임에도 불구하고, 각 단락별 인과적 연결성이 미흡할 뿐 아니라, 인용과 반복으로 부자연스러운 연결을 볼 수 있다. 백성들의 방자함에 대해 하나님께서 적에게 조롱거리가 되게 함으로써 그 상응하는 대가를 지불하게 했다. 그 후에 레위인들의 정화적 행동이 다시금 상세히 보도된다. 이것은 백성들의 방자한 행동에 대한, 적에 의한 조롱 외에 또 다른 반응으로, 중복된 보도라 할 수 있다.

또한 레위인들의 책임 있는 행동에 상응하는 보답으로 제사장적 직무 수행의 권한이 부여되었다. 이 보상은 위기 상황(=적의 조롱거리)의 극복과 다소 거리가 있는 것으로 여겨진다. 적의 조롱이라는 위기에 제사장의 직무

수행이라는 보답은 다소 어색한 연결이다.

(1) 초기 갈등 전승

현 본문에는 여러 가지 인용문을 보여준다.

첫째 출애굽기 32장 29b절에서 (최소한) 이유절은 인용문으로 볼 수 있다: כִּי אִישׁ בִּבְנוֹ וּבְאָחִיו (כִּי)(키 이쉬 비버노 우버아히브; 출 32:29bα 각 사람이 자기의 아들과 자기의 형제를 대적했으므로). 여기에 이어지는 부정사 구문(출 32:29bβ)을 인용문의 연장으로도 볼 수 있다. 그러나 축복의 수용자를 2인칭 복수로 칭하여 축복을 현재화하고 있으므로, 편집자에 의한 문장으로 볼 수 있다:

וְלָתֵת עֲלֵיכֶם הַיּוֹם בְּרָכָה:

(출 32:29bβ; 그가 오늘 너희에게 복을 내리시리라).

'자신의 자녀들과 형제들을 적대시하는 행위'의 삶의 자리와 역사적 자리는 어디일까? 현 본문은 분명한 역사적 근거점을 제시하고 있지 않다. 또한 의로운 행위에 대한 보답으로 내려진 축복(בְּרָכָה 버라카)은 모든 시간대에 가능하도록 했다. 다시 말해 현재화를 추구하므로 역사적 자리와 연결되기 어렵다. 또한 칭찬받을 만한 행동을 하는 자가 누구인가? 인용문에서는 아직 구체적으로 언급하고 있지 않다. 이 인용문이 현 문맥에 들어옴으로써 그를 레위인으로 이해할 수 있게 되었다. 현 문맥에 들어오기 이전에는 레위인만을 의미하는 것은 아니었다.

출애굽기 32장 29b절이 제의적 개혁과 관련되므로, 역사적으로 몇 가지 연결점을 찾을 수 있다. 유다 왕 아사는 그의 어머니 마아가가 우상 숭배를 해 태후의 직위를 폐위시켰다(왕상 15:13). 예후의 혁명에서 바알을 섬기는 자들과 그 주변의 정적들을 모두 살해했다(왕하 9f.장). 이러한 역사적 사건과의 연결은 매우 임의적이다.

(2) 레위인들의 투쟁 전승

'자신의 자녀들과 형제들을 적대시하는 행위'(출 32:29bα)에 상응하는 보답은 두 차례 반복된다: 출애굽기 32장 29aβ절과 29bβ절. 첫 번째 보답은 מִלְאוּ יֶדְכֶם הַיּוֹם לַיהוָה(밀우 야드켐 하욤 라야훼; 출 32:29aβ 오늘 야훼께 헌신하여라=제사장의 직무를 온전히 다하라)이다. 여기에서 "너희의 두 손을 야훼를 위해 가득 채우다"라는 표현은 "제사장의 직무를 수행하다"라는 표현으로 이해된다. "레위인들"에게 제사장의 직무를 수행하도록 허락하는 내용이다.

두 번째 보답은 וְלָתֵת עֲלֵיכֶם הַיּוֹם בְּרָכָה(버라테트 알레켐 하욤 버라카; 출 32:29bβ; 오늘 너희에게 복을 내리시리라)이다. 여기서 "너희"를 문맥에서 이해할 때 레위인으로 이해할 수 있으나 "축복"(בְּרָכָה 버라카)은 하나님의 뜻을 따르는 사람들 누구에게나 내려질 수 있다는 점에서 특정 계층이나 특정 시간에 국한되지 않고, 모든 사람들에게 항상 현재적으로 추구될 수 있다.

레위인들의 제사장 직무권을 수호하는 전승은 위기의 상황(출 32:25)에서 시작한다. 그리고 레위인들에게 제사장의 직무를 수행하도록 허락하는 내용은 레위인들의 책임 있는 행동(출 32:26-28)과 연결된다. 레위인들의 행동은 출애굽기 32장 29bα절의 인용문과 중복된다. 아마도 짧은 이 인용을 레위인들과 관련시키면서 보다 긴 문장으로 전환시킨 것이다.

출 32장 29bα절		출 32장 27bβ절	
		וְהִרְגוּ	죽여라
אִישׁ בִּבְנוֹ	각 사람이 자기의 아들과	אִישׁ־אֶת־אָחִיו	각 사람이 그 형제를
וּבְאָחִיו	자기의 형제를 대적했으므로	וְאִישׁ אֶת־רֵעֵהוּ	자기의 친구를
		וְאִישׁ אֶת־קְרֹבוֹ	자기의 이웃을

모세는 먼저 야훼께 속한 자와 그렇지 못한 자 사이의 구별을 시도한다: מִי לַיהוָה אֵלָי(미 라야훼 엘라이; 출 32:26aβ "'누구든지 야훼 편에 속하는 자'는 내게로 모여라!"). 결단을 촉구하는 상황은 여호수아 24장에서 야훼와 조상들이 섬겨 왔던 신들 사이의 선택 상황과 유사하다. 이러한 선택/결단의 순간에 레위인들은 야훼 편에 서게 되었다. 그러자 모세는 그들에게 명령하여 행동하게 한다. 명령문은 동사 3개로 시작한다: שִׂימוּ(쉼우: 칼을 차라), עִבְרוּ וָשׁוּבוּ(이브루 봐슈부: 왔다갔다 하라!), וְהִרְגוּ(버히르구: 죽여라). 그리고 레위인들은 모세의 명령과 같이 행동했음 כִּדְבַר מֹשֶׁה(키드바르 모세: 모세의 말대로)을 강조하여 보도한다. 이런 행동의 결과로 그들은 최고의 보상을 받는다: מִלְאוּ יֶדְכֶם הַיּוֹם לַיהוָה(밀우 야드켐 하욤 라야훼, 출 32:29aβ; 너희는 오늘 제사장의 직무를 온전히 수행하라). 현 본문은 아론으로 언급되는 제사장 집단과 레위인들 간의 갈등 속에서 레위인들은 그들의 제사장 직무권을 수호하기 위해 주장하는 글로 생각된다.[18] 레위인들의 제사장 직무권은 그들이 바른 선택을 했다는 점과 모세의 전통을 계승하고 있다는 점에 근거한다. 다시 말해 신명기 사가의 주장을 전제한다. 그럼에도 제사장 집단과 레위인들 사이의 갈등은 성전에서 권력 체계가 확립된 상황에서는 무의미하다는 점에서 왕조시대에나 제2성전 시대에는 불가능하다. 이러한 점을 고려할 때 포로기나 포로기 전환기의 상황에서 형성된 본문으로 여겨진다.

그리고 여기에 이어지는 인용문은 제사장 직무권에 관련된 문제를 일상의 축복의 문제로 전환시키며, 또한 위기의 상황에서 일상화된 모든 상황으로 전환시키고 있다.

---

18) 출 32:25-29과는 다른/반대의 표현으로 레위인들의 제사장 직무권을 주장하는 본문이 있다: 왕상 12:31.

3. 친레위적 입장 III(신 33:8-11)

1) 신명기 33장의 형성 연대

신명기 33장 8-11절은 레위인들에게 내려진 축복으로 모세가 죽기 전에 이스라엘 자손에게 내려 준 축복(신 33장)의 한 부분이다. 신명기 33장의 형성 연대를 정확히 고정하기란 쉽지 않다. 다만 아래의 몇 가지 단서들로부터 포로기 이전에는 형성되기 어렵다는 점을 가늠할 수 있다.

(1) 신명기와 신명기 계열의 본문에서 하나님의 계시의 산으로 "호렙산"[19])을 줄곧 언급하나, 신명기 33장 2절에서 하나님의 계시의 산을 "세일산" 및 "바란산"과 함께 "시내산"을 언급하고 있다.[20]) 이러한 혼용은 신명기 계열의 본문과 제사장 계열의 본문이 통합된 이후의 산물로 보인다.[21])

(2) 이스라엘 백성을 "거룩한 백성"(קָדוֹשׁ עַם 암 카도쉬), "거룩한 나라"(קָדוֹשׁ גּוֹי 고이 카도쉬)라 칭하기도 했다. 그러나 여기에서는 이스라엘 개인을 거룩한 자(קָדֹשׁ 코데쉬 혹은 קָדוֹשׁ 카도쉬)로 칭하고 있다(신 33:2, 3). 집단적 사유 체계가 개인적 사유체계로 전환한 것은 포로기부터다. 에스겔의 경우 죄에 대한 처벌은 민족 전체가 아니라, 해당 범죄자만 받아야 한다고 주장한다. 이러한 관점에서 이스라엘 백성에게 거룩성을 요구한 것도 이러한 범주에 해당된다(레 11:44, 45; 19:2; 20:2, 26; 21:6, 7, 8; 민 6:5, 8; 15:40; 16:3, 7). 그러나 이스라엘 백성 개개인을 거룩한

---

19) 신 1:2, 6, 19; 4:10, 15; 5:2; 9:8; 18:16; 29:1.
20) 하나님의 계시의 산으로 호렙산 대신에 시내산을 언급했다는 점은 모세의 축복(신 33장)이 신명기 계열의 본문이 아니라, 이미 제사장 계열의 본문임을 나타내나, 신 33장 전체가 제사장 계열의 본문이라고 확신할 수는 없다. 그러나 이 본문이 고대적이라고는 말할 수 없다. 반대 정중호, 『'역사비평 주석' 신명기』(서울: 감신대 출판부, 2004), 620.
21) P문서와 Dtn-Dtr 문서의 통합에 대해 알베르츠, 『이스라엘 종교사 II』, 139-149을 참조하라.

자/성도라 칭한 것은 주로 시편에서 사용했으며, 수많은 악의 무리들 가운
데 경건한 야훼의 백성을 성도라 불렀다. 다만 시편 외 몇 군데에서 예외적
으로 성도를 언급했다.[22] 공동체적 사유로부터 개인의 경건을 강조하는
신앙의 발전이 포로 후기에 와서 비로소 발전되었다고 말할 수는 없지만,
위에서 언급된 성도에 대한 귀절은 모두 포로 후기의 표현들이다.

(3) 여기에서 이스라엘의 국가는 여수룬(신 33:5, 26)이라는 이름으로
칭해졌으나, 정치적으로는 "야곱의 총회"(קְהִלַּת יַעֲקֹב 커히라트 야아콥,
신 33:4) 또는 "이스라엘의 지파들"(שִׁבְטֵי יִשְׂרָאֵל 쉬버테 이스라엘)로
칭해져 있다. 여기에서 더 이상 왕조시대의 행정조직을 염두에 두고 있지
않다. 이러한 사고는 국가의 멸망 이후에 일어난 의식의 전환이다. 여기에
서 소개되는 지파는 열지파이며, 레위 지파를 중요한 구성요소로 소개한다.
이 점은 신명기 계열과 제사장 계열의 지파 목록과 차이가 난다((1)참조).

2) 레위 축복 분석(신 33:8-11)

(1) 축복의 구조

레위인들에게 내려진 축복은 신명기 33장 8-11절에 소개된다. 이 축복
문은 아래와 같은 구조를 이루고 있다. 축복의 선언도 축복문의 처음과 나중
에 두 번 나오며, 축복의 동기도 여러 가지(최소한 세 가지)로 소개되고 있다.
또한 현 본문은 내용과 문체에 있어서 불일치[23]를 보여준다는 점에서 레위
지파의 축복문이 단일 저자에 의해 형성된 통일된 본문으로 보기는 어렵
다.[24]

---

22) 출 22:31/히 30; 왕하 19:22; 사 4:3; 슥 14:5; 시 16:3; 34:9/히 10; 89:5/히 6, 7/히 8;
 욥 5:1; 15:15.
23) 축복문에서 레위 지파 사람들을 3인칭 남성 단수로 칭했으나, 축복의 동기 III (9b-10절)
 에서는 3인칭 남성 복수로 칭했다.
24) 아마도 이 축복문은 점진적으로 형성된 것으로 여겨진다.

축복의 선언 I - 신 33:8a

8aα וּלְלֵוִי אָמַר 레위에 대해 (축복하여) 말했다

8aβ תֻּמֶּיךָ וְאוּרֶיךָ לְאִישׁ חֲסִידֶךָ 당신의 둠밈과 우림이 당신의 경건한 자에게 있도다

축복의 동기 I - 신 33:8b

8bα אֲשֶׁר נִסִּיתוֹ בְּמַסָּה 당신은 그를 맛사에서 시험하시고

8bβ תְּרִיבֵהוּ עַל־מֵי מְרִיבָה 므리바 물가에서 그와 다투셨다

축복의 동기 II - 신 33:9a

9aα הָאֹמֵר לְאָבִיו וּלְאִמּוֹ לֹא רְאִיתִיו 그는 그의 아버지와 그의 어머니에게 대해서도 "나는 그들을 보지 못했다"고 말하는 자이며,

9aβ וְאֶת־אֶחָיו לֹא הִכִּיר 그의 형제들을 인정하지 않았으며

9aγ וְאֶת־בָּנוֹ לֹא יָדָע 그의 자녀를 알지 아니했다

축복의 동기 III - 신 33:9b-10

9b כִּי שָׁמְרוּ אִמְרָתֶךָ וּבְרִיתְךָ יִנְצֹרוּ i 당신의 말씀을 준행하고 당신의 계약을 지켰기 때문이다

10a יוֹרוּ מִשְׁפָּטֶיךָ לְיַעֲקֹב וְתוֹרָתְךָ לְיִשְׂרָאֵל 주의 법도를 야곱에게, 주의 율법을 이스라엘에게 가르쳤으며

10bα יָשִׂימוּ קְטוֹרָה בְּאַפֶּךָ 그들은 당신 앞에 분향했으며

10bβ וְכָלִיל עַל־מִזְבְּחֶךָ׃ 모든 제사를 당신의 제단 위에 드렸다

축복의 선언 II - 신 33:11

11aα בָּרֵךְ יְהוָה חֵילוֹ 야훼여 그의 재산을 풍족하게 하소서

11aβ וּפֹעַל יָדָיו תִּרְצֶה 그의 손의 일을 (기쁘게) 받으소서

11b ׃מְחַ֤ץ מָתְנַ֣יִם קָמָ֑יו וּֽמְשַׂנְאָ֗יו מִן־יְקוּמֽוּן 그를 대적하여 일어나는
자와 미워하는 자의 허리를 꺾으소서 다시 일어나지 못하게 하옵소서

(2) 축복의 선언 I(신 33:8a)

레위 축복문은 출애굽기와는 달리 축복의 선언으로 시작한다. 레위 지파
에게 제의적 기구(우림과 둠밈)가 주어짐을 먼저 선언한다. 제의적 기구는
제사장들이 하나님의 뜻을 물을 때, 제의적 결정을 내려야 할 때 혹은 백성들
의 재판을 주관할 때 사용되었던 도구이다.25)

그러나 제의적 직무가 허용된 것은 **개인의 경건성**(לְאִ֣ישׁ חֲסִידֶ֑ךָ 러이쉬
하시데카)에 근거한다.26) 원래 이스라엘 사회에서 제사장은 대를 이어 세
습되는 직책이다. 그러나 현 본문은 이러한 관습을 거부하고, 경건한 자(즉
레위인들)에게 주어져야 함을 주장한다. 레위인들은 경건한 자로 이해되
며, 이러한 주장 배후에는 제사장과 레위인 사이의 갈등이 놓여 있음을 알
수 있다. 이러한 주장도 성전에서 권력체계가 확립된 상황에서는 무의미
하다.

(3) 축복의 동기 I(신 33:8b)

레위인들의 경건한 행동은 축복의 동기에서 3차례 반복적으로 언급하고
있다. 축복의 첫 번째 동기인 신명기 33장 8b절은 축복 선언문(I)과 관계대
명사로 연결되어 있다. 여기에서는 광야 맛사와 므리바 사건을 언급한다(출
17:1-7). 광야 사건은 백성들의 불순종을 나타내나, 여기에서는 오히려 레
위인들에게 축복을 내리는 동기로 언급하고 있다. 그 의미가 반대로 전환된
느낌을 준다. 그러나 하나님께서 레위인들을 시험하고, 그들과 분쟁을 했다

---

25) 출 28:30; 레 8:8; 민 27:21; 신 33:8; 삼상 28:6; 스 2:63; 느 7:65.
26) חָסִיד(하시드: 경건)은 주로 시편에서 언급되었고, 시편에서는 공동체적 관점보다는
개인적 경건에 초점을 맞추고 있다.

는 것이 무엇을 의미하며 어떤 경건성을 보여주었는지 분명치 않다.

(4) 축복의 동기 II(신 33:9a)

축복의 두 번째 동기는 출애굽기 33장 26-29절의 동기와 유사하다. 출 33장에서 레위인과의 적대 행위는 "자녀-형제"(출 33:29b)에서 "형제-친 구-이웃"(출 33:27bβ절)으로 확대되어 나타나며, 신명기 33장에서는 "부 모-형제-자녀"(신 33:9a)로 표현된다. 신명기 33장 9a절도 출애굽기 33 장 29b의 확대된 형태처럼 보인다. 신명기 33장 9a절과 출애굽기 33장 27bβ절 양자는 모두 초기 전승인 출애굽기 33장 29b절에 공통으로 의존하 여, 자신의 의도대로 확대 전개시켰다.

출 32:29b	
"자녀-형제"	
출 32:27bβ	신 33:9a
"형제-친구-이웃"	"부모-형제-자녀"

출애굽기 33장 27bβ절에서는 공동체 전체로 확대되면서 적대 행위는 하나님의 심판을 대행하는 철저한 살해 행위로 변형되었고, 신명기 33장 9a절에서는 가족의 범주를 모두 열거하면서 적대행위가 가족에게까지 단 절행위를 보여준 엄격성을 나타내는 것으로 변형되었다.

신명기에서는 민족 전체를 포괄하는 사회적 지평이 강조되었다면, 창세 기의 족장사는 가족의 범주로 축소된 사회적 단위를 보여주고 있다. 아마도 포로기의 이스라엘 사회는 민족 전체를 포괄하는 사회적 단위보다는 개인과 가족을 중심으로 하는 사회적 단위가 흔히 보인다.[27]

이러한 현상이 족장사에서 은연중에 반영된 것이다.[28] 레위인들의 단호

---

27) 알베르츠, 『이스라엘 종교사 II』, 66-88.

한 행동은 그들이 경건한 자로 간주되며, 따라서 제사장의 직무를 수행하기
에 충분함을 주장한다.

(5) 축복의 동기 III(신 33:9b-10)

축복의 세 번째 동기는 여러 가지(최소한 3가지) 내용이 함께 조합되어
있다: 율법 준수(신 33:9b), 이스라엘 민족에 대한 율법 교육(신 33:10a)
및 제의 활동(신 33:10b).

먼저 현 본문은 레위인의 율법 준수(신 33:9b)를 강조한다. 구두로 선포
된 하나님의 말씀이 문자로 정착되면서 하나님의 말씀은 다양한 형태로
표현되었다: 당신의 말씀(אִמְרָתֶךָ 이머라테카), 당신의 계약(בְרִיתֶךָ 버리
트카). 율법 준수는 하나님의 뜻의 수용으로 신명기 계열에서 특히 강조되
었다. 율법 준수는 제사장과 같은 특정 계층에만 해당되는 것이 아니라,
국민 모두에게 강조되었다.

다음으로 레위인의 율법 교육(신 33:10a)을 강조한다. 율법 교육은 하나
님의 말씀이 문자로 고정된 이후에야 가능한 표현이며, 더욱이 레위인들이
율법 교육을 실시한 것은 역사적으로 에스라의 조치 이후에야 가능하다. 그
리고 레위인들의 율법 교육 활동에 대한 보도는 역대기에서 주로 언급되었
다.[29]

끝으로 레위인들의 제의적 활동(신 33:10b)을 강조한다. 제2성전 초기
에 레위인들은 이등급 제사장으로 제의적 활동이 원천적으로 봉쇄되어 있었
다. 레위인들에게 제의적 활동이 허용된 것은 언제부터인지 분명치 않다. 레
위인들의 제의적 활동에 대한 보도 역시 역대기에서만 언급되었다(대하

---

28) 신명기 13장에서도 유사한 범례를 보여주고 있다: "형제-자녀-아내-친구(신 13:6/히
   7)-이웃(신 13:12). 이 목록은 위 목록들을 종합한 것 같은 인상을 준다. 이러한 의미에서
   신 13:6/히 7 이하의 부분은 포로기의 확대된 부분으로 볼 수 있다.
29) 참조 한동구, 『창세기 해석』(서울: 도서출판 이마고데이, 2003), 130-161, 특히 151-
   154.

29:34; 30:3, 5, 15).

　이상에서 축복의 세 번째 동기는 특정 시점에 형성되었다기보다는 포로 후기에 점진적으로 형성된 것으로 여겨진다.

(6) 축복의 선언 II(신 33:11)

　축복의 동기에 이어 축복이 다시 한번 더 선언된다. 레위인들의 경건한 활동의 결과로 레위인들에게 권능이 부여되기를 기원한다. 그들이 하는 모든 일을 하나님께서 흠향하여 받아 주실 것을 축원한다. "그의 손이 행하는 일"이란 대개 모든 활동을 의미할 수도 있지만, 출애굽기에서는 제사장의 직무를 의미하기도 했다. 이 점은 다시금 축복 선언 I(신 33:8a)과 연결된다. 그리고 그들의 적들과 원수들이 누구인지 언급하고 있지는 않으나, 이들이 패배하여 일어나지 못하도록 기원한다.

3) 중간종합

　신명기 33장 8-11절에서는 레위인들의 경건성에 근거하여 레위인들에게 제사장권의 축복이 내려짐을 주장한다. 이러한 주장 배후에는 세습적으로 제사장이 되는 종래의 관습을 비판하고 있다. 이러한 주장은 카리스마적 리더십이 등장되는 포로기 혹은 포로기 전환기의 사상과 맥을 같이 한다.

4. 반레위적 입장 I(왕하 23:5)

　반레위적 본문 중에서 처음으로 소개될 수 있는 본문은 열왕기하 23장 5절이다. 이 본문에서 레위인들을 직접 언급하고 있지는 않지만 레위인들의 형태를 과거의 우상 숭배자와 동일시하면서 비판하고 있다.

　　열왕기하 23장 5절

5aαβ וְהִשְׁבִּית אֶת־הַכְּמָרִים אֲשֶׁר נָתְנוּ מַלְכֵי יְהוּדָה

유다 왕들이 세운 거마림을 폐위시켰다.

5aγ וַיְקַטֵּר בַּבָּמוֹת בְּעָרֵי יְהוּדָה וּמְסִבֵּי יְרוּשָׁלָ͏ִם

왜냐하면 그는(=그들은) 유다 모든 도시들과 예루살렘 주변에
위치한 산당들에서 분향했기 때문이다.

5b וְאֶת־הַמְקַטְּרִים לַבַּעַל לַשֶּׁמֶשׁ וְלַיָּרֵחַ וְלַמַּזָּלוֹת
וּלְכֹל צְבָא הַשָּׁמָיִם:

또 바알과 해와 달과 성좌들과 하늘의 모든 성군들에게 분향하는
자들(=제사장들)을 폐했다.

통상 신명기적 정의에 따르면 지방 산당에서 활동한 자들을 레위인이라
칭한다. 지방 산당에서 우상숭배를 하는 경우도 있을 수 있었지만, 레위인들
은 야훼 하나님을 예배하는 자들이다.

열왕기하 23장 5a절에서는 "유다 지방 도시들과 예루살렘 주변에 위치
한 산당들에서 활동한 제사장들"을 "כְּמָרִים"(거마림 혹은 단수형 כֹּמֶר 고
메르)이라 칭했다. 이들은 분명히 야훼 제사장들과는 구분되었으며, 왜냐
하면 스바냐 1장 4절에서는 כְּמָרִים과 כֹּהֲנִים(코하님: 제사장들)이 병기되
어, 양자는 서로 구분되어 있음을 알 수 있다. 이들은 앗시리아의 종교와
관련하여 활동했으며,30) 국가의 관리로 활동했다. 열왕기하 23장 5절에서
도 유다왕들이 임명했다고 보도한다. 앗시리아의 관리(=제사장)들을 유다
왕들이 임명했다기보다는 강압적 요구에 굴복한 것이 아닌가 생각된다.
앗시리아의 정치적 영향력이 이스라엘에서 사라졌을 때, 이스라엘은 종교
개혁을 통해 앗시리아의 제의를 제거함과 동시에 앗시리아의 제사장인 거
마림도 폐위시켰다.

열왕기하 23장 5a절에서는 지방에서 활동했던 지방 제사장(=레위인)

---

30) 습 1:4에서는 거마림을 천체 숭배와 관련짓고 있다.

과 앗시리아의 제의에서 활동하던 이방 제사장(=거마림)을 통칭하여 우상
숭배자로 간주하고 있다. 아마도 이러한 통칭은 거마림(혹은 고메르)의 실
체가 이스라엘 역사에서 사라진 후에 이 용어가 일체의 우상 숭배를 하는
제사장들을 부르는 용어로 바뀌었을 것이다. 호세아 10장 3절과 열왕기하
23장 4-5절에는 "바알, 아세라, 하늘의 별" 등의 신상들이 열거되었다. 이러
한 열거 속에는 가나안 종교와 앗시리아 종교의 구분 없이 열거되고 있다.
이러한 혼용은 앗시리아의 권력이 실제 정치적 무대에서 완전히 소멸된 이후
에야 비로소 가능하다.

여기에서 문제가 되는 점은 지방 산당에서 활동한 야훼 제사장인 레위인
들을 우상 숭배자로 간주하고 있다는 점이다. 그래서 이들을 모두 우상 숭배
자인 거마림으로 통칭하고 있다는 점이다.

신명기 개혁에서 보여준 "예배의 정화 규정"에 따르면, 야훼께 드리지
않는 제의 활동은 불결한 우상 숭배로 보았다. 그리고 "예배의 중앙 통일화
규정"에 따르면 이스라엘의 모든 제의는 예루살렘의 합법적인 성전에서만
드려야 한다. 여기에서는 예루살렘의 합법적인 성전 외에서 드리는 일체의
제의적 활동을 모두 우상 숭배로 간주하고 있다. 예배의 정화 규정과 예배의
중앙 통일화 규정이 구분 없이 작용되고 있음을 볼 수 있다. 예루살렘의
합법적인 성전 외에서 활동하는 일체의 제의 활동을 - 이것이 야훼-제의라
할지라도 - 우상 숭배(자)로 간주하고 있다.

이것은 분명히 포로기 동안 활동했던 신명기 사가의 역사 이해이다. 신명
기 사가에게 있어서 예루살렘의 합법적인 성전은 모든 왕들을 판단하는 기준
이 된다. 신명기 개혁의 중심 사상인 예배의 정화, 예배의 중앙 통일화 및 유일
신 신앙에 근거하여 합법적이고 유일한 예루살렘 성전이 아닌 다른 예배를
추구하는 자는 야훼가 보시기에 악한 자이며, 국가 멸망의 원인이 된다고
보았다. 포로기의 합법적 성전에서의 제사가 불가능한 시절에 많은 이스라
엘 사람들이 지역 성소로 복귀했다(예를 들어 렘 7:17-18; 44:15). 합법적

인 성전을 회복시킬 수 있는 길은 지역 성소로 복귀하지 않고, 희망 가운데 기다리는 것이 필요하다는 점에서 성전 중심주의를 여전히 유지했다.[31]

　신명기 사가는 성전 중심주의의 관점에서 이에 위배되는 관점들을 우상 숭배로 규탄했다. 이러한 과정에서 지방 성소에서 활동한 레위인들을 우상 숭배자로 규탄했다.

5. 반레위적 입장 II(겔 44:10-14)

　나머지 대부분의 문헌, 특히 제사장문헌과 에스겔서에서는 제사장의 입장을 지지하고 있다. 성전 건립과 더불어 제사장의 일방적 승리로 갈등은 종식된다. 겔 44장 10-14절에서는 레위인들을 우상 숭배자로 규정하고 있다. 두 차례 반복하여 레위인들의 범죄를 규정한다: 에스겔 44장 10-11절과 12-14절.

כִּי אִם־הַלְוִיִּם אֲשֶׁר רָחֲקוּ מֵעָלַי　10aα

בִּתְעוֹת יִשְׂרָאֵל אֲשֶׁר תָּעוּ מֵעָלַי　10aβ

אַחֲרֵי גִּלּוּלֵיהֶם　10aγ

וְנָשְׂאוּ עֲוֺנָם:　10b

[10]이스라엘 족속이 나를 떠나 그들의 우상을 따라 떠나갈 때, 레위인들도 나를 떠나 그들의 우상을 따라갔기 때문에, 그들은 그들의 죄를 담당해야 한다.

וְהָיוּ בְמִקְדָּשִׁי מְשָׁרְתִים פְּקֻדּוֹת אֶל־שַׁעֲרֵי הַבַּיִת　11a1

וּמְשָׁרְתִים אֶת־הַבַּיִת　11a2

31) 한동구, "포로기의 성전 사상,"『구약논단』제18집 (2005. 8), 53-72, 특히 56.

그러나 그들은 내 성소에서 성전 문을 지키는 경비원이 될 수 있으며 또 성전을 섬기는 자가 될 수 있다.

11bα הֵ֗מָּה יִשְׁחֲט֤וּ אֶת־הָֽעֹלָה֙ וְאֶת־הַזֶּ֣בַח לָעָ֔ם

그들은 백성의 번제의 친교제 제물을 도살해야 하며,

11bβ וְהֵ֛מָּה יַעַמְד֥וּ לִפְנֵיהֶ֖ם לְשָׁרְתָֽם׃

또한 그들 앞에 서서 그들을 섬겨야 한다.

12aα יַ֗עַן אֲשֶׁ֨ר יְשָׁרְת֤וּ אוֹתָם֙ לִפְנֵ֣י גִלּֽוּלֵיהֶ֔ם

12aβ וְהָי֥וּ לְבֵֽית־יִשְׂרָאֵ֖ל לְמִכְשׁ֣וֹל עָוֺ֑ן

그들은(=레위인들) 그들의 우상 앞에서 그들을(=백성) 섬겨 이스라엘 가문에게 죄를 짓게 했기 때문에,

12b עַל־כֵּ֗ן נָשָׂ֤אתִי יָדִי֙ עֲלֵיהֶ֔ם נְאֻ֖ם אֲדֹנָ֣י יְהוִ֑ה וְנָשְׂא֖וּ עֲוֺנָֽם׃

따라서 나는 내 손을 그들을 향해 들었으므로, 그들은 그들의 죄를 담당해야 한다. 주 야훼의 말씀이다.

13a וְלֹֽא־יִגְּשׁ֤וּ אֵלַי֙ לְכַהֵ֣ן לִ֔י וְלָגֶ֖שֶׁת עַל־כָּל־קָדָשַׁ֑י קָדְשֵׁ֣י הַקֳּדָשִׁ֔ים

그들은 내게 가까이 나아와 제사장의 직분을 행하지 못하며, (특히) 나의 지성물에 일체 가까이 나아오지 못한다.

13b וְנָשְׂא֣וּ כְּלִמָּתָ֔ם וְתוֹעֲבֹתָ֖ם אֲשֶׁ֥ר עָשֽׂוּ׃

그들은 그들의 수치와 그들이 행한 가증한 일을 담당해야 한다.

14a וְנָתַתִּ֣י אוֹתָ֔ם שֹׁמְרֵ֖י מִשְׁמֶ֣רֶת הַבָּ֑יִת

14bα לְכֹ֖ל עֲבֹדָת֑וֹ

14bβ וּלְכֹ֛ל אֲשֶׁ֥ר יֵעָשֶׂ֖ה בּֽוֹ׃

14그러나 나는 그들을 성전을 지키는 경비원으로 세울 것이며 또 성전의 모든 일과 성전에서 행해지는 모든 일을 맡길 것이다.

에스겔 44장 10절에서는 이스라엘 백성들이 야훼 하나님을 떠나 우상을 좇아 방황할 때, 레위인들은 그들을 만류하기는커녕 그들도 야훼 하나님을 떠나 우상을 따라갔기 때문에,32) 그들은 마땅히 그들의 죄를 담당해야 한다고 전한다. 그러나 우상숭배의 내용에 대해 구체적으로 보도하고 있지 않다. גִּלּוּל(길룰 ⟨ גִּלּוּלֵיהֶם 길룰레헴: 그들의 우상)은 우상에 대한 경멸적 표현으로 에스겔서 전체에서는 매우 포괄적인 의미로 사용된 말로서 비정상적인 야훼 예배에서 벗어난 일체의 우상 숭배를 말한다. 여기에는 산당에서의 예배도 포함된다(겔 6장).

이로 인해 레위인들의 제의활동에 제한이 가해졌다. 이어지는 에스겔 44장 11절에서는 레위인들이 할 수 있는 일을 열거한다. 성전의 문지기와 같은 가벼운 일을 할 수 있었다. 그리고 제사를 드리는 백성을 위해 짐승의 도살을 할 수 있으며, 백성들이 제사를 드릴 때 그들 앞에 서서 수종들 수 있다.

에스겔 44장 12-14절에서는 다시 한번 레위인의 범죄와 처벌이 기록된다. 레위인들이 백성들의 우상 앞에서 (서서) 그들을 섬겨 이스라엘 족속에게 죄를 짓게 했다고 말한다. 구체적으로 어떤 행동이 범죄 행동인가를 설명하고 있지는 않다. 그 결과로 레위인들은 제사장의 직분을 박탈당한다. 그들은 제사를 드리기 위해 야훼 하나님께 가까이 나아가지 못한다. 그리고 지성물의 몫을 배당 받을 수 없다. 성전의 잡역을 담당할 수 있다. 성전의 경비와 성전의 모든 일과 성전에서 행해지는 모든 일을 맡아 행할 수 있다.

원래 제사장의 직무가 지위에 따라 또는 거룩함의 정도에 따라 구분되어 있지 않았으나, 레위인들을 우상 숭배자로 규정함으로서 등급이 나뉘어졌다: 제단에서 제의적 임무를 맡은 제사장들(사독계열의 제사장)과 성전에

---

32) 문장의 의미가 다소 모호하다. "אַחֲרֵי גִּלּוּלֵיהֶם"(아하레 길룰레헴: 그들의 우상의 뒤를 따라 10aγ)가 레위인들(10aα)과 이스라엘 백성(10aβ)에게 결부된다. 개역과 개역개정에서는 우상 숭배 행위가 레위인들에게만 관련되는 것처럼 번역했고, 새번역은 이스라엘 백성에게만 결부지웠으며, 공동번역은 필자와 같이 양자 모두 우상을 좇은 것으로 번역했다.

서 기타 잡역을 하는 하위 제사장 (레위인)으로 구분되었다. 에스겔 40장
45-46절에 따르면 성전을 지키는 일은 모두 제사장의 직무였다. 그러나 이
제는 하위 제사장인 레위인들의 직무로 조정한다. 또한 도살 행위도 평신도
나 제사장의 직무였으나 이제는 레위인의 직무로 조정되었다.

본문은 레위인으로 칭해지는 집단의 지위 강등을 분명히 의도하고 있다.
레위인들이 우상 숭배를 했다는 주장은 그들이 산당의 제사장이었다는 점에
근거하고 있으며,[33] 이 점은 분명히 제사장들의 권리 주장과 연관된다.[34]

6. 반레위적 입장 III(민 16-17장)

오경 내 많은 사화史話(역사 이야기)들은 역사서의 현재의 문제를 해결하
기 위해 해답으로서 과거의 역사를 기술한다. 따라서 오경의 역사는 역사
서술이라기보다는 역사이해에 가깝다. 민수기 16-17장은 모세의 권위에
도전하는 반역의 주제를 다룬다(참조 민 12장).[35]

본문은 세 사건을 하나의 사건처럼 기술하고 있다.[36] 민수기 16장 1-2
절에서 세 집단의 주인공들을 모두 소개한다: ① 고라, ② 다단과 아비람(과
온), ③ 250명의 지도자.

첫째, 모세의 직위 남용과 약속의 땅으로 인도하지 못한 위약을 비난하는
다단과 아비람의 반역으로 비제사장 집단들 사이의 갈등의 문제가 반영되어
있다(민 16:12-15*, 25-34*).

둘째, 제사장 문헌은 다단과 아비람의 이야기를 알고 있으면서, 250명의

---

33) 산당을 우상 숭배의 근거지로 이해한 것은 신명기 사가의 입장이다. 아마도 에스겔은 신명
　　기 사가의 입장을 수용한 것으로 여겨진다.
34) 알베르츠, 『이스라엘 종교사 II』, 126-128.
35) 민 16-17장에서는 반역의 무리들이 폭넓은 지지층을 이루고 있으며, 지체 없이 끔찍스럽
　　게 처벌되었다는 점에서만 12장과 차이가 있다.
36) 최소한 세 전승을 편집자가 종합했다. 참조 F. Ahuis, *Autorität im Unbruch* (CThM
　　13) (Stuttgart: Calwer Verlag, 1983).

지도자들의 반역을 새롭게 형성했다. 제사장 문헌은 포로 후기의 초기 시대
에 있었던 제사장 집단과 비제사장 집단 사이의 갈등의 문제로, 비제사장
집단이 제사장권의 참여를 주장하면서 야기된 문제가 반영되어 있다(민
16:7a, 18, 35).

셋째, 레위 계열의 성직 계급이 아론 계열의 제사장권에 도전한 고라의
반역이다. 이 부분은 250명의 반역에 대한 개정으로 보인다. 고라의 후손들
은 제사장권이 배제된 것에 대해 항의했다(민 16:5, 7b-11, 16-17, 19-
24). 그러자 땅이 그들을 삼켜 정죄했다(민 16:32b, 33b).

고라 반역에 나타난 갈등의 내용은 민수기 16장 7b-11절에 소개된다.
먼저 레위 자손들의 요구가 지나쳤음을 책망한다: 레위 자손들아 너희의
요구가 지나치다(민 16:7b; רַב־לָכֶם בְּנֵי לֵוִי 라브 라켐 버네 레위). 따라
서 자신에게 주어진 직무에 만족할 것을 강권한다. 레위 자손들(=고라의
무리들)에게 허용된 직무는 성막의 일을 하는 것과 각종 제의에서 (이스라
엘) 회중 앞에 서서 그들을 수종드는 일이다(민 16:9, 참조 신 10:8). 그리
고 레위 자손들이 '제사장의 직분'(כְּהֻנָּה 커후나)을 요구하는 것을 지나친
욕구라고 책망한다(민 16:10).

이러한 갈등은 배후에는 각종 제사에 참여할 수 있는 제사장 집단과 성전
에서 각종 잡역만 허용되었던 레위인 집단 사이의 불공정한 역할 분담이 있
다.[37] 제사장 집단은 제2성전의 봉헌과 함께 성전 제의의 주도권을 장악했
고, 이러한 주도권 투쟁에서 밀려난 종래의 지방 제사장이었던 레위인들은
예루살렘 제의에 참여할 수 있는 권한을 주장한 것이다. 이러한 투쟁은 항의
했던 자들을 반역자로 규정하고, 그들을 하나님께서 심판했음을 보여줌으
로써 제사장의 (일방적) 승리로 막을 내렸다.

---

37) 아휘스는 민 16-17장의 최종 편집자를 DtrT로 보고, DtrT가 포로 후기 초기(약 530년
   경)에 유다와 예루살렘에서 활동한 레위인 집단의 산물로 보고 있다. F. Ahuis,
   Autorität, 89. 그러나 이등급 제사장으로 밀려난 레위인 집단에 의해 사경 혹은 오경의
   일부가 편집될 가능성은 없다.

Ⅳ. 제사장과 레위인의 통합

제사장 집단과 레위인 집단의 긴장과 갈등이 끊임없이 지속될 수는 없었다. 포로 후기에 접어든 후 이러한 긴장이 약간 해소되었다. 즉, 제사장 집단이 레위인 집단의 존재를 인정하는 수준에서 긴장이 해소되었다. 제사장과 레위인과의 화해는 몇 가지 증거를 통해 나타난다. 첫째는 레위인들에게 제사장의 보조적 역할을 수행하게 하고 그 대가로 십일조를 직무의 몫으로 할당받았다. 둘째로 이러한 증거는 제사장과 레위인을 다 같이 레위 지파의 일원으로 통합한 족보에서도 볼 수 있다. 셋째로 헬레니즘의 물결로 인해 점차 정치적 지위를 잃어가던 종교적 집단은 반외세를 목적으로 대통합을 시도한다. 이러한 과정에서 제사장과 레위인들의 통합이 이루어졌다.

1. 제사장의 보조적 역할과 십일조[38]

제의적 규정을 현실적으로 회복시키기 위해 성전에서 제사장의 보조적 역할을 하는 레위인이 필요했고,[39] 따라서 이들에게 경제적 보상(십일조)과 함께 사회적 존재 가치도 허용했다.

십일조는 제사장의 생활을 위해 혹은 다른 종교적 목적을 위해 바치는 소득이나 재산의 십분의 일을 바치는 것을 말한다. 십일조는 셈족 이외의 다른 종족들에게도 있었던 일반적인 종교적·문화적 관습이다. 그것은 노동을 하여 얻은 몫의 일부나 전리품 중의 일부를 드리는 고대의 관습이다. 십일조는 정치적 성격(조공이나 세금)과 종교적 성격(신에게 봉헌함) 모두를 가지고

---

38) 십일조는 '십분의 일의 몫'을 의미하는 히브리어 명사 מַעֲשֵׂר(마아세르)와 '십일조를 내다'를 의미하는 동사 עשׂר(아사르), 희랍어는 δεκάτη(데카테), 라틴어는 *decima*(데시마)이다.
39) 법궤를 운반하는 일은 원래 제사장의 직무였던 것 같다. 그러나 후에 잡역의 직무를 레위인이 맡게 되면서 수정된 것 같다. 참조 삼하 15:24, 25, 29; 왕상 8:4.

있었다. 성서 이외의 고대의 관습에 따르면 십일조는 국왕이 국민이나 피지배 백성에게 부과하는 헌물세[40]였다.

이스라엘 사회에 왕권이 등장하면서 궁중과 행정관리를 위해 점차 조세제도가 필요하게 되었다.[41] 그리고 국가기구를 위해 거두어들이는 왕의 조세에는 곡물과 포도주와 짐승의 십일조가 해당된다(삼상 8:15, 17).

이들은 농산물 소출의 십일조를 매년 지역 성소에 바쳤다(창 28:22; 암 4:4). 그러나 예배의 중앙 통일화의 조치로 인해 이제 지방 성소가 없으므로, 십일조는 예루살렘의 중앙 성소로 가져가야 했다(참조 신 12:17).

이렇게 바쳐진 십일조는 신명기 개혁 이전에는 지방 성소에 속한 제사장들의 양식으로 사용되었으나, 신명기 개혁 이후에는 축제에 참여한 사람들이 하나님 앞에서 즐기기 위한 것으로 사용되었다. 또한 신명기는 거룩한 성물을 사회의 구제적 목적으로도 사용할 수 있게 했다. 본질적으로 "야훼 앞에서의 기쁨"이란 사회적으로 예속되어 있거나 빈궁에 처한 자들에게 기쁨을 나누는 것이다. 따라서 3년에 한 번씩 십일조를 사회적 약자를 위해 바치도록 명한다(신 14:28-29; 26:12-15). 이러한 십일조는 레위인, 나그네, 고아와 과부들에게 나눠주었다.

민수기 18장 21절 이하에서는 토지의 소산 가운데 십일조를 레위인의 몫으로 규정한다. 레위인이 성전에 봉사하는 대가로 지불되는 것이다. 그리고 레위인이 받은 십일조 중에서 다시금 십분의 일을 제사장에게 바쳐야 한다(참조 느 10:38f.). 여기에서는 아직 동물의 십일조를 언급하고 있지는 않으며, 십일조는 레위인과 제사장의 양식으로 사용하도록 규정했다(참조 느 12:44f.).

---

40) 헌물세란 종교적 용도로 드려지나, 강제적으로 부과한 일종의 세금으로 현대적 의미로 갑근세에 해당된다.
41) 왕상 4:7-19; 4:27f./히 5:7f.; 참조 4:22f./히 5:2f.

2. 제사장과 레위인의 통합된 족보(출 6:13-27)

민수기 3장 5-10절에서 레위인들의 지위를 제사장을 돕는 자로 규정한다: "레위 지파를 불러 너는 그들을 제사장 아론 앞에 세워, 그들이 그에게 수종들어야 한다." 아론의 후손들에게 제사장의 직무에 종사케 하고(민 3:1-4), 레위인들에게는 성전에서 봉사케 했다(민 3:5-10; 민 18:1-7).

그러나 몇몇 족보에서는 제사장들도 레위 지파에 속하는 자로 규정한다. 출애굽기 6장 14-25절에는 긴 족보가 소개된다(참조 민 26:58-59; 수 21:4, 10; 대상 6장). 14-25절의 족보에서는 이스라엘의 지파들 가운데 세 지파만을 소개한다: 르우벤, 시므온, 레위. 특히 레위 지파의 계보를 상세하게 소개한다. 이것은 아마도 12지파 전체가 아니라, 레위 지파를 소개하는 데 그 목적이 있는 것처럼 보여 준다. 이 족보의 몇 가지 특성은 첫째, 아론과 모세가 형제임을 보여준다(참조 레 2:1; 민 12장). 둘째, 아론과 그 후손이 레위 지파에 속한다.

전자는 아론의 등장을 정당화하려는 시도와 관련되는 것 같다. 물론 모세의 어눌한 말솜씨로 말미암아 아론의 등장을 정당화하고 있지만, 이를 족보의 측면에서 다시 한번 확인하고 있다. 모세와 아론을 한 아버지에게서 난 형제로 소개하면서, 그들의 아버지는 아므람이며, 어머니는 요게벳이라고 소개한다.

둘째, 출애굽기 6장 16-25절에서는 모세와 아론을 레위 가문/지파에 속한 것으로 소개한다. 아론과 그의 자손들은 제사장 가문으로서 레위 사람들과는 엄격히 구별되었던 상황과 비교해 볼 때, 매우 파격적인 변화다. 이스라엘의 역사에 있어서 레위인들이 이등급 제사장로 간주되었던 때가 있었다. 그러나 여기에서는 대제사장의 원조인 아론이 레위 가문/지파의 출신이라는 점을 보여줌으로써 제사장 계급들 사이의 사회적 신분 차이를 극복하려는 시도를 읽을 수 있다. 모두가 한 조상으로부터 유래된 한 가족임을 보여주려

한 것이다. 출애굽기 6장 14-15절의 족보는 어느 누구도 사회적 차별을 받아서는 안 된다는 점을 간접적으로 강조하고 있다.

제사장의 대표인 아론과 정치 지도자의 대표인 모세가 한 가족으로 통합되며, 나아가 아론과 모세가 이등급 제사장인 레위인과 동일한 가문에 속한다는 것은 이스라엘 지도층의 총체적 통합이다.

이러한 통합이 언제 이루어졌는지 현 본문은 분명한 근거점을 제시하고 있지는 않다. 다만 이스라엘 역사를 통해 간접적으로 추론할 뿐이다.

제사장과 레위의 통합과 정치적 지도자인 모세(아마도 총독의 상징적 표현)와 제사장의 통합의 시도는 아마도 에스라 시대, 이스라엘의 전통적인 율법이 페르시아의 (지방)국법으로 상승되는 과정에서 제사장-레위인을 아우르는 지도층 전체가 통합되는 과정에서 생성된 산물로 보인다.

3. 헬레니즘 시대의 제사장 계급과 레위 계급의 화해

1) 역사적 토대

프톨레미 시대 유대 민족의 행정 관리 체계는 페르시아 시대 총독과 대제사장의 이원체제와 유사하다. 유대 국가의 경우 일종의 성전 국가로, 종교와 정치를 책임지는 대제사장과 재정을 책임지는 성전 재정관리관Epistates의 이원적 행정체계를 유지했다.

페르시아 시대와 헬레니즘 시대는 이원적 행정체제라는 점에서 유사하지만 내용적으로는 커다란 차이가 있다. 페르시아 시대에는 헌금이 드려지는 곳이 대제사장의 수하에 있는 성전이다.42) 그러나 헬레니즘 시대에는 희랍 관리가 독점했다. 대제사장의 권한은 이전 페르시아 시대에 비하여 축소된 것이다.

---

42) 헌금은 근대 국가의 조세와 같은 것으로, 조세 징수권이 대제사장에게 주어진 형국이다.

다른 한편으로 대제사장의 권한을 제한하는 주요한 정치적 기구로 의회 (게루시아)가 새로 생겼다. 게루시아는 이미 페르시아 시대에서부터 있었으며, 제사장들이 게루시아와 별도로 언급하고 있다는 사실은 그들이 순수한 평신도 집단임을 암시한다.43) 키펜베르크H. G. Kippenberg44)는 안티오쿠스 3세가 당시 평신도 집단인 게루시아에게 정치적 기능을 부여하고, 각종 조세의 감면을 통해 정치적 입지를 강화했다고 설명한다. 이러한 과정에서 종교 지도자들로부터 일반 귀족을 해방시켰다고 보았다.

이러한 목적을 훨씬 넘어 보다 더 정치적인 목적을 추구했다. 전통적인 종교 계층의 세력으로부터 분리할 수 있는 일반 정치세력을 강화하여 유대 지역 내에서 헬라화의 조치를 적극 수용할 수 있는 광범위한 동조세력을 구축하기 위함이다. 그 결과 대제사장의 권한은 축소되고 또한 권력 행사에 있어서 게루시아의 견제를 받았을 것이라는 점을 상상할 수 있다.

이러한 역사적 배경하에서 대제사장은 이전 페르시아 시대에 누리던 권한들을 다시 되찾고자 했을 것이라는 점을 상상해 볼 수 있다. 외국인들의 영향력을 다소나마 배제하기 위해서는 전통의 회복이 필요했고, 이러한 작업은 대제사장의 힘만으로 이뤄낼 수 있는 것은 아니므로, 제사장 계급을 포함하여 레위 계급과의 광범위한 연대를 형성할 때만이 가능했을 것이다.45) 이러한 과정 속에서 철저히 제한된 이등급 제사장인 레위인들이 다소 복권되어 광범위한 활동이 보장된 것 같다.

---

43) 고대사 XII, 142; 마카상 12:6; 고대사 XIII, 166; 마카상 14:20.
44) H. G. Kippenberg, *Religion und Klassenbildung im antiken Judäa* (SUNT 14) (Göttingen: Vandenhoeck & Ruprecht 1982), 82-86.
45) 대제사장, 제사장 계급 및 레위 계급 간의 광범위한 연대에 관한 직접적인 증거를 역대기 역사서에서 증거하고 있지는 않다. 다만 역대기 역사서 후기 편집층에서 '아론-사독 가문이 계보론적으로 연결'되어 있으며, '이들은 모두 레위 지파에 속하는 것'으로 나타난다(대상 6장)는 점에서 간접적으로 추론할 수 있다.

2) 헬레니즘 시대의 레위 계급의 지위 향상

헬레니즘이라는 외세의 위협에 직면하여 유대 사람들은 전통적 신앙을 보존하여 자신들의 정체성(=자기 참모습)을 보존하려 했다. 따라서 전통적 인 종교 제도를 다시 한번 강화시켰다. 무엇보다도 토라에 근거한 경건의 중요성이 크게 강조되었다. 또한 성가대와 같은 새로운 예배 활동들도 생겼 다. 이를 통해 예배를 위한 시편들이 보다 다양하고 풍부하게 발전되었으며, 이를 일상적인 예배에서 노래로 구현했다. 이러한 정신화의 과정을 레위인 이 주로 담당했다.[46] 그 결과 레위인의 지위가 다시 한번 상승되었고, 레위 인의 명예는 한층 더 상승되었다. 이와 함께 제사장들과 레위인들 사이의 갈등으로 인한 사회적 긴장도 많이 해소되었다.

레위인의 사회적 존재 가치는 역사적 해석을 통해 더욱 강조된다. 이스라 엘 민족이 이집트에서 탈출할 당시 하나님은 모든 이집트의 장자를 치셨으 나, 이스라엘의 장자는 살려두셨다. 따라서 이스라엘의 모든 장자는 하나님 의 소유가 되었다. 이스라엘의 모든 장자를 대신하여 만배 성물을 내야 했다 (참조 출 13:1-2, 12-13; 계속하여 민 18:8-19).[47]

이제 레위인은 출애굽 당시 살려둔 이스라엘의 장자를 대신한다고 했다. 만배의 헌물은 다시 한번 해석되었다. 민수기 3장 11-13, 40-51절과 민수 기 8장 16-18절에서는 야훼께서 이스라엘의 맏아들을 대신하여 레위인을 선택했다고 말한다. 또 야훼께서 이집트 땅에서 처음 난 모든 것을 치던 날 이스라엘의 처음 난 것을 구분하여 자신의 것으로 삼았기 때문에 레위인은 자신의 것임을 말한다. 출애굽기 13장 12-13절의 것과 동일한 언어 표현

---

46) 새롭게 증대된 레위인들의 활동에 대해 역대기 역사서는 다양하게 보도한다 : 법궤 운반 자(대상 15:2…), 성가대 구성원(대상 9:33f.; 16:4; 대하 5:12…), 성전 수위대, 창고 관리인(대상 26:1…), 말씀의 교육자(대하 17:7-9; 참조 대하 31:4; 34:30).

47) 이것은 이스라엘의 모든 장자에 대한 인두세를 의미한다. 이는 역사적으로 출애굽 과정에 서 야훼께서 이집트의 장자는 모두 살해했으나, 이스라엘의 장자는 살려주었기 때문이라 고 그 이유를 덧붙였다. 출 4:22, 23; 11:5; 12:12, 29; 13:15; 민 33:4; 시 78:51; 105:36; 135:8; 136:10.

양식을 사용하나, 덧붙여진 것은 맏이를 레위인으로 대신했다는 것이다. 맏물 및 맏배의 수입이 레위인들에게로 주어졌다.[48]

헬레니즘과 함께 대제사장의 권한이 대폭 상실되었고, 이를 되찾기 위해 광범위한 전통 회복이라는 명분하에 계층 간의 대화해가 일어났으며, 이러한 과정에서 이등급 제사장 계급Clerus minor인 레위 계급의 역할도 대폭 확대되고, 지위도 상승되었음을 확인할 수 있었다.

V. 요약과 결론

이상의 고찰에서 이스라엘의 역사에서 포로기와 포로 후기는 혼란과 갈등의 시기였으며, 이러한 소용돌이 속에서 화해와 조화를 추구했던 역사도 있었다. 특별히 이 시기에 제사장들과 레위인들의 갈등은 매우 첨예화되었다. 종래 고대적 본문으로 이해되었던 친레위적 본문들은 오히려 포로기의 갈등의 산물로 여겨진다.

제사장 집단과 레위인 집단 사이의 화해와 화합의 노력들도 있었다. 비교적 지배적 집단으로 간주되는 제사장 집단은 자신들의 기득권을 희생함으로 레위인 집단과의 조화를 이룰 수 있었다. 앞서 살펴본 본문들 중에서 화해와 조화를 보도한 본문들이 모두 실현되었던 것은 아니었다. 단지 주장을 담은 본문일 수도 있다. 화해의 노력이 열매를 맺기 위해서는 구체적인 이익을 양도할 때 가능했다. 종래 제사장들의 몫이었던 십일조와 맏물 및 맏배를 레위인들에게 양도하므로 화해와 화합이 이루어졌다.

이러한 정신은 예수 그리스도에게 와서 클라이맥스에 도달한다. 자신의 몸을 타인의 용서와 구원을 위해 내어줌으로써 온 인류의 화해를 이루었다.

---

48) 이에 대한 직접적인 증거는 없으나, 느 12:44은 "제사장과 레위인들에게… 첫 열매와 십일조를 주었다"라고 기록한다.

제23장
헬레니즘이 유대 문화에 미친 영향

I. 문제 제기

알렉산더 대왕(기원전 336-323년)이 팔레스타인 땅을 정복함으로써 정치적으로는 기원전 332년부터 163년에 하스몬 왕조(기원전 163/2-63년)가 세워지고, 기원전 63년부터 로마가 팔레스타인 땅을 지배하게 되었다. 로마 역시 헬레니즘 문화에 동화되면서 팔레스타인 땅은 최소한 6세기 이상 헬레니즘Hellenismus[1]의 영향을 받았다.

유대인들이 헬레니즘의 문화를 적극적으로 수용하는 경우도 있었으며, 특히 이집트에 거주하는 해외 유대인(디아스포라)들과 국내 지배층의 일부는 매우 적극적으로 헬레니즘을 수용했다. 헬레니즘 수용의 전형적인 경우는 헬라어를 상용어로 사용하며, 그 결과 구약성경을 헬라어로 번역한 경우이다(참조 셉투아진트=72인역).

---

1) 희랍어, 희랍문화 등을 포함하여 희랍적인 것을 의미함.

다른 한편 헬레니즘의 정신과 문화를 적극적으로 수용하지는 않았으나, 당시의 지배적인 시대적 정신으로 작용했던, 유덴툼Judentum2)의 전통을 계승하면서도 시대정신인 헬레니즘을 자연스럽게 수용한 대표적인 경우가 지혜문학이다.3) 이제까지의 헬레니즘이 유덴툼에 미친 영향에 대한 연구는 주로 희랍의 회의주의적 철학과 유대 지혜문학과의 비교연구이다.4)

이와는 달리 셀류쿠스 왕조(참조 §3-1)의 박해로 말미암아 헬레니즘의 추종은 전통을 버리고 우상을 숭배한 배교 행위로 간주하여 강하게 반발한 경우가 있다. 대표적으로는 다니엘서와 마카비서 상하(역사서)가 여기에 속한다.

전체적으로 볼 때, 유대인들은 기원전 587년 이래로 팔레스타인 땅이 항상 식민지 통치하에 놓였으므로 외래문화의 수용에 대해 매우 소극적이며, 반대로 전통문화에 대한 집착은 매우 강했다. 그럼에도 불구하고 시대의 지배적인 정신과 상황에 지배를 받지 않을 수 없었다. 외세의 지배가 강하게 몰려올 때, 유대인들은 자신의 전통문화를 강화했다. 이러한 전통문화의 강화 속에 당시의 상황과 시대정신의 반영이 불가피했다. 이 장에서는 바로 이러한 점을 살펴보고자 한다.

팔레스타인의 정치적 지배권이 페르시아(기원전 538-332년)5)에서 헬라의 시대로 넘어갔음에도, 구약성서의 문헌에서는 이에 대해 거의 언급하고 있지 않다. 특별히 포로 후기에 역대기 역사서6)는 전통을 고수하기 위해 신명기 역사서7)와는 구별되게 새롭게 기술했다. 알베르츠는 역대기 역

2) 유대교, 히브리어 등을 포함하여 유대적인 것을 의미함.
3) 전도서, 예수 시락의 지혜서(=집회서), 바룩1서, 아리스테아 서신, 위경 포킬리데스, 솔로몬의 지혜서 등이다.
4) 이러한 연구의 대표적인 저술: M. Hengel, *Judentum und Hellenismus* (WUNT 10) (Tübingen: J. C. B. Mohr/Paul Siebeck, 1968).
5) 기원전 538년은 고레스의 칙령이 반포된 해이며, 기원전 332년은 알렉산더가 팔레스타인을 정복한 해이다.
6) 역대기 역사서란 역대기 상하, 에스라서 및 느헤미야서를 말한다.
7) 신명기 역사서란 신명기 율법의 정신으로 기술된 역사서로 신명기, 여호수아서, 사사기,

사서의 중요한 신학적인 경향을 반사마리아적 경향과 반헬레니즘의 경향8)
으로 보았다. 이에 따르면 역대기 역사서에서 헬레니즘에 대한 정치적 증거
를 기대할 수 있으나, 역대기 역사서에는 헬레니즘에 대한 특별한 증거를
남기고 있지 않다.9)

　헬레니즘의 영향에 대한 명확한 직접적인 증거는 아닐지라도, 헬레니즘
의 영향으로 간주될 수 있는 현상을 살펴보고자 한다. 헬레니즘의 지배로
대제사장의 권한이 축소되고 이등급 제사장 계급Clerus minor인 레위 계
급10)의 위상이 좀 더 광범위하게 강화되는 현상을 볼 수 있다. 레위 계급의
위상 강화의 역사는 점진적으로 일어나게 되었고, 이미 페르시아에서부터
시작되어 헬레니즘의 영향으로 더욱 광범위하게 확산된 것으로 보아야 한
다. 이 글에서는 이 점을 밝히고자 한다.

II. 역사적 배경

1. 마케도니아의 필립 II세의 등장

고대 그리스에서 위대한 인물로 꼽는 사람 중의 하나는 마케도니아 왕 필

　사무엘 상하 및 열왕기 상하를 말한다.

8) R. Albertz, *Religionsgeschichte Israels in alttestamentlicher Zeit* 2 (ATDE 8-2)
　　(Göttingen: Vandenhoeck & Ruprecht, 1992), 605-623. "역대기 역사서의 반-헬라
　　적 경향"에 대해 그는 다음과 같이 보았다: "'온 마음으로 선조의 하나님을 찾아라'는 호소나
　　온갖 류의 이방인의 영향을 배제하려는 노력을 근대화된 헬라 문화의 유혹에서 유대의
　　정체성을 지키려는 노력으로 이해할 수 있다. 역대기에서 줄곧 보여주는바, 인간이 자유로
　　운 순종·불순종 / 믿음·불신앙의 결단에 의하여 하나님의 축복과 저주가 달려 있다는
　　신학 패러다임은 헬레니즘의 운명론과는 대립되는 모델로 이해된다."

9) 다만 예외적으로 후기 예언 문헌에서 헬라 지배를 암시한다. 요엘 3:4ff./히 4:4ff.; 슥 9:1ff.,
　　13ff.; 11:15; 단 8:21; 10:20; 11:2ff.

10) A. H. T. Gunneweg, *Leviten und Priester* (Göttingen: Vandenhoeck & Ruprecht,
　　1965), 204-216에서 이등급 제사장 계급인 레위 계급을 Clerus minor라 했다.

립 II세(기원전 359-336년)다. 필립은 마케도니아를 유럽의 지도적인 민족으로 올려놓았으며, 그의 아들 알렉산더가 세계 제국을 건설할 수 있는 토대를 마련했다. 알렉산더는 페르시아가 지배하던 자리에 그리스를 올려놓았다. 필립 II세는 세계무대에서 아랍의 주도권을 종식시키고 새로운 시대의 서막을 연 인물이었다.

마케도니아가 국가로서 비약적 발전을 한 것은 5세기 후반 아르켈라오스Archelaos 왕 때의 일이다. 그 후 마케도니아는 왕위 다툼 때문에 한때 혼란이 있었다. 이 혼란을 수습한 왕이 필립 II세였다.

필립은 마케도니아를 그리스의 중요한 국가로 부상시킨 왕이다. 그는 처음에 그의 조카 아미타스를 섭정하여 국가의 수반이 되었다가 후에 군대의 추대를 받아 왕이 되었다. 그는 매우 실용주의적인 인물이며 마케도니아가 무엇보다 필요로 하는 것은 훌륭한 군대라는 점을 인식했다. 이때까지 모든 그리스 국가들은 용병에 크게 의존하고 있었는데, 필립은 마케도니아인들을 군대의 핵심이 되도록 했으며, 테베에서 배운 전술을 군사들에게 훈련시켜 강력한 군대를 양성해 갔다. 그는 귀족의 세력을 누르는 한편 풍부한 산림과 금광을 개발하여 재정을 충실하게 만들었다.

그는 그리스의 내정에 간섭할 기회를 엿보던 중, 포키스Phocis인이 종교 동맹의 중심지인 델피의 신전을 점령하자, 즉각 개입하여 포키스인을 격파하고 그도 동맹의 일원이 되었으며, 그 동맹의 감독자로 선출되었다. 이때부터 필립은 그리스 여러 국가의 내정에 간섭하여 세력을 확장해 나갔다. 이로 인해 그를 반대하는 동맹이 형성되었다. 그러나 그는 이를 모두 물리치고 그리스 전토의 패권을 쥐었다.

필립 왕은 고린도 회의를 열어 자신이 의장이 되어 페르시아 정벌의 뜻을 밝힘으로써 그리스 전체의 단결을 굳게 했다. 그러나 필립은 이러한 뜻을 펼쳐보지 못하고 한 신하에게 암살당했다. 그를 이어 그의 아들 알렉산더가 기원전 336년에 왕이 되었다.

2. 알렉산더의 세계 정복

알렉산더는 신속하게 정부를 인수하지만, 먼저 그리스와 마케도니아 북부의 반란을 진압하는 데 2년을 소모했다. 그 후 동방 원정이 시작되었다. 알렉산더는 334년에 소아시아를 정복하기 시작하여 333년에는 시리아 팔레스타인으로 들어가는 길목인 이소스Issos에서 다리우스의 군대를 물리치고, 332년에는 시리아 전역과 팔레스타인이 그의 수중에 들어왔다. 그는 계속하여 이집트로 들어가 그곳에 알렉산드리아의 신도시를 세우고 리비아 사막을 횡단하여 시바의 오아시스에 있는 아몬 신전에까지 참배했다.

다음 해 봄에 이집트를 나와 페르시아의 심장부인 메소포타미아 지역으로 향한다. 331년 티그리스를 넘어 니느웨 근처 가우가멜라에서 다시금 다리우스의 군대와 전투하여 또 다시 승리했다. 이어 신속하게 바벨론도 점령했다. 페르시아의 본거지에까지 진군하여 페르시아 수도 수사를 점령하고 여러 도시들도 장악했다. 다리우스는 도망하는 도중 지방 총독(?)인 베소스에 의해 사루드 근처에서 살해당했다.

알렉산더는 4년 동안 동과 동북으로 이동해서 327년에 인더스 강가에 도달했다. 다음 해에 그 지방의 군주 포루스 왕과 결전을 벌여 승리를 거두었다. 알렉산더는 계속 동으로 진군할 것을 명령했으나, 부하들이 거절하여 마침내 324년 수사로 돌아왔다.

알렉산더는 수사에 머무는 동안 페르시아 제국의 정복을 기념하고, 마케도니아인들과 페르시아인들의 통합을 장려했다. 정복자와 피정복자와의 차이를 해소하려 했으며, 페르시아인들이 제국에 동참하도록 했다. 이러한 알렉산더의 노력의 결과 오리엔트 문화와 그리스 문화가 융합된 새로운 문화가 생겼다. 이것이 바로 오늘날 "헬레니즘 문화라 부르는 것이다. 알렉산더는 기원전 323년 6월 13일 바벨론에서 사망했다. 향년 33세였으며, 왕위에 오른 지 13년 8개월만의 일이었다.

3. 헬레니즘의 세계

알렉산더의 사후 제국에 대한 마케도니아의 지배는 느슨해져서 제국은 4개국으로 분할 통치되었다. 이집트와 시리아 남부 지역에는 프톨레미 왕조, 메소포타미아 지역과 시리아 지역은 셀류쿠스 왕조, 아나톨리아(터키 지역)와 (그 북) 트라키아는 리시마코스 왕조가 지배했으며, 그리스와 마케도니아는 안티고노스 왕조가 통치했다.

이제 알렉산더 제국의 영토 분할은 대충 확정되었고, 이 구도는 다음 두 세기 동안 큰 변화 없이 존속했다.

Ⅲ. 헬레니즘에 의해 유다의 정치적 변화

1. 팔레스타인의 정치적 변화

알렉산더는 기원전 333년에 소아시아를 정복한 이후, 332년에는 지중해 해안을 따라 시리아 전역과 팔레스타인을 거쳐 이집트로 들어갔다. 띠로 Tyre를 제외하고 페니키아의 모든 도시들은 알렉산더에게 항복했고, 띠로는 7개월의 포위 공략 끝에 함락되었다. 알렉산더는 팔레스타인을 거쳐 남진하면서 가자에서 2개월 동안 전투를 했다. 그 후 아무런 저항도 받지 않고 이집트에 진주했다.

이러는 동안 유다와 사마리아를 포함한 팔레스타인의 내륙 지방은 알렉산더의 지배하에 들어왔다. 아마 유대인들은 옛 지배자와 새 지배자 사이에서 의식적으로 특정한 쪽을 선택하지 않고 모든 것을 운명에 맡긴 채 평온하게 역사의 대세를 따랐던 것 같다. 그러나 사마리아에서는 약간의 폭동이 있었고 알렉산더는 혹독한 복수를 했다.

알렉산더 사후에 팔레스타인은 이집트의 프톨레미 왕조의 지배하에 들어가게 되었다. 그 후 약 1세기 동안 프톨레미 왕조의 지배를 받았으며, 프톨레미 왕조는 페르시아인들에게 물려받은 행정조직을 가능한 한 바꾸지 않고 그대로 이용했다. 다만 국가의 수입과 관련된 조직에는 약간의 변화가 있었다(참조 제4장). 이로 인해 대제사장의 권한이 약간 축소되며, 귀족층과 교육을 받은 중간 귀족층의 형성을 뚜렷이 볼 수 있다.

기원전 198년 셀류쿠스 왕조의 안티오쿠스 III세(기원전 223-187년)가 이집트의 군대를 격파한 이후 팔레스타인을 합병했다. 안티오쿠스 역시 유대인들을 최대한 배려했다. 그는 유대인들에게 본국 귀환과 포로 석방을 명령했다. 예루살렘이 경제적으로 회복될 수 있도록 3년간 세금을 감면해 주었으며, 일반 부과금(조공을 위해 백성에게 부과한 세금)도 3분의 1로 줄여 주었다. 유대인들은 페르시아 시대와 프톨레미 왕조 시대에 누렸던 특권을 보장받았다. 이들이 누린 특권이란 율법에 따라 아무런 방해 없이 생활할 수 있는 권리와 제의에 필요한 경비 중 일정한 액수를 국고에서 보조받는 것이었다. 또한 평의원(게루시아)과 율법학자(=서기관)에게도 세금을 면제해 주었다.

그러나 이러한 우호적 관계는 안티오쿠스 IV세(기원전 175-163년)가 등장하면서 급변했다. 안티오쿠스 III세 무렵 로마가 급부상하기 시작했다. 로마는 희랍에 진입했으며(기원전 192년), 안티오쿠스 III세는 마침내 소아시아를 포기하는 아파메아Apamea 강화조약을 맺어 막대한 배상금을 지불해야 했다. 그래서 187년에는 이 배상금을 지불하기 위해 엘람의 신전을 약탈하기도 했다. 이때부터 셀류쿠스 왕조는 백성들에게 가혹한 조세 부담을 지우기 시작했다. 안티오쿠스 IV세는 유대인들을 구박하여 전면적인 반란을 일으키는 정책을 채택하여 유대교를 금지하기까지 했다. 이에 유대인들의 저항은 더욱 격렬해졌고, 마침내 마카비 항쟁을 통해 독립을 쟁취한다. 하스몬 왕조가 건립되어 로마에 망하기까지 약 100년간 지속되었다(기원전 163/2-63년).

2. 헬레니즘과 유덴툼과의 관계

알렉산더가 오리엔트를 지배하면서 유대 역사에 있어서도 새로운 한 시대가 시작되었다. 이는 정치적·문화사적으로 분명한 경계를 이루며, 이 시대는 기원후 아랍의 정복으로 해체되었다.

헬라 세계와의 문화적인 접촉은 알렉산더의 오리엔트 정복 이전부터 이미 있었다. 소위 말하는 오리엔트의 헬라화 현상이다. 하지만 이러한 과정은 결코 일방적인 동화 과정은 아니었다.

신학적 문헌에 나타난바, 안티오쿠스 IV 때의 갈등 상황에서만 볼 때, 헬레니즘과 유덴툼은 서로 어울릴 수 없는 상극처럼 보인다. 그러나 유덴툼 초기에는 헬레니즘을 배척했다는 그 어떠한 증거도 없었다. 정치적으로도 갈등 요소가 없었으며, 헬라의 지배자들도 페르시아 말기의 현상을 존중했다. 다만 특권층 사이에서 서로 공존하기 어려웠던 곳에서만 갈등이 있었을 뿐이었다.

이러한 틀 속에서 종교-문화적이 면에서 헬레니즘과 유덴툼이 서로 대립적으로 작용했다. 헬라의 제의 제도와 황제 숭배는 유대인들에게는 분명히 우상 숭배로 보였다. 이 점은 후기의 갈등 상황 이해를 위한 중요한 전제가 된다.

유대 지역은 광범위한 변화가 일어나는 주변 지역에서 다소 떨어져 있었다. 갈등 상황으로 전환되는 과정은 매우 느린 속도로 전개되었다. 특히 갈등의 심각한 문제는 정치-경제적 위기[11]로 말미암아 일어났다.

---

11) 팔레스타인 지역은 프톨레미 왕조와 셀류쿠스 왕조가 서로 지배하려 다투는 분쟁 지역이었다. 따라서 양 왕조는 빈번한 전쟁을 치러야 했으며, 이로 인해 적지 않은 전쟁 비용을 마련해야 했다. 이 과정에서 셀류쿠스 왕조의 안티오쿠스 IV세는 예루살렘 성전을 약탈하고, 유덴툼 전통을 크게 훼손한다.

IV. 헬레니즘에 의한 유다의 사회-경제적 변화

1. 프톨레미 왕조의 행정 및 조세제도의 영향

프톨레미 왕조의 처음 두 왕은 고대 질서와 연결하여, 희랍 국가론의 이상과 지식에 근거하여 새로운 국가 조직을 형성시켰다. 초기 프톨레미 왕조는 희랍의 논리와 함께 동양적 사상(왕의 전능은 신이 선물한 것이다)을 철저히 실현했다.

이는 "전 국토가 왕의 개인 재산이다"라는 사상에서 출발한다. 희랍 사람들이 단순히 자신의 집을 관리하듯, 왕은 국가를 관리한다. 왕 아래의 최고 관리인 총리Dioikētēs는 왕의 재산과 수입, 즉 국가의 재정과 경제 및 행정에 관한 모든 것을 책임졌다. 국가는 관구로 나뉘어 있으며, 각 관구에는 재정과 경제 관리를 책임지는 관리관Oikonomos이 있다. 그 아래 계급적으로 세분된 관리들이 있다. 군사적 행정과 문화-경제적 행정이 하나로 통합된 제도는 계속되었다. 국토의 대다수는 왕의 직접적인 소유에 속했으며 자유 소작인, 즉 왕의 농부에 의해 관리들의 엄격한 감독하에서 경작되었다.

문제는 "프톨레미 왕조가 이러한 체계를 팔레스타인에 어느 정도 관철시켰는가?"다. 팔레스타인은 이집트와는 달리 상황이 매우 복잡했다. 해안지역은 도시국가들polis로 구성되어 있으며, 유대 민족은 성전 국가를 유지하고, 내륙에는 민족들로 구성되어 있었다.12) 프톨레미 왕조는 국경지역의 특수성을 고려했을 것이며, 다른 한편으로 쉽게 통제할 수 있는 본국의 관리 체계를 도입하고자 했을 것이다.

이집트의 관구와 마찬가지로 시리아와 페니키아의 경우 최고의 관리로

---

12) 여기에서 '도시국가'(polis)란 자율적 통치권이 보장된 지역을 의미하며, '성전 국가'는 반(半)자율적 통치권이 보장된 지역이며, '민족들'이란 자율적 통치권이 없는 식민지 국가를 말한다.

군사령관과 재정 전문가가 있었다(후에는 군사령관만 남음). 시리아와 페니키아에는 행정관리의 단위가 있으며, 이것은 페르시아 시대부터 있었고, 그 명칭이 바뀌곤 했다. 프톨레미 시대에는 이 행정관리의 단위를 "구역Hyparchien"이라 불렀다. 이는 이집트의 "관구Nomoi"를 희랍화한 것이다. 이러한 지역 구분은 셀류쿠스 시대에도 지속되었다. 문헌상으로는 "구역"의 관리관들Oikonomoi만 언급되었으나, 실제로 군사는 구역 사령관Hyparchos에 의해, 재정은 재정 관리관Oikonomos에 의해 관리되는 이원체계를 생각해 볼 수 있다.

결정적으로 중요한 점은 조세제도나 헌물제도와 관련하여 프톨레미 왕조는 그들의 외국 식민지 국가들에게 원래 희랍의 제도를 적용했는 것이다. 이 점은 셀류쿠스 왕조와 로마 시대에 이르기까지 계속되었다. 다른 한편 프톨레미 왕조는 조세 징수와 헌물 징수를 그 지역의 상류층에게 맡겨 의사 결정에 중요한 역할을 하는 귀족을 자신의 편으로 끌어들였다.

2. 프톨레미 왕조의 관리와 유대 성전 국가

희랍적 의미에서 완전한 자유 도시들이란 프톨레미 왕조의 통치권 안에서는 존재하지 않았다. 그럼에도 불구하고 팔레스타인에서는 희랍의 모형에 근거한 법을 가진 자유 혹은 반자유 도시들이 비교적 많이 있었다. 물론 이들 도시들은 상주하는 프톨레미의 관리에 의해 엄격히 감시되었다.

두 번째 그룹으로 반자율적 지역의 민족들의 경우를 생각해 보자. 이두메의 경우 상당한 정도의 관료적인 관리기구가 있었음을 알 수 있다. 프톨레미 왕조는 유대 민족을 통치할 때에도 특별한 예외를 두지 않았을 것이다. 유대도 자율성이 보장되지 않았으며, 정상에 대제사장을 둔 "준왕국"으로 있지도 않았다. 다만 유대는 성전 국가로 취급될 수 있었을 것이다. 셀류쿠스 왕조는 성전 국가에 대해 비교적 자유를 허용한 데 반하여, 이집트 본토에서는 성전이 특히 재정적 관점에서는 철저히 왕실의 통제하에 있었다. 왕이 임명한 통제관Epistatēs에 의해 성전의 재정을 관리했다. 성전 땅은 국고로 귀속되었다. 예루살렘의 경우 법적으로는 대제사장이 유대 민족과 성전의 정상으로 서 있었다. 그러나 대제사장이 조공을 납부하는 것을 제외하고 독립된 통치자와 같이 지배할 수 있었다면 이것은 프톨레미 지배의 원칙과 조화되지 않는다. 아마도 대제사장 외에도 외국 정부에 의해 임명된, 유대와 성전의 재정을 책임지는 성전 재정관리관이 있었을 것이다.13) 종교와 정치를 책임지는 대제사장과 재정을 책임지는 관리의 이원적 행정체계는 페르시아 시대의 총독과 대제사장의 체계와 상응하며, 헬레니즘의 관리 규칙과도 일치한다. 이 성전 재정관리관은 대제사장과는 독립된 관리였다.

　프톨레미 왕조가 발전시킨 대제사장의 자율권을 제한하는 주요한 정치적 기구는 의회(게루시아)14)이다. 게루시아의 기원은 페르시아 시대에까지 올라간다. 이때에는 상류층 사람들, 대가문의 수장들과 장로들이 영향력 있는 집단으로 나타난다. 물론 그 구성원이 엄격히 제한된 단체는 아니었다. 고위제사장들도 게루시아의 구성원으로 참여했을 것이다. 게루시아에 대한 최초의 문헌적 증거는 안티오쿠스 III세가 예루살렘을 정복한 이후에 내린 칙령에서 언급된다: "게루시아는 제사장들, 성전 서기관들과 성전 찬양대원들과 함께 세금 면제를 받았다." 게루시아는 고위 제사장들, 부유한 평민 귀족들, 대토지 소유자들과 가문 수장들을 대변하는 것으로 볼 수 있다. 마카비 시대(유대인 통치 시대)에도 게루시아는 큰 의미를 지니고 있었다: 여호하난은 스파르타 사람들에게도 편지를 써 보냈는데 그 내용은 다음

---

13) 이에 대한 증거는 마카하 3:4-6: "그런데 빌가 가문 출신으로서 성전의 경리 책임을 맡았던 시몬이란 자가 있었는데 그와 대제사장 사이에 예루살렘의 시장 관리권에 대해서 의견 충돌이 생겼다. 시몬은 오니아스를 꺾을 수 없었기 때문에 그때 코일레 시리아와 페니키아 총독으로 있던 다르소 출신 아폴로니우스에게 가서, 예루살렘의 성전 금고에 말할 수 없이 많은 돈이 가득 차 있다는 것과 헤아릴 수 없이 많은 이 돈은 제사용이 아니므로 왕이 마음대로 가질 수도 있다고 일러주었다."
14) 일종의 원로원과 같은 의회이다.

과 같다. "대제사장인 나 여호하난과 나라의 원로들(ἡ γερουσία τοῦ ἔθνους 헤 게루시아 투 에트누스)과 제사장들과 그 밖의 유다 온 국민이 스파르타 형제들에게 인사합니다"(마카상 12:6).

위치가 서열을 나타낸다면 최상위에 대제사장(ἀρχιερεύς 아르히에류스)이 있고, 게루시아는 대제사장 아래에 오며 제사장들보다 우위에 온다. 게루시아가 순수하게 평민으로 구성되었다기보다는 지도적인 성전의 제사장들로 구성되었다고 보아야 한다. 이 후의 유대 역사에서 게루시아는 산헤드리온이라는 이름으로 발전되었다. 게루시아가 정치적으로 영향력을 얻게 된 것은 프톨레미 시대로 보아야 한다. 이는 프톨레미 왕조와 후에 셀류쿠스 왕조의 정치적 주장인 "분할과 지배divide et impera"에 잘 상응한다.

세금의 종류와 양에 대해서는 먼저 안티오쿠스 III세의 칙령에 나타난다. 안티오쿠스는 성전 종사자들과 게루시아에게 왕의 대인 세금, 소금세, 왕관세15) 및 인두세를 면제해 주었다. 최소한 처음 두 종류의 세금은 프톨레미 왕조 시대에 이미 징수되었다. 안티오쿠스는 삼 년간의 세금 면제 외에도 백성들에게도 프톨레미 시대에 바치던 세금(조공)을 3분의 1로 줄여 주었다.

셀류쿠스 IV세는 로마에 지불하는 전쟁 보상금으로 인해 이러한 혜택을 중지하고 은 300달란트를 요구했다. 안티오쿠스 IV세가 즉위할 때, 대제사장 야손은 이 금액을 은 360달란트로 올렸다(마카하 4:8-9). 메네라오스가 대제사장직을 매직하면서, 그 금액을 두 배(은 660달라트)로 올렸다(마카하 4:24).

성전과 제사장직에도 세금이 부과되었으며, 모든 곡물에는 3분의 1세를 부과했고, 모든 과일에는 2분의 1세를 부과했다(마카상 10:29-30).

---

15) 아마도 왕의 축제일에 바치는 선물세를 의미하는 것 같다.

V. 이등급 제사장으로서의 레위 계급의 형성

1. 레위 계급의 역사

레위인의 지위의 변화는 비교적 긴 역사를 가지고 있다. 고대 이스라엘 역사의 초기에 "레위인은 누구이며, 무슨 일을 했는가?"에 대해 정확히 개념을 정의하는 것은 불가능하다. 다만 신명기 개혁운동16)에서 비로소 그 정체를 알 수 있다. 신명기 개혁운동의 중요한 요소로 예배의 중앙 통일화 Kulteinheit가 있다. 이 조처는 지방에 있는 모든 예배 처소를 폐지하고 예루살렘 한곳으로 통일시키는 것이다. 이러한 조처의 중요한 동기는 예배 처소의 통일화를 통해 이스라엘 민족 전체가 하나가 되며, 더 나아가 이방민족의 지배로부터 벗어날 수 있기 위한 것이다.

신명기 예배 처소의 통일화에 대한 성서적 증거는 신명기에서 두 번 언급된다:

"너는 삼가서 네게 보이는 아무 곳에서나 번제를 드리지 말고 오직 너희의 한 지파 중에 야훼께서 택하실 그 곳에서 번제를 드리고 또 내가 네게 명령하는 모든 것을 거기서 행할지니라."(신 12:13-14)17)
"이스라엘 온 땅 어떤 성읍에든지 거주하는 레위인이 간절한 소원이 있어 그가 사는 곳을 떠날지라도 야훼께서 택하신 곳에 이르면 야훼 앞에 선 그의 모든 형제 레위인과 같이 그의 하나님 야훼의 이름으로 섬길 수 있나니 그

---

16) 이 점에 대해 한동구, "신명기 개혁 사상에 나타난 종교 개혁 사상." 『기독교사상』 제433호(1995년 7월), 119-140; 한동구, 『신명기 해석』(서울: 도서출판 B&A, 2004)을 참조하시오.
17) 여기에 대한 상세한 해설은 한동구, "신명기의 예배 개혁: 신명기 12장을 중심으로", 『복음과 신학 별집: 신학과 문화』(1996. 7), 평택대학교 신학과, 190-214=한동구, 『신명기 해석』(서울: 도서출판 B&A, 2004), 204-226을 참조하시오.

사람의 몫은 그들과 같을 것이요 그가 조상의 것을 판 것은 별도의 소유이니
라."(신 18:6-8)

여기에서 레위인이란 지방 성소에서 활동하던 제사장을 가리킨다. 지방
성소에 많은 경우에 확고한 건물을 갖춘 성전이 있다기보다는 높은 언덕 위
에 단지 제단만을 갖춘 경우가 많다. 따라서 지방 성소는 산당이라고 흔히
부른다. 예배의 중앙 통일화로 인해 지방 제사장들은 중앙 제사장들과 동등
한 권리를 갖고 중앙에서 일할 수 있게 되었다. 신명기 18장 6-8절은 지위나
경제적 수입도 동등해야 함을 주장한다. 아마도 개혁운동 초기에는 이러한
법이 잘 통용되었을 것이다. 그러나 시간이 지나면서 이 법은 지켜지지 못하
고, 레위인의 지위가 강등되었다. 레위인의 지위 변화에 대한 보도가 두 군데
나온다.

"산당18)들의 제사장들은 예루살렘 야훼의 제단에 올라가지 못하고 다만
그의 형제 중에서 무교병을 먹을 뿐이었더라."(왕하 23:9)
"이스라엘 족속이 그릇 행하여 나를 떠날 때에 레위 사람도 그릇 행하여
그 우상을 따라 나를 멀리 떠났으니 그 죄악을 담당하리라."(겔 44:10)

열왕기하 23장 9절에서는 레위인들을 산당의 제사장으로 부르고 있고,
이들에게 제사장의 직위를 인정하고 있지 않다. 그럼에도 이들이 얻을 수
있는 경제적 수입은 박탈하고 있지 않다. 23장 9절의 본문은 신명기 개혁
운동에서 개혁 의지가 소멸된 후 - 아마도 요시야 왕이 죽은 뒤 - 에 제사장
들 사이에 권력 투쟁이 생겼고, 여기에서 지방 제사장인 레위인들은 패배하

---

18) 여기에서 말하는 "산당"은 단순히 높은 언덕에 위치한 지방 성소의 의미를 넘어 제의의
중앙 통일화 규정에 의해 예루살렘이 아닌 일체의 성소는 모두 불법적이라는 관점에서
이미 정죄된 성소를 말한다.

여 제사장의 권리를 박탈당했다. 그러나 이들의 경제적 수입에 대해 완전히 박탈하지는 않았다. 이것은 아마도 이들의 존재를 전부는 무시할 수 없었기 때문일 것이다. 따라서 승자가 패자인 레위인들을 위한 절충적 제안으로 이들의 경제적 수입을 일부 보장한 것으로 볼 수 있다.

어쨌든 지방 제사장인 레위인들은 제사장의 권리를 박탈당하면서 사회적 하층민으로 몰락했다. 따라서 신명기에서는 레위인을 사회적 약자로 간주하고 그들을 도울 것을 명한다.[19] 레위인들이 하층민으로 전락되었기 때문에 이제까지의 하층민들(떠돌이, 고아와 과부)의 목록에 쉽게 함께 묶여 언급될 수 있었다.

에스겔 44장 10절에서 레위인을 이미 우상 숭배자로 격하시키고 있다. 이들의 지위에 대한 심각한 변화를 인지할 수 있게 한다. 포로기에 접어들면서 토착 성소에 대한 비난과 함께 지방 제사장들, 즉 레위인들을 우상 숭배자들로 규탄했다(겔 44:10).

포로기(기원전 587-515년)와 포로 후기 초기에는 제사장들과 레위인들 사이에 심각한 투쟁이 벌어졌다. 레위인들을 지지하는 성서 본문은 출애굽기 32장 26-28절과 민수기 12장 1-16절(주로 2-8절), 신명기 33장 8-11절이며, 나머지 대부분의 문헌, 특히 제사장 문헌과 에스겔서에서는 제사장의 입장을 지지한다. 성전 건립과 더불어 제사장의 일방적 승리로 갈등은 종식된다.

포로 후기에 접어든 뒤, 이러한 긴장은 계속 유지될 수가 없었다. 제의적 규정을 현실적으로 회복시키기 위해 성전에서 제사장의 보조 역할을 하는 레위인이 필요했고, 따라서 이들에게 경제적 보상(십일조)과 함께 사회적 존재 가치도 허용했다.

---

19) 신 12:18, 19; 14:29; 16:11-14; 26:12

2. 이등급 제사장로서의 레위 계급 형성의 역사적 토대

프톨레미 시대의 관리 체계는 군사업무를 담당하는 구역 사령관Hyparchos과 재정업무를 담당하는 행정 관리관Oikonomos이 있었다. 다만 유대 국가의 경우 일종의 성전 국가로서 법적으로는 대제사장이 유대 민족과 성전의 정상에 있었다. 그러나 대제사장 외에도 외국 정부에 의해 임명된, 유대와 성전의 재정을 책임지는 성전 재정관리관Epistatēs이 있었을 것이다. 종교와 정치를 책임지는 대제사장과 재정을 책임지는 성전 재정관리관의 이원적 행정체계를 유지했다.

이 점은 페르시아 시대의 총독과 대제사장의 이원체제와 유사하다. 법적으로 총독이 더 큰 권한을 가진 것으로 보이나, 실상 역사적으로는 그렇지 못했다. 페르시아의 국경지역에 있는 유대는 군사적으로 중요한 위치에 놓였기 때문에 총독의 자율권을 발동하여 전제적 권한을 행사할 처지가 못 되었을 뿐 아니라, 조세 징수권이 모두 대제사장에게 있었으므로 실제적인 영향력은 대제사장의 권한에 미치지 못했다. 사정이 이러했기 때문에 에스라가 유대에 파견된(기원전 397년) 이후부터는 공식적 기록에서 총독의 이름이 사라졌다. 아마도 대제사장직과 총독이 통합된 것으로 보인다.[20]

프톨레미 시대에는 재정 담당관을 파견하여 대제사장의 권한이 이중으로 제한되었다. 자신을 견제하는 자가 나타났으며, 동시에 아마도 이전에 누리던 재정의 자율권을 잃어버린 것이 아닌가 생각된다.

세금의 양은 페르시아 시대에 비해 초기에는 가혹하다고 말할 수 없지만, 페르시아 시대와는 달리 주요한 변화는 세금 징수권이 왕의 통제하에 놓였다는 점이다.

---

20) 그 당시 발행된 화폐(동전)에도 대제사장의 모습만 나타난다.

다른 한편으로 대제사장의 권한을 제한하는 주요한 정치적 기구로 원로원(게루시아)이 새로 생겼다. 원로원은 "고위 제사장들, 부유한 평민 귀족들, 대토지 소유자들과 가문 수장들"로 구성된다. 원로원의 기능이 무엇인지 더 이상 알 수는 없다. 다만 대제사장의 권한을 견제하거나 축소시킬 수 있는 정치적 기구가 형성된 것은 분명하다.

이러한 역사적 배경하에서 대제사장은 이전 페르시아 시대에 누리던 권한들을 되찾고자 했을 것이라는 점은 상상해 볼 수 있다. 외국인들의 영향력을 다소나마 배제하기 위해서는 전통의 회복이 필요했고, 이러한 작업은 대제사장의 힘만으로 이뤄낼 수 있는 것은 아니므로, 전체 제사장 계급의 광범위한 연대를 형성하여 가능했을 수 있다. 이러한 과정 속에서 철저히 제한된 이등급 제사장 계급인 레위인들이 다소 복권되어 광범위한 활동이 보장된 것 같다.

3. 이등급 제사장로서의 레위 계급의 형성

헬레니즘이라는 외세의 위협에 직면하여 유대 사람들은 전통적 신앙을 보존하여 자신들의 정체성을 유지하려 했다. 따라서 전통적인 제의 제도를 다시 한번 강화시켰다. 무엇보다도 토라에 근거한 경건의 중요성이 크게 강조되었다. 또한 성가대와 같은 새로운 예배 활동들도 생겼다. 이런 예배를 위해 시편들이 보다 다양하고 풍부하게 발전되었으며, 이를 일상적인 예배에서 노래로 구현했다. 이러한 정신화의 과정을 레위인이 주로 담당했다.[21] 그 결과 레위인의 지위가 다시 한번 상승되었고, 레위인의 명예는 한층 더 드높아졌다. 이와 함께 제사장들과 레위인들 사이의 갈등으로 인한 사회적

---

21) 새롭게 증대된 레위인들의 활동에 대해 역대기 역사서에서는 다양하게 보도한다: 법궤 운반자(대상 15:2…), 성가대 구성원(대상 16:4…), 성전 수위대, 창고 관리인(대상 26:1…), 말씀의 교육자(대하 17:7-9; 참조 대하 31:4; 34:30).

긴장도 많이 해소되었다.

레위인의 사회적 존재 가치는 역사적 해석을 통해 더욱 강조된다. 이스라엘 민족이 이집트에서 탈출할 당시 하나님은 모든 이집트의 장자를 치셨으나, 이스라엘의 장자는 살려 두셨다. 따라서 이스라엘의 모든 장자는 하나님의 소유가 되었다. 이스라엘의 모든 장자를 대신하여 만배 성물을 드려야 했다(참조 출 13:1-2, 12-13; 계속하여 민 18:8-19).22)

이제 레위인은 출애굽 당시 살려 둔 이스라엘의 장자를 대신한다고 했다. 만배의 헌물은 다시 한번 해석되었다. 민수기 3장 11-13, 40-51과 8장 16-18절에서는 야훼께서 이스라엘의 맏아들을 대신하여 레위인을 선택했다고 말한다. 또 야훼께서 이집트 땅에서 처음 난 모든 것을 치던 날 이스라엘의 처음 난 것은 구분하여 자신의 것으로 삼았기 때문에 레위인은 자신의 것임을 말한다. 출애굽기 13장 12-13절의 것과 동일한 언어 표현 양식을 사용하나, 덧붙여진 것은 맏이를 레위인으로 대신했다는 것이다. 만물 및 만배의 수입이 레위인들에게로 주어졌다.23)

VI. 결론

헬레니즘이 유덴툼에 미친 영향은 다양하다. 앞에서 필자는 헬레니즘과 유덴툼의 유사성을 찾아 비교연구했다. 이 장에서는 직접적인 유사성보다는 헬레니즘의 역사적·사회적 조건하에서 일어날 수 있는 변화에 대해 기술

---

22) 이것은 이스라엘의 모든 장자에 대한 인두세를 의미한다. 이는 역사적으로 출애굽 과정에서 야훼께서 이집트의 장자는 모두 살해했으나, 이스라엘의 장자는 살려 주었기 때문이라고 그 이유를 덧붙였다. 출 4:22, 23; 11:5; 12:12, 29; 13:15; 민 33:4; 시 78:51; 105:36; 135:8; 136:10.

23) 이에 대한 직접적인 증거는 없으나, 느 12:44은 "제사장과 레위인들에게… 첫 열매와 십일조를 주었다"라고 기록한다.

했다.

헬레니즘과 함께 대제사장의 권한이 대폭 상실되었고, 이를 되찾기 위해 광범위한 전통 회복이라는 명분하에 계층 간의 대화해가 일어났으며, 이러한 과정에서 이등급 제사장 계급Clerus minor인 레위 계급의 광범위한 형성과 복권을 확인할 수 있었다.

제24장

헬레니즘의 역사와
중간사 문헌의 형성 배경
– 역대기 역사서의 형성을 중심으로 –

I. 문제 제기

1. '중간사(中間史)'란?

흔히 학문적으로 정확한 정의 없이 '중간사中間史'라는 용어를 사용했다. 문자적으로는 두 성경 사이Zwischen den Testamenten, 즉 구약과 신약성경의 사이의 역사를 말한다. 이러한 이해는 랍비 전통의 성경에 대한 평가에 의해, "예언의 시대가 끝나고, 해석의 시대가 시작되었다"(슥 13:2ff.)는 관점에 따라, 구약성경에 포로 후기 초기에 종결된 것으로 이해되었다. 따라서 기원후 1세기의 기독교인들과 유대인의 의식 속에서 유대 성경의 마지막 본문들과 신약성경 사이에는 시간적으로 상당히 거리가 컸다고 보았다.

그러나 구약성서의 형성에 대한 연구와 또한 구약성경과 신약성경의 정경화 과정[1]에 대한 연구에서 밝혀 주는바, 구약과 신약 사이의 연대는 그렇게 크지 않다. 따라서 구약과 신약의 중간사라는 용어는 적절치 못한 용어가

되고 말았다.

2. 헬레니즘의 개념

'헬레니즘Hellenismus'이란 용어는 19세기의 독일 역사학자 드로이젠J. G. Dreysen이 알렉산더 대왕Alexandros이 동방 정복 이후, 로마의 초대 황제 아우구스투스Augustus가 마지막 헬레니즘의 왕국인 이집트를 로마의 속국으로 만들었던 대략 300년 정도의 시기를 헬레니즘, 즉 '그리스화'라고 표현하면서 나타났다.

알렉산더 대왕(기원전 336-323년)이 팔레스타인 땅을 정복하면서 정치적으로는 기원전 332년부터 163년에 하스몬 왕조(기원전 163/2-63년)가 세워지고, 기원전 63년부터 로마가 팔레스타인 땅을 지배하게 되었다. 로마 역시 헬레니즘 문화에 동화되면서 팔레스타인 땅은 최소한 6세기 이상 헬레니즘의 영향을 받았다.[2]

---

1) 히브리어 성경을 율법과 선지서와 성문서로 나누는 전통적인 구분 방법은 각각의 부분의 내용이 다름을 보여줄 뿐 아니라, 정경의 형성 단계에 대해서도 시사해 주는 바가 있는 것으로 여겨진다. 율법/오경은 기원전 5세기, 늦어도 기원전 4세기에 정경으로 형성되었다. 사마리아 사람들은 오경만을 정경으로 인정했다. 슥 13:2ff.에서는 "예언의 시대가 끝나고, 해석의 시대가 시작되었다"라고 말하고 있으며, 예수 시락 48-49장(형성 연대: 기원전 190년경)에서는 선지자들을 구체적으로 열거(이사야, 예레미야, 에스겔, 12소예언자들)하고 있다는 점에서는 선지서는 대략 기원전 3세기경에 정경으로 되었다. 성문서는 신약 시대에 와서야 비로소 정경으로 되었다(약 기원후 100년경). 전체 구약성서는 예루살렘의 파괴, 성전이 파괴(기원후 70년)된 후에 유대 공동체에 의해 새롭게 정경화되었다.
"기원후 100년경에 얌니아 종교회의에서 (구약성서의) 정경이 결정되었다"라는 주장이 널리 알려져 있으나, 그것은 적절치 못한 주장이다. 그 당시에 얌니아에는 소위 '종교회의'라는 것은 없었다. 단지 그 곳에는 랍비들을 양육하는 교육제도(기관)가 있었을 뿐이다. 그리고 얌니아의 교육적 토론에서조차 정경 개념에 대한 토론은 없었다. 정경화나 정경 개념은 기원후 3-4세기경에 성서나 성서의 일부에 계시적 권위를 부여하기 위해 사용된 개념이다. 이것은 랍비의 전승들을 교육용으로 사용하기 위해 수집하고 정리하는 과정에서 이루어졌다.

2) 헬레니즘 시대에 대한 정의는 학자들마다 약간씩 차이가 난다. 시작점에 대해 다양한 견해가 있다. 가장 일찍 잡을 경우, 기원전 338년 알렉산더 대왕의 부왕 마케도니아의 필립포스

본 연구에서는 헬레니즘의 역사와 그 당시에 형성된 문헌의 역사적 배경을 검토하고자 한다.

3. 헬레니즘에 대한 유대의 수용 태도에 대한 개괄적 이해[3])

전체적으로 볼 때, 기원전 587년 이래로 팔레스타인 땅은 항상 식민 통치 하에 놓였으므로 유대인들은 외래문화의 수용에 대해 매우 소극적이며, 반대로 전통문화에 대한 집착은 매우 강했다. 그럼에도 불구하고 시대의 지배적인 정신과 상황에 지배를 받지 않을 수 없었다. 외세의 지배가 강하게 몰려올 때, 유대인들은 자신의 전통문화를 강화했다. 이러한 전통문화의 강화 속에 당시의 상황과 시대정신의 반영이 불가피했다. 이 글에서는 바로 이러한 점을 살펴보고자 한다.

유대인들이 헬레니즘 문화를 적극적으로 수용하는 경우도 있었으며, 특히 이집트에 거주하는 해외 유대인(디아스포라)들과 국내 지배층의 일부는 매우 적극적으로 헬레니즘 문화를 수용했다. 헬레니즘 수용의 전형적인 경우는 헬라어를 상용어로 사용하며, 그 결과 구약성경을 헬라어로 번역한 경

II세가 카이로네이아 전투에서 아테네와 테베 연합군을 격파한 시점이며, 다음으로 코린트 동맹을 맺어 그리스의 맹주가 된 337년, 그 다음은 필립포스가 죽고 알렉산더가 왕이 된 336년, 그 다음은 알렉산더가 동방 원정을 시작한 334년, 그리고 마지막으로 알렉산더가 바벨론에서 죽은 323년으로 보는 견해가 있다.

헬레니즘 시대가 끝나는 지점에 대해서도 다양한 견해가 있다. 안토니우스와 클레오파트라의 연합함대가 악티온 해전에서 옥타비아누스(후에 아우구스투스가 됨)에게 패한 기원전 31년이거나 혹은 안토니우스와 클레오파트라가 자살하고 이집트가 로마에 합병된 기원전 30년으로 보기도 한다.

헬레니즘의 시대를 짧게는 '알렉산더에서 아우구스투스까지'로 볼 수 있다. 그러나 헬레니즘의 문화는 후일 로마 제국과 기독교 성장에 커다란 영향을 미쳤고, 헬레니즘 문화의 진정한 수혜자는 1453년에 패망한 동로마 제국, 즉 비잔틴 제국이다. 따라서 헬레니즘을 길게 본다면, 15세기 중엽까지 지속되었다고 보아야 한다.

3) 한동구, "헬레니즘이 유대문화에 미친 영향," 『현상과 인식』 제26집 제4호 (2003년 겨울), 132-149, 특히 132-134.

우다(참조 셉투아진트=72인역).

　다른 한편 헬레니즘의 정신과 문화를 적극적으로 수용하지는 않았으나, 당시의 지배적인 시대적 정신으로 작용했던 유덴툼Judentum의 전통을 계승하면서도 시대정신인 헬레니즘을 자연스럽게 수용한 경우가 있다. 대표적인 경우가 지혜문학이다.4) 이제까지의 헬레니즘이 유덴툼에 미친 영향에 대한 연구는 주로 희랍의 회의주의적 철학과 유대 지혜문학과의 비교연구이다.5)

　이와는 달리 셀류쿠스 왕조의 박해6)로 말미암아 헬레니즘의 추종은 전통을 버리고 우상을 숭배한 배교 행위로 간주하여 강하게 반발한 경우가 있다. 대표적으로는 다니엘서와 마카비서 상하(역사서)가 여기에 속한다.

4. 연구의 목적

　팔레스타인에서 정치적 지배권이 페르시아(기원전 538-332년)7)에서 헬라의 시대로 넘어갔음에도, 구약성서의 문헌에서는 이에 대한 증거를 거의 언급하고 있지 않다. 특별히 포로 후기에 역대기 역사서는 전통을 고수하기 위해 신명기 역사서와는 구별되게 새롭게 기술했다.

　알베르츠는 역대기 역사서의 중요한 신학적인 경향을 반사마리아적 경향과 반헬레니즘의 경향8)으로 보았다. 이에 따르면 역대기 역사서에서 헬레

---

4) 전도서, 예수 시락의 지혜서(=집회서), 바룩1서, 아리스테아 서신, 위경 포킬리데스, 솔로몬의 지혜서 등이다.

5) 이러한 연구의 대표적인 저술: M. Hengel, *Judentum und Hellenismus* (WUNT 10) (Tübingen: J. C. B. Mohr/Paul Siebeck, 1968).

6) 셀류쿠스 왕조의 유대 박해는 안티오쿠스 IV세(기원전 175-163년)가 등장하면서 시작된다.

7) 기원전 538년은 고레스의 칙령이 반포된 해이며, 기원전 332년은 알렉산더가 팔레스타인을 정복한 해이다.

8) R. Albertz, *Religionsgeschichte Israels in alttestamentlicher Zeit* 2 (ATDE 8-2) (Göttingen: Vandenhoeck & Ruprecht, 1992), 605-623. "역대기 역사서의 반헬라적 경향"에 대해 그는 다음과 같이 보았다: "'온 마음으로 선조의 하나님을 찾아라'는 호소나

니즘에 대한 정치적 증거를 기대할 수 있으나, 역대기 역사서에는 헬레니즘에 대한 특별한 증거를 남기고 있지 않다.9)

헬레니즘의 영향에 대한 명확한 직접적인 증거는 아닐지라도, 헬레니즘의 영향으로 간주될 수 있는 현상을 살펴보고자 한다. 헬레니즘의 지배로 대제사장의 권한이 축소되고 이등급 제사장 계급Clerus minor인 레위 계급10) 이 보다 광범위하게 위상이 강화되는 현상을 볼 수 있다. 레위 계급의 위상 강화의 역사는 점진적으로 일어나게 되었고, 이미 페르시아에서부터 시작되어 헬레니즘의 영향으로 더욱 광범위하게 확산된 것으로 보아야 한다. 이 글에서는 이 점을 밝히고자 한다.

II. 헬레니즘의 역사

1. 마케도니아의 필립 II세의 등장

고대 그리스에서 위대한 인물로 꼽는 사람 중의 하나는 마케도니아 왕 필립 II세(기원전 359-336년)다. 필립은 마케도니아가 강대국으로 발전할 수 있는 기틀을 마련한 사람이며, 그의 아들 알렉산더보다 앞서 동방 원정을 계획했던 인물이다. 알렉산더는 부왕이 기획했으나 완수하지 못한 위업을 성공시켰다고 보아도 좋을 것이다. 알렉산더는 페르시아가 지배하던 자리

온갖 유의 이방인의 영향을 배제하려는 노력을 근대화된 헬라 문화의 유혹에서 유대의 정체성을 지키려는 노력으로 이해할 수 있다. 역대기에서 줄곧 보여주는바, 인간이 자유로운 순종-불순종 / 믿음-불신앙의 결단에 의하여 하나님의 축복과 저주가 달려 있다는 신학적 패러다임은 헬레니즘의 운명론과는 대립되는 모델로 이해된다."

9) 다만 예외적으로 후기 예언 문헌에서 헬라 지배를 암시한다: 요엘 3:4ff./히 4:4ff.; 슥 9:1ff., 13ff.; 11:15; 단 8:21; 10:20; 11:2ff.

10) A. H. T. Gunneweg, *Leviten und Priester* (Göttingen: Vandenhoeck & Ruprecht, 1965), 204-216에서 이등급 제사장 계급인 레위 계급을 Clerus minor라 했다.

에 그리스를 올려놓았다. 필립 II세는 세계무대에서 아랍의 주도권을 종식시키고 새로운 시대의 서막을 연 인물이었다.

마케도니아가 국가로서 비약적 발전을 한 것은 5세기 후반 아르켈라오스Archelaos왕 때의 일이다. 그 후 마케도니아는 왕위 다툼 때문에 한때 혼란이 있었다. 이 혼란을 수습한 왕이 필립 II세였다.

필립은 마케도니아를 그리스의 중요한 국가로 부상시킨 왕이다. 그는 처음에 그의 조카 아미타스를 섭정하여 국가의 수반이 되었다가 후에 군대의 추대를 받아 왕이 되었다. 테베가 스파르타를 꺾고 그리스에서 가장 강력했던 시기에 필립은 테베에서 볼모 겸 유학생으로 그리스 문화와 전술을 그대로 받아들였다. 그는 마케도니아로 돌아온 뒤에 그리스 문화를 적극적으로 받아들여, 그의 아들 가정교사로 아리스토텔레스Aristoteles를 초빙했다.

그는 매우 실용주의적인 인물이며, 마케도니아가 무엇보다 필요로 하는 것은 훌륭한 군대라는 점을 인식했다. 이때까지 모든 그리스 국가들은 용병에 크게 의존하고 있었는데, 필립은 마케도니아인들을 군대의 핵심이 되도록 했으며, 테베에서 배운 전술을 군사들에게 훈련시켜 강력한 군대를 양성해 갔다. 그는 귀족의 세력을 누르는 한편 풍부한 산림과 금광을 개발하여 재정을 충실하게 만들었다.

그는 그리스의 혼란을 마케도니아에 유리하게 이용했으며, 내정에 간섭할 기회를 엿보던 중, 포키스Phocis인이 종교동맹의 중심지인 델피의 신전을 점령하자, 그리스의 동맹으로부터 군사적 요청을 받아 개입했다. 그도 동맹의 일원이 되며, 그 동맹의 감독자로 선출되었다. 그는 즉각 개입하여 포키스인을 격파했다. 이때부터 필립은 그리스 여러 국가의 내정에 간섭하여 세력을 확장해 나갔다. 테베 근처에 있는 엘라타이를 점령하여 자신의 성으로 요새화했다. 이로 인해 그를 반대하는 동맹이 테베와 아테네를 중심으로 형성되기도 했다. 그래서 필립은 그리스 동맹과 전투를 하게 되었고, 기원전 338년 카이로네이아 전투에서 동맹군을 물리치고 그리스 전토의 패권을 쥐었다.

그러나 그는 페르시아 정벌에 그리스를 끌어들이기 위해, 그리스의 도시 국가들을 적대시하지 않고, 코린트 동맹을 맺었다. 스파르타를 제외한 전 그리스가 참여했다.

필립 왕은 코린트 회의를 열어 자신이 의장이 되어 페르시아 정벌의 뜻을 밝힘으로써 그리스 전체의 단결을 굳게 했다. 그러나 필립은 이러한 뜻을 펼치지 못하고 한 신하에게 암살당했다. 그를 이어 그의 아들 알렉산더가 기원전 336년에 왕이 되었다.

2. 알렉산더 대왕의 세계 정복[11]

알렉산더는 신속하게 정부를 인수하지만, 먼저 그리스와 마케도니아 북부의 반란을 진압하는 데 2년을 소모했다. 알렉산더는 이 적대자들을 처벌하기보다는 관대하게 용서해 주었다. 그의 목표는 동방원정이었으므로 코린트에서 전全 그리스 회의를 소집하여, 마케도니아는 코린트 동맹의 맹주 지위를 인정받는다(기원전 334년).

그 후 동방원정이 시작되었다. 알렉산더는 334년에 소아시아를 정복하기 시작하여, 페르시아와의 첫 전투는 그라니코스 강에서 벌어졌고, 3배나 많은 페르시아군을 용감하게 무찌른다. 기원전 333년에는 시리아-팔레스타인으로 들어가는 길목인 이소스Issos에서 다리우스의 군대를 물리치고, 332년에는 해안선을 따라 남진하면서 이집트로 향했다. 시리아 전역과 팔레스타인 지역은 대부분 무혈로 수중에 넣었으나, 두로와 가자에서는 전투로 정복한다. 그는 계속하여 이집트로 들어가 그곳에 알렉산드리아의 신도

---

11) 중요 자료로 다음의 저서를 참조하라! 조현미, 『알렉산드로스 헬레니즘 문명의 전파 (살림지식총서 117)』(서울: 살림, 2004); 윌빙크, 『헬레니즘 세계 (대우학술총서 530)』, 김경현 옮김 (서울: 아카넷, 2002); 윤진, 『헬레니즘 (살림지식총서 038)』(서울: 살림, 2003).

시를 세우고 리비아 사막을 횡단하여 시바의 오아시스에 있는 아몬 신전까지 참배했다.

알렉산더는 기원전 331년 이집트에서 퇴각하면서 긴박했던 사마리아의 비극을 제외하고는 팔레스타인에 오래 머물러 있을 수 없었기 때문에 기원전 331년 5월에 메소포타미아로 진격했다.

다음 해 봄에 이집트를 나와 페르시아의 심장부인 메소포타미아 지역으로 향한다. 기원전 331년 티그리스를 넘어 니느웨 근처 가우가멜라에서 다시금 다리우스의 군대와 전투하여 또 다시 승리했다. 이어 신속하게 바벨론도 점령했다. 페르시아의 본거지에까지 진군하여 페르시아 수도 수사를 점령하고 여러 도시들도 장악했다. 다리우스는 도망하는 도중 지방 총독인 베소스에 의해 사루드 근처에서 살해당했다.

알렉산더는 4년 동안 동과 동북으로 이동해서 327년에 인더스 강가에 도달했다. 다음 해에 그 지방의 군주 포루스 왕과 결전을 벌여 승리를 거두었다. 알렉산더는 계속 동으로 진군할 것을 명령했으나, 부하들이 거절하여 마침내 기원전 324년 수사로 돌아왔다.

알렉산더는 수사에 머무는 동안 페르시아 제국의 정복을 기념하고, 마케도니아인들과 페르시아인들의 통합을 장려했다. 정복자와 피정복자와의 차이를 해소하려 했으며, 페르시아인들이 제국에 동참하도록 했다. 알렉산더의 이러한 노력의 결과 오리엔트 문화와 그리스 문화가 융합된 새로운 문화, "헬레니즘 문화"가 탄생했다. 알렉산더는 기원전 323년 6월 13일 바벨론에서 사망했다. 향년 33세였으며, 왕위에 오른 지 13년 8개월만의 일이었다.

3. 알렉산더의 정복에 있어서 예루살렘과 사마리아의 태도

팔레스타인 사람들은 이전에 그리스인들과 맺었던 관계를 버리고 마케도니아인들에게 접촉을 시작했다. 젊은 마케도니아 왕인 알렉산더의 원정과 승리는 시리아 팔레스타인의 셈족에게 깊은 동요를 안겨 주었다.

이제 마케도니아인들은 새로운 지배자가 되어 새롭게 나타났으며, 시리아-팔레스타인인들은 이들을 새로운 주인으로 받아들여야 했다. 알렉산더는 23세의 나이로 기원전 333년 11월 이소스lssos 전투를 승리로 이끌었다. 그의 군대는 작지만 위력적이었다. 반면 다리우스 왕은 그리스 용병들을 고용했지만 그들은 노쇠한 페르시아를 구해내지 못했다.

이소스 전투에서 승리하자 알렉산더의 부하였던 파르메니온은 시리아의 다마스쿠스까지 진격하여 내륙지방을 굴복시켰다. 알렉산더는 별다른 저항 없이, 페니키아와 팔레스타인의 해안을 따라 남쪽으로 내려갔다.

1) 사마리아의 태도

사마리아가 새로운 지배자인 마케도니아인들를 대하는 태도를 전하는 두 가지의 상반된 정보가 있다. 먼저 사마리아인들은 알렉산더를 환영하며 적극적으로 협력했다는 정보이다.

알렉산더가 이집트로 진격해 가는 동안 두로와 가자에서는 전투를 통해 점령했다. 그는 두로에서 기원전 332년 1월에서 8월까지 7개월 동안 공격하여 함락시킨 후,[12] 그곳에 마케도니아의 요새를 다시 건설했다. 가자에서 페르시아 도시 사령관이었던 바티스가 2개월 동안 알렉산더에게 필사적으로 저항했다. 가자도 두로와 유사한 운명을 겪었다.

요세푸스의 기록에 따르면, 알렉산더는 두로를 포위하여 공격하기 시작했고, 유대의 대제사장에게 자신을 지원해 줄 것과 페르시아 왕 다리우스에게 지불했던 것과 같은 배상금을 요구했다. 이에 대제사장은 다리우스에게 바쳤던 충성의 서약을 이유로 알렉산더의 요구를 거절했다.[13] 반대로 사마

---

12) 두로는 산헤립의 공격을 5년 동안. 느부갓네살의 공격을 13년 동안 막아낸 역사가 있다.
13) 요세푸스,『요세푸스 II (유대고대사)』, 김지찬 역 (서울: 생명의말씀사, 1987/2002), 제XI권 제8장, 56.

리아의 산발닷은 7천 명의 사마리아인들과 함께 알렉산더를 도왔고, 그를
통치자로 인정했고, 성전 건축의 허락을 요청했다.[14]

이러한 요세푸스의 역사 기록에 대한 역사적 평가는 다음과 같다. 산발닷
은 스스로 굴복하여 두로 공격에 지원군을 보냈을 가능성이 있다. 알렉산더
가 사마리아 지원병의 도움을 받았다는 기록은 신뢰할 만하다.

이와는 반대로 알렉산더와 사마리아인들 사이에 갈등이 있었다는 정보이
다. 쿠르티우스 루푸스에 의하면 알렉산더가 이집트에 머물러 있는 동안, 사
마리아인들은 기원전 331년에 마케도니아에 대항하여 폭동을 일으켰고, 알
렉산더의 신하 안드로마코스를 산채로 불태워 죽였다. 그러자 알렉산더는
사마리아로 서둘러 돌아와 사마리아 폭동의 주동자를 잡아 죽였으며, 안드
로마코스의 후임자로 메논을 앉혔다. 알렉산더는 사마리아를 파괴하고, 그
자리에 마케도니아의 군사 식민지로 만들었다. 알렉산더와 사마리아인들과
의 갈등에 관한 기록은 역사적으로 신뢰할 만하다.

세겜의 재이주와 그리심 산에 성전 건축을 사마리아의 파국과 마케도니
아의 군사 식민지 건설과 연계시키는 견해가 있다. 그리심 산의 성전 건축은
후에 이루어 졌다. 그리심 산 정상에 헬레니즘 시대의 것으로 보이는 거대한
성전이 존재했음은 고고학적으로 입증된 것이다.[15] 또 기원전 480-330년
사이에 버려진 세겜성이 기원전 4세기 말에 다시 요새화 되었고, 기원전 300
년경에 새로운 전성기를 맞았다.

요세푸스의 기록에 따르면, 그리심 산에서의 성전 건축은 예루살렘 출신
의 대제사장(므낫세)의 형제 산발닷의 지도를 받아 건설되었다. 이것은 예
루살렘에 있던 대제사장 그룹이 분열하면서 성전 건축을 촉발시킨 것으로
보인다. 예루살렘의 종교집단의 분열을 알렉산더라는 인물과 결합하여 정

---

14) 요세푸스,『유대고대사』제XI권 제8장, 56-57.
15) 라이너 알베르츠,『이스라엘 종교사 II』, 강성열 역 (경기도 고양: 크리스챤다이제스트,
    2004), 320.

당화하려는 의도가 숨어 있다.[16]

2) 예루살렘의 태도

요세푸스는 알렉산더가 이집트를 정복하기 위해 가는 동안, 두로를 정복(기원전 332년)하고, 돌연 "알렉산더가 거룩한 도시 예루살렘을 방문하고, 그 당시 직무 중인 대제사장을 만났으며," 가자를 정복한 다음, "예루살렘 성전에서 제물을 바쳤다"라고 서술했으나, 이 전설은 역사적 가치가 거의 없다.[17] 이 전설과 관련하여 체리코프가 "알렉산더를 직접적으로 유대인들과 접촉한 것으로 보도한 건 알렉산더와 유대인들을 부각시키기 위해 고안된 역사였다"라고 판단한 주장을 주목할 필요가 있다.

알렉산더가 동방원정을 시작하자, 마케도니아인들은 팔레스타인의 새로운 지배자가 되었다. 유다와 사마리아를 포함한 팔레스타인의 내륙지방은 알렉산더의 지배하에 들어왔다. 아마 유대인들은 옛 지배자와 새 지배자 사이에서 의식적으로 특정한 쪽을 선택하지 않고 모든 것을 운명에 맡긴 채 평온하게 역사의 대세를 따랐던 것 같다.

유대인들은 이미 페르시아 왕에게 자신들의 조상의 법을 따라 살아갈 수 있는 권리를 요청한 적이 있었다. 그리고 후에 헬라의 왕들에게도 이와 같이 요청했다. 동일한 요청을 알렉산더에게도 했고, 이에 대한 허락을 받았다고 여겨진다. 알렉산더는 이오니아식 도시들, 리디아인들, 인도인들과 아랍인들에게 "자신들의 법률"에 따라 살아갈 수 있는 권리를 허락했다.

4. 헬레니즘의 세계

알렉산더의 사후 적절한 후계자가 없었기 때문에 그가 남긴 제국은 대단

---

16) Kippenberg, *Garizim*, 56.
17) 요세푸스, 『유대고대사』 제XI권 제8장, 57-59.

히 불안정한 상태로 남게 되었다. 전통적인 마케도니아의 왕 선출 방법에 따라 모든 병사들이 모인 군민회는 바벨론에서 필립 아리다이오스를 왕으로 선출하고, 룩사나가 아들을 낳게 되면 그 아들을 공동 통치자로 추대하겠다고 결의했다. 그러나 그는 권력 투쟁의 와중에 살해되었다.

실제적인 힘을 가진 마케도니아 장군들은 서로 협의로 통해, 그리고 무엇보다도 전쟁이라는 수단을 통해 그 유산을 나눠 가졌다. 알렉산더가 죽자 그의 장군들 사이에 지배권 분쟁이 생겼고, 제국은 이들의 분쟁에 휘말리게 된다. 이 전쟁은 기원전 321년에서 281년에까지 지속된 디아도코이 전쟁이라 부른다. 전쟁의 명분은 알렉산더가 이룩한 하나의 제국을 다시 통일시키는 데 있었으나, 분할된 제국은 점차 독립 국가로 고착되어 갔다.

기원전 301년 입소스 전투에서 안티고노스가 패사함으로 제국에 대한 마케도니아의 지배는 느슨해져서 제국의 분할은 고착된다. 기원전 281년 서부 소아시아의 쿠루페티온에서 리시마코스가 셀류쿠스에게 패배함으로써 디아도코이 전쟁은 종식되고, 제국은 4개국으로 분할되어 통치되었다:

이집트와 시리아 남부 지역은 프톨레미 왕조
메소포타미아 지역과 시리아 지역은 셀류쿠스 왕조
아나톨리아(터키 지역)와 (그 북쪽) 트라키아는 리시마코스 왕조
그리스와 마케도니아는 안티고노스 왕조

이제 알렉산더 제국의 영토 분할은 대략 확정되었고, 이 구도는 다음 두 세기 동안 큰 변화 없이 존속되었다.

5. 프톨레미 왕조의 팔레스타인 지배

디아도코이 전쟁의 과정 속에서 시리아-팔레스타인 지역은 정치적·군

사적 대립의 격전지였다. 프톨레미는 이집트의 지배권을 장악했고, 알렉산드리아라는 새로운 도시를 건설하여 수도로 삼았다. 셀류쿠스는 바벨론의 지배자가 된 후에 자신의 세력을 서쪽으로는 시리아까지 동쪽으로는 이란 너머까지 확대했다. 그의 수도는 티그리스 강변의 셀류키아와 시리아의 안디옥에 있었다.

두 경쟁자는 팔레스타인과 페니키아의 지배권을 놓고 경쟁했다. 먼저 이집트의 프톨레미가 319년에 시리아-팔레스타인을 점령한다. 이 지역은 마케도니아의 안티고노스의 공격을 받았다. 312년 가자에서 남진하는 안티고노스의 아들, 데메트리오스를 프톨레미가 물리침으로써 이 지역에 대한 지배권을 공고히 했다.

이집트의 프톨레미 왕조가 두 지역을 지배하는 데 성공했다. 기원전 301년 입소스 전투에서 팔레스타인과 페니키아의 지배권은 항구적으로 프톨레미 왕조에게 주어졌다. 거의 1세기 동안이나 계속된 장기간의 프톨레미 왕조의 지배는 다른 이웃 나라들보다도 상당히 안정된 발전을 이룩할 수 있었다.

시리아-팔레스타인 지역의 지배권을 놓고 끊임없는 전쟁이 이어져 갔다. 이 전투를 모두 시리아 전투라 부르며, 기원전 274년부터 195년까지 5차례에 걸쳐 전쟁이 있었다. 이 전투에서 현상을 유지하는 방향으로 흘러갔다.

1915년 나일 강 삼각주의 파이윰Faiyûm 오아시스에서 발견된 제노Zeno 파피루스는 프톨레미 왕조 치하에 있는 팔레스타인의 상황을 어느 정도 보여준다.

알렉산더 사후에 팔레스타인은 이집트의 프톨레미 왕조의 지배하에 들어가게 되었다. 그 후 약 1세기 동안 프톨레미 왕조의 지배를 받았으며, 프톨레미 왕조는 페르시아인들에게 물려받은 행정조직을 가능한 바꾸지 않고 그대로 이용했다. 프톨레미 왕조는 페르시아인들과 마찬가지로 이스라엘 사람들의 소유권을 침탈하지 않았으며, 이집트에서와 마찬가지로 팔레스타인과 페니키아에서도 전통적인 종교의식들이 아무런 방해도 받지 않고 계속될 수 있도록 허용했다.

다만 국가의 수입과 관련된 조직에는 약간의 변화가 있었다. 이로 인해 대제사장의 권한이 약간 축소되며, 귀족층과 교육을 받은 중간 귀족층의 형성을 뚜렷이 볼 수 있다.

알렉산더의 후계자들은 군대를 유지하기 위해 자신들이 정복한 지역에서 강제적으로 세금을 거둬들였다. 지배하는 지역을 '지역통치체제Toparchie'에 따라 분할했다. 지역통치체제는 시리아-팔레스타인 지역에서 광범위하게 지속되어 나갔으며, 이 체제는 헤롯 시대에까지 지배와 세수를 위한 중요한 기초 단위였다.

'지역통치체제' 아래의 지배 단위는 통치자의 '대리인 지배체제Hyparchie'였다. 이것은 이집트의 행정지역 노모스Nomos와 같은 것이며, 페르시아 시대의 제국의 작은 총독 통치령과 유사하다. 이 대국에 속해 있는 유대는 과거 페르시아 시대와 마찬가지로 작은 특수한 행정단위, '대리인 지배체제'에 속했다.

6. 셀류쿠스 왕조의 팔레스타인 지배

셀류쿠스 왕조는 프톨레미 왕조가 팔레스타인과 시리아를 "훔친 것'으로 여겼기 때문에 이를 되찾으려고 시도했다. 안티오쿠스 III세(기원전 223-187년)가 왕위에 오르면서 그때까지의 정치적 상황을 완전히 바꾸어 놓았다. 이 패기에 찬 통치자는 연전연승의 원정을 통해 소아시아에서 인도 국경에 이르기까지의 영토에 대한 지배권을 재천명하게 되었다.

그는 프톨레미 IV세 필로파토르(기원전 221-203년)가 통치하던 이집트와의 전투에서 팔레스타인 남단 라피아에서 참패했다(기원전 217년). 그러나 그의 아들 프톨레미 V세 에피파네스(기원전 203-181년)가 이집트 왕위에 오르면서 전투는 재연되었다. 몇 차례의 전투 끝에 요단강 상류 파니

움 전투에서 이집트 군대를 격파하고(기원전 200년), 아시아에서 몰아냈다(기원전 198년). 셀류쿠스 왕조의 안티오쿠스 III세는 마침내 팔레스타인을 합병했다.

1) 초기 셀류쿠스 왕조의 팔레스타인 지배

안티오쿠스 III세도 유대인들을 최대한 배려했다. 그는 유대인들에게 본국 귀환과 포로 석방을 명령했다. 예루살렘이 경제적으로 회복될 수 있도록 3년간 세금을 감면해 주었으며, 일반 부과금(조공을 위해 백성에게 부과한 세금)도 3분의 1로 줄여 주었다. 유대인들은 페르시아 시대와 프톨레미 왕조 시대에 누렸던 특권을 보장받았다. 이들이 누린 특권이란 율법에 따라 아무런 방해 없이 생활할 수 있는 권리 보장과 제의에 필요한 경비 중 일정한 액수를 국고에서 보조받았고, 또한 제의 종사자들에게 영구적으로 조세를 면제해 주도록 했다. 끝으로 평의원(게루시아)과 율법학자(=서기관)도 세금을 면제받았다.

2) 로마와의 전투에서 참패

안티오쿠스 III세 무렵부터 로마가 부상하기 시작했다. 안티오쿠스 III세는 셀류쿠스 왕국의 국력을 절정으로 끌어올리면서 로마와 자웅을 겨루었다. 이 무렵 로마가 자마에서 카르타고군을 분쇄하자(기원전 202년), 카르타고의 장군 한니발은 셀류쿠스 왕국의 안티오쿠스 III세에게로 도망쳤다. 안티오쿠스 III세는 헬라의 중재자로 자처하고 헬라로 진격하자, 로마는 희랍으로 진입하여 안티오쿠스 III세를 헬라에서 몰아내고(기원전 192년), 그를 계속 추격하여 아시아로 건너가 마그네시아에서(참조 단 11:18) 그를 참패시켰다(기원전 190년). 이로 인해 안티오쿠스 III세는 로마와 굴욕적인 아페메아Apamea 강화조약을 맺어야 했다(기원전 189년). 강화 조건은 길리기야를 제외한 소아시아 전 지역을 포기하고, 전투용 코끼리들과 해군

함선을 내주고, 약 20명의 인질과 함께 막대한 전쟁 배상금을 지불하는 것이었다. 그래서 187년에는 이 배상금을 지불하기 위해 엘람의 신전을 약탈하다가 살해되었다(기원전 187년, 참조 단 11:19).

3) 셀류쿠스 왕조의 혼란한 내정과 태도 변화

이때부터 셀류쿠스 왕조는 백성들에게 가혹한 조세 부담을 지우기 시작했다. 안티오쿠스 III세를 이어 셀류쿠스 4세가 등장했으며, 그는 그의 아들 데메트리우스를 인질로 대신 보내고, 그의 동생 안티오쿠스 IV세를 데려왔다. 셀류쿠스 IV세도 암살되었고(기원전 175년), 그의 형제인 안티오쿠스 IV세 에피파네스(기원전 175-163년)는 진정한 왕위 계승자 데메트리우스(셀류쿠스 IV세의 아들)를 제치고 정권을 장악했다. 셀류쿠스 왕조와 유대와의 우호적 관계는 안티오쿠스 IV세(기원전 175-163년)가 등장하면서 급변했다.

이를 기점으로 셀류쿠스 왕조는 왕권을 둘러싼 쟁탈전이 시작되었고, 나라는 안정될 날이 없었다. 안티오쿠스 IV세는 로마의 인질 경험에서 로마를 올바르게 평가했다. 따라서 국토를 방위하게 위해 잡다한 종족으로 구성된 주민들을 실제적으로 통일시키는 것이 급선무임을 절감했고, 한편 끊임없는 전쟁을 수행함으로써 재정적으로 큰 어려움에 처하게 되었고, 재정난으로 인해 새로운 재원이 될 만한 것은 무엇이든 탐냈다. 그는 자신의 영토 안에 있는 신전들을 약탈했고, 예루살렘도 피해 가지 못했다.

그는 정치적 통일에 관심을 두었기 때문에 여러 도시들에 헬라의 도시국가polis와 같은 지위를 부여했으며, 헬라적 요소를 적극 장려했다. 이 정책에는 제우스 신의 숭배와 헬라의 여러 신들의 숭배도 포함하며, 안티오쿠스 IV세 자신을 신격화하여 숭배하도록 했다. 토착 종교를 탄압할 의향은 없었지만, 유대인들의 격렬한 반발을 불러일으킬 것이 분명한 정책이었다.

4) 안티오쿠스 IV세의 유다 간섭

알렉산더 시대에 페르디가스는 과거의 이스라엘 왕국의 왕도였던 사마리 아를 마케도니아의 군사 식민지로 바꾸어 놓았다. 프톨레미 시대에도 헬라 적인 도시들이 생겨났다. 암몬의 수도 랍밧-베네-암몬(현 암만)에 프톨레 미 II세 필라델푸스의 이름을 따 필라델피아를 세웠고, 악고의 성터에 프톨 레마이스가 세워졌고, 디베리아 남단에 필로테리아를 세웠다. 벧산에도 니 사 스키토폴리스라는 헬라 도시가 생겨 났다. 이러한 헬레니즘의 생활은 이 스라엘 사람들에게 감명을 주었고, 이를 모방하도록 자극을 주었다. 많은 이 들이 여기에 매료되었다.

기원전 175년경에 예루살렘의 어느 대제사장이 예루살렘에 지어진 운동 경기장에서 원반던지기를 했고, 구경꾼들이 모여 열광했다(마카하 4:12). 마카비서하 4장 14절 이하에서는 예루살렘의 제사장들 가운데 일부도 새로 운 생활 방식에 매료되어 넋을 잃었다고 말한다.

그러나 대다수의 사람들은 이방적인 생활방식을 거부하고 유서 깊은 전 승들을 열심히 따랐다. 전통적인 관습을 버리는 것은 하나님에 대한 전통적 인 신앙에 불충성하는 것이며, 공공연한 우상 숭배로 간주했다. 이것은 오 리엔트가 헬라화하면서 잠복되어 온 문제였다.

이때 예루살렘에서는 대제사장직을 둘러싸고 온갖 소동과 암투가 벌어 졌다. 여러 제사장 가문들과 인물들은 대제사장직을 놓고 정권 다툼을 벌이 고 있었다. 셀류쿠스 IV세 치하에 오니아스라는 대제사장이 있었다. 율법에 충실한 진영에서는 그를 대제사장직에 적합한 경건한 인물로 평가했으나 (마카하 3:1ff.; 4:1ff.), 그를 반대하는 이들은 그를 제거하기 위해 왕에게 상소했다(마카하 3:4ff.; 4:1ff.). 셀류쿠스는 이들의 요구를 들어주지 않 았다.

그러나 안티오쿠스 IV세가 왕이 되자 오니아스의 동생인 야손은 새로운 왕에게 돈을 바치고, 예루살렘을 한층 더 헬라화할 것을 약속하고, 왕의 명령으로 오니아스를 대제사장직에서 몰아내고 스스로 대제사장이 되었다(마카하 4:7ff.). 이 사건은 왕이 주도적으로 한 것은 아니지만 왕이 예루살렘 제의 공동체 내부의 문제를 개입한 월권 행위였다. 이 사건은 왕의 후원으로 권력을 장악하고자 한 예루살렘 제사장단의 일부 진영에 의해 이루어졌고, 이로 인해 왕은 그 후로 대제사장의 임명과 예루살렘의 종교문제 전반에 대해 간섭하게 되었다.

그로부터 3년 후에 메넬라오스가 왕에게 더 많은 돈을 내자, 왕은 야손을 쫓아내고 그 대신에 메넬라우스를 대제사장에 임명했다(마카하 4:23ff.). 기원전 169년 안티오쿠스 IV세가 이집트 원정 중 목숨을 잃었다는 소문이 퍼지자 야손은 또다시 무력으로 대제사장직을 장악하고 메넬라오스와 그의 지지자를 숙청했다. 이때 숙청된 자들은 안티오쿠스 IV세에게로 도망쳤고, 왕은 무력으로 메넬라오스에게 대제사장직을 회복시켜 주었다. 야손은 요단 동편으로 도망하여 은거했다(마카하 5:5ff.).

5) 안티오쿠스 IV세의 유다 박해

예루살렘 제의 공동체 내분에 개입하게 된 안티오쿠스 IV세는 한 걸음 더 나아가 재정적 곤경을 해결하기 위해 성전에 있는 보화를 탐내게 되었다. 안티오쿠스는 재원을 마련하기 위해 곳곳에서 이러한 정책을 추구했을 가능성이 있다. 기원전 169년에 안티오쿠스는 메넬라오스를 대제사장직에 복직시키는 기회를 활용하여 그에게 예루살렘 성전의 보화들을 가져오게 하고 스스로 성전에 들어가기까지 했다(마카상 1:17-28; 마카하 5:15ff.).

이런 식으로 성전이 침범당하자, 율법을 엄격하게 준수하던 이스라엘인들은 당연히 격노했다. 이제 그들은 안티오쿠스 IV세를 신앙의 원수로 여겼다. 이 사건 직후 예루살렘에는 소요가 있었던 것 같다. 기원전 168년 이집트 (재)원정에서 로마의 포고령으로 인해 이집트를 떠나게 되자, 고위 세무 관리에게 예루살렘을 기습 공격하여 성을 약탈하고 불태우며 가옥과 성벽을 허물도록 명령했다. 그리고 셀류쿠스 왕국의 수비대가 주둔하는 아크라를 세웠다.

안티오쿠스 IV세는 유대인들을 구박하여 전면적인 반란을 일으키는 정책을 채택하여, 그는 포고령(마카상 1:14)을 내려 유대교를 포함한 모든 종교 의식을 금지시켰다. 전통적인 제사의식들과 안식일 준수, 할례의 관습을 금지시키고 성경을 훼손했다. 이 금령을 어기는 자들을 사형에 처했다.

이 세속적 권력에 대한 종교 전쟁은 불가피했다. 유대인들의 저항은 더욱 격렬해졌고, 마침내 마카비 항쟁을 통해 독립을 쟁취한다. 하스몬 왕조를 건립하여 로마에 망하기까지 약 100년간 지속되었다(기원전 163/2-63년).

III. 헬레니즘에 의한 유다의 사회-경제적 변화

1. 프톨레미 왕조의 행정 및 조세제도의 영향

프톨레미 왕조의 처음 두 왕은 고대 질서와 연결하여, 희랍 국가론의 이상과 지식에 근거하여 새로운 국가 조직을 형성시켰다. 초기 프톨레미 왕조는 희랍의 논리와 함께 동양적 사상(왕의 전능은 신이 선물한 것이다)을 철저히 실현시켰다.

이는 "전 국토는 왕의 개인 재산이다"라는 사상에서 출발한다. 희랍 사람들이 단순히 자신의 집을 관리하듯, 왕은 국가를 관리한다. 왕 아래 최고의 관리인 총리Dioikētēs는 왕의 재산과 수입, 즉 국가의 재정, 경제 및 행정에 관한 모든 것을 책임졌다. 국가는 작은 행정단위, 관구로 나뉘어져 있다. 이를 히파르코스/키엔Hyparchos/-ien이라 불렀으며,[18] 히파르키코스/키엔

---

[18] 히파르키엔 조직은 남쪽 이두메와 유다, 북쪽 사마리아와 갈릴리, 동쪽 암만과 가울란 지역에 모두 적용되었다.

을 통치하는 자를 히파르코스Hyparchos라 불렸다. 그리고 각 관구에는 재정과 경제 관리를 책임지는 재정 관리관Oikonomos이 있다. 그 아래 계급적으로 세분된 관리들이 있다. 군사적 행정과 문화-경제적 행정이 하나로 통합된 제도는 계속되었다. 국토의 대다수는 왕의 직접적인 소유에 속했으며, 자유 소작인, 즉 왕의 농부에 의해 관리들의 엄격한 감독하에서 경작되었다.

문제는 '프톨레미 왕조가 이러한 체계를 팔레스타인에 어느 정도 관철시켰는가?'다. 팔레스타인은 이집트와는 달리 상황이 매우 복잡했다. 해안지역은 도시국가들polis로 구성되어 있으며, 유대 민족은 성전 국가를 유지하고, 내륙에는 민족들로 구성되어 있었다.[19] 프톨레미 왕조는 한편으로 국경지역의 특수성을 고려했을 것이며, 다른 한편으로 쉽게 통제할 수 있는 본국의 관리체계를 도입하고자 했을 것이다.

이집트의 관구와 마찬가지로 시리아와 페니키아의 경우, 최고의 관리로 군사령관과 재정 전문가가 있었다(후에는 군사령관만 남음). 시리아와 페니키아에는 행정관리의 단위가 있으며, 이것은 페르시아 시대부터 있었고, 그 명칭은 바뀌곤 했다. 프톨레미 시대에는 이 행정관리의 단위를 관구Hyparchos/-ien라 불렀다. 이는 이집트의 관구Nomos/-oi를 희랍화한 것이다. 이러한 지역 구분은 셀류쿠스 시대에도 지속되었다. 관구Hyparchos/-ien의 관리관들Oikonomos/-oi만 언급되었으나, 실제로 군사는 구역 사령관Hyparchos에 의해 또 경제는 재정 관리관Oikonomos에 의해 관리되는 이원체계를 생각해 볼 수 있다.

결정적으로 중요한 점은 조세제도나 헌물제도와 관련하여 프톨레미 왕조는 그들의 식민지 국가들에게 희랍의 제도를 적용했다. 이 점은 셀류쿠스 왕조와 로마 시대에 이르기까지 계속되었다. 다른 한편 프톨레미 왕조는 조

---

19) 여기에서 '도시국가'(polis)란 자율적 통치권이 보장된 지역을 의미하며, '성전 국가'는 반(半)자율적 통치권이 보장된 지역이며, '민족들'이란 자율적 통치권이 없는 식민지 국가를 말한다.

세 징수와 헌물 징수를 그 지역의 상류층에게 맡겨 의사 결정에 중요한 역할을 하는 귀족을 자신의 편으로 끌어들였다.

2. 프톨레미 왕조의 관리와 '성전 국가'로서의 유대

희랍적 의미에서 완전한 자유 도시들이란 프톨레미 왕조의 통치권 안에서는 존재하지 않았다. 그럼에도 불구하고 팔레스타인에서는 희랍의 모형에 근거한 법을 가진 자유 혹은 반+자유 도시들이 비교적 많이 있었다. 물론이들 도시들은 상주하는 프톨레미의 관리에 의해 엄격히 감시되었다.

두 번째 그룹으로 자율적 통치권이 거의 인정되지 않는 '민족들'의 경우를 생각해 보자. 이두메의 경우 상당한 정도의 관료적인 관리기구가 있었음을 알 수 있다. 프톨레미 왕조는 유대 민족을 통치할 때에도 특별한 예외를 두지 않았을 것이다. 유대도 자율성이 보장되지 않았으며, 정상에 대제사장을 둔 '준왕국'으로 있지도 않았다.

다만 유대는 '성전 국가'로 취급될 수 있었을 것이다. 셀류쿠스 왕조에서 '성전 국가'는 자유가 비교적 허용된 데 반하여, 이집트 본토에서는 성전이 특히 재정적 관점에서는 철저히 왕실의 통제하에 있었다. 왕이 임명한 통제관Epistatēs에 의해 성전의 재정을 관리했다. 성전 땅은 국고로 귀속되었다.

예루살렘의 경우 법적으로는 대제사장이 유대 민족과 성전의 정상이었다. 그러나 대제사장이 조공을 납부하는 것을 제외하고 독립된 통치자와 같이 지배할 수 있었다면 이것은 프톨레미 지배의 원칙과 조화되지 않는다. 아마도 대제사장 외에도 외국 정부에 의해 임명된, 유대와 성전의 재정을 책임지는 성전 재정관리관이 있었을 것이다. 종교와 정치를 책임지는 대제사장과 재정을 책임지는 관리의 이원적 행정체계는 페르시아 시대의 총독과 대제사장의 체계와 상응하며, 헬레니즘의 관리 규칙과도 일치한다. 이 성전 재정관리관은 대제사장과는 독립된 관리였다.

"그런데 빌가 가문 출신으로서 성전의 경리책임을 맡았던 시몬이란 자가 있었는데 그와 대제사장 사이에 예루살렘의 시장 관리권에 대해서 의견 충돌이 생겼다. 시몬은 오니아스를 꺾을 수 없었기 때문에 그때 코일레 시리아와 페니키아 총독으로 있던 다르소 출신 아폴로니우스에게 가서, 예루살렘의 성전금고에 말할 수 없이 많은 돈이 가득 차 있다는 것과 헤아릴 수 없이 많은 이 돈은 제사용이 아니므로 왕이 마음대로 가질 수도 있다고 일러주었다."(마카하 3:4-6)

정치적 견해에서 본다면, 페르시아에서 헬라로의 지배권 이동은 처음부터 광범위한 변화를 가져다 준 것은 아니었다. 소란스러운 디아도코이 전쟁(기원전 321-301년)이 끝난 뒤에 유대 지역은 프톨레미 왕조의 지배하에 놓이게 되었고, 거의 한 세기 동안 정치적 안정과 경제적 번영을 경험하게 되었다. 프톨레미 왕조는 유대인들에게 '조상의 율법에 따라 살 수 있도록' 자율권을 부여했다.

페르시아 시대에 발전된 유대 공동체의 사회 조직 형태는 셀류쿠스 지배 초기에 이르기까지 약간의 변화를 겪으면서 그대로 존속했다. 그 정점에 대제사장이 있었고, 중간에는 장로 협의회(게루시아)와 제사장 협의회(토 코이논 톤 히에론)의 두 지배 계층이 있고, 그리고 맨 아래층에는 일반 대중의 집회(에클레시아, 데모스)가 있다(마카상 12:6; 14:20; 15:17; 마카하 11:27).

프톨레미 왕조에서 유대 지방에 총독을 임명하지 않은 것은 일대 혁신에 해당하는 일이다. 그 결과 대제사장은 왕을 대신하는 공동체의 대표자 Prostates가 되었다.

프톨레미 왕조가 발전시킨 대제사장의 자율권을 제한하는 주요한 정치적 기구는 의회(게루시아)20)다. 게루시아의 기원은 페르시아 시대에까지 올라간다. 이때에는 상류층 사람들, 대가문의 수장들과 장로들이 영향력 있는

집단으로 나타난다. 물론 그 구성원이 엄격히 제한된 단체는 아니었다. 고위
사제들도 게루시아의 구성원으로 참여했을 것이다. 게루시아에 대한 최초
의 문헌적 증거는 안티오쿠스 III세가 예루살렘을 정복한 이후에 내린 칙령
에서 언급된다:

> "게루시아는 제사장들, 성전 서기관들과 성전 찬양대원들과 함께 세금 면
> 제를 받았다."

게루시아는 고위 제사장들, 부유한 평민 귀족들, 대토지 소유자들과 가문
수장들을 대변하는 것으로 볼 수 있다. 마카비 시대(유대인 통치 시대)에도
게루시아는 큰 의미를 지니고 있었다. 요나단은 스파르타 사람들에게도 편
지를 써 보냈는데 그 내용은 다음과 같다:

> "대제사장인 나 요나단과 나라의 원로들(ή γερουσία τού ἔθνους 헤 게루시
> 아 투 에트누스)과 제사장들과 그 밖의 유다 온 국민이 스파르타 형제들에게
> 인사합니다."(마카상 12:6)

위치가 서열을 나타낸다면 최상위에 대제사장(ἀρχιερεύς 아르히에류스)
이 있으며, 게루시아는 대제사장 아래에 오며 제사장들(혹은 서기관 및 레
위인들)보다 우위에 온다. 게루시아는 프톨레미 시대에까지는 순수하게
평민으로 구성되었으나, 마카비 항쟁 이후에는 지도적인 성전의 제사장들
도 포함되었다. 이후의 유대 역사에서 게루시아는 산헤드린이라는 이름으
로 발전되었다. 산헤드린은 다양한 계급 요소로 구성되었다.

게루시아가 정치적으로 영향력을 얻게 된 것은 프톨레미 시대로 보아야

---

20) 일종의 원로원과 같은 의회이다. 나중에 산헤드린으로 발전된다.

한다. 프톨레미 왕조와 후에 셀류쿠스 왕조의 정치적 주장인 "분할과 지배 divide et impera"에 잘 상응한다.

게루시아는 프로스비테로이(장로들) 혹은 장로 협의회를 가리킬 수도 있다(마카하 14:37; 마카상 11:23; 12:35; 13:36; 14:20). 게루시아는 여러 공식 문서들에서 지도자 집단을 가리키는 표현으로 나타난다.[21]

게루시아는 이미 페르시아 시대부터 있었으며, 제사장들이 게루시아와 별도로 언급하고 있다는 사실은 그들이 순수한 평신도 집단임을 암시한다.[22]

키펜베르크H. G. Kippenberg[23]는 안티오쿠스 III세는 당시 평신도 집단인 게루시아에게 정치적 기능을 부여하고, 각종 조세의 감면을 통해 정치적 입지를 강화했다고 설명한다. 또 그는 게루시아가 이미 페르시아 시대에서 부터 있었다고 주장한다. 즉, 느헤미야의 통치하에서 150명의 고관(게루 시아)이 있었으나(느 5:17; 12:40; 13:11), 백성들을 이끌지는 않았다고 보았다. 이러한 전래의 귀족들에게 안티오쿠스 III세는 정치적 기능을 부여 하고, 조세를 감면하여 그들을 강화시켰다고 보았다. 키펜베르크는 이러한 과정에서 종교 지도자들로부터 일반 귀족을 해방시켰고 한다. 안티오쿠스 III세가 내린 조세 감면과 같은 조치는 유대인들이 프톨레미 왕조의 지배를 수용한 것 같이, 셀류쿠스 왕조의 지배를 자연스럽게 수용하도록 만들 뿐 아니라, 이러한 목적을 넘어 보다 더 정치적인 목적을 추구했다. 전통적인 종교 계층의 세력으로부터 분리할 수 있는 일반 정치세력을 강화하여 유대 지역 내에서 헬라화의 조치를 적극 수용할 수 있는 광범위한 동조세력을 구축하기 위함이다.

---

21) 고대사 XII, 138, 142; 마카하 11:27; 마카상 12:6; 고대사 Xiii, 166; 마카하 1:10; 4:44; 집회서 33:27.
22) 고대사 XII, 142; 마카상 12:6; 고대사 XIII, 166; 마카상 14:20
23) H. G. Kippenberg, *Religion und Klassenbildung im antiken Judäa* (SUNT 14) (Göttingen: Vandenhoeck & Ruprecht, 1982), 82-86.

그 결과 대제사장의 권한은 축소되고 또한 권력 행사에 있어서 게루시아의 견제를 받았을 것이라는 점을 상상할 수 있다.

세금의 종류와 양에 관해 먼저 안티오쿠스 III세의 칙령에 나타난다. 안티오쿠스 III세는 성전 종사자들과 게루시아에게 왕의 대인세금, 소금세, 왕관세[24] 및 인두세를 면제해 주었다. 최소한 처음 두 종류의 세금은 프톨레미 왕조 시대에 이미 징수되었다. 안티오쿠스는 3년간의 세금 면제 외에도 백성들에게도 프톨레미 시대에 바치던 세금(조공)을 3분의 1로 줄여 주었다.

셀류쿠스 IV세는 로마에 지불하는 전쟁 보상금으로 인해 이러한 혜택을 중지하고 은 300달란트를 요구했다. 안티오쿠스 IV세가 즉위할 때, 대제사장 야손은 이 금액을 은 360달란트로 올렸다(마카하 4:8-9). 메네라오스가 대제사장직을 매직하면서, 그 금액을 두 배(은 660달란트)로 올렸다(마카하 4:24).

성전과 제사장직에도 세금이 부과되었으며, 모든 곡물에는 3분의 1세를 부과했고, 모든 과일에는 2분의 1세를 부과했다(마카상 10:29-30).

제사장 협의회(토 코이논 톤 히에론)의 존재에 대해 군네벡은 정치구조를 "대제사장-게루시아-백성"의 3계층의 구조를 말하나,[25] 알베르츠는 "대제사장-게루시아-제사장들-대중(데모스)"의 4계층의 구조를 말한다.

"제사장 협의회"는 '토 코이논 톤 히에론'이다.[26] 여기에서 "토 코이논"이라는 말은 '전체'를 말하기보다는 '공동체, 협의회'를 가리킨다. 그러나 당시의 일반적인 문서들에서는 '호이 히에레이스(제사장들)'이라는 표현을 주로 언급한다(고대사 XII, 142; 마카상 12:6; 14:20).

느헤미야 총독이 파견되었을 때, 레위인들은 정상적인 수입(십일조)을

24) 아마도 왕의 축제일에 바치는 선물세를 의미하는 것 같다.
25) 군네벡, 『이스라엘 역사』, 문희석 옮김 (서울: 한국신학연구소, 1979), 239.
26) 요세푸스, 『유대 고대사』 XIII, 166.

받지 못했으므로, 자신들의 종래의 일상 업무(농사일)로 돌아갔다. 그래서 느헤미야 총독은 이들에게 다시금 십일조를 주게 하고, 제의 업무에 복귀하도록 했다.

에스라 7장 11-26절에 따르면, 에스라는 페르시아 대왕에 의해 예루살렘으로 파견되어 전통적인 유대의 율법을 (페르시아의) 국법으로 선포했다. 이를 위해 "하나님의 율법을 아는 자로 유사와 재판관을 임명하고," 백성들을 가르치게 했다(스 7:25). 아마도 이들에게 세금을 면해주는 특권을 주었을 수 있다(스 7:24).

이로 인해 전통적으로 레위인이라 불렸던 자들이 서기관의 직무를 부여받게 되었을 것이다. 레위인들이 사회-정치적으로 지위가 상승할 수 있는 문을 열어 놓았다. 그럼에도 레위인들의 사회-정치적 지위는 페르시아 시대 말까지 크게 변화하지 않았을 것이다. 따라서 역대기 초기 편집(페르시아 시대 말기, 특히 에스라-느헤미야서)에서는 레위인들의 활동을 크게 부각되지는 않았다.

사마리아가 종교적으로 유대와 완전히 분리됨으로써 더욱 더 레위인들의 지위는 향상되었다. 국민들(유대사람)을 다시금 통합해야 할 필요성도 생겨났고, 또 정치적으로 헬라의 지배자들과 헬라 세력을 실제적으로 대변해주는 게루시아의 견제를 효과적으로 막아내기 위해 전통적인 율법의 강화가 더 절실하게 필요했고, 이를 효과적으로 수행하기 위해서는 서기관으로서의 레위인들이 보다 강화될 필요가 생겼다.[27]

이러한 상황은 역대기 후기 편집(헬레니즘 시대의 초기 안티오쿠스 IV세의 지배 이전까지)에서는 레위인들의 지위가 크게 향상되었음을 알 수 있다. 그것은 레위인들이 자신들의 업무 영역을 확대하는 것은 물론 이로 인해 경제적-정치적 역량도 크게 확대되었을 것이다.

---

27) 이러한 과정에서 제사장과 레위인의 통합이 이루어지고, 계급적 구별은 완전히 철폐되었다.

IV. 헬레니즘이 역대기 역사서 및 다니엘서 형성에 미친 영향28)

역대기 역사서는 두 가지 뚜렷한 신학적 특징을 지니고 있다. 첫째는 '반사마리아적 경향'(국내적 요소)이며, 둘째는 '반헬레니즘적 경향'(국제적 요소)이다.29)

'반사마리아적 경향'은 페르시아 시대 말기, 유다 공동체와 예루살렘의 지도자들과 사마리아 속령의 지도자들 사이의 갈등에서 시작되었다. 궁극적으로 그리심 산에 새로운 성전을 건립함으로써 결정적으로 양분되었다. 따라서 유다 공동체와 예루살렘에서는 예루살렘 주의를 강화하며, 동시에 반사마리아적 경향을 강화했다. 이것이 역대기 역사서의 형성 배경이다.

다른 한편 알렉산더가 세계를 정복한 이후, 팔레스타인 지역은 새로운 지배자(프톨레미 왕조)하에서 비교적 평온한 시대를 누렸다. 이로 인해 경제적으로도 안정되었다. 그러면서 점진적으로 헬라 문화와 헬라화의 경향이 유대에 확산되었다. 이에 대해 일반 백성들은 이교적이라고 느꼈으나, 특별한 저항감을 보이지는 않았다. 그러나 예루살렘의 대제사장은 페르시아 시대에 누려 오던 재정 징수권이 박탈당하면서, 권력이 상대적으로 축소되었다.

이처럼 점진적으로 확산되어 가는 헬라 세계에 대응하기 위해서 유다 공동체는 이스라엘 중심주의를 내세우게 되었다. 역대기 역사서에서 전면적으로 반외세를 주창하지는 않았으나, 전통에의 강한 결속의 주장은 동일한 결과를 낳을 수 있었다. 이것이 역대기 역사서를 다시 한번 전면적으로 개정

---

28) 역대기 역사서의 형성과 관련하여 상세한 정보는 김윤이, "역대기 역사서의 편집층 연구," 『구약논단』 제22집 (2006. 12. 31), 80-97을 참조하라.
29) 한동구, "헬레니즘이 유다문화에 미친 영향," (2003년 겨울), 132-149; 라이너 알베르츠, 『이스라엘 종교사 II』, 강성열 옮김 (고양: 크리스챤다이제스트, 2004), 375-377. 원제는 R. Alberts, *Religionsgeschichte Israels in alttestmentlicher Zeit* 2 (ATDE 8/2) (Göttingen: Vandenhoeck & Ruprecht, 1992).

하게 만든 것이며, 그 결과 지금의 역대기 역사서를 형성하게 된 것이다.

셀류쿠스 왕조의 안티오쿠스 IV세가 유대를 억압하기 시작하면서, 유대 공동체는 전면적으로 반헬라주의 및 반외세주의로 돌아섰다. 이것이 다니엘서의 형성 배경이다.

1. 역대기 역사서의 초기 편집층의 형성

역대기 역사서의 초기 편집층의 형성은 유대와 사마리아와의 갈등과 분열의 역사와 관련된다. 알베르츠는 유대와 사마리아와의 갈등의 증거로 아래의 몇 가지를 제시한다.[30]

첫째, 사마리아 주민들이 이교도와 혼합적 결혼을 한 것을 배교적 혼합주의로 비난한 열왕기하 17장은 친유다적 시각을 반영한 것일지라도, 유대와 사마리아와의 갈등의 증거가 된다고 보았다.

둘째, 에스라 4장 1-5절과 학개 2장 10-14절에서 예루살렘 성전 재건에 사마리아 사람을 배제하려 한 것은 유대와 사마리아와의 갈등을 신학적으로 정당화하려는 경향으로 보았다.

셋째, 성벽 재건과 관련하여 느헤미야를 겨냥한 산발닷의 태업 시도도 유대와 사마리아와의 갈등의 증거가 된다고 보았다. 이는 사마리아 사람들은 유대 공동체에 자신들의 영향을 확대하고자 했고, 유대 공동체에서는 독립된 행정구역을 만들고자 하는 시도에서 생겨난 갈등이었다.

그럼에도 유대와 사마리아와의 결정적 분리는 헬레니즘 시대에 와서 일어났다. 그리심 산에 새로운 성전이 건립된 것은 기원전 330년 이후로 볼 수 있다. 페르시아 시대의 경우 사마리아의 청을 따라 새로운 성전 건립을 허용할 경우, 유대는 페르시아에 대해 종래에 보여주었던 충성이 허물어질

---

30) 알베르츠, 『이스라엘 종교사 II』, 310-323.

가능성이 있었다. 그래서 페르시아 제국의 이익의 관점에서도 가능성이 희박하다. 한편 페르시아 제국이 붕괴되자, 사마리아의 지도자 산발랏 III세는 알렉산더에게 충성을 맹세하고 적극적으로 협력하여 성전 건립의 허락을 받았을 수 있다. 이는 헬레니즘 제국의 이익과도 부합되는 일로 역사적 개연성이 있다.[31]

이제 야훼 제의가 이처럼 경쟁적인 두 개의 정치 중심지로 분열됨으로 말미암아, 야훼 제의를 따르는 자들은 - '사마리아 공동체'와 '유다 공동체' 구성원들은 - 어느 성소를 통하여 신앙적 지도를 받아야 하는가, 둘 중의 어느 성전에 성전세와 제물을 바쳐야 하며, 어느 제의에 참여해야 하는가의 문제에 부딪히게 되었다.

이러한 분열과 함께 역대기 역사서가 형성되었다. 이때 역대기 역사서의 중요한 신학적 기조는 유다 중심주의이며, 동시에 반사마리아주의이다. 이것이 역대기 역사서의 초기 편집층이다.

2. 역대기 역사서의 후기 편집층의 형성

기원전 301년 입소스 전투에서 팔레스타인과 페니키아의 지배권이 프톨레미 왕조에게 주어진 이후로 안티오쿠스 IV세(175-163년)가 폭정을 행하기 전까지 1세기 이상, 팔레스타인 일대는 상당히 안정된 발전을 이룩할 수 있었다.

알렉산더 사후 약 1세기 동안 팔레스타인을 지배해 온 프톨레미 왕조는 페르시아인들과 마찬가지로 이스라엘 사람들의 소유권을 침탈하지 않았으며, 전통적인 종교의식들이 되도록 방해받지 않고 계속될 수 있도록 허용했다. 예루살렘에서도 법적으로는 대제사장이 유대 민족과 성전의 정상으로

---

31) 라이너 알베르츠,『이스라엘 종교사 II』, 323-330; 마틴 노트,『이스라엘 역사』, 박문재 옮김 (고양: 크리스챤다이제스트, 1996), 438-452, 특히 450.

유지될 수 있었다.

그러나 예루살렘에는 대제사장 외에도 헬라 정부에 의해 임명된, 유대와 성전의 재정을 책임지는 성전 재정 관리관이 공존했으며, 이 성전 재정 관리관은 대제사장과는 독립된 관리였다(마카하 3:4-6). 이로 인해 국가의 수입과 관련된 조직에 큰 변화가 발생했으며 대제사장의 권한이 상당히 축소되었다. 더불어 대제사장을 견제할 수 있는 귀족층과 교육을 받은 '중간 귀족층(게루시아)의 형성'이 뚜렷이 나타난다.[32]

또한 알렉산더 이후에도 헬라적인 도시들이 계속 생겨났으며, 이같이 비교적 안정적인 헬라 시대가 1세기 이상 지속되면서 헬라 문화는 급속도로 유대인 공동체에 여러 가지 영향을 미쳤다(마카하 4:12). 헬라의 지지 세력들은 점진적으로 확장되었으며, 반면에 대제사장을 중심으로 하는 유다 공동체의 전통이 축소되어 갔다. 이러한 '반민족적, 반종교적 상황'에서 역대기 사가의 후기 편집자는 이스라엘의 정통성을 확립하고 전통을 수호하기 위해 역대기 역사서의 초기 편집층을 다시금 개정되지 않을 수 없었다. 헬레니즘이라는 거대 외세의 위협에 직면하여 유대인들은 전통적 신앙을 보존하여 자신들의 정체성을 재정립하고 보호해야만 했기 때문이다.

이것이 역대기 역사서의 '후기 편집층'이다. 역대기 사가는 거대 외세인 헬라에 대응하기 위해서 '온-이스라엘적 총화와 번영과 야훼 종교의 위대함'을 극대화해야만 했다. 이를 위해 전통적인 제의 제도를 다시 한번 강화했다. 무엇보다도 외세에 대응하기 위해서 토라에 근거한 경건의 중요성이 크게 강조하였다. 또한 성가대와 같은 새로운 예배 활동도 창안했다. 이런 예배를 위해 시편들이 보다 다양하고 풍부하게 발전되었으며, 이를 일상적인 예배에서 노래로 구현했다. 이러한 정신화의 과정을 '레위인'이 주로 담당했

---

32) 키펜베르크는 3세기 말경 평신도 집단인 게루시아에게 각종 조세 감면을 통해 정치적 입지가 강화되었다고 설명한다. H. G. Kippenberg, *Religion und Klassenbildung im antiken Judäa* (SUNT 14) (Göttingen: Vandenhoeck & Ruprecht, 1982), 82-86.

다.33)

또한 정치적으로 헬라의 지배자들과 헬라 세력을 실제적으로 대변해 주는 게루시아의 견제를 효과적으로 막아내고, 전통적인 율법의 강화를 효과적으로 수행하게 위해서는 서기관으로서의 레위인들의 역할이 더욱 강화될 필요성이 있었다.34) 이러한 상황은 역대기 후기 편집(헬레니즘 시대의 초기 안티오쿠스 IV세의 지배 이전까지)에서 레위인들의 지위가 크게 향상되었음을 통해서도 나타난다.35) 그 결과 레위인의 지위와 명예가 크게 상승되어 제사장들과 레위인들 사이의 오랜 갈등이 해소되었으며,36) 이러한 사제 계층의 대통합은 사회적 대통합의 중요한 요소로 작용했다.

V. 결론

이 장에서는 헬레니즘 시대의 역사를 개관했다. 이 시대에 사마리아의 분리와 함께 '반사마리아' 경향을 띤 역대기 역사서의 초기 편집층이 형성되었다.

그 후 헬레니즘 시대가 안정적으로 지속되는 동안 헬라화의 경향이 확대되었다. 이 과정에서 헬라의 통치자들은 헬라화에 장애가 된 대제사장의 권

---

33) 새롭게 증대된 레위인들의 활동에 대해 역대기 역사서는 다양하게 보도한다: 법궤 운반자(대상 15:2…), 성가대 구성원(스 3:10; 느 9:5; 느 12:8-27; 대상 9:33f.; 16:4; 대상 25장; 대하 5:12…), 성전 건축 감독자(스 3:8-9), 성전 수위대(대상 23:5; 대상 26:1-19), 창고 관리인(대상 26:1; 대상 26:20-28…), 서기관(대상 24:6; 대하 34:13), 말씀의 교육자/율법교사(느 8:7-9; 11-13; 대하 17:7-9; 참조 대하 31:4; 34:30), 재판(대상 26:29).

34) 이러한 과정에서 제사장과 레위인의 통합이 이루어지고, 계급적 구별은 완전히 철폐되었다.

35) 한동구, "제사장과 레위인의 갈등과 화해," 제70회 한국구약학회 2006년 춘계 학술대회(2006년 4월 27일) 주제강연.

36) 한동구, "포로기의 제사장과 레위인의 관계,"『구약논단』제21집 (2006), 10-31을 참조.

한을 축소하려 했다. 이러한 경향에 반하여 대제사장은 범 종교인들(레위인들)의 대연합을 구축하면서, '온 이스라엘 정신'의 촉구와 함께 외세에 반하고자 했다. 이것이 역대기 역사서의 후기 편집층의 역사적 배경이다.

참 고 문 헌

군네벡,『이스라엘 歷史: 古代부터 바 코흐바(132 A.D.)까지』(문희석 옮김) (서울: 國神
　　　學硏究所, 1975). 원제는 A. H. J. Gunneweg, *Geschichte Israels bis Bar
　　　Kochbar* (ThW 2) (Stuttgart: W. Kohlhammer, 1984[5]).

김경재들, "심포지움: 그리스도교 영성과 영성 훈련,"『신학사상』(1997/가을), 5-36.

김영진, "여로보암의 종교개혁과 윤달(왕상 12:31-33),"『구약논단』제6집 (1999),
　　　79-90.

김윤이, "역대기 역사서의 편집층 연구,"『구약논단』제22집 (2006년 12월 31일),
　　　80-97.

김지은, "구약성서에 나타난 기업(נחלה)으로서의 땅 개념 연구,"『구약논단』제9집
　　　(2000), 215-231.

노트, 마르틴,『이스라엘 역사』(박문재 옮기) (경기 고양: 크리스챤다이제스트, 1996).

노트, 마틴,『전승사적 연구들』(원진희 옮김) (서울: 한우리출판사, 2004). 원제는 M.
　　　Noth, *Überlieferungsgeschichtliche Studien: Die sammelnden und
　　　bearbeitenden Geschichteswerke im Alten Testament* (Tübingen: Max
　　　Niemeyer Verlag, 1943).

레빈, 크리스토프,『편집자 야뷔스트』(원진희 옮김) (서울: 한우리 출판사, 2006). 원제
　　　는 Ch. Levin, *Der Jahwist* (FRLANT 157) (Göttingen: Vandenhoeck &
　　　Ruprecht, 1993).

민대훈,『바르트와 레비나스가 본 형상 금령』(서울: 도서출판 B&A, 2007).

밀러/헤이스,『고대 이스라엘 역사』(서울: 크리스챤다이제스트, 1996).

바이저/엘리거,『호세아/요엘/아모스/즈가리야(국제성서주석 24/25)』 (박영옥 역)
　　　(서울: 한국신학연구소, 19932).

베버, 막스,『경제와 사회 I』(박성환 옮김) (서울: 문학과지성사, 1997).

브라이트, 존,『이스라엘 역사』(경기도 고양: 크리스챤다이제스트, 1994).

브라이트, 존,『이스라엘의 歷史 하』(金允柱 옮김) (경북: 분도출판사 1979). 원제는 J.
　　　Bright, *A History of Israel* (Philadelphia: The Westminster Press, 1971[2]).

브루게만,『사무엘 상 · 하(현대성서주석)』(서울: 장로교출판사, 2000). 원제는 W.
　　　Brueggemann, *Frist and Second Samuel* (Interpretation) (Westminster:

Johnnox Press, 2000).

소긴, 『판관기(국제성서주석 7)』(한국신학연구소 역) (서울: 한국신학연구소, 1993).

슈나겐부르그, 『하느님의 다스림과 하느님의 나라』(조규만/조규홍 옮김) (서울: 카톨릭 출판사, 2002).

스멘트, "미정복 땅," (소형근 옮김), 『구약논단』 제23집 (2007년 3월), 166-180.

스멘트, "율법과 이방민족들 신명기 사가적 역사서의 편집사에 대한 기고," 원진희(편), 『전기 예언서 연구』(서울: 한우리 출판사, 2007), 119-141.

스멘트, "전기예언서들의 형성사," 원진희(편), 『전기예언서 연구』(서울: 한우리, 2007), 188-189.

스톨쯔, 『사무엘 상하(국제성서주석 8)』(박영옥 역) (서울: 한국신학연구소, 1991/ 1994⁴). 원제는 F. Stolz, *Das erste und zweite Buch Samuel* (ZBKAT 9) (Zürich: Theologischer Verlag, 1981).

아이히로트, 발터, 『구약성서신학 II』(고양: 크리스챤다이제스트, 2002).

알베르츠, 라이너, 『이스라엘 종교사 II』(강성열 옮김) (경기 고양: 크리스챤다이제스트, 2004). 원제 R. Albertz, *Religionsgeschichte Israels in alttestamentlicher Zeit* 2 (ATDE 8/2) (Göttingen: Vandenhoeck & Ruprecht, 1992).

요세푸스, 『요세푸스 II (유대고대사)』(김지찬 역) (서울: 생명의말씀사, 1987/2002).

원진희, 『구약성서의 출애굽 전통』(서울: 한우리, 2005).

원진희(편), 『전기 예언서 연구』(서울: 한우리 출판사, 2007).

윌빙크, 『헬레니즘 세계(대우학술총서 530)』(김경현 옮김) (서울: 아카넷, 2002).

이미숙, "신 10장 12절-11장 32절에 나타난 땅 표현양식과 땅 사상," 『구약논단』 제15권 4호(통권 34집, 2009년 12월 31일), 51-68.

이후정 외, 『기독교 영성의 역사』(서울: 은성, 1997).

윤진, 『헬레니즘(살림지식총서 038)』(서울: 살림, 2003).

정중호, "유다의 종교 개혁과 왕," 『기상』(1994, 10), 66-93

정현경, "변혁을 위한 영성," 서광선들, 『신학하며 사랑하며』(서울: 문학과지성사 1996).

조승현, "사회 정황에서 본 밧세바 이야기의 예언자적 특성(삼하 11-12장)," 평택대학교 신학전문대학원, 2008 박사학위논문.

조현미, 『알렉산더로스 헬레니즘 문명의 전파 (살림지식총서 117)』(서울: 살림, 2004).

차준희, "예언과 영," 『한국기독교신학논총』 제15집 (1998), 52-83.

최영실, "'그리스도의 영'을 받은 사람들," 『신학사상』(1997/겨울), 37-67.

크라우스, 『신편의 신학』(신윤수 옮김) (서울: 비블리카 아카데미아, 2004).

크리스티앙, 자크, 『현자 프타호텝의 교훈』(서울: 문학동네, 1999).

포오러, 『구약성서개론 하』(방석종 옮김) (서울: 성광문화사, 1986). 원제는 G. Fohrer,

Einleitung in das Alte Testament.

폰 라트, "육경의 양식사 문제," 폰 라트,『폰 라트 논문집』(김정준 옮김) (서울: 대한기독
교출판사), 11-114.

폰 라트, "고대 이스라엘의 거룩한 전쟁," 폰 라트,『폰 라트 논문집』(김정준 옮김) (서울:
대한기독교출판사), 119-223.

폰 라트,『구약성서신학 I』(허혁 옮김) (경북 왜관: 분도출판사, 1979).

한동구, "신명기 개혁 사상에 나타난 종교 개혁 사상,"『기독교사상』제433호 (1995년
1월), 119-140.

한동구, "왕하 16장 10-16절의 형성사 - 피와 관련한 정결 속죄 사상의 형성사를 위한
예비적 고찰,"『죽전 김동현 교수 회갑기념 논문집』(1996년 7월), 평택대학교
종합과학연구소, 171-190.

한동구, "오므리 왕조의 종교정책,"『복음과 신학』, 평택대 피어선 성경연구원, 제4집
(2001년 8월), 30-48.

한동구,『고대 이스라엘의 사회사』(서울: 대한기독교서회, 2001).

한동구, "잠언의 언어관,"『기독교언어문화논집』제5권 (2002년 2월), 사단법인 국제기
독교언어문화연구원, 412-441.

한동구, "카리스마적 지도자, 영의 민주화 및 생명운동. rûah를 중심으로 한 구약성서의
성령론," 조경철(편집),『성서와 성령(박창건 교수 은퇴기념논문집)』(서울: 대
한기독교서회, 2002), 315-336.

한동구,『창세기 해석』(서울: 도서출판 B&A, 2003).

한동구, "음식 규정에 나타나 있는 평화 사상(창 1:29-30)," 한동구,『창세기의 신앙과
신학』(서울: 프리칭아카데미, 2010), 45-73.

한동구, "요셉 이야기의 언어세계와 신학사상," 한동구,『창세기의 신앙과 신학』(서울:
프리칭아카데미, 2010), 442-445.

한동구, "고대 이스라엘의 왕권형성의 동기와 왕권에 대한 다양한 이해,"『성경과신학』
제33권 (한국복음주의신학회, 2003년 4월), 38-71.

한동구, "다윗과 사울의 갈등,"『성경연구』9권 6호 (2003년 6월, 통권 103호), 48-61.

한동구, "헬레니즘이 유대문화에 미친 영향,"『현상과 인식』제26집 제4호 (2003년 겨
울), 132-149.

한동구, "다윗 왕위상승사화에 나타난 왕의 계약(삼하 5:1-3),"『신학논단』, 연세대신과
대학, 제22집 (1994년 6월), 187-202.

한동구, "모세의 하나님 체험, 파송 및 하나님 이름의 계시(출 3장)," 목회교육원(엮음),
『교회력에 따른 2005년 예배와 강단』(서울: 목회교육원, 2004년 11월), 598-
611.

한동구, 『신명기 해석』(서울: 도서출판 B&A, 2004).

한동구, "모압 땅에서의 율법해설과 모압계약," 한동구, 『신명기 해석』(서울: 도서출판 B&A, 2004), 156-172.

한동구, "신명기의 예배 개혁: 신명기 12장을 중심으로," 한동구, 『신명기 해석』(서울: 도서출판 B&A, 2004), 204-226.

한동구, "첫 번째 야훼의 종의 노래(사 42:1-4)," 『복음과신학』 제7집 (2004년 11월), 7-25.

한동구, "포로기의 성전 사상," 『구약논단』 제18집 (2005년 8월), 53-72.

한동구, "이스라엘의 왕권등장과 신명기 개혁운동의 왕권반성: 삼상 8장을 중심으로," 『복음과세계』, 부산신학대학, 제4집 (1995년 7월), 147-172.

한동구, "제사장과 레위인의 갈등과 화해," 제70회 한국구약학회 2006년 춘계학술대회 (2006년 4월 27일) 주제강연.

한동구, "포로기의 제사장과 레위인의 관계," 『구약논단』 제21집 (2006년), 10-31.

한동구, 『오경 이해』(서울: 프리칭아카데미, 2006).

한동구, "다윗 왕위계승사화의 소위 '밧세바 에피소드'(삼하 11-12장)," 『제 2의 종교개혁과 민중신학』, 임태수 교수 정년은퇴 기념논문집 (서울: 한들출판사, 2007), 255-280.

한동구, 『신명기 개혁운동의 역사』(서울: 도서출판 B&A, 2007).

한동구, "사사기의 영성," 『복음과신학』, 평택대학교 피어선 성경연구원 제X집 (2008년 12월), 13-48.

한동구, "여호수아 11-12장의 해설," 『여호수아 어떻게 설교할 것인가 6』(서울: 두란노아카데미, 2009), 281-290.

한동구, "느헤미야 11-12장 해설," 『에스라 느헤미야 어떻게 설교할 것인가 14』(서울: 두란노아카데미, 2009), 287-300.

한동구, "나발과 다윗 그리고 아비가일 이야기의 지혜사상(삼상 25장)," 『바른 신학과 교회갱신』, 이종윤 목사 은퇴기념논문집 (2010년 12월 26일), 181-217.

한동구, "신명기의 역사적 사유와 신학," 『구약논단』 17권 제1호 (통권 39집 2011년 3월 31일), 12-32.

한동구, "구약성경에서 호렙(산)의 이미지와 이스라엘 민족의 정신적 기원," 『은혜로운 말씀. 생명과 평화의 길』, 호남신학대학교 류형렬 교수 은퇴기념논문집 (2011년 2월 22일), 53-74.

한정애, "교회사와 영성", 협성신학연구소(편), 『기독교 신학과 영성』(서울: 솔로몬 1995), 13-36.

헤르만, 『이스라엘 역사』(방석종 옮김) (서울: 나단출판사, 1989). 원제는 S. Herrmann,

Geschichte Israels in alttestamentlicher Zeit (München: Chr. Kaiser Verlag, 1980²).

Ahuis, F., *Autorität im Unbruch* (CThM 13) (Stuttgart: Calwer Verlag, 1983).

Albertz, R., *Religionsgeschichte Israels in alttestamentlicher Zeit* 1-2 (ATDE 8/1-2) (Göttingen: Vandenhoeck & Ruprecht, 1992).

Albertz, R./C. Westermann, "רוח Geist," E. Jenni/C. Westermann (Hg.), *THAT* II (1984), 726-753.

Alt, A, Die Staatenbildung der Israeliten in Palustion (1930), ders *KS* II (München: C.H. Beck, 1964³), 1-65.

Alt, A., "Die territorialgeschichtliche Bedeutung von Sanheribs Eingriff in Palästina (1930)," ders, *KS* II (München: C.H. Beck, 1964³), 242-249.

Alt, A, "Der Stadtstaat Samaria" (1954), ders *KS* III (München: C. H. Beck, 1968), 258-302.

Avigad, N., "Samaria (city)," E. Stern(Hg.), *The New EAEHL*, Bd. IV (1993), 1300-1310.

Bardtke, A., "Erwägungen zur Rolle Judas im Aufstand des Absalom," *AOAT* 18 (1973), 1-8.

Becker, U., *Richterzeit und Königtum* (BZAW 192) (Berlin/New York: Walter de Gruyter, 1990).

Begrich, J., *Die Chronologie der Könige von Israel und Juda und die Quellen des Rahmens der Königsbücher* (Tübingen, 1929).

Begrich, J., "Berit. Ein Beitrag zur Erfassung einer alttestamentlichen Denkform" (1944), ders, *Gesammelte Studien zum Alten Testament* (TB 21) (München: Chr. Kaiser Verlag, 1964), 55-66.

Begrich, J., "Sofer und Mazkir. Ein Beitrag zur inneren Geschichte des davidisch - Salomonisches Großreiches und des Königreiches Juda," *ZAW* 58 (1940/41), 1-29 = ders, *TB* 21, 67-98.

Benzinger, I. *Die Bücher der Könige*(KHC 9) (Freiburg i.B.: Universitätverlag, 1899).

Betlyon, J. W., "Coinage," *ABD* 1.V.(1992), 1083.

Boecker, H. J., *Die Beurteilung der Anfänge des Königtums in den deuteronomischen Abschnitten des 1. Samuelbuches* (WMANT 31) (Neukirchen-Vluyn: Neukirchener Verlag, 1969).

Braulik, G., "Die Freude des Festes. Das Kultverständnis des Deuteronomium – die älteste biblische Festtheorie," R. Schulte (Hg.), *Lieturgia, Koinonia Diakonia*, FS für Kardinal F. König (Wien, 1970), 127–179.

Braulik, G., "Zur deuteronomistischen Konzeption von Freiheit und Frieden," *VTS* 36 (1983/85), 29–39.

Bright, J., *A History of Israel* (Philadelphia, 1971²).

Brockelmann, C., *Hebräische Syntax* (Neukirchen-Vluyn: Neukirchen Kreis Moers, 1956).

Brunner, H., *Altägyptische Weisheit. Lehren für das Lenen* (Zürich/München: Artemis Verlag, 1988).

Clauss, M., *Geschichte Israels: von der Frühzeit bis zur Zerstörung Jerusalems* (587 v. Chr.) (München: C. H. Beck, 1986).

Cogan, M., *Imperialism and Religion. Assyria, Judah and Israel in the Eight and Seventh Centuries B.C.E.* (SBLMS 19) (Missoula Montana 1974).

Cogan/Tadmore, *II Kings* (AB II) (New York: Doubleady & Company, Inc. 1988).

Conrad, "Ältesten," *ThWAT* Bd.2, 639–650.

Crüsemann, F. *Der Widerstand gegen das Königtum. Die antiköniglichen Texte des Alten Testaments und der Kampf um den frühen israelitischen Staat* (WMANT 49) (Neukirchen-Vluyn: Neukirchener, 1978).

Crüsemann, F., *Die Tora. Theologie und Sozialgeschichte des alttestamentlichen Gesetzes* (München: Kaiser Verlag, 1992).

Crüsemann, F., "Geschichte Israels als Geschichte der Bibel," E. Lessing(Hg.), *Die Bibel. Das Alte Testament* (München: C. Bertelsmann, 1987), 134–170, 395–402.

de Vaux, R., *Das Alte Testament und seine Lebensordnungen* I/II (Freiburg 1964²/1966²).

Debus, J. *Die Sünde Jerobeams. Studien zur Darstellung Jerobeams und der Geschichte des Nordreichs in der deuteronomistischen Geschichts-schreibung* (FRLANT 93) (Göttingen: Vandenhoeck & Ruprecht, 1967).

Deißler, A., *Der Priesterliche Dienst I. Ursprung und Frühgeschichte* (QD 46) (Freiburg i.B. 1970).

Delekat, L., "Tendenz und Theologie der David-Salomo-Erzählung," ders, *Das ferne und das nahe Wort*, FS für L. Rost (BZAW 105) (Berlin: de Gruyter, 1967), 26–36.

Dietrich, W. *Prophetie und Geschichte. Eine redaktionsgeschichtliche Untersuchung zum deuteronomische Geschichtswerk* (FRLANT 108) (Göttingen: Vandenhoeck & Ruprecht, 1972).

Dietrich, W., *David, Saul und die Propheten. Das Verhältnis von Religion und Politik nach den prophetischen Überlieferungen vom frühesten Königtum in Israel* (BWANT 22) (Stuttgart: W. Kohlhammer, 1987).

Dietrich, W., *Die frühe Königszeit in Israel* (Biblische Enzyklopädie 3) (Stuttgart: W. Kohlhammer, 1997).

Dietrich, W., *Israel und Kannaan* (SBS 94) (Stuttgart: Verlag Katholisches Bibelwerk, 1979).

Dietrich, W., "Das Ende der Thronfolgegeschichte," A. de Pury/Th. Römer(Hg.), *Die sogenannte Thronfolgegeschichte Davids* (OBO 176) (Göttingen/ Freiburg i. Schweiz: Vandenhoeck & Ruprecht/Uni.sverlag freiburg, 2000), 38-69.

Dietrich, W./Th. Naumann(Hgs.), *Die Samuelbücher* (Erträge der Forschung 287) (Darmstadt: Wissenschaftliche Buchgesellschaft, 1995), 170-175.

Donner, H., *Geschichte des Volkes Israel und seiner Nachbarn in Grundzügen* (ATDE 4/1-2) (Göttingen: Vandenhoeck & Ruprecht, 1984-5).

Donner, H., *Herrschergestalten in Israel* (Verständliche Wissenschaft 103) (Berlin, 1970).

Eißfeldt, O. "Lade und Stierbild," ders, *Kleine Schriften*, 2. Bd. (Tübingen, 1963), 282-305.

Farby, H.-J., "צד," *ThWAT* Bd. VI (1989), 1113-1122.

Fohrer, G., *Die Propheten des Alten Testaments*, Bd. 3 (Gütersloh: Gütersloher Verlagshaus, 1975).

Fohrer, G., "Der Vertrag zwischen König und Volk in Israel," *ZAW* 71 (1959), 1-22.

Fohrer, G., "Priester und Prophet - Amt und Charisma?," *KuD* 17 (1971), 15-27.

Fuhs, H. F., *Sprichwörter* (NEB 35) (Würzburg: Echter Verl., 2001).

Galling, K., *Der Altar in den Kulturen des alten Orient. Ein archäologische Studie* (Berlin, 1925).

Galling, K., *Die israelitische Staatsverfassung in ihrer vorderorientalischen Umwelt* (AO 28 3/4) (Leipzig, 1929^2).

Gesenius, W./F. Buhl, *Hebräisches und Armäisches Handwörbuch über das Alte*

Testament (Berlin/Göttingen/Heidelberg: Spinger Verlag, 1962).

Gray, J., *I und II Kings* (The Old Testament Library) (London, 1977³).

Grönbaek, J. H., *Die Geschichte vom Aufstieg Davids (1Sam 15 - 2Sam 5). Tradition und Komposition* (AThD 10) (Kopenhagen, 1971).

Gunneweg, A. H. J., *Geschichte Israels bis Bar Kochbar* (ThW 2) (Stuttgart: W. Kohlhammer, 1984⁵).

Gunneweg, A. H. T., *Leviten und Priester* (Göttingen: Vandenhoeck & Ruprecht, 1965).

Han, Dong-Gu, *Das Deuteronomium und seine soziale Konstellation* (Dissertation an der Universität in Frankfurt am Main, 1993).

Hausmann, J., *Studien zum Menschenbild der älteren Weisheit* (Spr. 10ff.) (Forschungen zum Alten Testament 7) (Tübingen: J. C. B. Mohr/Paul Siebeck, 1995).

Hengel, M., *Judentum und Hellenismus* (WUNT 10) (Tübingen: J. C. B. Mohr/Paul Siebeck, 1968).

Herrmann, J., "Ägyptische Analogien zum Funde des Deuteronomiums," *ZAW* 28 (1908), 291-302.

Herrmann, S. *Geschichte Israels in alttestamentlicher Zeit* (München: Chr. Kaiser, 1973; Berlin, 1981).

Herrmann, S., *Geschichte Israels in alttestamentlicher Zeit* (München: Chr. Kaiser Verlag, 1980²).

Herrmann, S., "Die Königsnovelle in Ägypten und Israel. Ein Beitrag zur Gattungsgeschichte in den Geschichtsbüchern des Alten Testaments," FS für A. Alt (Wz Leipzig 3) (Leipzig, 1953/54), 51-62=ders, *Gesammelte Studien zur Geschichte und Theologie des Alten Testaments* (ThB 75) (München: Chr. Kaiser Verlag, 1986), 120-138.

Hertzberg, H. W., *Samuelbücher* (ATD 10) (Göttingen: Vandenhoeck & Ruprecht, 1986⁷).

Hoffmann, H. D., *Reform und Reformen. Untersuchungen zu einem Grundthema der deuteronomistischen Geschichtsschreibung* (ATANT 66) (Zürich: Theologischer Verlag, 1980).

Hoffmann, H.-D., *Reform und Reformen. Untersuchungen zu einem Grundthema der deuteronomistischen Geschichtsschreibung* (ATANT 66) (Zürich: Theologischer Verlag, 1980).

Horst, L., "Etudes sur le Deuteronome," *Revue de l'histoire des religions* XVII (1894), 14-22.

Hovers, E./A. Zertal/I. Finkelstein/S. Dar, "Samaria(region)," E. Stern(Hg.), *The New EAEHL*, Bd. IV (1993). 1310-1318ff.

Hölscher, G., *Das Buch der Könige. Seine Quellen und seine Redaktion*, FS für H. Gunkel (FRLANT 36/1) (Göttingen: Vandenhoeck & Ruprecht, 1923).

Jaroš, K., *Sichem. Eine archäologische und religionsgeschichtliche Studie mit besonderer Berücksichtigung von Jos 24* (OBO 11) (Göttingen: Vandenhoeck & Ruprecht, 1976).

Jaroš, K./B. Deckert, *Studien zur Sichem-Area* (OBO 11a) (Göttingen: Vandenhoeck & Ruprecht, 1977).

Jepsen, A., *Die Quellen des Königsbuches* (Halle in Saale, 1953).

Jepsen, A., *Die Quellen des Königsbücher* (Halle, 1953/1956²).

Jepsen, A., "Berith Ein Beitrag zur thelolge der Exilszeit" (1961), ders, *Der Herr ist Gott* (Berlin, 1978).

Jepsen, A., "Israel und Damaskus," *AfO* 14 (1941/44), 153-172.

Jeremias, J., *Der Prophet Hosea* (ATD 24/1) (Göttingen: Vandenhoeck & Ruprecht, 1983).

Kegler, J., *Politisches Geschehen und theologisches Verstehen. Zum Geschichtsverständnis in der frühen israelitischen Königszeit* (CThM A, 8) (Stuttgart: Calwer Verlag, 1977).

Keys, G., *The Wages of Sin. A Reappraisal of the Sussession Harratve* (JSOTS 221) (Sheffield: Sheffield Academic Press, 1996).

Kippenberg, H. G., *Religion und Klassenbildung im antiken Judäa* (SUNT 14) (Göttingen: Vandenhoeck & Ruprecht, 1982).

Kittel, R., *Die Bücher der Könige* (HAT I/5) (Göttingen: Vandenhoeck & Ruprecht, 1900).

Kittel, R., *Die Bücher der Könige* (HK I/5) (1900).

Kittel, R., *Geschichte des Volkes Israel, 2. Bd.: Das Volk in Kanaan. Quellenkunde und Geschichte der Zeit bis zum Babylonischen Exil* (Gotha, 1909²).

Klengel, H., "Die Rolle der Ältesen im Kleinasien der Hethiterzeit," *ZA* 57 (1965), 223-236.

Klengel, H., "Zu den sibutum in altbabylonischer Zeit," *Or* NS 29 (1960) 357-375.

Knapp, D., *Deuteronomium 4*, Dissertation an der Uni. (Göttingen, 1986).

Knierim, R., "Exodus 18 und die Neuordnung der mosaischen Gerichtsbarkeit," *ZAW* 73(1961), 146-170.

Kramer, S. N., *History begins at Sumer: thirtynine firsts in man's recorded history* (Philadelphia: University of Pennsylvania Press, 1981³).

Kutsch, E., *Salbung als Rechtsakt im Alten Testament und im Alten Orient* (BZAW 87) (Berlin/New York: Walter de Gruyter, 1963).

Kutsch, E., *Verheißung und Gesetz. Untersuchungen zum sogenannten Bund im Alten Testament* (BZAW 131) (Berlin/New York: Walter de Gruyter, 1972).

Kutsch, E., "Die Dynastie von Gottes Gnaden. Probleme der Nathanweissagung in 2 Sam 7" (1961), U. Struppe (Hg.) (Stuttgart, 1989), 107-126.

Kutsch, E., "Wie David König wurde. Beobachtungen zu 2 Sam 2:4a und 5:3," A. H. J. Gunneweg/O. Kaiser (Hg.), *Textgemäß. Aufsätze und Beiträge zur Hermeneutik des Alten Testaments*, FS für E. Wütthwein (Göttingen: Vandenhoeck & Ruprecht, 1979).

Kutsch, E., "Wie David König würde. Beobachtungen zu 2Sam 2, 4a und 5, 3," A. H. J. Gunneweg/O. Kaiser(Hg.), *Textgemäß. Aufsätze und Beiträge zur Hermeneutik des Alten Testaments*, FS für E. Würthwein (Göttingen: Vandenhoeck & Ruprecht, 1979), 75-93.

Labuschagne, C. J., "rufen," *THAT* I (München: Chr. Kaiser Verlag, 1984), 669.

Lande, I., *Formelhafte Wendungen der Umgangssprache im Alten Teszament* (Leiden, 1949).

Leipoldt, R./S. Morenz, *Heilige Schriften. Betrachtungen zur Religionsgeschichte der antiken Mittelmeerwelt* (Leipzig, 1953), 101-102.

Levin, Ch., *Atalja* (SBS 105) (Stuttgart: Verlag Katholisches Bibelwerk, 1982).

Levin, Ch., *Der Jahwist* (FRLANT 157) (Göttingen: Vandenhoeck & Ruprecht, 1993).

Levin, Ch., *Der Stutz der Königin Atalja. Ein Kapitel zur Geschichte Juds im 9. Jh. v.Chr.* (SBS 105) (Stuttgart: Verlag Katholisches Bibelwerk, 1982)

Liwak, R., *Der Prophet und die Geschichte. Eine literarhistorische Untersuchung zum Jeremiasbuch* (BWANT 121) (Stuttgart: W. Kohlhammer, 1987).

Liwak, R., "Omri," *TRE* 25 (1995), 242-244.

Lohfink, N., *Die Landverheißung als Eid. Eine Studie zu Gen 15* (SBS 28) (Stuttgart: Verlag Katholisches Bibelwerk, 1967).

Lohfink, N., "Beobachtungen zur Geschichte des Ausdruks 'Am JHWH," H. W. Wolff(Hg), *Probleme biblischer Theologie*, FS für G. von Rad (München: Chr. Kaiser Verlag, 1971), 275-305.

Lohfink, N., "Der Bundesschluß im Land Moab," *BZ* 6 (1962), 32-56.

Lohfink, N., "Die Bedeutungen von hebr. jrs Qal und Hif.," *BZ* 27 (1983), 14-33.

Lohfink, N., "Dt 26:17-19 und die 'Bundesformel,'" *ZKTh* 91 (1969) 517-553.

Lohfink, N., "Kerygmata des deuteronomistischen Geschichtswerks," J. Jeremias/ L. Perlitt(Hg.), *Die Botschaft und die Boten, FS für H. W. Wolff* (Neukirchen-Vluyn: Neukirchener Verlag, 1981), 87-100.

Lohfink, N., "Zur neueren Diskussion über 2 Kön 22 - 23," ders (Hg.), *Das Deuteronomium. Entstehung, Gestalt und Botschaft* (BETL 68) (Leuven 1985), 24-48.

Macholz, G. Ch., "Zur Geschichte der Justizorganisation in Judä," *ZAW* 84 (1972), 314-340.

Malamat, A. *Das davidische und salomonische Königreich und seine Beziehungen zu Ägypten und Syrien. Zur Entstehung eines Großreichs* (Österreichische Akademisch der Wissenschaften philosophisch-historische Klasse Sitzungsberichte 407) (Wien, 1983).

Malamat, A. "Kingship and Council in Israel and Sumer, A Parallel," *JNES* 22 (1963), 247ff.

Malamat, A. "Organs of Statecraft in the israelite Monarchy," *BA* 28 (1965), 34-65.

Mckay, J., *Religion in Judah under the Assyrians* (SBT SS 26) (London, 1973).

Mettinger, T. N. D., *King and Messiah. The civil and sacral Legitimation of the israelite Kings* (CBOT 8) (Lund: LiberLaromedel/Gleerup, 1976).

Meyer, E. *Die Israeliten und ihre Nachbarstämme. Alttestamentliche Untersuchungen* (Halle, 1906).

Mildenberger, F., *Die vordeuteronomische Saul- und Davidüberlieferung* (Diss. Tübingen, 1962).

Miller, J. M., "The Elisha Cycle and the Accounts of the Omride Wars," *JBL* 85 (1966), 441-454.

Motzki, H. "Ein Beitrag zum Problem des Stierkultes in der Religionsgeschichte Israels," *VT* 25 (1975), 470-485.

Naumann, Th., "David als exemplarischer König - der Fall Urias (2Sam 11) vor dem Hintergrund altorientalischer Erzähltraditionen," A. de Pury/Th.

Römer(Hg.), *Die sogenannte Thronfolgegeschichte Davids* (OBO 176) (Göttingen/Freiburg i. Schweiz: Vandenhoeck & Ruprecht/Uni. sverlag freiburg, 2000), 136-167.

Nebeling, G., *Die Schichten des deuteronomischen Gesetzeskorpus. Eine Traditions- und redaktionsgeschichtliche Analyse von Dtn 12 - 26* (Diss. ev. Theol. Münster 1970).

Noth, M. *Könige* (BK 9) (Neukirchen-Vluyn: Neukirchener Verlag, 1983).

Noth, M. *Überlieferungsgeschichtliche Studien. Die sammelnden und bearbei-tenden Geschichtswerke im Alten Testament* (Halle, 1943/1967³).

Noth, M., *Geschichte Israels* (Göttingen: Vandenhoeck & Ruprecht, 1966⁶).

Peetz, M., *Abigajil, die Prophetin: Mit Klugheit und Schönheit für Gewaltveryicht. Eine exegetische Untersuchung zu 1Sam 25* (Forschung zur Bibel Bd. 116) (Würzburg, Echter Verlag, 2008).

Perlitt, L., *Bundestheologie im Alten Testament* (WMANT 36) (Neukirchen-Vluyn: Neukirchener Verlag, 1969).

Perlitt, L., "Ein einzig Volk von Brüdern, Zur deuteronomischen Herkunft der biblischen Bezeichnung Bruder," D. Lührmann/G. Strecker(Hgs.), Kirche FS für G. Bornkamm (Tübingen 1980), 27-52.

Perlitt, L., "Sinai und Horeb," H. Donner/R. Hanhart/R. Smend (Hg.), *Beiträge zur Alttestamentlichen Theologie*, FS für W. Zimmerli (Göttingen: Vanden-hoeck & Ruprecht, 1977), 302-322.

Plein, I. "Erwägungen zur Überlieferung von 1 Reg 11:26-14:20," *ZAW* 78 (1966), 8-24.

Plöger, J. G., *Literarkritische, formgeschichtliche und stilkritische Untersu-chungen zum Deuteronomium* (BBB 26) (Bonn: Bonner Biblischer Verlag, 1967).

Puukko, A. F., *Das Deuteronomium* (BWAT 5) (Leipzig, 1910).

Rehm, M., *Das zweite Buch der Könige* (Würzburg: Echter Verlag, 1982).

Reinhold, G., *Die Beziehungen Altisraels zu den aramäischen Staaten in der israelitisch - jüdäischen Königszeit* (Euroäische Hochschulschriften 23/ 368) (Frankfurt a.M. Theol. Diss., 1989).

Rendtorff, R., *Studien zur Geschichte des Opfers im Alten Israel* (WMANT 24) (Neukirchen-Vluyn: Neukirchener Verlag, 1967).

Rendtorff, R., "Beobachtungen zur altisraelitichen Geschichtsscgreibug anhand der Geschichte vom Aufstieg Davids," H. W. Wolff(Hg.), *Probleme biblischer Theologie*, Fs für G. von Rad (München: Chr. Kaiser Verlag, 1971), 424-439.

Rose, M., *Der Ausschließlichkeitsanspruch Jahwes, Deuteronomische Schult-theologie und die Volksfrömmigkeit in der späten Königszeit* (BWANT 106) (Stuttgart: W. Kohlhammer, 1975).

Rost, L., "Die Überlieferung von der Thronnachfolge Davids (1926)," ders, *Das kleine Credo und andere Studien zum Alten Testament* (Heidelberg, 1965), 119-253.

Rost, L., "Von Ugarit nach Qumran," FS für O. Eißfeldt 1958, 177ff.

Rudolph, W., *Chronikbücher* (HAT I/21) (Tübingen: J. C. B. Mohr, 1955).

Rudolph, W., *Hosea* (KAT 13/1) (Gütersloh: Gütersloher Verlagshaus Mohn, 1966).

Rudolph, W., "Die Einheitlichkeit der Erzählung vom Sturz der Athalja (2 Kön 11)," W. Baumgartner/O. Eißfeldt (Hg.), FS für A. Bertholet (Tübingen, 1950), 473-478.

Rüterswörden, U., *Die Beamten der israelitischen Königszeit. Eine Studie zur* ‏שׂר‏ *und vergleichbaren Begriffen* (BWANT 117) (Stuttgart: W. Kohlhammer, 1985).

Rüterswörden, U., *Von der politischen Gemeinschaft zur Gemeinde. Studien zu Dtn 16, 18-18, 22* (BBB 65) (Bonn: Bonner Biblischer Verlag, 1987).

Šanda, A., *Die Bücher der Könige* 2 Bde (EH 9) (Münster, 1912).

Sawzer, J. F., "‏ישׁע‏," *ThWAT* Bd. III(1982), 1035-1059.

Scharbert, J., *Exodus* (NEB 24) (Würzburg: Echter Verlag, 1989).

Schmidt, L., *Menschlicher Erfolg und Jahwes Initiative. Studien zu Tradition, Interpretation und Historie in Überlieferungen von Gideon, Saul und David* (WMANT 38) (Neukirchen-Vluyn: Neukirchener Verl., 1970).

Schmidt, W.H., *Die Schöpfungsgeschichte der Priesterschrift* (WMANT 17) (Neukirchen-Vluyn: Neukirchener Verlag, 1973).

Schmitt, H.-C., *Elisa. Traditionsgeschichte Untersuchungen zur vorklassischen nordisraelitischen Prophetie* (Gütersloh: Gütersloher Verlagshaus Mohn, 1972).

Schottroff, L. & W., "Biblische Tradition von Staatstheologie, Kirchentheologie und prophetischer Theologie nach dem Kairos-Kokument," ders (Hg.),

Die Macht der Auferstehung (KT30) (München: Chr. Kaiser Verlag, 1988), 49-71.

Schottroff, W., "Arbeit und sozialer Konflikt im nachexilischen Juda," ders(Hg.), *Mitarbeiter der Schöpfung. Bibel und Arbeitswelt* (München: Chr. Kaiser Verlag, 1983), 104-148.

Schottroff, W., "Der Prophet Amos. Versuch der Würdigung seines Auftretens unter sozialgeschichtlichen Aspekt," ders (Hg.), *Der Gott der kleinen Leute*, 1. Bd. (München: Chr. Kaiser Verlag, 1979), 39-66.

Schottroff, W., "Gerechtigkeit und Macht," ders, *Die Macht der Aufstehung* (KT 30) (München: Chr. Kaiser Verlag, 1988), 72-88.

Schottroff, W., "Jeremia 2:1-3. Erwägungen zur Methode der Prophetenexegese," *ZThK* 67 (1970), 263-294.

Schottroff, W., "pqd/heimsuchen," *THAT* II (München: Chr. Kaiser Verlag, 1984), 466-486.

Schramm, W., *Einleitung in die assyrischen Konigsinschriften*, Zweiter Teil 934-722 v. Chr. (Leiden/Koln: E. J. Brill, 1973).

Schreiner, J., *Jeremia 1-25*, 14 (Die Neue Echter Bibel) (Würzburg: Echter Verlag, 1981).

Schult, H., "Amos 7, 15a und die Legitimation des Auβenseiters," H. W. Wolff (Hg.), *Probleme biblischer Theologie*, FS für G. von Rad (München: Chr. Kaiser Verlag, 1971), 462-478.

Seiler, St., *Die Geschichte von der Tronfolge Davids (2Sam 9-20: 1Kön 1-2). Untersuchungen zur Literarkritik und Tendenz* (BZAW 267) (Berlin/New York: Walter de Gruyter, 1998).

Seitz, G., *Redaktionsgeschichtliche Studien zum Deuteronomium* (BWANT 93) (Stuttgart: W. Kohlhammer, 1971).

Seters, J. van, "The court history and DtrH," A. de Pury/Th. Römer (Hg.), *Die sogenannte Thronfolgegeschichte Davids* (OBO 176) (Göttingen/ Freiburg i. Schweiz: Vandenhoeck & Ruprecht/Universitätsverlag freiburg, 2000), 70-93.

Sigrist, C., *Regulierte Anarchie. Untersuchung zum Fehlen und zur Entstehung politischer Herrschaft in segmentären Gesellschaften Afrikas*, Olten-Freiburg i.B., 1979^2.

Sigrist, C., "Über das Fehlen und die Entstehung von Zentralinstanzen in segmentären Gesellschaften," *ZE* 87 (1962), 191-202.

Smend, R., "Die Bundesformel," ders, *Die Mitte des Alten Testaments* (BEvTh 99) (München: Chr. Kaiser Verlag, 1986), 11-39.

Soggin, J. A., *Das Königtum in Israel. Ursprünge, Spannungen, Entwicklung* (BZAW 104) (Berlin: de Gruyter, 1967).

Speyer, W., *Bücherfunde in der Glaubenswerbung der Antike. Mit einem Ausblick auf Mittelalter und Neuzeit* (Göttingenn: Vandenhoeck & Ruprecht, 1970).

Spieckermann, H., *Juda unter Assur in der Sargonidenzeit* (FRLANT 129) (Göttingen: Vandenhoeck & Ruprecht, 1982).

Stade B./F. Schwally, *The book of Kings* (SBOT) (London, 1904).

Stade, B., *Ausgewählte akademische Reden und Abhandlungen* (Giessen, 1907).

Steck, O. H., *Der Schöpfungsbericht der Priesterschrift* (FRANT 115) (Göttingen: Vandenhoeck & Ruprecht, 1975).

Steck, O. H., *Überlieferung und Zeitgeschichte in den Elia-Erzählungen* (WMANT 26) (Neukirchen- Vluyn: Neukirchener Verlag, 1968).

Stoebe, H. J., *Das erste Buch Samuelis* (KAT 8, 1) (Gütersloh: Gütersloher Verlagshaus Mohn, 1973).

Stolz, F., *Das erste und zweite Buch Samuel* (ZBKAT 9) (Zürich: Theologischer Verlag, 1981).

Stolz, F., *Jahwes und Israels Kriege. Kriegstheorien und Kriegserfahrungen im Glauben des alten Israel* (AThANT 60) (Zürich: Theologischer Verlag, 1972).

Strobel, A., *Der spätbronzezeitliche Seevölkersturm* (BZAW 145) (Berlin: de Gruyter, 1976).

Tengström, S./H.-J., "רוּחַ," *ThWAT* VII (1993), 385-425.

Timm, S., *Die Dynastie Omri. Quellen und Untersuchungen zur Geschichte Israels im 9. Jh. v. Chr.* (FRLANT 124) (Göttingen: Vandenhoeck & Ruprecht, 1982).

Veijola, T., *Die ewige Dynastie. David und die Ensttehung seiner Dynastie nach der deuteronomischen Darstellung* (STAT 193) (Helsinki 1975).

Veijola, T., "Deueronomismusforschung zwischen Tradition und Innovation (II)," *ThR* 67(2002), 391-424.

Veijola, T., "Salomo - der Erstgeborene Bathsebas," ders, *David. Gesammelte Studien zu den Davidüberlieferungen des Alten Testaments* (SFEG 52)

(Göttingen: Vandenhoeck & Ruprecht, 1990), 84-105.

Višaticki, K., *Die Reform des Josija und die religiöse Heterodoxie in Israel* (Diss. th. Reihe 21) (St. Ottilien, 1987).

von Rad, G., "Das Gottesvolk im Deuteronomium," ders, *Gesammelte Studien zum Alzen Testament*, Bd. II (München: Chr. Kaiser Verlag, 1973), 9-108.

von Rad, G., "Das Jüdische Königsritual," *ThLZ* 72 (1947), 211-216.

Weippert, H., "Das deuteronomistische Geschichtswerk. Sein Ziel und Ende in der neueren Forschung," *ThR* 50 (1986), 213-249.

Weippert, H., "Die deuteronomistischen Beurteilungen der Konige von Israel und Juda und das Problem der Redaktion der Königs- bücher," *Biblica* 53 (1972), 301-339.

Weippert, M., *Edom. Studien und Materialien zur Geschichte der Edomiter auf Grund schriftlicher und archäologischer Quellen* (Diss - Habil, Tübingen, 1971).

Weippert, M., "Edom und Israel," *TRE* 9, 291-299.

Weiser, A., *Samuel, Seine geschichtliche Aufgabe und religiöse Bedeutung* (FRLANT 81) (Göttingen: Vandehoeck & Ruprecht, 1962).

Weiser, A., "Legitimation des Königs David. Eigenart und Entstehung der Geschichte von Davids Aufstieg," *VT* 16 (1966), 325-354.

Wellhausen, J. *Die Composition des Hexateuchs und der historischen Bücher des Alten Testaments* (1885) (Berlin: W. de Gruyter, 1963[4]).

Wellhausen, J., *Der Text der Bücher Samuelis* (Göttingen: Vandenhoeck & Ruprecht, 1871).

Wellhausen, J., *Israelitische und jüdische Geschichte* (1894) (Berlin: Walter de Gruyter, 1958[9]).

Wellhausen, J., *Prolegomena zur Geschichte Israels* (Berlin, 1905[6]).

Welten, P., *Geschichte und Geschichtsdarstellung in den Chronikbüchern* (WMANT 42) (Neukirchen-Vluyn: Neukirchener Verlag, 1973).

Whitley, C. F., "The deuteronomic Presentation of the House of Omri," *VT* 2 (1952), 137-152.

Whybray, R. N., *The Succession Narrative. A Study of II Samuel 9-20: IKing 1 and 2* (SBT II/9) (London, 1968).

Wolff, H. W., *Dodekapropheton 1: Hosea* (BK 14/1) (Neukirchen-Vluyn: Neukirchener Verlag, 1973[3]).

Würthwein, E., *Die Bücher der Könige 1Kön 1-1Kön 16* (ATD 11/1) (Göttingen: Vandenhoeck & Ruprecht, 1977).

Würthwein, E., *Die Bücher der Könige 1Kön 17-2Kön. 25* (ATD 11/2) (Göttingen: Vandenhoeck & Ruprecht, 1984).

Würthwein, E., *Die Erzählung von der Thronfolge Davids Theologische oder politische Geschichtsschreibung?* (ThSt B 115) (Zürich: Theologischer Verlag, 1974).

Yadin, Y.(ed.), *Hazor*, 4 Bde (Jerusalem: Israel Exploration Society, 1950-1961).

Zimmerli, W., "Erstgeborene und Leviten," ders, *Studien zur alttestamentlichen Theologie und Prophetie* (ThB 51) (München: Chr. Kaiser Verlag, 1974), 235-246.

논 문 출 처

제1장 신명기의 역사적 사유와 신학:『구약논단』제17권 제1호(통권 39집 2011년 3월
       31일), 12-32.

제2장 여호수아 11-12장의 해설:『여호수아 어떻게 설교할 것인가 6』(서울: 두란노아
       카데미, 2009), 281-290.

제3장 사사기의 영성:『복음과신학』, 평택대학교 피어선 성경연구원 제X집(2008년 12
       월), 13-48.

제4장 이스라엘의 왕권등장과 신명기 개혁운동의 왕권반성: 삼상 8장을 중심으로:『복
       음과세계』, 부산신학대학, 제4집(1995년 7월), 147-172.

제6장 카리스마적 지도자, 영의 민주화 및 생명운동 - rûah를 중심으로 한 구약성서의
       성령론 - 조경철(편집),『성서와 성령(박창건 교수 은퇴기념논문집)』(서울: 대
       한기독교서회, 2002), 315-336.

제7장 다윗과 사울의 갈등(삼상 18:1-16):『성경연구』9권 6호 (통권 103호 2003년
       6월), 48-61.

제9장 나발과 다윗 그리고 아비가일 이야기의 지혜사상(삼상 25장):『바른신학과 교회
       갱신(이종윤 목사 은퇴 기념 논문집)』(2010년 12월 26일), 181-217.

제11장 다윗 왕위상승사화에 나타난 왕의 계약(삼하 5:1-3):『신학논단』, 연세대신과
        대학, 제22집(1994년 6월), 187-202.

제12장 다윗 왕위계승사화의 소위 '밧세바 에피소드'(삼하 11-12장):『제2의 종교개혁
        과 민중신학(임태수 교수 정년 은퇴기념 논문집)』(서울: 한들출판사, 2007),
        255-280.

제15장 오므리 왕조의 종교정책:『복음과 신학』, 평택대 피어선 성경연구원, 제4집
        (2001년 8월), 30-48.

제17장 왕하 16장 10-16절의 형성사 - 피와 관련한 정결 속죄 사상의 형성사를 위한
        예비적 고찰:『죽전 김동현 교수 회갑기념 논문집』(1996년 7월), 평택대학교
        종합과학연구소, 171-190.

제21장 느헤미야 11-12장 해설:『에스라 느헤미야 어떻게 설교할 것인가 14』(서울:
        두란노아카데미, 2009), 287-300.

제22장 제사장과 레위인의 갈등과 화해: 제70회 한국구약학회 2006년 춘계학술대회
       (2006년 4월 27일) 주제강연.
제23장 헬레니즘이 유대문화에 미친 영향:『현상과 인식』제26집 제4호 (2003년 겨울),
       132-149.
제24장 헬레니즘의 역사와 중간사 문헌의 형성배경:『복음과 신학』, 평택대 피어선 성경
       연구원, 제13집 (2011년 12월).